한 권의 디지털 자산

한 권의 디지털 자산

초판 1쇄   2024년 11월 20일

지은이 장세형, 성필규, 이진석
발행인 최홍석

발행처 (주)프리렉
출판신고 2000년 3월 7일   제 13-634호
주소 경기도 부천시 길주로 77번길 19 세진프라자 201호
전화 032-326-7282(代)   **팩스** 032-326-5466
URL www.freelec.co.kr

편   집 고대광, 박영주
디자인 황인옥

ISBN 978-89-6540-400-2

이 책은 저작권법에 따라 보호받는 저작물이므로 무단 전재와 무단 복제를
금지하며, 이 책 내용의 전부 또는 일부를 이용하려면 반드시 저작권자와
㈜프리렉의 서면 동의를 받아야 합니다.

책값은 표지 뒷면에 있습니다.

잘못된 책은 구입하신 곳에서 바꾸어 드립니다.

이 책에 대한 의견이나 오탈자, 잘못된 내용의 수정 정보 등은 프리렉 홈페이지(freelec.co.kr)
또는 이메일(help@freelec.co.kr)로 연락 바랍니다.

비트코인부터 토큰증권까지,
최소한의 디지털금융 상식

The Digital Asset Book

한 권의 디지털 자산

장세형, 성필규, 이진석 공저

프리렉

서문

블록체인 산업과 서비스는 빠르게 진화하며, 끊임없이 혁신적인 개념을 창출하고 다양한 응용과 융합의 지평을 확장하고 있다. 2018년에는 ICO를 통해 블록체인 프로젝트들이 자체 코인을 발행하여 자금을 유치하는 혁신적 방식이 폭발적인 인기를 끌었지만, 이후 규제 강화로 그 열기는 급격히 식었다. 2020년에는 DeFi가 등장하여 금융 중개자를 배제한 탈중앙화 금융의 신기원을 열며 빠르게 성장했다. 2021~2022년에는 NFT가 디지털 자산의 고유한 소유권을 보장하는 수단으로 부상하여 예술, 게임, 엔터테인먼트 등 다양한 분야에서 각광받았다. 2022-2023년에는 Web 3.0이 블록체인과 인공지능(AI)을 융합한 차세대 인터넷으로 떠오르며 데이터 탈중앙화와 사용자 주권 강화의 새로운 시대를 예고하고 있다.

바통을 이어받아 최근에는 디지털 자산 분야가 주목을 받고 있다. 2024년 3월, 국내 거래소에서 비트코인 가격이 1억 원을 돌파하며 시장의 관심을 집중시켰다. 더불어, 미국 SEC는 비트코인과 이더리움 ETF를 승인하며 가상자산의 제도권 진입에 중요한 이정표를 세웠다. 여러 국가에서 스테이블코인 프로젝트가 추진되는 한편, 각국 중앙은행들은 CBDC(중앙은행 디지털 화폐) 프로젝트를 활발히 검토하고 있다. 한때 규제의 대상으로만 여겨졌던 가상자산이 이제는 글로벌 금융 시스템의 일환으로 자리 잡아 가는 분위기이다. EU MiCA가 시행되었고 국내에서는 디지털 자산 기본법 등 관련 법·제도 정비도 점차 구체화되고 있다.

디지털 자산에서 빼놓을 수 없는 중요한 분야가 바로 '토큰증권'이다. 그동안 가상자산에 부정적이었던 금융당국이 디지털 금융 혁신의 일환으로, 2023년 2월 '토큰증권 발행·유통 규율체계 정비방안'을 전격 발표하였다. 기존의 전통적인 증권 시장을 디지털화하여 효율성을 높이고, 부동산이나 예술품 등의 다양한 자산에 대한 조각투자와 같은 새로운 투자 방식을 가능하게 할 전망이다.

최근 블록체인 산업은 ICO, DeFi, NFT, Web 3.0을 거쳐 디지털 자산이 제도권 금융에 편입되며 빠르게 발전하고 있다. 특히, 금융당국의 토큰증권 허용은 디지털 금융 혁신의 중요한 전환점으로, 자산 거래의 효율성과 유동성을 높이는 역할을 할 것으로 기대된다.

금융위원회에서 '토큰증권'을 발표한 이후, 다양한 분야의 사람들과 토큰증권에 대해 이야기를 나눌 기회가 있었다. 증권의 개념을 잘 이해하고 있는 금융권 종사자들은 토큰증권을 그냥 '증권'으로서 간단하고 명확하게 이해한 반면, 증권의 개념을 잘 이해하지 못하는 일반 사람들은 토큰증권을 여전히 '토큰' 관점에서 가상자산으로 오해하거나, 과거 문제가 되었던 가상화폐들을 이제 제도권으로 허용해 주는 것으로 잘못 이해하는 경우가 많았다.

디지털 자산이 글로벌 금융 시스템에서 중요한 역할을 할 것으로 기대되는 상황이며, 금융위원회는 이러한 디지털 금융 혁신의 일환으로 토큰증권을 허용하였다. 그러나 시장의 반응은 기대와 달리, 디지털 자산의 본질적 가치에 대한 깊이 있는 논의보다는 가격 상승에만 초점이 맞춰져 있어 아쉬움이 남는다. 비트코인 가격이 1억 원을 넘을지, 혹은 더 오를지에만 관심이 집중되고, 토큰증권에 대한 올바른 이해 없이 토큰증권이 다시 가상자산 광풍을 이끌 거라 기대하는 일부 투자자도 있다. RWA(실물자산 토큰화)는 실물 자산 거래의 효율성을 높이는 수단일 뿐이지만, 이를 새로운 가상화폐의 등장으로 과장하는 경향도 보인다. 디지털 자산이 이제 금융의 새로운 축으로 자리 잡고 제도권에 편입되고 있지만, 여전히 많은 사람들이 디지털 자산이나 토큰증권의 개념이나 특징을 제대로 이해하지 못하거나, 다양한 오해 또는 막연한 환상에 빠져 있는 것이 현실이다.

필자는 『비트코인·블록체인 바이블』을 시작으로 블록체인 관련 산업과 서비스에 대한 오해와 왜곡된 인식을 바로잡고, 올바른 방향성과 깊이 있는 통찰을 제공하는 데 기여해 왔다고 자부한다. 비트코인, NFT, 웹 3.0과 같은 주요 트렌드에 맞춰 지식의 스펙트럼을 넓히는 저서를 꾸준히 집필해 왔다. 이번에 집필한 『한권의 디지털 자산』 역시 이러한 취지에서 탄생했다.

이 책은 디지털 자산과 토큰증권에 대한 잘못된 인식을 바로잡고, 보다 올바른 이해를 제공하기 위해 집필되었다. 디지털 자산의 본질을 명확히 설명하고자 하였으며, 독자들이 쉽게 접근할 수 있도록 쉽고 명료한 설명에 중점을 두었다. 이 책은 단순한 기법이나 투자 스킬을 다루지 않는다. 디지털 자산의 본질을 파악하고, 그 구조와 작동 방식을 올바르게 이해하는 것이 이 책의 목적이다.

디지털 자산과 토큰증권을 제대로 이해하는 데 핵심적인 요소는 바로 '증권성'이다. 증권의 개념을 모른 채 토큰증권을 이해하는 것은 불가능하기에, 이 책에서는 증권의 기본 개념과 이를 규율하는 자본시장법에 대한 설명에 상당한 비중을 두고 있다. 증권과 자본시장법이 일반 독자들에게 다소 어려운 주제일 수 있지만, 쉽고 명확한 설명으로 독자들에게 토큰증권에 대한 깊이 있는 통찰을 제공하고자 한다.

미약하나마 이 책이 독자들에게 디지털 자산과 토큰증권의 본질을 이해하는 데 필요한 핵심적인 지식을 제공하고, 변화하는 금융 환경 속에서 지혜롭고 선제적인 대응을 할 수 있도록 도움이 되었으면 한다. 또한, 이러한 새로운 기술들이 가져올 미래의 경제 질서를 전망하고, 독자들이 디지털 혁신의 선도자로서 자리매김할 수 있도록 실질적인 통찰력을 갖기를 기대한다.

끝으로 디지털 자산에 대한 높은 이해와 통찰력으로 본 저서의 기획부터 편집까지 열정적인 노력과 아낌없는 지원을 해 주신 프리렉 고대광 과장님께 깊은 감사 인사를 드린다.

장세형 · 성필규 · 이진석

추천사

백형충 박사/기술사_(전)한국정보공학기술사회 회장

인공지능과 메타버스가 이끄는 새로운 디지털 시대가 열리며, 우리는 물리적 공간을 넘어 가상 세계에서 경제 활동을 할 수 있게 되었다. 그 중심에는 디지털 자산이 있다. 디지털 자산은 단순한 가상화폐를 넘어 블록체인 기술을 기반으로 금융 시스템과 일상생활에 근본적인 변화를 가져오고 있다. 『한 권의 디지털 자산』은 이러한 혁신적 변화를 깊이 탐구하며, 디지털 자산의 기초부터 메타버스에서의 활용 방법까지 폭넓은 지식을 제공한다. 이 책은 디지털 자산이 금융 환경에 미치는 영향과 미래의 경제적 기회를 이해하고 준비할 수 있도록 돕는다.

특히 디지털 자산이 토큰증권과 같은 방식으로 기존 자산을 블록체인 기반에서 재구성하는 과정을 상세히 설명한다. 부동산, 예술품, 주식 등이 어떻게 디지털화되어 가상 공간에서 거래되고, 그 과정에서 디지털 자산이 가치와 소유권을 어떻게 혁신하는지 배울 수 있다. 또한 메타버스와 NFT를 중심으로 디지털 자산이 가상 공간에서 어떤 역할을 하는지 통찰을 제공한다. 더 나아가 디지털 자산이 전통 금융 시스템과 어떻게 연결되는지, 중앙은행 디지털 화폐$_{CBDC}$의 도입과 탈중앙화 금융$_{DeFi}$의 확산이 금융 환경을 어떻게 재편하는지도 명확히 설명한다. 새로운 금융 세계로 진입하는 데 필요한 규제와 법적 보호 장치에 대해서도 깊이 있게 분석하여, 투자자들이 변화하는 시장에서 올바른 판단을 내릴 수 있도록 안내한다.

『한 권의 디지털 자산』은 변화하는 시대 속에서 디지털 자산의 역할을 명확히 설명하고, 이를 통해 사회와 경제가 어떻게 진화할지를 제시한다. 독자는 이 책을 통해 디지털 경제에서 새로운 기회를 발견하고 미래 변화의 선도자가 될 비전을 얻게 된다. 디지털 자산의 잠재력을 이해하고 변화의 흐름에서 앞서가고자 하는 이들에게 이 책은 필수적인 길잡이가 될 것이다. 경제의 새로운 시대를 준비하는 모든 이들에게 강력히 추천한다.

홍기훈 홍익대학교 경영대학 부교수

―――

현재 전 세계 금융 시장은 디지털 자산의 등장으로 새로운 전환기를 맞이하고 있다. 가상자산의 성장과 함께 각국 중앙은행들은 CBDC에 많은 관심을 보이고 있으며, 금융 규제 당국은 이를 적절히 규율하면서도 활성화와 글로벌 경쟁력 제고를 위해 고민하고 있다. 한국에서도 금융위원회가 토큰증권 발행과 유통을 허용하면서 디지털 자산이 제도권 금융 시스템의 중요한 부분으로 편입되고 있다. 토큰증권은 다양한 자산을 디지털화해 새로운 투자 방식을 가능하게 했다.

그러나 이러한 흐름에도 디지털 자산과 토큰증권에 대한 이해는 여전히 부족하다. 대중은 디지털 자산을 과거 가상화폐 광풍의 잔재로만 인식하거나, 비트코인 가격 상승과 같은 투기적 요소에만 주목해 그 본질을 왜곡할 수 있다. 특히 증권성에 대한 이해 없이 디지털 자산을 단순히 투자 상품으로만 바라보는 것은 시장에서 오해를 불러일으킬 위험이 있다.

이러한 문제의식을 가진 독자들에게 이 책은 디지털 자산의 본질을 이해하는 데 실질적인 도움을 줄 필독서라 생각한다. 증권성에 대한 명확한 설명을 통해 금융과 디지털 자산의 경계와 연관성을 이해하게 해주며, 디지털 자산의 구조와 작동 방식, 특히 자본시장법을 기반으로 한 규제 측면을 깊이 있게 다루어 그 본질을 쉽게 파악할 수 있도록 돕는다.

디지털 자산의 잠재력을 온전히 실현하기 위해서는 올바른 이해가 필수적이다. 이 책은 독자들에게 깊은 통찰을 제공하여 다가오는 미래를 대비할 수 있도록 돕는 가이드가 될 것이다. 복잡한 개념을 쉽게 설명하여 투기적 관점을 넘어 디지털 자산의 가치와 미래 가능성을 이해하게 해주는 이 책은 금융업 종사자뿐만 아니라 일반 투자자들에게도 훌륭한 지침서이다. 독자들이 새로운 디지털 자산 시장에서 기회를 선도적으로 준비하고 올바른 선택을 할 수 있기를 바란다. 단순히 지식 전달을 넘어 미래의 방향성을 제시하는 중요한 나침반이 될 것이라 기대해 본다.

윤호상 정보관리기술사_삼성SDS 클라우드기술실 AI파트리더

블록체인 기술은 금융, 물류, 의료, 에너지 등 거의 모든 산업에서 그 힘을 보여주며 4차 산업 혁명의 핵심 기술로 자리매김하고 있다. 비트코인과 이더리움 같은 가상자산들이 금융 시장에서 새로운 자산으로 인정받고, 토큰증권(STO)과 스테이블코인 같은 디지털 금융 상품들도 등장하면서 기존 금융 시스템에 큰 변화를 주고 있다. 물류와 공급망 관리에서는 투명성과 추적성을 한 차원 높이고, 의료 분야에서는 데이터 보안을 문제를 해결하는 데 블록체인 기술이 적용되고 있다.

2023년 금융당국이 토큰증권 발행을 공식 허용하면서 디지털 자산의 활용이 가속화되고 있다. 전 세계적으로도 CBDC나 스테이블코인 같은 디지털 자산 프로젝트가 활발히 진행 중이며, Web 3.0과 블록체인의 결합으로 데이터 탈중앙화와 사용자 주권 강화라는 새로운 디지털 생태계를 만들고 있다. 그러나 블록체인의 잠재력이 대단하다고 평가되면서도, 실질적인 상용화는 더디다. 기술적 한계나 복잡한 규제 환경 때문에 많은 블록체인 프로젝트가 상용화되지 못하고, 일반 대중과 기업 사이에 오해와 혼란이 여전히 남아 있어 적극적인 활용이 이루어지지 않는 경우도 많다. 특히 토큰증권이나 디지털 자산에 대한 이해 부족은 블록체인의 혁신적 잠재력을 충분히 발휘하지 못하게 하며 기업의 블록체인 서비스 도입을 막는 중요한 요인으로도 작용하는 것 같다.

이 책은 이러한 문제를 해결하고자 블록체인 기술의 본질과 활용 가능성을 명쾌하게 설명한다. 디지털 자산과 토큰증권의 경제적 가치를 체계적으로 다루고, 금융 분야에서의 실질적 활용 방안을 제시한다. 저자는 블록체인이 단순히 가상자산 발행 인프라가 아니라, 제3신뢰기관 없이도 신뢰를 보장하는 기반 시스템으로서의 역할을 강조하며, 이 기술이 어떻게 세상을 바꿀지에 대한 통찰을 제공한다. 그리하여 블록체인과 디지털 자산에 대한 깊이 있는 이해를 제공해 독자들이 디지털 금융 환경에서 선제적으로 대응할 수 있도록 돕는다. 블록체인이 가져올 혁신적 변화를 주도하기 위해 이 책이 실질적인 도움이 되길 바라며, 올바른 이해와 활용을 촉진하는 길잡이가 될 것이라 믿는다.

차례

서문 · 004
추천사 · 007

PART I | 디지털 자산 개념과 본질

CHAPTER 01 _ 증서와 토큰

1.1 증서(證書)의 발견 · 018
   1.1.1 점유를 통한 소유권 보장의 불편함 · 019
   1.1.2 소유권 보장책으로서의 증서 · 021
   1.1.3 증서를 사용하는 이유는 무엇일까? · 025
1.2 증서의 개념 · 026
   1.2.1 표상(表象)의 이해 · 026
   1.2.2 증서의 이해 · 027
1.3 증서의 특징 · 029
1.4 증서의 활용과 발전 · 040

CHAPTER 02 _ 토큰과 자산의 올바른 이해

2.1 토큰이란? · 046
2.2 자산이란? · 051
   2.2.1 실물자산 관점에서 본 증서와 토큰 · 051
   2.2.2 자산의 범위 · 055
2.3 자산의 디지털화 · 059
   2.3.1 증서·토큰의 디지털화 · 059
   2.3.2 실물자산의 디지털화 · 063

CHAPTER 03 _ 디지털 자산이란?

3.1 가상자산과 디지털 자산 차이 · 067
3.2 디지털 자산의 개념 · 072

3.3 디지털 자산의 범위 · 074
3.4 디지털 자산의 가치 · 076

PART II | 블록체인의 등장과 모든 가치의 토큰화

CHAPTER 04 _ 비트코인이란?

4.1 비트코인 백서로 보는 정의 · 081
4.2 비트코인이 디지털 골드를 구현한 방안 · 084
4.3 비트코인 가치에 대해 신뢰할 수 있는가? · 089
4.4 비트코인과 블록체인 · 092
 4.4.1 비트코인 구현 방안 · 093
 4.4.2 블록체인이란? · 097
 4.4.3 장부의 신뢰성이란? · 101

CHAPTER 05 _ 이더리움의 등장과 토큰의 재발견

5.1 범용 블록체인, 이더리움의 출현 · 108
 5.1.1 이더리움이란? · 109
 5.1.2 이더리움과 이더(Ether) · 111
5.2 이더리움의 활용: 토큰 시스템 · 112
 5.2.1 이더리움과 토큰 · 113
 5.2.2 블록체인/이더리움 기반 토큰 시스템 · 115
5.3 토큰의 이해 · 117
 5.3.1 코인과 토큰의 관계 · 117
 5.3.2 블록체인과 토큰의 관계 · 119
 5.3.3 토큰의 유형 · 122
5.4 대체 불가능 토큰: NFT · 123
 5.4.1 NFT의 개념과 실체 · 124

CHAPTER 06 _ 디지털화폐

6.1 디지털화폐의 유형 · 128
 6.1.1 스테이블코인 · 128
 6.1.2 CBDC (Central Bank Digital Currency) · 134
6.2 디지털화폐의 가능성과 현실: Diem과 비트코인 · 140
 6.2.1 디지털화폐의 가치 · 140

6.2.2 민간 영역 화폐 발행의 한계 · 141
　　　6.2.3 디엠(Diem)과 비트코인의 시사점 · 143

CHAPTER 07 _ 모든 가치의 토큰화(자산의 유동화)

　7.1 자산의 토큰화(Tokenization) · 147
　7.2 자산의 유동화와 소액투자 · 148
　　　7.2.1 RWA(Real World Asset) · 148
　　　7.2.2 유동화와 조각투자 · 152
　7.3 투자 대상의 확대와 제도권 편입 · 155
　　　7.3.1 비트코인 간접 투자 · 155
　　　7.3.2 부산 디지털 자산거래소 출범 · 162

PART III | 디지털 자산의 증권성

CHAPTER 08 _ 증권성의 이해

　8.1 증권이란 · 169
　　　8.1.1 증권의 역사 · 170
　　　8.1.2 금융과 증서 · 177
　8.2 금융상품과 금융투자상품 · 182
　　　8.2.1 금융상품이란? · 182
　　　8.2.2 투자성과 금융투자상품 · 185
　　　8.2.3 금융투자상품(증권)의 올바른 이해 · 193
　8.3 디지털 자산과 증권성의 판단 기준 · 197
　　　8.3.1 디지털 자산의 증권성 · 197
　　　8.3.2 ICO로 보는 디지털 자산의 증권성 · 199
　　　8.3.3 DeFi와 디지털 자산의 증권성 · 202
　　　8.3.4 코인과 토큰은 모두 증권인가? · 204

CHAPTER 09 _ 자본시장과 자본시장법

　9.1 자본시장이란? · 207
　　　9.1.1 왜 자본시장과 자본시장법을 알아야 하는가? · · · · · · · · · · · · · · · · · 207
　　　9.1.2 자본시장의 정의 · 208
　9.2 자본시장법 개요 · 212
　　　9.2.1 목적 및 적용대상 · 213

9.2.2 제정 배경 · 214
9.2.3 기본 방향 · 216
9.2.4 자본시장법 구성 세부 내용 · 223
9.3 자본시장법의 규제 · 227
9.3.1 규제의 유형 · 227
9.3.2 자본시장 참여자별 주요 규제 유형 · 229
9.3.3 유사수신행위 : 투자성이 없는 자금 조달의 규제 여부 · 243

CHAPTER 10 _ 증권의 유형과 특성

10.1 채무증권 · 248
10.2 지분증권 · 249
10.3 수익증권 · 250
   10.3.1 신탁업(信託業) · 250
   10.3.2 집합투자업자 · 255
10.4 투자계약증권 · 261
   10.4.1 미국 증권법의 투자계약(Investment Contract) · 262
   10.4.2 투자계약증권의 적용 사례: 뮤직카우 · 264
   10.4.3 투자계약증권의 정확한 개념 · 266
   10.4.4 투자계약증권 사례 · 268
10.5 증권의 디지털화 · 270
   10.5.1 전자증권의 등장 · 271
   10.5.2 전자등록이란? · 275
   10.5.3 전자증권이란? · 280

PART IV | 전자증권과 토큰증권

CHAPTER 11 _ 전자증권법

11.1 전자증권법 개요 · 286
   11.1.1 주요 구성 및 내용 · 286
   11.1.2 전자등록 대상 증권 · 287
   11.1.3 제도운영기관 · 289
11.2 계좌관리체계와 전자등록의 안전성 · 292
   11.2.1 전자증권제도 계좌체계 · 292
   11.2.2 전자등록의 안전성 확보 · 301
11.3 자본시장법과 전자증권법 차이점 · 303

11.3.1 제정 목적 · 303

CHAPTER 12 _ 토큰증권의 출현과 제도 정비

12.1 토큰증권의 개요 · 311
    12.1.1 '토큰' 용어의 등장 · 311
    12.1.2 토큰증권 개념과 정의 · 314

12.2 토큰증권의 올바른 이해 · 324
    12.2.1 증권 관점에서 본 토큰증권의 특징 · 324
    12.2.2 토큰 관점: 블록체인 · 329
    12.2.3 금융위원회 관점 · 334

12.3 토큰증권 허용과 토큰증권제도 정비 · 342
    12.3.1 토큰증권 허용(도입) 배경 · 342
    12.3.2 "왜 분산원장을 사용해야 하는가?" · 344
    12.3.3 토큰증권제도 정비 방향 · 348

12.4 토큰증권의 가치 및 시사점 · 354
    12.4.1 토큰증권의 가치 · 355
    12.4.2 토큰증권의 시사점 · 359

12.5 마무리하며 · 361

CHAPTER 13 _ 토큰증권 발행·유통 규율체계 정비방안

13.1 토큰증권 개념 · 366
13.2 토큰증권 발행·유통 규율체계 정비 기본방향 · 370
    13.2.1 증권 여부 판단원칙 제시 · 370
    13.2.2 토큰증권 발행·유통 규율체계 정비 · 371

13.3 토큰증권 발행·유통 규율체계 정비 기본방향 세부 내용 · · · · · · · · · · · · · · · · · 376
    13.3.1 증권 여부 판단원칙 제시 · 376
    13.3.2 토큰증권 발행·유통 규율체계 정비 · 377

13.4 향후 계획 및 요건 · 384
    13.4.1 향후 계획 · 384
    13.4.2 기타 요건 · 385

13.5 토큰증권 구현 방안 · 388

PART V | 디지털 자산 분석과 전망

CHAPTER 14 _ 디지털 자산의 올바른 이해

- 14.1 디지털 자산의 개요 · 396
  - 14.1.1 디지털 자산의 실체 · 396
  - 14.1.2 디지털 자산의 구조와 유형 · 398
- 14.2 디지털 자산의 속성 · 402
  - 14.2.1 디지털 자산의 7가지 속성 · 402
- 14.3 디지털 자산 사례 분석 · 407
  - 14.3.1 디지털화폐 · 407
  - 14.3.2 자산의 토큰화 · 418
- 14.4 디지털 자산의 위험성 분석 · 427
- 14.5 디지털 자산 법·제도 환경 이해 · 437
  - 14.5.1 해외의 디지털 자산 법·제도 동향 · 437
  - 14.5.2 국내의 디지털 자산 법·제도 환경 · 443

CHAPTER 15 _ 디지털 자산 전망

- 15.1 디지털화(Digitalization) · 447
  - 15.1.1 디지털 표현 · 447
  - 15.1.2 디지털 구현 · 448
  - 15.1.3 디지털 프로세스 · 451
- 15.2 자산의 디지털화 · 452
  - 15.2.1 실물자산의 디지털화 · 452
  - 15.2.2 디지털 자산 창조 · 453
  - 15.2.3 자산의 디지털 프로세스 · 460
- 15.3 메타버스 세상과 디지털 경제 · 463
  - 15.3.1 메타버스 세상의 디지털 경제 요소 · 464
  - 15.3.2 메타버스 세상에서의 디지털 경제 구현 · 466

마무리하며 · 469
찾아보기 · 471

PART I

디지털 자산 개념과 본질

2024년 3월, 비트코인 가격이 국내거래소에서 1억 원을 돌파하며 가상자산에 대한 관심이 다시 집중되었다. 미국 SEC(증권거래위원회)의 비트코인과 이더리움 ETF 승인, 그리고 블랙록의 RWA 펀드 출시와 같은 움직임은 가상자산과 디지털 자산이 제도권 내에서 재평가되고 있음을 보여준다. 우리나라에서도 부산광역시가 '모든 가치의 토큰화'를 목표로 디지털 자산거래소를 설립하는 등 관련 준비가 활발히 진행되고 있다. 몇 년 전만 해도 비트코인은 사기이며 아무런 내재적 가치가 없다고 공격받던 시절과 비교하면, 그야말로 격세지감이다.

2024년에 접어들면서 가상자산과 디지털 자산이 과거와 달리 제도권 내에서 주목받고 재평가되고 있다. 하지만 가상자산과 디지털 자산에 대한 개념과 범주가 명확하지 않다. 특히 가상자산에 대한 증권성 이슈는 끊임없이 따라다니며 불확실성을 야기하고 있다.

가상자산과 디지털 자산은 다양한 용어와 개념으로 소개되지만, 본질적으로 전통적인 자산이나 금융과 크게 다르지 않다. 자산의 구조적인 측면에서도 증서·토큰이라는 기본적인 구조에서 크게 벗어나지 않는다. 가상자산과 디지털 자산의 본질을 명확히 이해하기 위해서는 증서나 토큰에 대한 이해가 선행되어야 한다.

필자는 'NFT 실체와 가치'라는 다른 저서를 통해 증서와 토큰의 개념을 자세히 설명한 바 있다. 당시 NFT 개념을 설명하기 위한 목적이었다면, 여기에서는 '자산'의 개념과 구조 관점으로 접근하고자 한다. 'NFT 실체와 가치'와 일부 중복될 수 있지만, 이미 증서와 토큰 개념을 학습한 독자라도 '자산'이란 관점에서 다시 살펴보면 좋을 것이다.

CHAPTER

01
증서와 토큰

'토큰Token'이라는 단어를 들으면 많은 사람은 가상화폐나 블록체인을 떠올리지만, 토큰은 블록체인과는 상관없이 오래전부터 사용되어온 용어이자 개념이다. 토큰의 본질적 개념을 이해하기 위해서는 동서고금을 막론하고 오래전부터 사용되어 온 '증서(證書)'의 개념부터 이해할 필요가 있다.

얼마 전, 콜롬비아 앞바다에서 300년 넘게 묻혀 있던 스페인 보물선이 발견되었다는 언론 보도가 있었다. 보물의 가치는 우리 돈으로 약 27조에 이르는 엄청난 규모였다. 1708년, 스페인 국왕 소유의 산호세San Jose 호가 영국 함대의 전투 중 콜롬비아 카르타헤나 앞바다에 침몰되었는데 이번에 그 보물이 발견된 것이다.

그러나 이 보물을 두고 소유권 분쟁이 일어나고 있다. 콜롬비아 정부는 자국 영해에서 발견되었기 때문에 콜롬비아 소유라고 주장하고, 미국 인양업체는 자신들이 침몰 위치를 최초 발견했기 때문에 지분이 있다고 주장하고 있다. 스페인은 자국 국적의 배였으므로 소유권이 있다고 주장하며, 볼리비아 정부는 이 보물이 과거 볼리비아에서 채굴된 것이므로 자국의 소유라고 주장하고 있다. 또한, 볼리비아 원주민 공동체는 이 보물이 자신들 조상의 노동력을 착취하여 채굴된 것이기 때문에 일정한 지분이 있다고 주장하고 있다.

과연 이 보물의 진정한 소유권자는 누구일까? 사람들이 생활하고 경제활동을 영위하는 근본적인 이유는 필요한 재화나 서비스를 소유하기 위해서이다. 대부분의 분쟁과 갈등도 바로 이 재화와 서비스의 소유 문제에서 비롯된다. 인류는 이런 소유권 문제를 어떻게 대처하고 발전시켜 왔는지 살펴보도록 하자.

1.1 증서(證書)의 발견

사람들은 매일 다양한 경제활동과 사회활동을 통해 생활에 필요한 재화나 서비스를 얻는다. 이 과정에서 사람들은 한정된 자원을 소유하기 위해 경쟁하고, 때로는 소유권의 정당성 문제로 갈등을 빚기도 한다. 일상에서 발생하는 분쟁과 갈등의 대부분은 이러한 재화와 서비스에 대한 소유 문제 때문이라고 볼 수 있다. 우리나라 민법(民法)은 개인 간의 사적인 생활 관계를 규율하고 있다. 개인 간 사적인 생활 관계에서 가장 중요한 권리는 '물건에 대한 소유 권리'다. 민법에서도 물권(物權)을 가장 먼저 다루는 이유도 여기에 있다.

1.1.1 점유를 통한 소유권 보장의 불편함

어떤 물건이 본인 소유임을 주장할 수 있는 근거와 방법은 무엇일까? 예를 들어 어떤 물건이 홍길동 소유라는 것을 보장받기 위해서는 홍길동 외에 다른 사람들도 그 소유권리가 홍길동에게 있음을 인식하고 인정해줘야 한다. 만약 다른 사람들이 그 물건의 소유권이 홍길동에 있음을 인식하지 못하거나 인정하지 않으면 분쟁의 소지가 발생할 수 있다. 예를 들어 산속에 방치된 말 한마리가 있다면, 그 말이 홍길동 소유임을 증명하는 것은 매우 어렵다. 어떤 물건에 대한 권리가 홍길동에게 귀속됨을 타인이 인식·인정할 수 있도록 하는 가장 일반적이고 전통적인 방법은 그 물건을 점유(占有)하는 것이다. 홍길동이 자신의 집 마구간에서 그 말을 계속 점유하고 있다면, 소유권을 주장하기 훨씬 수월해지고 타인으로부터 인정받을 수 있다. 점유에 의한 소유권 보장이 다소 어색하게 느껴질 수 있지만, 우리는 일상에서 대부분 점유를 통해 소유권을 보장받고 있다. 예를 들어 상점에서 상품을 구입하면, 대금을 지불하고 상품을 인도받아 점유함으로써 그 상품에 대한 소유권이 발생한다. 독도가 대한민국 영토로 인정받는 이유도 대한민국과 그 국민이 오랫동안 점유해왔고, 현재도 실효적 지배(점유)를 하고 있기 때문이다. 법에서도 점유를 통한 소유권 보장은 명확하게 명시하고 있다. 소유권 개념을 더 정확하게 이해하기 위해서는 '소유권 정당성'과 '선의취득' 개념도 이해해야 하지만 여기에서는 다루지 않도록 하겠다.

소유권을 보장하는 가장 일반적인 방법은 '**점유(占有)와 인도(引渡)**[*]'이다. 다음 그림 1-1을 보자. 말을 점유하고 있다면 소유권을 갖게 된다. 소유권의 양도 역시 점유하고 있던 말을 타인에게 인도하고, 타인이 그 말을 점유하게 되면 소유권이 양도된다.

---

* 인도: 사물이나 권리 따위를 넘겨줌

 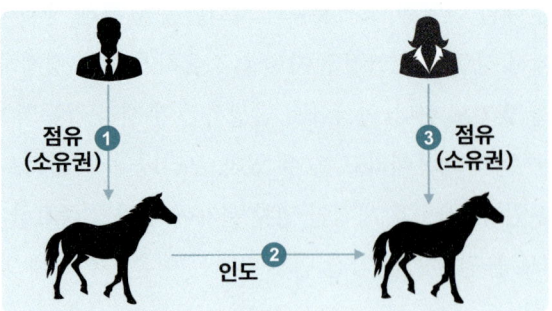

그림 1-1 점유를 통한 소유권 보장

> 민법 제188조(동산물권양도의 효력, 간이인도)
> ①동산에 관한 물건의 양도는 그 동산을 인도하여야 효력이 생긴다.

그러나 거래 활동이 다양해지고 경제규모가 확대되면서 점유를 통한 소유권 보장이 어렵거나 불편한 상황이 발생하기도 했다. 다음 세 가지 사례를 통해 '점유를 통한 소유권 보장'이 불편한 상황을 이해해보자.

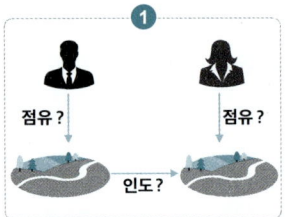  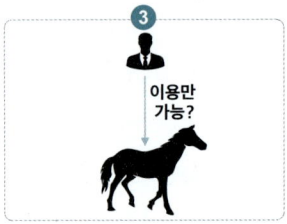

❶ 물건(동산)은 점유와 인도가 쉽지만, 토지(부동산)는 방대한 크기와 고정된 특성 때문에 직접 점유하기 어렵고, 상대방에게 인도하는 것도 사실상 불가능하다.

❷ 말은 고가이기 때문에 세 사람이 돈을 모아 함께 말을 구입했다고 가정해보자. 이처럼 공동 소유한 상황에서는 소유권 관점에서 문제가 생긴다. 이 말의 소유자는 누구인가? 점유를 통해 소유권이 보장되는 상황에서는 말을 균등하게 3등분하여 각각 점유하면 소유권 문제가 해결된다. 하지만 살아있는 말을 3등분하여 점유하는 것은 사실상 불가능하기 때문에 소유권 보장 문제가 발생한다.

❸ 과거에는 말을 이용하려면 직접 소유해야만 했다. 그런데 급하게 1주일만 말을 이용해야 하는 상황에서 1주일 이용을 위해 비싼 말을 구입해서 점유하는 것은 매우 비경제적이다.

그림 1-2 점유를 통한 소유권 보장 어려움

전통적으로 '점유를 통한 소유권'이 일반적이지만, 앞선 세 가지 사례들에서는 점유를 통한 소유권 보장이 어려울 수 있다. 이런 문제를 어떻게 해결할 수 있을까?

1.1.2 소유권 보장책으로서의 증서

점유를 통한 소유권 보장이 어려운 상황에서 하나의 해결책은 '권리'를 식별하고 타인들이 그 권리를 인지·인식할 수 있도록 기록하는 방법이다. 권리를 문서에 표기한 '증서(證書)'가 대표적인 사례이다.

세 가지 사례처럼, 점유를 통한 소유권 보장이 어려운 상황에서는 '소유권리, 지분권리, 이용권리'를 각각 식별하고 그 권리를 문서에 기록하는 방식을 이용하면 문제를 해결할 수 있다.

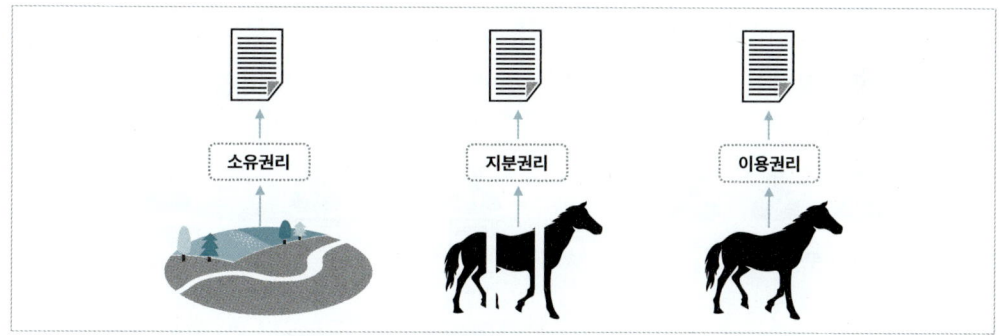

그림 1-3 증서의 발견과 개념

기초자산이나 물건을 그대로 거래에 활용하면 불편하고 비효율적일 때가 많다. 이때 기초자산에 내포된 권리를 식별하고 그 권리를 대신 사용하면 보다 효과적이다. 하지만, 권리는 무형이어서 식별하기 어렵고, 시각화가 어렵다. 이러한 무형의 권리를 실체화하는 효과적인 방법은 권리 내용을 글자로서 문서에 표기하는 것이다. 바로 이 무형의 권리내용을 글자로 실체화해 권리·의무·사실 따위를 증명하는 문서가 바로 **증서(證書)**이다.

기초자산에 대한 직접 점유와 인도가 어려운 경우, 소유권리를 표기한 증서를 대신 점유하고 인도하는 방식으로 소유권 보장 및 이전이 가능하다. 그림 1-4에서처럼 토지를 직접 점유하는 대신 토지의 소유권리를 표기한 증서를 점유하면 토지를 직접 점유하는 효과를 얻을 수 있다. 또한 토지를 직접 인도하는 대신 증서를 대신 인도하면 토지 소유권을 이전하는 효과를 얻을 수 있다. 권리가 기록된 증서를 직접 점유 및 인도할 수도 있지만, 그 권리 내용과 변동을 공적 장부(帳簿)에 기록하는 방법도 가능하다. 공적 장부의 대표 사례가 등기소이다.

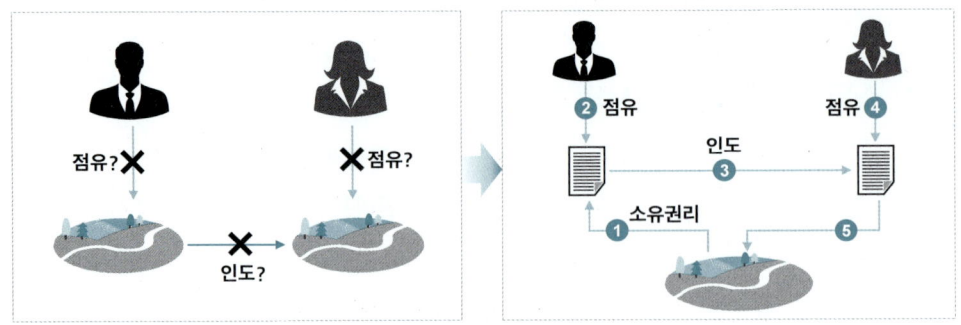

그림 1-4 증서의 점유와 인도

그림 1-5에서처럼, 살아있는 말의 33%를 점유하는 것은 불가능하지만, 말에 대한 33% 지분권리를 문서에 기록하고 그 문서를 점유한다면 말에 대한 33% 지분권리를 확보할 수 있다.

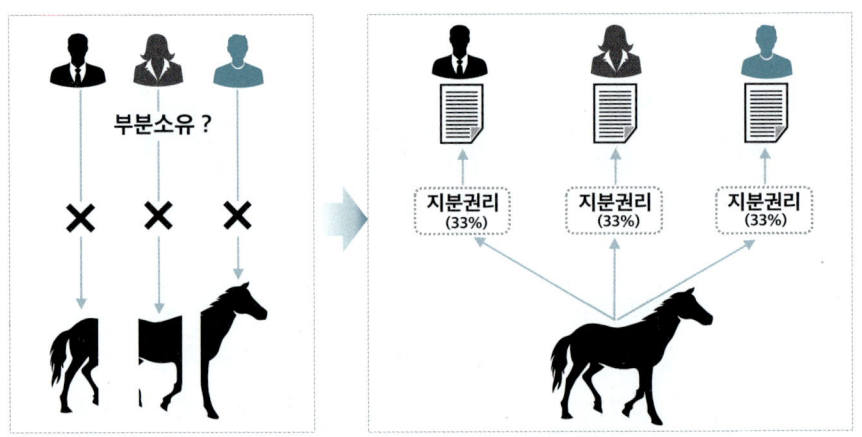

그림 1-5 증서 활용을 통한 소유문제 해결

> **Note 지분권리**
>
> 기업은 운영에 필요한 자금을 조달하기 위해 주식을 발행한다. 이 주식은 회사에 대한 지분권리를 문서에 기록한 일종의 증서라고 볼 수 있다. 기업을 물리적으로 분할하여 소유하는 것은 불가능하다. 따라서 지분권리를 문서에 기록한 증서(주식)를 대신 발행하고 이를 양도(거래)할 수 있다.

> 상법 제336조(주식의 양도방법) ①주식의 양도에 있어서는 주권을 교부하여야 한다.
> ②주권의 점유자는 이를 적법한 소지인으로 추정한다.

말에 대한 소유권을 가진다는 것은 그 말을 사용·수익·처분 권리를 지니고 있음을 의미한다. 따라서 말을 사용하거나 수익 및 처분하기 위해서는 점유를 통해 소유권을 확보해야 한다. 하지만, 그림 1-6에서처럼 말을 직접 점유(소유권)하는 대신 '사용권리'만을 별도로 식별하여 증서를 만들고 그 증서를 점유 및 인도하는 방식으로 말에 대한 사용을 구현할 수 있다.

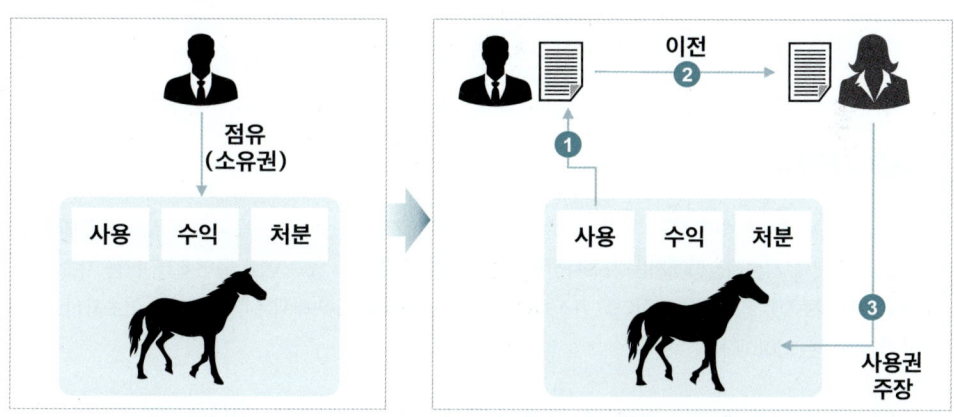

그림 1-6 소유권과 사용권 분리

그림 1-7은 증서의 구조를 좀 더 자세하게 보여주고 있다. 말은 다양한 권리를 지닌다. 다양한 권리 중 필요한 권리를 식별하고 그 권리 내용을 문서에 표기하는 방식으로 추상적인 무형의 권리를 보장받을 수 있게 된다.

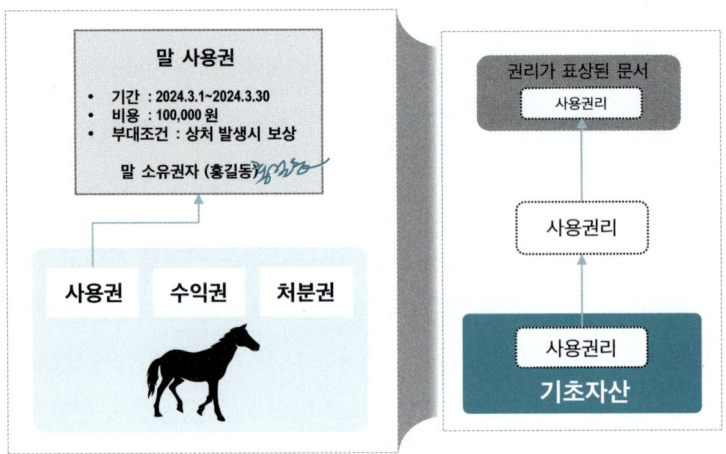

그림 1-7 증서의 개념과 구조

> **📝 Note 기초자산**
>
> 기초자산이란 용어는 금융에서 다양하게 사용된다. 이 책에서는 '기초자산'이라는 용어를 두 가지 관점에서 사용할 것이다. 첫째, 자본시장법에서는 기초자산을 다음과 같이 규정하고 있다. 예를 들어 ETF 상품 기초자산으로 구성된 기초지수를 추종해야 한다고 규정하며, ETF 상품을 만들기 위해서는 다음과 같은 기초자산만 편입이 가능하다는 의미이다.
>
> > 자본시장법 제4조(증권) ⑩ 이 법에서 "기초자산"이란 다음 각 호의 어느 하나에 해당하는 것을 말한다.
> > 1. 금융투자상품
> > 2. 통화(외국의 통화를 포함한다)
> > 3. 일반상품(농산물·축산물·수산물·임산물·광산물·에너지에 속하는 물품 및 이 물품을 원료로 하여 제조하거나 가공한 물품, 그 밖에 이와 유사한 것을 말한다)
> > 4. 신용위험(당사자 또는 제삼자의 신용등급의 변동, 파산 또는 채무재조정 등으로 인한 신용의 변동을 말한다)
> > 5. 그 밖에 자연적·환경적·경제적 현상 등에 속하는 위험으로서 합리적이고 적정한 방법에 의하여 가격·이자율·지표·단위의 산출이나 평가가 가능한 것
>
> 둘째, 이 책에서는 자산을 '증서와 토큰' 관점에서 설명할 예정이다. 증서와 토큰은 독립적으로 존재하는 것이 아니라 반드시 그 발행을 위한 '근거'나 '기반'이 존재해야 한다. 이 책에서는 증서와 토큰 발행의 기반이 되는 것을 '기초자산'이라는 범용적 용어로 설명한다. 정의적 용어라기보다는 설명의 편의상 사용하는 용어로 이해해주길 바란다. 기초자산은 실물자산일 수도, 무형자산일 수도 있으며, 막연한 추상적 개념일 수도 있다.

> 정리하면, 증권이나 법적 용어로 사용된 '기초자산'은 '자본시장법상'의 기초자산을 의미한다. 반면 증서와 토큰을 설명하면서 사용되는 '기초자산'이란 용어는 증서와 토큰의 발행 근거가 되는 기반 정도로 이해하면 된다.

1.1.3 증서를 사용하는 이유는 무엇일까?

그렇다면 이러한 증서를 굳이 왜 사용하는 것일까? 사례에서 살펴본 것처럼, 토지는 점유와 인도에 의해 소유권을 보장받기 어렵고, 살아있는 말은 33% 지분권리를 구현하기 어렵다. 말에 대한 소유권 없이 사용권만을 활용하는 것은 어렵다.

토지와 말과 같은 기초자산을 거래에서 직접 활용하는 것은 불편하고 비효율적이다. 이때 기초자산의 가치와 권리를 글자로 문서에 표시한 증서를 대신 사용하면 편리성과 효율성을 크게 높일 수 있다.

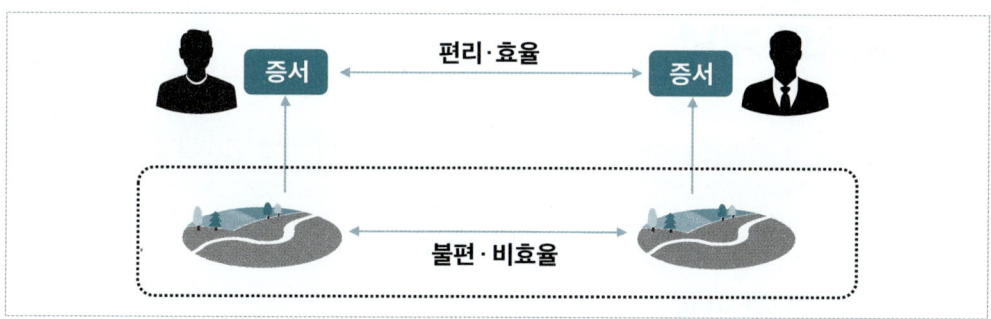

그림 1-8 증서 활용의 효과

물건에 대한 권리를 보장받기 위해서는 상대방이 이를 인식하고 인정해야 한다. 상대방이 권리를 인식할 수 있는 대표적인 방법은 점유하거나, 권리를 어디에 기록해 두는 것이다. 어떤 권리에 대해 상대방이 인식하는 방법으로 '공시(公示)'라는 제도가 있다. 공시의 사전적 의미는 일정한 내용을 공개적으로 게시하여 일반에게 널리 알리는 것이다. 법적으로, 권리의 변동을 점유·등기·등록과 같은 방법으로 타인이 인식할 수 있도록 표상하는 것을 의미한다. 민법에서도 권리의 변동이 공시 절차를 통해 보장된다고 명시하고 있다.

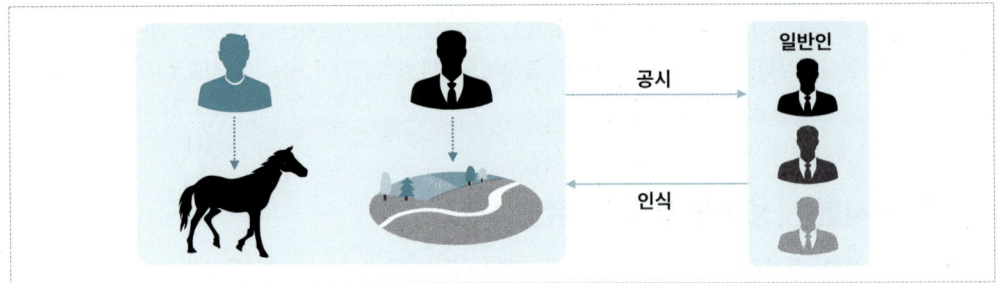

그림 1-9 공시(公示) 개념과 필요성

공시(公示)는 권리의 변동을 타인이 인식할 수 있도록 외부에 알리는 것이다. 이런 공시를 통해서 상대방이나 타인들은 소유권이나 권리 변동을 인식하고 인정하게 된다.

1.2 증서의 개념

증서는 상대방이 그 권리를 인식할 수 있도록 하는 공시(公示)의 가장 일반적인 방법 중 하나이다.

1.2.1 표상(表象)의 이해

증서를 이해하기 위해서는 먼저 표상(表象)*이라는 개념을 이해할 필요가 있다. 표상의 사전적 의미는 다음과 같다.

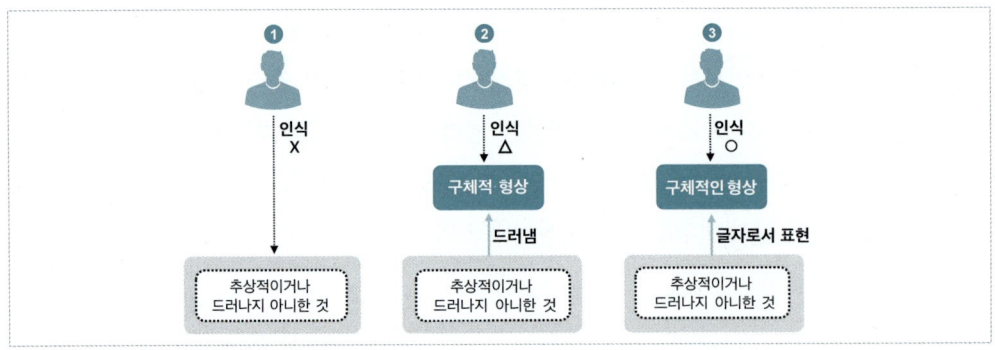

* 표상 - 추상적이거나 드러나지 아니한 것을 구체적인 형상으로 드러내어 나타내는 것

❶ 추상적이거나 드러나지 않은 것은 타인이 인식하기 어렵다.
❷ 추상적이거나 드러나지 않은 것을 구체적인 형상으로 드러내면 타인이 인식하기 쉽다.
❸ 구체적인 형상을 좀 더 명확하게 글자로서 표기한다면 타인이 인식하기 훨씬 쉽다.

그림 1-10 **표상(表象) 개념**

정리하면, 표상(表象)이란, 기초자산 내의 추상적이거나 보이지 않는 것을 글자로 구체화하여 타인이 쉽게 인식할 수 있도록 하는 과정이다.

> **Note**
>
> 증서나 증권 관련 문서·보고서를 읽다 보면 '표창'과 '표상'이라는 단어가 혼용되는 것을 볼 수 있다. 심지어 논문이나 전문 보고서에서도 표창이라는 단어가 자주 사용되고 있다. 국어사전에서는 표창과 표상을 다음과 같이 정의하고 있다.
>
> - 표창(表彰) - 어떤 일에 좋은 성과를 내었거나 훌륭한 행실을 한 데 대하여 세상에 널리 알려 칭찬함
> - 표상(表象) - 추상적이거나 드러나지 아니한 것을 구체적인 형상으로 드러내어 나타냄
>
> 앞서 소개한 증서의 개념에서는 표창보다는 표상이란 단어가 더 적합하다. 그런데 왜 증서 관련 설명에서 '표창'이란 단어가 자주 등장할까? 이와 관련하여 국립국어원의 답변을 소개한다.
>
> > '보이신 문장은 의미상, 추상적이거나 드러나지 않은 것을 구체적인 모양으로 나타낸다는 뜻을 나타내는 '표상하다'가 쓰일 문맥이라고 판단하여, 이에 따라 정보를 찾아보았는데, '국립국어원 누리집 한국어기초사전'과 '일본어 사전'에서 아래와 같이 '표창/표상', '표창하다/표상하다'가 동음이의어임을 확인하였습니다. 이에 따라 헤아려 보건대, 일본어를 우리말로 번역하는 과정에서 어떤 혼동이 있지 않았을까 합니다.'
>
> ひょうしょう【表彰】
> ひょうしょう【表象】
> ひょうしょうする【表彰する】
> ひょうしょうする【表象する】
>
> 따라서 이 책에서는 '표창' 대신 '표상'을 사용하기로 한다.

1.2.2 증서의 이해

표상의 가장 적절한 방법은 글자로 문서에 표기하는 방식이라고 했다. 증서(證書)에서 '서(書)'

는 '글, 글자, 문장'을 의미한다. 증서는 영어로 'certificate'이다. Certificate를 영영사전에서는 다음과 같이 정의하고 있다.

> 'official document that states that a fact or facts are true'
> state는 '표기하다, 명시하다'를 의미한다.

여기까지 살펴본 증서의 개념을 바탕으로 구조화하면, 다음 그림 1-11과 같은 3가지 요소로 구성되어 있다는 것을 확인할 수 있다.

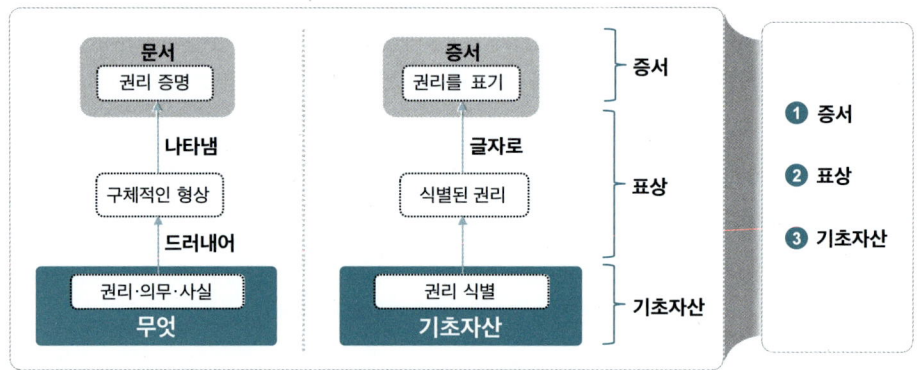

- 증서(證書) - (무엇의) 권리나 의무, 사실 따위를 증명하는 문서
- 표상 - 추상적이거나 드러나지 아니한 것을 구체적인 형상으로 드러내어 나타냄
- 기초자산 - 증서 발행의 근거가 되는 기반

그림 1-11 증서의 개념과 구조

Summary

증서

- **개념** 기초자산을 대신하여 권리·의무·사실을 증거·증명해 주는 문서
- **활용** 불편하고 비효율적인 기초자산 대신 편리하고 효율적인 증서 사용
- **구성** 증서, 표상, 기초자산으로 구성

1.3 증서의 특징

앞으로 다룰 가상자산·디지털 자산의 특징은 증서의 특징과 거의 유사하기 때문에 잘 이해할 필요가 있다. 이를 이해하기 위해 역사 속의 증서 사례를 하나 살펴보고 이를 바탕으로 증서의 다양한 특징을 정리해 보겠다.

▌ 금세공업자 사례

중세 영국의 금세공업자$_{Goldsmith}$ 이야기를 해보자. 이 사례는 필자가 책을 집필할 때마다 인용하는 사례로, 증서의 특징을 이해하는 데 중요한 시사점을 내포하고 있다.

오늘날 지폐의 기원을 중세 영국 금세공업자 사례에서 찾는 경우가 많다. 중세 금세공업자들은 많은 금$_{Gold}$을 취급했기 때문에 크고 튼튼한 대형 금고를 보유하고 있었다. 당시 금은 화폐와 같은 역할을 했기에 중세 상인과 부자들은 많은 금을 보유하고 있었다. 그런데 금을 직접 보관·관리하기에는 위험이 따랐기 때문에 이들은 보관료 지불과 함께 금을 금세공업자의 금고에 맡겼고 금세공업자는 '금 보관증'을 발행해 주었다. 나중에 금을 다시 찾고자 할 경우에는 이 금 보관증을 제시하면 언제든지 금을 되돌려 받을 수 있었다. 금 보관증은 금을 기초자산으로 금 태환* 권리를 문서에 기입한 일종의 증서이다.

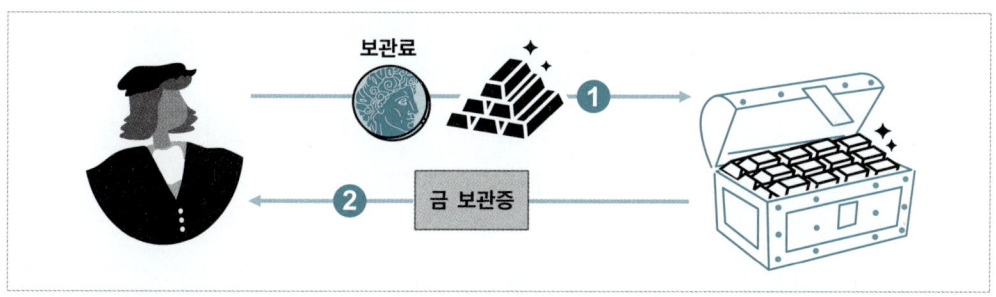

그림 1-12 금세공업자와 금 보관증

상인들은 금세공업자에 금을 맡긴 이후, 거래 대금을 지불하기 위해서 보관했던 금을 다시

---

* '바꿔주다'는 의미로서, 금 보관증을 제시하면 금으로 교환해 주는 것을 의미한다.

찾아와야 했다. 그런데 금을 다시 찾아와서 현실 거래에서 이용하는 것은 거래 당사자 모두에게 불편하고 위험했기 때문에 금을 직접 찾아오는 대신 금 보관증 자체가 대금 지불 수단으로 통용되기 시작했다. 금 보관증은 언제든지 제시만 하면 금을 되돌려 받을 수 있는 태환 권리가 표상되어 있었기 때문에 금 보관증만으로도 대금 지불이 가능했다. 이렇게 되자, 금은 더 이상 시장에서 유통되지 않았고 금 대신 금 보관증이 화폐처럼 유통되었다. 이 금 보관증은 나중에 실제로 '지폐'로 발전한다.

금세공업자는 금고에 보관된 금을 기반으로 금 보관증을 발행했지만, 보관된 금을 더 이상 찾아가지 않거나 찾아가더라도 보관한 사람들 모두가 동시에 찾아가지 않는다는 사실을 깨닫게 되었다. 금세공업자는 이를 이용해 돈을 벌 수 있는 기막힌 아이디어를 생각해 낸다. 금세공업자의 금고에 계속 보관되어 있는 금을 다른 사람들에게 대출해 주고 이자를 받기 시작했다. 혹시 금을 찾아갈 경우를 대비해서 일부만 남기고 나머지는 대출을 통해 막대한 이자 수익을 올리게 되었다.

이러한 방법으로 금세공업자들이 많은 돈을 벌자, 금을 맡긴 사람들은 자신들의 허락 없이 금을 대출한 것에 대해 강하게 항의했다. 이에 금세공업자는 대출을 통해 발생한 수익을 금 소유자와 분배한다는 제안을 하였고 금 소유자들은 이 제안을 나쁘지 않은 제안이라고 생각하고, 이를 수용하게 되었다.

이후 돈맛을 알게 된 금세공업자는 다시 한번 머리를 굴린다. 금고에 보관된 금의 양을 자신 외에는 아무도 모른다는 점을 이용해 더 많은 돈을 벌 수 있는 방법을 생각해 낸다. 기존에는 보관된 금 범위 내에서 금 보관증을 발행했지만, 이제는 존재하지도 않는 금을 기반으로 금 보관증(일종의 화폐)을 발행해서 이자 수익을 올리기 시작했다. 금세공업자의 금고에 어느 정도의 금이 보관되어 있는지 본인 외에는 아무도 알 수 없었기 때문에 가능한 일이었다. (출처: EBS 다큐프라임)

지금까지 설명한 내용을 도식화하여 설명하면 그림 1-13과 같다.

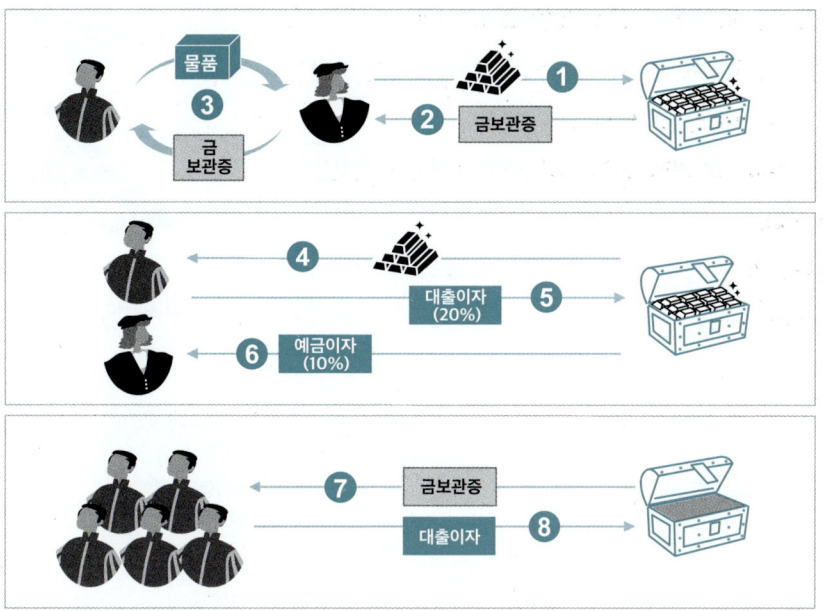

❶ 상인과 부자들은 본인들의 금을 보관료와 함께 금세공업자 금고에 보관
❷ 금을 보관하면 금세공업자는 맡긴 금을 근거로 금 보관증을 발행
❸ 상인들은 맡긴 금을 되찾아 오는 대신 시장에서 금 보관증을 거래 대금으로 활용하였고, 시장에는 금 대신 금 보관증만 유통(금 보관증이 사실상 지폐 역할)
❹ 금세공업자는 금고에 보관된 금을 주인의 허락도 없이 다른 사람들에게 대출
❺ 허락도 없이 남의 금을 몰래 대출하고 대출이자 수익 발생
❻ 대출이자의 일부를 금 원래 소유자에게 예금이자 명목으로 지급
❼ 금고에 얼마만큼의 금이 보관되어 있는지 금세공업자 외에는 아무도 모른다는 점을 이용하여, 금세공업자는 존재하지도 않는 금을 기반으로 금 보관증을 발행
❽ 존재하지도 않는 금을 대출하고 엄청난 이자수익 발생

그림 1-13 **금세공업자 사례**

이 사례는 단순히 역사 속의 재미있는 사건으로 볼 수 있지만, 이 금세공업자들은 실제로 영국의 금융자본가로 성장한다. 오늘날의 은행도 이러한 금세공업자들의 모델에서 출발했으며 현재 은행의 수익 모델은 역시 금세공업자의 수익모델과 크게 다르지 않다.

금세공업자 사례로 보는 증서의 특징

금세공업자 사례를 통해 금 보관증(증서)의 특징을 한번 정리해 보겠다.

첫 번째, 금 보관증은 기초자산을 기반으로 발행된다.

금세공업자의 금고에 금(기초자산)을 입고하면, 이를 기반으로 금 보관증이 발행되었다.

두 번째, 기초자산의 권리 내용을 식별하여 종이에 표기하는 방식을 취한다.

금을 보관하면 그 금의 태환권리를 문서에 기록한 것이 바로 금 보관증이다.

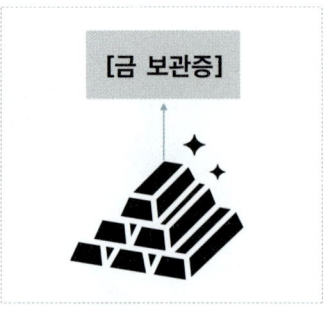

그림 1-14 금 보관증 개념

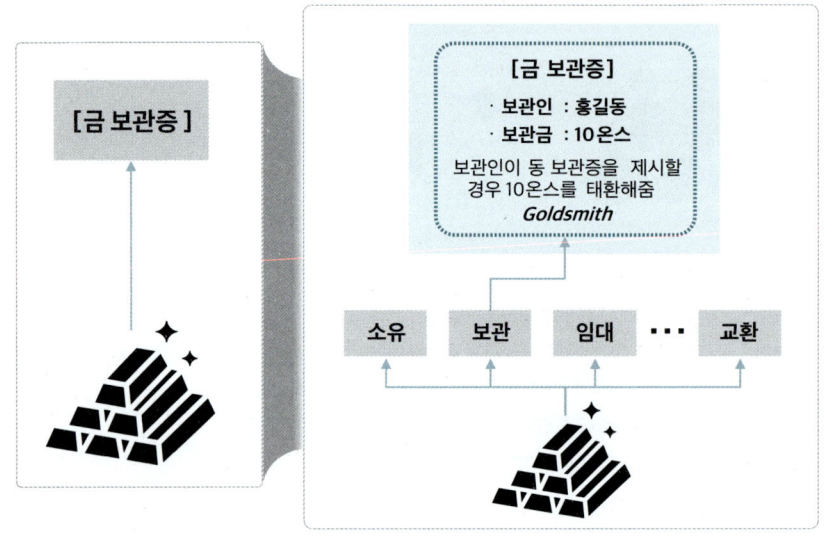

그림 1-15 금 보관증 원리

세 번째, '권리 내용'에 따라 증서의 용도와 역할이 달라진다.

그림 1-16은 권리 내용과 표기 방식에 따라 금 보관증의 용도와 역할이 달라진다. 처음에는 금 보관증이 순수하게 금 보관을 증명하는 보관증이었지만, 나중엔 금 보관증에서 '보관인'이 '소지인'으로 수정되고 맡긴 금을 대출에 활용되자 이자에 대한 문구도 추가되면서 화폐처럼 유통될 수 있었다. 이처럼 증서의 용도와 역할은 권리 내용에 따라 달라진다.

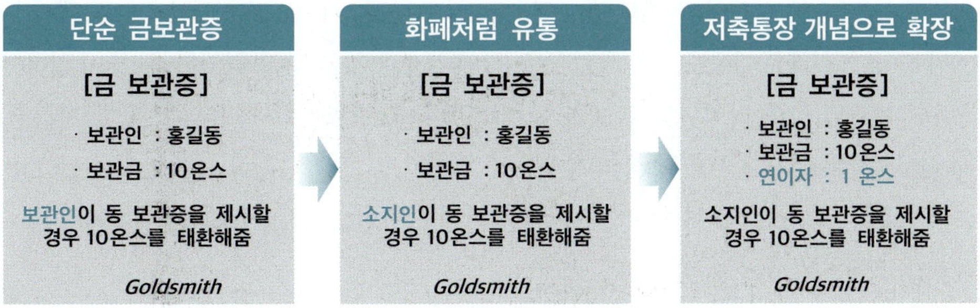

단순 금보관증
[금 보관증]
· 보관인 : 홍길동
· 보관금 : 10온스
보관인이 동 보관증을 제시할 경우 10온스를 태환해줌
Goldsmith
화폐처럼 유통
[금 보관증]
· 보관인 : 홍길동
· 보관금 : 10온스
소지인이 동 보관증을 제시할 경우 10온스를 태환해줌
Goldsmith
저축통장 개념으로 확장
[금 보관증]
· 보관인 : 홍길동
· 보관금 : 10온스
· 연이자 : 1 온스
소지인이 동 보관증을 제시할 경우 10온스를 태환해줌
Goldsmith

그림 1-16 권리내용에 따른 증서의 용도와 역할 변화

- 단순 금 보관증: 금을 맡긴 당사자만 금을 찾을 수 있어 순수한 금 보관증 역할을 했다.
- 화폐처럼 유통: 권리 내용이 '보관인'에서 '소지인'으로 바뀌면서 양도가 가능해졌고 금 보관증은 화폐로서 기능하게 되었다.
- 저축통장 개념으로 확장: 금 보관증에 이자 청구권 추가되면서 금소유자들은 맡긴 금을 되찾을 수 있는 권리와 더불어 이자까지 청구할 수 있는 권리로 활용되었다.

이처럼 동일한 기초자산을 기반으로 발행된 증서라도 권리 내용을 증서에 어떻게 정의하고 표기하느냐에 따라 그 용도와 역할이 달라진다. 우리가 은행에 돈을 맡기면 예금증서(통장)가 발행되는 것처럼 금 보관증도 예금증서와 유사한 개념이다. 예금증서는 은행이 발행하는 일종의 증서로서 반드시 소유자의 이름이 기입되지만, 만약 '소유자명' 대신 '소지인'으로 표기된다면 양도가 가능해진다. 이러한 금융상품이 '양도성 예금증서(CD)'이다. 예금증서와 같은 개념이지만 양도가 가능하다는 차이가 있다.

양도성 예금증서 (무 기 명 식)
견본
1억원 이하
위의 금액을 상기조건과 해당약관 및 뒷면특약에 따라 만기 지급일에 이 증서와 상환하여 소지인에게 지급하겠습니다.
우리은행

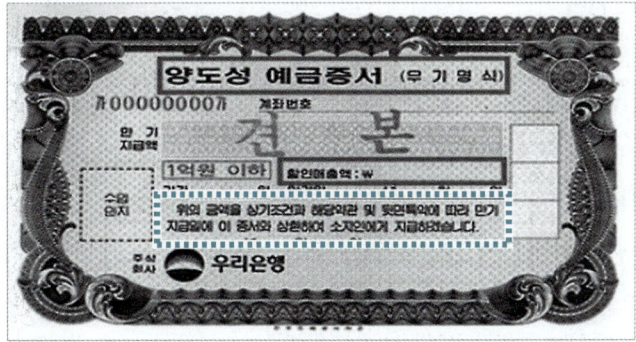

"위의 금액을 상기조건과 해당약관 및 뒷면특약에 따라 만기 지급일에 이 증서와 상환하여 소지인에게 지급하겠습니다."

그림 1-17 양도성 예금증서

금 보관증은 나중에 실제로 지폐로 발전했으며, 금본위제는 금을 기초자산으로 화폐를 발행하는 제도이다. 실제로 유럽에서는 오랫동안 금본위제가 자리 잡고 있었다. 금을 중앙은행에 비축하면 보관된 금의 가치만큼 화폐를 발행하였다. 금 보관증은 금을 기초자산으로 한 태환권리를 표상한 증서였으며, 지폐는 금을 기초자산으로 발행한 화폐 목적의 증서였다. 1971년 금본위제가 폐지되고 나서는 신용화폐 시대가 도래하였다. 신용화폐는 중앙정부라는 국가의 신뢰를 기반으로 화폐를 발행하는 것이다.

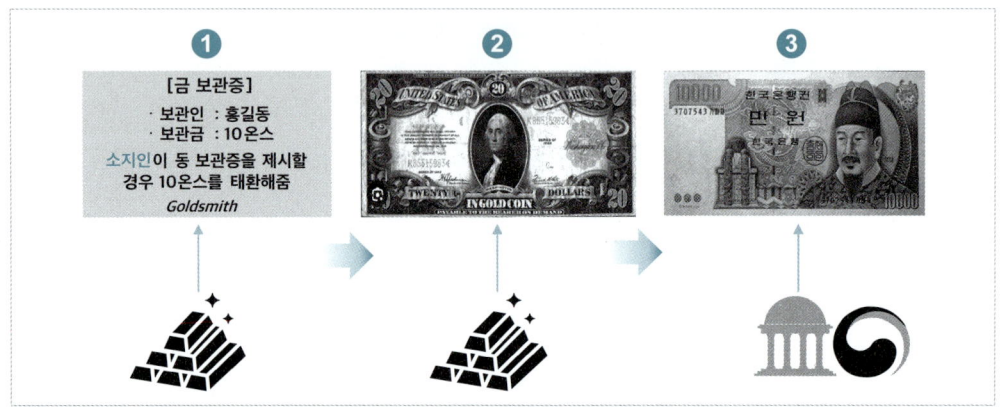

❶ (금본관증) 금을 기초자산으로 태환권리를 표상한 증서, 화폐 기능 수행
❷ (금본위제 화폐) 금을 기초자산으로 발행된 화폐
❸ (신용 화폐) 금 대신 정부라는 신뢰기관을 기반으로 발행된 화폐

그림 1-18 화폐의 배경과 발전

❶ 금 보관증에 '소지인'이라고 명시되어 있어 화폐처럼 사용될 수 있었다. 이후 금본위제 기반 지폐가 발행되었는데, ❷ 달러 지폐 하단을 자세히 보면 'IN GOLD COIN'이라고 인쇄되어 있는 것을 확인할 수 있다. 금을 기반으로 발행된 지폐라는 의미이다. ❸ 신용화폐이다. 우리나라 지폐를 보면 '한국은행권'이라고 표기되어 있다. 여기에서 '권'은 '문서·증서 권(券)'을 의미한다. 한국은행에서 발행된 증서(증권)라는 이야기이다. 다르게 말하면 한국은행을 기초자산으로 화폐 목적으로 표상된 증서이다.

마지막으로, 증서는 기초자산에 대한 권리를 청구할 수 있도록 해준다.

금 보관증을 통해 금을 맡긴 사람은 나중에 맡긴 금을 되찾을 수 있다. 금 보관증은 일종의 금 태환 청구권인 셈이다. 따라서 증서의 가장 중요한 기능은 기초자산을 기반으로 발행되고,

이 증서는 기초자산에 대한 청구 권리 역할을 하는 것이다.

그림 1-19의 왼쪽 그림을 보면, 금 소유자가 금을 맡기고 발행된 금 보관증을 가지고 나중에 다시 금을 되찾을(태환) 수 있다. 금 보관증은 바로 태환할 수 있는 권리를 문서에 표상한 것이다.

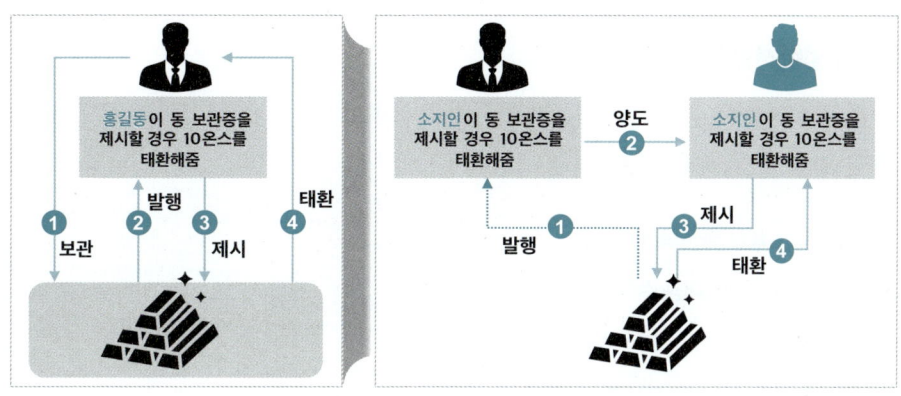

그림 1-19 증서의 기능과 역할

그림 1-19의 오른쪽 그림을 보면, 금 보관증을 양도한 상황을 설명한다. 금 보관증을 양도 받은 사람이 금 보관증을 제시할 경우 태환 받을 수 있는 권리를 가지게 된다.

그림 1-20은 앞선 그림 1-16과 동일한 내용이지만, 금 보관증(증서)이 각각 '태환권리', '양도 및 태환 권리', '이자 권리'를 각각 청구하는 기능으로 활용된다는 것을 보여준다.

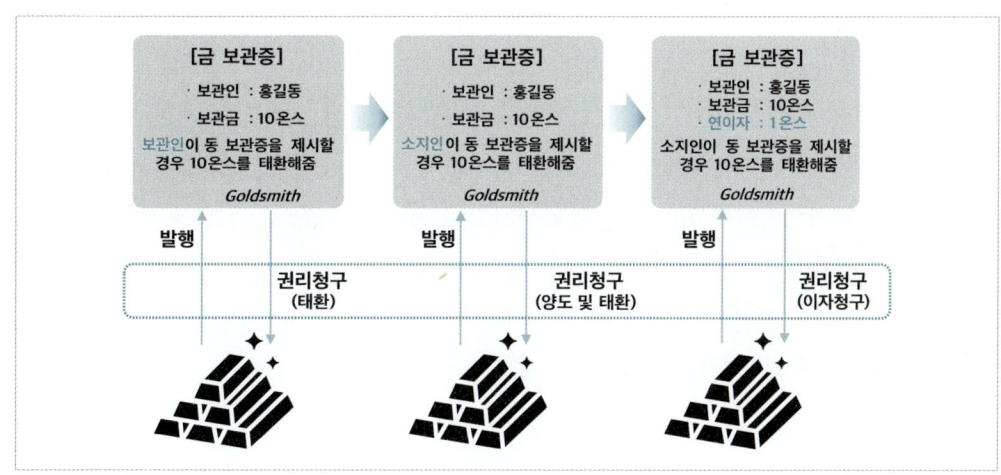

그림 1-20 증서를 통한 권리 청구

금세공업자 사례를 통해 두 가지 중요한 시사점을 얻을 수 있다. 첫째, 기초자산(금)을 현실 거래에서 그대로 활용하는 것은 불편하고 비효율적이다. 이때 기초자산을 기반으로 발행된 증서를 대신 사용하면 편리하고 효율적이다. 둘째, 기초자산을 기반으로 발행된 증서는 나중에 기초자산에 대한 권리를 청구할 수 있는 근거가 된다.

▌증서의 일반적인 특징

앞서 금세공업 사례를 통해 증서의 4가지 특징을 살펴보았는데, 이를 바탕으로 증서의 일반적인 특징 6가지를 재정리해 보겠다.

❶ 기초자산, 표상, 증서로 구성
❷ 표상에 의해 권리 내용 결정
❸ 하나의 기초자산이라도 다양한 증서 발행
❹ 증서를 이용하여 기초자산에 대한 권리 청구
❺ 증서 양도 시 증서의 권리도 양도
❻ 증서의 가치는 기초자산에 의해 결정

| 특징 1 | 기초자산, 표상, 증서로 구성

그림 1-11에서 설명했던 것처럼, 증서는 구조적으로 기초자산, 표상, 증서로 구성된다. 기초자산 기반의 권리를 글자로 표상한 것이 증서이다.

| 특징 2 | '기초자산 자체'가 아닌 '어떻게 표상했느냐'에 따라 증서의 권리 내용 결정

기초자산을 기반으로 증서를 발행했더라도, 기초자산과 증서가 1:1로 일치하지 않는다. 증서의 권리 내용은 기초자산의 어떤 부분을 표상하고, 어떻게 표기했느냐에 따라 결정된다.
그림 1-21에서 보는 것처럼, 기초자산 자체가 증서에 표기되는 것은 아니다. 기초자산에서 표상하고자 하는 내용과 권리를 식별해서 증서에 표기하는 것이다. 따라서 증서의 기능과 역할 역시 표상된 내용과 권리에 의해 결정된다.

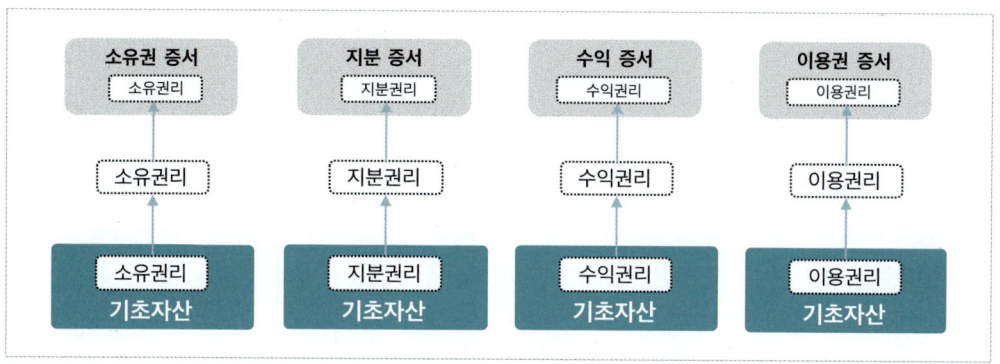

그림 1-21 표상 내용과 증서의 기능 관계

| 특징 3 | 하나의 기초자산이라도 다양한 증서 발행 가능

하나의 기초자산이라 하더라도, 그 기초자산은 다양한 권리를 내포하고 있다. 예를 들어, 집이라는 기초자산을 보면, 소유권리를 표상한 소유증서, 공동 소유했다면 지분증서, 집을 담보로 대출을 받았다면 채무증서, 그 집을 자산운용사에 신탁하여 고정된 수익이 발생한다면 신탁 수익을 청구할 수 있는 수익증서 등 다양한 증서를 발행할 수 있다.

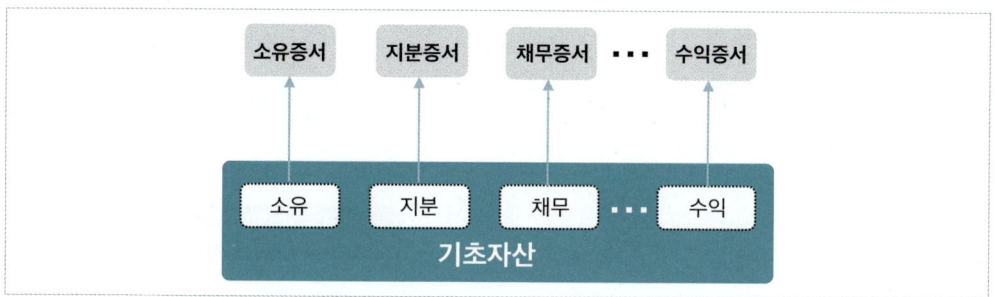

그림 1-22 하나의 기초자산 대비 다양한 증서 발행

물리적인 기초자산은 그 자체로 거래하는 것도 불편하지만, 쪼개거나 합치는 것도 매우 어렵다. 더구나 물리적인 기초자산의 속성 중 일부만을 별도로 분리하여 거래하거나 처리하는 것도 매우 불편하다. 반면 증서는 물리적인 기초자산을 그대로 두고 권리라는 개념을 글자로 표기하는 방식으로 처리하기 때문에 편리하고 효율적이다. 따라서 증서는 유연하고 다양한 방식으로 발행될 수 있다.

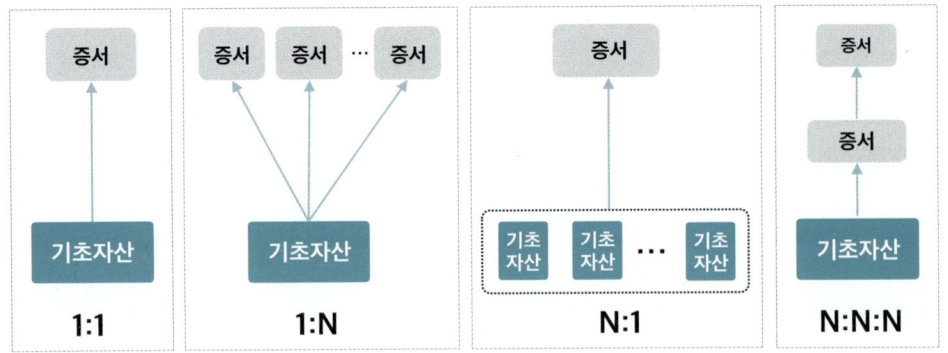

그림 1-23 증서의 다양한 구성 및 구조

그림 1-23에서 보는 것처럼, 기초자산을 1:1의 개념으로 증서로 발행할 수 있고, 하나의 기초자산을 여러 개로 쪼개서 발행할 수도 있다. 또한 여러 개의 기초자산을 하나의 증서로 통합해서 발행할 수도 있다. 기초자산을 증서로 발행하고 그 증서를 다시 기초자산으로 하여 또 다른 증서를 발행하는 것도 가능하다.

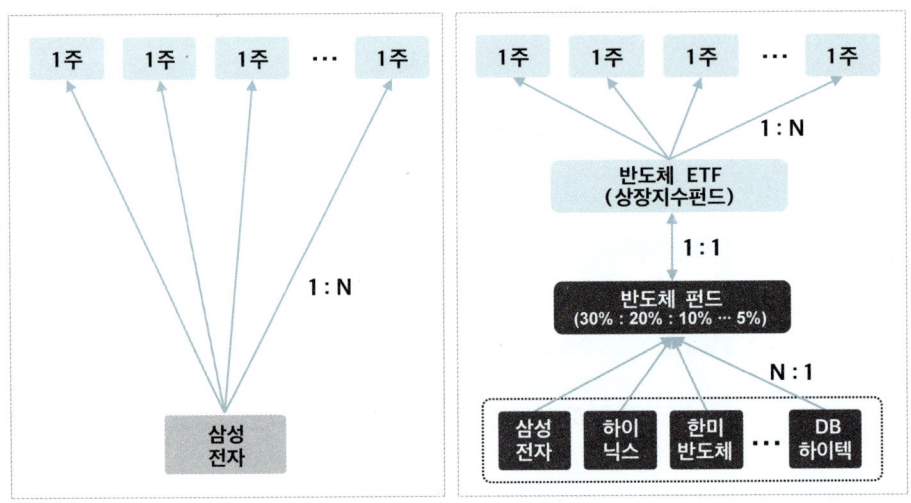

그림 1-24 증서 구조와 ETF 구조

하나의 기초자산을 여러 개의 (지분권리 관점) 증서로 쪼개서(1:N) 발행하는 대표적인 사례가 주식이다. 기업이라는 기초자산을 기반으로 지분권리를 표상하여 여러 개의 증서로 발행하는 것이 바로 주식이다. 미국에서 비트코인 ETF가 허용되면서 ETF에 대한 관심이 뜨겁다. ETF는 N:N:N의 특징을 지닌다. 여러 개의 주식을 기초자산으로 하여 구성되며 기초자산의 지수 구성을 어떻게 하느냐에 따라 다양한 ETF 상품이 가능하다. 이 ETF는 다시 여러 개로 쪼개져 주식처럼 거래할 수 있다. ETF는 중요한 개념이기 때문에 뒤에서 다시 설명하도록 하겠다.

| 특징 4 | 기초자산을 기반으로 발행된 증서는 다시 기초자산에 대한 권리 청구로 활용

증서는 기초자산을 대신하는 역할을 한다. 기초자산을 기반으로 발행된 증서는 그 기초자산에 대한 권리를 청구할 수 있다.

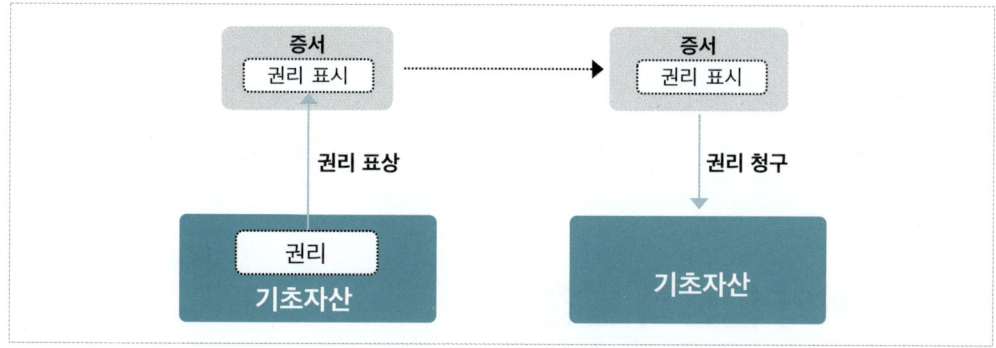

그림 1-25 증서를 활용한 권리 청구

| 특징 5 | 증서를 양도하면 그 권리도 양도

증서 중에는 양도가 허용된 것도 있지만, 양도를 허용하지 않는 것도 있다. 양도가 허용된 증서의 대표적인 사례는 주식이다. 기업의 지분권리를 표상하여 발행된 주식은 양도가 허용되기 때문에 거래소에서 사고팔 수 있다. 반면 예금증서와 보험증서는 타인에게 양도가 허용되지 않는다.

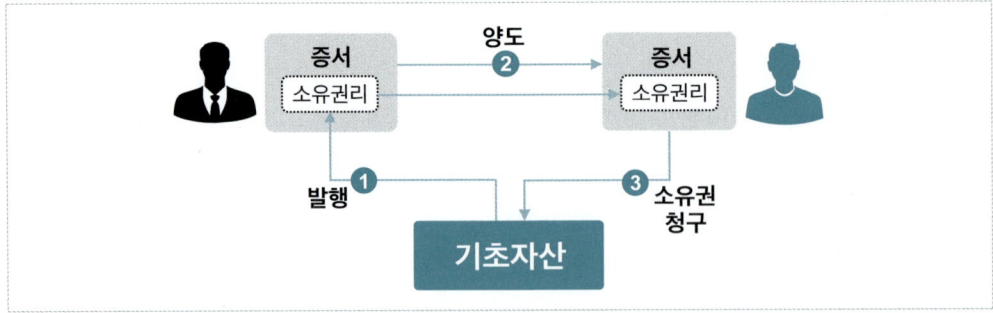

그림 1-26 증서양도와 권리양도

| 특징 6 | 증서의 가치는 기초자산의 가치에 의해 결정

증서 자체는 문서에 불과하며 아무런 내재적 가치가 없다. 하지만 증서에 표상된 기초자산의 가치를 반영하기 때문에 증서의 가치 정도는 바로 기초자산의 가치 정도에 의해 결정된다.

1.4 증서의 활용과 발전

증서라고 하면 금융, 행정, 공공기관 등에서 활용되는 정형화된 증서가 먼저 떠오른다. 하지만 증서의 본질적인 개념은 우리의 일상에서 상당히 폭넓게 사용되고 있다.

▌증서의 활용

홍길동이 신분증 없이 은행에 가서 본인의 신분을 증명할 수 있을까? 홍길동이 자신의 신분을 증명하는 것은 쉬울 것 같지만, 현실에서는 자신이 홍길동임에도 자신의 신분을 타인에게 증명하는 것이 매우 불편하고 힘들 때가 많다. 그렇다면 본인의 신분을 쉽게 증명하는 방법은 무엇일까? 바로 신분을 표상한 증서, 신분증을 사용하는 것이다. 신분증은 홍길동이라는 사람을 기초자산으로 하여, 신분 관련 내용을 문서에 표상한 증서로 이해할 수 있다. 이처럼 증서의 본질적인 개념을 이해하면 증서가 일상에서 매우 포괄적으로 활용된다는 것을 알 수 있다.

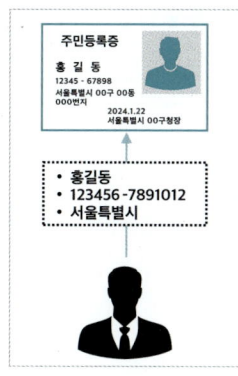 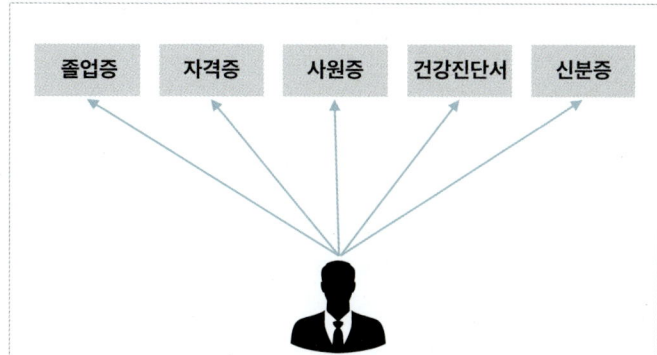

그림 1-27 **다양한 증서의 발행**

개별 사람은 다양한 속성, 권리, 사실을 가지고 있다. 특정 학교 졸업 여부를 기록한 졸업증, 특정 분야에 대한 자격을 증명하는 자격증, 기업 소속 여부를 증명하는 사원증, 건강검진 결과를 표기한 건강진단서, 본인의 신분을 표상한 신분증 등이 모두 증서에 해당한다.

한국의 홍길동이 브라질에서 커피 원두를 수입하는 상황을 가정해 보자. 홍길동은 커피 원두 대금을 지불하고, 브라질 수출상은 커피 원두를 컨테이너에 담아 화물선에 적재한다. 수백 개의 컨테이너가 혼재된 화물선이 부산항에 도착하면, 홍길동은 어떻게 해당 컨테이너에 대한 소유권을 주장하고 찾아갈 수 있을까? 이때 사용되는 증서가 바로 '선하증권'이다. 브라질 수출상은 커피 원두를 실은 컨테이너를 기초자산으로 하여 소유권자가 표기된 선하증권을 발행한다. 이 선하증권은 화물선과는 별개로 한국의 홍길동에게 전달된다. 홍길동은 이 선하증권을 가지고 부산항에서 해당 컨테이너에 대한 소유권을 주장하며 찾아갈 수 있다.

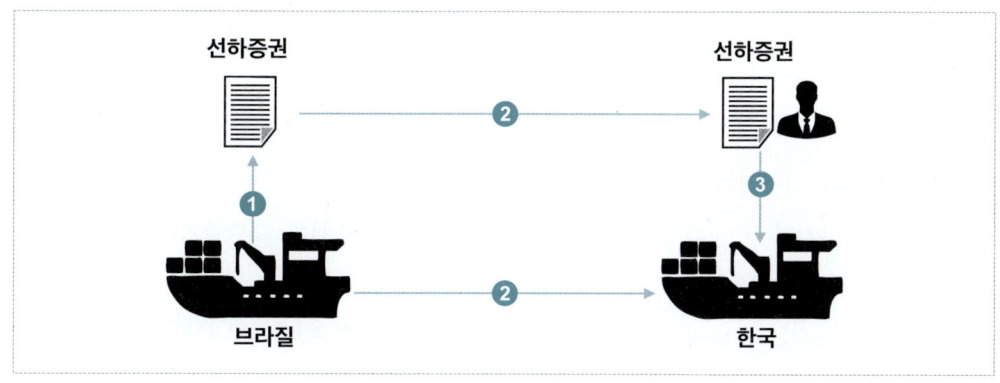

그림 1-28 **선하증권 사례**

일상에서 인지하지 못할 뿐 다양한 증서 또는 증서와 유사한 개념이 활용되고 있다. 자산도 대부분 이런 증서의 개념과 구조를 지닌다.

■ 증서의 발전

기초자산 대신 증서를 활용하면 상당히 편리할 때가 많다. 이러한 이유로 증서는 모든 산업 분야로 활용이 확대되었으며 증서를 구성하는 3가지 요소(기초자산, 표상, 증서)도 다양화·다각화되고 있다.

먼저 **기초자산의 다각화**에 대해서 살펴보자.

초기에는 부동산처럼 점유에 의한 소유권을 보장받기 어려운 기초자산을 어쩔 수 없이 증서라는 대안을 통해 소유권을 보장할 수 있었다. 그리고 금과 같은 기초자산은 거래의 편리성·효율성·안전성을 위해 증서를 활용했다.

증서의 활용성과 효율성이 부각되자 이제는 대부분의 유형자산들을 다양한 이유와 목적에 따라 증서를 만들어 활용하였다. 그리고 이제는 저작권, 특허권, 이용권, 회원권 등과 같은 무형의 권리를 기초자산으로 다양한 증서를 만들어 활용하고 있다. 이처럼 유무형의 모든 자산을 기초자산으로 하여 증서를 발행하는 방향으로 발전해 가고 있다.

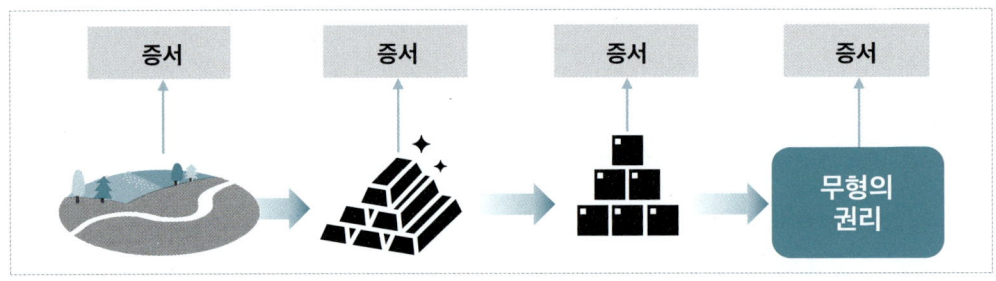

그림 1-29 기초자산 다각화

다음은 **권리내용의 다각화**에 대해서 살펴보겠다.

초기에는 토지문서나 금 보관증처럼 주로 소유권 관점에서 증서가 활용되기 시작했다. 그런데 권리라는 개념이 본격적으로 활용되면서 다양한 권리가 식별되고 증서와 함께 활용되기 시작했다. 이런 증서는 금융분야에서도 지분권, 수익권, 채권 등으로 널리 활용되고 있다.

기존에는 약간 정형화된 권리내용을 증서의 형태로 발행하였다면 최근에는 정말 다양한 권리내용들이 증서나 증권으로 발행되기도 한다. 최근에 주목을 받았던 뮤직카우는 특정 음원의 저작재산권 또는 저작인접권에서 발생하는 수익을 분배 받을 수 있는 권리를 '주' 단위로 분할한 청구권을 증서의 형태로 발행하여 판매하였다. 그리고 한우의 사육과 경매를 대신하고 발생한 수익을 청구하는 권리를 상품화하여 판매하기도 한다. 이처럼 증서에 담을 수 있는 권리는 정말 다양해지고 있다.

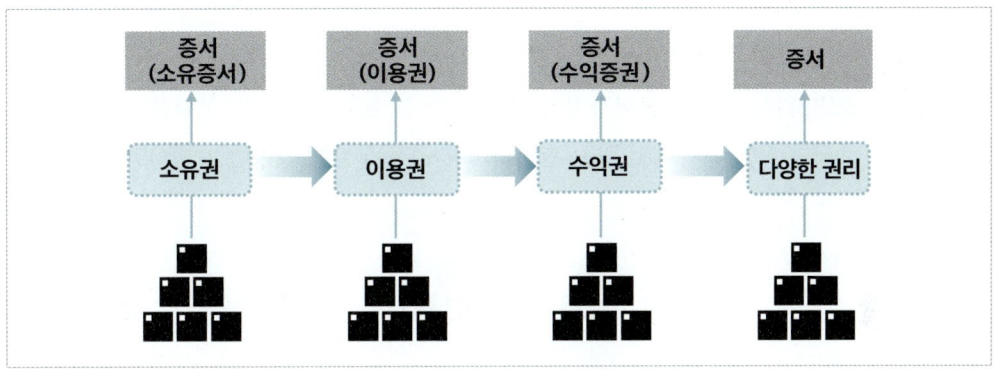

그림 1-30 권리내용 다각화

마지막으로 **증서의 다각화**이다.

증서는 기초자산에 대한 권리·의무·사실 등을 증명하는 문서이다. 옛날에는 권리내용을 글자로서 문서에 기입하는 방법이었다. 그래서 명칭도 증서(證書)라고 한 것이다. 그런데 종이는 물에 젖거나 쉽게 훼손되는 한계점이 있다. 그래서 기술이 발전하면서 코팅된 종이를 이용하거나 플라스틱 형태로도 증서를 발행하였다. 그리고 오늘날에는 문서가 사라지고 있으며 대부분 디지털 형태로 데이터가 저장되고 증서도 디지털화되어 가고 있다.

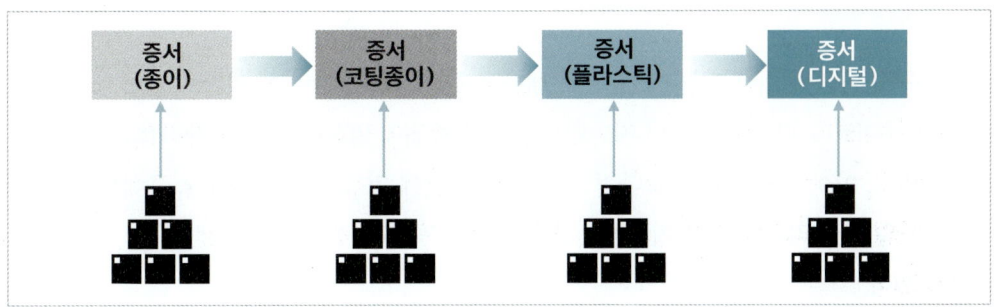

그림 1-31 증서의 다각화

증서와 중앙 장부

과거에는 증서가 발행되면 개인이 직접 증서를 보관하고 관리했다. 이로 인해 증서를 분실하거나 위변조되는 문제가 자주 발생했고, 문서는 훼손되기 쉬운 단점도 있었다.

이러한 문제를 해결하기 위해 두 가지 방안이 제시되었다. 첫 번째는 발행된 모든 증서를 신뢰할 수 있는 기관에 일괄 예탁하여 관리하는 방식이다. 대표적인 예로 증권을 일괄 예탁하는 증권예탁결제제도이다. 두 번째는 증서를 발행하지 않고 공적인 장부를 만들어 권리 내용의 생성·변동·소멸을 그 장부에 기록하는 방식이다. 등기제도가 그 대표적인 사례이다.

그림 1-32를 보면, 왼쪽 그림은 증서가 발행되어 개인 간 상호 거래하는 상황을 보여준다. 오른쪽 그림은 증서를 공인 기관에서 일괄 관리하거나 공적 장부에 기록하는 방식을 보여준다.

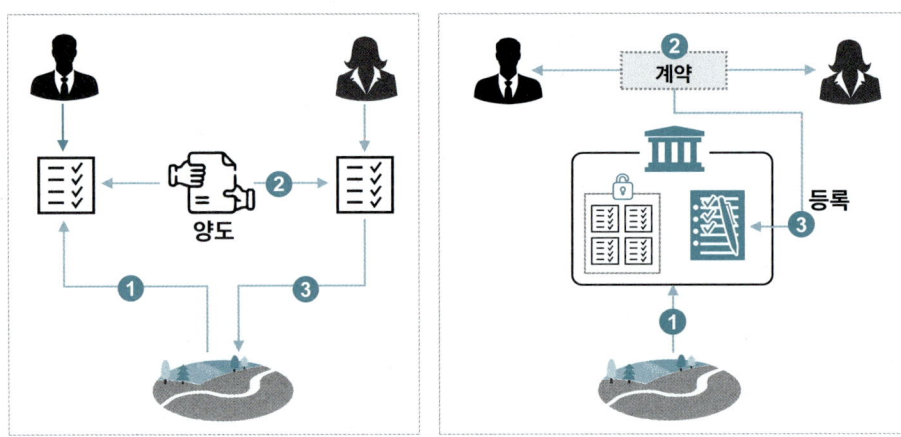

그림 1-32 증서의 양도와 중앙장부

증서의 개념 변화

증서와 증권이 처음 등장했을 때는 '권리 내용을 문서에 표기한다'는 의미로 종이 문서를 염두에 둔 용어였다. 하지만, 시간이 지나면서 증서나 증권이 일상에 깊숙이 자리잡고 다양하게 활용되면서, 이제는 종이 문서 보다는 그 기능과 역할에 더 집중되게 되었다. 그래서 종이 문서에 상관없이 권리와 의무를 기록하는 모든 매체가 증서나 증권이라는 개념으로 계속 사용하게 되었다.

실물증서를 발행하지 않고 공적 장부에 등록하는 것도 증서를 발행한다고 표현하고, 디지털 방식으로 전자 등록해도 증권을 발행한다고 한다. 따라서 현 시점에서는 더 이상 증서나 증권을 문서로 한정할 필요가 없다.

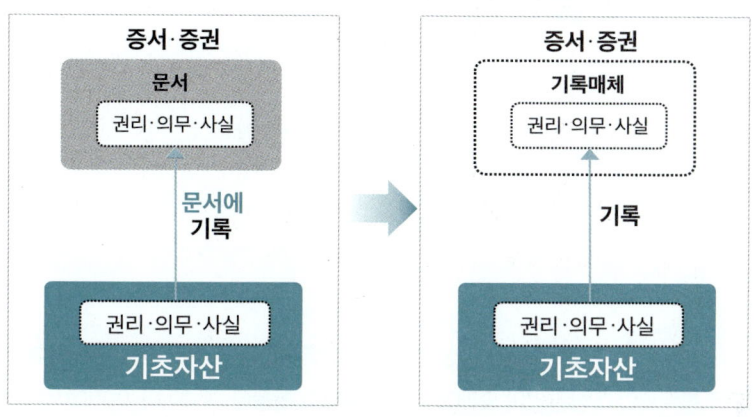

그림 1-33 증서 개념과 변화

그림 1-33은 증서나 증권의 개념이 변화한 모습을 보여준다. 증권을 국어사전에서 찾아보면, '재산상의 권리와 의무에 관한 사항을 기재한 서면'이라고 정의하고 있다. 하지만 디지털 시대에는 종이나 문서를 사용하는 방식은 점차 사라지고 대부분 디지털로 전환되고 있다. 이러한 흐름에 따라 권리를 기록한 종이 문서의 개념보다는 그 기능과 역할에 더 중점을 둔 개념으로 발전하고 있다. 자본시장법에서도 증권을 '지급청구권이 표시된 것, 수익권이 표시된 것' 등으로 정의하고 있으며, 더 이상 문서를 의미하지 않는다.

지금까지 증서의 개념과 특징들을 살펴보았다. 이 증서의 개념과 특징은 우리가 앞으로 살펴볼 대부분의 디지털 자산에도 그대로 적용된다. 잘 이해해두길 바란다.

CHAPTER

02
토큰과 자산의 올바른 이해

'토큰'하면 가상자산이나 블록체인과 연계된 관점에서 이해하는 경우가 많다. 하지만 토큰은 블록체인과 상관없이 오래전부터 사용되고 활용된 개념이다. 여기에서는 토큰의 본질적인 개념에 대해 살펴보고 블록체인과 연계하여 설명하겠다.

2.1 토큰이란?

비트코인 가격이 1억원을 넘고 있지만, 비트코인, 블록체인, 가상자산, 토큰 등에 대한 이해도는 여전히 낮은 것 같다. 특히 아쉬운 부분은 '토큰Token'에 대한 잘못된 인식과 이해이다.

이더리움의 등장 이후 '토큰'이란 용어가 주목받고 많이 보편화되었다. 하지만 토큰은 이더리움과 별개로 IT 분야에서 이미 많이 활용되고 있다. 또한, 우리가 인식하지 못했거나 토큰이라는 용어를 사용하지 않았을 뿐 토큰의 개념과 속성은 이미 오래전부터 널리 활용되고 있었다.

TTA 정보통신용어사전에서 '토큰'을 검색하면 그림 1-34와 같은 의미를 제시한다. 이를 통해 토큰이 상당히 다양한 의미로 활용되거나 연관되어 있다는 것을 알 수 있다.

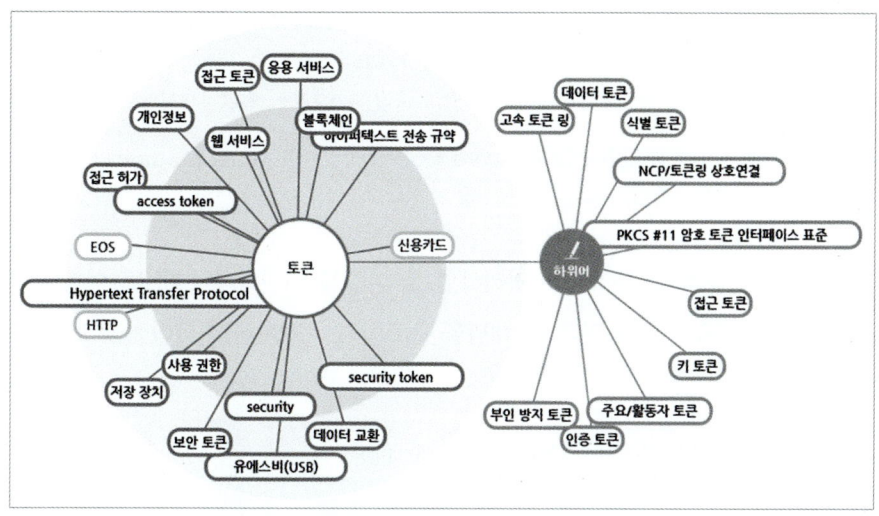

그림 1-34 **토큰의 개념** (출처 : TTA 정보통신용어사전)

▌ 토큰(Token)의 사전적 개념

그림 1-34에서 보는 것처럼, 토큰이라는 용어는 IT 분야에서 다양하게 활용되고 있다. 예를 들어 ChatGPT 작동원리를 설명할 때도 토큰$_{Token}$이란 용어를 사용한다. ChatGPT는 텍스트를 처리할 때 토큰화를 수행하는데, 입력 문장을 작은 단위로 분리하는 과정이 있으며 이 작은 단위를 토큰이라고 한다.

우선 토큰의 사전적 의미부터 이해해 보자. 영영사전에서 '토큰$_{Token}$'의 개념을 찾아보면 다음과 같이 정의하고 있다.

A round piece of metal or plastic used instead of money to operate some machines or as a form of payment
(기계를 작동시키기 위해 돈 대신 사용되는 둥근 형태의 금속이나 플라스틱)

A piece of paper that you can collect when you buy a particular product and then exchange for something
(어떤 제품을 사고 무언가로 교환할 때 사용할 수 있는 종이조각)

Something that is a symbol of a feeling, a fact, an event, etc.
(느낌, 사실, 사건 등을 상징하는 것)

chapter 02 토큰과 자산의 올바른 이해 **047**

Token, an object (in software or in hardware) which represents the right to perform some operation
(어떤 작업을 수행할 권리를 대표하여·표현하는 객체)

Token, a voucher or gift card redeemable for items of value
(가치 있는 물건과 교환할 수 있는 바우처나 상품 카드)

토큰의 사전적 개념들을 한 문장으로 정리하면, '무언가를 대신하거나 대표하여 다른 무엇으로 상징화한 것'으로 요약할 수 있다. 이 개념을 구조화하여 표현하면 그림 1-35와 같다.

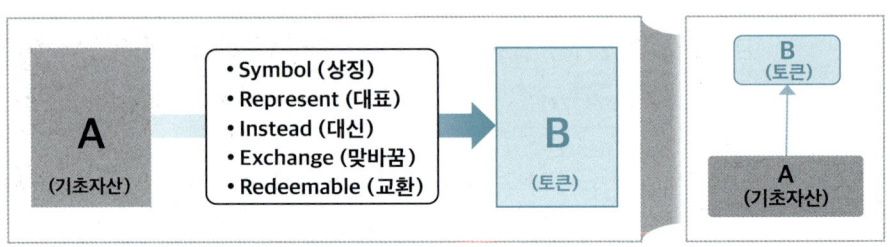

그림 1-35 토큰의 사전적 의미

A를 B로 상징화하거나, A를 B로 대표·대신하거나, A와 B를 맞바꾸거나, A를 B로 교환한다는 개념으로 해석될 수 있다. 앞서 다루었던 증서의 개념과 유사하게 A를 기초자산으로 본다면, 토큰도 증서와 유사한 구조와 개념으로 이해할 수 있다. 증서도 본질적으로 기초자산을 기반으로 발행된 것이라면, 토큰도 기초자산을 기반으로 발행된 것으로 이해할 수 있다.

▪ 토큰의 이해

기초자산을 그대로 활용할 수도 있지만, 효율성과 편리성을 높이기 위해 기초자산을 다른 무엇으로 상징화하거나 대표·교환하여 대신 사용하는 것이 바로 토큰이다.

토큰을 쉽게 이해할 수 있는 대표적인 사례는 70~80년대에 사용했던 '버스토큰'이다. 현금을 지불하고 버스를 탑승하는 것은 거스름돈 처리 등으로 상당히 불편했다. 그래서 현금 대신 미리 버스토큰을 구입해서 탑승하도록 했다. 여기서 버스토큰은 불편한 버스요금을 다른 것으로 대체한 사례로 볼 수 있다.

버스 토큰	마패(馬牌)	카지노 칩
		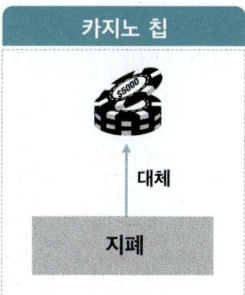
↑ 대신	↑ 상징	↑ 대체
버스 이용 요금	말 이용 권리	지폐

그림 1-36 **다양한 토큰 사례**

토큰이란 용어를 사용하지 않았을 뿐 토큰의 개념과 유사한 방식은 마패(馬牌)에서도 찾을 수 있다. 마패는 말을 이용할 수 있는 권리를 나타낸다. 그러나 이 무형의 권리가 있다는 것을 타인에게 증명하는 것은 어려운 일이다. 이때 무형의 권리를 마패로 상징화한다면 권리를 쉽게 드러낼 수 있다. 카지노 칩도 불편한 지폐를 대신해 사용하는 것이다.

그림 1-36의 3가지 사례를 정리하면, 불편한 기초자산을 대신·대체·상징화한 것이 토큰이라는 것을 알 수 있다.

▌ 토큰과 증서, 어떻게 다를까

앞서 증서의 특징에 대해 살펴보았듯이 증서와 토큰은 기능과 역할 측면에서 상당히 유사하다. 토큰의 기본적인 속성은 증서와 유사하기 때문에 토큰의 일반적인 특징도 앞서 다루었던 증서의 특징을 모두 내포하고 있다고 볼 수 있다. 토큰을 활용하는 이유 역시 증서를 활용하는 이유와 유사하다.

- 증서: 기초자산에 대한 권리나 사실을 문서에 표현한 것
- 토큰: 기초자산을 대신·대체·상징화한 것

물론, 엄밀하게 증서와 토큰이 동일한 것은 아니다. 증서와 토큰의 차이를 두 가지 관점에서 살펴보겠다.

첫 번째로, 증서는 기초자산의 권리 내용을 문서에 표기하는 방식이라면, 토큰은 기초자산을 다른 무엇으로 상징화한 개념이기 때문에 형태나 방식도 상당히 포괄적이다. 권리 등을 글자

로서 표상하는 것도 일종의 상징이라 볼 수 있다. 글자가 아니더라도 이미지나 형태로 대체하는 것만으로도 상징화가 가능하다. 따라서 증서는 토큰의 한 유형으로 간주할 수 있다.

두 번째로, 증서가 아날로그적 개념이라면, 토큰은 디지털 개념으로 간주할 수 있다. 버스토큰처럼 토큰도 아날로그 개념으로 많이 활용되었지만, 최근 토큰은 IT뿐만 아니라 블록체인에서도 디지털화된 개념으로 많이 활용되고 있다. 이제는 '디지털'을 전제한 개념으로 이해해도 좋다. '디지털화된 증서'를 토큰이라고 불러도 무리가 없을 것 같다. 앞서 설명한 것처럼 증서는 다양한 분야에서 활용된다. 증서보다 더 포괄적인 개념인 토큰은 더 다양하고 폭넓게 활용될 수 있다. '모든 가치의 토큰화'라는 말이 자주 회자되는 이유도 이러한 배경 때문이다.

정리하면, 토큰은 불편하고 비효율적인 기초자산을 대신·대체한 '디지털화된 형태의 상징물'로 정의할 수 있다. 또한, 토큰은 증서의 개념을 포괄한다. 따라서 앞서 다룬 증서의 특성, 속성, 유형이 토큰에도 그대로 적용된다고 볼 수 있다.

증서와 토큰은 개념적·정의적 관점에서 보면 분명한 차이가 있다. 하지만 이 책에서는 유사한 개념과 유사한 기능을 지닌 것으로 간주하여 설명해 나가도록 하겠다. 또한 토큰은 디지털화된 개념으로 이해하고, '증서·토큰'이라는 범용적 용어를 자주 사용하겠다.

▌ (디지털) 토큰의 표상 방법

증서가 권리 내용을 글자로 표상한 문서라면, 디지털 증서는 권리 내용을 전자적 방식으로 전자계좌부에 기록한 것을 의미한다. 그럼 (디지털) 토큰은 기초자산의 권리 내용을 어떻게 표상할까? 디지털 토큰도 증서와 크게 다르지 않다. 다만 토큰은 디지털을 염두에 둔 개념이고 증서보다 더 포괄적이고 일반적인 개념이기 때문에 글자 형태가 아니더라도 더 다양한 방식으로 기초자산의 권리내용을 표상할 수 있다. 몇 가지 사례로 정리해 보겠다.

- **디지털 형태의 정보를 기록**: 디지털 토큰도 증서와 유사하게 권리 내용을 전자적 정보 형태로 기록할 수 있다.
- **스마트 컨트랙트와 같은 프로그래밍**: 조건문을 통해 특정 권리가 실행되도록 프로그램 형태로 설정할 수 있다. 권리 내용을 스마트 컨트랙트라는 프로그램에 반영할 수 있다.
- **백서에 토큰의 기능과 역할을 명시**: 백서나 기타 문서를 통해 권리 내용을 표기할 수 있다. 증서와 토큰의 목적은 권리 내용을 명확히 하여 실체화하는 것이므로, 이를 구현하는 방식에 제약이 없다.

2.2 자산이란?

자산이란 경제적인 가치가 있는 재화를 말한다. 부동산이나 재화와 같은 실물자산뿐만 아니라 돈이나 주식과 같은 금융자산도 포함된다.

경제적 가치는 '재화를 통해 얻을 수 있는 편익을 기준으로 사람들이 재화에 부여하는 가치'로 정의될 수 있다. 자산은 경제적 가치, 즉 내재적 가치가 있는 모든 재화를 포함하기 때문에 자산의 범위는 매우 방대하다. 일반적인 자산의 예로는 금, 건물과 토지와 같은 부동산, 재화, 물품 등을 들 수 있다. 실물자산뿐만 아니라 최근에는 금융자산의 비중도 점점 높아지고 있다.

그림 1-37 **다양한 자산 사례**

2.2.1 실물자산 관점에서 본 증서와 토큰

앞서 살펴보았던 증서와 토큰이 자산과 어떤 연관이 있을까? 자산이 경제적 가치를 가지려면 그것이 잘 저장·보관되고, 거래 및 활용이 활성화되어야 한다. 그러나 현실에서는 실물자산을 그대로 활용하기에는 다양한 제약과 한계가 있다.

그림 1-38에서 4가지 유형의 실물자산을 예로 들어보겠다. 현실에서 실물자산을 그대로 활용하기에는 불편하고 다양한 한계점이 있다.

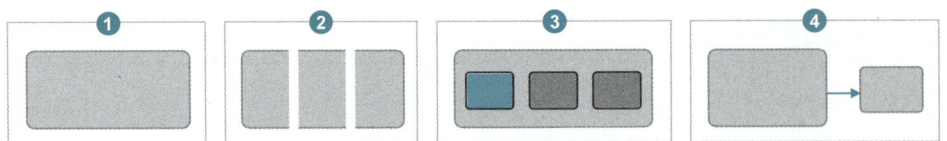

❶ 실물자산은 크기, 휴대, 저장, 안전, 거래 등 다양한 이유로 그대로 활용하기에는 불편하고 비효율적일 때가 많다.
❷ 실물자산의 규모가 너무 커서 쪼개서 처분하거나 공동소유해야 하는 상황에서 실물자산을 물리적으로 쪼개는 것이 불가능할 때가 많다.
❸ 실물자산은 다양한 권리와 속성을 지니는데, 그중 일부만 사용 및 거래하고자 하는 수요가 존재한다.
❹ 실물자산을 활용해 새롭게 창조된 미래 자산(가치)를 분리해 거래할 필요도 있다.

그림 1-38 **실물자산의 제약**

자산 거래의 편리성·효율성 제고

증서와 토큰은 불편하고 비효율적인 무언가를 대신·대체해 사용하는 것이라고 했다. 자산 관점에서도 마찬가지이다. 거래하기 불편한 자산들을 증서나 토큰으로 대체하여 거래하면 훨씬 편리하고 효율적이다.

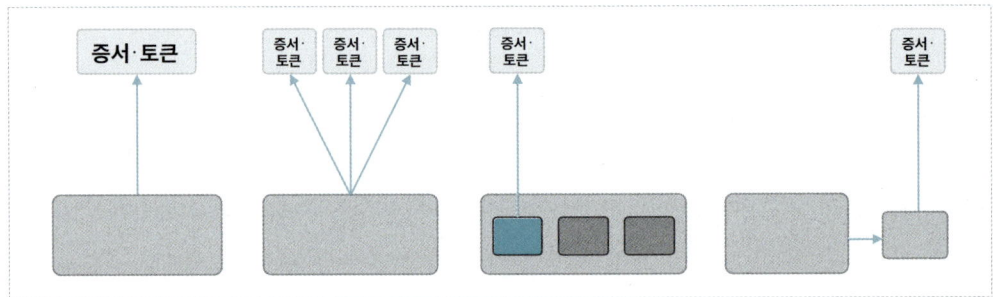

그림 1-39 **증서·토큰 활용**

예를 들어, 금덩어리는 거래 수단으로 사용하기 불편하다. 그래서 정형화된 크기와 단위로 쪼갠 금화를 이용했다. 금화는 금덩어리 자산을 기반으로 발행된 토큰으로 이해할 수 있다.
하지만, 금화도 화폐로 사용하기에는 불편했다. 부피에 비해 무거웠고 금화의 겉을 칼로 긁어모아 되파는 금화 훼손 문제가 심각했다. 따라서 금화를 만드는 대신, 보관된 금덩어리 가치에 비례하여 금 보관증이나 종이지폐를 발행해서 화폐처럼 사용했다. 금 보관증이나 종이지폐도 증서·토큰의 개념으로 이해할 수 있다.

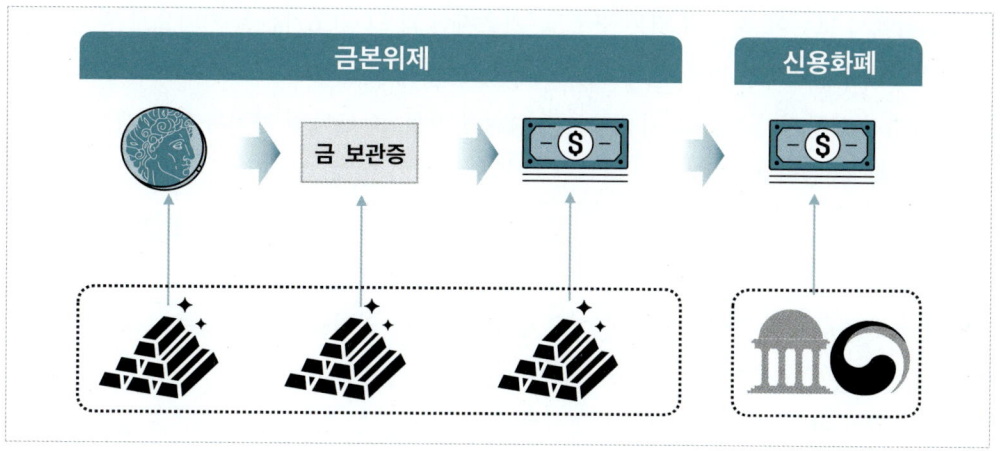

그림 1-40 화폐의 발전 방향

금본위제가 사라지면서 신용화폐 시대가 도래했다. 신용화폐 시대에서는 금 대신 정부라는 강력한 신뢰기관을 기초자산으로 하여 발행되는 증서 정도로 이해할 수 있다.

토큰을 가상화폐로 이해하는 사람이 많다. 토큰은 기초자산을 대신·대체한 것이다. 토큰은 다양한 분야에 활용될 수 있는데, 그림 1-40처럼 화폐에도 사용될 수 있다. 토큰이 가상화폐로 활용될 수는 있지만 토큰이 가상화폐인 것은 아니다.

그림 1-41은 앞서 소개한 그림 1-37의 자산들을 증서로 대체하여 나타낸 것이다. 토지는 점유를 통한 소유권 보장이 어렵기 때문에 토지문서로 활용하고, 금은 안전과 부피 때문에 금 보관증을 이용하고, 말에 대한 이용권만 별도로 증서로 만들 수 있다. 회사에 대한 지분은 지분증권을 활용할 수 있으며 무형의 권리도 증서로 발행할 수 있다.

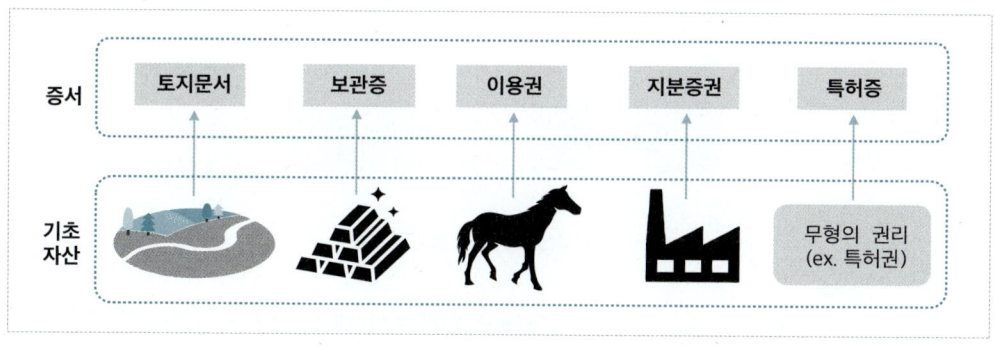

그림 1-41 자산과 증서

그림 1-41에서 보듯이, 자산의 기본 구조도 '기초자산'과 그 기초자산을 기반으로 발행된 '증서·토큰'으로 구성된다는 것을 알 수 있다.

그럼 한 가지 의문점이 생긴다. 기초자산은 경제적 가치, 즉 내재적 가치가 있기 때문에 자산으로 인정할 수 있다. 반면 증서는 아무런 내재적 가치가 없다. 그렇다면 기초자산을 기반으로 발행된 증서도 경제적 가치가 있다고 볼 수 있을까? 즉 증서도 자산으로 인정할 수 있느냐는 것이다.

증서나 토큰은 내재적 가치는 없지만, 기초자산의 가치나 권리를 증서나 토큰에 체화(Embody)시켰기 때문에 증서나 토큰도 자산으로 인정받을 수 있다. 금 보관증이나 주식과 같은 증권은 내재적 가치가 없는 종이 쪼가리에 불과하지만, 금 보관증을 제시하면 언제든지 금으로 태환할 수 있고 증권은 만기 때 수익을 청구할 수 있기 때문에 자산으로 인정받는다. 즉 기초자산을 기반으로 발행된 증서·토큰도 자산으로 인정된다. 증서·토큰은 아무런 내재적 가치는 없지만 실질자산의 가치를 대신한 자산이다.

한 가지 오해하지 말아야 할 것은 기초자산과 증서가 자산 측면에서 양립하여 존재하는 것이 아니라는 점이다. 즉 증서는 기초자산을 대체한 것이지 기초자산은 그대로 두고 증서라는 새로운 자산이 추가로 생겨나는 것은 아니라는 의미이다.

자산 분야에서 증서와 토큰의 활용

증서와 토큰은 자산 분야에도 적극적으로 활용되고 있다.

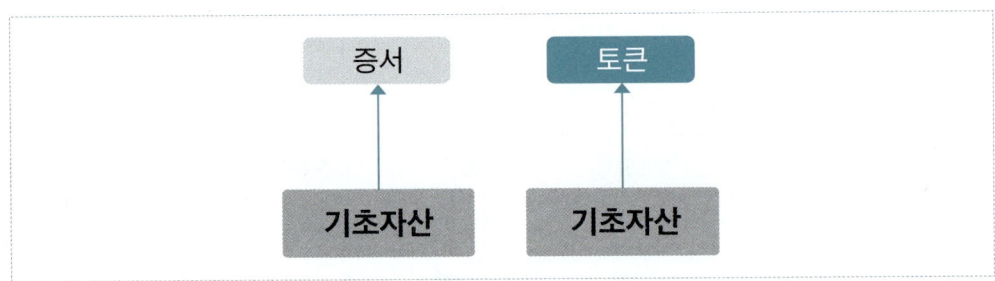

그림 1-42 자산 분야에서 증서와 토큰

증서가 자산(Asset)에 활용된 대표적인 사례가 바로 **증권(주식, 채권)**이다. 기업이나 프로젝트 추진을 위해 불특정 다수로부터 자금을 모집하고 기업에 대한 지분 권리나 수익 청구 권리를 문서에 기입하여 발행하는 것이 바로 주식과 채권이다.

증서를 자산 분야에서 활용한 대표적인 사례가 주식이다. 주식은 주식회사의 지분권리를 표상한 증서이다. 토큰도 기초자산을 다른 것으로 대체한 범용적 용어이기 때문에 주식을 토큰이라고 불러도 전혀 이상하지 않다. 2017~2018년 ICO 붐 당시, 스타트업들은 신규 프로젝트 추진을 위해 불특정 다수로부터 자금을 조달하고, 지분 권리나 수익 청구 권리 등을 내포한 토큰을 발행했다. 블록체인 기반으로 발행되었다고 '토큰'이란 용어를 사용했지만, 이는 전형적인 증권이다.

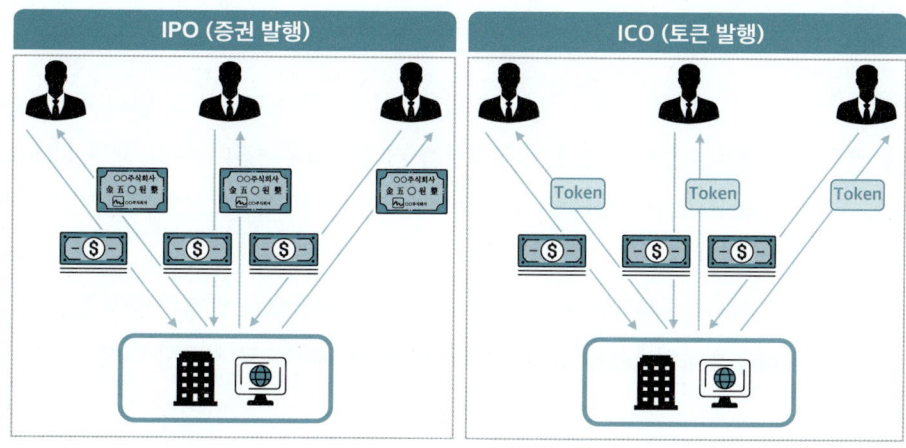

그림 1-43 IPO와 ICO

2.2.2 자산의 범위

앞서 자산이란 '경제적 가치가 있는 재화'라고 했고, 경제적 가치는 '재화를 통해 얻을 수 있는 편익을 기준으로 사람들이 재화에 부여하는 가치'라고 정의했다.

내재적 가치

일반적으로 생각할 수 있는 경제적 가치란 내재적 가치가 있는 것을 말한다. 그림 1-44에서 보는 것처럼, 내재적 가치가 있는 실물자산이나 또는 이를 기초자산으로 발행된 증서·토큰으로 이해할 수 있다.

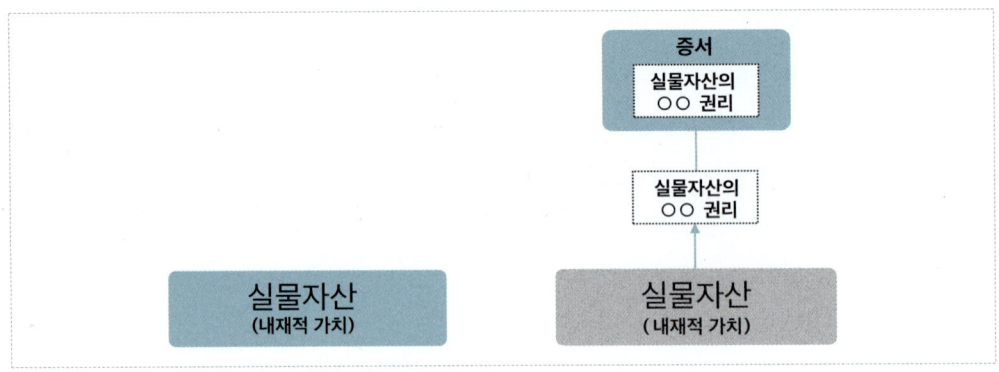

그림 1-44 내재적 가치와 증서

과거에는 실물자산을 그대로 거래에 활용했지만, 현재는 증서나 토큰을 더 많이 거래하는 추세이다. 금융에도 대부분 증서·토큰의 형태로 상품 거래가 이루어진다. 주식, 채권, ETF, 유동화 증권, 조각투자 등은 모두 실물자산(기초자산)을 증서나 토큰 개념으로 대체한 것으로 이해할 수 있다.

정리하면, 경제적 가치는 내재적 가치가 있거나 이를 기초자산으로 발행된 증서·토큰으로 이해할 수 있다. 달리 표현하면 '실물자산' 또는 '증서·토큰'을 자산으로 간주할 수 있다.

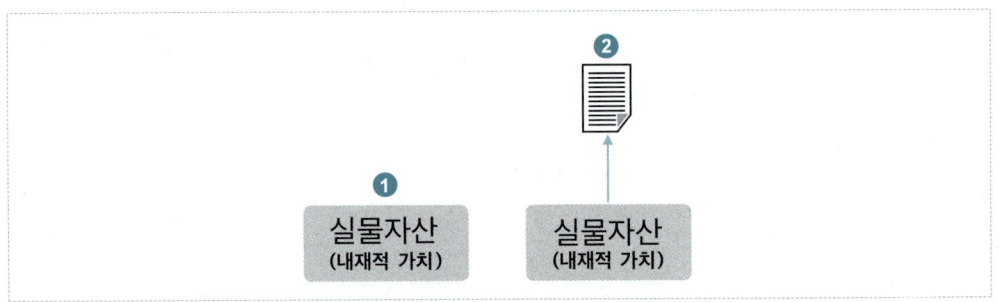

❶ 실물자산(내재적 가치) ❷ 실물자산을 기반으로 발행된 증서·토큰

그림 1-45 자산의 범주

창조된 가치

사람들은 오랫동안 내재적 가치가 있는 실물자산만 가치가 있다고 믿어왔다. 증서 역시 실물자산에 기반했기 때문에 그 가치를 인정받을 수 있었다. 화폐 역시 실물자산을 기반으로 발

행된 화폐만 그 가치를 인정받았다. 따라서 유럽에서는 오랫동안 금본위제가 유지되었다.
1971년까지 우리는 브레튼우즈 체제라는 금본위제 세상에서 살고 있었다. 당시 화폐는 반드시 가치 있는 기초자산을 담보로 발행되어야 한다는 신념이 강했다. 그러나 이런 신념을 뒤흔든 충격적인 두 가지 중요한 사건이 발생했다. 하나는 신용화폐 시대의 도래였고, 다른 하나는 비트코인의 출현이다. 이 비트코인은 2부에서 살펴보도록 하겠다.
2차 세계대전 이후 세계는 브레튼우즈 체제라는 미국 중심의 금본위제를 유지하고 있었다. 각국은 자국의 금을 미국 뉴욕 연방준비은행에 맡기고, 그 금을 담보로 미국 달러를 발행하여 자국 화폐와 고정 환율로 교환하는 방식을 채택했다. 그러나 이렇게 유지되던 브레튼우즈 체제는 1964년부터 시작된 베트남 전쟁으로 큰 변화를 맞게 된다.
금본위제의 핵심은 화폐를 발행하기 위해 금을 금고에 보관해야 한다는 점이었다. 그러나 전쟁이 장기화되면서 재정이 부족해지자, 미국은 보관된 금 이상으로 몰래 달러를 찍어내기 시작했다. 이를 수상하게 여긴 각국은 자신들이 맡긴 금을 되찾으려 했지만, 보관된 금보다 훨씬 많은 달러가 발행된 상태였다. 돌려줄 금이 없던 1971년, 결국 브레튼우즈 체제는 붕괴된다. 브레튼우즈 체제가 붕괴되면서 신용화폐 시대가 도래했다. 대출에 담보대출과 신용대출이 있듯이, 화폐도 금본위제와 국가의 신뢰를 기반으로 발행되는 신용화폐가 있다.
현재 각국에서 사용하는 화폐는 국가라는 신뢰기관이 법으로 그 가치를 보장하는 법정화폐다. 법정화폐는 영어로 'Fiat Money'이다. Fiat의 어원은 성경 창세기에서 찾을 수 있다. 라틴어 성경 창세기 1장 3절에는 다음과 같은 문구가 있다.

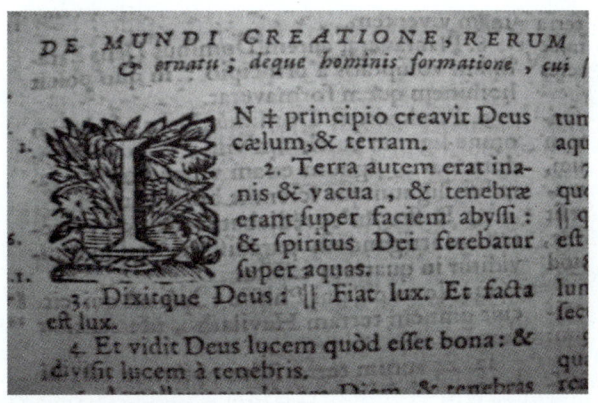

Dixitque Deus: "Fiat lux", Et facta est lux. (하나님이 말씀하시기를, "빛이 생겨라!" 하시자 빛이 생겨났다)

그림 1-46 성경 창세기 1장

성경에서 'Fiat'는 '생겨라'라는 의미이다. 법정화폐 Fiat Money 의 'Fiat'도 동일한 의미를 지닌다. 따라서 법정화폐 Fiat Money 의 의미는 '화폐가 생겨라' 함에 따라 화폐가 생겨났다는 의미로 이해할 수 있다. 금본위제에서는 금이라는 기초자산이 있어야만 화폐를 발행할 수 있었지만, 신용화폐 시대에서는 기초자산 없이도 정부의 신뢰만으로 화폐를 발행할 수 있는 시대가 도래한 것이다. 금본위제에서는 화폐의 가치·신뢰의 근거가 금이었다. 그러나 신용화폐 시대에서는 이런 기초자산 없이도 정부만 믿고 화폐를 발행할 수 있는 세상이 도래한 것이다.

대전의 한밭레츠라는 지역 공동체에서는 '두루'라는 지역화폐를 발행한다. 두루는 법정화폐는 아니지만 지역 커뮤니티 내에서 실제 화폐처럼 통용된다. 두루는 지역 공동체에 대한 신뢰를 기반으로 발행된 지역화폐이다.

법정화폐나 두루 지역화폐는 기초자산이 없더라도 신뢰를 기반으로 필요에 따라 창조된 화폐이다. 내재적 가치가 없더라도 사람들에게 편익을 제공할 것이라는 확신과 신뢰를 기반으로 가치가 부여되면 자산이 창조될 수 있다는 의미이다. 법정화폐는 내재적 가치가 전혀 없다. 또한 내재적 가치가 있는 기초자산에 기반하지도 않는다. 하지만 사회적 필요에 의해 국가라는 강력한 신뢰기관이 보장한다면 내재적 가치없이도 자산으로 인정받을 수 있다.

그림 1-47은 자산의 범주를 보여주고 있다.

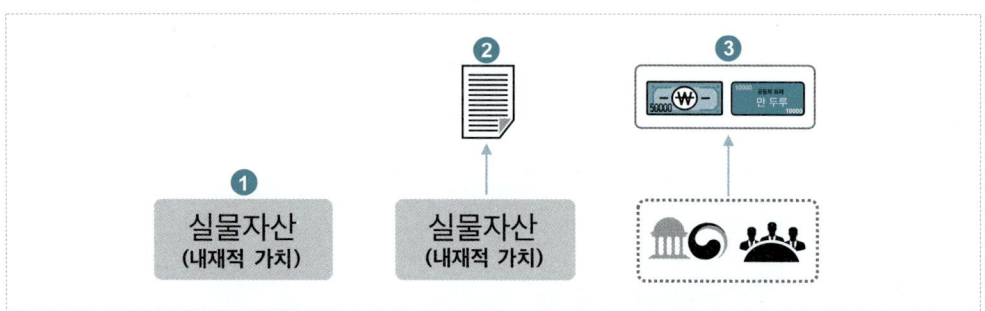

❶ 실물자산(내재적 가치)
❷ 실물자산을 기반으로 발행된 증서·토큰
❸ 내재적 가치가 없어도 필요에 의해 사람들이 부여하여 새롭게 창조된 증서·토큰

그림 1-47 자산의 다양한 범주

❸ 관련하여, 신용화폐가 아무런 근거 없이 무분별하게 발행된 것으로 오해할 수 있지만, 법정화폐는 국가라는 강력한 신뢰기관과 법에 기반하며, 두루 지역화폐는 공동체 커뮤니티에

대한 신뢰에 기반한다.

경제적 가치는 내재적 가치뿐만 아니라, 사람들에 의해 창조된 가치도 포함한다고 이해할 수 있다. 내재적 가치든 창조된 가치든 가치의 부여 여부는 결국 사람들이 판단하는 것이며, 내재적 가치가 없더라도 필요에 따라 경제적 가치는 창조될 수 있다. 경제적 가치의 개념을 다시 한번 상기해 보자.

재화를 통해 얻을 수 있는 편익을 기준으로 <u>사람들이 재화에 부여하는 가치</u>

2.3 자산의 디지털화

모든 것이 디지털화되는 환경에서 자산도 예외가 아니다. 앞서 자산은 실물자산(기초자산)과 증서·토큰으로 구분한 것처럼, '자산의 디지털화'는 '증서·토큰이 디지털화'와 '기초자산(실물자산)의 디지털화'를 의미한다.

2.3.1 증서·토큰의 디지털화

증서와 토큰은 이미 대부분 디지털화되어 있다. 증권도 전자증권법에 따라 더 이상 실물증권을 발행하지 않는다. 증서·토큰의 디지털화는 일정한 패턴을 따른다. 앞서 설명한 것처럼, 증서는 실물증서 발행에서 일괄 예탁, 그리고 중앙계좌부 등록 방식으로 발전했왔다.

일괄 예탁에 의한 디지털화

기초자산 거래의 편리성과 효율성을 높이기 위해 실물증서를 발행하지만 실물 증서는 분실과 훼손 위험이 있다. 디지털 관점에서 보면 실물증서가 시장에 유통될 경우 디지털 표현 및 처리가 어렵다.

- **지폐 사례**

    과거 금본위제 시대의 지폐는 금을 기초자산으로 발행된 증서였다. 신용화폐 시대에는 한국은행이라는 중앙기관에서 발행한 한국은행권(券)이다. 자산의 대표적인 사례인 화폐의 디지털화 과정을 살펴보자.

그림 1-48의 왼쪽 그림을 보면, 과거에는 지폐를 물품 구매뿐만 아니라 은행 입출금이나 송금 요청에도 지폐를 직접 활용했다. 하지만, 현재는 대부분 인터넷 뱅킹이나 모바일 뱅킹으로 결제나 송금을 처리한다. 이를 위해 현금 내역이 중앙 계좌부에 기록되어 있으며, 결제나 송금 요청이 있을 때 계좌 간 대체 방식으로 처리된다. 이는 실물지폐가 그대로 존재하면서도 단순히 디지털로 전환하여 처리되는 방식으로 이해할 수 있다.

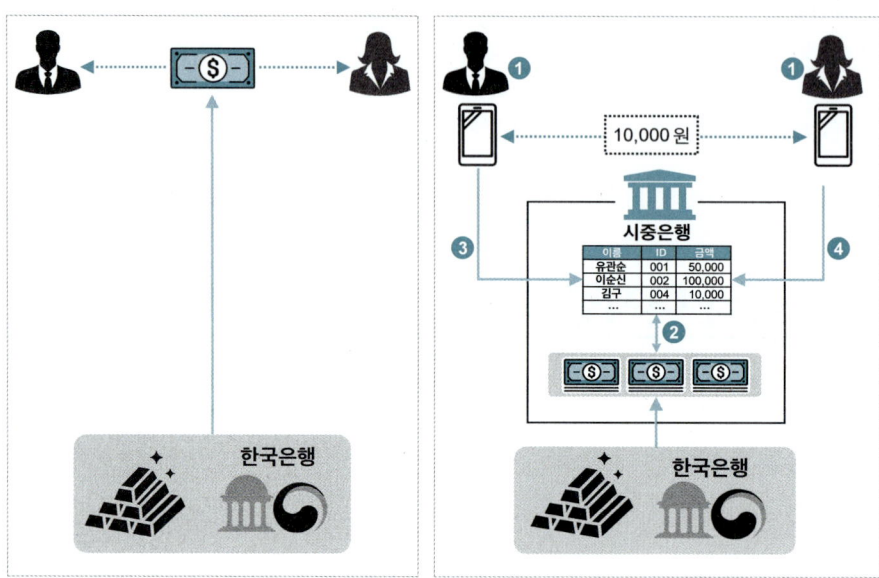

❶ 은행 고객들은 은행에 계좌를 개설한다.
❷ 고객들의 현금은 은행 금고에 보관되고, 보관된 현금을 기반으로 디지털 장부가 작성된다.
❸ A가 B에게 송금하면, 해당 계좌를 대체하는 방식으로 처리된다.
❹ B는 대체된 계좌 데이터를 확인하여 본인 계좌에 입금된 것을 확인한다.

그림 1-48 **실물화폐 기반 디지털 처리**

- **증권 사례**

  과거에는 실물증권이 발행되었으나, 훼손, 위변조, 분실과 같은 위험이 많았다. 따라서 모든 실물증권을 예탁결제원에 일괄 예탁하고, 예탁된 실물증권을 중앙계좌부에 기재하여 계좌 간 대체하는 방식으로 처리한다. 이는 실물증권이 존재하면서도 단순히 디지털 형태로 전환되어 처리되는 방식이다.

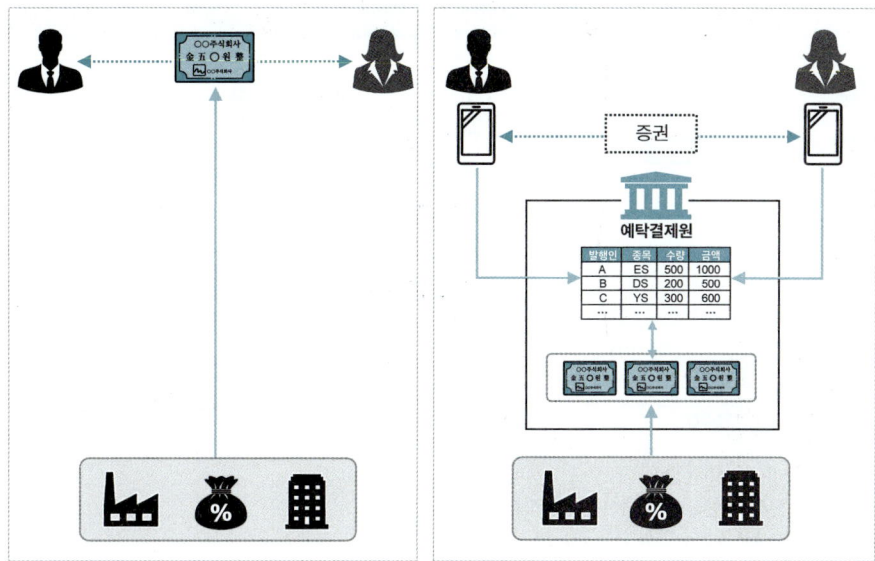

* 간소화를 위해 증권사 부분은 생략하고 구조화한 그림이다.

그림 1-49 **실물증권 기반 디지털 처리**

전자등록 계좌부에 의한 디지털화

과거에는 실물지폐와 실물증권이 존재하는 상황에서 단순히 디지털 장부로 표현 및 처리했지만, 이제는 실물증권을 더 이상 발행하지 않고, 증권 권리의 발생·변경·소멸 등의 모든 정보를 전자등록계좌부에 전자적 방식으로 기록하여 처리한다. 지폐의 경우에도 현재는 실물지폐가 발행되고 있지만, CBDC(중앙은행 디지털화폐)가 검토되고 있다.

- **지폐 사례**

  현재는 실물지폐를 디지털 방식으로 처리하고 있지만, 한 단계 더 발전된 형태로는 실물지폐 없이 전자화폐를 발행하는 것이다. 현재 한국은행에서 연구 중인 CBDC가 그 예다. 전자화폐는 실물지폐 없이도 권리의 발생·변경·소멸 등 관련 정보가 전자등록계좌부에 기록되어 처리되는 것을 의미한다. 실물지폐가 디지털로 표기된 상황에서는 실물지폐가 법적 효력을 가지지만, 전자화폐는 전자등록 자체가 법적 효력을 가진다.

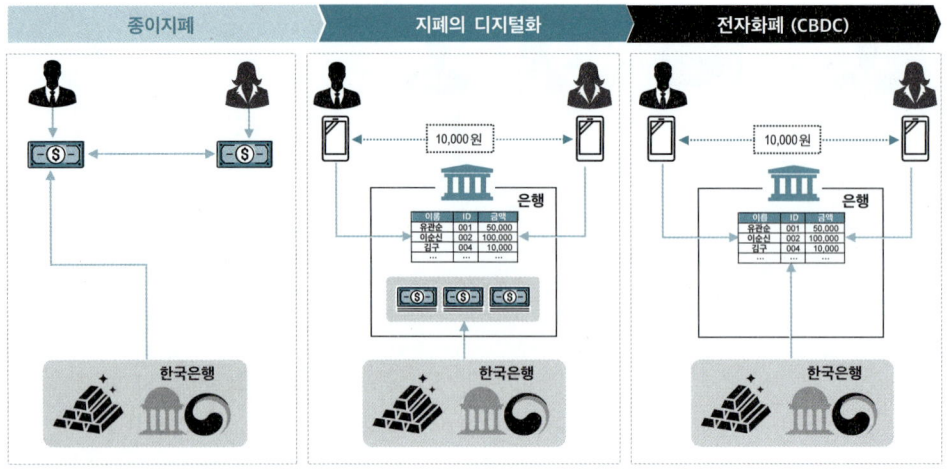

❶ 종이지폐 - 전자적 처리 없이 종이지폐를 직접 거래에 이용
❷ 지폐의 디지털화 - 실물지폐를 디지털로 표기 및 처리
❸ 전자화폐(CBDC) - 실물지폐 발행 없이 전자등록만으로 화폐 발행 및 거래

그림 1-50 실물지폐 없는 전자화폐

- **증권 사례**

  그림 1-51은 증권예탁결제제도에서 전자증권제도로 변화하는 과정을 보여준다. 기존에는 실물증권이 일괄 예탁되고 중앙화된 계좌부에서 계좌 간 대체 방식으로 처리되던 것에서, 이제는 전자증권법에 따라 실물증권을 발행하지 않고, 증권 관련 권리의 발생·변경·소멸이 전자등록계좌부에 전자적 방식으로 기록하는 것으로 바뀌었다.

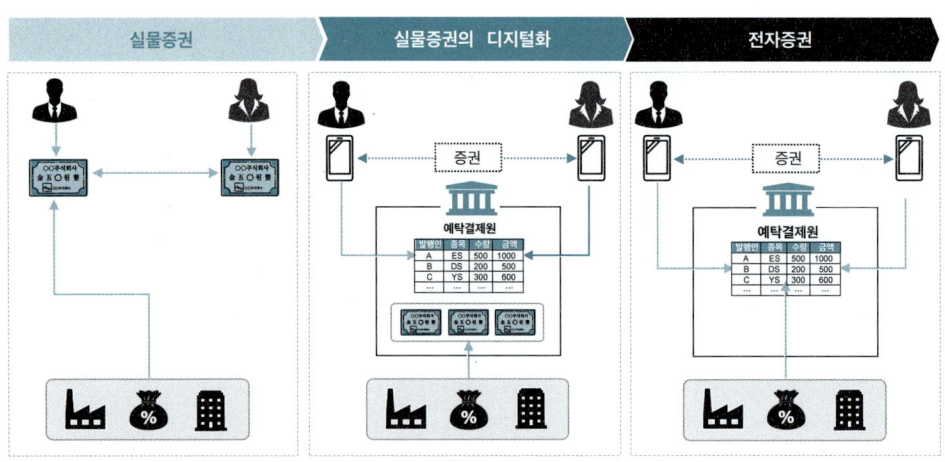

그림 1-51 실물증권 없는 전자증권

2.3.2 실물자산의 디지털화

'자산의 디지털화'는 '증서·토큰의 디지털화'와 '실물자산의 디지털화'로 구분된다. 실물자산도 디지털화되고 있다. 디지털은 쉽게 숫자로 표현되는 것을 의미하며, 글자뿐만 아니라 이미지나 사운드도 디지털로 구현할 수 있다. 그림 1-52에서처럼 어두운 색상을 1로 표시하고 밝은 색상을 0으로 표시하고, 사운드는 주파수 대역을 0과 1로 표현할 수 있다. 단적인 사례를 들어 설명했지만, 디지털로 구현하지 못하는 것은 거의 없다.

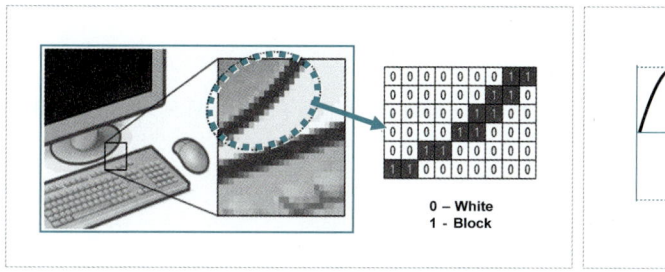

그림 1-52 디지털 구현

그러나 글자로 표상된 증서·토큰의 디지털화는 쉽게 이해되지만, 물리적인 실물자산의 디지털화는 다소 이해가 어려울 수 있다. 이를 디지털화 하는 세 가지 방안을 살펴보자.

- 실물자산을 디지털로 표현·구현
- 가상으로 구현
- 실물자산의 속성·기능을 디지털로 구현

실물자산을 디지털로 표현·구현

미술품을 디지털로 창작하고 전시하는 것은 이미 보편화되어 있다. 드로잉패드와 전자펜을 사용해 미술작품을 창작하고 디스플레이를 통해 전시하는 방식이다. 디지털로 구현된 미술작품이나 콘텐츠도 자산으로 인정을 받고 있다. 미술품 분야에서 NFT가 각광을 받고 있다. NFT는 주로 디지털 작품을 기반으로 발행되지만, 실물작품을 NFT로 발행하기 위해 실물작품을 디지털화하는 과정이 필요하다. 예로 한 블록체인 기업이 뱅크시의 작품 'Morons'을 NFT로 발행하기 위해 실물작품을 디지털화하고 기존 실물작품을 불태우는 퍼포먼스를 보이기도 했다.

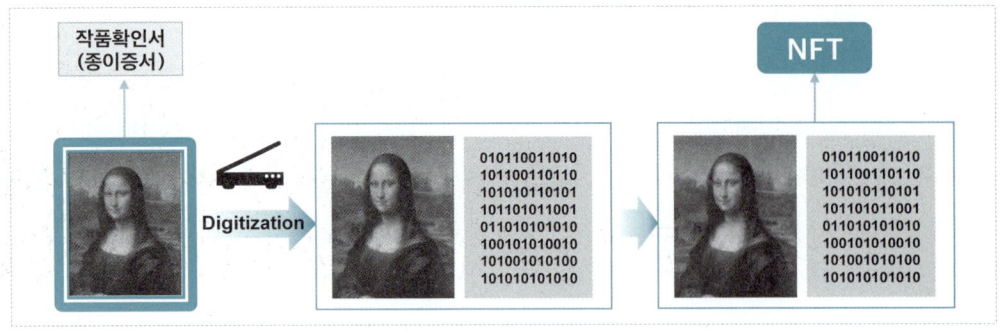

그림 1-53 증서의 디지털화(NFT)

실물작품을 NFT로 발행한다거나 디스플레이 장치에 전시해야 하는 상황에서는 실물작품을 디지털화하는 것은 어렵지 않다.

가상으로 구현

오늘날 자본시장의 핵심 주체는 기업이다. 기업을 디지털로 구현할 수 있을까? 기업은 우선 물리적인 사무공간과 주소가 있어야 한다. 근무할 직원들과 비즈니스에 필요한 다양한 집기와 장치들도 필요하다. 부동산 거래 플랫폼 업체인 직방은 물리적 사무실 없이, 직원들이 매일 아침 메타버스 가상 오피스 '메타폴리스'로 출근한다. 이 가상 오피스에서 직원들은 아바타를 이용해 회의와 업무를 처리한다. 이는 사무실이 메타버스에서 가상으로 구현된 사례이다.

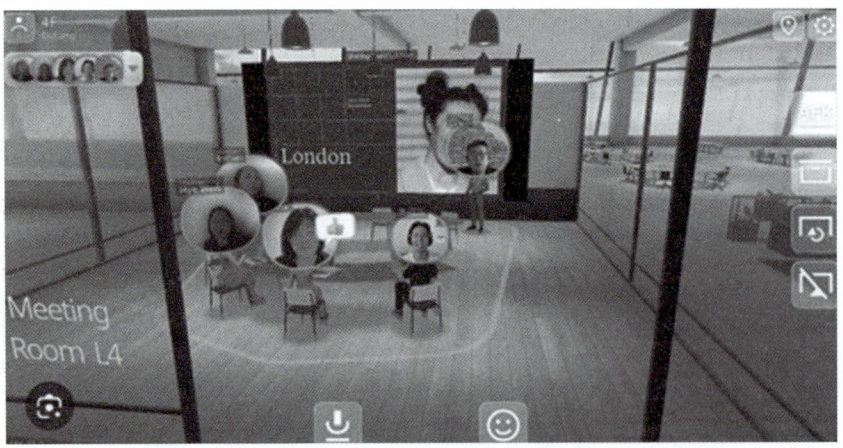

그림 1-54 가상 오피스 '메타폴리스' (출처: 메타폴리스)

최근 주목받는 DAO(Decentralized Autonomous Organization, 탈중앙화 자율 조직)도 있다. DAO는 공동의 목표를 위해 온라인으로 자유롭게 조직되고, 합의를 통해 의사결정하며, 수익은 기여도에 따라 공평하게 보상받는 구조이다. DAO가 주목받으면서 DAC(Decentralized Autonomous Company, 탈중앙화 자율 회사)도 함께 소개되기도 한다. 아직 제도권의 제약은 있으나, 메타버스가 보편화된다면 디지털 기업이나 가상 기업들이 일반화될 수 있다. 이러한 디지털 기업은 주식이나 채권을 발행할 수 있으며 이는 디지털 자산으로 간주될 수 있다.

그림 1-55 **가상 세계** (출처 : 디센트럴랜드)

'디센트럴랜드'라는 메타버스 서비스에서는 가상의 땅(자산)이 'MANA'라는 가상화폐로 거래된다. 물론 현재는 제도권에서 다소 멀어 자산으로 간주하기 어렵지만, 이런 환경이 일반화되면 디지털로 창조된 가상 자산도 가치 있는 자산으로 인정받을 수 있을 것이다.

실물자산의 속성·기능을 디지털로 구현

인류 역사에서 가장 귀하게 대접받고 있는 자산은 금(Gold)이다. 금을 디지털로 구현할 수 있을까? 고유한 색상과 물리적인 속성을 지닌 금을 디지털로 구현한다는 것은 사실상 불가능하다. 금이 화폐로서 가진 기능과 속성은 디지털로 구현할 수 있다.

2009년 등장한 비트코인은 '디지털 골드'로 불리기도 한다. 비트코인 창시자인 '사토시 나카모토'는 백서에서 'Digital Gold'라는 표현은 사용하지 않았지만, 비트코인 백서와 다른 기록물들을 살펴보면 'Digital Gold'를 구현하고자 한 것으로 보인다.

사토시 나카모토는 물리적인 속성을 지닌 금을 어떻게 디지털로 구현하고자 했을까? 비트코인 백서의 제목은 'A Peer to Peer Electronic Cash System'이다. 사토시 나카모토는 화폐 시스템을 만들고자 했던 것을 알 수 있다. 그가 남긴 기록물들을 보면 신용화폐에 대한 강한 불신과 금본위제 기반의 화폐를 설계하려고 했던 것을 짐작해 볼 수 있다. 즉 금의 물리적인 속성을 디지털로 구현하려 했다기 보다는 금이 화폐로서 가진 기능과 속성을 디지털로 구현하려고 했던 것으로 유추해 볼 수 있다.

금은 고유한 물리적인 특성 외에도 화폐적 관점에서 보면 무분별한 화폐 발행을 억제하는 기능적 속성도 지니고 있다. 화폐가 지닌 최적의 기능적 속성을 지니고 있었기 때문에 오랫동안 금을 기반으로 한 금본위제가 유지될 수 있었다.

다음은 화폐 기능 관점에서 비트코인 속성을 정리한 내용이다.

구분	비트코인 속성
총 발행량	2100만 개
발행 주기	10분마다 발행
발행 규모	4년마다 발행량 절반으로 감소
발행 방식	단순 연산 작업을 통한 채굴
발행자	가장 많은 작업을 수행한 노드에 보상 지급

그림 1-56 화폐로서의 디지털 골드

물리적인 금을 디지털로 구현하는 것은 불가능하지만, 금이 화폐로서 지닌 다양한 기능(총 발행량, 발행 주기, 발행 규모, 발행 방식 등)을 디지털로 구현한 비트코인은 화폐 관점에서 '디지털 골드'로 간주될 수 있다. 비트코인이 화폐로서의 속성과 기능을 어떻게 디지털로 구현했는지는 다음 장에서 자세히 살펴보겠다.

CHAPTER 03
디지털 자산이란?

앞서 자산을 '기초자산(실물자산)'과 '증서·토큰'으로 구분하고, 이들의 디지털화에 대해 설명했다. 이를 바탕으로 3장에서는 디지털 자산의 개념·범위·가치를 정리해 보고자 한다.

3.1 가상자산과 디지털 자산 차이

가상자산, 디지털 자산, 암호자산 등 다양한 용어들이 혼재되어 사용되고 있다. 업계에서 아직 용어와 개념에 대한 합의가 이루어지지 않았으며 사람마다 바라보는 관점이 다르기 때문에 정의적으로 규정하기는 어렵다. 우선 개인적인 의견을 바탕으로 그 차이를 검토하고자 한다.

▌ 가상자산과 디지털 자산에 대한 용어 사례

현재 다양한 용어들이 혼재되어 사용되는 상황에서 일부 법률이나 조례 등에서 용어와 개념을 정립한 사례들이 있다. 국내에서 관련 용어가 처음으로 규정된 사례는 '특정 금융거래정보의 보고 및 이용 등에 관한 법률(특금법)'이다. 암호화폐와 가상화폐가 화폐나 자산으로서 가치를 인정받기 시작하면서 익명성을 무기로 자금세탁이나 테러 자금지원에 활용되기 시작했다.

이에 2019년 FATF(국제 자금세탁방지기구)는 가상자산의 자금세탁이나 테러 자금 등으로 오용되는 것을 방지하기 위한 국제기준을 제정한다. 우리나라에서도 이를 준용하여 기존 특금법을 개정한다. 개정된 특금법에서는 암호화폐와 가상화폐를 '가상자산Virtual asset'으로 통일하여 정의하였다.

> **특정금융정보법 제2조(정의)**
> 3. "가상자산"이란 경제적 가치를 지닌 것으로서 전자적으로 거래 또는 이전될 수 있는 전자적 증표(그에 관한 일체의 권리를 포함한다)를 말한다.

특금법의 가상자산 정의는 가상자산이 자금세탁이나 테러 자금으로 오용되는 것을 방지하기 위한 목적으로 만들어졌다. 이에 따라 가상자산 사업자에게도 금융권 수준의 자금세탁 방지 의무를 부과하고, 거래 시 고객 확인 의무를 부과하는 내용을 포함하고 있다.

한편 테라-루나 사태와 FTX 거래소 파산 사건 이후, 세계적으로 가상자산에 대한 적극적인 규제와 대응이 필요하다는 주장이 힘을 얻게 되었다. 우리나라 국회는 가상자산에 대한 단계적 규율 방침을 세우고 시급성을 고려하여 1단계 입법으로 가상자산 이용자 보호와 불공정 거래행위 규제를 목적으로 하는 '가상자산 이용자 보호 등에 관한 법률(가상자산이용자보호법)'을 2023년 6월 30일 제정했다. 2단계 입법으로 가상자산 전반을 다루는 '디지털 자산 기본법'을 추진할 계획이다. 가상자산이용자보호법에서도 '가장자산'을 규정하고 있으며 정의도 특금법에서 규정한 가상자산과 같다.

> **가상자산이용자보호법 제2조(정의)**
> 1. "가상자산"이란 경제적 가치를 지닌 것으로서 전자적으로 거래 또는 이전될 수 있는 전자적 증표(그에 관한 일체의 권리를 포함한다)를 말한다.

2019년 중소벤처기업부는 각종 규제를 면제하고 자유롭게 신기술을 실증할 수 있도록 비수도권 14개 시·도에 32개 특구를 지정하였다. 그 중 블록체인 규제자유특구로 지정된 부산광역시는 관련 사업을 추진하고 있으며 국내 최초로 블록체인 관련 조례들을 제정했다. 조례에서는 다음과 같이 '가상자산'과 '디지털 자산'을 정의하고 있으며, 이들 정의도 특금법과 가상자산이용자보호법의 정의와 동일하다.

> 『부산광역시 블록체인 기술 및 산업 활성화에 관한 조례』 제2조(정의)
> 3. "가상자산"이란 경제적 가치를 지닌 것으로서 전자적으로 거래 또는 이전될 수 있는 전자적 증표(그에 관한 일체의 권리를 포함한다)를 말한다.
>
> 『부산광역시 디지털 자산거래소 설립을 위한 지원 조례』 제2조(정의)
> 1. "디지털 자산"이란 경제적 가치를 지닌 것으로서 전자적으로 거래 또는 이전될 수 있는 전자적 증표(그에 관한 일체의 권리를 포함한다)를 말한다.

2020년 9월 24일 EU 집행위원회는 디지털 자산에 대한 금융규제와 디지털 금융 활성화를 목적으로 '디지털 금융 패키지 Digital Financial Package'를 발표한다. 그리고 디지털 금융 패키지의 실현을 위한 법령 개정을 논의하면서 집행위원회는 'Regulation of Markets in Crypto-assets MiCA'를 제안하게 된다. '암호자산시장 규제법안'으로 불리는 MiCA는 암호자산에 대한 포괄적인 규제를 담고 있는 법안이다. MiCA에서는 'Crypto Asset(암호자산)'이란 용어를 정의하고 있다.

> MiCA Article 3 Definitions
> (2) 'Crypto-asset' means a digital representation of value or rights which may be transferred and stored electronically, using distributed ledger technology or similar technology
> (분산원장 기술 또는 이와 유사한 기술을 사용하여 전자적으로 이전되고 저장될 수 있는 어떤 가치 또는 권리의 디지털 표시)

국내외 법·제도적으로 규정한 용어 사례를 정리하면 다음과 같다.

구분	사용 용어
특정금융정보법(특금법)	가상자산
가상자산이용자보호법	가상자산
부산광역시 블록체인 기술 및 산업 활성화에 관한 조례	가상자산
부산광역시 디지털 자산거래소 설립을 위한 지원 조례	디지털 자산
디지털 자산 기본법 (추진 중)	(디지털 자산)
EU MiCA(암호자산시장 규제법안)	암호자산

표 1-1 가상자산과 디지털 자산의 용어 사용 사례

■ 가상자산과 디지털 자산의 개념적 차이

현재 국내 법률에서는 '가상자산' 용어가 주로 사용되지만, 부산광역시 조례에서는 '디지털 자산' 용어도 사용되고 있다. 가상자산과 디지털 자산의 용어 차이를 명확하게 구분하기는 어렵지만, 여기서는 개인적인 관점에서 개념 설명과 비교를 해보고자 한다.

'가상 Virtual'을 국어사전과 영영사전에서 각각 찾아보면 다음과 같이 정의하고 있다.

- 가상 – 사실이 아니거나 사실 여부가 분명하지 않는 것을 사실이라고 가정하여 생각함
- Virtual – made, done, seen etc on *the* internet or on a computer, rather than in *the real world* (현실세상보다 인터넷이나 컴퓨터에서 만들어지고 수행되고 보여지는 것)

'가상 virtual'의 사전적 정의를 보면, 실재하지 않지만 인터넷이나 컴퓨터를 통해 마치 존재하는 것처럼 구현된 것을 의미한다. 좀 더 확대해서 해석하면 현실 세계와 동떨어지고 벗어난 개념으로도 해석될 수 있다. 반면 '디지털'은 현실의 아날로그를 0과 1로 표현한 것이다. 현실의 사물을 디지털로 표현할 수도 있겠지만 현실에 존재하지 않는 것(가상)도 디지털로 표현할 수 있다. 가상은 현실에 존재하지 않는다는 느낌이 강한 반면 디지털은 아날로그를 디지털로 전환한다는 느낌이다. 가상자산과 디지털 자산 개념도 유사하게 이해될 수 있을 것이다.

가상자산은 현실자산과 별개로 인터넷이나 사이버상에서 간주되는 자산처럼 메타버스에서 거래되는 사이버머니, 온라인 게임 등에서 사용되는 게임 머니 정도로 인식될 수 있다. 반면 디지털 자산은 아날로그를 '디지털화(化)'한다는 개념에 더 초점이 맞춰져 있기 때문에, (실물)자산을 디지털화한 개념에 더 가깝다. 디지털 자산은 STO, RWA, 조각투자 등 현실의 실물자산과 연계되는 자산이 디지털 자산으로 인식될 수 있다.

가상자산은 투기, 비제도권, 현실과 동떨어진, 실물자산과 비연계 등이 우선적으로 떠오를 수 있다. 이런 배경 때문인지, 정부 부처나 관계 기관들의 보고서나 담당자들의 표현을 살펴보면 '가상자산'보다 '디지털 자산'이란 용어를 더 선호하는 것을 확인할 수 있다.

특금법과 가상자산이용자보호법에서는 '가상자산'이란 용어를 사용하고 있지만, 디지털 자산 기본법에서는 '디지털 자산'이란 용어의 사용이 기대된다. 이 책에서는 '가상자산'보다는 '디지털 자산'이란 용어를 더 적합한 것으로 간주하고자 한다. 전통적인 자산의 가치를 따르며, 실물자산과 연계되고, 제도권의 통제를 받는 자산을 '디지털 자산' 범주로 보고, 비제도권에서 다양한 기능으로 활용되는 자산을 '가상자산'으로 구분하고자 한다.

비트코인과 이더리움도 실물자산과 동떨어진 가상적인 자산으로 볼 수 있다. 그러나 이들은 점차 안전자산으로 인정을 받으며 투자 포트폴리오에 포함되고 있다. 특히 미국 SEC(증권거래위원회)로부터 ETF 승인을 받음으로써 사실상 제도권의 자산으로 인정받고 있다. 그렇다면 비트코인과 이더리움을 디지털 자산으로 간주하는 것이 맞을까, 아니면 가상자산으로 간주해야 할까? 디지털 자산과 가상자산을 명확하게 구분하기는 어렵다. 하지만 이 책에서는 '디지털 자산'과 '가상자산' 용어를 다음과 같이 정리해서 사용하고자 한다.

그림 1-57 디지털 자산과 가상자산 용어 정립

전통적인 자산을 디지털화한 경우에는 디지털 자산이란 용어가 적절하다. 비트코인 이후 출현한 다양한 가상자산 중에서 제도권 자산으로 간주되는 경우에는 디지털 자산이란 용어를 사용할 수 있다. 그 외 기타 가상자산은 '가상자산'이라는 용어를 사용한다.

'제도권 허용'을 명확하게 규정하기 어렵지만, ETF 승인 등 다양한 요소를 고려할 필요가 있다. 또한 이 책에서는 '비트코인, 이더리움, 법정화폐 기반 스테이블코인 등과 같은 자산에 대한 설명 의도와 목적에 따라 '가상자산'이란 용어와 '디지털 자산'이란 용어를 혼용해서 사용하도록 하겠다.

▌ 암호자산과 디지털 자산의 개념적 차이

2009년 비트코인 등장 이후 '암호화폐' 또는 '암호자산'이란 용어가 본격적으로 사용되기 시작했다. 사토시 나카모토는 탈중앙화 환경에서도 신뢰를 보장할 수 있는 화폐 시스템을 설계하고자 했고, 이를 위해 암호기술을 활용했다. 비트코인이란 화폐 시스템을 기술적으로 분해해 보면, 존재 형태뿐만 아니라 작동 메커니즘 및 실제 서비스도 모두 암호기술을 활용하고 있다. 이러한 이유로 비트코인을 암호화폐 또는 암호자산이라고 부르기 시작했다.
다음 표는 비트코인 구현 분야와 적용된 암호기술을 소개하고 있다.

구분	분야	적용 암호기술
형태적·구조적 측면	트랜잭션 구성	비대칭키 암호, 해시(Hash)
	블록 구조	해시(Hash)
	블록체인 구조	해시(Hash)
작동원리·메커니즘 측면	합의 알고리즘	해시(Hash)
	위변조 차단	해시(Hash)
	화폐발행·인센티브 메커니즘	해시(Hash)
화폐 서비스 측면	지갑 · 전자서명	비대칭키 암호
	P2P 송금	비대칭키 암호
	트랜잭션 검증	비대칭키 암호, 해시(Hash)

EU MiCA(암호자산시장 규제법)에서는 '암호자산 Crypto Asset'이란 용어를 사용하고 있다. 그럼 암호자산과 디지털 자산의 차이점은 무엇일까? 암호자산은 '암호'라는 구현기술에 초점이 맞춰진 개념이다. 반면 디지털 자산은 자산의 디지털 형식에 초점을 둔다. 구현 기술이 아닌 자산 관점에서 보자면 '디지털 자산'이라는 용어가 더 적절하다고 볼 수 있다.

3.2 디지털 자산의 개념

디지털 자산을 이해하고 해석하는 방향은 다양할 수 있다. 이 책에서는 자산을 '기초자산'과 그 기초자산을 기반으로 발행된 '증서·토큰'으로 구분하고, 이런 기초자산과 증서·토큰이 각각 디지털화 Digitization, Digitalization되는 개념으로 이해하고자 한다.

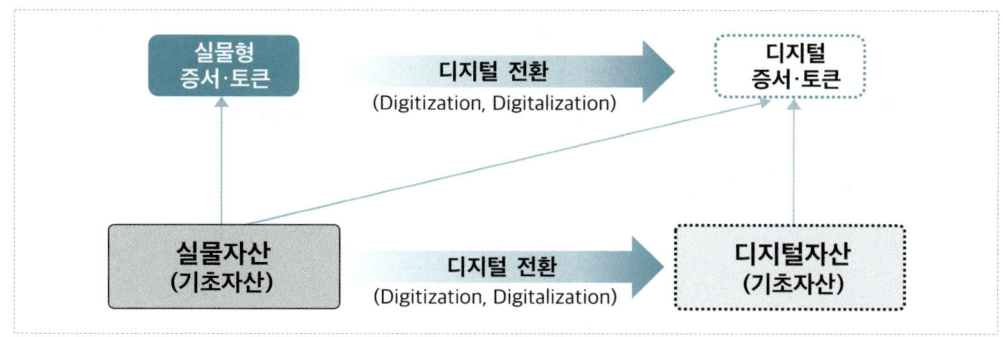

그림 1-58 **자산의 디지털화**

그림 1-58과 같은 디지털 자산의 구조와 속성을 계속 강조하는 이유는 두가지 때문이다. 첫째, 대부분의 가상자산 또는 디지털 자산이 실제로 이런 구조와 속성을 지니고 있기 때문이다. 둘째, 가상자산 또는 디지털 자산에 대한 잘못된 환상과 오해에서 벗어나길 바라는 마음 때문이다.

가상자산, 가상화폐, 전자화폐, 암호화폐, 디지털화폐, 디지털 자산, 코인, 토큰, NFT, SBT, RWA, 유틸리티 토큰, 스테이블코인, 토큰증권STO, CBDC, 등 다양한 용어들이 혼재되어 사용되고 있으며, 새로운 용어들이 지속적으로 생겨나고 있다. 이러한 용어와 새로운 화폐·자산의 지속적인 출현은 본질에 대한 이해를 어렵게 하고 시장의 혼란을 야기할 수 있다. 그러나 이런 디지털 자산 모두 그림 1-58과 같은 구조를 지닌다.

자산의 본질과 기본 구조는 변하지 않는다. 새로운 용어가 사용되고 분칠만 했을뿐 그 구조와 본질은 전통적인 자산과 거의 차이가 없다. 전통적인 자산이든 디지털 자산이든 권리 내용, 기본 구조, 속성은 변하지 않는다.

앞서 소개한 자산 용어들만 놓고 보면 마치 새로운 자산이 창조된 것처럼 보이지만, 사실 기존 자산·가치를 디지털화한 것에 불과하다. 자산을 디지털로 표현하거나 처리했다고 자산의 본질이나 권리 내용이 바뀌지 않는다. 디지털 자산의 중요한 의미와 가치는 '자산' 그 자체보다는 '디지털'에 있다.

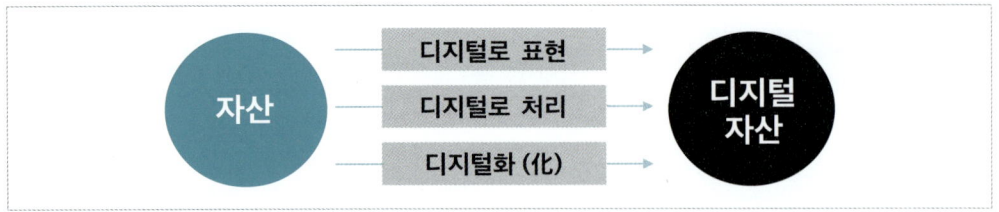

그림 1-59 디지털 관점의 디지털 자산

- **디지털 자산의 강점**

디지털 자산의 강점은 자산을 디지털로 표현·처리함으로써 거래의 편리성·신속성·정확성·효율성을 높일 수 있다. 프로그래밍을 활용한 조건 설정과 자동화가 가능하며 AI, 빅데이터, 모바일, 클라우드, 블록체인 등 다양한 기술과 융합하여 새로운 서비스를 창출하기도 쉽다. 불편한 기초자산을 증서나 토큰으로 대체하여 거래의 편리성과 효율성을 높인 것처럼, 전통적인 자산을 디지털로 변환하여 처리하면 다양한 편의와 부가 서비스가 가능하다.

2019년 페이스북이 발표했던 디엠(Diem, 이전 Libra)을 살펴보자. 리브라Libra가 처음 소개되었을 때, 많은 사람들이 새로운 가상화폐 출현에 열광했지만, 실제로는 가상화폐를 목표로 한 것이 아니었다. 전 세계 17억 명의 성인은 은행 계좌가 없어 송금 서비스를 이용하지 못하는 상황이지만, 이들 중 10억 명은 모바일 폰을 가지고 있으며, 나머지 5억 명은 인터넷 접근이 가능하다. 디엠의 목표는 디지털 형식의 화폐를 발행해 은행 계좌 없이 온라인 송금 서비스 혜택을 누릴 수 있도록 하는 것이었다. 이를 위해 다양한 (지류형) 법정화폐를 묶은 바스켓과 채권 등을 기초자산으로 하여 디지털 형태의 디엠 토큰을 발행하고자 했다. 디엠의 화폐적 가치는 기초자산(법정화폐, 채권 등)의 가치와 동일하지만 디엠의 진정한 가치는 화폐의 디지털화를 통해 15억 명에게 온라인 송금 서비스를 제공할 수 있다는 데 있다.

3.3 디지털 자산의 범위

그림 1-58에서 설명한 디지털 자산 개념을 바탕으로 디지털 자산의 유형을 구조적 관점에서 구분하면 그림 1-60과 같다.

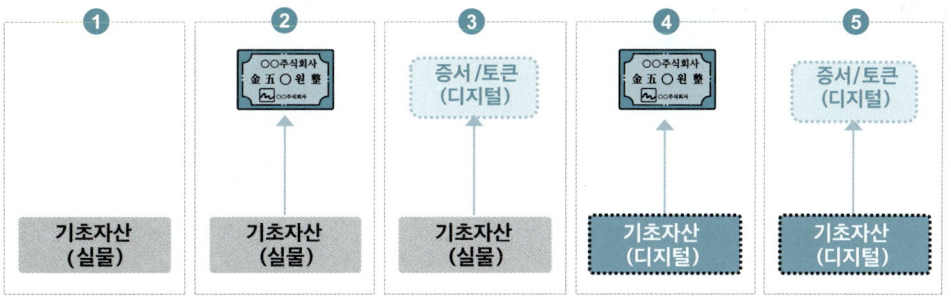

❶ 과거에는 실물자산을 그대로 거래에 활용
❷ 실물자산의 거래 편리성과 효율성을 위해 실물자산 기반 증서를 함께 활용
❸ 증서가 디지털 형태로 전환된 사례로, 오늘날 대부분 자산은 이런 구조를 지님 (전자증권, STO, RWA, 조각투자, 스테이블코인, NFT 등)
❹ 현실에서는 일반적이지 않지만 디지털 자산을 종이 형태의 증서로 발행 가능
❺ 디지털 자산과 이를 기반으로 발행된 디지털 증서를 함께 활용 (예, 비트코인 등)

그림 1-60 **구조적 관점 디지털 자산 유형**

전통적으로 실물자산에만 가치를 부여했으나, 최근에는 실물자산 없이도 창조되는 가치가 있다고 했다. 대표적인 사례가 신용화폐와 비트코인이다. 그림 1-60을 실물자산 유무에 따라 구분하면 그림 1-61과 같다.

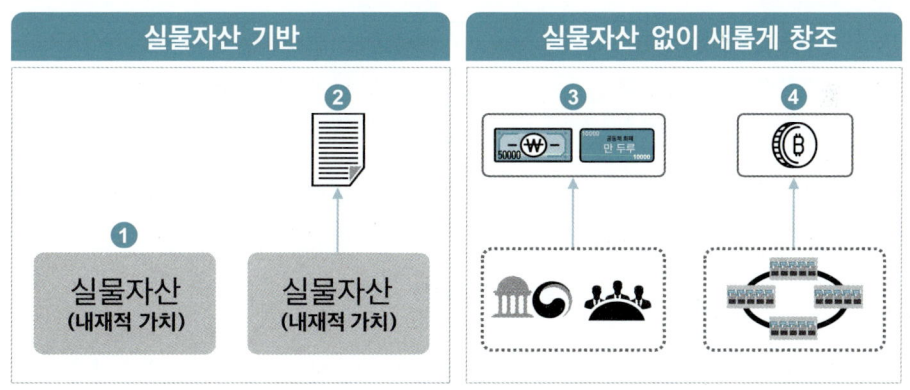

그림 1-61 **실물자산 없이 새롭게 창조되는 자산**

3.4 디지털 자산의 가치

디지털 자산의 가치는 '디지털'에 있다고 설명했다. 출판만화와 디지털만화(웹툰)를 비교하여 '디지털'의 가치를 평가해보자. 그림 1-62는 출판만화와 웹툰 Webtoon 을 보여준다. 출판만화와 웹툰의 핵심적인 차이점은 '디지털'이다. 웹툰은 디지털 도구를 이용해서 창작되고, 디지털로 표현되며, 디지털로 유통 및 소비된다.

그림 1-62 출판만화와 웹툰 비교

구분	출판만화	웹툰
창작	종이, 펜, 지우개로 창작	태블릿과 프로그램을 활용해 창작
제공	인쇄하여 책의 형태로 완성	인터넷 웹페이지로 제공
준비	창작에서 소비까지 많은 시간과 단계	창작에서 소비까지 적은 시간과 단계
소통	일방향 소통	양방향 소통(댓글 등)
유통	출판사와 서점 통해 유통	인터넷을 통해 유통
수익	판매와 대여를 통해 수익 창출	무료, 일부 유료, 광고, 멤버십, 로열티

표 1-2 출판만화와 웹툰의 주요 특징

웹툰은 출판만화에 비해 창작, 유통, 소비에서 상당한 장점이 있다. 이러한 장점이자 경쟁력은 디지털 기술 덕분이다. 웹툰은 디지털 기술을 통해 쉽게 창작되고 인쇄 없이 웹페이지를 통해 유통되며, 클릭 몇 번으로 바로 출시가 가능하다. 연재하면서 댓글로 소통할 수 있어 작품의 완성도를 높일 수 있다. 또한 누구나 다양한 작품을 게시할 수 있기 때문에 작품의 다양성이 가능하고, 결과적으로 시장과 생태계가 확장된다.

출판만화를 디지털 만화(웹툰)로 창작한다고 그 내용(시나리오, 메시지, 장면·그림, 표현·연출)이 달라지지는 않는다. 디지털 자산도 마찬가지다. 전통적인 자산을 디지털화한다고 해서 자산의 본질이나 가치가 변하지는 않지만, 디지털로 표현·처리하면 다양한 편의성과 부가가치가 창출된다.

사회보장제도의 일환으로 특정 계층의 소비자에게 서비스 이용권을 부여하는 방법으로 현금보조와 바우처$_{Voucher}$ 제도가 있다. 현금보조의 경우 대상자가 의도한대로 소비하지 않을 수 있다는 단점이 있다. 예를 들어 식료품 구입을 목적으로 지급된 현금을 술이나 도박에 사용할 수 있다. 반면 바우처는 특정 목적의 특정 상품에만 사용 가능한 일종의 교환권이다. 사회보장위원회는 지난 2023년 10월 제30차 본회의에서 경쟁적 현금복지를 지양하고, 정책대상에게 꼭 필요한 서비스나 용처를 정한 바우처 방식을 추진하기로 심의·의결했다

국내에도 다양한 바우처가 존재하지만, 여전히 많은 부대비용과 복잡한 절차가 따른다. 만약 CBDC와 같은 디지털화폐에 프로그래밍 기능을 추가한 디지털 바우처를 사용한다면 지원 대상 관리가 자동화되고 정산 절차가 간소화되며 대금 지급 기간도 단축될 수 있다. 예를 들어 지역화폐처럼 특정 지역에서만 사용하도록 설정하거나 약물 중독자에게 지급되는 화폐를 생필품만 구입할 수 있도록 프로그래밍 설계가 가능하다. 특정 지역, 특정 시기, 특정 대상, 특정 아이템 등 간편하고 편리하게 정책 실현이 가능하다.

디지털 자산을 암호기술과 블록체인과 연계하면 제3의 신뢰기관 없이도 신뢰성이 보장된 시스템을 구현할 수 있다. 비트코인은 탈중앙화 환경에서도 신뢰를 보장할 수 있는 화폐 시스템을 설계하고자 했고 이를 구현하고자 암호기술을 활용했으며 이로 인해 태생적으로 디지털 화폐가 될 수밖에 없었다. 이는 'Bitcoin: A Peer-to-Peer **Electronic** Cash System'이라는 제목에서도 알 수 있다.

디지털 자산에 대한 잘못된 접근법은 새로운 가상적 "자산"의 도래에 의미를 부여하는 것이다. 하지만 디지털 자산의 올바른 접근법은 자산이 "디지털" 방식으로 표현·처리·구현됨으로써 거래가 더욱 편리하고 효율적으로 이루어지고 다양한 부가가치가 창출되는 것을 인식하는 것이다.

PART II

블록체인의 등장과
모든 가치의 토큰화

1부에서 살펴본 토큰의 본질과 기본적인 개념에서는 블록체인과의 연관성을 찾기 어려웠다. 하지만, 디지털 자산을 이해하기 위해서는 블록체인에 대한 이해가 필수적이며, 블록체인을 이해하기 위해서는 비트코인을 우선적으로 살펴봐야 한다. 비트코인과 블록체인, 이더리움과 이더(Ether)의 관계, 이더리움과 블록체인의 차이점, 블록체인과 코인·토큰의 연관성, 토큰과 NFT의 차이점 등을 이해함으로써 디지털 자산이 어떻게 블록체인과 연결되고 있는지를 살펴보겠다.

사람들은 여전히 토큰을 블록체인과 연계하여 이해하거나 가상화폐나 가상자산으로만 이해하는 경우가 많다. 하지만 블록체인 기술은 단순히 가상화폐를 넘어 모든 자산의 토큰화를 가능하게 하며, 이 과정에서 디지털 자산의 개념이 더욱 확장되고 있다. 2부에서는 이러한 토큰과 블록체인의 접점을 명확히 이해하고, 디지털 자산이 어떻게 발전하고 있는지 살펴보겠다.

CHAPTER
04
비트코인이란?

올해 초 비트코인 가격이 국내에서 1억 원을 돌파하며 글로벌 은Silver 시가 총액을 넘어서는 자산 규모 8위에 랭크되었다는 기사도 소개되었다. 또한 미국 SEC(증권거래위원회)는 비트코인 현물을 기초로 한 ETF 거래를 승인했다. 하지만 이러한 비트코인 명성에도 불구하고, 비트코인을 제대로 이해하는 사람은 많지 않다.

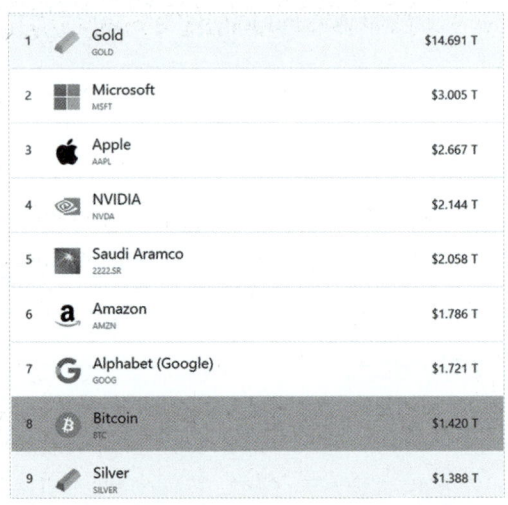

그림 2-1 기업 및 자산 시가총액 순위 (출처 : 컴퍼니스마켓캡)

4.1 비트코인 백서로 보는 정의

비트코인은 무엇일까? 비트코인 백서를 보면 비트코인 개념을 다음과 같이 규정하고 있다. 이는 비트코인 백서의 제목이기도 하다.

Bitcoin: A Peer-to-Peer Electronic Cash System

비트코인은 'P2P 전자 화폐 시스템'이다. P2P 전화 화폐 시스템은 정확히 무엇이며, 어떻게 작동하는 것일까? 또한, 왜 비트코인(P2P 전자 화폐 시스템)을 만들었을까? 사토시 나카모토는 잠적했기 때문에 그가 남긴 일부 기록을 통해 비트코인의 배경과 그 개념을 유추해 볼 수 있다. 여기서는 사토시 나카모토가 남긴 백서와 P2P Foundation 게시글 중 일부를 소개한다.

Bitcoin: A Peer-to-Peer Electronic Cash System

Satoshi Nakamoto
satoshin@gmx.com
www.bitcoin.org

Abstract. A purely peer-to-peer version of electronic cash would allow online payments to be sent directly from one party to another without going through a financial institution. Digital signatures provide part of the solution, but the main benefits are lost if a trusted third party is still required to prevent double-spending. We propose a solution to the double-spending problem using a peer-to-peer network. The network timestamps transactions by hashing them into an ongoing chain of hash-based proof-of-work, forming a record that cannot be changed without redoing the proof-of-work. The longest chain not only serves as proof of the sequence of events witnessed, but proof that it came from the largest pool of CPU power. As long as a majority of CPU power is controlled by nodes that are not cooperating to attack the network, they'll generate the longest chain and outpace attackers. The network itself requires minimal structure. Messages are broadcast on a best effort basis, and nodes can leave and rejoin the network at will, accepting the longest proof-of-work chain as proof of what happened while they were gone.

1. Introduction

Commerce on the Internet has come to rely almost exclusively on financial institutions serving as trusted third parties to process electronic payments. While the system works well enough for most transactions, it still suffers from the inherent weaknesses of the trust based model. Completely non-reversible transactions are not really possible, since financial institutions cannot avoid mediating disputes. The cost of mediation increases transaction costs, limiting the minimum practical transaction size and cutting off the possibility for small casual transactions, and there is a broader cost in the loss of ability to make non-reversible payments for non-reversible services. With the possibility of reversal, the need for trust spreads. Merchants must be wary of their customers, hassling them for more information than they would otherwise need. A certain percentage of fraud is accepted as unavoidable. These costs and payment uncertainties can be avoided in person by using physical currency, but no mechanism exists to make payments over a communications channel without a trusted party.

What is needed is an electronic payment system based on cryptographic proof instead of trust, allowing any two willing parties to transact directly with each other without the need for a trusted third party. Transactions that are computationally impractical to reverse would protect sellers from fraud, and routine escrow mechanisms could easily be implemented to protect buyers. In this paper, we propose a solution to the double-spending problem using a peer-to-peer distributed timestamp server to generate computational proof of the chronological order of transactions. The system is secure as long as honest nodes collectively control more CPU power than any cooperating group of attacker nodes.

P2P Foundation

Bitcoin open source implementation of P2P currency

2009-02-11 22:27:00 UTC - Original Post - View in Thread

I've developed a new open source P2P e-cash system called Bitcoin. It's completely decentralized, with no central server or trusted parties, because everything is based on crypto proof instead of trust. Give it a try, or take a look at the screenshots and design paper:

Download Bitcoin v0.1 at http://www.bitcoin.org

The root problem with conventional currency is all the trust that's required to make it work. The central bank must be trusted not to debase the currency, but the history of fiat currencies is full of breaches of that trust. Banks must be trusted to hold our money and transfer it electronically, but they lend it out in waves of credit bubbles with barely a fraction in reserve. We have to trust them with our privacy, trust them not to let identity thieves drain our accounts. Their massive overhead costs make micropayments impossible.

A generation ago, multi-user time-sharing computer systems had a similar problem. Before strong encryption, users had to rely on password protection to secure their files, placing trust in the system administrator to keep their information private. Privacy could always be overridden by the admin based on his judgment call weighing the principle of privacy against other concerns, or at the behest of his superiors. Then strong encryption became available to the masses, and trust was no longer required. Data could be secured in a way that was physically impossible for others to access, no matter for what reason, no matter how good the excuse, no matter what.

It's time we had the same thing for money. With e-currency based on cryptographic proof, without the need to trust a third party middleman, money can be secure and transactions effortless.

One of the fundamental building blocks for such a system is digital signatures. A digital coin contains the public key of its owner. To transfer it, the owner signs the coin together with the public key of the next owner. Anyone can check the signatures to verify the chain of ownership. It works well to secure ownership, but leaves one big problem unsolved: double-spending. Any owner could try to re-spend an already spent coin by signing it again to another owner. The usual solution is for a trusted company with a central database to check for double-spending, but that just gets back to the trust model. In its central position, the company can override the users, and the fees needed to support the company make micropayments impractical.

Bitcoin's solution is to use a peer-to-peer network to check for double-spending. In a nutshell, the network works like a distributed timestamp server, stamping the first transaction to spend a coin. It takes advantage of the nature of information being easy to spread but hard to stifle. For details on how it works, see the design paper at http://www.bitcoin.org/bitcoin.pdf

The result is a distributed system with no single point of failure. Users hold the crypto keys to their own money and transact directly with each other, with the help of the P2P network to check for double-spending.

Satoshi Nakamoto
http://www.bitcoin.org

그림 2-2 사토시 나카모토 기록물(백서, P2P Foundation 게시글)

사토시 나카모토가 남긴 기록 중 일부를 인용하면 다음과 같다.

"The central bank must be trusted not to debase the currency, but the history of fiat currencies is full of breaches of that trust"

중앙은행은 화폐 가치를 떨어뜨리지 않도록(인플레이션이 발생하지 않도록) 신뢰를 보장해야 하지만, 역사적으로 기존 법정화폐는 그 신뢰를 저버렸다

"Banks must be trusted to hold our money and transfer it electronically, but they lend it out in waves of credit bubbles with barely a fraction in reserve"

시중은행은 우리의 돈을 잘 보관하고 있어야 하지만, 극히 일부만 유보금으로 남기고, 막대한 대출을 통해 신용 거품을 야기하고 있다

"The steady addition of a constant of amount of new coins is analogous to gold miners expending resources to add gold to circulation. In our case, it is CPU time and electricity that is expended"

새로운 화폐(비트코인) 발행 방식은 금을 채굴하는 것과 유사하게 일정한 화폐량을 안정적으로 공급하는 방식이다. 금 채굴에 일정한 노력과 작업이 소요되는 것처럼 비트코인에서는 CPU 연산과 에너지 소비라는 자원을 통해 화폐를 발행한다

"It's completely decentralized, with no central server or trusted parties, because everything is based on crypto proof instead of trust"

비트코인은 신뢰가 아닌 암호기술을 기반으로 설계되었기 때문에 어떤 중앙 서버나 신뢰기관 없이 완전한 탈중앙화로 설계가 가능했다

인용된 내용들을 정리하면 3가지로 요약할 수 있을 것 같다

❶ 중앙은행과 시중은행의 무분별한 화폐 발행 및 신용 창조에 대한 문제 제기
❷ 금을 채굴하는 것과 유사한 방식으로 화폐를 일정하고 안정적으로 공급하는 방식 필요
❸ 암호기술을 통해 제3신뢰기관 없이도 신뢰를 구현

정리하면, 사토시 나카모토는 중앙은행과 시중은행의 무분별한 화폐 발행 방식을 차단하고, 암호 기술을 통해 중앙은행이나 시중은행 없이도 신뢰를 보장하는 방식으로, 금을 채굴하는 것과 유사하게 일정한 화폐량을 안정적으로 공급하는 화폐 시스템을 개발했다고 볼 수 있다.

▌ 비트코인이 추구한 가치와 목표

비트코인 백서에서 소개된 것처럼 비트코인은 화폐 시스템이다. 그리고 일정한 화폐량을 안정적으로 공급하는 화폐 시스템을 목표로 했다. 비트코인의 가치와 목표를 가장 잘 설명하는 부분은 바로 그림 2-3에서 소개한 백서의 내용 일부이다.

> New transaction broadcasts do not necessarily need to reach all nodes. As long as they reach many nodes, they will get into a block before long. Block broadcasts are also tolerant of dropped messages. If a node does not receive a block, it will request it when it receives the next block and realizes it missed one.
>
> **6. Incentive**
>
> By convention, the first transaction in a block is a special transaction that starts a new coin owned by the creator of the block. This adds an incentive for nodes to support the network, and provides a way to initially distribute coins into circulation, since there is no central authority to issue them. The steady addition of a constant of amount of new coins is analogous to gold miners expending resources to add gold to circulation. In our case, it is CPU time and electricity that is expended.
> The incentive can also be funded with transaction fees. If the output value of a transaction is less than its input value, the difference is a transaction fee that is added to the incentive value of the block containing the transaction. Once a predetermined number of coins have entered circulation, the incentive can transition entirely to transaction fees and be completely inflation free.
> The incentive may help encourage nodes to stay honest. If a greedy attacker is able to assemble more CPU power than all the honest nodes, he would have to choose between using it to defraud people by stealing back his payments, or using it to generate new coins. He ought to find it more profitable to play by the rules, such rules that favour him with more new coins than everyone else combined, than to undermine the system and the validity of his own wealth.

그림 2-3 비트코인 백서 내용 일부 (출처: 비트코인 백서)

'The steady addition of a constant of amount of new coins is analogous to gold miners expending resources to add gold to circulation. In our case, it is CPU time and electricity that is expended'

새로운 화폐(비트코인) 발행 방식은 금을 채굴하는 것과 유사하게 일정한 화폐량을 안정적으로 공급하는 방식이다. 금 채굴에 일정한 노력과 작업이 소요되는 것처럼, 비트코인에서는 CPU 연산과 에너지 소비라는 자원을 통해 화폐를 발행한다.

사토시 나카모토는 기존 화폐 시스템의 무분별한 화폐 남발을 강하게 비판하였고 금본위제와 유사한 화폐 시스템(비트코인)을 목표로 했다고 볼 수 있다. 즉 비트코인은 '금본위제'로의 회귀를 염두에 둔 화폐 시스템이라고 할 수 있다.

인류는 오랫동안 금을 기반으로 한 금본위제를 유지해왔으며 금은 일정한 화폐량을 안정적으로 공급하는 최적의 화폐 조건을 갖추고 있었다. 그러나 1971년부터 시작된 신용화폐 시스템은 화폐 남발과 신용 거품과 같은 많은 문제점을 야기하고 있었다. 따라서 비트코인은 과거 금본위제와 유사한 화폐 시스템(비트코인)을 구현하고자 하는 시도로 이해할 수 있다.

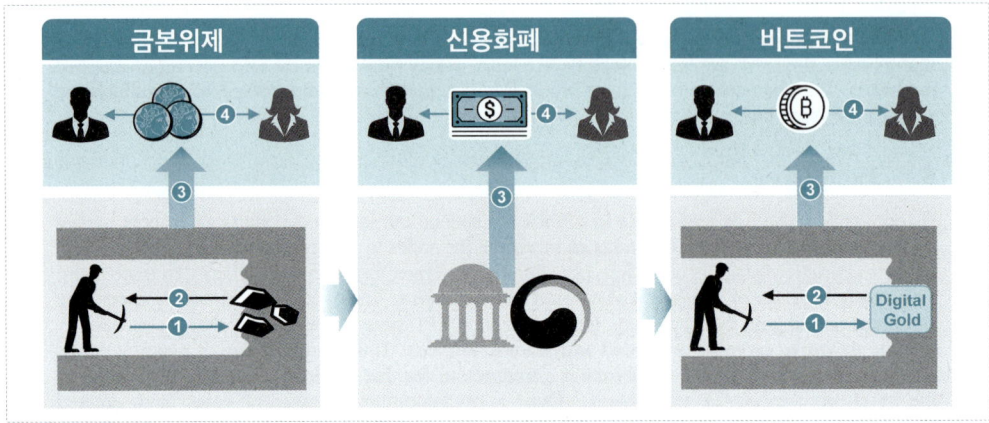

- 금본위제 : 희소성과 공급의 안정성을 기반으로 일정한 화폐량을 안정적으로 공급
- 신용화폐 : 필요에 따라 쉽게 발행, 하이퍼인플레이션과 같은 문제를 야기할 수 있음
- 비트코인 : 금을 채굴하는 것과 유사하게 일정한 화폐량을 안정적으로 공급

그림 2-4 화폐 시스템 변천사

4.2 비트코인이 디지털 골드를 구현한 방안

금은 내재적 가치를 지닌 자산으로, 대부분의 사람들이 그 가치를 신뢰하기 때문에 금을 기반으로 발행된 화폐(금본위제) 역시 그 가치를 인정하고 신뢰한다. 그렇지만, 비트코인이 '금본위제'를 목표로 했다면, 두 가지 의문이 생긴다.

❶ 고유한 화학적 속성과 물리적 실체를 지닌 금을 디지털로 구현할 수 있는가?
❷ 디지털로 구현된 이 '디지털 골드'를 사람들이 신뢰할 수 있는가?

금을 디지털 골드로 구현하는 것은 불가능해 보인다. 설사 구현한다고 하더라도, 아무런 내재적 가치 없이 '0과 1'로 구성된 디지털 골드를 사람들이 신뢰할 수 있을지도 의문이다.

먼저 1부에서 간단히 설명했던 것처럼, 금본위제에서 금이 화폐로서 지닌 속성과 기능을 디지털로 구현할 수 있다면, 화폐 관점에서 디지털 골드도 구현할 수 있다고 볼 수 있다. 그리고 이렇게 구현된 디지털 골드가 현실에서 유의미한 역할과 사회적 편익*을 실제로 제공한다면 '디지털 골드'로서의 가치와 의미도 인정받을 수 있을 것이다.

우선 화폐 관점의 금의 특징과 금의 속성을 식별해 보면 다음과 같다.

화폐 관점에서 금의 특징	금의 속성 식별
금의 매장량은 한정되어 있어 희소성의 가치가 보장	한정된 매장량
금은 연금술에 의해 창조되는 것이 아니라 채굴 작업으로 얻어짐	작업을 통한 채굴
금의 초기 발행량은 많지만 시간이 지날수록 점차 줄어드는 구조	안정적 공급·발행
금광 발견은 많은 작업과 함께 운도 상당히 따름	노력과 운(Fortune)
금 채굴 시 보상이 따르므로 자발적 채굴 참여	보상과 자발적 채굴 참여

표 2-1 금의 특징과 속성 식별

화폐로서 금의 속성을 식별하였다면 이런 금의 속성을 어떻게 구현했는지 정리하면 그림 2-5와 같다.

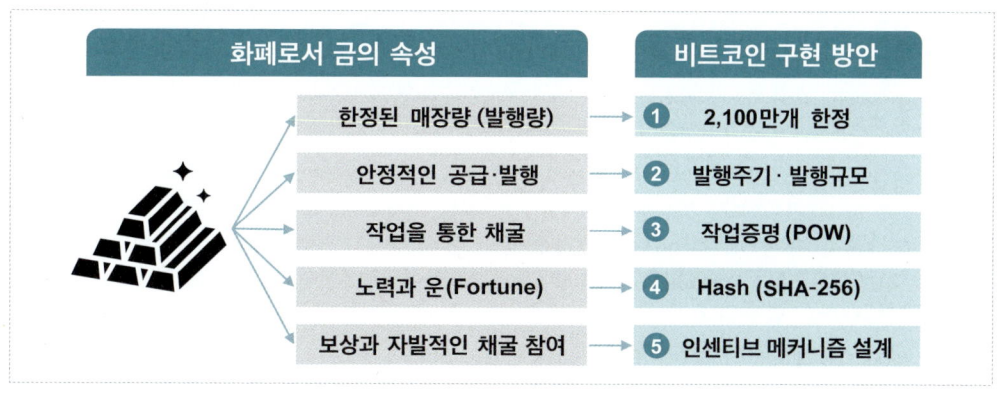

그림 2-5 금의 속성 및 비트코인 구현 방안

* 편익: 자신이 지불한 비용으로 얻게 되는 만족감을 금전화한 개념을 말한다. 동일한 재화나 서비스를 이용해도 개인의 기호와 상황에 따라 만족감은 다를 수 있다. 즉 개인이 느끼는 주관적인 만족감을 객관적으로 나타내기 위해 화폐가치로 표현한 개념이 바로 편익이며 경제학적 용어로 효용(utility)이라고도 한다. - [출처: 네이버 지식백과] 편익 [Benefit, 便益] (두산백과 두피디아, 두산백과)

비트코인 구현 방안 5가지를 하나씩 살펴보도록 하겠다.

- **❶ 2,100만 개 한정**

  비트코인 총 발행량은 2,100만 개로 한정되도록 설계되었다. 비트코인은 2009년부터 발행되기 시작했으며 평균 10분 단위로 새로운 비트코인이 발행된다. 초기 4년 동안은 한 번에 50 BTC가 발행되었으며, 이후 4년마다 발행량이 절반으로 줄어든다. 최종적으로 2140년에 2,100만 개의 비트코인이 모두 채굴된다. 이는 금의 한정된 매장량과 유사한 특성을 가진다. 다음 그림은 비트코인 발행량을 시뮬레이션 해 본 것이다.

년도	2009	2010	2011	2012 (반감기)	2013	2014	2015	2016 (반감기)	2017	2018	2019	2020 (반감기)	2021	2022	2023	2024 (반감기)	2025	2026	...	2033	...	2140
발행금액	50 BTC				25 BTC				12.5 BTC				6.25 BTC				3.125 BTC					0.00000001 BTC
발행률								78%				85%				90%				99%		100%
누적발행량																						21,000,000

그림 2-6 **연도별 비트코인 발행량 시뮬레이션 표**

- **❷ 발행주기·발행 규모**

  비트코인은 약 10분 단위로 발행되도록 설계되었으며 CPU 연산 성능이 향상되더라도 난이도(Difficulty) 조정 메커니즘으로 발행주기가 일정하게 유지된다. 또한, 비트코인 발행 금액은 4년마다 절반으로 반감기(Halving)를 겪는다. 처음에는 50 BTC가 발행되었으며 4년마다 그 발행량이 25 BTC, 12.5 BTC, 6.25 BTC, 3.125 BTC로 줄어든다. 이를 반감기라고 한다. 이는 시간이 지날수록 화폐 신규 공급량을 줄여 인플레이션 가능성을 차단하려는 의도로 볼 수 있다..

- **❸ 작업증명(Proof Of Work)**

  금을 채굴하기 위해서는 수많은 곡괭이질 작업(Work)을 해야 한다. 이와 유사하게 비트코인을 발행하기 위해서는 수많은 연산 작업(Work)을 수행해야 한다. 비트코인을 채굴하기 위해서는 조건을 충족하는 Nonce 값을 찾는 문제를 풀어야 한다. 이 Nonce 값은 무수한 연산 작업(Work)을 수행해야만 찾을 수 있다. 즉 조건을 충족하는 Nonce 값을 찾았다는 것을 증명(Proof)하면 비트코인이 발행된다.

  작업증명(POW) 방식이 어떻게 작동하는지 간단한 예를 들어 설명해 보겠다. 친구들과 주사위를 가지고 게임을 한다고 가정해보자. 게임 참여자가 주사위를 각자 던져서 4보다 작은 숫자가 먼저 나오는 사람이 이기는 게임이다. 주사위는 대표적인 랜덤 게임 도구이므로, 4보다 작은 숫자가 나오도록 하기 위해서는 반복해서 주사위를 던지는 수밖에 없다. 이때, 4보다 작은 숫자를 찾기 위해 반복해서 주사위를 던지는 행위를 작업(Work)이라고 할 수 있다.

  이와 유사하게 비트코인에서는 어떤 입력값에 대해 무작위로 결괏값이 나오는 해시(Hash)라는 암호함수를 사용한다. 주사위 게임처럼 목표값을 설정해 두고 목표값보다 작다는 조건을 충족하는 값이 나올 때까지 연산을 반복하는 것을 작업(Work)이라고 할 수 있다. 작업을 통해 조건을 충족하는 값을 가장 먼저 찾으면 즉 수많은 연산 작업(Work)을 가장 많이 했다는 것을 증명(Proof)하면 게임의 승자가 되고 비트코인이 채굴되어 보상받게 된다.

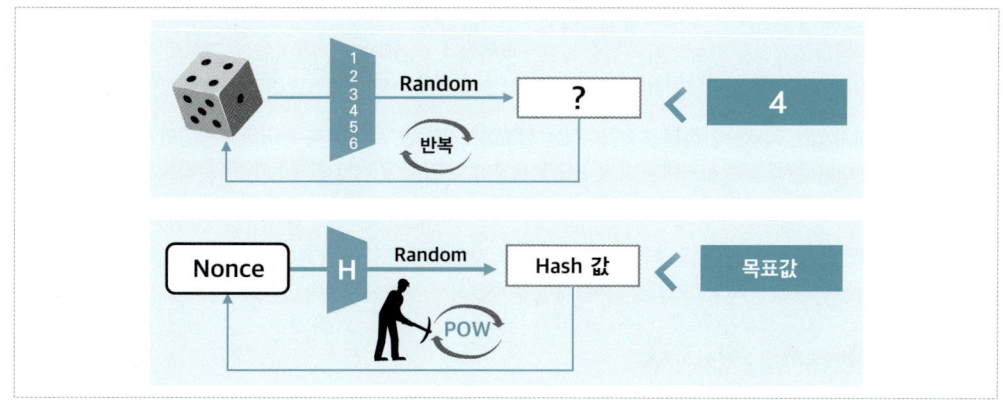

그림 2-7 작업증명 원리

주사위의 경우 특정 숫자가 나올 경우의 수는 1/6이다. 따라서 4보다 작은 값을 찾는 것은 비교적 쉽다. 그러나 비트코인에 적용된 해시 함수인 SHA-256의 경우, 특정 값이 나올 수 있는 경우의 수는 2^256이다.

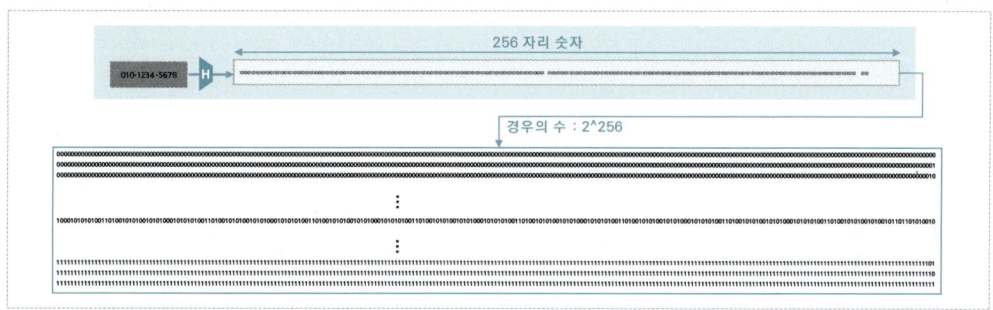

- 2비트 - 2의 2승 = 4 (경우의 수 - 00, 01, 10, 11)
- 3비트 - 2의 3승 = 8 (경우의 수 - 000, 001, 010, 011, 100, 101, 110, 111)
- 4비트 - 2의 4승 = 16
- 8비트 - 2의 8승 = 256
- 16비트 - 2의 16승 = 65536
- 로또에 당첨될 확률 = 8145060
- 42비트 - 2의 42승 = 4398046511104
- 128비트 - 2의 128승 = 340282366920938463463374607431768211456
- 256비트 - 2의 256승 = 115792089237316195423570985008687907853269984665640564039457584007913129639936

그림 2-8 비트코인에 적용된 SHA-256 해시 함수

비트코인에 적용된 SHA-256 해시 함수의 경우의 수는 무한대에 가까우며, 마치 산천(山川)에서 곡괭이질을 하여 금광을 발견하는 것처럼 매우 어렵고 힘든 작업이다. 무한대에 가까운 2^{256} 경우의 수에서 조건을 충족하는 Nonce 값을 찾아야만 비트코인을 발행할 수 있는데 너무 힘들고 어려운 연산 작업이다.

금이 가치 있는 이유는 한정된 매장량이라는 희소성도 있지만, 채굴이 매우 어려워 공급의 안정성을 보장하기 때문이다. 현행 화폐 시스템은 발행 규모에 제약이 없고, 돈을 너무 쉽게 발행한다. 비트코인은 이런 현행 화폐 시스템과 완전히 다른 발행 메커니즘을 기반으로 한다.

비트코인의 채굴 원리인 작업증명(Proof of Work, POW)은 조건을 충족하는 Nonce 값을 찾는 매우 어렵고 복잡한 연산 작업이다. 이 과정은 어렵게 금을 채굴하는 것과 유사하다고 볼 수 있다.

- ❹ 해시(Hash) 함수 (SHA-256)

  금 채굴은 노력도 중요하지만 운(Fortune)도 상당한 영향을 미친다. 금광이 실제로 발견되는 과정을 보면, 곡괭이질보다는 우연(운)에 의해 많이 발견되는 것을 알 수 있다. 비트코인을 채굴하는 원리인 작업증명(POW)도 해시 함수에 기반한다. 해시 함수는 특정 입력값에 대해 랜덤한 결괏값을 출력하는 특징을 가지고 있다. 쉽게 말해, 주사위 던지기 게임에서 운이 좋으면 한 번에 4보다 작은 값이 나올 수 있지만, 운이 나쁘면 10번을 던져도 4보다 작은 값이 나오지 않을 수 있다. 비트코인 채굴도 이와 비슷한데, 해시 함수에 기반하여 조건을 충족하는 Nonce 값을 찾는 것은 상당히 운이 따른다.

- ❺ 인센티브 메커니즘 설계

  금을 채굴하는 작업은 상당히 힘들고 어려운 과정이다. 경우에 따라서는 목숨을 걸어야 하는 고된 작업이다. 그럼에도 사람들은 기꺼이 금 채굴 작업에 참여한다. 이는 금을 채굴하면 그 금을 소유할 수 있는 엄청난 보상이 따르기 때문이다. 비트코인도 마찬가지이다. 2^{256}의 경우의 수에서 조건을 충족하는 값을 찾기 위한 연산 작업은 막대한 컴퓨팅 리소스를 필요로 한다. 하지만, 이 힘든 연산 작업에 사람들이 기꺼이 참여하는 이유는 성공했을 때 얻게 되는 비트코인이라는 엄청난 보상이 있기 때문이다.

이상으로 비트코인 구현 방안으로 다섯 가지를 살펴보았다. 금의 화학적·물리적 속성이 아닌 화폐로서의 기능적·역할적 속성을 분석하고 이를 디지털로 구현할 수 있는지를 검토했다. 비록 완벽하다고 할 수 없지만, 비트코인은 암호 기술, POW, 블록체인 기술 등을 활용하여 이러한 다섯 가지 요소를 디지털로 구현할 수 있음을 보여주고 있다. 즉, 화폐 관점에서 디지털 골드 구현이 가능하고 할 수 있다. 다만 한 가지 주의할 점은, 금의 화폐적 기능과 역할을 디지털로 구현할 수 있다는 것과 실제로 사람들이 그 디지털 골드를 신뢰할 수 있느냐는 별개의 문제라는 점이다.

4.3 비트코인 가치에 대해 신뢰할 수 있는가?

비트코인을 비판하는 사람들은 흔히 비트코인이 아무런 내재적 가치가 없다는 주장을 펼친다. 그러나 지폐도 본질적으로는 내재적 가치가 없는 종이 쪼가리에 불과하다. 과거 금본위제 시대에서는 금이라는 실물 자산을 기반으로 화폐가 발행되었지만 오늘날의 신용화폐는 금과 같은 기초자산 없이 발행된다.

신용화폐의 경우, 내재적 가치가 없는 종이 지폐를 신뢰하는 것이 아니라, 그 지폐를 발행하는 정부를 신뢰하는 것이다. 하지만 사토시 나카모토가 지적했듯이, 역사적으로 중앙정부는 그 신뢰를 저버린 사례가 많다. 화폐는 적정한 유통량이 통제되어 그 가치가 안정적으로 유지되야 정상적으로 작동할 수 있다. 하지만 정치인들과 절대군주들은 인기 영합 정치와 권력 유지를 위해 화폐 발행을 남발해왔다.

금본위제 시대에는 이런 화폐 남발이 불가능했지만, 신용화폐 시대에서는 언제든 마음만 먹으면 얼마든지 화폐를 발행할 수 있는 구조가 되어버렸다. 역사적으로 화폐 남발의 결과는 매우 심각했다. 경제는 파탄났고 사회 시스템은 완전히 망가졌으며, 그 피해는 고스란히 선량한 시민들에게 돌아갔다.

그림 2-9 **하이퍼인플레이션 상황에서 돈의 가치** (출처: 구글 이미지)

예를 들어, 세계에서 가장 많은 석유 매장량을 보유한 베네수엘라의 사례를 살펴보자. 국가 전체 수출의 96%를 석유가 차지하며, 재정 수입의 50%와 GDP의 약 30%를 석유에 의존하고 있었다. 그러나 석유산업에서 발생한 이익 대부분을 기본소득제와 무상복지 정책 등 포퓰리즘Populism 정책에 사용하면서, 국제유가 하락과 미국의 제재로 인해 베네수엘라 경제는 직격탄을 맞았다. 유일한 수입원인 석유값 폭락으로 인해 경기가 침체되자, 경기 부양책으로 정부는 화폐를 마구잡이로 발행했고, 결국 화폐 가치가 폭락하며 하이퍼인플레이션을 겪게 되었다.

신용화폐 제도에서 화폐를 발행하는 주체는 중앙정부와 정치인들이다. 이들은 화폐 발행의 유혹에 끊임없이 노출되어 있다. 비트코인이 추구한 목표는 바로 탈중앙화된 화폐 시스템이다. 신용화폐는 중앙정부에 대한 신뢰에 기반하지만, 실제로 중앙정부는 불신의 대상이 되기도 한다. 따라서 비트코인은 중앙정부 대신 암호기술을 기반으로 한 화폐 시스템을 구현하고자 한 것이다. 철저한 암호기술에 기반하여 한정된 화폐량을 그것도 오직 10분에 한 번씩만 발행하며 4년마다 발행량을 줄이도록 설계되었다.

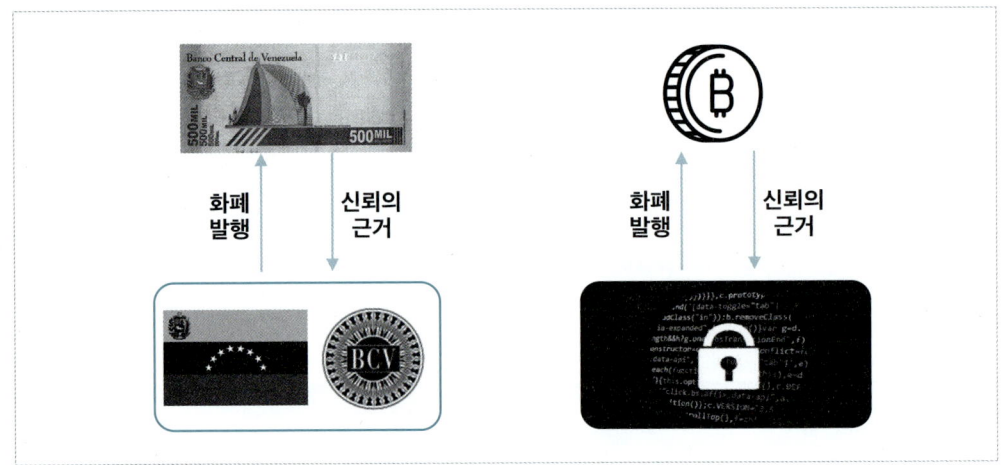

그림 2-10 화폐 발행과 신뢰 근거

화폐의 가장 중요한 속성은 바로 '화폐가 가치가 있다는 신뢰'이다. 화폐가 가치가 있다고 신뢰하기 때문에 이를 재화나 서비스와 교환할 수 있는 매개체로, 그리고 가치 저장 수단으로 활용할 수 있다. 그러나 화폐 남발로 더 이상 화폐가 가치가 없다고 인식하는 순간, 화폐는 그 기능을 상실하게 된다. 이런 관점에서, 화폐 남발에 끊임없이 노출된 신용화폐와 발행과 공급이 철저하게 통제된 비트코인 중 어느 쪽을 더 신뢰할 수 있을까? 다시 말해, 화폐 발행의 관점에서 정치인과 암호기술 중 어느 쪽을 더 신뢰하겠는가?

비트코인이나 종이지폐 모두 내재적 가치를 가지고 있지 않다. 그렇다면 암호기술 기반의 비트코인은 가치가 없고, 중앙정부 기반의 신용화폐는 가치가 있다고 단정할 수 있을까?

인터넷 쇼핑몰에서 반려돌이 판매되고 있는 것을 보면 흥미롭다. 산천에 널려 있는 흔한 돌을 상품으로 판매한다는 것이 얼핏 이해되지 않는다. 누가 저런 돌을 살까 하겠지만 의외로 반려돌을 구매하는 사람은 많다. 아무리 내재적 가치가 뛰어난 물건이라 하더라도 사람들이 그 가치를 인정하지 않으면 쓸모없는 것이 되고, 반대로 가치가 없는 물건이라도 사람들이 가치를 부여하면 그 가치는 창조된다. 결국 가치는 사람들의 인식과 의식에 의해 결정된다고 볼 수 있다.

그림 2-11 **다양한 반려돌** (출처 : 인터넷 쇼핑몰)

과거에는 내재적 가치가 있는 실물자산이 가치를 판단하는 기준이었다. 하지만 비트코인 출현 이후, 이러한 기준이 다소 애매해졌다. 비트코인을 시작으로 다양한 디지털 자산이 출현할 것이라고 생각한다. 새롭게 출현할 자산들의 가치 여부는 결국 전통적인 기준으로 내재적 가치가 있는지 없는지가 아니라 사회 구성원들의 합의 또는 신뢰 부여 여부에 달려 있을 것이다.

정리하자면, '물리적인 금Gold'을 '디지털 골드'로 구현하는 것은 불가능할지 몰라도, 금의 화폐적 기능과 속성을 디지털로 구현하고, 사람들이 그 가치를 신뢰한다면 '디지털 골드'로서의 구현은 가능하며 그 가치도 인정받게 될 것이다. 자산에 대한 기준은 조금씩 변하고 있다. 사람들은 여전히 실물자산에 가치를 부여하는 경향이 있지만, 실물자산이 없더라도 국가라는 기관에 대한 신뢰를 기반으로 발행된 신용화폐에 가치를 부여하고 있으며, 또한 암호기술에 기반하여 금의 속성을 디지털로 구현한 비트코인을 신뢰하며 가치를 부여하고 있다.

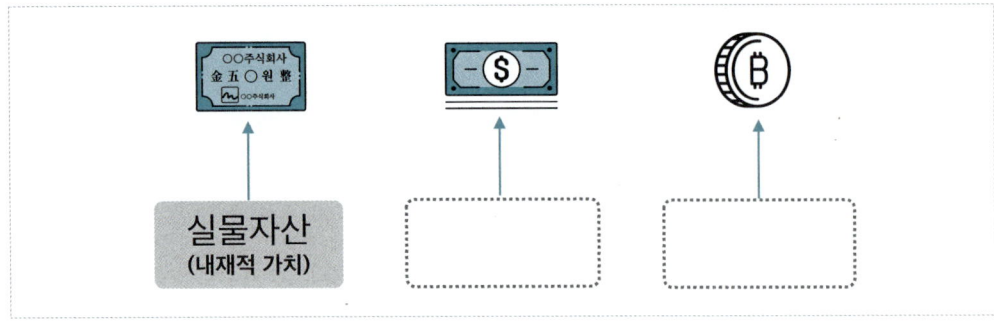

그림 2-12 실물자산과 창조된 자산

앞으로 다양한 디지털 자산들이 지속적으로 출현할 것이다. 물론 가치의 근거와 신뢰의 기준도 계속 변할 것이라 생각한다. 실물자산에서 중앙정부로, 그리고 암호기술 등 다양하다.

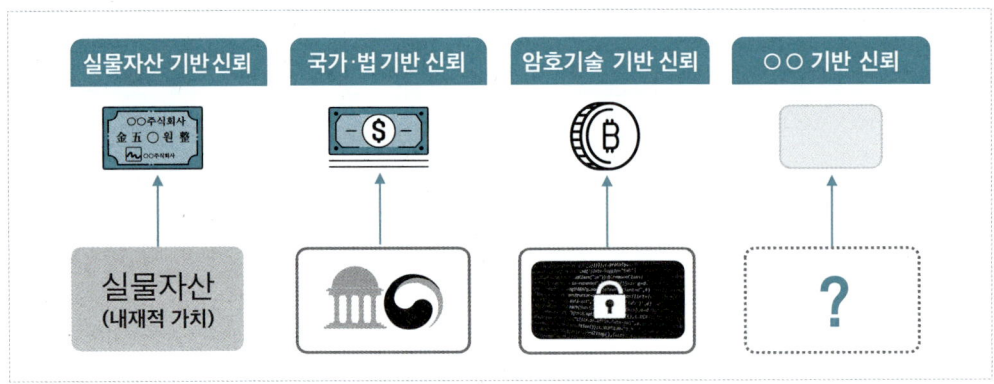

그림 2-13 다양한 자산의 유형

4.4 비트코인과 블록체인

사토시 나카모토가 비트코인과 함께 블록체인을 발명한 것으로 흔히들 이해하지만 실제로는 그렇지 않다. 블록체인 및 관련 기술은 사토시 나카모토 이전부터 연구되고 활용되어 온 기술이다. 사토시 나카모토는 이런 기술들을 비트코인 구현에 활용했을 뿐이다.

사토시 나카모토가 발명한 것은 백서의 제목에서도 나타나듯이 '비트코인'이다. 비트코인 백서뿐만 아니라 다른 기록물에도 '블록체인'이라는 용어는 등장하지 않으며 블록체인을 체계적으로 다룬 내용도 없다. 이후 사람들이 비트코인의 기반 기술에 관심을 가지면서, 이 기술 전체를 별도로 인식하고 분리하여 '블록체인'이란 명칭을 부여했을 뿐이다.

사토시 나카모토가 만들고자 했던 것은 화폐 시스템이다. 이 화폐 시스템을 구현하기 위해서는 원장*$_{Ledger}$이 필요하다. 그래서 거래 내역을 블록에 저장하고, 이 블록들을 체인처럼 연결하는 구조(블록체인)로 원장을 만들었다. 그러나 탈중앙화된 화폐 시스템을 구현하기 위해서는 이 원장을 분산시켜야 했고, 분산된 원장은 장부 불일치 문제를 일으킬 수 있으므로 합의 알고리즘 설계가 필요했다. 또한, 합의 알고리즘뿐만 아니라, 화폐 발행, 위변조 방지 등 다양한 목적을 달성하기 위해 POW라는 알고리즘을 활용했다.

정리하면, 블록체인을 협의적(구조적) 관점에서 보면, 금융이나 화폐 시스템에서 금융 거래 내역 등을 기록하는 단순한 원장$_{Ledger}$ 정도로 이해할 수 있다. 반면 광의적 관점에서 보면, 블록체인은 탈중앙화된 화폐 시스템을 구현하기 위해 분산원장 뿐만 아니라, 합의 알고리즘, 검증 메커니즘, POW 등을 포괄하는 개념으로 이해할 수 있다.

블록체인을 하나의 완성된 기술체계로 이해하기 보다는, 비트코인을 구현하기 위해 이미 연구되고 활용되던 다양한 기술, 알고리즘, 아이디어 등을 조합한 구현 체계로 보는 것이 더 적절할 것이다.

4.4.1 비트코인 구현 방안

▌비트코인 구현의 장애물과 해결 방법

사토시 나카모토는 기존 화폐 시스템 문제의 근본적인 원인을 중앙화, 독점, 폐쇄성에서 찾았다. 이에 따라 비트코인은 탈중앙화된 구조를 채택했고, 장부는 분산장부 형태로 설계되었다. 탈중앙화된 구조와 분산장부는 새로운 개념이 아니다. 오랫동안 중앙기관 및 독점의 문제점과 폐단을 개선하려는 시도도 있었고 분산 데이터베이스에 대한 연구도 오랫동안 진행되어 왔다.

하지만 탈중앙화된 구조와 분산장부를 화폐와 같은 민감한 시스템에 적용하기에는 기술적인

---

* 금융거래 및 회계에서 사용하는 용어로서 거래 내역을 기록하는 장부 정도로 이해할 수 있다.

어려움이 있었다. 화폐 시스템에 이러한 구조를 적용했을 때 발생할 수 있는 문제점들을 그림 2-14를 통해 살펴보도록 하자.

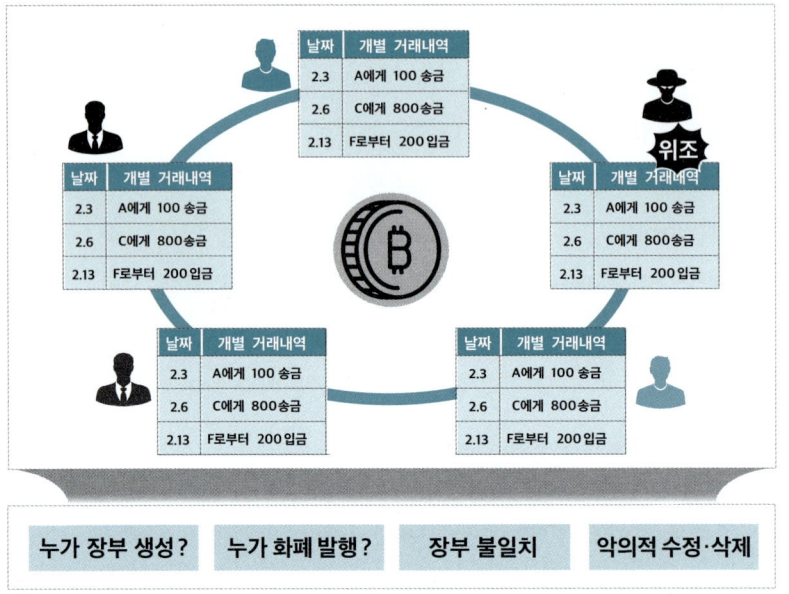

❶ 전자화폐 시스템에는 장부가 필요하지만, 탈중앙화된 구조에서는 장부 생성 주체가 불명확하다.
❷ 비트코인은 화폐 시스템이므로, 탈중앙화된 구조에서 화폐 발행 주체가 모호하다.
❸ 분산장부에서는 합의 도달까지 장부의 불일치 상태가 발생한다. 이로 인해 화폐 시스템에서 이중지불 문제가 발생할 수 있다.
❹ 탈중앙화된 구조에서 장부가 모두에게 투명하게 공개되어 있다. 악의적인 노드가 장부를 임의로 수정하거나 삭제할 수 있다.

그림 2-14 비트코인 구현 장애물

이러한 문제들로 인해 그동안 화폐 시스템은 탈중앙화·분산장부 기반으로 설계하기가 어려웠다. 그러나 화폐 시스템인 비트코인이 탈중앙화·분산장부 구조로 설계되었다는 것은 앞서 언급한 4가지 한계와 문제점에 대한 해결책을 제시했다는 것을 의미한다. 사토시 나카모토는 이러한 문제를 해결하기 위해 블록체인과 작업증명 POW을 활용하여 비트코인을 설계했다.

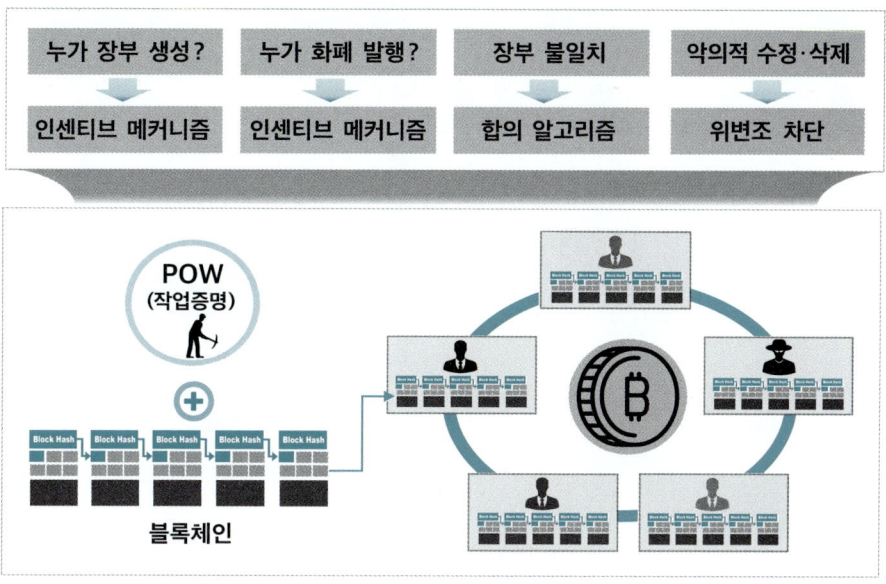

❶ 탈중앙화된 환경에서 장부를 생성하기 위해 '참여, 경쟁, 보상' 메커니즘을 도입하여 자발적인 참여를 유인했다.
❷ 자발적인 참여 유인을 위한 보상은 화폐 발행을 통해 해결하였다.
❸ 가장 먼저 생성된 장부(블록)를 대표 장부로 선정하여 이를 전파하고, 다른 노드들이 이를 검증하여 채택하는 방식으로 합의에 도달하도록 설계했다.
❹ 거래 내역을 수정하거나 삭제하려면 작업증명(POW)을 다시 수행하도록 설계하여, 수정·삭제가 구조적으로 불가능하게 설계했다.

그림 2-15 비트코인 구현 방안

장부로서의 블록체인: 디지털화폐와 디지털 장부

그림 2-16의 왼쪽 그림은 지류형 지폐를 점유하고 인도하는 방식을 통해 P2P 송금이 이루어지는 모습을 보여준다. 오른쪽 그림은 지폐의 직접 전송 없이 은행의 중앙장부를 통해 전자적으로 송금이 처리되는 과정을 보여준다. 전자적으로 화폐 송금을 처리하기 위해서는 소유권자 등록 및 소유권 이전을 기록할 수 있는 장부가 필수적이다.

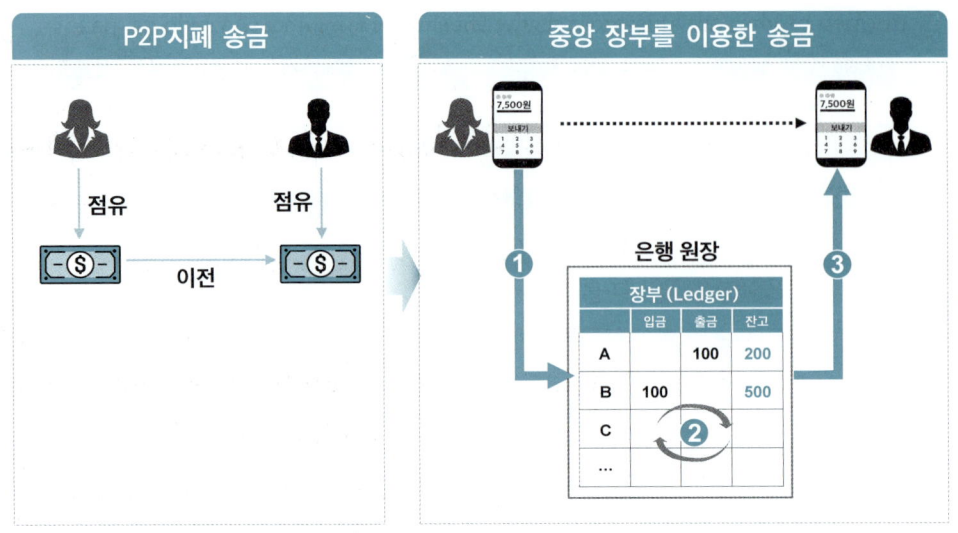

그림 2-16 P2P 송금과 중앙장부 연계 송금

하지만, 그림 2-17에서 볼 수 있듯이 '중앙화된 장부'와 '비트코인 장부'는 차이가 있다. 관리 주체가 있는 중앙장부는 거래 내역(트랜잭션)이 발생하면 트랜잭션 요청에 따라 장부의 잔고 데이터를 갱신하는 방식으로 장부를 업데이트한다. 반면 비트코인과 같은 탈중앙 시스템에서는 중앙화된 장부를 관리할 주체가 없다. 따라서 거래내역(트랜잭션)이 발생하면 장부의 상태를 바꾸는 것이 아니라 블록이라는 공간에 차곡차곡 쌓아두는 방식으로 장부를 갱신한다.

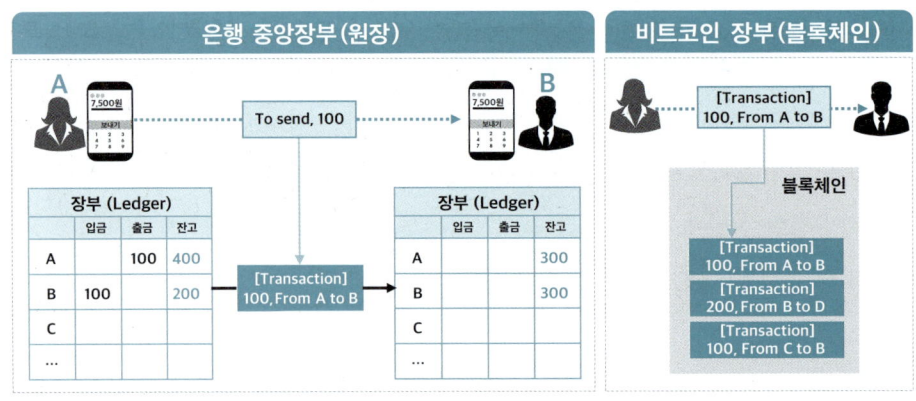

그림 2-17 장부 작성 방식

많은 사람들은 토큰이나 코인이 발행되어 지갑에 저장된다고 생각하지만 실제로는 전자적 형태의 토큰이나 코인은 블록체인과 같은 저장매체에 전자적 형태로 기록될 뿐이다. 예를 들어 홍길동이 3 BTC를 채굴했다면, '3 BTC, to Hong Gil-Dong'이라는 정보가 블록체인에 기록되는 것이다.

4.4.2 블록체인이란?

비트코인 관점에서 블록체인은 비트코인을 구현하기 위한 제반 기술 집합체라고 설명할 수 있다. 블록체인은 이제 비트코인 전용 기술이 아니라 다양한 분야에서도 활용되고 있기 때문에 여기에서는 단순한 장부 개념으로 한정하여 블록체인의 일반적인 개념과 구조를 살펴보겠다.

블록체인과 연관하여 '분산원장'이라는 용어도 자주 사용한다. 원장 Ledger은 금융이나 경제에서 주로 사용하는 용어로 '돈의 입출금 상태를 일정한 격식에 맞추어 기록하는 장부'를 의미한다. 원장에 해당되는 Ledger도 다음과 같이 정의하고 있다: 'a book in which a business, bank etc records how much money it receives and spends'

그럼 블록체인과 분산원장의 차이점은 무엇일까? 분산원장은 말 그대로 원장이 분산된 형태로 이해할 수 있다. 분산원장을 구현하는 방법과 기술은 다양하다. 블록체인은 이러한 분산원장을 구현하는 기술 중 하나로 이해할 수 있다. 금융분야에서 장부(원장)로 활용될 때는 '분산원장'이란 용어와 개념이 더 일반적이다. 토큰증권, CBDC, 기타 디지털 자산 분야에서는 '블록체인'이란 용어 대신 '분산원장'이라는 용어가 일반적으로 더 사용되고 있다.

▍블록체인의 개념과 구조

그림 2-18은 블록체인 개념과 구조를 보여준다. 우리는 일상의 경제 활동에서 거래 내역을 장부에 기록한다. 영세 상인부터 대기업까지, 경제 활동을 하는 업체나 조직은 대부분 장부를 작성하며 그 작성 패턴은 거의 유사하다.

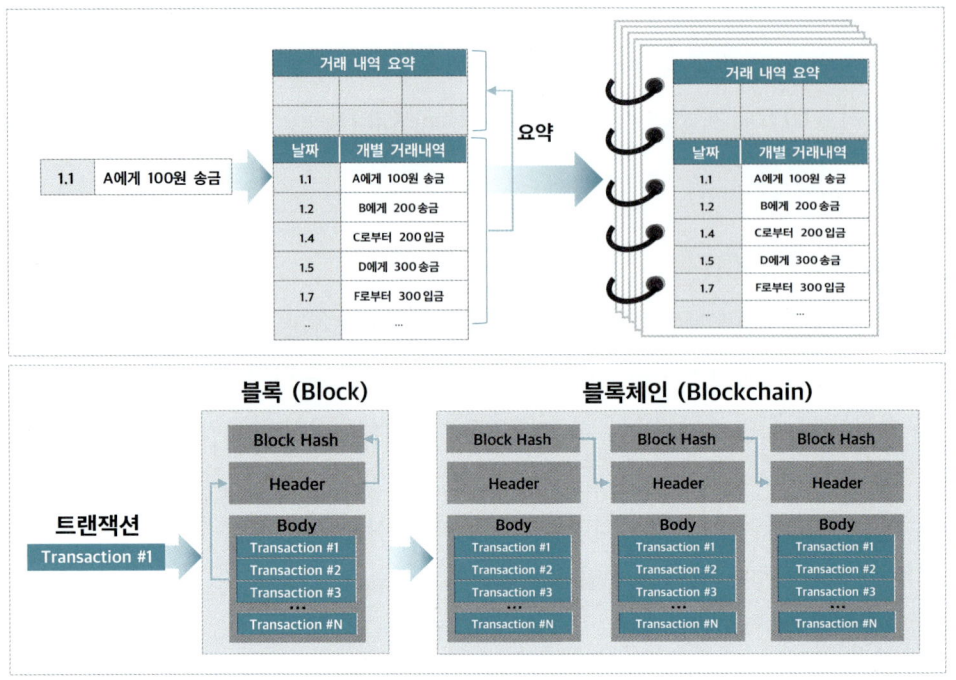

그림 2-18 블록체인의 개념 및 구조

먼저 개별 거래 내역을 식별하여 장부에 기록한다. 일정한 시간 동안 거래 내역이 쌓이면 중간 결산을 통해 거래 내역을 요약하고 정리한다. 이렇게 일정한 기간이나 일정 규모의 거래내역을 모아 장부 페이지들을 차곡차곡 엮어 전체 장부를 완성한다.

분산장부라고 불리는 블록체인도 이런 장부 구조와 매우 유사하다. 개별 거래 내역(트랜잭션)이 발생하면, 이 트랜잭션이 블록이라는 공간에 차곡차곡 쌓인다. 일정한 시간동안 트랜잭션이 쌓이면 트랜잭션 요약본을 'Header' 부분에 추가하여 블록을 완성시킨다. 완성된 블록은 다른 블록들과 체인처럼 연결되어 전체 장부를 완성하게 된다. 개별 페이지 장부에 해당하는 블록들이 체인처럼 연결되어 있다고 해서 블록체인이라라는 이름이 붙여졌다.

▎ 탈중앙화와 블록체인의 관련성

많은 사람들이 비트코인, 탈중앙화, 분산장부, 블록체인, 합의 알고리즘의 관계를 명확하게 이해하지 못하고 있다. 블록체인을 적용하면 탈중앙화가 자동으로 구현되는가? 반대로 탈중앙화를 구현하려면 반드시 블록체인을 사용해야 하는가? 블록체인은 반드시 합의 알고리즘이 필요한가? 블록체인이 곧 분산장부인가?

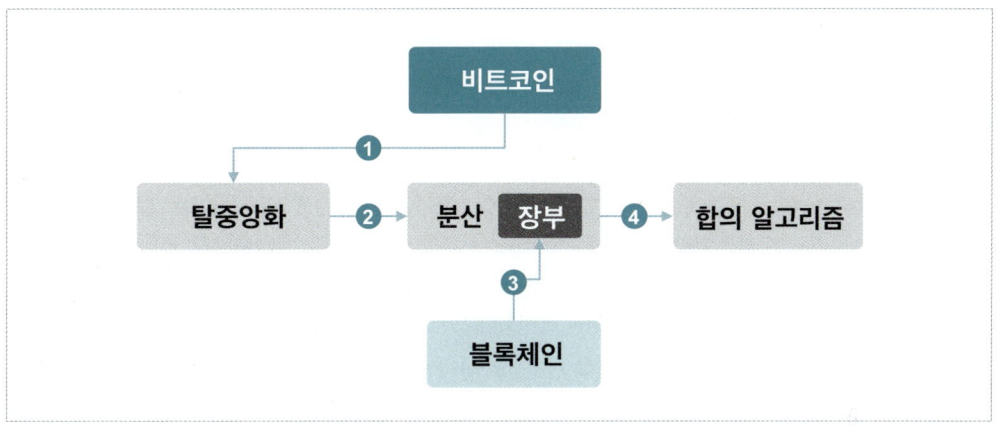

그림 2-19 비트코인과 블록체인 관련성 이해

이러한 관계를 그림 2-19를 통해 좀 더 자세히 살펴보자. 비트코인은 P2P(탈중앙화) 전자 화폐 시스템이다. 전자 화폐 시스템에서는 장부가 필요하며, 탈중앙화를 구현하려다 보니 분산된 장부 구조를 채택했다. 장부가 분산되어 있다 보니 장부의 일치를 위해 합의 알고리즘이 필요했다.

블록체인은 '장부'에 해당한다고 볼 수 있다. 그러나 블록체인 자체가 곧 분산장부를 의미하지는 않는다. 탈중앙화와 분산장부를 구현하기 위해 블록체인 기술을 활용한 것이다. 장부 자체가 합의 알고리즘이 필요한 것이 아니라 분산되어 있기 때문에 합의 알고리즘이 필요하다. 마찬가지로 블록체인 자체가 합의 알고리즘을 필요로 하는 것이 아니라, 탈중앙화 구현을 위해 블록체인을 분산 배치했기 때문에 합의 알고리즘이 필요하다고 볼 수 있다.

블록체인을 활용한다고 자동으로 탈중앙화가 구현되는 것이 아니다. 탈중앙화를 구현하기 위한 여러 방법 중 하나로 블록체인을 활용한다고 보는 것이 맞다. 블록체인을 적용한다고 해서 무조건 탈중앙화가 구현되는 것도 아니며, 탈중앙화를 구현하기 위해 반드시 블록체인을 활용해야 하는 것도 아니다.

> 📝 **Note** **합의 알고리즘**
>
> 합의 알고리즘은 블록체인에만 존재하는 독특한 개념으로 오해할 수 있지만, 일상에서도 항상 존재하는 일반적인 개념이다. 우리는 일상에서 의견이 서로 다를 때 일정한 방식을 통해 의견 일치에 도달한다. 다른 의견을 하나의 의견으로 일치시키는 방법이 바로 합의 알고리즘이다. 분산 장부 구조에서는 하나의 장부에서 변경이 발생하면 다른 분산된 장부들과 불일치가 발생한다. 이때 합의를 통해 모든 장부의 일치에 도달해야 한다.
>
> 합의에 도달하는 방법은 크게 두 가지가 있다. 하나는 다수결에 의한 합의이고, 다른 하나는 대표자 선정 방식이다. 예를 들어, 회사에서 팀원들끼리 점심식사 장소를 정할 때, 다수결로 메뉴를 정하거나, 특정 인물을 대표자로 선정해 그가 결정한 장소로 가는 방식이 있다. 그런데, 식당 선정 방식을 다수결이 아닌 대표자 선정 방식을 채택했다고 하더라도 누구를 대표자로 선정할 것이냐는 문제가 있다. 회사 주변 식당을 가장 잘 알고 있는 직원을 대표자로 선정할 수도 있지만, 미식가를 대표자로 선정할 수도 있다.
>
> 비트코인과 이더리움은 모두 대표자 선정 방식을 채택하고 있는데 비트코인은 작업(Work)을 가장 많이 한 사람을 대표자로 선정하는 방식이고, 이더리움은 지분(Stake)이 가장 많은 사람을 대표자로 선정하는 방식이다.

탈중앙화 구조에서는 장부가 분산된 형태로 배치된다. 그리고 분산된 장부의 경우, 장부의 일치를 위해 합의 알고리즘이 필요하다.

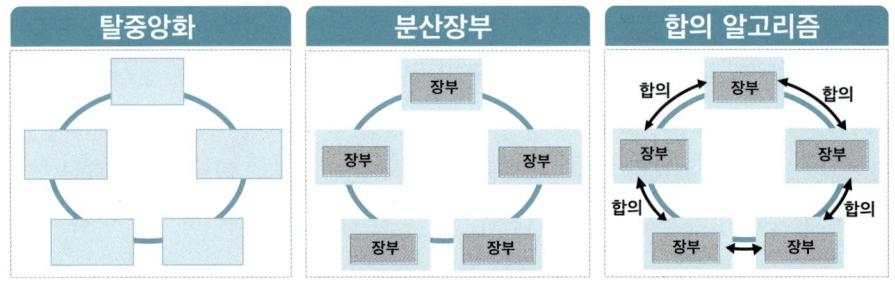

그림 2-20 **분산장부와 합의 알고리즘**

비트코인과 같은 탈중앙화 구조에서 블록체인을 분산된 형태로 배치했고, 장부의 일치를 위해 합의 알고리즘을 설계했다.

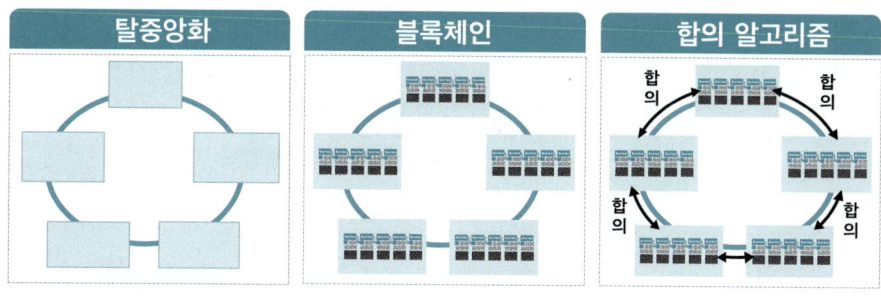

그림 2-21 블록체인과 합의 알고리즘

4.4.3 장부의 신뢰성이란?

귀중한 금은 대부분 튼튼한 금고에 보관한다. 금을 안전하게 지키기 위해 중요한 것은 '금고의 안전성과 신뢰성'이다. 오늘날에는 내 자산이 은행 장부에 기록되는 방식으로 보관된다. 따라서 현대 사회에서는 '장부의 안전성과 신뢰성'이 무엇보다도 중요하다. 장부는 가용성뿐만 아니라 신뢰성과 무결성도 보장해야 한다. 은행은 이런 중요한 장부의 안전성과 신뢰성을 보장하기 위해 엄청난 인력과 비용을 들여 철저하게 관리하고 있다.

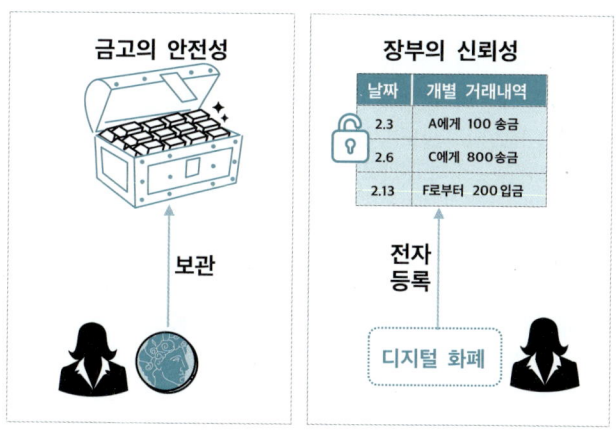

그림 2-22 장부 신뢰의 중요성

전자증서, 전자증권, 전자화폐 시대에서는 실물 증서·증권·화폐가 존재하지 않으며 관련 권리 내용이 전자적 방식으로 디지털 장부에 기록된다. 데이터 기록 자체가 곧 돈이고 증권이므로 장부의 신뢰성은 매우 중요하다.

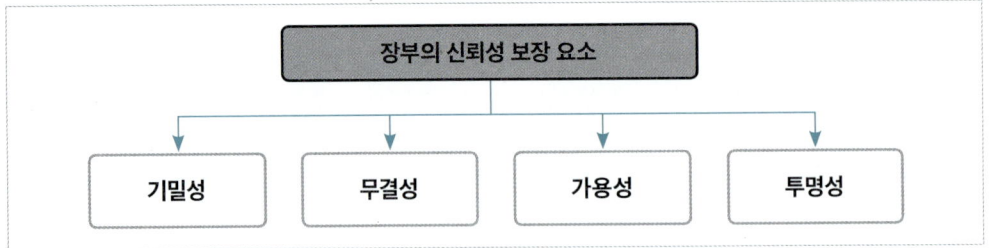

- 기밀성(Confidentiality): 인가되지 않는 사람이 정보에 접근하지 못하도록 보호하는 것
- 무결성(Integrity): 정보의 변경 및 위·변조로부터 보호하는 것
- 가용성(Availability): 정보의 훼손 및 파괴로부터 보호하는 것
- 투명성(Transparency): 공개가 필요한 정보를 투명하게 공개하는 것

그림 2-23 장부의 신뢰성 보장 4요소

- **기밀성**은 인가되지 않는 사람이 정보에 접근하지 못하도록 보호하는 것이다. 그러나 블록체인과 같은 분산원장은 모두에게 완전히 공개되어 있기 때문에 기밀성 특성과 충돌할 수 있다. 금융분야에서 기밀성을 보장하기 위해, 프라이빗 블록체인이나 하이브리드 형태의 블록체인이 구축된다.
- **무결성**은 정보가 임의로 변경되거나 위·변조되지 않도록 보호하는 것이다. 장부상 정보가 소유자나 권리자를 보장하는 상황에서 이런 정보가 임의적·악의적으로 변경된다면, 자산의 소유권이 훼손되는 심각한 문제가 발생할 수 있다. 따라서 장부의 신뢰성을 보장하기 위해서는 정보가 임의적·악의적으로 변경되거나 위·변조되지 않도록 해야 한다.
- **가용성**은 정보의 훼손이나 파괴로부터 보호하는 것이다. 예를 들어 자연재해나 화재가 발생해도 장부에 기록된 정보가 훼손되지 않도록 보장하는 것이 중요하다. 이를 위해 대부분의 시스템은 백업, 이중화, 삼중화 시스템을 구축하고 있다.
- **투명성**은 공개가 필요한 정보를 투명하게 공개하는 것이다. 정보 중에는 기밀성이 요구되는 경우도 있지만, 투명성이 보장되어야 하는 정보도 있다. 예를 들어 군사 정보는 철저하게 기밀성이 요구되지만, 등기 정보는 투명성이 요구된다. 기밀성과 투명성은 상충되는 개념처럼 보이지만, 기밀성은 인가되지 않는 사람에게 정보를 차단하는 것이고, 투명성은 공개가 허용된 정보를 공개하는 것이므로 꼭 상충된다고 볼 수는 없다.

▌블록체인의 장부 신뢰성 보장 방안

블록체인이 장부의 신뢰성을 보장하기 위해 어떤 특징을 가지고 있는지 살펴보자.

- **탈중앙화 보장 방안**

탈중앙화는 장부의 신뢰성 보장과 거리가 있는 개념이지만 블록체인이 탈중앙화 기반으로 작동하기 때문에 이 부분에 대한 이해가 필요하다. 중앙 시스템에서는 전담 조직과 예산을 가지고 중앙장부를 관리한다. 반면 탈중앙 분산장부에서는 장부를 생성하고 검증하며 관리할 주체가 없다. 따라서 보상을 통한 자발적인 참여를 유인하도록 설계해야 한다.

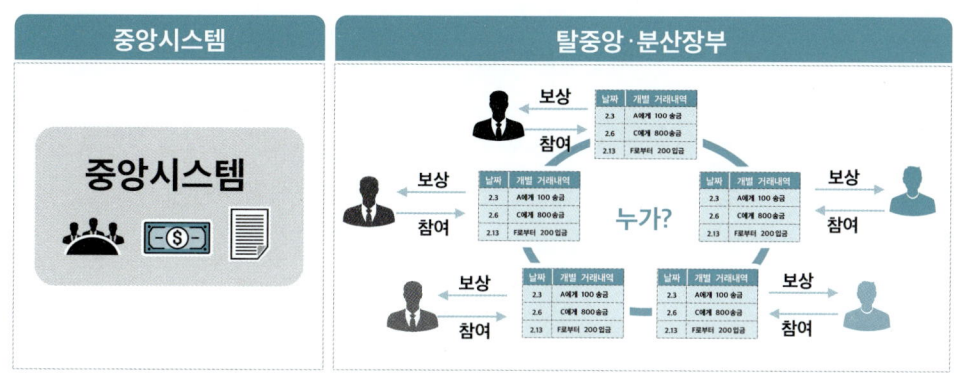

그림 2-24 탈중앙화 구현과 보상 메커니즘

탈중앙화 시스템에서는 시스템 운영 및 검증, 거래 내역 처리를 위해 자발적인 참여와 노력이 요구되며, 이를 위해 인센티브 설계가 필요하다. 트랜잭션 처리 이용자에게 수수료를 부과하는 것도 이러한 보상 재원을 마련하기 위해서다. 비트코인과 이더리움도 트랜잭션 처리(가스) 수수료를 요구하는 이유도 이 때문이다.

반면 퍼블릭 블록체인이 가진 한계점(정보 제약, 속도, 수수료 통제 필요성) 때문에 기업이나 기관에서는 프라이빗 블록체인이나 컨소시엄 블록체인을 더 주목하는 추세이다. 특정 기관에서 구축하는 프라이빗 블록체인은 이용자에게 별도의 수수료를 부과하지 않는다.

- **기밀성 보장 방안**

기본적으로 블록체인은 기밀성보다는 투명성을 보장하는 기술이다. 그러나 적절한 설계와 하이브리드 구성을 통해 기밀성을 보장할 수 있다.

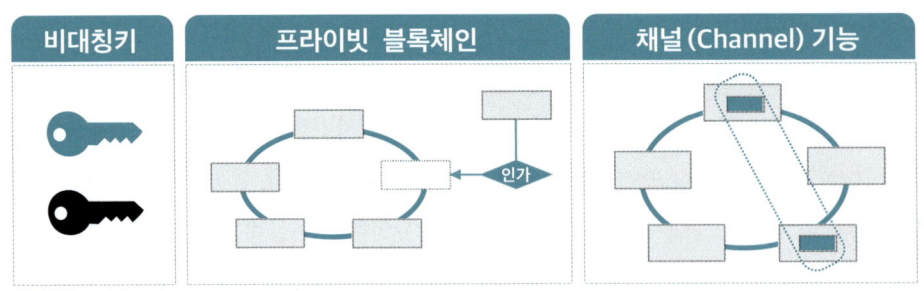

그림 2-25 블록체인 기밀성 보장 방안

비대칭키를 활용하여 익명성을 보장할 수 있으며 정보 공개를 특정 이용자로 제한할 경우 프라이빗 블록체인을 활용할 수 있다. 추가로 특정 정보를 소수에게만 공개하고자 할 때는 하이퍼렛저 패브릭에서 제공하는 채널Channel 기능을 활용할 수도 있다.

■ **투명성 보장 방안**

중앙화된 장부는 소수 관리자에 의해 폐쇄적으로 운용된다. 읽기 권한이 있는 사람만 정보에 접근할 수 있도록 허용한다. 필요에 의해 모든 정보를 공개해야 하는 상황이라면 두 가지 방법을 검토해 볼 수 있다.

하나는 중앙 장부를 유지하면서 모든 이용자에게 읽기 권한을 부여하는 것이고, 다른 하나는 동일한 장부를 모두가 소유하는 분산원장 구조로 설계하는 것이다. 전자의 사례로는 카카오 모임통장을 생각하면 되고, 후자 사례로는 블록체인을 생각하면 된다.

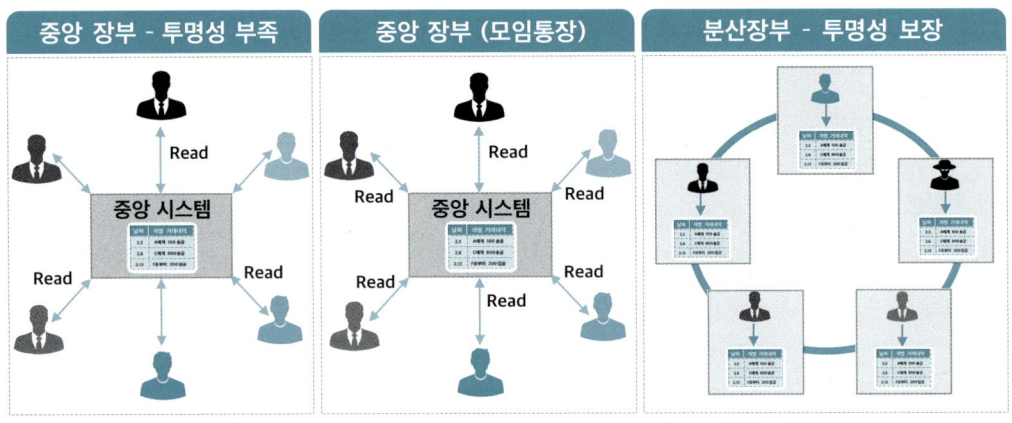

그림 2-26 장부의 투명성 보장 방안

카카오 모임통장의 경우 입금, 송금, 수익 내역이 모두 기록되어 있으며, 참여자 모두가 통장 내역에 접근할 수 있다. 통장은 중앙화되어 관리되지만 참여자 모두에게 읽기 권한이 부여되었기 때문이다. 반면 블록체인의 경우 거래 내역이 발생할 때마다 모든 거래 정보가 참여자의 장부에 실시간으로 전파되어 갱신된다. 이를 통해 누구나 거래 장부를 투명하게 확인할 수 있다.

- **비가역성 보장 방안**

비가역성은 한 번 기록된 데이터나 거래 내역을 수정하거나 삭제할 수 없다는 특성을 의미한다. 이는 블록체인의 핵심적인 특징 중 하나로, 일단 블록에 거래 내역이 기록되면 이를 변경하고자 할 때는 해당 블록뿐만 아니라 이후에 연결된 모든 블록을 수정해야 하므로 사실상 불가능하다. 블록체인은 이 비가역성을 통해 위변조를 방지하는데, 이는 블록이 체인 형태로 서로 연결되어 있기 때문에 가능하다.

각 블록은 이전 블록의 해시 값을 포함하여 연결되며, 블록 간의 연결이 매우 견고하게 이루어진다. 비가역성 덕분에 블록체인은 거래 내역의 무결성을 보장하며, 금융 시스템 등에서 높은 신뢰성을 제공한다. 이처럼 블록체인은 그림 2-27과 같이 독특한 구조로 설계되어 있어, 구조적으로 위변조가 어렵다 정도로 이해하고 넘어가자.

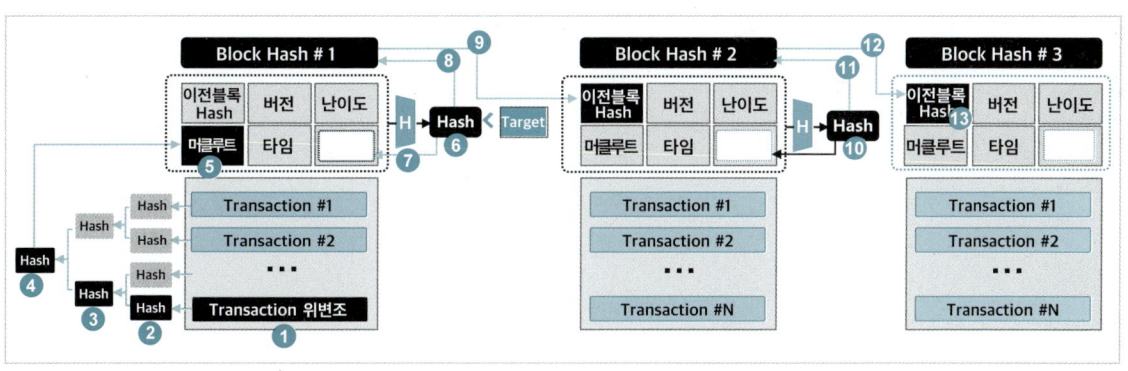

그림 2-27 블록체인의 위변조 차단 방안

- **블록체인의 가용성 보장 방안**

장부의 무결성도 중요하지만, 장부가 항상 서비스되도록 잘 유지하는 것도 매우 중요하다. 블록체인은 구조적으로 탈중앙 및 분산 구조를 채택하고 있기 때문에 자연스럽게 가용성이 높도록 설계되었다. 현재 비트코인 노드는 1만 개가 넘는다. 이는 동일한 장부가 1만 개 이상 복제되어 전 세계에 중복 저장되어 있음을 의미한다. 몇몇 노드의 장부가 훼손되더라도 수천 개의 장부가 살아있기 때문에 가용성을 보장한다고 할 수 있다.

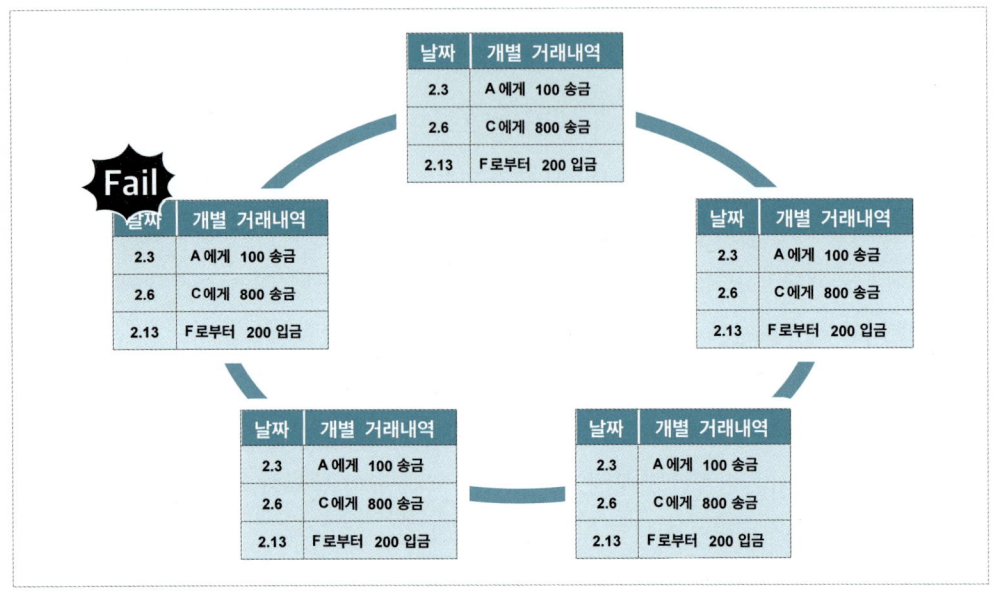

그림 2-28 블록체인 구조 및 가용성

Summary

디지털화폐나 디지털 자산은 소유자나 권리자의 정보를 전자적 방식으로 장부에 기록하는 방식으로 처리되기 때문에 장부의 신뢰성은 매우 중요하다. 중앙 시스템 환경에서는 중앙 통제 장치에 의해 엄격한 출입 통제, 접근 통제, 권한 통제가 이루어진다. 또한 백업, 이중화, 삼중화뿐만 아니라, 로그 기록, 사후 관리 등 다양한 대응책이 마련되어 있다.

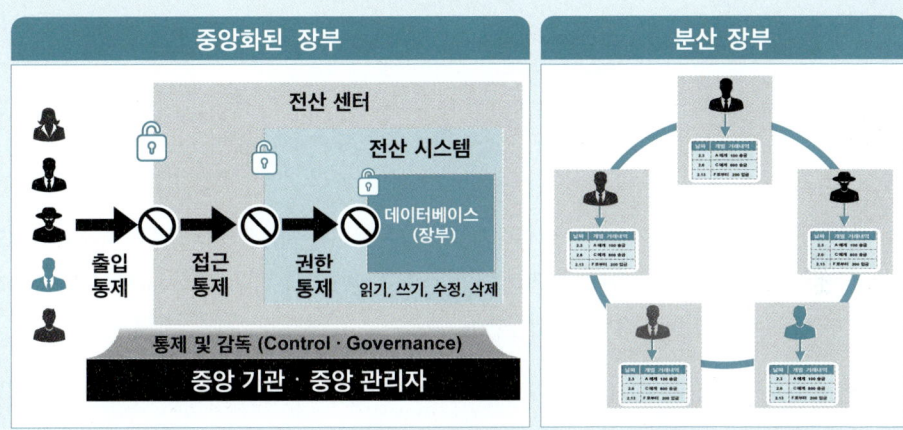

그림 2-29 중앙통제장치와 분산구조

반면에 분산원장에서는 이러한 중앙 통제 장치가 전혀 없다. 출입 통제, 접근 통제, 권한 통제가 없기 때문에, 화폐와 같은 민감한 시스템에서 중앙 통제 장치 없이 장부의 신뢰성을 보장하는 것은 매우 어렵다. 하지만 사토시 나카모토는 블록체인이라는 기술을 활용하여 탈중앙 환경에서도 안전한 장부를 구현할 수 있었다.

사토시 나카모토의 업적은 최초로 전자화폐를 만든 것도 아니며, 탈중앙화 구현도 아니며, 분산원장 구현도 아니다. 그의 진정한 업적은 화폐와 같은 민감한 시스템에서 중앙 통제 장치 없이도 이중지불 문제 없이 분산된 장부의 신뢰성을 보장할 수 있는 기술을 구현했다는 점에 있다.

CHAPTER
05
이더리움의 등장과 토큰의 재발견

가상자산 분야에서 토큰이란 용어와 개념은 이더리움을 통해 대중화되었다고 할 수 있다. 이번 장에서는 블록체인 관점에서 이더리움이 무엇인지, 이더리움과 토큰의 연관성, 그리고 더 나아가 토큰과 NFT의 차이에 대해 설명해 보겠다.

5.1 범용 블록체인, 이더리움의 출현

비트코인은 탈중앙화된 화폐 시스템으로 초기에는 주목을 받았으나, 가치 변동성과 느린 처리 속도 등으로 인해 화폐로서 사용하기에는 불편하다는 인식이 확산되면서 점차 사람들의 관심에서 멀어졌다. 일부 사람들은 비트코인이라는 화폐 시스템보다 그 기반 기술에 더 관심을 갖기 시작했다. 그리고 그 기반기술을 별도로 식별하여 '블록체인'이라고 명명하고 체계화하기 시작했다.

비트코인 블록체인은 화폐 시스템에 특화되어 있어, 화폐 외 다른 서비스에 적용하기에는 한계가 있었다. 이를 보완하기 위해 비탈릭 부테린은 블록체인 기술을 다양한 서비스에도 활용될 수 있는 '**이더리움**Ethereum'이라는 새로운 블록체인 플랫폼을 개발하였다.

이더리움의 출현 과정을 그림 2-30과 같이 정리할 수 있다.

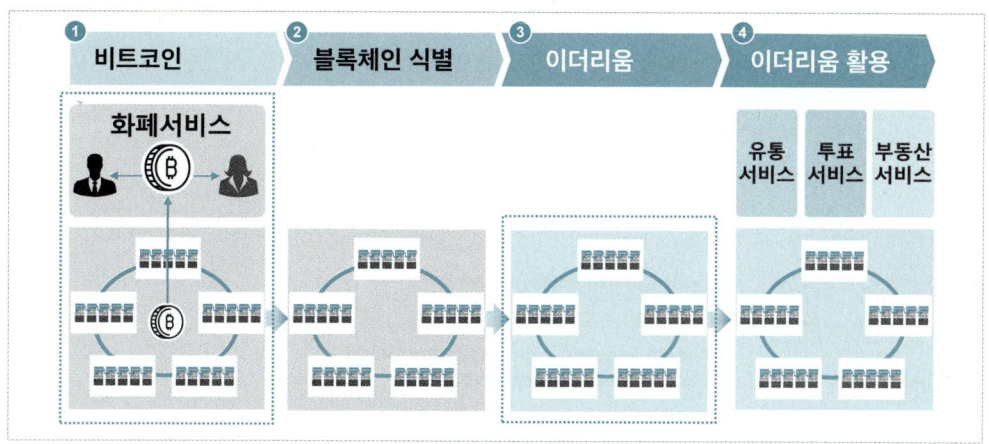

❶ 비트코인은 탈중앙화된 화폐 시스템으로 이를 구현하기 위해 블록체인이라는 기반 기술을 활용하였다.

❷ 초기에는 비트코인이 화폐로서 주목받았지만, 승인 시간 및 변동성 이슈 등으로 기대만큼 활성화되지 못했다. 그러던 중 비트코인의 기반 기술인 블록체인을 별도로 식별하여 관심을 갖게 되었다.

❸ 비트코인의 기반 기술인 블록체인을 다양한 서비스에 활용하려는 시도가 있었다. 그러나 비트코인 블록체인은 화폐 목적으로 설계되었기 때문에 다른 서비스에 적용하는 데 한계가 있었다. 이러한 한계를 극복하고자 이더리움이라는 범용 '블록체인 플랫폼'이 등장했다.

❹ 범용 블록체인 플랫폼이 등장하자 서비스 영역에서는 별도의 블록체인 구축 없이 이더리움을 활용하여 다양한 서비스를 출시할 수 있게 되었다. 이런 서비스가 바로 DApp(디앱)이다.

그림 2-30 이더리움 배경 및 활용

5.1.1 이더리움이란?

비트코인이 무엇인지 이해하기 위해서는 비트코인 백서를 우선 참조해야 하듯, 이더리움을 이해하기 위해서는 역시 이더리움 백서를 참조할 필요가 있다. 이더리움 백서에서는 이더리움이 무엇인지 자세히 설명하고 있으며 이더리움 백서 앞부분을 인용하면 다음과 같다.

그림 2-31 이더리움 백서

A Next-Generation Smart Contract and Decentralized Application Platform(차세대 스마트 계약 및 분산 애플리케이션 플랫폼)

사토시 나카모토가 2008 ~ 2009년에 개발한 비트코인은 종종 화폐와 통화 분야에서 매우 근본적인 혁신으로 묘사되어 왔는데, 이것은 비트코인이 어떤 담보나 내재적인 가치를 가지지 않으며 중앙화된 발행기관이나 통제기관도 없는 디지털 자산의 첫 번째 사례였기 때문이다. 하지만 비트코인 실험의 더욱 중요한 측면은 비트코인을 떠받치고 있는 분산합의 수단으로서의 블록체인 기술이며, 이에 대한 관심이 급격하게 늘어나고 있다.

이더리움이 제공하려는 것은 완벽한 튜링완전(Turing-complete) 프로그래밍 언어가 장착된 블록체인이다. 이 프로그래밍 언어는, 코딩된 규칙에 따라 '어떤 상태'를 다르게 변환시키는 기능(arbitrary state transition functions)이 포함된 "계약(contracts)"을 유저들이 작성할 수 있게 함으로써 앞서 설명한 시스템들을 구현 가능하게 할 뿐만 아니라 우리가 아직 상상하지 못한 다른 많은 애플리케이션도 매우 쉽게 만들 수 있도록 도와줄 것이다.

인용된 내용을 간략하게 정리하면, 비트코인은 혁신적인 화폐나 디지털 자산으로 평가받지만, 동시에 그 기반 기술인 블록체인에도 관심을 가질 필요가 있다. 비트코인은 튜링 불완전 언어(IF 조건문을 지원하지 않음)로 설계되어 있어 다양한 응용 서비스를 설계하기 어려운 반면, 이더리움은 튜링 완전 언어(IF 조건문 지원)를 지원하여 다양한 응용 서비스를 쉽게 개발할 수 있는 범용 블록체인 플랫폼으로 설계되었다.

이더리움을 이해하는 두 가지 핵심 관점은 다음과 같다.

- **첫째**, '비트코인'은 화폐 시스템에 특화된 **'블록체인 기반의 디지털 자산'**이라면, '이더리움'은 다양한 서비스를 구축할 수 있는 **'범용 블록체인 플랫폼'**이다.
- **둘째**, '비트코인' 블록체인은 화폐 목적(튜링 불완전 언어)에 특화되어 있다면, 이더리움은 다양한 응용 서비스(튜링 완전 언어 지원)에 활용될 수 있는 범용 블록체인이다.

5.1.2 이더리움과 이더(Ether)

비트코인과 같은 탈중앙 화폐 시스템은 자발적인 참여를 유인하기 위한 '**인센티브 메커니즘**'이 필요하다고 했다. 비트코인은 인센티브 지급과 화폐 발행을 연계시켰다. 화폐를 발행해서 보상으로 지급하는 것이 바로 화폐 발행의 원리이다.

이더리움은 탈중앙화된 범용 블록체인 플랫폼으로서, 마찬가지로 인센티브 메커니즘이 필요하다. 이더리움에서 인센티브 목적으로 설계되고 발행되는 것이 바로 '이더$_{Ether}$'이다. 많은 사람들이 이더리움을 가상화폐로 오해하지만, 이더리움은 블록체인 플랫폼이고 이 기반에서 발행되는 가상화폐가 '**이더**$_{Ether}$'이다.

비트코인은 화폐이기 때문에 보상을 받으면 이를 화폐처럼 사용할 수 있다. 반면, 이더는 화폐 목적으로 발행되는 것이 아니며 인센티브 목적으로만 활용된다. 그럼 보상으로 받은 이더는 무슨 가치를 지니며, 어디에 활용될까? 이더리움 백서에서는 이더의 활용을 다음과 같이 정리하고 있다.

"Ether" is the main internal crypto-fuel of Ethereum, and is used to pay transaction fees.

("이더"는 이더리움의 주요한 내부 크립토 연료이며, 거래 수수료를 지불하기 위해 사용된다.)

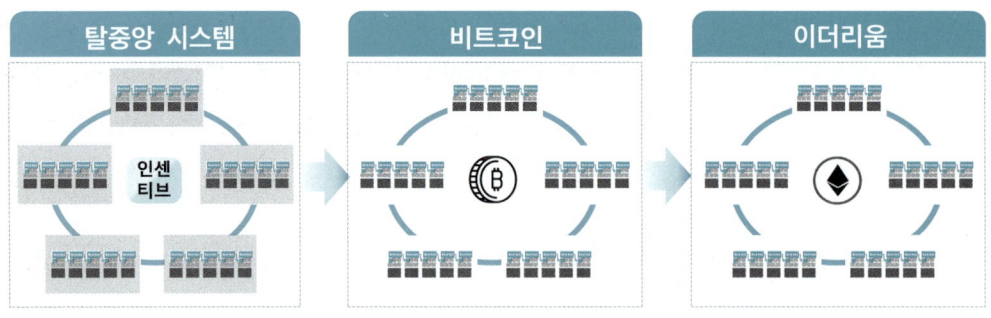

그림 2-32 탈중앙 구현을 위한 인센티브

그림 2-32를 통해 정리해 보자. 비트코인과 같은 탈중앙화된 화폐 시스템에서는 자발적인 참여를 유인하기 위해 인센티브로 비트코인을 보상으로 지급하며 이 보상을 실제 화폐처럼 사용할 수 있다.

이더리움은 탈중앙 블록체인 플랫폼으로서 역시 자발적 참여 유인을 위해 보상으로 '이더Ether'를 지급하며, 이는 이더리움 블록체인 플랫폼에서 트랜잭션 처리를 위한 가스 수수료로 사용된다.

5.2 이더리움의 활용: 토큰 시스템

이더리움 백서에서는 이더리움의 개념과 기술뿐만 아니라, 다양한 이더리움 응용 분야Application도 함께 제안하고 있다. 이더리움 백서의 4 번째 단락인 'Applications'에서는 이더리움이 활용될 수 있는 6개 분야를 제시하는데, 그 중 첫 번째가 '**토큰 시스템**Token System'이다. 즉 이더리움이 토큰 시스템에서 특히 유용하다는 것을 의미한다.

응용 분야는 다음과 같다:

- Token Systems
- Financial derivatives and Stable-Value Currencies
- Identity and Reputation Systems
- Decentralized File Storage

- Decentralized Autonomous Organizations
- Further Applications

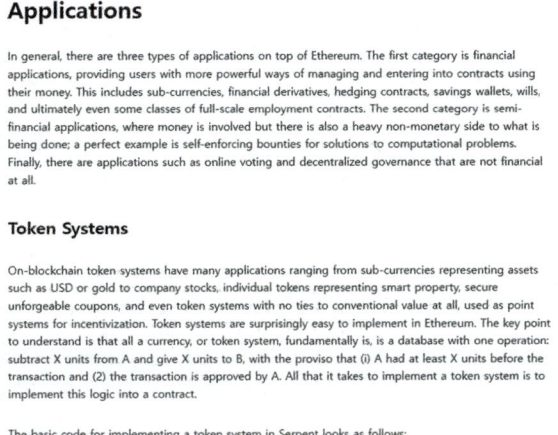

그림 2-33 이더리움 활용 분야

5.2.1 이더리움과 토큰

이더리움 백서에 언급된 '토큰 시스템'에 대한 내용은 다음과 같다:

> *On-blockchain token systems have many applications ranging from sub-currencies representing assets such as USD or gold to company stocks, individual tokens representing smart property, secure unforgeable coupons, and even token systems with no ties to conventional value at all, used as point systems for incentivization. Token systems are surprisingly easy to implement in Ethereum*

'블록체인 기반 토큰 시스템은 USD/금과 같은 자산을 대신하는 하위 화폐에서부터 회사 주식, 개별 토큰, 위조 불가능 쿠폰, 통상적인 가치와 연결되지 않은 포인트 시스템에 이르기까지 다양한 응용 분야를 가지고 있다. 토큰 시스템은 이더리움에서 놀랍도록 쉽게 구현할 수 있다.'

이더리움 백서에서 설명하는 토큰의 개념은 1부에서 살펴보았던 토큰의 기본 개념과 크게 다르지 않다. 그럼 토큰과 이더리움은 어떤 연관성이 있을까? 그림 2-34를 살펴보면 기초 자산을 토큰화하여 거래 및 처리를 더욱 편리하고 효율적으로 할 수 있음을 알 수 있다. 이러한 토큰을 디지털 형식으로 구현한다면, 프로그래밍을 통해 토큰 전송 등을 자동화하여 신속하게 처리할 수 있다. 더 나아가, 이런 프로세스Token Systems를 블록체인 기반으로 구현한다면 중앙기관이나 제3의 신뢰기관 없이도 완벽한 서비스 이행 자동화와 강제화가 구현될 수 있다.

기초 자산을 대신해 토큰으로 발행하면 처리 과정이 더 편리하고 효율적이다. 더 나아가 이를 디지털화한 후 프로그래밍 기능을 통해 설정된 조건에 따라 자동화 및 다양한 응용이 가능해진다. 이것이 우리가 이해하는 **스마트 컨트랙트**Smart Contract이다.

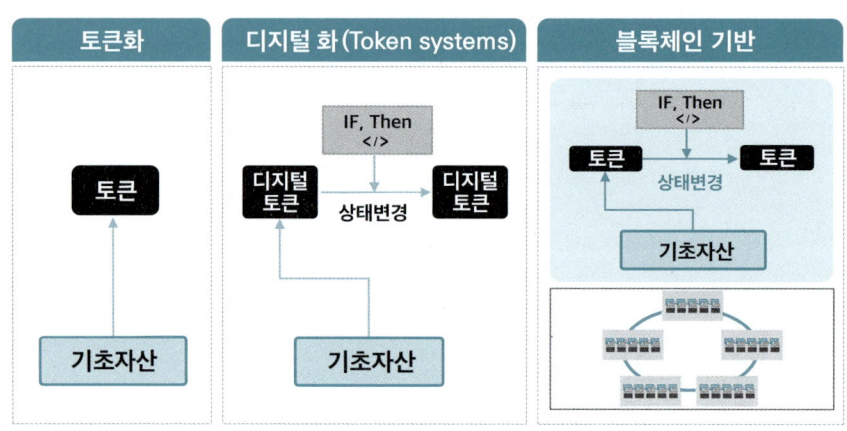

그림 2-34 토큰과 이더리움의 연관성

> **📝 Note** **스마트 컨트랙트(Smart Contract)**
>
> 이더리움 백서에 따르면, 이더리움은 튜링 완전 프로그래밍 언어를 제공하며, 이를 통해 사용자들이 코딩된 규칙에 따라 '어떤 상태'를 자동으로 변환시키는 기능을 가진 계약을 직접 작성할 수 있다고 설명한다. 이더리움 백서에서 명시한 '계약(Contract)'은 우리가 보편적으로 알고 있는 법적 계약이라기 보단, 'IF 조건이 있는 프로그램'으로 이해하면 된다. 이러한 프로그램은 블록체인에 저장되고, IF 조건이 충족되면 해당 프로그램이 자동으로 실행되어 상태가 변하는 것을 의미한다.
>
> 현재 모든 프로그램은 조건 변수에 따라 상태가 변하는 방식으로 기능이 구현된다. 따라서 이더리움에서 명시된 '계약(Contract)'은 닉 자보(Nick Szabo)가 정의한 법적 계약 개념과는 다소 차이가 있으며, 그냥 단순히 튜링 완전 언어가 지원되는 '프로그램'이라고 이해하는 것이 적절하다.

스마트 컨트랙트는 특정 조건을 설정하고, 이 조건이 충족되면 자동으로 실행하는 일종의 '프로그래밍(Programming)'으로 이해하자.

이런 논란을 의식했는지, 이더리움 창시자인 비탈릭 부테린도 스마트 컨트랙트 관련하여 다음과 같은 트윗을 남긴 바 있다.

"명확히 하자면, 현 시점에서 나는 "스마트 컨트랙트"라는 용어를 채택한 것을 매우 후회한다. 좀 더 완고하고 기술적인 용어, 예를 들면 "Persistent scripts"를 사용했어야 했다."

5.2.2 블록체인/이더리움 기반 토큰 시스템

이러한 토큰 시스템_{Token Systems}은 현실에서 다양한 도전 과제가 있다. 예를 들어, 토큰의 권리 내용과 프로그래밍이 위변조되지 않도록 중앙기관에서 관리를 해야 하며, 만약 중앙기관이 장부와 스마트 컨트랙트를 통제하면 조건이 충족되어도 계약 이행이 제약될 수 있다. 계약이 불이행될 경우에는 법원과 같은 제3의 신뢰기관에 의존할 수밖에 없다.

하지만 이러한 프로세스를 블록체인 기반으로 설계한다면 차원이 다른 장점과 기대효과를 누릴 수 있다. 토큰과 스마트 컨트랙트를 블록체인에 저장하면 위변조를 원천적으로 차단할 수 있다. 또한, 탈중앙화된 환경에서 조건이 충족되면 절대 다수의 노드가 계약 이행을 실행하기 때문에 계약 이행의 강제화가 구현된다. 즉 토큰 시스템은 제3신뢰기관 없이도 계약의 자동화와 강제화가 가능해진다.

일상의 거래 및 계약에서 계약 내용의 위변조와 계약의 불이행은 큰 골칫거리이다. 하지만 기초 자산을 디지털 형태의 토큰으로 대체하고 이를 블록체인 기반으로 구현하면, 계약의 위변조 차단과 함께 계약 이행의 자동화 및 강제화가 실현될 수 있다.

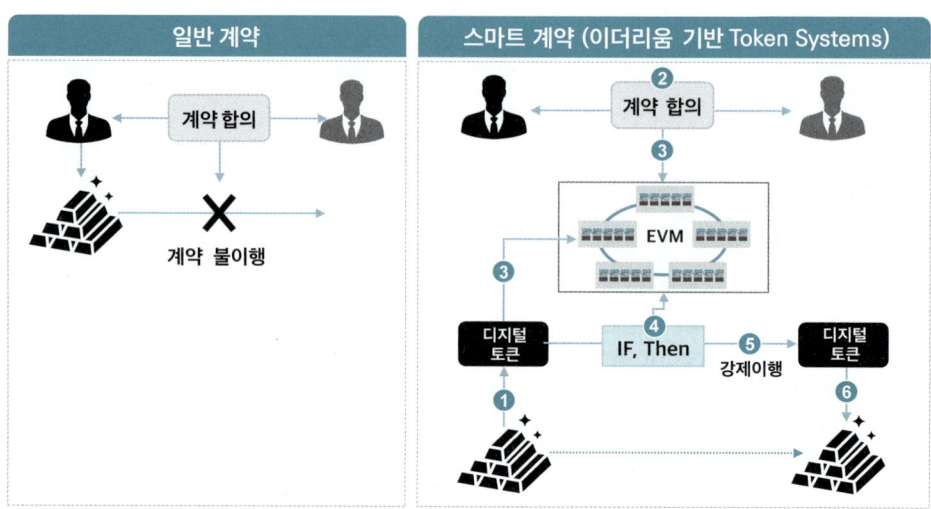

그림 2-35 이더리움 기반 Token Systems

이더리움에서 제안하는 '토큰 시스템'은 그림 2-35를 통해 이해할 수 있다. 이더리움 백서에서 응용Application 분야로 언급하는 토큰은 기존에 없던 새로운 토큰 개념을 제시하는 것이 아니다. 이미 보편적으로 활용되고 있는 토큰 개념을 이더리움이라는 블록체인 기반으로 설계하면 제3의 신뢰기관 없이도 계약이행의 자동화와 강제화가 가능하다는 것을 강조한 것이다.

그림 2-36은 우리가 일반적으로 이해되는 토큰 사례가 이더리움 기반으로 구현되는 것을 보여준다.

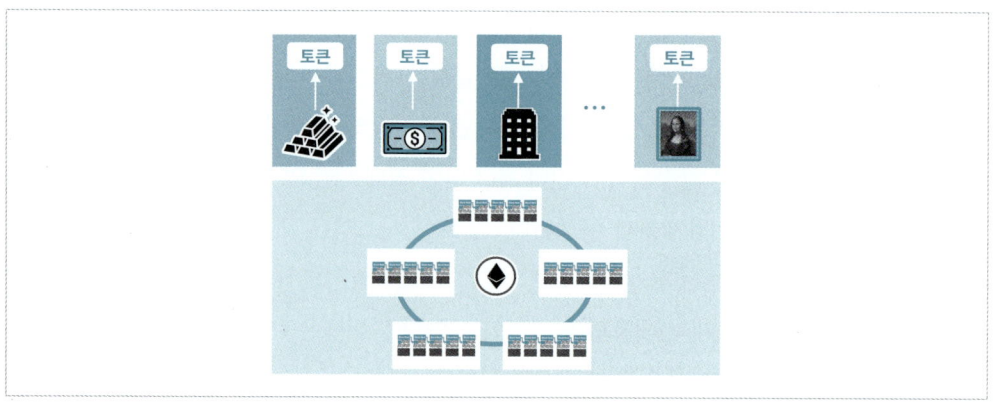

그림 2-36 토큰과 이더리움

5.3 토큰의 이해

블록체인 및 디지털 자산 분야에서 가장 어려운 주제 중 하나가 코인과 토큰의 개념 정의 및 범주이다. 코인과 토큰의 정확한 개념은 무엇이며, 그 범주는 어디까지 해당되는지에 대한 명확한 정의가 필요하다. 1부에서 토큰의 일반적인 개념을 이해했더라도, 디지털 자산이나 블록체인 관점에서는 다른 의미로 사용될 수 있다. 다양한 분야에서 용어가 혼재되어 사용되면서 많은 오해와 혼란을 야기하는 것 같다.

5.3.1 코인과 토큰의 관계

현 시점에서 '코인과 토큰'이라는 용어와 개념을 지나치게 엄격하게 규정하기보다는 상황에 따라 적절하게 사용하는 것이 중요하다. 몇 가지 기준을 바탕으로 설명해보겠다.

우선, 가장 일반적으로 적용되는 개념 구분은 그림 2-37과 같다. 코인$_{Coin}$은 비트코인이나 이더리움 같은 탈중앙화 시스템에서 자체적인 (퍼블릭) 블록체인을 가지며 인센티브 목적으로 발행되는 디지털 자산을 의미한다. 비트코인과 이더$_{Ether}$가 이러한 코인에 해당한다고 볼 수 있다.

반면 토큰$_{Token}$은 1부에서 설명했듯이 기초자산을 대신·대체하는 개념이다. 토큰은 중앙화시스템에서 발행될 수도 있으며, 블록체인과 같은 기술을 기반으로 발행될 수 있다. 그런데 토큰을 블록체인 기반으로 발행되는 것으로 이해되는 경우가 많아 일반적으로는 토큰을 블록체인과 연계해서 이해하도록 하자.

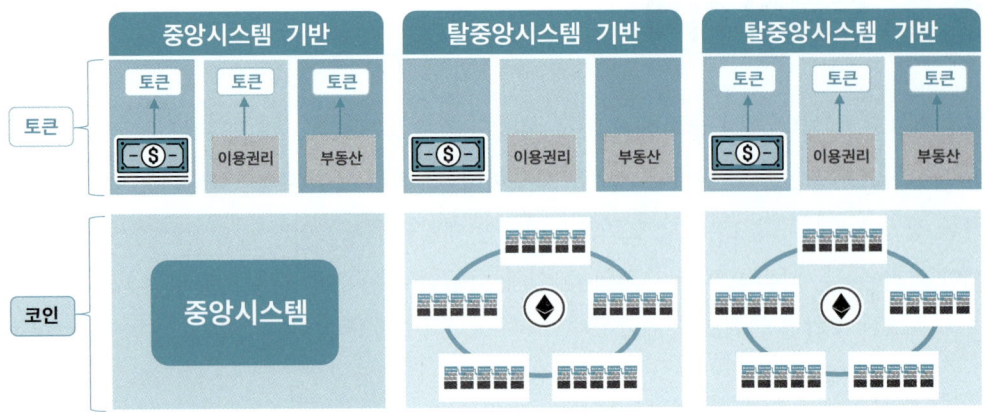

그림 2-37 코인과 토큰

그림 2-37의 관점에서는 비트코인과 이더가 코인에 해당되지만, 그림 2-38의 관점에서는 비트코인과 이더도 1부에서 설명한 토큰 개념으로 이해할 수 있다. 비트코인은 암호기술을 통해 구현된 디지털 골드를 기초자산으로 하여 발행된 개념이며, 이더는 이더리움이라는 블록체인 플랫폼을 기초자산으로 하여 발행된 토큰 개념으로 이해할 수 있다.

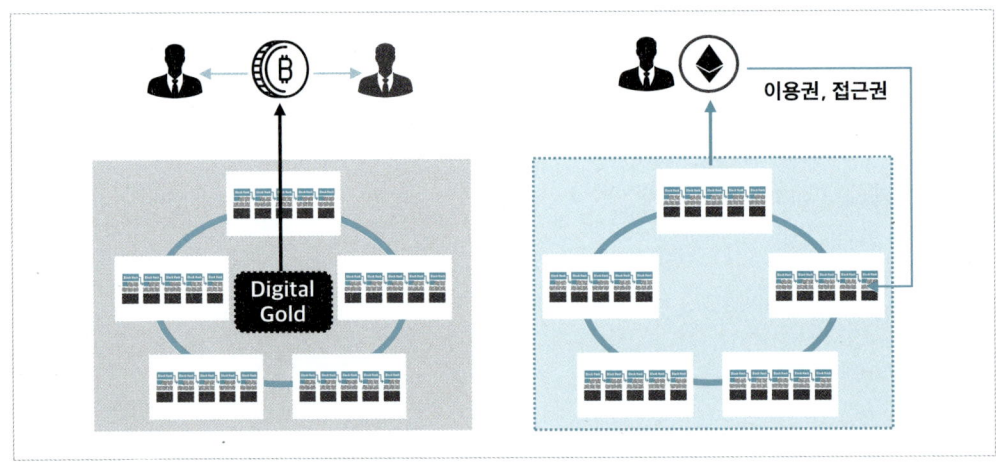

그림 2-38 비트코인과 이더의 개념 및 활용

스위스 금융시장감독청FINMA은 토큰의 유형을, Payment Token, Utility Token, Asset Token으로 구분하였다. 비트코인은 디지털 골드를 기초자산으로 하여 발행되었으며, 주로 화폐 목적으로 사용되는 Payment Token 정도로 이해할 수 있다. 이더는 이더리움 플랫폼에서 트랜잭션 처리를 위해 가스 수수료로 사용되므로 Utility Token으로 이해할 수 있다. 다만 이 설명은 코인과 토큰을 다양한 관점에서 이해하려는 의도이므로 가볍게 참고하면 된다.

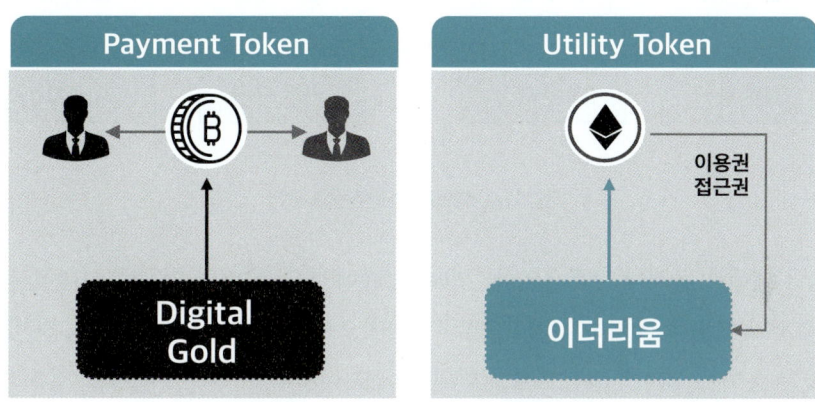

그림 2-39 토큰 관점 비트코인·이더리움

마지막으로 화폐 목적으로 사용될 경우 '코인'이란 용어가 주로 채택된다. 비트코인은 화폐 목적으로 발행되었기 때문에 코인이란 용어가 적합하다. 스테이블코인은 법정화폐를 기초자산으로 하여 1:1로 페깅되어 디지털 형태로 발행되는 전형적인 토큰 개념이다. 그러나 스테이블코인은 화폐로서의 역할을 하기 때문에 '코인'이란 용어를 사용한다. 만약 스테이블코인을 굳이 토큰 유형으로 분류하자면, Payment Token에 해당한다고 볼 수 있다.

5.3.2 블록체인과 토큰의 관계

1부에서 다루었던 증서나 토큰을 다시 떠올려보자. 과거 아날로그 시대에는 권리 내용을 글자로서 종이나 금속 같은 실물에 기록했지만, 디지털 시대에는 전자적 방식으로 디지털 계좌부에 기록(전자등록)한다. 따라서 '디지털 토큰'이란 특정 권리 내용이 전자적으로 기록된 것을 말하며, '블록체인'은 이러한 거래나 권리 내역을 기록하는 분산된 계좌부로 볼 수 있다. 즉 블록체인과 연계하여 토큰은 기초자산에 대한 권리 내용이 전자적 방식으로 블록체인에 기록된 것이라 이해할 수 있다.

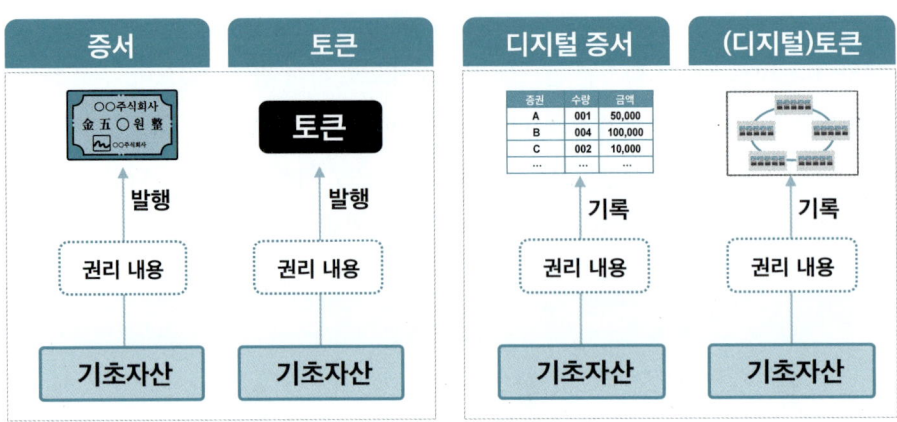

그림 2-40 블록체인과 토큰의 관계

아날로그 시대에는 증서나 토큰을 실물 형태로 '발행'했다. 하지만 디지털 시대에서는 더 이상 실물 증서나 토큰을 발행하지 않고, 전자적 방식으로 계좌부에 '기록'한다. 과거에 사용된 '발행'이라는 용어는 전자적 방식으로 전환된 후에도 여전히 사용되고 있지만, 정확하게 말하면 사실 '발행'보다는 '전자등록'이라는 표현이 더 정확하다.

참고로 전자증권법은 기존 실물증권 대신 전자적 형태의 증권 발행을 규율한다. 전자증권법의 정식 명칭은 '주식·채권 등의 전자등록에 관한 법률'이며, 법률 조항에서도 '발행'이라는 용어 대신 '전자등록'이라는 용어를 채택하고 있다.

정리하자면, '블록체인 기반으로 토큰이 발행된다'는 표현이 많이 사용되지만, 정확하게 정리하면, '토큰은 기초자산에 대한 권리 내용이 블록체인에 전자등록(기록)된 것'이라는 표현이 더 정확하다.

📝Note '발행'의 의미 이해

가상자산이나 디지털 자산에서 꼬리표처럼 따라다니는 용어가 바로 '발행'이다. 하지만 디지털 시대에서는 더 이상 어떤 실물 형태의 증서나 토큰을 발행하지 않는다. 기초자산에 대한 권리 내용을 전자적 방식으로 저장 장치에 기록(전자등록)하는 것이 정확한 표현이다. 과거 익숙했던 용어를 디지털 시대에서도 그대로 사용하고 있을 뿐이다.

그림 2-41은 다양한 디지털 자산이 발행되는 상황을 '기록' 관점에서 설명한 것이다.

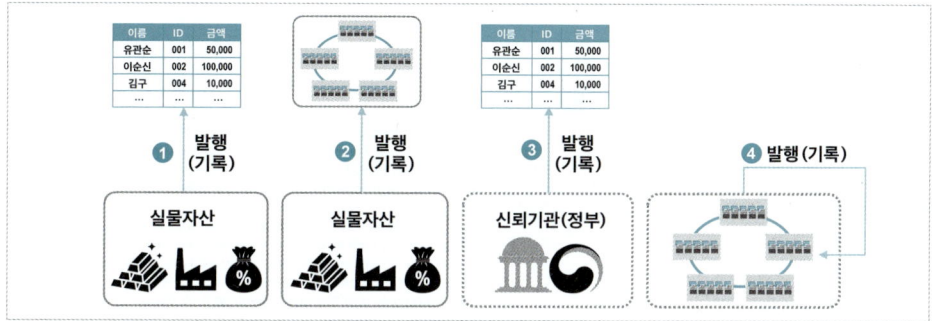

❶ 자산의 권리 을 중앙 계좌부에 기록 (예, 전자증권)
❷ 자산의 권리 을 분산원장 계좌부에 기록 (예, 토큰증권, RWA)
❸ 신뢰(정부) 기반으로 중앙 계좌부에 기록 (예, CBDC*)
❹ 신뢰(블록체인·암호 기술) 기반으로 분산원장 계좌부에 기록 (예, 비트코인)

그림 2-41 발행과 기록 의미

추가로 그림 2-42는 블록체인 기반으로 비트코인과 토큰이 발행되는 상황을 '기록' 관점에서 설명한 것이다.

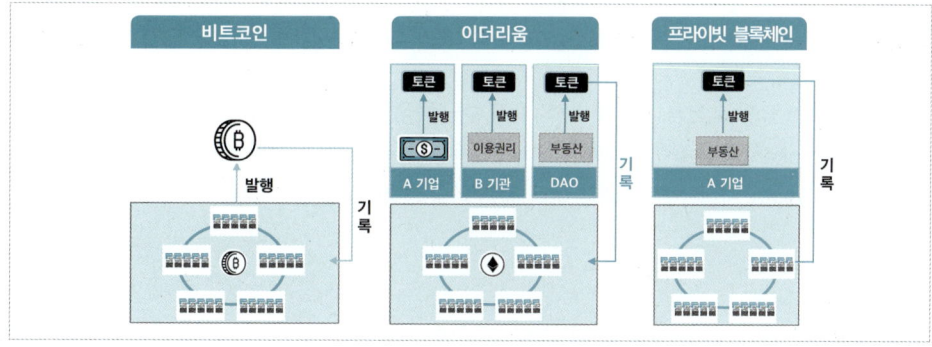

그림 2-42 비트코인과 토큰의 발행 의미

* CBDC를 분산원장 기반으로 발행되는 것으로 이해하는 사람이 많지만, 실제로는 중앙 계좌부 기반으로 발행된다. 부분적으로 분산원장을 활용할 수 있지만 기본적으로 중앙 계좌부로 이해하는 것이 맞다.

5.3.3 토큰의 유형

토큰의 유형은 다양하다. 토큰은 '활용 및 기능'에 따라 유형 분류도 가능하지만, 토큰을 발행하는 '발행 표준'에 따라 토큰 유형 분류도 가능하다.

▌ 활용 및 기능

토큰 유형 모델의 대표적인 사례는 스위스 금융시장감독청FINMA에서 제시한 유형 분류 모델이다.

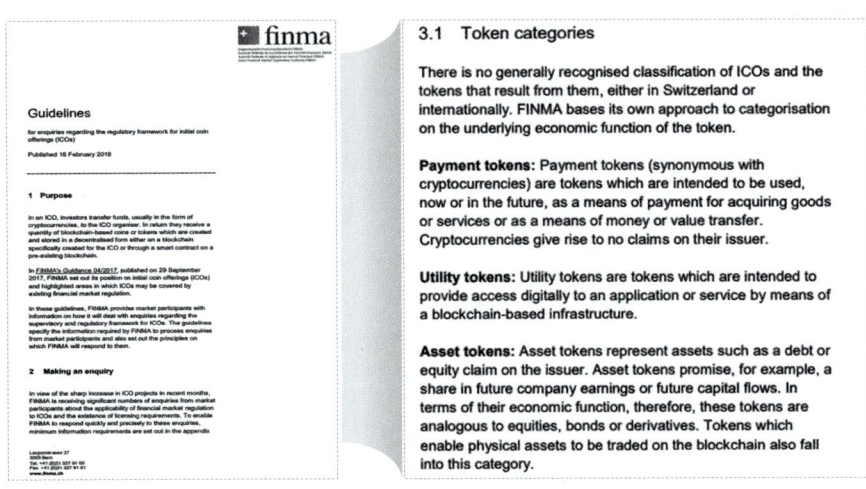

그림 2-43 FINMA 토큰 유형

FINMA에서는 토큰의 유형을 '활용 및 기능'에 따라 다음과 같이 세가지 유형으로 분류한다.

- Payment Token: 상품이나 서비스의 결제 수단 목적으로 발행된 토큰
- Utility Token: 특정 플랫폼 내에서 서비스 이용권리 목적으로 발행된 토큰
- Asset Token: 자산 소유권, 배당, 이자, 증권 등을 목적으로 발행된 토큰

▌ 발행 표준

토큰은 '활용 및 기능'에 따라 분류될 수도 있지만, 발행 표준에 따라서도 분류할 수 있다. 이더리움에서는 토큰 발행이 쉽도록 다양한 발행 표준을 제공한다. 그림 2-44는 이러한 다양한 토큰 발행 표준을 보여주고 있다.

ERC	Title	Author
20	ERC-20 Token Standard	Fabian Vogelsteller, Vitalik Buterin
55	Mixed-case checksum address encoding	Vitalik Buterin, Alex Van de Sande
137	Ethereum Domain Name Service - Specification	Nick Johnson
162	Initial ENS Hash Registrar	Maurelian, Nick Johnson, Alex Van de Sande
165	ERC-165 Standard Interface Detection	Christian Reitwießner, Nick Johnson, Fabian Vogelsteller, Jordi Baylina, Konrad Feldmeier, William Entriken
181	ENS support for reverse resolution of Ethereum addresses	Nick Johnson
190	Ethereum Smart Contract Packaging Standard	Piper Merriam, Tim Coulter, Denis Erfurt, RJ Catalano, Iuri Matias
600	Ethereum purpose allocation for Deterministic Wallets	Nick Johnson, Micah Zoltu
601	Ethereum hierarchy for deterministic wallets	Nick Johnson, Micah Zoltu
721	ERC-721 Non-Fungible Token Standard	William Entriken, Dieter Shirley, Jacob Evans, Nastassia Sachs
777	ERC777 Token Standard	Jacques Dafflon, Jordi Baylina, Thomas Shababi
820	Pseudo-introspection Registry Contract	Jordi Baylina, Jacques Dafflon

그림 2-44 ERC 표준

그림 2-44를 보면 'ERC-721 Non-Fungible Token Standard'는 바로 우리가 알고 있는 NFT(대체 불가능 토큰) 표준이다. NFT는 토큰의 '발행 표준*' 관점에서 볼 때, 토큰의 한 유형이다.

5.4 대체 불가능 토큰: NFT

주변에서 NFT(Non-Fungible Token) 개념을 설명할 때 NFT의 본질에 해당하는 토큰 개념을 명확하게 설명하지 못하는 경우를 자주 본다. 앞서 설명한 것처럼 NFT는 토큰의 발행 표준 관점에서 하나의 유형이다. 초기 토큰은 화폐나 이용권 등으로 활용되면서 FT(Fungible Token, 대체 가

---

* 상품이나 기술을 개발할 때 호환성이나 확장성을 위해 정해진 규칙에 해당되는 표준을 따른다. 이더리움 기반 토큰도 호환성 등을 위해 정해진 규칙 즉 발행표준에 따라 발행된다. 대표적인 발행표준은 ERC-20, ERC-721, ERC-1155등이 있다.

능한 토큰)으로 발행되었지만, 토큰의 활용 범위가 소유권 등으로 확대되면서 토큰이 서로 대체가 불가능한 형태인 NFT~Non-Fungible Token~도 등장하게 되었다.

5.4.1 NFT의 개념과 실체

NFT의 본질은 토큰이다. 따라서 1부에서 살펴본 토큰의 개념, 속성, 특징 등이 NFT에도 그대로 적용된다.

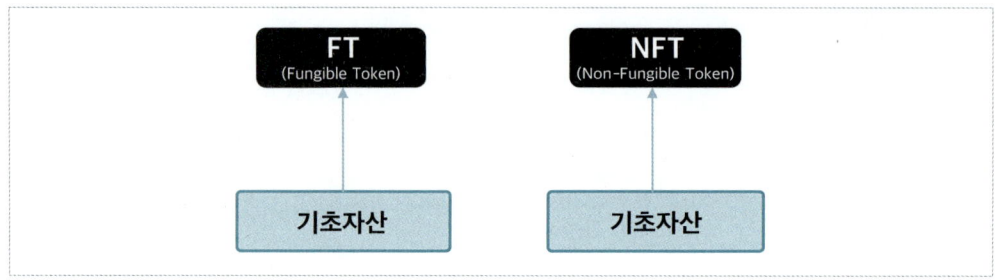

그림 2-45 NFT 실체

NFT 개념을 가장 혼란스럽게 만드는 표현이 바로 'Non-Fungible(대체 불가)'이다. NFT는 대체가 불가능하기 때문에 고유성과 희소성이 부여되어 가치가 높다는 논리로 자주 소개되지만, 실제로는 대체 가능한 토큰~FT~과 대체 불가능 토큰~NFT~은 어떤 표준을 따르느냐에 의해 결정된다. ERC-20 표준을 따르면 대체 가능한 토큰~FT~이 되며, ERC-721 표준을 따르면 대체 불가능 토큰~NFT~이 된다. 따라서 이 두 표준의 차이를 이해하면 FT와 NFT의 차이를 쉽게 알 수 있다. 다음은 ERC-20과 ERC-721의 transferFrom 함수~function~이다. 두 함수를 비교하면 중요한 차이점 하나를 발견할 수 있다.

ERC-20

*function transferFrom(address _from, address _to, unit 256 **value**) public returns (bool successs)*

ERC-721

*function transferFrom(address _from, address _to, unit256 **tokenID**) external payable*

ERC-20은 'value' 단위로 전송이 이루어지지만, ERC-721은 'tokenID' 단위로 전송된다. 토큰에 ID를 부여한다는 것은 해당 토큰이 고유하게 식별되어야 함을 의미한다. ID가 부여된 대상끼리 서로 대체한다는 것은 논리적으로 모순이다. 결국 대체 가능과 대체 불가능은 ID의 부여 여부에 의해 결정된다. FT는 ID가 부여되지 않은 토큰이고, NFT는 ID가 부여된 토큰이다.

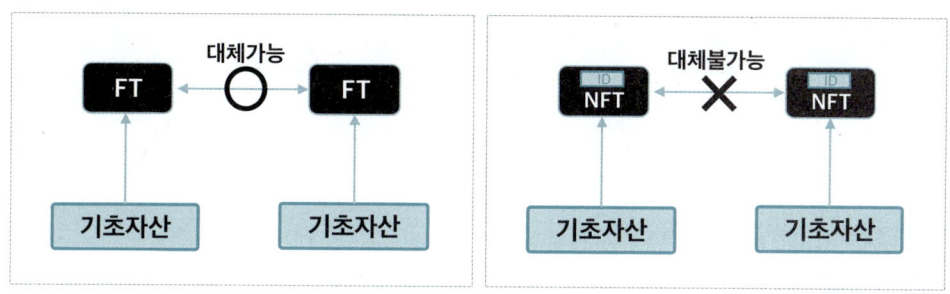

그림 2-46 FT와 NFT 비교

우리는 어떤 것이 대체 가능한지 여부를 직관적으로 이해할 수 있다. 일반적으로 숫자로 표현되고 처리되는 것은 대체가 가능하다. 예를 들어, 홍길동이 가진 100원과 유관순이 가진 100원은 대체가 가능하다. 이런 이유로 화폐나 유사한 목적으로 발행되는 토큰은 ERC-20 표준을 따른다.

NFT의 대표적인 사례는 바로 신분증이다. 홍길동이라는 기초자산을 기반으로 '신분'이라는 관점을 글자로서 표상한 것이 홍길동 신분증이다. 신분증은 전형적인 토큰 개념이다. 홍길동 신분증에는 고유한 ID가 부여되기 때문에, 홍길동 신분증과 유관순 신분증은 대체가 불가능하다. 그런데 홍길동 신분증이 다른 신분증과 대체가 불가능하다고 해서 그것이 고유성과 희소성이 부여된다고 이해하지 않는다. 참고로 화폐 목적으로 발행된 토큰 외에는 대부분 ID가 부여된 NFT로 발행된다. 예를 들어, A 미술품과 B 미술품은 당연히 대체가 불가능하기 때문에 NFT로 발행하는 것이다.

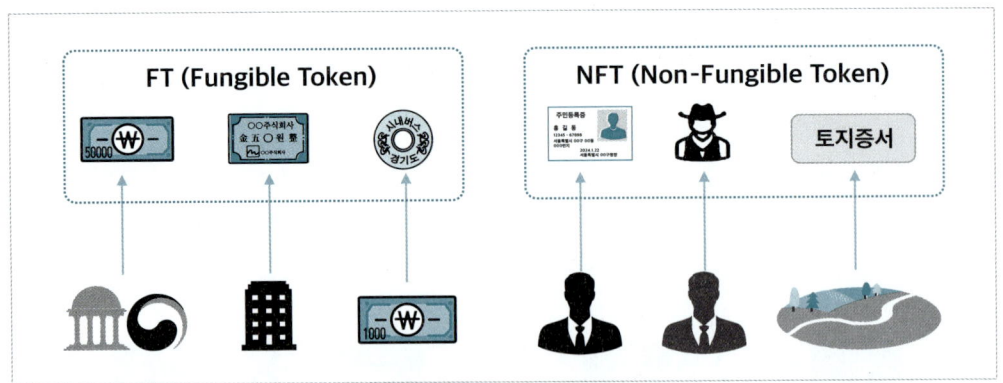

그림 2-47 FT와 NFT 사례

NFT에 대단한 의미를 부여하지만, 실상은 단순히 ID가 부여된 토큰일 뿐이다. NFT가 대체 불가능하기 때문에 고유성과 희소성의 가치가 부여된다는 주장은 일종의 말장난에 불과하다. NFT가 잘 이해되지 않는다면, 그냥 'NFT'를 단순히 '토큰'으로 치환해서 생각하면 쉽게 이해할 수 있을 것이다.

CHAPTER

06
디지털화폐

이더리움의 등장과 다양한 토큰 활용을 통해 '디지털 자산'이라는 용어가 본격적으로 주목받기 시작했다. 디지털 자산 분야는 매우 다양하며, 그중 최근에 가장 주목받고 있는 분야가 바로 '**디지털화폐**'와 '**자산의 유동화**' 분야이다. 6장에서는 토큰 관점에서 '디지털화폐'에 대해 소개하고, 7장에서는 토큰 관점에서 '자산의 유동화'에 대해 설명하도록 하겠다.

그림 2-48은 다양한 화폐를 보여주고 있다. 대부분이 '기초자산-토큰' 구조로 이루어져 있다는 것을 알 수 있다. 가로 방향은 화폐가 '금본위제 화폐', '신용화폐', '암호화폐'로 발전하는 과정을 나타내고, 세로 방향은 토큰의 구조를 설명하고 있다. 이는 기초자산을 기반으로 아날로그 화폐 또는 디지털화폐가 발행되는 모습을 나타낸다.

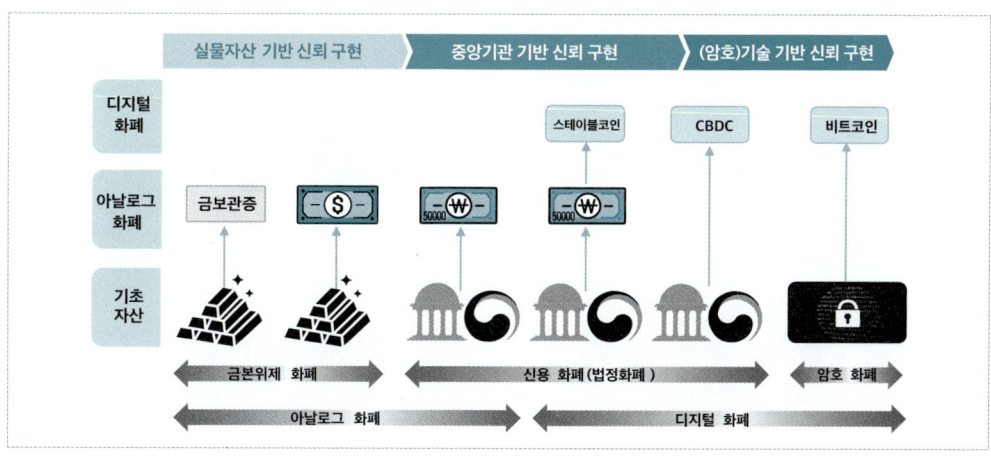

그림 2-48 디지털화폐의 구조와 유형

그림 2-48에서 디지털화폐 유형을 세 가지로 구분하고 있다.

- **1. 법정 화폐의 디지털 전환**: 기존의 지류형 법정화폐를 단순히 디지털 형태로 전환한 화폐로 대표적인 예로는 '스테이블코인', '디엠(Diem, 옛 리브라)' 등이 있다.
- **2. 전자화폐**: 법정화폐를 처음부터 전자적 형태로 발행한 것으로 대표적인 예는 중앙은행디지털화폐인 'CBDC'이다.
- **3. 암호화폐**: 실물자산이나 정부와 같은 신뢰 기관 없이 순수하게 암호기술만을 기반으로 창조된 화폐이다. 가장 대표적인 예가 '비트코인'이다.

6.1 디지털화폐의 유형

6.1.1 스테이블코인

■ **스테이블코인의 등장 배경 및 개념**

비트코인이 처음 등장했을 때 결제수단으로 활용되기도 했으나 변동성이 너무 커서 화폐로서의 역할은 점차 축소되었다. 이로 인해 기존 화폐와 가치가 동일하거나 변동성을 줄이기 위한 가상화폐들이 발행되기 시작했고, 이들은 '가치 안정성'에 초점을 맞추면서 '스테이블코인 Stable Coin'이라는 용어를 사용하게 되었다. 동시에 내재적 가치가 없다는 한계를 극복하기 위해 법정화폐와 연동하거나 1:1로 페깅된 형태로 발행되기도 했다. 대표적인 스테이블코인이 바로 '테더 Tether'이다.

그림 2-49 스테이블코인 개념

테더Tether는 Tether Limited라는 민간 회사가 미국 달러를 1:1로 페깅하여 발행한 전자화폐로 그림 2-49에서 보는 것처럼, 테더는 전형적인 '기초자산-토큰' 구조를 가지고 있다. 종이 지폐의 불편함을 전자적 화폐 형태의 토큰으로 대체하여 사용한 것이다. 구조적으로 토큰의 성격을 지니고 있지만, 화폐 목적으로 발행되었기 때문에 코인이란 이름이 부여되었다.

스테이블코인은 기초자산의 특징에 따라 세 가지 유형으로 구분된다. 스테이블코인의 가치 안정성은 기초자산에 의존하기 때문에 전형적인 토큰 구조를 지닌다.

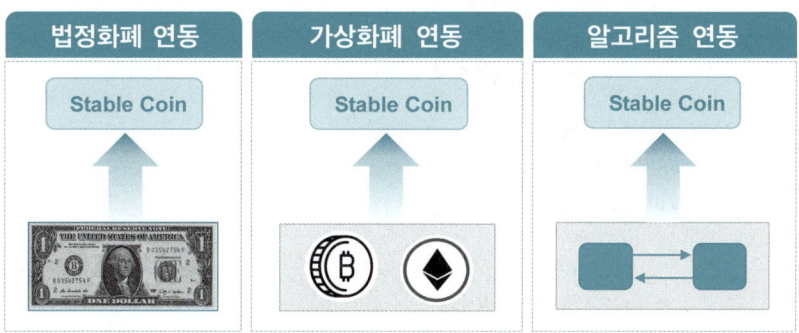

- 법정화폐를 1:1로 페깅한 스테이블코인
- 비트코인·이더리움과 같이 상대적으로 안정적인 가상화폐 기반 스테이블코인
- 알고리즘 기반으로 가치의 안정성을 설계한 스테이블코인

그림 2-50 기초자산 특성에 따른 스테이블코인 유형

스테이블코인의 올바른 이해

스테이블코인들은 본래 취지와 다르게 많은 문제점을 드러냈다.

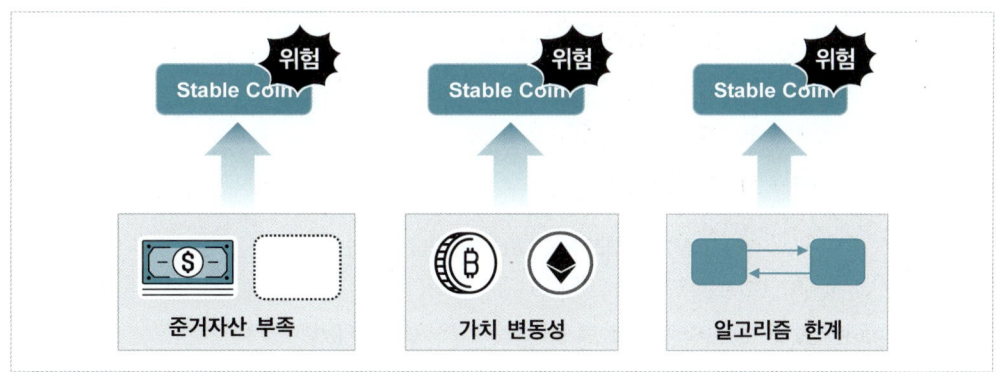

그림 2-51 스테이블코인의 위험성 사례

첫째, 테더Tether의 사례를 보자. 테더USDT는 USD 와 1:1로 페깅되었지만, 실제로는 발행된 테더 수량에 비해 USD 예치금이 부족하다는 지적이 있었다. 사람들이 테더를 신뢰하는 이유는 테더 발행의 근거가 되는 USD 때문이다. 예를 들어 10,000,000 USDT가 발행되기 위해서는 선제적으로 10,000,000 USD가 예치되어야 한다. 그러나 발표에 따르면 발행된 테더 수량 대비 약 3.87%만 USD로 보유한 것이 보도되었다.

둘째, 비트코인이나 이더리움을 연동한 스테이블코인 역시 상대적으로 안정적인 가상화폐를 기반으로 스테이블코인을 발행한다고 하지만, 여전히 가치 변동성이 존재하고 이들에 대한 회의적인 시각도 여전히 존재한다.

셋째, 알고리즘 기반의 스테이블코인인 '테라Terra'의 경우, 알고리즘에 의해 테라가 1USD를 유지하도록 설계되었다. 하지만 알고리즘 자체의 한계점과 알고리즘만으로 가치를 보장한다는 것은 한계가 있기 때문에 결국 사라졌다.

> **Note 테라 작동원리**
>
> 테라는 1 USD를 유지하기 위해 필요한 적정한 양을 설정하고, 수량이 늘어나면 테라의 가치가 떨어진다. 이때 테라의 가치를 일정하기 유지하기 위해 '루나'라는 별도의 가상화폐를 만들었다. 테라가 1 USD를 유지하기 위해 필요한 적정 수량보다 많으면 루나와의 교환을 통해 테라의 수량을 줄여 가치를 안정시킨다. 반대로 테라의 수량이 부족해 가치가 상승했을 때도 같은 원리로 작동한다.
>
> 그림 2-52는 테라가 현재 1.2 USD 상황일 때, 자동으로 1 USD로 조절되는 방식을 보여준다.
>
>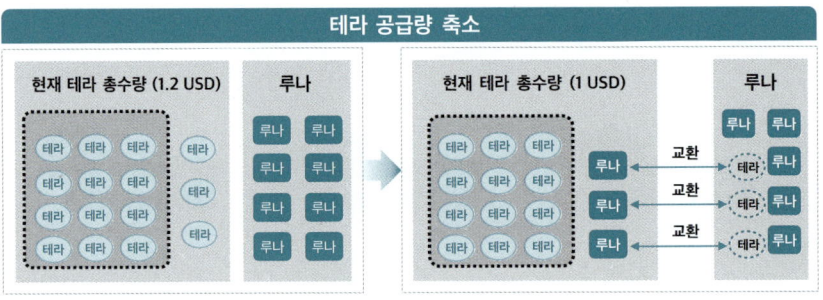
>
> 그림 2-52 테라 작동원리 (테라 공급량 축소 방안)
>
> 그림 2-53은 테라가 현재 0.8 USD 상황일 때, 자동으로 1 USD로 조절되는방식을 보여준다.

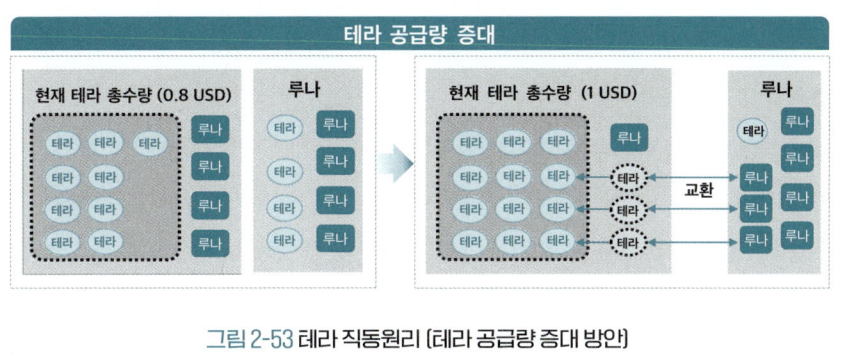

그림 2-53 테라 직동원리 (테라 공급량 증대 방안)

그럼 스테이블코인은 투자 대상으로서의 메리트가 있을까? 그림 2-54의 왼쪽 그림을 보면 '기초자산을 기반으로 발행된 토큰'은 그 가치가 기초자산의 가치에 연동되기 때문에 기초자산의 가치 변동에 따라 토큰의 가치도 변동된다. 따라서 이런 유형의 토큰은 투자 가치가 있다고 할 수 있다.

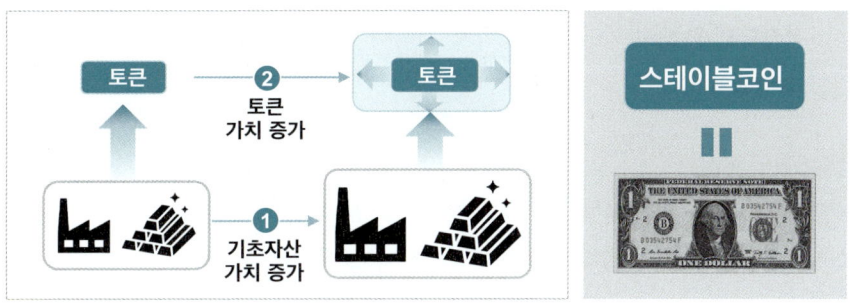

그림 2-54 투자 대상으로서 스테이블코인

그림 2-54의 오른쪽 그림을 보면 '법정화폐에 연동된 스테이블코인'은 가치가 고정된 법정화폐에 연동되어 있기 때문에 그 가치가 변동되지 않는다. 따라서 스테이블코인에 투자하는 것은 논리적으로 맞지 않다. 스테이블코인은 단순히 편리성을 위한 디지털화폐이지 투자 목적이 아니다.

스테이블코인이 투자 목적으로 활용되는 경우도 있다. 금세공업자의 사례를 떠올려 보자. 보관 목적으로 맡겨진 금을 운용해서 이자수익을 지급하기 시작했다. 이때부터는 금을 집에 보관하는 것보다 금세공업자에게 맡겨 이자수익을 받는 것이 더 나은 선택이 되었다. 이와 비슷하게, 스테이블코인도 법정화폐와 1:1로 교환되는 용도이지만 쌓여 있는 예치금을 운용하여 수익을 창출하고 이를 투자자에게 돌려줄 수 있다.

이때부터는 스테이블코인도 투자 대상으로 발전할 수 있다. 스테이블코인의 대표격인 USDT와 USDC는 예치금 중 10%만 현금으로 보유하고, 90%는 미국 채권에 투자하는 것으로 밝혀졌다. 단순히 현금을 쌓아두는 것보다 안전한 채권에 투자해 이자수익을 올리고, 이를 투자자들에게 나누어 주는 것이 더 효율적이다. 투자자들은 이러한 수익을 기대하며 더 많은 자금을 스테이블코인에 투자할 수 있다. 이렇게 발전하게 되면, 스테이블코인은 점차 '증권성'을 갖게 된다.

■ 전자화폐와 스테이블코인 비교

법정화폐와 연동된 스테이블코인이 단순히 법정화폐를 디지털로 전환한 화폐라면, 한 가지 의문이 생긴다. 이미 법정화폐를 디지털 형태로 결제와 송금 서비스에서 널리 사용되고 있기 때문에 스테이블코인이 굳이 필요한가라는 점이다.

여기에서 '전자화폐'란 일반적인 디지털화폐 개념이 아니라, 전자금융거래법에서 규정한 '전자화폐'를 의미한다.

> 전자금융거래법에 따르면,
> - 지급수단 - 재화나 용역을 구입하는 대가로 사용할 수 있는 수단
> - 전자지급수단 - 지급수단 중에서 전자적 방법으로 처리할 수 있는 것

전자지급수단은 정말 다양하다. 전자금융거래법에서는 전자지급수단으로 전자자금이체, 직불전자지급수단, 선불전자지급수단, 전자화폐, 신용카드, 전자채권 등 그 밖에 전자적 방법에 따른 지급수단을 말한다. '전자화폐'는 전자금융거래법상 기존의 법정화폐와 대비되는 새로운 화폐가 아니라, 전자지급수단의 한 유형일 뿐이다. 화폐는 하나지만 재화나 용역을 구입한 대가로 지불하는 지급수단은 다양할 수 있다. 가장 일반적인 현금에서, 수표, 직불·신용카드로 발전하였으며, 최근에는 ○○페이, ○○머니, ○○포인트 등이 활용되고 있다.

한국의 법정화폐는 한국은행법에 따라 하나뿐이며, 그 단위는 '원$_{WON}$'을 사용한다. 전자금융거래법상 전자화폐는 지급수단으로서 법정화폐의 가치를 기반으로 하며 단위도 같은 '원$_{WON}$'

을 사용한다.

반면, (법정화폐에 연동된) 스테이블코인은 법정화폐의 가치에 연동된 새로운 유형의 화폐이다. 새로운 화폐이기 때문에 화폐단위도 법정화폐와 동일한 화폐 단위를 사용할 필요가 없다. 그림 2-55는 전자화폐와 스테이블코인의 차이점을 보여준다. 전자화폐는 단순히 법정화폐의 전자지급수단인 반면 스테이블코인은 법정화폐의 가치와 연동된 새로운 유형의 전자화폐이다.

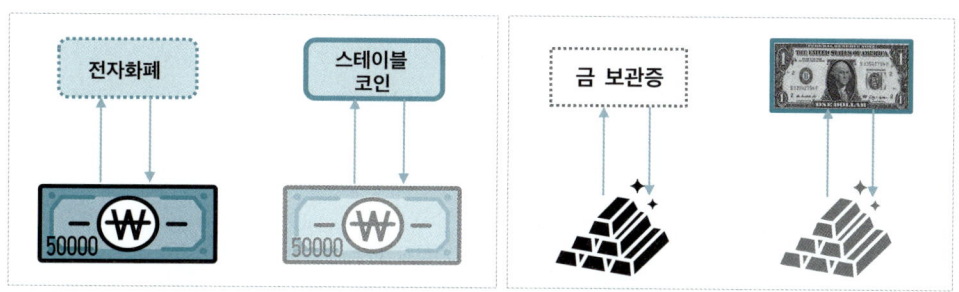

그림 2-55 전자화폐와 스테이블코인 비교

전자화폐와 스테이블코인의 차이는 금 보관증과 금핵본위제에서 발행된 지폐로 비유할 수 있다. 금 보관증은 맡긴 금을 언제든지 되찾을 수 있다는 권리를 표시한 것으로 금 대신 시장에서 지급 수단으로 사용되었지만, 정식화폐는 아니었다.

금 보관증이 나중에 지폐로 발전했지만, 지폐가 금을 기반으로 발행된다는 점은 유사하나 본질적으로 다른 화폐이다. 금핵본위제에서 금을 기반으로 발행된 지폐는 금의 가치와 연동되었을 뿐 금과는 전혀 다른 화폐이다.

현재 온라인상에서 통용되는 전자화폐는 지급·결제용으로 사용되지만, 한국은행에서 발행한 법정화폐는 아니다. 전자화폐는 법정화폐 가치를 기반으로 발행되며 단지 전자적 방식으로 표현하고 처리하는 것이다.

> 전자금융거래법 제16조(전자화폐의 발행과 사용 및 환금)
> ②전자화폐발행자는 현금 또는 예금과 동일한 가치로 교환하여 전자화폐를 발행하여야 한다.
> ③전자화폐발행자는 전자화폐보유자가 전자화폐를 사용할 수 있도록 발행된 전자화폐의 보관 및 사용 등에 필요한 조치를 하여야 한다.
> ④전자화폐발행자는 전자화폐보유자의 요청에 따라 전자화폐를 현금 또는 예금으로 교환할 의무를 부담한다.

반면 스테이블코인은 법정화폐와 가치만 연동되었을 뿐 법정화폐와는 다른 새로운 유형의 화폐이다. 전자화폐는 법정화폐의 디지털화된 지급수단으로 이해할 수 있지만, 스테이블코인은 새로운 유형의 화폐로서 다른 화폐 단위를 사용한다. USD를 1:1로 페깅하여 발행된 화폐인 테더Tether는 그 단위가 'USDT'이다.

전자화폐와 스테이블코인은 발전해 온 관점과 방향이 서로 다르다. 그림 2-56에서 보는 것처럼, 전자화폐는 법정화폐를 출발점으로 한다. 법정화폐를 다양한 지급수단으로 발전해 온 과정에서 전자적 지급수단 관점에서 전자화폐가 출현한 것이라면, 스테이블코인은 비트코인 처럼 태생적으로 새로운 가상화폐이다. 다만 변동성이 커서 그 가치를 현실의 법정화폐에 연동시켰을 뿐이다.

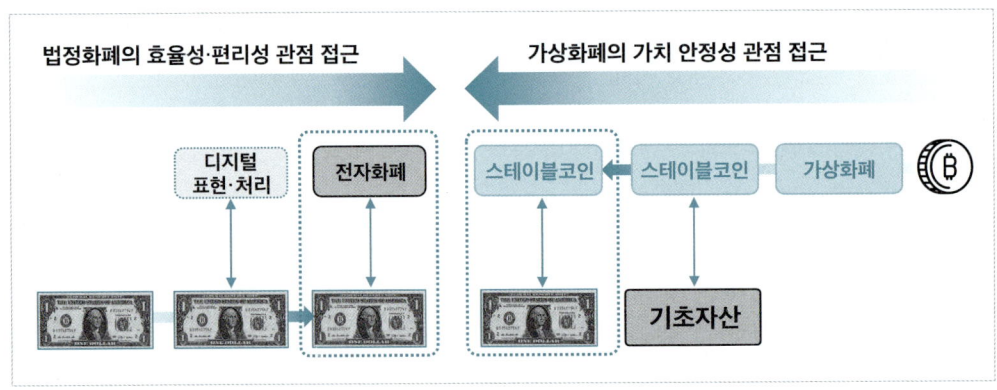

그림 2-56 전자화폐와 스테이블코인 태생 배경

6.1.2 CBDC (Central Bank Digital Currency)

CBDC가 활발하게 검토된 것은 암호화폐의 영향도 있었지만, 디지털화폐는 이미 2000년대 이전부터 검토되기 시작했다. 본격적인 논의는 2008년 글로벌 금융위기 이후 시작되었다. 각국 중앙은행들은 경기 부양을 위해 기준금리를 전격 인하했다. 심지어 유럽중앙은행과 일본 중앙은행은 마이너스 금리를 도입하기도 했지만, 금리 정책의 효과는 생각보다 기대에 미치지 못했다. 대안으로 제시된 아이디어가 디지털 형태의 화폐와 디지털 기반 통제 장치였다. 디지털화폐 계좌에 설정된 돈에 수수료를 부과하면 계좌에 돈을 적립하기 보다는 투자나 소비로 흘러갈 것이라고 생각한 것이다. 기존처럼 시중은행을 통한 금리 정책 대신 중앙은행이 디지털 계좌에 직접 통화정책을 적용하여 투자와 소비를 촉진하고자 한 것이다.

CBDC란 말 그대로 중앙은행에서 발행하는 디지털 형태의 법정화폐를 말한다. 전통적으로 중앙은행은 지류 형태의 화폐를 발행했으나, 이제 종이 대신 디지털화폐를 발행한다는 의미이다.

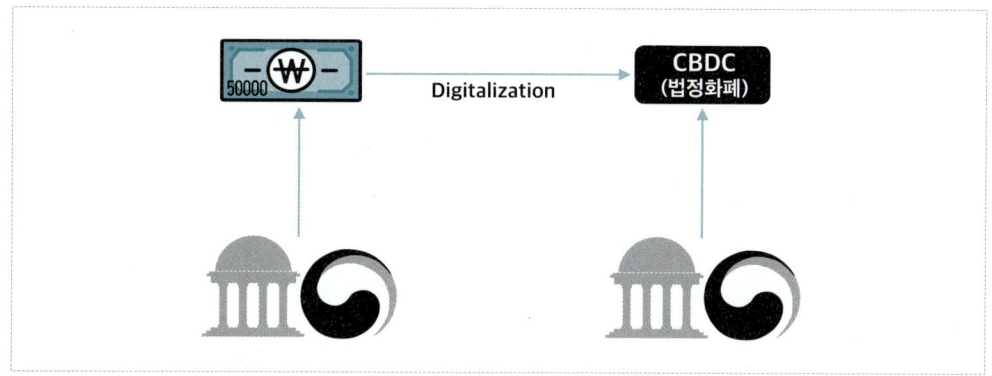

그림 2-57 CBDC 개념

다음 표에서 보는 바와 같이, CBDC는 발행 주체와 화폐 성격 모두 기존 법정화폐와 같다. 단지 발행 형태가 종이에서 디지털Digital로 바뀌었을 뿐이다.

구분	종이 화폐	CBDC
발행 주체	중앙은행	중앙은행
화폐 자격	법정화폐	법정화폐
발행 형태	종이	디지털

표 2-2 종이 화폐 vs. CBDC

한국은행은 2023년 10월 'CBDC 활용성 테스트 추진 계획'을 발표하며 CBDC 개념을 다음과 같이 규정했다.

* CBDC는 '중앙은행이 발행하는 디지털 형태의 새로운 화폐를 의미
  - 비트코인 등 가상자산과는 달리 중앙은행이 직접 발행함에 따라 법화(은행권, 주화)의 형태만 변화한 것일 뿐 동일한 가치를 지님

chapter 06 디지털화폐 **135**

CBDC 관련하여 가장 많이 오해되는 점 중 하나는 CBDC가 블록체인 기반으로 발행된다는 것과 블록체인과의 직접적인 연관성이다. CBDC는 중앙은행에서 발행하는 디지털화폐로, 기술적인 측면에서 부분적으로 블록체인 기술을 활용할 수 있지만, 기본적으로 CBDC는 탈중앙화나 블록체인 철학과는 거리가 멀다.

CBDC와 스테이블코인의 차이

앞서 전자화폐와 스테이블코인의 차이점을 살펴보았다. 전자화폐는 기존 법정화폐를 전자적으로 표현·처리하는 것이며, 스테이블코인은 법정화폐의 가치에 연동하여 새롭게 발행된 디지털화폐이다.

그렇다면, CBDC와 스테이블코인의 차이점은 무엇일까? 단 여기서 스테이블코인은 법정화폐와 그 가치를 1:1로 페깅한 화폐를 말한다.

그림 2-58을 살펴보자. 먼저 CBDC는 중앙은행에서 직접 발행한 법정화폐이다. 기존 종이 형태의 법정화폐를 디지털화한 것일 뿐이다. 반면 스테이블코인은 민간에서 발행된 새로운 유형의 화폐이다. 법정화폐의 가치를 연동하여 그 가치를 보장받는다.

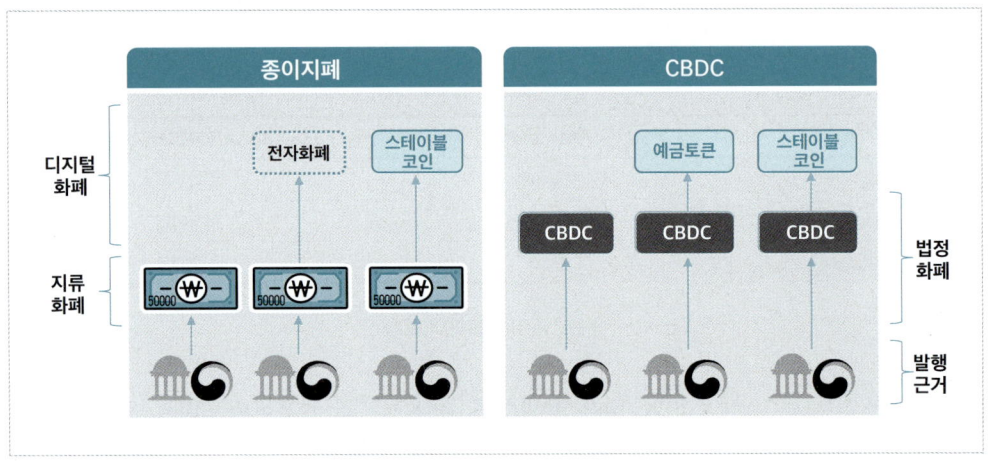

그림 2-58 CBDC와 스테이블코인 비교

스테이블코인은 단순히 법정화폐의 가치에 연동되므로, 법정화폐가 종이 형태이든 디지털 형태이든 상관없이 발행될 수 있다. 법정화폐를 디지털로 표현하고 처리할 수 있기 때문에 스테이블코인의 활용성과 효율성이 높아진다.

그럼 여기에서 한가지 의문이 생길 수 있다. 디지털 형태의 법정화폐가 없는 상황이라면 종이 법정화폐 가치와 연동하여 민간에서 디지털 형태의 스테이블코인을 발행할 명분과 근거가 있지만 디지털 형태의 법정화폐가 이미 존재한다면, 굳이 새로운 디지털 형태의 스테이블코인을 발행할 필요가 있을까?

CBDC는 디지털화폐이므로 프로그램을 통해 다양한 조건과 설정을 적용할 수 있으며, 이로 인해 활용성이 매우 다양할 것이다. 하지만 그럼에도, 민간 영역이나 지방정부에서 목적과 필요에 따라 CBDC와 연동된 새로운 형태의 디지털 스테이블코인이 필요할 수 있다. 특히 스테이블코인은 국경을 초월한 글로벌 송금 분야에서 적극적으로 검토되고 있다.

CBDC와 스테이블코인의 차이를 설명한 내용을 정리하면 다음과 같다.

구분	스테이블코인	CBDC
발행 주체	민간(시중은행)	정부(중앙은행)
화폐 자격	법정화폐 담보 새로운 화폐	법정화폐
발행 형태	디지털	디지털

표 2-3 스테이블코인 vs. CBDC

▎CBDC와 비트코인 비교

CBDC와 비트코인은 모두 디지털 형태의 화폐라는 공통점을 가지지만, 발행 취지와 주체 관점에서는 서로 상충되는 화폐 시스템이다.

- 비트코인: Peer to Peer Electronic Cash System (탈중앙화된 전자 화폐 시스템)
- CBDC: Central Bank Digital Currency (중앙은행 발행 디지털화폐)

구분	비트코인	CBDC
공통점	디지털(Electronic)	
차이점	탈중앙화(Peer to Peer)	중앙은행 발행(Central Bank)

표 2-4 비트코인과 CBDC의 공통점과 차이점

앞서 설명한 것처럼 비트코인은 기존의 화폐 시스템에 대한 대안으로 철저히 탈중앙화 기반으로 설계되었다. CBDC와 비트코인은 '디지털'이란 공통점이 있지만, 두 시스템의 철학과 접근 방식은 서로 크게 다르다.

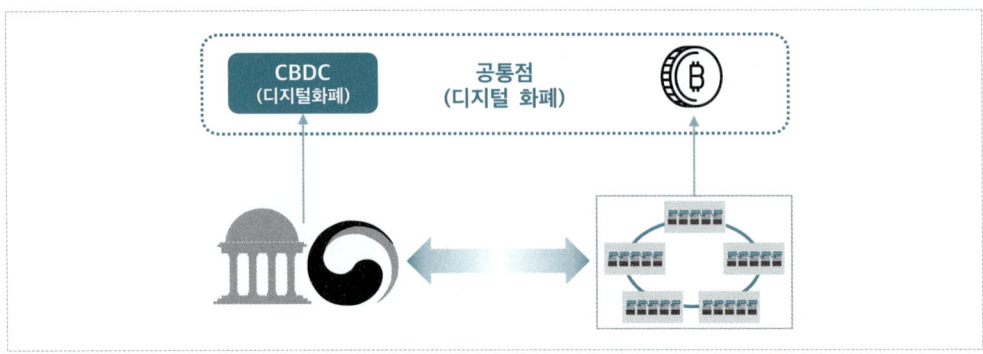

그림 2-59 CBDC와 비트코인 공통점과 차이점

먼저 그림 2-60를 통해 비트코인의 디지털 철학을 살펴보자.

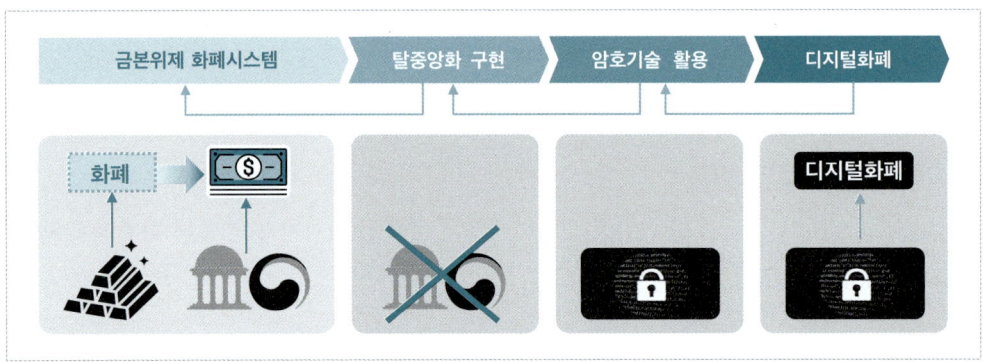

그림 2-60 비트코인과 디지털 관계

비트코인은 신용화폐의 남발 문제를 해결하기 위해 과거 금본위제 기반 화폐 시스템을 염두에 두고 설계되었다. 금본위제 화폐 시스템을 구현하기 위해서 탈중앙화로 구현하고자 했다. 탈중앙화를 구현하면서 동시에 신뢰성을 보장하기 위해 암호기술을 활용했고, 또한 암호기술을 적용하기 위해서는 디지털 형태의 화폐여야 했다. 이를 반대로 설명하면, 디지털화폐여야 암호기술을 적용할 수 있고 암호기술을 통해서 탈중앙화를 구현할 수 있으며 탈중앙화를 구현해야 신뢰할 수 있는 금본위제 화폐 시스템을 구현할 수 있다고 믿었다. 비트코인 입장에서 디지털이라는 요소는 탈중앙 화폐 시스템 구현의 핵심 요소인 암호기술을 적용하기 위한 불가피한 선택이었다.

반면, CBDC의 디지털 철학은 이와 다르다. 현재 법정화폐는 아날로그(지류형) 화폐이다. 한국은행은 이러한 지류형 화폐를 발행하고 있지만, 이를 기초자산으로 전산화하여 일상에서 사실상 전자화폐를 사용하고 있다. 현재로서는 CBDC의 필요성이 절실하지 않다.

증권의 경우 예탁결제제도 상황에서도 모두 전산화되어 처리되었지만 결국 전자증권제도로 바뀐 것처럼 화폐도 결국 전자화폐$_{CBDC}$로 전환될 가능성이 크다. 실물 법정화폐를 완전히 디지털화폐로 대체하게 되면 더 이상 지류형 화폐가 발행되지 않기 때문에 발행 및 관리 비용을 크게 절감할 수 있고, 프로그래밍 기능을 연계하여 다양한 조건을 설정하여 편리성과 효율성을 높일 수 있다. 이 부분에 대해서는 5부에서 좀 더 설명하도록 하겠다. 정리하면, CBDC 입장에서 디지털은 화폐의 '편리성', '효율성', '경제성'을 위한 목적이다.

그림 2-61에서 점선으로 표현된 부분은 디지털 형태의 화폐를 나타낸다. 현재의 전자화폐는 종이 형태의 화폐를 디지털로 표현하고 처리한 것이며, 스테이블코인은 법정화폐의 가치와 연동하여 민간 영역에서 발행된 새로운 디지털화폐이다. 법정화폐와 가치가 연동되어 있으므로 법정화폐의 담보가 필요하다. CBDC는 법정화폐 자체를 디지털 형태로 발행한 것이며, 비트코인은 한국은행이 아닌 탈중앙화 기반으로 발행된 디지털화폐이다.

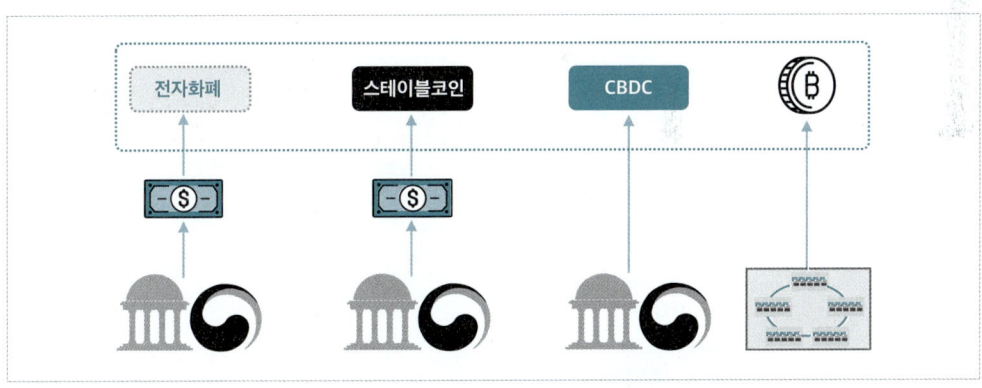

그림 2-61 디지털 형태의 화폐 사례

이와 관련하여 이러한 질문을 받은 적이 있다. 법정화폐나 비트코인은 모두 화폐인데, 왜 법정화폐는 가치가 안정적인 반면 비트코인은 변동성이 그렇게 높은가 하는 질문이었다.

국내 유일한 화폐는 한국은행에서 발행하며 '원WON'이란 단위를 사용하는 법정화폐 하나뿐이다. 이 법정화폐는 가치 척도의 기준이 된다. 법정화폐가 가치 척도의 기준인데, 그 기준이 변동성이 있다는 것은 모순이다. 법정화폐를 기준으로 다른 자산을 평가하기 때문에 다른 자산들은 가치의 변동성이 발생하는 것이다. 만일 비트코인이 법정화폐로 등극하는 상황이 발생한다면, 그때는 비트코인이 가치 척도의 기준이 되고 다른 자산들은 비트코인을 기준으로 가치를 평가받게 될 것이다.

6.2 디지털화폐의 가능성과 현실: Diem과 비트코인

6.2.1 디지털화폐의 가치

디지털로 표현하고 처리하는 방식은 아날로그에 비해 많은 장점을 제공한다. 디지털화폐도 마찬가지이다. 디지털 표현·처리에 따른 다양한 장점도 있지만, 목적과 기능에 맞게 프로그래밍할 수 있다는 것도 중요한 요소이다.

그림 2-62는 지역화폐의 발행 및 활용 사례를 설명하고 있다. 왼쪽 그림은 지류 형태의 지역화폐 발행 및 사용을 보여주는데, 지역 시민들은 9,000원을 지불하고 지역화폐 10,000원을 구입할 수 있다. 이때 차액인 1,000원은 세금으로 충당된다. 지역화폐를 구입한 시민은 사용처를 확인하고, 지역 제한, 사용 제한, 목적 제한에 맞게 지역화폐를 사용할 수 있다.

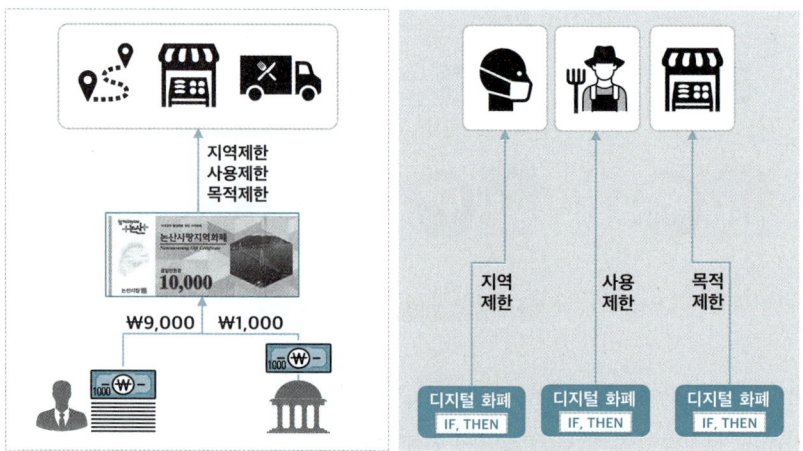

그림 2-62 지역화폐 개념과 디지털화폐 활용

오른쪽 그림은 디지털 형태 화폐에 목적과 기능에 맞게 프로그래밍 설정을 추가하여 발행하는 방식을 보여준다. 발행 절차가 용이하고 목적과 기능에 맞게 활용할 수 있으며, 정밀한 타겟팅도 가능하다.

한국은행에서 발표한 'CBDC 활용성 테스트 추진 계획'에 따르면 디지털화폐의 가치와 기대효과를 다음과 같이 평가하고 있다.

> "예금 토큰 등 디지털통화는 프로그래밍 기능을 통해 기존 지급 결제시스템의 효율성을 획기적으로 개선할 수 있는 잠재력을 보유"

> "프로그래밍 기능을 보조금 지원 등의 사업에 적용시 정산, 부정 수급 방지 등에 소요되는 인력·비용을 절감 가능. 아울러, 공통의 프로그래밍 환경을 조성할 경우 민간 보조사업자에 대한 의존도를 낮출 수 있으며, 사업 수행시 수반되는 금융수수료를 절감"

앞서 설명한 것처럼 2008년에 CBDC가 주목받은 이유는 중앙은행이 프로그래밍 설정을 통해 시중은행을 거치지 않고 기업과 가계에 직접 통화정책을 펼칠 수 있기 때문이었다. 싱가포르 통화청 MAS에서는 다양한 핀테크 프로젝트를 추진하고 있는데, 대표적인 프로젝트 중 하나가 'PROJECT ORCHID'이다. ORCHID 프로젝트는 목적 제한형 화폐 Purpose Bound Money를 구현하기 위한 것으로 화폐의 용도와 사용처를 프로그래밍하여 의도된 목적에 맞게 사용할 수 있도록 하는 방안을 추진 중에 있다. ORCHID 프로젝트는 4가지 활용 유망한 분야를 제시하고 있는데, 정부의 기본 바우처 시스템에 통합, 지정 매장에서 사용될 수 있는 상업용 바우처, 정부 보조금 지급, 특정 조건 충족 시 자동 보조금 지급 등이다.

6.2.2 민간 영역 화폐 발행의 한계

대한민국에서 화폐를 발행할 수 있는 권한은 오직 '한국은행'뿐이다. 한국은행법 제47조에 이를 명확하게 명시하고 있다.

> 한국은행법 제1절 한국은행권의 발행
> 제47조(화폐의 발행) **화폐의 발행권은 한국은행만**이 가진다.

전자적으로 발행 및 처리되는 전자화폐 역시 법정화폐를 기반으로 발행되며 전자화폐 등을 발행할 수 있는 전자금융업자는 허가를 받아야 하며 금융당국의 감독을 받는다.

> 제16조(전자화폐의 발행과 사용 및 환금)
> ②전자화폐발행자는 현금 또는 예금과 동일한 가치로 교환하여 전자화폐를 발행하여야 한다.
> 제28조(전자금융업의 허가와 등록) ①전자화폐의 발행 및 관리업무를 행하고자 하는 자는 **금융위원회의 허가를 받아야** 한다
> 제39조(감독 및 검사) ①금융감독원은 금융위원회의 지시를 받아 금융회사 및 전자금융업자에 대하여 이 법 또는 이 법에 의한 **명령의 준수여부를 감독**한다.
> ②금융감독원장은 제1항의 규정에 따른 감독을 위하여 필요한 때에는 금융회사 또는 전자금융업자로 하여금 그 **업무 및 재무상태에 관한 보고**를 하게 할 수 있다

정리하면, 한국은행만 법정화폐를 발행할 수 있고 기타 전자화폐도 법정화폐를 기반으로 발행할 수 있으며 이 또한 금융당국의 철저한 감독을 받는다.

전통적인 법정화폐 및 제도권 화폐 대비, 비트코인 이후 다양한 화폐들이 출현하였다. 비트코인은 탈중앙 기반으로 발행되었다. 테라$_{Terra}$는 법정화폐나 금전적 가치와 상관없이 알고리즘 기반으로 발행된 화폐이다. '테더$_{Tether}$'는 법정화폐와 1:1로 페깅된 화폐지만, 금융당국의 허가를 받지 않았다. 이처럼 비트코인 이후 출현한 가상화폐·암호화폐들은 다음 세 가지 문제점 중 하나 이상을 포함하고 있다.

❶ 한국은행이 아닌 탈중앙화된 민간 영역에서 화폐를 발행하였다.
❷ 법정화폐 또는 금전적 가치와 전혀 연동되지 않는다.
❸ 법정화폐와 연동되더라도 금융당국의 규제를 받지 않는다.

비트코인 이후 수많은 화폐 목적의 가상화폐·암호화폐들이 출현하였지만 대부분 문제만 일으켰을뿐 화폐로서 실제로 사용된 사례는 거의 없다. 비트코인 조차도 안전자산 정도로 간주될 뿐 화폐로서 역할은 거의 하지 못하고 있다.

이처럼 법정화폐 외의 가상화폐나 디지털화폐가 활성화되지 못하는 가장 큰 이유는 법·제도적 이슈이다. 그러나 이러한 법적, 제도적 문제를 제외하더라도 다양한 가상화폐와 암호화폐들이 화폐로서 제대로 활용되지 못하는 이유를 필자는 다음 세 가지 정도라고 생각한다.

- **1. 발행 목적과 취지가 불순**: 비트코인은 화폐에 대한 명확한 이유와 철학을 제시했지만, 대부분의 가상화폐나 암호화폐는 그 의도 자체가 불순하거나 건전하지 못했다.

- **2. 민간영역에 따른 불신과 불확실성:** 화폐는 법정화폐로서 제도권의 통제와 감독을 받아야 신뢰할 수 있는데, 가상화폐들은 이런 통제와 감독을 받지 않으면서 많은 문제를 일으켰고, 사용자들의 신뢰도 얻지 못하였다.
- **3. 기술적 한계:** 전통적인 화폐는 중앙신뢰기관 및 제3신뢰기관에 의해 관리되지만, 이런 신뢰의 문제를 기술(블록체인, 암호기술 등)만으로 해결하려고 하다 보니 기술적인 한계로 인해 현실 적용에 어려움이 있었다.

결국 화폐 목적으로 발행된 수많은 가상화폐들은 활용성, 가치성, 신뢰성을 얻지 못해 도태되었거나 활성화되지 못하고 있다.

6.2.3 디엠(Diem)과 비트코인의 시사점

앞서 가상화폐들이 '활용성', '가치성', '신뢰성'을 얻지 못해 도태되었다고 설명했는데, 아이러니하게도 디엠은 반대로 이러한 요소들을 확보했기 때문에 도태되지 않았나 하는 생각이 든다.

2019년 페이스북은 '리브라Libra'라는 프로젝트를 발표했다. 이는 은행 서비스에 접근이 어려운 사용자들에게 디지털 형태의 화폐 발행을 통해 모바일과 인터넷을 활용한 송금 및 결제 서비스를 제공하겠다는 취지였다. 그러나 리브라 발표 이후 미국과 유럽 정부들은 리브라를 공격했고 리브라는 성격을 조금 조정하여 '디엠Diem'으로 리브랜딩했지만 결국 미국 정부와 유럽 정부에 백기 투항하면서 사실상 사업이 중단되었다.

다른 가상화폐들이 신뢰성과 활용성을 보장받지 못해 자연스럽게 도태되었다면, 디엠은 신뢰성과 활용성이 뛰어나서 각국 정부의 견제를 받아 사업이 중단된 것이다.

리브라 백서의 일부 내용을 살펴보면 다음과 같다.

> *Libra's mission is to enable a simple global currency and financial infrastructure that empowers billions of people.* (리브라의 미션은 전세계 수많은 사람들에게 간편한 형태의 글로벌 화폐와 금융 인프라를 제공하는 것이다)
>
> *1.7 billion adults globally remain outside of the financial system with no access to a traditional bank, even though one billion have a mobile phone and nearly half a billion have internet access.* (전세계 17억 명 이상의 성인들이 전통적인 은행 서비스에 대한 접근이 어려운 상황이다. 이들 중 10억 명이 모바일 폰을 보유하고 있고, 5억명 이상은 인터넷을 활용하고

있음에도 말이죠)

Libra is designed to be a stable digital cryptocurrency that will be fully backed by a reserve of real assets. (리브라는 실질 자산에 의해 그 가치가 완벽하게 보장되는 안정된 디지털화폐 라고 할 수 있다)

디엠(옛, 리브라)은 다른 가상화폐들과 몇 가지 다른 차별성을 가지고 있었다.

- **1. 명확한 문제의식과 선명한 목표**: 전세계 17억 명이 전통적인 은행 서비스에 접근하지 못하고 있으나, 이들 중 15억 명은 모바일과 인터넷에 접근할 수 있었다. 따라서 이런 문제를 해결하고자 전세계 어디서나 통용되는 디지털화폐와 금융 인프라를 제공하고자 했다.
- **2. 화폐 가치에 대한 신뢰성**: 비트코인이나 테라는 기초자산이나 준거자산 없이 화폐를 발행한다. 테더(Tether)는 법정화폐를 담보로 발행하지만 그 담보 금액에 대한 신뢰성이 부족했다. 반면, 디엠은 여러 법정화폐를 묶은 바스켓과 채권 등을 담보로 발행하도록 설계하여 화폐에 대한 신뢰성을 높였다.
- **3. 화폐 활용성과 발행 주체의 신뢰성**: 디엠은 페이스북을 비롯한 다양한 기관들이 컨소시엄 형태로 참여하여 신뢰성을 높였고, 페이스북을 이용하는 수억 명의 잠재적 실이용자를 확보한 상황으로 활용성도 갖춘 상태였다.

디엠은 문제해결 목표, 신뢰성, 활용성 측면에서 기존 법정화폐를 대체할 충분한 명분과 실력을 갖춘 민간영역의 디지털화폐였다. 디엠이 실제로 발행된다면 기존 법정화폐에 대한 심각한 도전이 될 수 있었다. 법정화폐라는 강력한 무기를 틀어쥐고 있는 각국의 정부로서 민간영역에서 법정화폐보다 잠재성과 활용성이 더 뛰어난 화폐를 허용할 리 없었다. 강력한 신뢰성과 잠재성을 확보하였지만 결국 각국의 압력에 굴복하고 사업을 중단하게 되었다.

디엠은 민간영역에서 발행된 디지털화폐의 가능성과 한계를 동시에 보여준 대표적인 사례이다. 아무리 법정화폐보다 활용성과 잠재성이 뛰어나더라도 결국 중앙정부에서 허용하지 않으면 현실에 사용되기 어렵다는 것을 보여준 사례이다.

한편 비트코인은 내재적 가치가 없다는 비판을 꾸준히 받았지만 점차 신뢰성과 가치성을 얻어가고 있다. 하지만 여전히 화폐로서의 활용성은 한계를 드러내고 있다. 비트코인은 화폐로서의 기능은 확보하지 못했지만, 안전자산으로서의 위치를 잡아가는 모습이다. 독일, 캐나다, 미국, 홍콩에서 비트코인 ETF가 허용되었으며, 이는 비트코인이 제도권 자산으로 인정받고 있다는 의미이기도 하다.

좀 더 지켜봐야 하겠지만, 비트코인은 화폐보다는 자산의 관점에서 접근하는 것이 더 적합할 것으로 보인다.

CHAPTER
07
모든 가치의 토큰화
(자산의 유동화)

디지털 자산 분야에서 최근 주목받고 있는 또 다른 분야는 바로 '자산의 유동화'이다. RWA와 조각 투자 등은 자산 유동화의 대표적인 사례들이다.

전통적으로 자산은 실물자산에 기반을 두었고, 화폐는 오직 중앙정부만 발행하는 법정화폐에 기반한다는 인식은 절대적이었다. 이에 대해 이의를 제기하는 사람도 없었고, 반박할 만한 합리적인 명분도 없었다. 하지만 2009년 비트코인이 등장하면서 이 상황은 크게 변화하기 시작했다. 특히 비트코인 이후 수많은 알트코인이 등장하면서 기존 질서에 대한 도전과 많은 혼란을 초래했다.

가상자산과 디지털 자산은 처음의 취지와 의도와는 다르게 왜곡되고 변질된 방향으로 발전해 나갔다. 화폐나 자산은 '그냥 찍어내면 된다'는 잘못된 사고를 심어주었고, 탈중앙화라는 명분을 내세워 제도권의 통제를 받지 않아도 된다는 오해를 야기하였다. 이러한 잘못된 생각과 해석은 한탕주의자들에게 좋은 기회였고 사기와 투기의 장이 열리게 되었다. 이런 의도치 않은 방향은 결국 FTX나 테라와 같은 대형 파산 사건으로 이어졌고, 대부분의 코인과 토큰들은 사라졌다.

이러한 사태 이후, 가상화폐와 가상자산에 대한 자성의 목소리가 커졌고, 동시에 비트코인과 블록체인의 가능성과 좋은 기술의 활용성에 대한 검토와 연구도 꾸준히 진행되었다. 이러한 배경에서 새롭게 주목을 받은 분야가 바로 '자산의 유동화'와 '자산의 토큰화Asset Tokenization'이다.

2023년, 미국 최대 자산운용사인 블랙록Blacklock의 CEO 래리 핑크Larry Fink 는 연례 서한을 통해 디지털 자산과 토큰화에 대해 다음과 같이 언급했다.

> Larry Fink's 2023 Annual Chairman's Letter to Investors: A Message to All Stakeholders
> 17 March 2023
> Digital assets
> For the asset management industry, we believe the operational potential of some of the underlying technologies in the digital assets space could have exciting applications. In

particular, the tokenization of asset classes offers the prospect of driving efficiencies in capital markets, shortening value chains, and improving cost and access for investors. At BlackRock we continue to explore the digital assets ecosystem, especially areas most relevant to our clients such as permissioned blockchains and tokenization of stocks and bond
(자산 관리 산업에서 우리는 디지털 자산 분야의 일부 기본 기술의 운영 잠재력이 흥미로운 응용 프로그램을 가질 수 있다고 믿습니다. 특히, 자산의 토큰화는 자본 시장의 효율성을 높이고, 가치 사슬을 단축하며, 투자자의 비용과 접근성을 향상시킬 수 있는 전망을 제공합니다. 블랙록은 디지털 자산 생태계, 특히 허가형 블록체인, 주식 및 채권의 토큰화 같은 고객과 가장 관련이 깊은 영역을 계속해서 탐구하고 있습니다.)

디지털 자산 분야에서 최근 주목받고 있는 자산의 토큰화, RWA, 유동화와 조각투자, 토큰증권, 비트코인 ETF, 부산광역시 디지털 자산거래소에 대해 자세히 설명하도록 하겠다.

7.1 자산의 토큰화 (Tokenization)

기초자산을 그대로 거래로 활용할 경우 불편하고 비효율적일 때가 많다. 이때 기초자산을 거래하기 편리한 수단으로 분할해서 거래하면 편리하고 효율적일 수 있다. 이를 구현하기 위한 방안이 바로 토큰화이다.

토큰의 일반적인 개념이 '자산의 토큰화'에도 그대로 적용된다. 다양한 가치를 지닌 자산을 그대로 활용하는 것보다 이를 토큰화하여 거래 및 처리하면 다양한 장점을 얻을 수 있다. 그림 2-63은 자산을 토큰화하였을 때 예상되는 주요 장점을 요약한 것이다. 참고로 여기서 언급한 토큰은 모두 디지털화된 토큰을 의미한다.

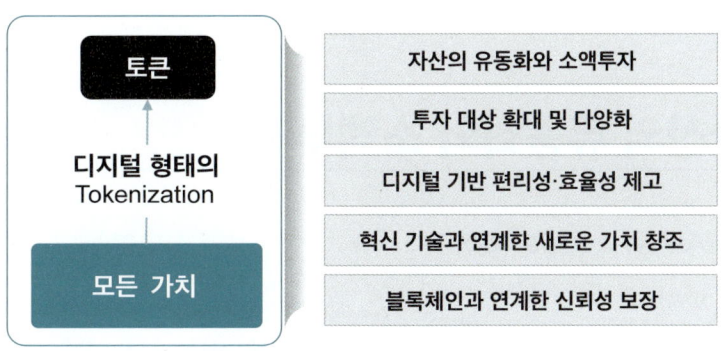

그림 2-63 자산 토큰화의 기대효과

- **첫째, 자산의 유동화와 소액투자가 가능해진다.** 자산 중에는 그 규모와 가치가 상당히 큰 경우가 많다. 대표적인 것이 부동산이다. 일반 투자자가 대규모 빌딩에 투자하기는 사실상 어렵다. 한편 빌딩 소유자가 빠른 현금화를 원할 때, 대규모 빌딩이 쉽게 팔리지 않아 어려움을 겪기도 한다. 이런 경우, 대규모 빌딩을 논리적으로 쪼개서 조각들을 다수의 일반 투자자에게 나누어 처분하는 방법을 생각할 수 있다. 이는 자산의 유동화와 소액투자 개념이다. 예를 들어 빌딩 소유권을 N개의 토큰으로 발행하여 투자자는 그 중 하나 또는 몇 개에 투자할 수 있다. 이는 소유권의 디지털 기록으로 나타나며, 적은 돈으로 1/N의 가치와 소유권을 조각투자할 수 있게 된다.

- **둘째, 투자 대상의 확대 및 다양화가 가능해진다.** 기존에는 정형화된 자산만 거래하거나 투자할 수 있었다. 또한 규모가 너무 큰 자산은 쉽게 거래할 수 없었다. 하지만 토큰화 개념을 적용하면 다양한 자산들을 논리적으로 토큰화하여 거래할 수 있게 된다. 이를 통해 기존에는 거래나 투자하기 어려웠던 다양한 자산들에 쉽게 접근할 수 있다..

- **셋째, 디지털 기반의 편리성과 효율성 크게 향상된다.** 물리적 자산을 거래하거나 처리하는 것은 불편하고 비효율적일 때가 많다. 이때 자산을 디지털화하여 스마트 컨트랙트와 연계하여 디지털화된 자산을 'IF, THEN' 설정으로 조건이 충족될 경우 자동으로 거래가 처리되어 편리성과 효율성을 높일 수 있다.

- **넷째, 혁신 기술과 연계하여 새로운 가치 창출이 가능해진다.** 실물자산은 다른 혁신 기술과 연계하는 것은 쉽지 않다. 하지만 실물자산을 디지털 토큰으로 전환하면 다양한 IT 기술들과 연계할 수 있다. 스마트폰, 클라우드, 빅데이터, 인공지능 등, 다양한 기술과 연계가 가능해지고, 이를 통해 새로운 혁신 서비스도 창출될 수 있다.

- **다섯째, 블록체인과 연계하여 신뢰성을 보장할 수 있다.** 자산의 토큰화와 디지털 처리는 블록체인 없이도 가능하지만, 블록체인 기술과 연계하면 제3신뢰기관이나 중개기관 없이도 신뢰성을 보장할 수 있다. 실물 자산은 암호기술과 블록체인을 적용할 수 없지만 디지털화된 자산은 암호기술과 블록체인 기반으로 처리할 수 있다. 비트코인도 디지털 형태였기 때문에 암호기술과 블록체인 기반으로 설계할 수 있었다.

7.2 자산의 유동화와 소액투자

7.2.1 RWA(Real World Asset)

RWA는 Real World Asset의 약자로, 직역하면 '현실세계 자산'이라는 뜻이다. 이는 부동산이나 미술품뿐만 아니라 주식이나 채권 등 현실세계의 모든 실물자산을 포함하며, 이러한 자산들을 RWA로 이해하면 된다. RWA는 이러한 현실 자산들을 토큰화하여 거래의 편리성과 효율성을 높이는 개념이다.

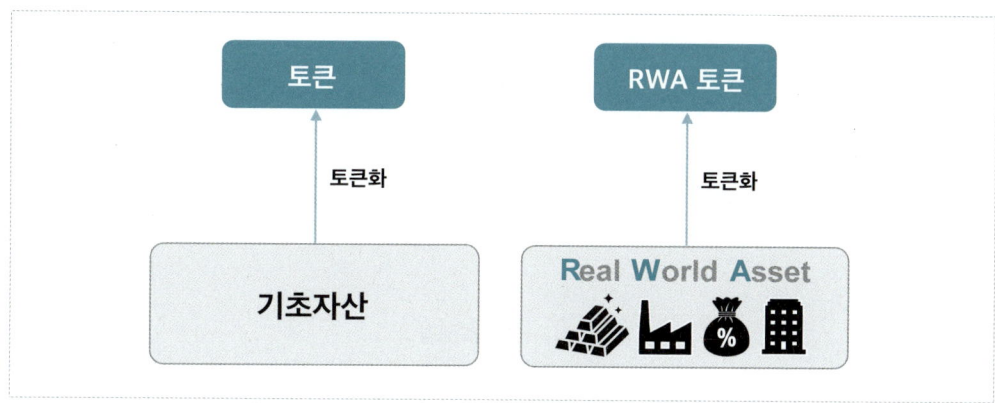

그림 2-64 RWA 개념 이해

실물자산을 기초자산으로 토큰을 발행한다는 것은 매우 자연스러운 개념이지만, 최근 RWA라는 용어가 강조되면서 많은 주목을 받고 있다. RWA는 기존 가상자산에 대한 회의와 반성에서 비롯된 개념이라고 이해할 수 있다. 전통적으로 내재적 가치가 있는 실물자산과 이를 기반으로 발행된 증서·증권 형태로 발전해 왔다. 하지만, 비트코인 출현 이후 아무런 내재적 가치가 없는 가상자산을 기반으로 발행된 토큰들은 자산으로 인정받지 못하고 많은 문제만 양산한 채 사라졌다.

이러한 배경에서, 가상자산에서 활용되었던 블록체인 기술과 토큰의 개념은 계승 발전하되, 가치를 지닌 실물자산을 기반으로 토큰을 발행하려는 시도가 바로 RWA이다. 그림 2-64는 가상자산의 토큰 개념을 활용하면서도 전통적인 자산인 실물자산을 기반으로 토큰화를 구현하는 과정을 보여준다.

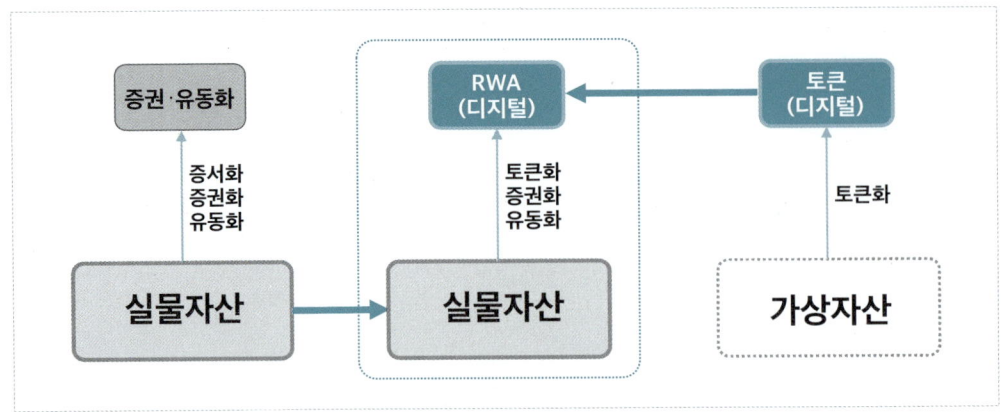

그림 2-65 RWA 배경

그림 2-65를 시간 순으로 다시 한번 정리하면 그림 2-66과 같다. 실물자산, 가상자산, 그리고 RWA 순으로 발전했으며 실물자산의 증권·유동화를 가상자산의 토큰 개념과 연계한 것이 RWA이다.

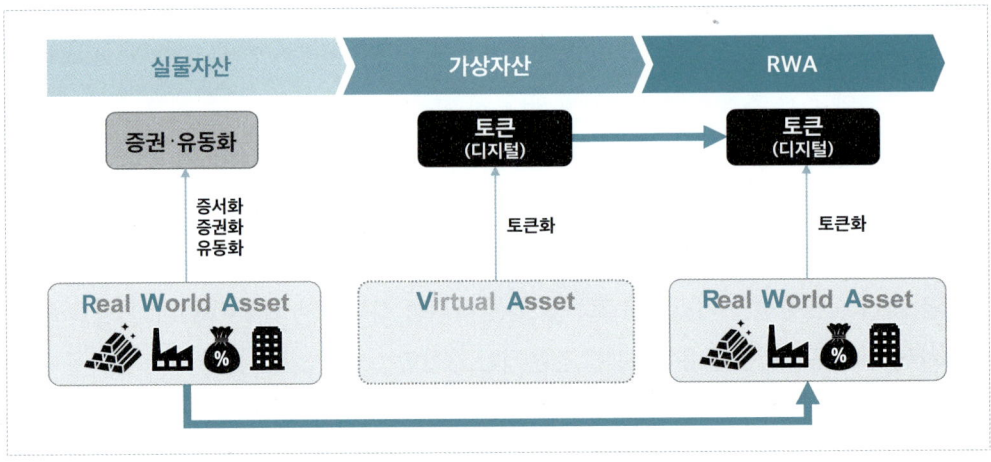

그림 2-66 실물자산과 가상자산 연계 관점 RWA 이해

RWA는 두 가지 관점으로 이해할 수 있다.

- 첫째는 가치가 보장된 토큰이다. RWA는 일반적인 자산의 토큰화 정도로 이해하면 된다. 대신 실물자산을 기반으로 했다는 점에서 가치가 보장된 토큰으로 볼 수 있다.

- 둘째는 실물자산의 유동화이다. 실물자산은 유동화에 여러 제약과 한계가 있다. 실물자산을 토큰화하여 유동화하면 실물자산의 거래 및 유통이 활성화될 수 있다. 부동산과 미술품, 국채, 저작권 등 접근성이 낮은 유무형의 현실세계 자산을 블록체인 네트워크에 올려 토큰화함으로써 유동성을 높일 수 있다.

▌ RWA 구현 기술

RWA는 현실의 실물자산을 기반으로 한다는 점에서 기존 실물자산의 증서화, 증권화, 유동화와 비슷해 보인다. 그러나 세 가지 중요한 차이점이 있다.

스마트 컨트랙트(프로그래밍)를 이용하여 토큰화나 유동화를 쉽고 간편하게 처리할 수 있다. 그리고 토큰의 형태가 디지털이라는 점이다. 마지막으로 스마트 컨트랙트와 토큰이 블록체인에 저장된다.

스마트 컨트랙트나 권리내용이 담긴 토큰을 블록체인이 아닌 중앙화된 계좌부에 기록해도 문제는 없다. 다만 이미 실물자산을 중앙화된 계좌부에 기록하여 증서·증권화를 하고 있기 때문에 굳이 RWA라는 새로운 개념과 용어를 사용할 필요성이 희석된다. RWA는 권리내용을 블록체인에 기록하는 것으로 이해하는 것이 좋을 것 같다.

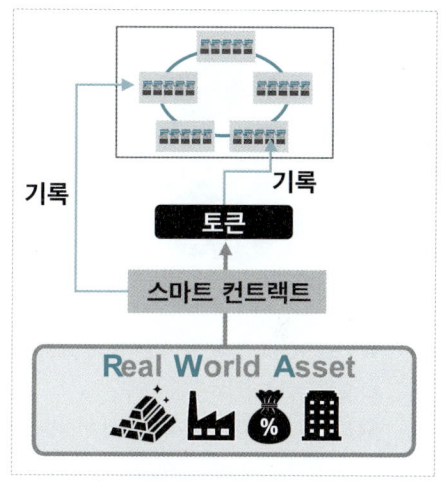

그림 2-67 RWA 구현 원리

▌ RWA의 현실적 구현 방안

실물자산을 디지털 형태로 토큰화하고 스마트 컨트랙트를 활용하여 조건이 충족되면 자동으로 거래가 처리되는 것처럼 소개되지만, 실무적으로는 그렇게 간단하지 않다. RWA는 실물자산의 권리내용이 블록체인에 단순히 기록되는 것뿐이다. RWA가 원활하게 작동하려면, 우선 실물자산이 안전하게 보관되어야 하며, 권리내용에 맞게 토큰이 발행되었는지 검증도 해야 한다. 마지막으로 디지털 토큰이 스마트 컨트랙트에 의해 자동으로 이전된다고 해도, 토큰의 기반이 되는 실물자산도 이와 연동하여 자동으로 이전되는 것은 아니다.

기초자산까지 완벽한 디지털 자산이라면 스마트 컨트랙트와 블록체인을 통해 완전한 통제가 가능하지만, RWA처럼 실물자산과 연계되는 경우에는 블록체인과 스마트 컨트랙트만으로는 실물자산을 통제할 수 없다. 결국 신탁기관 또는 제3의 신뢰기관이 필요하다.

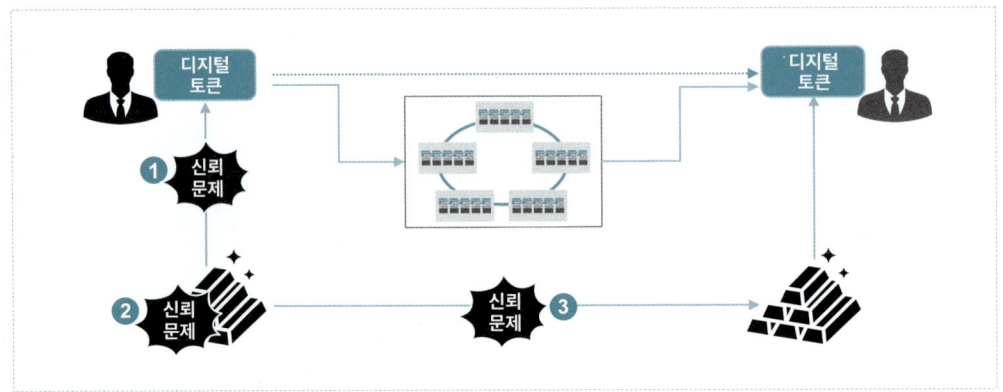

❶ 기초자산의 권리내용이 정확하게 표상되었는지 보장하는 방안
❷ 실물자산 보관 및 수탁 문제
❸ 토큰이 자동 이전 후, 실물자산 이전을 강제하는 방안

그림 2-68 RWA 구현 한계점

7.2.2 유동화와 조각투자

경제에서 유동화 또는 유동성이라는 용어는 자주 사용된다. 유동화나 유동성은 쉽게 말해 '현금화'로 이해할 수 있다. 가계나 기업은 다양한 자산을 보유하거나 투자하지만, 거래와 경제활동에서 가장 중요한 수단은 현금이다. 따라서 다양한 자산에 투자할 때, 가장 중요하게 고려해야 하는 요소는 손실 없이 얼마나 빠르게 현금화할 수 있는가이다. 이를 '유동화 정도'라고 하며, 자산 유동화는 가치가 있지만 유동성이 상대적으로 떨어지는 자산을 기초로 증권을 발행하여 자산의 유동성을 높이는 것을 말한다.

부동산 경기가 좋아 수익률이 좋아도 고가의 부동산에 대한 투자는 주저하게 된다. 바로 부동산의 유동성이 낮기 때문이다. 유동성이 낮은 이유 중 하나는 부동산의 몸집이 너무 크기 때문이다. 많은 현금이 필요하고 리스크가 높은 고가의 부동산을 쉽게 구입하려 하지 않기 때문이다. 부동산처럼 대규모 자산의 유동성을 높이는 방법 중 하나는 논리적으로 자산을 분할하여 판매하는 것이다. 실제로 빌딩을 물리적으로 쪼개어 판매한다는 것은 불가능하므로 이를 지분 형태로 분할하고 지분 내용을 증서로 발행하면 해결할 수 있다. 지분 내용을 글자로서 표기한 증서가 바로 '유동화 증권'이다.

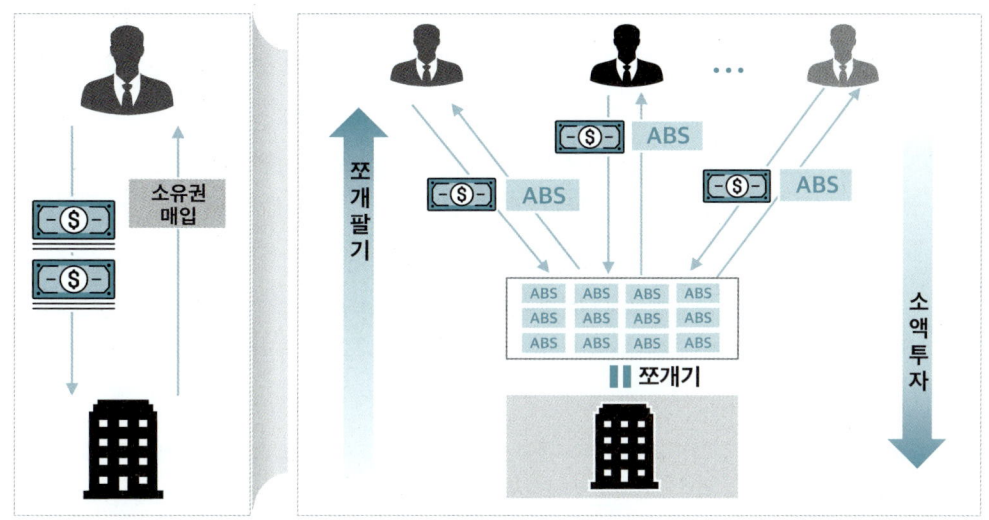

그림 2-69 **부동산 유동화**

과거에는 증서의 형태로 유동화 증권을 발행했다. 현재는 전자증권법에 따라 실물증권을 발행할 필요 없이 전자적으로 등록하는 방식으로 증권을 발행한다. 전자적으로 등록된 증서를 다른 용어로 표현하자면 바로 토큰이다.

토큰화Tokenization는 앞서 1부에서 설명했던 것처럼 기초자산을 다른 상징물로 대체한 개념이지만 자산에서 보자면 토큰화는 자산을 논리적으로 쪼개고 그 권리를 디지털 형태로 표기하는 것을 의미한다. 유동화는 토큰화를 적용하기에 가장 적합한 분야 중 하나이다. 금융위원회에서 토큰증권을 제도권으로 편입하게 된 배경 중 하나도 조각투자의 활성화 때문이다.

우리나라는 이미 '자산유동화에 관한 법률'에 따라 자산을 기초로 유동화증권을 발행하고 처리할 수 있는 법적 근거를 가지고 있다. 그러나 이 자산유동화에 관한 법률은 여전히 적용 대상과 사업 참여가 제한되어 있다.

최근에는 다양한 기초자산을 기반으로 간단한 방식으로 조각투자에 대한 수요가 증가하면서 금융위원회에서 토큰증권을 허용했다. 자산유동화나 조각투자는 대부분 증권성을 가지고 있기 때문에 토큰증권으로 제도권에 편입하려는 움직임이 생긴 것이다.

> **자산유동화에 관한 법률**
> 제2조(정의) 1. "자산유동화"란 다음 각 목의 행위를 말한다.
>
> 가. 유동화전문회사가 자산보유자로부터 양도받은 유동화자산을 기초로 유동화증권을 발행하고, 해당 유동화자산의 관리·운용·처분에 따른 수익이나 차입금 등으로 유동화증권의 원리금 또는 배당금을 지급하는 일련의 행위
>
> 나. 「자본시장과 금융투자업에 관한 법률」에 따른 신탁업자가 자산보유자로부터 신탁받은 유동화자산을 기초로 유동화증권을 발행하고, 해당 유동화자산의 관리·운용·처분에 따른 수익이나 차입금 등으로 유동화증권의 수익금을 지급하는 일련의 행위
>
> 다. 신탁업자가 유동화증권을 발행하여 신탁받은 금전으로 자산보유자로부터 유동화자산을 양도받아 해당 유동화자산의 관리·운용·처분에 따른 수익이나 차입금 등으로 유동화증권의 수익금을 지급하는 일련의 행위
>
> 라. 유동화전문회사 또는 신탁업자가 다른 유동화전문회사 또는 다른 신탁업자로부터 양도받거나 신탁받은 유동화자산 또는 유동화증권을 기초로 하여 유동화증권을 발행하고 당초에 양도받거나 신탁받은 유동화자산 또는 유동화증권의 관리·운용·처분에 따른 수익이나 차입금 등으로 자기가 발행한 유동화증권의 원리금·배당금 또는 수익금을 지급하는 일련의 행위

> 📝 **Note** **토큰증권**
>
> 금융위원회는 2023년 2월 '토큰증권 발행·유통 규율체계 정비방안'을 발표하였다. 증권성을 지닌 가상자산들을 제도권으로 끌어들이기 위한 조처로 보인다.
>
> 증권의 개념에 익숙하지 않은 사람들은 종종 토큰증권을 가상자산의 한 유형으로 오해하는 경우가 있지만, 토큰증권은 내용 측면에서 말 그대로 증권이나 다만, 토큰이라는 형식으로 발행될 뿐이다.
>
> 토큰증권은 디지털 자산과 디지털 금융산업을 이해하고 준비하는데 매우 중요한 개념이다. 이에 대해서는 3부와 4부에서 자세히 다루도록 하겠다.

7.3 투자 대상의 확대와 제도권 편입

7.3.1 비트코인 간접 투자

독일, 캐나다, 미국에 이어 홍콩에서도 비트코인 ETF가 허용되면서, 이제 비트코인도 간접 투자가 가능해졌다. 그 구조는 다음과 같다. 자산운용사 등 기관투자자들은 비트코인을 직접 매입하여 '비트코인 ETF' 상품을 만들고 이를 주식 단위로 쪼개서 투자자들에게 판매한다. 투자자들은 비트코인에 직접 투자하지 않고도 증권사에서 발행한 '비트코인 ETF'에 투자함으로써 비트코인에 투자하는 것과 같은 효과를 누릴 수 있다.

이게 어떤 의미일까? '비트코인 ETF'의 의미를 이해하기 전에, 먼저 ETF의 기본 개념부터 살펴볼 필요가 있다.

▌ ETF(상장지수펀드)란?

ETF는 상장지수펀드 Exchange Traded Fund 라고 불린다. 상장지수펀드가 무엇인지 좀 더 구체적으로 살펴보자.

- 상장 - 쉽게 사고팔 수 있도록 거래소에 상장
- 지수 - 현상·시장에 대해 대표성을 띠는 계량적·수치적 표현
- 펀드 - 여러 사람이 돈을 모아 투자하는 상품

ETF의 본질은 펀드에 있다. 수익률이 놓은 재료(기초자산)들을 이용해 펀드 상품을 만든다. 그런데 펀드 상품을 만들 때 재료(기초자산) 대신 산업이나 분야를 대표하는 지수를 이용해서 만든 펀드가 '지수펀드'이다.

예를 들어, 반도체 산업을 대표하는 지수는 여러 반도체 관련 회사의 주가 변동을 반영한다. 반도체 ETF는 이 지수의 성과에 따라 가치가 변동하도록 만들어지며, ETF는 지수의 움직임을 그대로 따라 간다.

많은 사람들이 이 지수펀드 상품을 거래하려면, 주식처럼 거래소에서 자유롭게 사고팔 수 있어야 한다. 이를 위해서 지수펀드를 여러 개의 작은 단위로 나누어 상장하게 되며, 이때 만들어지는 것이 상장지수펀드이다. 즉 상장지수펀드 ETF 는 지수펀드를 주식처럼 상장해서 투자자

들이 거래소에서 사고팔 수 있도록 하는 상품이라고 이해하면 된다.

이해를 돕기 위해 비유를 들어보겠다. 비타민을 제조하는 한 제약회사가 1년간 섭취해야 할 7가지 필수 영양제를 각각 개발해 판매하고 있었다. 그러나, 7가지 영양제를 따로따로 매일 섭취하는 것은 귀찮고 번거롭다는 이유로 판매가 저조했다. 이를 해결하기 위해 제약회사는 한 가지 아이디어를 생각해 냈는데, 사람이 1년 동안 섭취해야 할 비타민·영양제 최적의 배합 비율과 양을 산출해 내고 이것을 모두 혼합하여 종합비타민을 개발했다. 추가로 이것을 1년동안 매일 하나씩 섭취할 수 있도록 365개 알약으로 만들어 1통에 넣어서 판매하였다. 소비자는 매일 한 알만 섭취하면 되었다.

비슷하게 투자자가 반도체 산업을 긍정적으로 보고 반도체 산업 분야에 주식 투자하는 상황을 가정해보자. 주식은 개별 기업 단위로 발행되기 때문에 반도체 산업에 속하는 기업들을 선별해서 개별 주식을 투자해야 한다. 투자자는 하나의 주식에 모두 투자하는 것은 위험부담이 있기 때문에 여러 주식에 분산 투자를 하고 싶어 한다. 그러나 여러 개의 주식을 선별하여 투자하는 것은 번거롭다. 또한 일반 투자자는 주식 포트폴리오 구성을 전문가의 자문을 받으면 좋겠다는 생각을 할 수 있다. 직접 투자가 대세인 시대라고 하더라도 이런 수요는 의외로 많을 수 있다. 이런 수요를 겨냥한 상품이 바로 ETF이다.

그림 2-70을 살펴보자. 반도체 산업에 투자할 때 '대표성을 가진 계량적·수치적 지표'를 만들어 투자하는 것이 효율적이라는 것을 알 수 있다. 반도체 산업을 대표할 수 있는 지수를 만드는 일반적인 접근은 반도체 산업 주요 기업들 중에서 대표성 정도에 따라 가중치를 부여하여 하나의 숫자로 만들면 된다. 예를 들어, 증권사는 삼성전자 40%, 하이닉스 30%, TSMC 30%의 비중으로 구성하여 하나의 반도체 지수를 만들 수 있다. 그리고 이 지수를 바탕으로 펀드 상품이 만들어지며, 이는 '반도체 ETF'가 된다.

이렇게 만들어진 '반도체 ETF'는 주식처럼 거래할 수 있도록 상장하여 투자자들이 쉽게 거래할 수 있게 된다. ETF라는 새로운 주식이 탄생했지만, 이 ETF는 각기 다른 비중으로 연동된 개별 주식에 각각 투자하는 것이라 할 수 있다. 투자자는 3종목에 각각 투자하는 것보다 '반도체 ETF' 하나에 투자하는 것이 편리하고 효율적이다. 또한, 이 세 기업의 성과를 한 번에 반영하는 투자를 하는 셈이다.

'반도체 ETF'를 만든 자산운용사는 실제로 지수 구성에 따라 삼성전자, 하이닉스, TSMC 주식을 매입하고 이를 기반으로 반도체 ETF 상품을 제공한다. 이렇게 해야 반도체 ETF가 해당

지수와 정확하게 연동될 수 있기 때문이다.

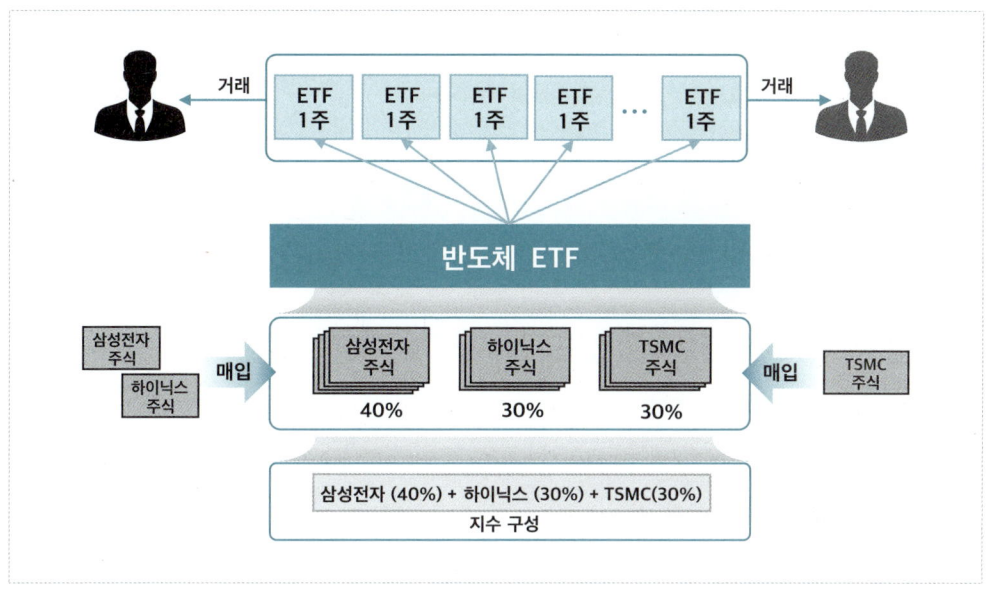

그림 2-70 반도체 ETF

그림 2-70에서는 세 기업으로만 간략하게 설명했지만, 실제로는 아주 다양한 주식들로 ETF를 구성한다. 그림 2-71은 실제 삼성자산운용의 'KODEX 반도체 ETF'이다. 국내 반도체 산업을 대표하는 50개 기업의 시가총액 가중 방식으로 구성된 지수를 기반으로 한다. 이 지수는 매년 1회 정기적으로 변경된다.

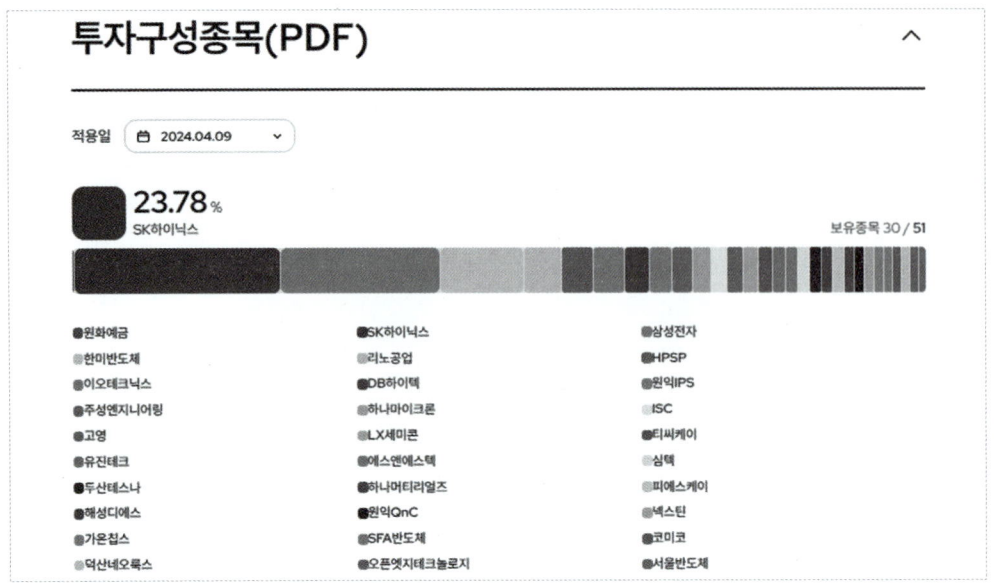

그림 2-71 삼성자산운용 KODEX 반도체 ETF (출처: https://www.samsungfund.com/etf/product/view.do?id=2ETF07)

'KODEX 반도체 ETF' 상품의 투자설명서상의 투자목적 및 투자전략을 다음과 같이 명시하고 있다

> 이 투자신탁은 국내주식을 주된 투자대상으로 하여 신탁재산의 60% 이상을 투자하며, 글로벌산업분류기준(GICS) 분류체계 중 "반도체" 섹터에 속한 기업 주식을 기초로 산출되는 'KRX Semicon 지수'를 기초지수로 하여 1좌당 순자산가치의 변동률을 기초지수의 변동률과 유사하도록 투자 신탁재산을 운용할 계획입니다.

비트코인 ETF

ETF 개념을 이해했다면, 이제 비트코인 ETF에 대해 알아보자. 그림 2-72는 비트코인 ETF를 설명하고 있다. 이 그림에서는 비트코인만으로 100% 지수가 구성되어 있는 것을 확인할 수 있다. 여기서 잠깐! 의문이 생길 수 있다. 비트코인만 100%로 지수로 구성한다면 그냥 비트코인에 직접 투자하면 되지, 굳이 '비트코인 ETF'에 투자할 필요가 있을까?

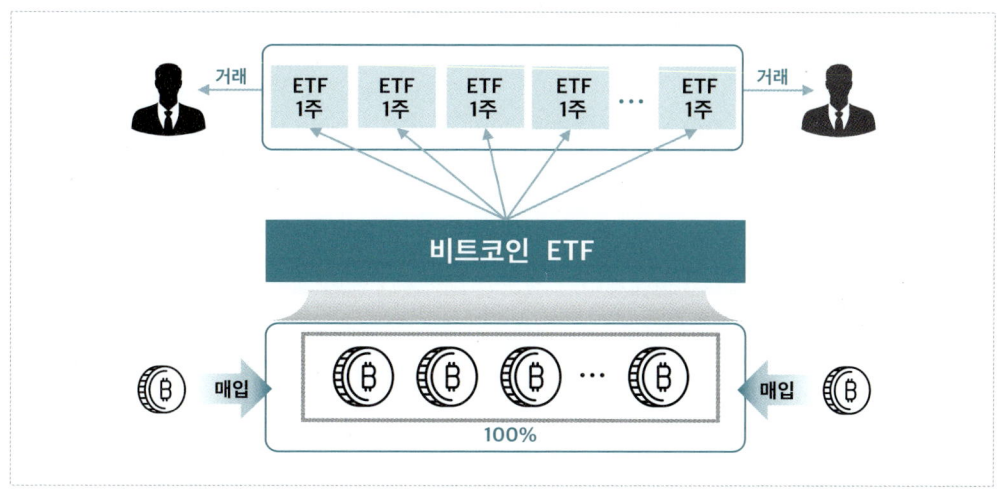

그림 2-72 비트코인 ETF

이때 직접 투자하지 않고 '비트코인 ETF'로 투자하는 이유는 다음과 같다.

- **1. 편리성과 안전성**

    현재 비트코인을 직접 사고 팔기 위해서는 지갑을 개설해야 하고, 개인키를 잘 보관해야 한다. 이는 상당히 번거롭게 위험하다. 하지만 비트코인 ETF에 투자하면 비트코인을 직접 사는 것이 아니라. 비트코인 상품에 투자하는 것이기 때문에 기존 증권사 계좌를 통해서 편리하게 거래할 수 있다. 또한 번거롭게 가상자산 투자에 필요한 지갑이나 개인키 등을 관리할 필요가 없다. 비트코인에 직접 투자하는 경우에는 지갑 개설이나 개인키 보관과 같은 위험요소가 존재한다.

- **2. 제도권 내 거래**

    현재 비트코인은 가상자산 거래소를 통해서만 구입할 수 있다. 하지만 비트코인 ETF는 비트코인을 제도권 주식으로 대체한 것이기 때문에 한국거래소에서 거래가 가능하다.

- **3. 비트코인 가격 상승 가능성**

    자산운용사가 비트코인 ETF 상품을 만들기 위해서는 지수 연동을 위해 해당 비트코인을 매입해야 하기 때문에 비트코인에 대한 수요가 증가하여 자연스럽게 비트코인 가격은 올라가게 된다. 이미 비트코인을 보유한 투자자의 입장에서는 호재이다. 상품을 출시한 자산운용사가 비트코인을 현물로 직접 보관해야 하기 때문에 비트코인에 대한 매수는 늘어날 전망이다.

- **4. 비트코인의 제도권 자산화**

    비트코인 ETF가 무엇보다도 중요한 것은 비트코인이 제도권의 자산으로 인정받는 효과가 된다. 비트코인은 그동안 내재적 가치가 없는 사기라며 조롱을 받기도 했다. 하지만 ETF로 승인된다면 제도권 자산으로 인정받게 된다.

증서나 토큰의 일반적인 개념은 기초자산을 직접 거래 또는 활용하기 불편할 때 대신·대체하여 사용하는 것이라고 설명했다. 이런 관점에서 보면 비트코인 ETF도 전형적인 증서·토큰의 개념을 지닌다. 비트코인은 제도권에서 거래하기가 상당히 불편하다. 하지만 비트코인을 기초자산으로 해서 ETF로 대신·대체하면 제도권 내에서도 쉽고 편리하게 투자 및 거래할 수 있다.

그림 2-73은 다양한 가상화폐들을 지수로 구성한 '(가칭) Crypto Asset ETF'를 보여준다.

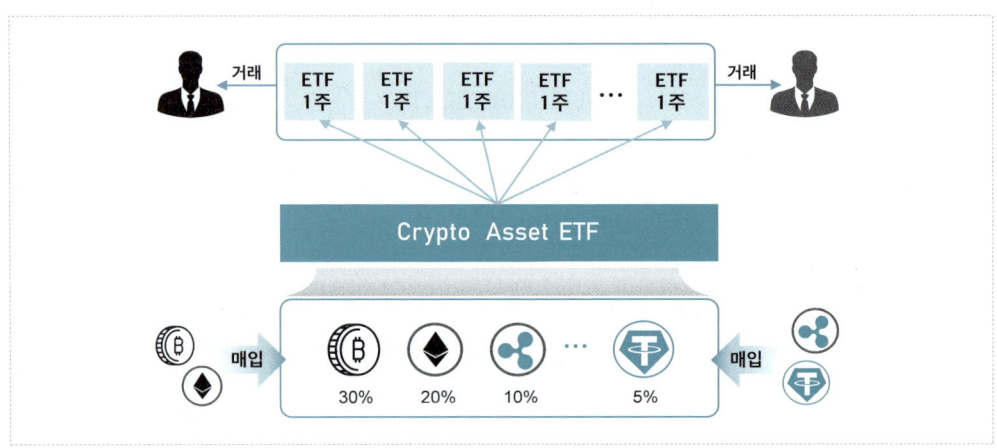

그림 2-73 Crypto Asset ETF 사례

그림 2-74는 ETF도 전형적인 증서·토큰의 개념이라는 것을 보여준다.

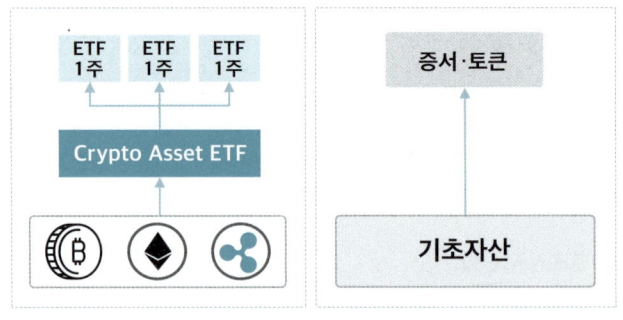

그림 2-74 토큰 관점의 ETF 이해

일반인이 다양한 주식을 직접 선별하여 투자하는 것은 번거롭고 비효율적이다. 이때 다양한 주식을 기초자산으로 하여 포트폴리오를 구성하고 비중을 조정한 뒤, 이를 하나의 주식처럼 ETF를 만들어 거래하면 편리하고 효율적이다.

비트코인과 이더리움은 금융권 계좌 개설이나 한국거래소와 같은 제도권에서 거래하기 불편하거나 불가능하다. 이때 비트코인과 이더리움을 기초자산으로 하여 제도권에서 거래가 가능한 주식ETF으로 대신·대체하면 제도권의 시스템을 활용할 수 있다.

국내에서는 여전히 비트코인 ETF를 허용하지 않고 있다. 금융위원회는 2024년 1월 보도자료를 통해 비트코인 현물 ETF가 자본시장법에 위배될 소지가 있어 허용하지 않는다는 입장을 내놓았다.

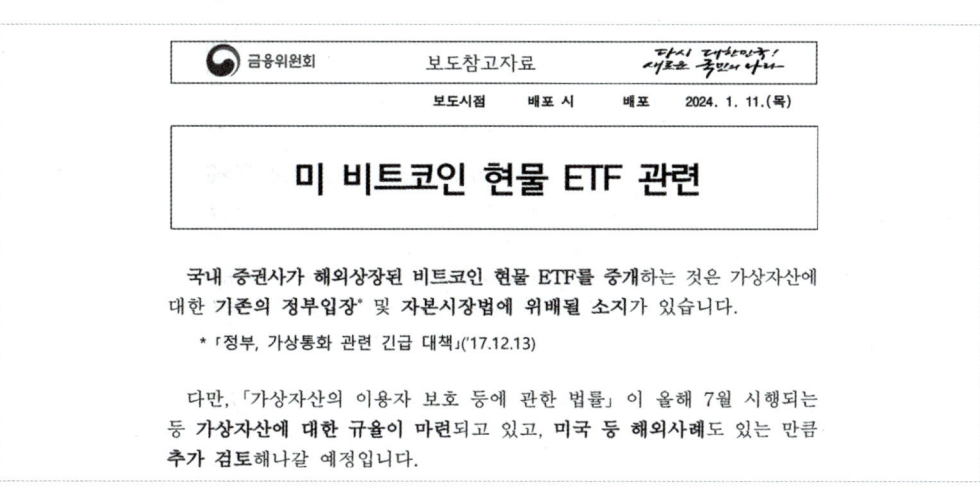

그림 2-75 비트코인 ETF 관련 금융위원회 보도자료

금융위원회가 비트코인 현물 ETF를 허용하지 않는 이유는 두 가지로 요약된다. 첫째, 현행 자본시장법에서는 가상자산을 기초자산으로 인정하지 않는다. 비트코인 현물 ETF는 특정 지수를 추종하는 것이 아니라 비트코인 가격을 추종하기 때문에 비트코인을 직접 기초자산으로 편입해야 한다. 그러나 자본시장법 제4조에는 '기초자산'에 가상자산이 포함되지 않는다.

> **자본시장법 제4조(증권)**
> ⑩ 이 법에서 "기초자산"이란 다음 각 호의 어느 하나에 해당하는 것을 말한다.
> 1. 금융투자상품
> 2. 통화(외국의 통화를 포함한다)
> 3. 일반상품(농산물·축산물·수산물·임산물·광산물·에너지에 속하는 물품 및 이 물품을 원료로 하여 제조하거나 가공한 물품, 그 밖에 이와 유사한 것을 말한다)
> 4. 신용위험(당사자 또는 제삼자의 신용등급의 변동, 파산 또는 채무재조정 등으로 인한 신용의 변동을 말한다)
> 5. 그 밖에 자연적·환경적·경제적 현상 등에 속하는 위험으로서 합리적이고 적정한 방법에 의하여 가격·이자율·지표·단위의 산출이나 평가가 가능한 것

둘째, 24시간 거래되는 가상자산 시장은 변동성이 크고 시장 조작의 위험이 크기 때문에 투자자를 보호할 수 있는 규제·감독 제도가 아직 미흡하여 비트코인 현물 ETF를 도입하기엔 시기상조라는 입장이다.

7.3.2 부산 디지털 자산거래소 출범

부산광역시는 2024년 '모든 가치의 토큰화'라는 기치를 내걸고 '부산 디지털 자산거래소'를 출범시켰다. 자산을 토큰화하더라도, 그 토큰이 자유롭게 거래되고 유통되어야만 실질적인 가치를 지닌다.

부산 디지털 자산 거래소는 RWA 시장을 선도하는 거래소로 성장하겠다는 목표를 세우고 있다. 블록체인 기술을 활용하여 원자재, 귀금속, 지적재산권(IP), 탄소배출권, 토큰 증권(STO) 등 다양한 자산을 토큰화하여 소규모 단위로 24시간 자유롭게 거래할 수 있도록 지원할 계획이다.

그림 2-76 부산 디지털 자산 거래소 관련 보도 자료

Summary

블록체인과 디지털자산

앞서 틈틈이 블록체인과 디지털 자산의 관계를 설명했지만, 여전히 어떻게 연계되어 있고 디지털 자산의 발행 방식에 대해 혼동하는 경우가 많다. 마지막으로 다시 한번 정리하자면, '디지털 자산을 블록체인 기반으로 발행한다'는 표현은 자산에 대한 권리 내용을 블록체인이라는 분산 원장에 기록(전자등록)한다는 개념으로 이해해야 한다.

다음은 다양한 디지털 자산들이 발행되는 위치이다. 그림 2-77은 이러한 다양한 디지털 자산들이 발행되는 위치를 보여준다. 앞서 설명했던 것처럼 대부분의 디지털 자산은 '기초자산-토큰' 구조로 발행된다.

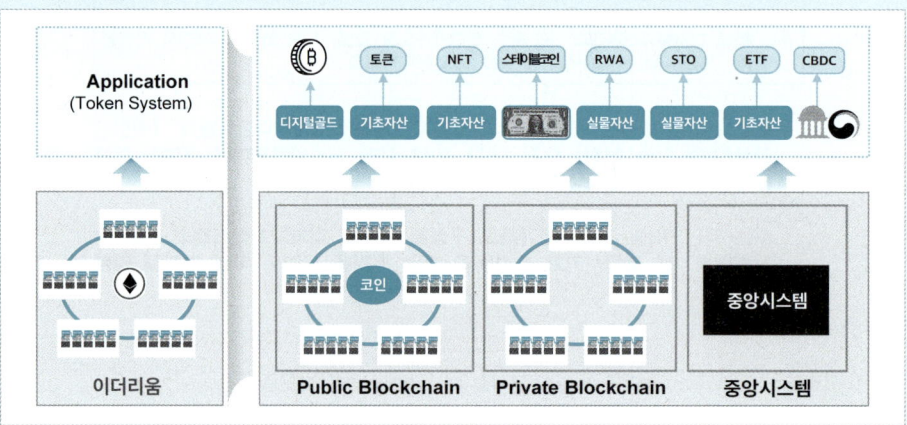

그림 2-77 다양한 디지털 자산 발행 사례

이더리움을 기준으로 다시 설명하자면, 이더리움은 범용 블록체인 플랫폼이다. 기업이나 DAO(탈중앙화 자율 조직)는 이더리움 블록체인을 기반으로 다양한 서비스(Application)를 론칭할 수 있다. 대부분의 가상자산이나 디지털 자산들은 바로 이 서비스 영역에서 발행된다. 이 서비스 내 기능 구현 및 권리 거래를 위해 디지털 토큰(권리내용)이 발행되는 것이며, 이 권리내용이 블록체인에 기록되는 것 뿐이다.

이더리움은 퍼블릭 블록체인이지만, 현실적으로 다양한 가상자산(권리 내용)은 퍼블릭 블록체인뿐만 아니라 프라이빗 블록체인이나 중앙 계좌부에도 기록될 수 있다.

코인은 퍼블릭 블록체인에서 주로 인센티브 목적으로 발행된다고 설명했다.

The Digital Asset Book

PART III

디지털 자산의 증권성

2023년 금융위원회에서 '토큰증권'을 발표한 이후, 필자는 다양한 분야의 사람들과 이 주제를 논의할 기회가 있었다. 금융 분야 종사자들은 증권 개념이 명확하게 정립되어 있어 '토큰증권'을 단순히 '증권'으로 이해했다. 반면 증권 개념에 익숙하지 않은 블록체인 업계 종사자나 일반인들은 여전히 토큰증권을 '토큰' 관점에서 바라보는 경향이 있어 많은 오해가 있는 것 같다. 디지털 자산을 명확히 이해하고 제대로 분석하려면, 증권 개념뿐만 아니라 디지털 자산과 증권의 관계에 대한 올바른 이해가 선행되어야 한다. 3부에서는 이 증권성의 개념과 증권을 규율하는 자본시장법에 대해 알아볼 것이다. 이 선행 지식을 바탕으로 4부에서 토큰증권에 대해서 자세히 살펴볼 것이다.

일반인에게는 증권 개념과 자본시장법은 어렵게 느껴질 수 있다. 그래서 3부와 4부의 내용이 다소 어렵게 느껴질 수 있다. 그러나 이 개념을 명확하게 잡아 둔다면 디지털 자산뿐만 아니라 금융 전반을 이해하는 데에도 큰 도움이 될 것이다. 최대한 쉽게 설명하도록 할 예정이니 이번 기회에 증권 개념과 토큰증권을 명확하게 이해하길 바란다.

참고로, 4부 후반에서는 금융위원회에서 발표한 '토큰증권 발행·유통 규율체계 정비 방안'을 자세히 다룰 예정이다. 3부와 4부는 이 정비 방안 설명을 염두에 두고 필요한 내용들을 선별해 작성했으니, 이 부분을 잘 학습해두면 금융위원회 토큰증권 발표 자료를 이해하는 데 큰 도움이 될 것이다. 3부와 4부에서는 상당히 많은 법률 조항이 언급되지만, 법률 조항 자체에 집중할 필요는 없고, 어떤 내용인지만 가볍게 살펴보면 충분하다.

CHAPTER
08
증권성의 이해

앞서 자산은 증서와 토큰의 기본 개념과 구조를 따르고 있다고 설명했다. 자산의 대표적인 유형 중 하나가 증권(주식, 채권 등)이다. 따라서 증권도 결국 증서와 토큰의 기본 개념 및 구조 관점에서 이해하는 것이 중요하다.

기초자산을 대신하여 편리하고 효율적인 거래 및 경제활동을 하기 위해 활용하는 것이 증서와 토큰이다. 그림 3-1에서 볼 수 있듯, 이러한 증서와 토큰은 다양한 산업·서비스 분야에서 폭넓게 활용되고 있다.

금융 산업 분야에서도 다양한 증서가 사용되며, 그 대표적인 예로는 예금증서(통장), 보험증권, 증권(주식, 채권) 등이 있다. 증권이란 금융 산업 분야에서 사용되는 증서·토큰의 유형 중 하나로 이해하면 된다.

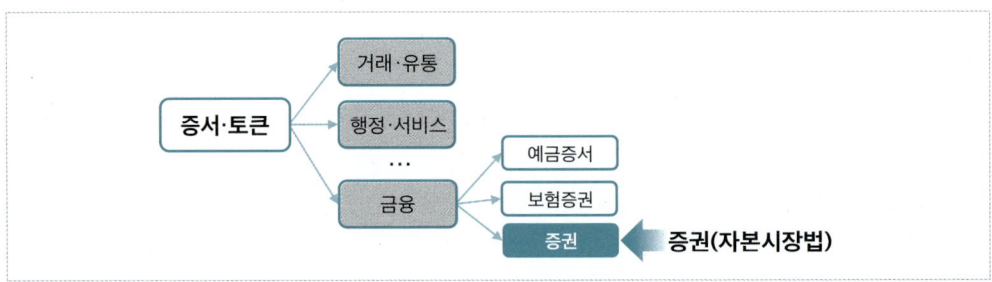

그림 3-1 증서와 증권의 관계

즉, 증서나 토큰이 금융 분야에서 활용되면서 '증권성'을 가지게 되면, 그때부터 이를 증권으로 간주하고 자본시장법의 규제를 받게 된다. 따라서 디지털 자산과 관련된 증권성을 제대로 알기 위해서는 증권성이 무엇인지, 증권성 여부를 어떻게 판단하는지, 증권성이 있으면 어떤 규제를 받게 되는지 등의 논점을 명확히 이해할 필요가 있다.

- 증권이란 무엇인가?
- 증서·토큰과 증권은 어떻게 다른가?
- 증권과 자본시장법·전자증권법의 관계는 무엇인가?
- 자본시장법과 전자증권법은 어떻게 다른가?

8.1 증권이란

가상자산과 디지털 자산 분야에서 가장 빈번하게 언급되고, 동시에 가장 민감한 이슈는 바로 **증권(성)**이다. 다음의 인용들을 통해 그 중요성을 금세 알 수 있을 것이다.

> "We(SEC) believe every asset other than bitcoin is a security, you(Coinbase) need to delist every asset other than bitcoin."
>
> 우리(SEC, 미국 증권거래위원회)는 비트코인을 제외한 모든 자산이 증권이라고 믿습니다. 따라서 비트코인을 제외한 모든 자산을 코인베이스에서 상장폐지해야 합니다.
>
> "Many of those tokens are securities under the law of the land, as interpreted by the U.S. Supreme Court. So we follow that law"
>
> 미국 대법원이 해석한 대로 대부분의 토큰은 해당 법률에 따라 증권입니다. 따라서 우리는 그 법을 준수합니다 - SEC 의장 Gary Gensler
>
> "뮤직카우가 발행한 음악 저작권료 참여청구권은 자본시장법상 투자계약증권의 법령상 요건에 해당된다고 판단하고 뮤직카우에 대한 조치안을 의결하였다" - 증권선물거래위원회
>
> "토큰 증권은 디지털 자산 형태로 발행되었을 뿐 증권이므로, 당연히 자본시장법의 규율 대상입니다." - 금융위원회 '토큰증권 발행·유통 규율체계 정비방안'

그럼 증권이란 무엇일까? 국어사전에서는 '증거가 되는 문서나 서류'라고 정의하고 있다. 사전적 관점에서 증권(證券)은 증서(證書)와 같은 개념이다. 증권(證券)의 권(券)은 '문서 권'을 의미하며 증서(證書)의 서(書)도 '글 또는 장부 서'를 의미한다.

일반적으로 증권은 증서와 유사한 개념이지만, 상법에서는 유가증권*을 의미한다. 이 책에서 별도의 설명이 없는 한, 유가증권, 특히 '자본시장법에서 규정한 증권'이라고 이해하면 된다.

* 유가증권. 재산적 가치를 지닌 무형의 권리를 나타내는 증서

8.1.1 증권의 역사

증권은 금융 분야에서 소개되는 주식, 채권, 수익증권 등으로 이해하면 된다. 증권의 역사는 아주 오래되었으며 이를 이해하기 위해 역사 속 증권 사례들을 살펴보면서 증권의 일반적인 개념을 알아보고, 디지털 자산의 증권성에 대해서도 다뤄보도록 하겠다.

▍증권적 성격을 가진 증서 사례

금융 역사에 등장했던 증권적 성격을 지닌 증서의 사례를 차례로 살펴보겠다. 참고로 이 4가지 사례는 자본시장법에서 규정한 대표적인 증권 유형을 염두에 두고 의도적으로 선정한 것이다.

1. 1600년: 네덜란드 동인도회사 [주식]

콜럼버스가 신대륙을 발견한 후 대항해 시대가 열렸다. 유럽 국가들은 나무로 만든 범선을 타고 대서양과 인도양을 항해하여 아시아로부터 향신료를 가져오려 했다. 그러나 당시 아시아에서 유럽까지 향신료를 싣고 항해한다는 것은, 엄청난 돈과 시간이 소요되고 심지어 목숨을 담보로 하는 매우 위험한 일이었다.

스페인은 왕실의 막대한 재정 지원을 받아 선제적으로 신항로 무역을 통해 막대한 부를 쌓고 있었다. 반면 스페인과의 독립전쟁으로 재정이 바닥 난 네덜란드는 대규모 선단을 꾸리는 것은 사실상 어려웠다. 그래서 네덜란드가 선택한 방법은 왕실의 재정 지원이 아닌 다수의 민간인으로부터 자금을 유치하는 방법을 선택했다. 많은 사람들로부터 십시일반 자금을 조달하여 해상 무역회사인 '동인도회사 East India Company'를 설립하고, 투자 비율에 따라 회사의 소유권과 수익권을 나눠주는 방식이었다.

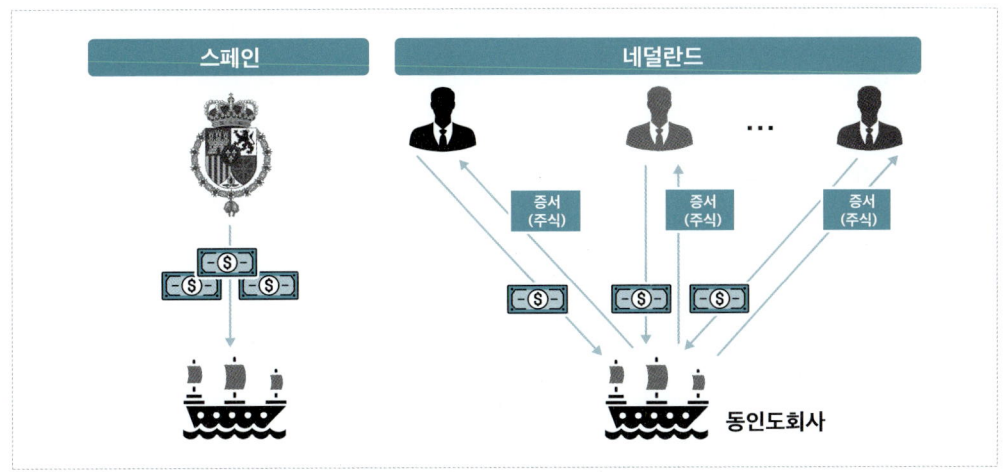

그림 3-2 네덜란드 동인도회사와 주식

그림 3-2에서 볼 수 있듯이, 투자자들이 동인도회사에 자금을 투자하면 그에 따른 지분과 수익 권리를 얻게 된다. 동인도회사는 이러한 권리를 투자자가 명확하게 식별할 수 있도록 문서에 표기된 증서를 발행했는데, 이 증서가 바로 오늘날의 주식(증권)이다.

투자자들은 동인도회사가 사업에 성공할 경우 이 증서를 통해 동인도회사(주식회사)에 대한 지분과 수익권을 청구할 수 있었다. 반면, 항해가 태풍이나 해적을 만나 실패할 경우 원금을 손실할 수 있는 위험도 존재했다. 이것이 오늘날 주식회사의 탄생이다.

2. 15세기 말~16세기 초: 베네치아의 채권시장 발달 [차용증과 채권]

경제활동이나 일상생활 중 자금이 필요할 때가 있다. 이때 자금 여유가 있는 사람에게 이자 지급을 약속하고 자금을 빌릴 수 있다. 가까운 사이에는 믿고 그냥 빌려주기도 하지만 차용증을 작성하는 경우가 많다.

금전 거래가 이루어지면 채무자는 돈을 갚을 의무를 지게 되고, 채권자는 원금과 이자를 청구할 권리를 갖게 된다. 이 무형의 권리와 의무를 증명하기 위해 서로가 인식하고 식별할 수 있도록 문서에 채무자, 채권자, 이자율, 상환일자 등을 문서에 기록하는데, 이를 차용증이라고 한다. 따라서 차용증은 일종의 증서이며, 개인 간 금전 거래에서 자주 사용된다.

개인뿐만 아니라 기업이나 국가도 자금을 융통해야 할 때가 많다. 개인이 빌리는 금액보다 훨씬 큰 금액을 조달해야 한다. 소수로부터 대규모 자금을 빌리는 것은 어렵기 때문에 불특정 다수로부터 자금을 조달한다. 투자자들이 기업이나 국가에 자금을 빌려주면 그 대가로 기업이나 국가는 원금과 이자를 청구할 수 있는 권리가 적힌 문서(증서)를 발행하여 투자자에게 제공한다.

투자자들은 이 증서를 소지하고 있다가, 이를 근거로 원금과 이자를 청구한다. 투자자들은 이러한 방식으로 이자 수익을 얻을 수 있지만, 기업이 부도나거나 국가가 전쟁에서 패할 경우 원금도 건지지 못하는 위험도 부담한다. 이렇게 다수로부터 자금을 조달하기 위해 발행하는 증서가 바로 채권이다.

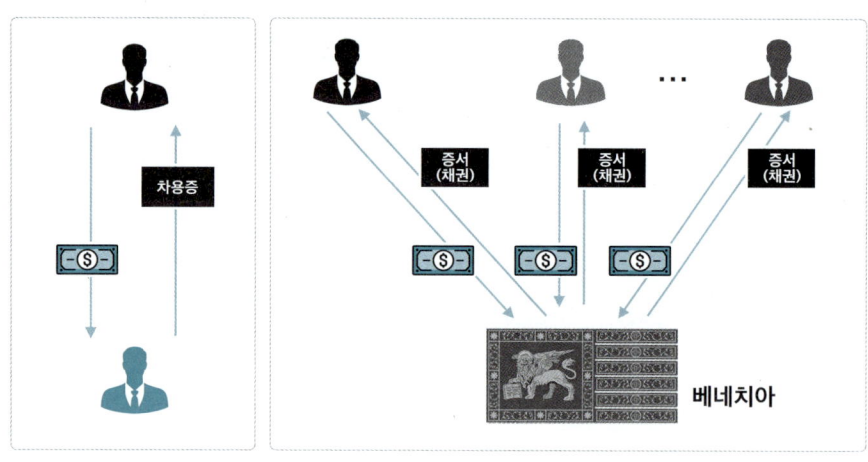

그림 3-3 차용증(개인 간 거래)과 채권(이탈리아 베네치아) 발행

유럽에서는 일찍부터 용병제가 발달했다. 국가가 전쟁을 치르려면 막대한 재정이 필요했고 이를 충당하기 위해 일반 시민들에게 채권을 발행하여 자금을 조달했다. 15세기 말부터 16세기 초, 이탈리아 베네치아에서 채권시장이 발달한 기록이 있다. 전쟁 등으로 대규모 자금을 마련하기 위해 세금을 징발할 수 있지만, 세금은 조세 저항이 크고, 무분별한 화폐 발행은 인플레이션을 초래할 수 있다. 그래서 대안으로 대규모 채권을 발행하여 자금을 조달했다.

3. 1868년: 세계 최초 펀드 조성 [수익증권]

여유 자금을 가진 일반인들은 새로운 투자처에 투자해 추가적인 수익을 얻기를 원한다. 따라서 투자에 관심있는 다수의 소액 투자자들로부터 자금을 모아 펀드Fund를 조성하고 이를 운용하여 발생한 수익을 투자자들에게 돌려주는 방식이 등장했다. 투자신탁의 기원으로 불리는 세계 최초의 펀드는 1868년 영국에서 설립된 '해외 식민지 및 정부 신탁(The Foreign Colonial & Government Trust)'이었다. 이 펀드 설립 취지서는 다음과 같은 목적을 밝히고 있다.

"여러 종류의 외국 및 식민지 정부 증권에 분산 투자해 투자 위험을 감소시킴으로써 대자본가와 동일한 이익을 일반 투자자에게 돌려주기 위함"

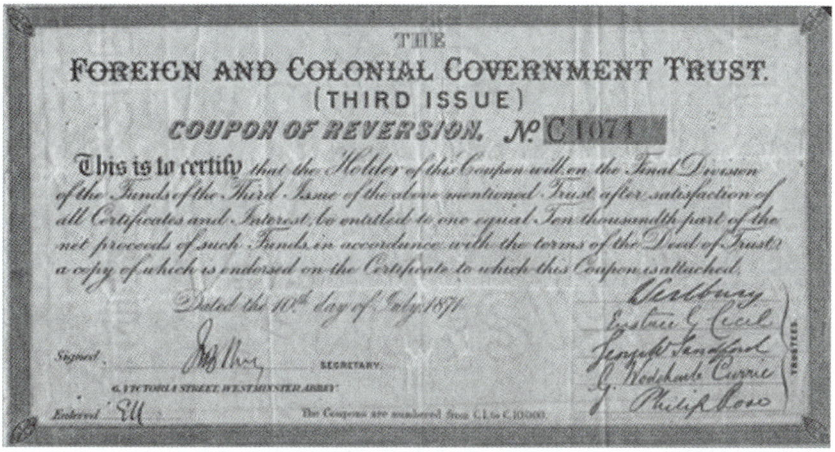
THE
FOREIGN AND COLONIAL GOVERNMENT TRUST.
(THIRD ISSUE)
COUPON OF REVERSION. № C 1074

This is to certify that the Holder of this Coupon will on the Final Division of the Funds of the Third Issue of the above mentioned Trust after satisfaction of all Certificates and Interest, be entitled to one equal Ten thousandth part of the net proceeds of such Funds in accordance with the terms of the Deed of Trust a copy of which is endorsed on the Certificate to which this Coupon is attached.

Dated the 10th day of July 1871

Signed SECRETARY.
6, VICTORIA STREET, WESTMINSTER ABBEY
Entered
The Coupons are numbered from C1 to C10000.
TRUSTEES.

그림 3-4 **세계 최초의 펀드** (출처: spink.com)

투자자들이 소액을 투자하면 펀드 운용사는 수익 배분을 약속하는 증서(그림 3-4)를 발행해 주었다. 이 증서는 오늘날 수익증권과 거의 유사하다. 이 방식은 수익이 발생하면 배분받을 수 있지만, 투자 손실이 발생할 경우 원금을 보존하기는 어렵다.

4. 1933년: 하위 컴퍼니(Howey Company) [투자 계약]

1933년, 미국 플로리다 출신의 부동산 개발업자이자 감귤 재배업자인 윌리엄 존 하위William John Howey는 하위 컴퍼니Howey Company를 설립했다.

하위 컴퍼니는 자신이 소유한 농장의 절반은 직접 경작하고, 나머지 절반은 여러 사람들에게 분할 매각했다. 농장을 매입한 투자자들은 분양 받은 농장을 다시 하위 컴퍼니에 임대했고, 하위 컴퍼니는 농장을 대신 운영하면서 발생한 소득의 일부를 투자자들에게 돌려주는 사업 모델을 운영했다.

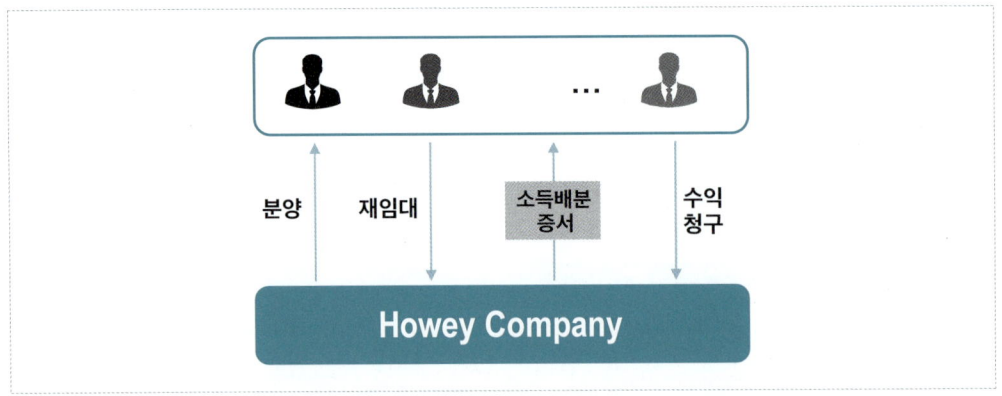

그림 3-5 하위 컴퍼니 사업 모델

하위 컴퍼니는 분양한 농장을 임대받으면서 투자자들이 얻게 될 수익 권리 내용을 기재한 증서를 발행해 주었다. 하위 컴퍼니가 위탁 받아 운영한 농장에서 수익이 나면 그 일부를 투자자들에게 돌려줄 수 있었지만, 태풍과 같은 자연재해로 인한 손실이 발생할 위험성도 존재했다.

미국 증권거래위원회(이하, SEC)는 하위 컴퍼니의 사업 모델이 증권의 한 형태인 '투자 계약 Investment Contract'에 해당한다고 판단했다. 그리고 이 사업이 사전에 등록되지 않았기 때문에 증권법을 위반했다고 주장했다. SEC는 하위 컴퍼니의 사업 모델이 '투자 계약' 성격을 띠고 있어 증권거래법을 따라야 한다며 소송을 제기했다.

1946년, 미국 대법원은 하위 컴퍼니의 사례가 '투자 계약'에 해당하며 SEC의 관리 감독을 받아야 한다고 최종 판결했다. 대법원은 판결문에서 이 사례를 '투자 계약'으로 판단한 4가지 기준을 다음과 같이 제시했다.

❶ 돈을 투자한 것이다. (It is an investment of money)
❷ 수익을 기대하고 투자하였다. (There is an expectation of profits from the investment.)
❸ 투자한 돈은 공동 기업·사업에 속해 있다. (The investment of money is in a common enterprise.)
❹ 수익이 제3자의 노력에서 발생한다. (Any profit comes from the efforts of a promoter of third party)

이 4가지 기준에 부합하면 '투자 계약'에 해당되어 증권으로 간주되며, 증권법을 따라야 한다. 이 증권 여부를 판단하는 기준을 '**하위테스트** Howey Test'라고 부른다.

> 📝 **Note**
>
> ## 하위테스트(Howey Test)
>
> 가상자산이나 디지털 자산 관련 기사를 보면 심심치 않게 하위테스트(Howey Test)라는 용어와 개념이 자주 소개된다. 하위테스트는 '증권성 여부를 판단하는 4가지 기준'으로, 다음과 같다.
>
> - 첫째, **돈**(money)을 투자한 경우이다. 여기서 돈이란 현금뿐만 아니라 수표, 유가증권, 금과 같이 현금과 동일한 가치를 가진 자산도 포함된다. 기본적으로 증권은 금전이 투자된 경우에 해당하며, 노동력이나 재능을 투자한 경우에는 증권으로 간주되지 않는다.
> - 둘째, 일정한 **수익**(profit)을 기대하고 투자한 경우이다. 수익을 기대하고 돈을 투자했다면 증권일 가능성이 높다. 반면, 수익을 기대하지 않고 단순히 돈을 기부한 것이라면 증권으로 간주되지 않는다.
> - 셋째, 투자한 돈은 **공동 기업·사업**(Common Enterprise)에 속해야 한다. 공동사업이란, 투자자들로부터 조달된 자금이 하나로 모아져 공동의 특정 사업에 투자되는 것을 말한다. 만약 각 투자자의 자금이 독립적으로 운용되고 사업 성과가 개별적으로 발생한다면, 이는 공동사업이 아니다.
> - 넷째, 투자 수익은 투자자 자신이 아닌 **제3자**(third party)**의 노력에 의해 발생**해야 한다. 만약 수익이 투자자 자신의 노력으로 발행한 경우, 이는 투자로 간주되지 않는다.
>
> 이상 4가지 기준이 모두 충족되면 해당 투자는 증권으로 간주되어 관련 법률의 규제와 감독을 받게 된다. 이를 주식과 같은 증권의 대표적 유형을 통해 보다 쉽게 이해할 수 있다. 우리는 돈을 투자해서 주식을 매수한다. 그 이유는 수익을 얻기 위해서다. 투자자들이 투자한 자금은 모두 주식을 발행한 회사로 귀속되어 수익 창출에 사용되며, 그 수익은 주식을 발행한 회사(제3자)의 사업 운영에 따라 결정된다.
>
> 다만 이러한 하위테스트 기준만으로 증권의 개념을 완전히 이해하기는 어려울 수 있다. 이어서 구체적인 사례를 통해 더 자세히 설명할 예정이다.

지금까지 역사 속 4가지 증서 사례를 살펴보았다. 4가지 사례의 공통점을 그림 3-6으로 요약할 수 있다.

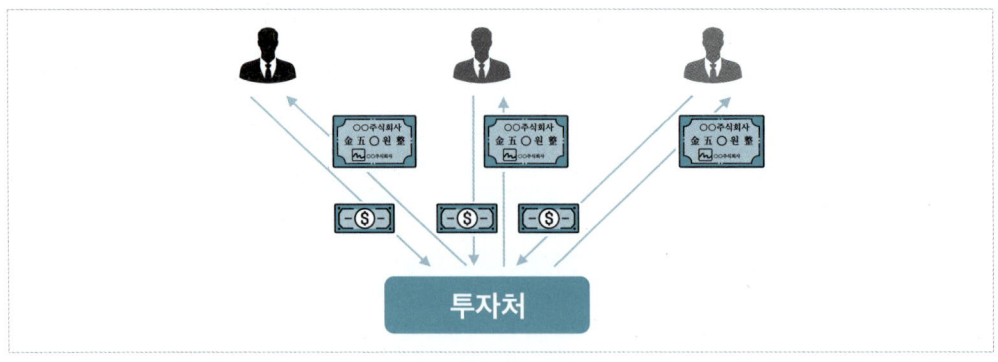

4가지 증서 사례	공통 특징
네덜란드 동인도회사	❶ 수익을 목적으로 금전 투자
차용증과 채권	❷ 금전을 투자하고 취득하는 권리
수익증권	❸ 투자 원금 손실 위험
하위 컴퍼니	

❶ 우선 4가지 사례 모두 투자자들이 이익을 기대하며 금전을 투자했다는 공통점이 있다.

❷ 두 번째 공통점은 투자를 통해 투자자가 얻게 되는 권리이다. 금전을 투자하면 이자나 수익에 대한 청구 권리가 발생한다. 이 청구권을 문서에 표기한 것이 바로 증권이다.

❸ 마지막으로 모든 사례에서 원금 손실의 위험성이 존재한다는 점이다.

그림 3-6 금융분야에서 증서의 일반적인 사례

사례들을 종합하면, 증권이란 "원금 손실 위험성이 있는 투자처에 금전을 투자하고 투자자가 취득하는 권리 내용을 문서에 기입한 것" 정도로 이해할 수 있다. 증서의 일반적인 개념과 구조가 증권에도 그대로 적용된다는 것을 알 수 있다.

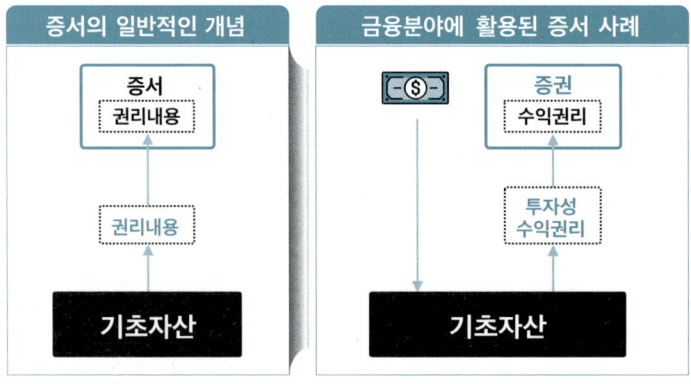

그림 3-7 증서의 일반적인 개념과 금융분야에서의 개념과 구조 비교

8.1.2 금융과 증서

앞서 증권은 금융 분야에서 활용된 증서 사례라고 설명했다. 이번에는 금융 관점에서 증서를 좀더 자세히 살펴보자. 자본시장법에서는 증권을 '금융투자상품'으로 규정하고 있다. 따라서 '금융'을 먼저 이해한 후, '금융상품'과 '금융투자상품'을 단계적으로 설명하겠다.

> **자본시장법 제3조(금융투자상품)** ① 이 법에서 **"금융투자상품"**이란 이익을 얻거나 손실을 회피할 목적으로 현재 또는 장래의 특정(特定) 시점에 금전, 그 밖의 재산적 가치가 있는 것을 지급하기로 약정함으로써 취득하는 권리로서, 그 권리를 취득하기 위하여 지급하였거나 지급하여야 할 금전등의 총액을 초과하게 될 위험이 있는 것을 말한다.
> ② 제1항의 금융투자상품은 다음 각 호와 같이 구분한다.
> 1. 증권
> 2. 파생상품
>
> **제4조(증권)** ① 이 법에서 **"증권"**이란 내국인 또는 외국인이 발행한 **금융투자상품**으로서 투자자가 취득과 동시에 지급한 금전등 외에 어떠한 명목으로든지 추가로 지급의무를 부담하지 아니하는 것을 말한다.

▌금융의 이해

금융거래에서는 투자에서 상환까지 일정한 시간이 필요하다. 즉 거래 발생에서 종료될 때까지 시간이 걸린다. 자본주의 경제에서 돈은 사람의 피와 같은 역할을 한다. 돈은 여윳돈이 필요한 곳에 원활하게 잘 흘러야 투자와 경제 활동이 활성화된다.

금융(金融, finance)이란 '금전(金錢)의 융통(融通)'을 의미한다. 돈이 오고가는 것, 즉 돈의 흐름을 뜻하며, 여윳돈이 있는 사람이 필요로 하는 사람에게 원금 반환과 이자·수익 지급을 전제로 돈을 빌려주는 행위를 말한다.

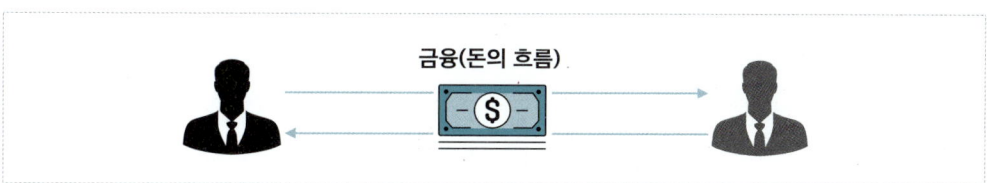

그림 3-8 금융의 개념

그림 3-9는 일반물품 거래와 금융 거래를 비교해서 설명하고 있다. 일반물품 거래는 금전을 지불하고 그 대가로 제품을 인도받는 것으로 대금 지불과 물품 인도가 동시에 이루어지면 거래는 종료된다. 이때 거래 당사자 간에 남아 있는 권리나 의무는 없다.

반면, 금융거래는 금전을 투자하고 만기 때 투자에 대한 이자나 수익을 돌려받는 거래이다. 투자 후 이자·수익이 상환될 때까지 거래가 종료되지 않으며, 이 기간 동안 투자자와 투자받은 자 사이에 일정한 권리와 의무가 계속 존재한다. 투자자는 수익을 청구할 권리가 있고 투자받은 사람은 수익을 배분할 의무를 지니게 된다. 계약이 종료(만기)될 때까지 이 무형의 권리와 의무를 명확히 해 둘 필요가 있다.

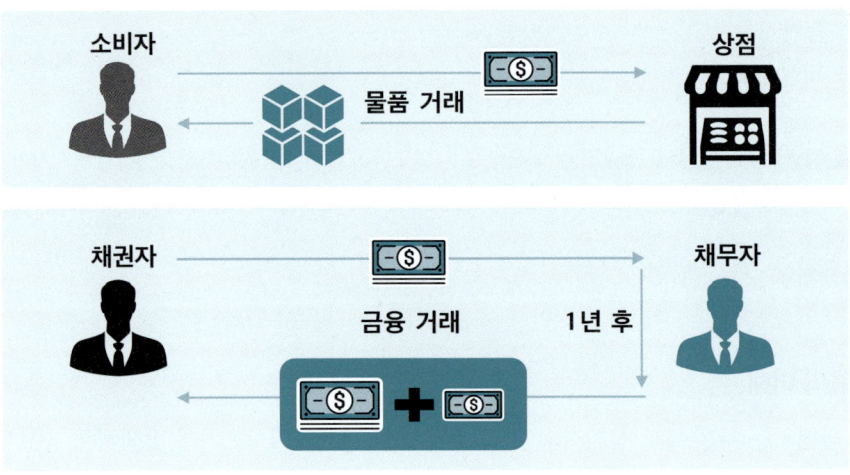

그림 3-9 일반물품 거래와 금융거래의 특징 비교

이러한 금융거래에서의 무형의 권리와 의무를 명확히 하기 위해 관련 내용을 모두가 인식하고 식별할 수 있도록 글자로서 문서에 기록하는 것이 필요하며 이는 바로 증권의 역할이다. 다시 말해 금융을 이해하는 핵심 요소는 투자에 대한 수익·이자 청구 권리의 존재이며, 이 권리 내용을 명확히 기록하여 발행하는 것이 증권이다.

점유에 의한 소유권과 권리에 기반한 소유권의 차이

일상에서 필요한 재화나 서비스를 구매할 때 다양한 방식으로 값을 지불한다. 대표적인 지불 수단으로 현금, 신용카드, 자금이체 등이 있다.

그런데 지불 수단 중에서 현금과 다른 지불 수단은 조금 차이가 있다. 현금은 거래 시 즉시 지급 결제가 완료되는 방식으로 그 자체에 가치가 내재되어 있어 이전과 점유를 통해 소유권이 보장된다. 반면, 신용카드나 자금이체 방식은 '지급 → 청산 → 결제'의 세 단계를 거쳐야만 지급 결제가 완료된다. 이는 신용카드나 자금이체가 거래 은행에 맡긴 돈을 수취인에게 지급하도록 요청하는 수단에 불과하기 때문이다.

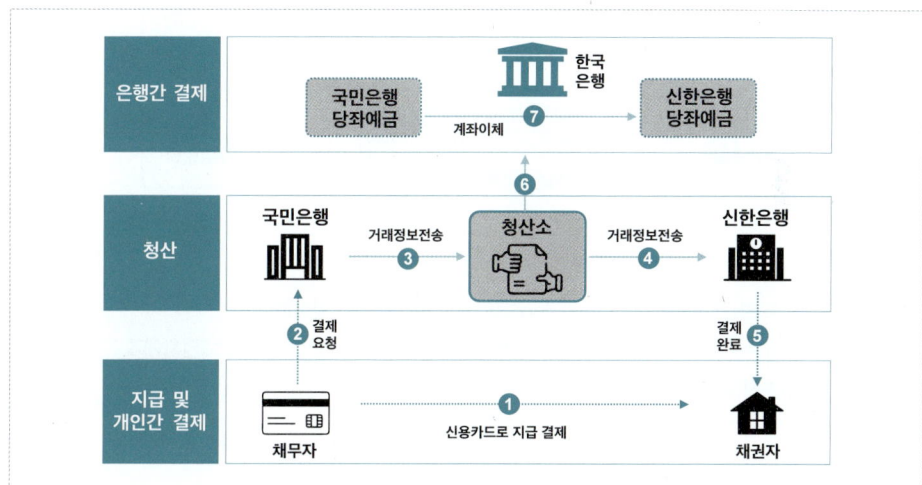

- 지급: 개인이 재화나 서비스를 구입하고 채권·채무를 해소하기 위해 지급수단을 이용해 대금을 지불하는 것.
- 청산: 현금 이외의 지급수단(신용카드 등)으로 발생한 지급을 금융기관들이 서로 주고받을 금액을 계산하는 것.
- 결제: 계산된 금액을 각 금융기관이 중앙은행에 개설한 당좌예금 계정 간에 계좌이체를 통해 채무채권 관계를 마무리하는 과정.

그림 3-10 신용카드의 지급·청산·결제 절차

예를 들어 A가 B상점에서 신용카드로 결제한 경우, A는 B상점에 대금을 지불할 의무가 있고 B상점은 A에게 대금을 청구할 권리가 있다. 이를 해결하기 위해 금융기관 간의 자금이체 절차가 필요하며, 이 남아 있는 권리와 의무를 문제 없이 처리하기 위해 그림 3-10에서처럼 복잡한 절차와 제3신뢰기관이 필요하게 된다. 금융에서도 마찬가지로 이런 역할(남아 있는 수익·이자 청구 권리를 해소)을 담당할 방안이 필요한데, 이 역할을 바로 증서(증권)가 담당한다.

▮ 금융에서 증서의 필요성

앞서 설명한 금융거래의 특징을 금융거래의 절차를 도식화한 그림 3-11을 통해 좀 더 자세히 설명해 보자.

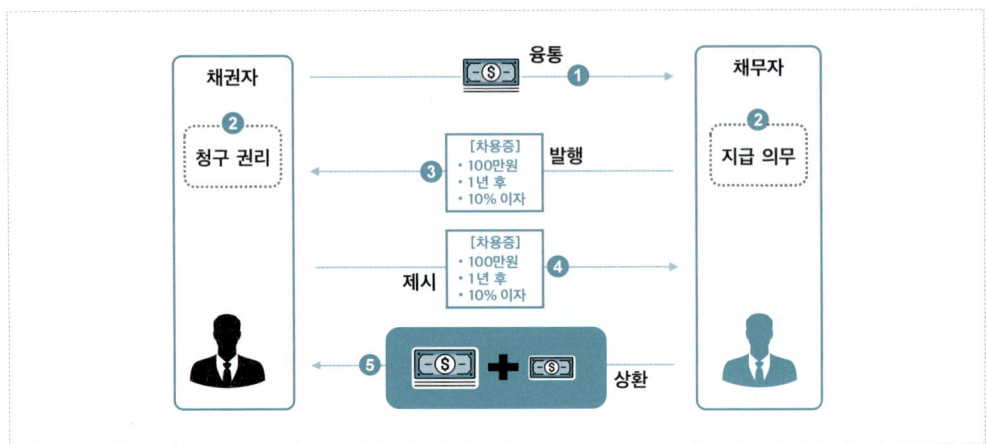

❶ 채권자는 이자나 수익을 기대하며 채무자에게 자금을 빌려준다(투자한다).
❷ 자금을 빌려주면, 채권자에게는 청구 권리, 채무자에게는 지급 의무가 발생한다.
❸ 발생한 권리와 의무를 명확히 하기 위해, 권리·의무 내용을 문자로 작성한 차용증을 채권자에게 전달한다.
❹ 1년 후, 채권자는 차용증을 제시하며 원금과 이자 상환을 청구한다.
❺ 차용증에 명시된 권리에 따라 채무자는 원금과 이자를 지급한다.

그림 3-11 금융거래의 절차

그림 3-11 ❸에서처럼, 금전 거래와 같은 중요한 거래는 구두로 하지 않는다. 만약 거래 내용이 구두로만 전달되면, 거래의 존재 자체를 잊어버리거나 상대방이 악의적으로 거래 내용을 번복할 수 있기 때문이다. 따라서 이러한 문제를 방지하고 거래 사실을 입증하기 위해 권리 내용을 글자로서 문서화한 **증서(차용증, 채권)가 필요하다**.

실제 생활에서도 개인 간의 금전 거래는 흔하지만, 개인 간의 단일 금전 거래를 금융이라고 하지는 않는다. 그림 3-12에서 보듯 불특정 다수와 대규모의 금전이 융통되는 것을 일반적인 금융(시장)이라고 이해할 수 있다.

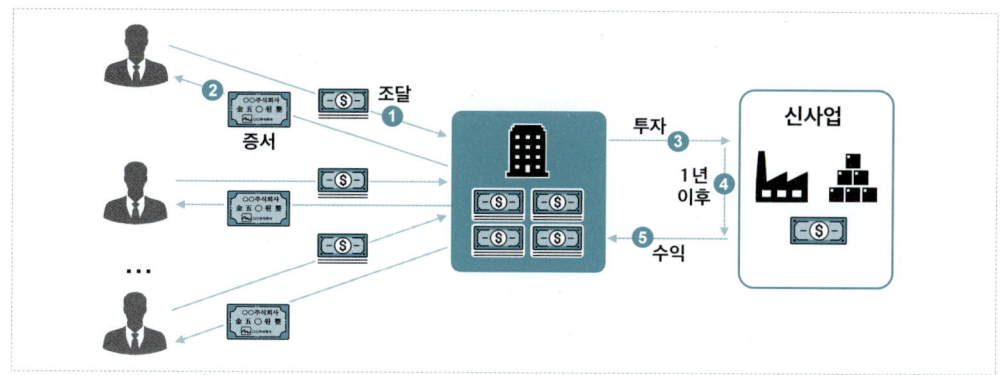

그림 3-12 일반적인 금융거래의 모습

불특정 다수와 대규모 금전이 융통되는 금융시장에서는 증서와 같은 방식이 더욱더 필요하다. 이자·수익 청구에 대한 권리를 글자로 표현한 증서를 활용하면 금융거래가 편리해지고 분쟁에 따른 문제도 최소화할 수 있다.

그림 3-13은 증서의 개념이 금융시장에서 활용되는 사례를 상세히 설명하고 있다. 금융 분야에서 언급된 증서가 앞으로 설명할 증권 또는 토큰증권이라고 이해하면 된다.

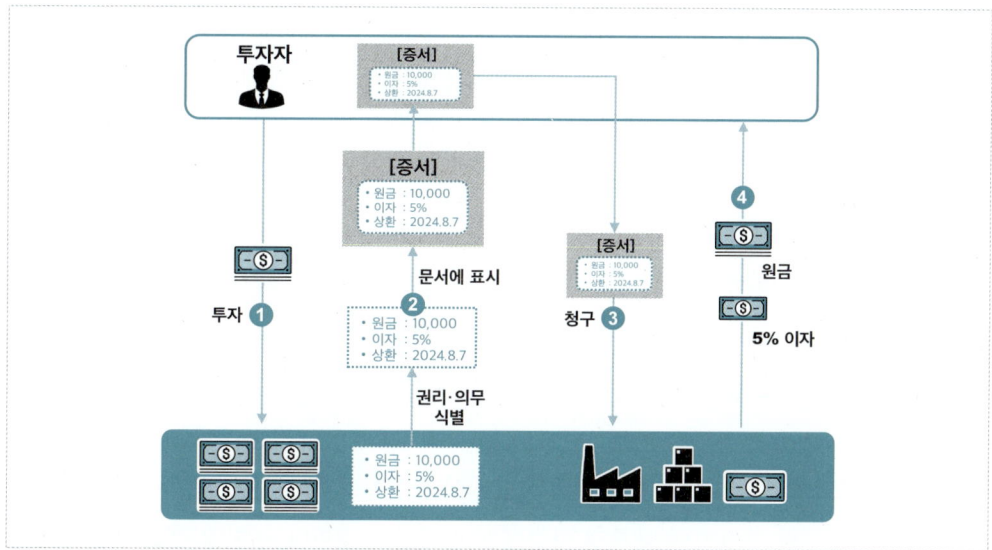

❶ 이익을 얻을 목적으로 금전을 투자
❷ 금전 지급에 대한 대가로 5% 이자 청구 권리를 글자로서 문서에 표기(=증서)

chapter 08 증권성의 이해 **181**

❸ 권리가 표기된 증서를 가지고 이자 청구
❹ 만기 때 원금과 이자 상환

그림 3-13 금융시장에서 사용되는 증서 개념 사례

> **Summary**
>
> **증권의 개념**
>
> 증서란, 금융거래와 관련하여 발생하는 무형의 권리 내용을 글자로서 실체화시켜 권리·의무·사실을 증명하는 증서이다. 1장에서 살펴본 증서의 개념과 특징이 금융에서도 그대로 적용된다.

8.2 금융상품과 금융투자상품

8.2.1 금융상품이란?

개별 투자도 엄연히 금융 거래의 한 형태이지만, 대부분의 투자자들은 직접 현금을 일대일로 개인이나 회사에 건네지 않는다. 일반적으로 우리는 '금융상품'을 통해 투자(금융거래)를 하게 된다. 이제 금융상품의 개념을 이해해 보자.

▮ 금융상품의 정의

먼저, 일반적인 상품의 개념을 살펴보자. 과거에는 필요한 물품을 제작할 수 있는 기술자를 직접 찾아다니면서 필요한 물품을 개별적으로 제작 요청하거나 거래하는 경우가 많았다. 하지만 개별 거래 단위로 물품을 제작하고 거래하는 방식은 매우 비효율적이고 탐색·거래 비용이 높다.

보다 효율적이고 경제적인 방법은 다수의 사람들이 공통으로 선호하는 정형화된 제품을 상품화하고, 이를 대량 제작하여 불특정 다수에게 판매하는 것이다. 이렇게 만들어진 일반 상품이 시장에서 거래되고 유통되는 곳을 '상품시장'이라고 한다.

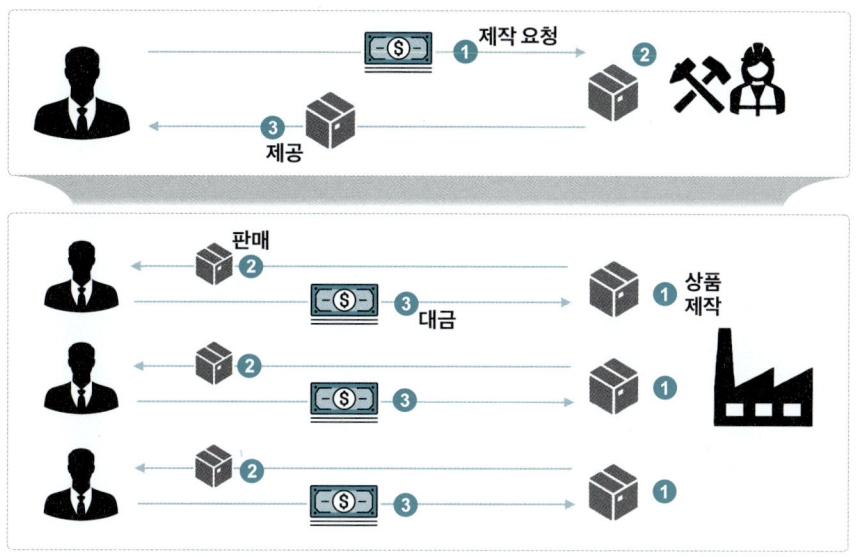

그림 3-14 대규모 상품거래

금융상품도 이와 유사한 방식으로 생각해 볼 수 있다. 자본시장이 활성화되지 않은 상황에서 투자자를 개별적으로 찾아다니며 채무·채권 계약서(차용증)를 체결하는 것은 매우 비효율적이고 거래비용이 높다. 더구나 대규모 자금을 조달하기에도 한계가 있다.

이를 해결하기 위한 현실적인 방안은, 투자자가 얻게 되는 정형화된 권리(예: 1% 지분, 만기 5% 수익)를 상품화하고, 이 금융상품(수익 권리)을 불특정 다수에게 판매하는 방식으로 자금을 조달하는 것이다.

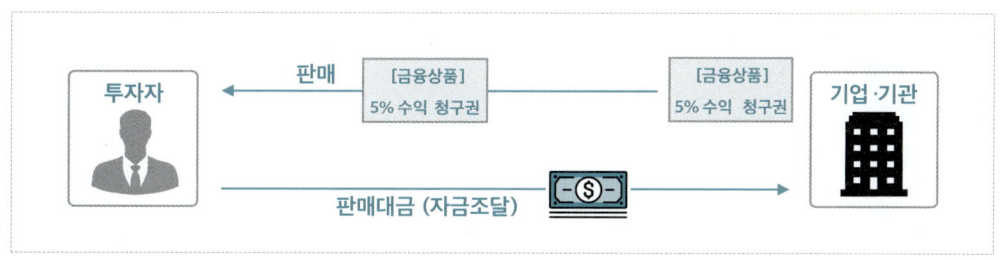

그림 3-15 금융상품 개념

금융상품을 판매한다는 것은 금융상품에 명시된 권리(예: 100만 원 투자, 5% 수익)를 판매한다는 의미와 같다. 바꿔 말하면 이는 "만기 때 5%의 수익을 청구할 수 있는 권리를 100만 원에 사십시오"라는 의미이다. 반대로 투자자가 금융상품을 산다는 것은 금융상품에 표기된 권리를 사는 것이다. 즉 투자자는 대금(100만 원)을 지급하고 5% 수익 청구권을 구매하게 된다.

즉 **금융상품은 자금을 조달하기 위해 만든 상품**이라고 할 수 있다. 이때 금융상품 자체는 무형의 권리만을 의미한다. 그러나 이러한 무형의 권리가 현실에서 거래되고 유통되기에는 상당히 불편하기 때문에, 모두가 인식하고 식별할 수 있도록 일정한 형식을 갖추어야 한다. 이렇게 금융 관련 권리내용을 일정한 형식으로 정리한 것이 금융상품이며, 금융상품의 형식을 갖추는 방법 중 하나가 바로 증서이다.

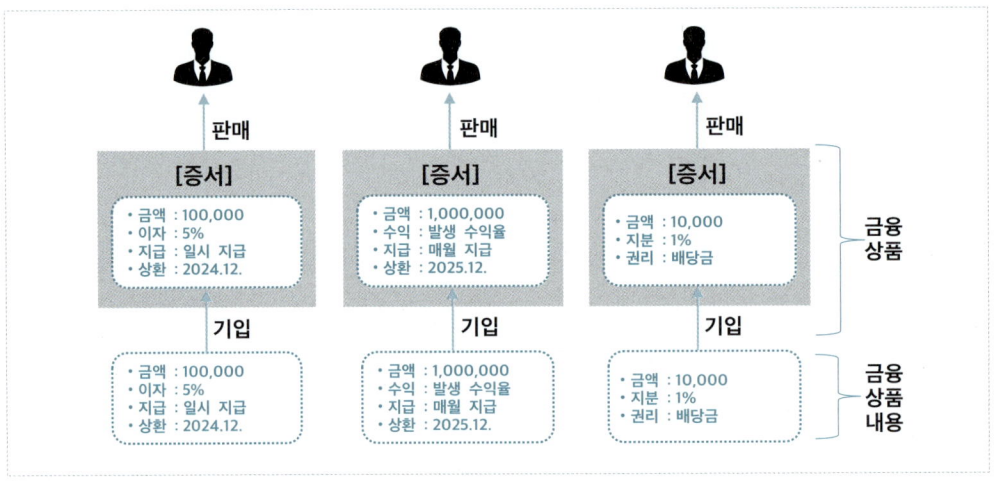

그림 3-16 금융상품에서 증서의 의미

▌ 금융상품의 유형

금융상품은 크게 다음 네 가지 유형으로 구분할 수 있다. 우리가 살펴볼 '증권'은 이 중 '투자성 금융상품'에 해당한다.

- 예금성 금융상품 - 예금, 적금
- 대출성 금융상품 - 대출, 신용카드
- **투자성 금융상품 - 주식, 채권, 펀드(수익증권)**
- 보장성 금융상품 - 보험상품

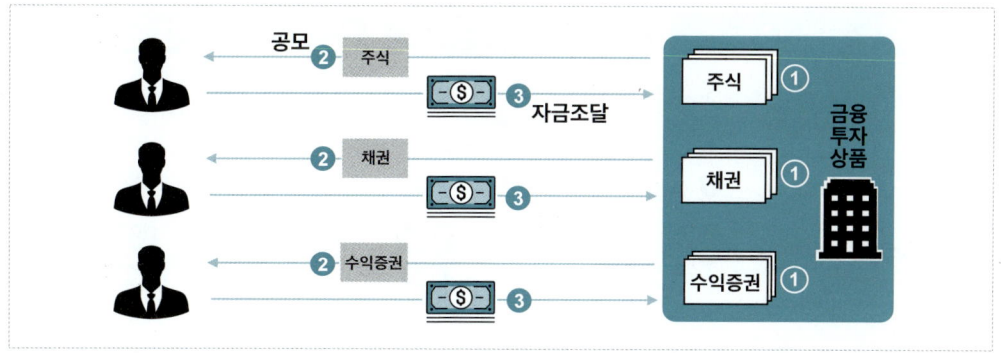

그림 3-17 투자성 금융상품의 종류

한편 '금융소비자 보호에 관한 법률'을 보면 금융상품의 유형을 다음과 같이 규정하고 있다. 이 중 눈에 띄는 것은 '나. 「자본시장과 금융투자업에 관한 법률」에 따른 금융투자상품'으로, 이는 '투자성 금융상품'에 해당한다. 대체 금융투자상품이란 무엇일까?

> 금융소비자 보호에 관한 법률 제2조(정의)
> 1. "금융상품"이란 다음 각 목의 어느 하나에 해당하는 것을 말한다.
> 가. 「은행법」에 따른 예금 및 대출
> 나. 「자본시장과 금융투자업에 관한 법률」에 따른 금융투자상품
> 다. 「보험업법」에 따른 보험상품
> 라. 「상호저축은행법」에 따른 예금 및 대출
> 마. 「여신전문금융업법」에 따른 신용카드, 시설대여, 연불판매, 할부금융
> 바. 그 밖에 가목부터 마목까지의 상품과 유사한 것으로서 대통령령으로 정하는 것

8.2.2 투자성과 금융투자상품

금융상품 중에서 '투자성'이 있는 상품을 '금융투자상품'으로 규정한다. 올바른 이해를 위해 투자성이 무엇인지 짚어본 다음, 금융투자상품에 대해 알아보겠다.

▎투자성이란?

투자성을 알기 위해서 우선 돈과 관련된 증서의 사례부터 살펴보자. 그림 3-18에서 보듯, 대표적으로 금보관증, 예금증서, 수익증권이 있다.

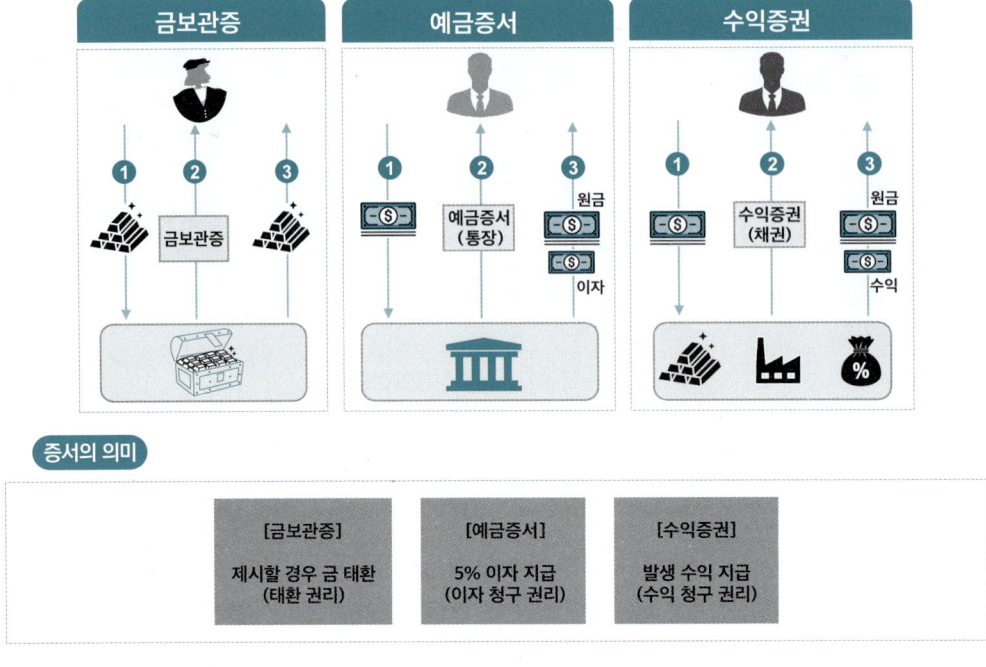

그림 3-18 돈과 관련된 3가지 증서 사례

금보관증: 금세공업자에게 금을 맡기고 금보관증을 발행하는 사례로서, 금보관증은 단순히 금을 보관하는 목적이며 태환권리를 가진다.

예금증서: 은행에 예금을 하고 예금증서(통장)을 발급받는 사례로서, 예금증서는 이자수익을 목적으로 돈을 맡기고 5% 확정이자를 청구할 수 있는 권리를 갖게 된다.

수익증권: 돈을 투자하고 수익증권을 발행한 사례로서, 수익증권은 투자하고 발생한 수익을 청구할 권리를 지닌다.

이 내용을 토대로 세 가지 증서를 금전 지급 여부, 목적, 원금 손실 여부로 구분해서 다시 정리하면 표 3-1과 같다.

구분	금보관증	예금증서	수익증권
금전	금전 지급	금전 지급	금전 지급
목적	보관 목적	수익 목적	수익 목적
원금 손실 여부	원금 보장	원금 보장	원금 손실 가능성 있음

표 3-1 금보관증, 예금증서, 수익증권의 비교

금보관증은 금전(金)을 지급하지만, 수익 목적도 아니고 원금손실도 발생하지 않는다. 예금증서는 이자수익을 목적으로 금전을 지급하지만, 원금이 손실되지는 않는다. 마지막으로 수익증권은 수익을 목적으로 금전을 지급하는 것이며 투자 운용에 따라 원금 손실 가능성도 존재한다.

이를 기준으로 보면 **투자란 '특정한 이득을 얻기 위하여 시간을 투입하거나 자본을 제공하는 것'**으로 정의할 수 있다. 우리는 이득을 얻기 위해 투자를 하지만, 경우에 따라 수익은커녕 손실을 볼 수도 있다. 투자를 할 때 가장 중요하고 민감하게 고려되는 기준은 바로 '원금 손실 여부'이다. 따라서 금융상품은 일반적으로 '원금을 보장하는 상품'과 '원금을 보장하지 않는 상품'으로 구분된다.

그림 3-19는 '원금이 보장된 금융상품'과 '원금이 보장되지 않는 금융상품'을 비교하여 보여준다. 원금 보장 상품은 3%라는 확정 이자를 지급하며, 원금 손실 위험이 없다. 반면, 원금 손실 위험 상품은 운용 성과에 따라 수익을 배분하며, 높은 수익이 발생할 수 있지만, 원금이 손실될 가능성도 있다.

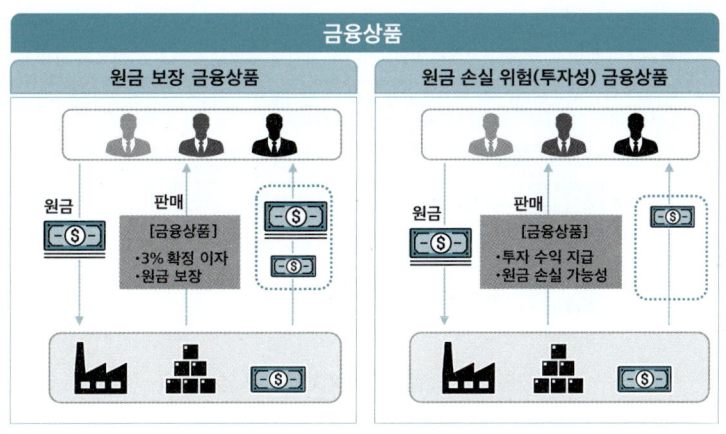

그림 3-19 원금 보장 여부에 따른 금융상품 유형

이러한 원금 손실 위험을 갖는 투자가 바로 투자성이며, 투자성이 있는 금융상품을 '금융투자상품'이라고 한다. 따라서 그림 3-18의 예시에서 투자성을 가진 것은 마지막 사례인 수익증권뿐이다. 여기서 주의해야 할 것은 투자성이란 원금 손실 '위험성'이 있음을 의미할 뿐, 실제로 원금 손실이 발생한다는 것을 의미하지 않는다.

▎법률로 보는 금융투자상품의 정의

지금까지 사례를 통해 투자성과 금융투자상품에 대해 귀납적으로 설명했다. 이제 '금융투자상품'의 개념과 범위를 법률을 통해 정확하게 살펴보자. '자본시장과 금융투자업에 관한 법률(자본시장법)에서, 투자성은 다음과 같이 규정되어 있다.

> 권리를 취득하기 위하여 지급하였거나 지급하여야 할 금전 등의 총액이 그 권리로부터 회수하였거나 회수할 수 있는 금전 등의 총액을 초과하게 될 위험

이 개념은 다소 어렵게 느껴질 수 있다. '지급 총액'이 '회수 총액'을 초과한다는 것은 '투자원금'이 '회수금액'을 초과한다는 상황을 의미하며, 다르게 표현하면 이는 곧 '원금이 손실될 위험'을 말한다. 쉽게 말해서 투자성은 **원금 손실 위험이 있는 투자**를 의미한다.

이어서 동법에서 규정하고 있는 금융투자상품의 개념을 자세히 살펴보자. 제3조는 다음 3가지 요소를 통해 정의된다.

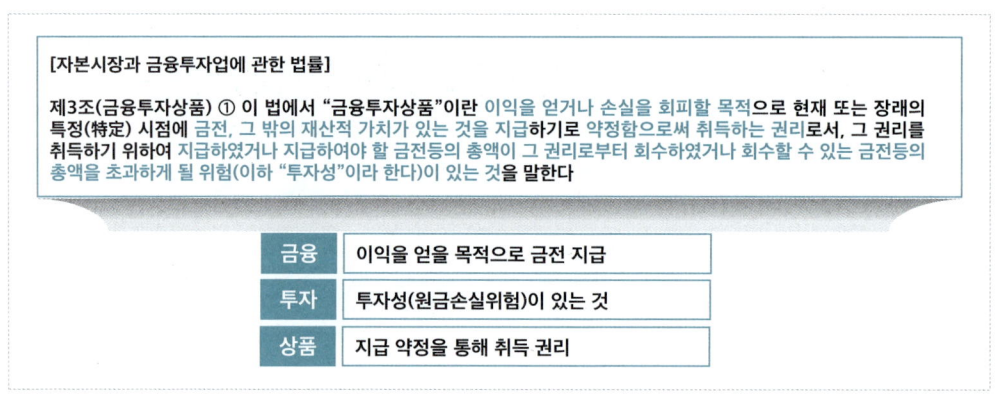

그림 3-20 법률상 금융투자상품의 정의

이때 금융상품 중 원금 손실 위험성이 있는 상품을 '금융투자상품'이라 하고, 원금 손실 위험성이 없는 상품을 '비금융투자상품'이라고 구분한다.

금융투자상품은 다시 '원금까지만 손실이 발생하는지, 아니면 원금을 초과해서 손실이 발생하는지'에 따라 증권과 파생상품으로 나뉜다(그림 3-21 참조). 자본시장법은 이러한 금융투자상품의 두 가지 유형인 '증권'과 '파생상품'을 모두 규제하고 있다.

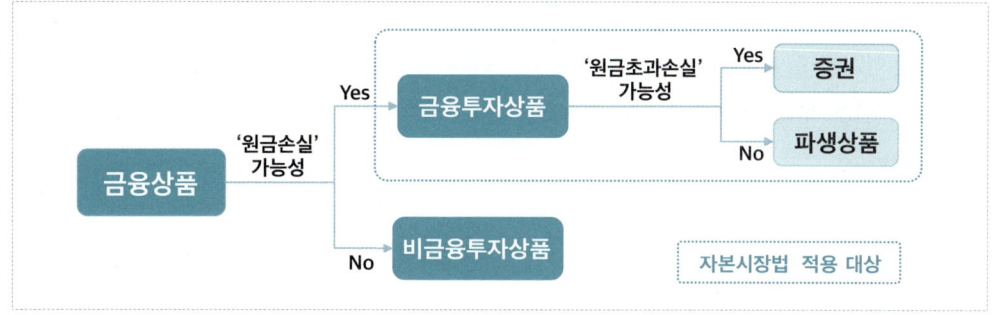

그림 3-21 **금융투자상품 개념과 유형** (출처: 자본시장과 금융투자업에 관한 법률 제정안 설명자료, 재정경제부)

이 책에서는 파생상품을 다루지 않을 것이다. 일반인에게 익숙하지 않을뿐더러, 책의 취지인 증권에 더 집중하기 위함이다. 따라서 이 책에서는 금융투자상품을 증권으로 간주하고 이해하도록 하자.

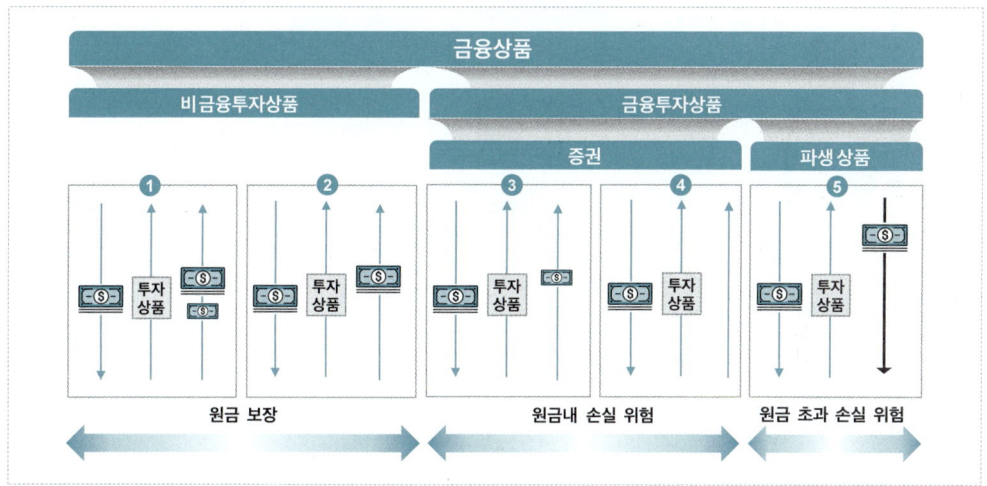

❶ 원금 보장뿐만 아니라 추가적인 이자·수익이 발생한 상황
❷ 최소한 원금이 보장되는 상황
❸ 원금 대비 수익은커녕 원금 손실이 발생한 상황
❹ 원금이 100% 손실되어 회수 금액이 0원인 상황.
❺ 원금 손실뿐만 아니라 원금을 초과한 추가 손실이 발생한 상황

그림 3-22 **금융상품의 다양한 유형 사례**

지금까지 살펴본 내용을 도식화하면 그림 3-22와 같다. ③~⑤ 사례는 원금이 손실된 것으로 묘사하고 있지만 실제로는 원금 손실 위험성을 나타낸다. 'High Risk - High Return'이라는 원칙에 따라 원금 손실 위험성이 있지만, 반대로 원금 보장 상품보다 수익률이 더 높을 가능성도 존재한다.

금융투자상품의 규제 필요성

'자본시장법'은 금융투자상품을 규제하는 법이다. 다양한 금융상품이 존재하는데, 왜 유독 금융투자상품을 한정하여 자본시장법이라는 법으로써 엄격하게 규제하는 것일까? 바로 '투자성'이라는 위험 속성으로부터 투자자를 보호하기 위함이다.

이를 이해하기 쉽게 건강상품과 금융상품을 비교해서 설명해 보겠다. 그림 3-23을 보자.

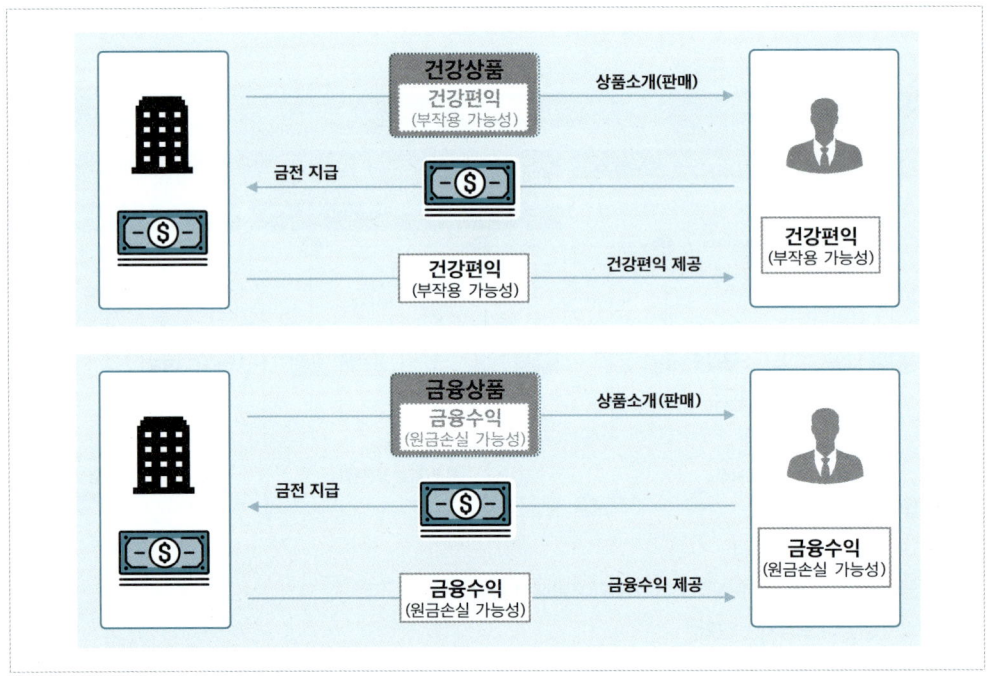

그림 3-23 건강상품과 금융상품 사례 비교

우리는 돈을 지불하고 건강상품을 구입한다. 건강상품을 통해 건강편익을 얻기 위함이다. 그러나 건강상품 중에는 부작용 가능성이 있어 오히려 건강을 해칠 위험이 있는 종류도 있다.

이런 상품은 관련 법에 의해 더 엄격하게 관리된다.

이와 마찬가지로 우리는 금융수익을 얻기 위해 금전을 투자하여 금융상품에 투자한다. 그러나 금융상품 중에는 원금 손실 가능성이 있는 투자성 상품도 있다. 이러한 상품은 건강상품과 같이 위험성이 있으므로 관련 법에 의해 더 엄격하게 관리되어야 한다.

정리하면, 금융투자상품은 원금 손실 위험성이 있기 때문에 금융상품 중에서도 특별하게 취급되어 자본시장법을 통해 더 엄격하게 규율하고 있는 것이다. 실제로 금융투자상품의 원금 손실 위험성을 악용하는 '금융사기' 사례가 역사적으로 많이 발생해 왔다. 하나씩 살펴보자.

#1 찰스 폰지 Charles Ponzi - 폰지 사기

1920년대, 폰지는 새로운 사업에 투자하면 수익을 돌려주겠다는 명목으로 수많은 투자자들로부터 막대한 투자금을 유치했다. 하지만 그는 실제 사업에는 투자하지 않고 신규 투자자의 돈으로 기존 투자자에게 이자나 배당금을 지급하는 방식으로 사기 행각을 벌였다. 그 유명한 폰지사기이다.

#2 버나드 메이도프 Bernard Madoff - 나스닥 증권거래소 위원장의 사기

2008년 서브프라임 모기지 사태의 충격이 채 가시기도 전인 2008년 12월에는 버나드 메이도프의 사기 행각이 밝혀졌다. 그는 나스닥 증권거래소 위원장을 지냈고, 월가의 유명 펀드 매니저로 활동했던 저명 인사였기에 놀라움이 컸다. 내막을 보니, 메이도프가 설립한 투자회사가 10%의 안정적인 수익을 보장한다면서 투자금을 모집했는데, 실제로는 자산을 전혀 운용하지 않고 신규 투자자의 자금으로 기존 투자자의 수익금을 충당하는 방식의 사기를 저질렀다. 피해액은 미국 역사상 최대 규모로 무려 650억 달러(약 72조 원)에 달했다.

#3 조희팔 - 의료기기 대여 사업을 통한 사기

우리나라에서도 대표적인 사기 사례가 존재한다. '단군 이래 최대 사기꾼'이라는 타이틀을 가진 희대의 사기꾼 조희팔은 의료기기 대여 사업을 통해 35%의 고수익을 보장하겠다고 투자자들을 속여 투자금을 유치했다. 하지만 모든 것이 사기였고, 이 대형 사기의 피해액은 약 5조 원에 이르렀다. 피해자는 약 7만 명, 자살한 피해자도 30여 명에 이른 것으로 알려졌다.

그림 3-24 세기의 사기꾼들(왼쪽부터 순차적으로, 찰스 폰지, 버나드 메이도프, 조희팔)

#4 ICO 사기 - 2017년~2018년의 사례

ICO(Initial Coin Offering, 암호화폐 공개)가 한창 유행하던 2017~2018년에도 마찬가지였다. 당시 수많은 ICO가 진행되었다. 잘 설계된 프로젝트나 사업들도 있었지만, 대부분 한탕을 노린 사기가 극성을 부렸다. 투자자들은 돈을 투자하면 가상화폐를 받았는데, 발행된 가상화폐는 전형적인 증권이었지만, 새로운 기술과 용어로 포장하면서 법망을 피해 나갔다. 현재 그 많은 프로젝트들은 모두 어떻게 되었는가? 천문학적인 투자손실이 발생하였고 수많은 신용불량자를 양산하였다.

권도형이 설립한 루나 재단은 UST(테라 스테이블코인)를 매입하면 20% 이자수익을 보장한다고 약속하며 투자금을 끌어 모았다. 그러나 루나 재단은 20% 수익을 어떻게 창출해서 투자자에게 지급하겠다는 사업의 구체적인 방안을 제시하지 않았다. 카일 사마니라는 사람이 트위터에서 권도형에게 20%의 이자 수익 출처에 대해 진지하게 질문하였는데, 권도형은 "Your mom, obviously"라는 비웃는 답변을 남겼다.

Kyle Samani : "Serious question - Where is this 300M coming from?" (진지하게 질문을 하겠는데, 300M의 출처는 어떻게 됩니까?)

Do Kwon : "Your mom, obviously" (너의 엄마)

그림 3-25 권도형의 트위터 메시지 (출처: 트위터)

#5 FTX 가상자산 거래소의 파산

2022년, 가상자산 거래소인 FTX가 파산했다. FTX는 거래소 역할뿐만 아니라 가산자산과 연계된 다양한 금융 서비스를 통해 수익을 창출하고 있었다. 그러나 문제는 그들이 고객이 예금한 돈이나 가상화폐를 투자 활동에 사용하지 않고 용도와 상관없이 멋대로 활용했다는 점이다. 그리고 고객에게 지급해야 할 이자나 수익은 자체 발행한 FTT라는 가상화폐로 충당했다.

> 도깨비 방망이 된 코인발행, 가상자산거래소인 FTX가 어떻게 160억 달러에 달하는 막대한 현금을 보유할 수 있을까? FTX는 투자자들의 거래 편의를 위해 FTT라는 코인을 발행한다. 이 코인을 활용해 가상자산을 거래하면 수수료와 스테이킹에서 혜택을 준다. FTX는 FTT의 발행과 소각을 통해 가치를 유지한다. 거래하는 가격이 오르면 각종 혜택도 커지는 만큼 FTT 가치도 오를 수 있다.*

> 결과적으로 FTX는 마치 도깨비방망이를 사용하는 것처럼 실체가 없는 자체 코인을 멋대로 발행하여 투자자들을 기만한 셈이다. 이는 마치 도깨비방망이처럼 '금 나와라 뚝딱, 가상화폐 나와라 뚝딱!'하며 무에서 유를 창조하는 사기 행각을 벌인 것이다.

이렇듯 금융사기는 다른 사기와 비교해 투자자와 사회에 미치는 충격이 매우 크다. 그래서 원금 손실 위험성이 있는 금융투자상품(증권)은 자본시장법을 통해 엄격하게 규제되고 있는 것이다.

한 가지 오해하지 말아야 할 것은, 자본시장법이 투자자의 원금 손실을 막아주는 법이 아니라는 것이다. 투자의 일반적인 특징은 'High Risk - High Return'이다. 원금 손실 위험을 감수하고라도 더 높은 수익 가능성이 있는 상품을 선호하는 사람도 있다. 투자자의 성향에 따라 본인에게 적합한 투자 방식을 선택할 수 있다. 투자자의 투자 성향에 따라 투자하는 것까지 법으로 간섭하는 것은 옳지 않다.

대신, 자본시장법이 강조하는 것은 '정보의 비대칭성 해소'이다. 투자자는 기본적으로 투자 대상에 대한 정보나 투자 위험성에 대한 정보가 부족하다 보니, 자본시장법은 투자자에게 충분한 투자 관련 정보를 제공하도록 규제하고 있다. 투자 위험을 알면서도 투자하는 것까지 자본시장법이 규제하지는 않는다.

8.2.3 금융투자상품(증권)의 올바른 이해

지금까지 '투자성'이라는 일반적인 관점에서 금융투자상품(증권)을 설명했다. 그렇다면 금융투자상품과 증권성은 어떤 연관이 있는 것일까? 이제 좀 더 다양한 관점에서 금융투자상품

---

* "[홍길용의 화식열전] 결국 파산한 FTX 사태 총정리…고객 돈 맘대로 쓴 코인거래소". 헤럴드경제. 2022.11.11. https://biz.heraldcorp.com/view.php?ud=20221111000262&ACE_SEARCH=1

과 증권성을 이해해 보도록 하자.

과거에 증권이라고 하면 흔히 종이 형태의 실물증권을 떠올렸을 것이다. 하지만 현재는 전자증권제도로 바뀌었기 때문에 더 이상 실물증권을 발행하지는 않는다.

 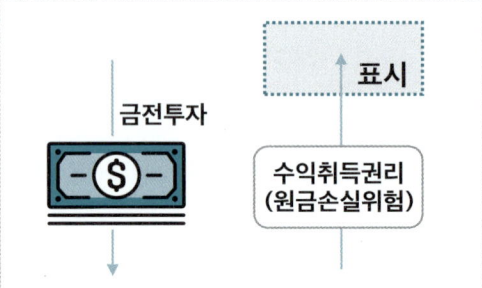

그림 3-26 증권의 개념 이해

일반적으로 증권이라고 하면 그림 3-26의 왼쪽 그림처럼 시각적으로 형체가 있는 증서 정도로 이해를 하고 있다. 하지만 자본시장법에서 규정하는 증권의 개념은 우리가 일반적으로 생각하는 것과는 조금 다르다. 자본시장법상 금융투자상품(증권)의 정의(제3조)와 증권의 유형별 개념(제4조)은 다음과 같다.

제3조 (금융투자상품) ① 이 법에서 "금융투자상품"이란 이익을 얻거나 손실을 회피할 목적으로 현재 또는 장래의 특정(特定) 시점에 금전, 그 밖의 재산적 가치가 있는 것(금전등)을 지급하기로 약정함으로써 취득하는 권리로서, 그 권리를 취득하기 위하여 지급하였거나 지급하여야 할 금전등의 총액이 그 권리로부터 회수하였거나 회수할 수 있는 금전등의 총액을 초과하게 될 위험(이하 "투자성"이라 한다)이 있는 것

제4조 (증권) ② 제1항의 증권은 다음 각 호와 같이 구분한다.
1. "채무증권"이란·········지급청구권이 표시된 것
2. "지분증권"이란·········출자지분 또는 출자지분을 취득할 권리가 표시된 것
3. "수익증권"이란·········신탁의 수익권이 표시된 것
4. "투자계약증권"이란······손익을 귀속받는 계약상의 권리가 표시된 것
5. "파생결합증권"이란······변동 연계 이익·손실 계약 권리가 표시된 것
6. "증권예탁증권"이란······예탁 증권 관련 권리가 표시된 것

금융투자상품(증권)은 '원금손실 위험성(투자성)이 있는 금융상품에 금전을 투자하고 취득한 권리'로 이해할 수 있다. 자본시장법에서는 증권의 유형으로 6가지를 제시하고 있는데, 증권 유형의 개념들을 보면 '권리가 표시된 것'이라는 공통된 표현을 가지고 있다.

금융투자상품 개념과 증권 유형별 개념 정의를 통해, 다음과 같은 핵심 키워드를 다음과 같이 도출할 수 있다.

- 수익목적으로 금전 지급(투자)
- 수익 취득 권리
- 원금 손실 위험(투자성)
- 권리를 표시

이 4가지를 종합하면 증권의 개념을 다음과 같이 정리할 수 있다. 그리고 이것을 도식화하면 그림 3-26의 오른쪽 그림처럼 표현할 수 있다.

*'원금 손실 위험성이 있는 금융상품에
금전을 투자하고 취득한 수익 권리가 표시된 것'*

한 가지 특이한 점은 증권을 '수익 권리가 표시된 것'으로 정의하고 있다는 점이다. 과거에는 권리 내용을 모두 종이에 표시하였기 때문에 증서나 증권을 '권리가 표시된 문서'로 정의해도 무리가 없었다. 하지만 디지털 시대가 도래하고 다양한 전자 기록 매체가 등장하면서 우리는 더 이상 종이를 활용하지 않는 추세가 되었다. 증권 역시 전자증권법에 따라 더 이상 종이 형태의 실물증권을 발행하지 않는다.

이런 상황에서 여전히 증권을 '수익 권리가 표시된 문서'로 정의하는 것은 시대에 맞지 않다. 증권의 본질적인 측면에서도 증권은 "금전 투자에 따른 수익 권리를 모두가 인식할 수 있도록 어디에 표시한 것"을 의미하기 때문에 특정 발행 방식(문서에 표시, 전자 저장 방식 등)으로 한정해서 규정하는 것은 적절하지 않다.

증권이란?

디지털 자산의 증권성을 본격적으로 다루기 전에, 증권의 개념을 다시 한번 정리해 보자.

- 투자자로부터 자금을 조달하는 금융 영역이다.
- 투자 대비 수익 취득 권리를 표시하여 발행하는 금융상품이다.
- 금융상품 중에서 원금이 보장되지 않는 금융투자상품이다.
- 금융투자상품은 투자 위험성이 있기 때문에 자본시장법의 규제를 받는다.

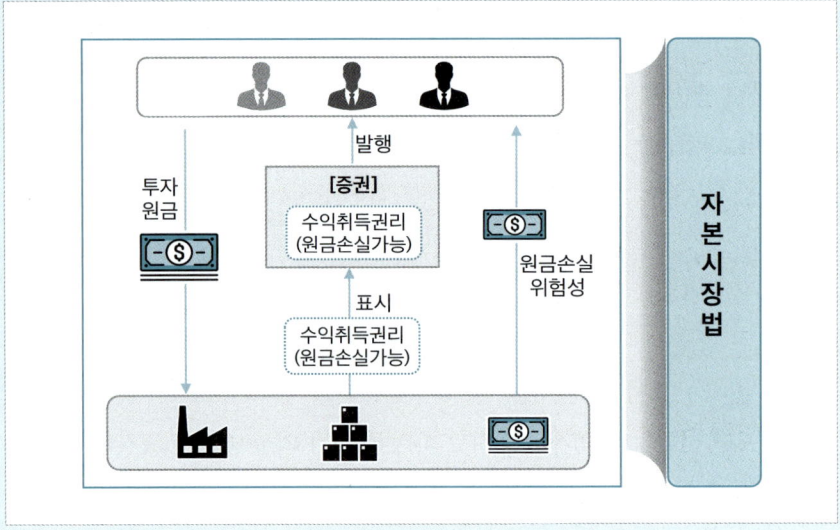

그림 3-27 증권의 개념과 자본시장법 적용

증서와 증서의 개념은 모든 산업 및 서비스에 활용된다. 그 중에서도 투자성이 있는 금융상품에 사용되는 증서 개념이 '증권'인 것이다.

8.3 디지털 자산과 증권성의 판단 기준

지금까지 금융상품과 증권성에 대해 살펴보았다. 요약하자면, 투자성이 있는 실물자산을 기반으로 발행되는 것은 증권이라고 할 수 있었다. 그렇다면 가상자산이나 디지털 자산에는 증권성이 적용되지 않는 것일까? 아니면 증서나 전자등록 방식으로 발행되는 것은 증권이고 토큰으로 발행되는 것은 증권이 아닐까? 실물자산, 디지털 자산, 증권, 토큰 등이 구분없이 혼용되어 사용되면서 혼란을 일으키는 경우가 많다. 따라서 이 장에서는 디지털 자산과 증권성의 관계를 명확히 정의하고자 한다.

이제 우리의 관심사인 디지털 자산의 증권성을 명쾌하게 이야기해 보자.

8.3.1 디지털 자산의 증권성

증권의 본질은 '금전투자에 따른 수익 취득 권리'이며, 이 권리를 문서에 표기하든 전자적 형태로 기록하든 그 본질이 변하지는 않는다는 점을 이해해야 한다.

- 증권의 본질 - 투자성 금융상품에 대한 금전 투자에 따른 수익 취득 권리
- 증권 발행 형식 - 무형의 권리인 증권을 실체화하기 위해 어디에 어떻게 표기하는지

증서와 증권, 토큰과 토큰증권의 구조를 함께 그린 그림 3-28을 통해 더 자세히 살펴보자. 기초자산을 표상하여 증서로 발행할 수 있는데, 이 증서를 디지털 형태로 발행하면 토큰이 된다. 유사하게 금전 투자에 따른 수익 취득 권리를 표상한 것이 증권이며, 이를 실물 형태로 발행하면 실물증권, 디지털 형태로 발행하면 전자증권 또는 토큰증권이 된다.

이때 '실물 형태로 발행한다'는 것은 권리 내용을 '종이'라는 실물 형태에 표기한다는 의미이며, '디지털 형태로 발행한다'는 것은 권리 내용을 중앙계좌부나 블록체인 등에 전자적 방식으로 기록하는 것을 의미한다.

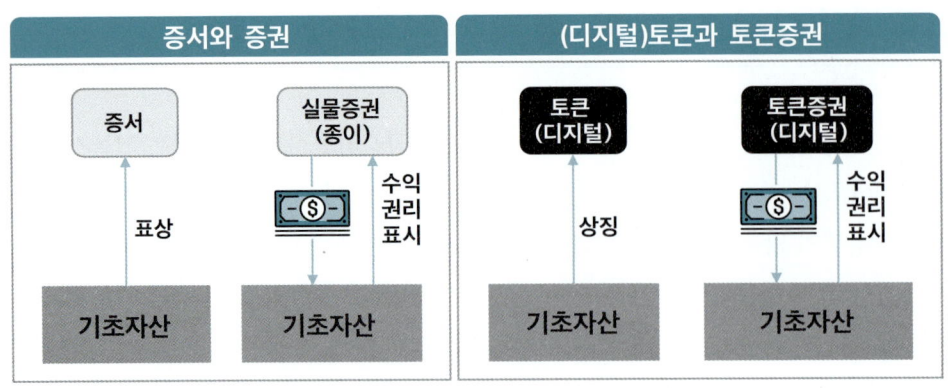

그림 3-28 디지털 관점의 토큰 이해

증권이 권리·기능·속성을 어디에 표기하는 것이라고 했는데, 그럼 디지털 형태인 토큰은 권리·기능·속성을 어디에 어떻게 표기하는 것일까?

- 디지털 방식으로 전자적 저장매체(RDB, 블록체인 등)에 권리내용이나 속성 데이터를 기록(증서와 유사)
- 스마트 컨트랙트에 프로그램 형태로 권리내용을 반영
- 백서(Whitepaper)에 권리내용을 표기

앞선 3장의 그림 1-60을 참조해보면, 자산은 '기초자산'과 '증서·토큰'을 포함한다고 설명했다.

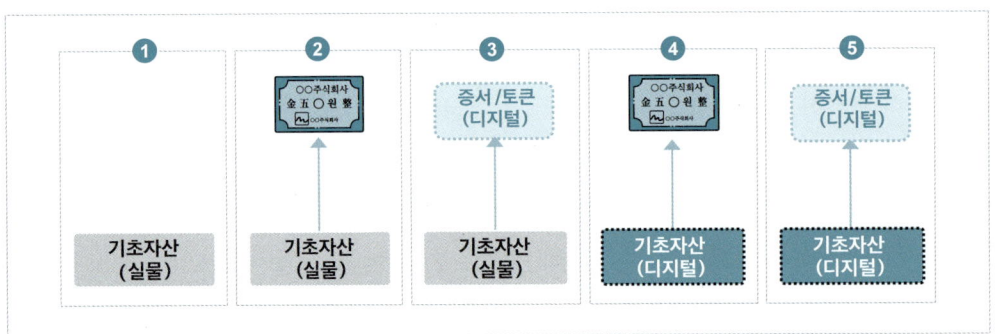

그림 구조적 관점의 디지털 자산 유형(그림 1-60 돌아보기)

디지털 자산에는 '디지털화된 기초자산'뿐만 아니라 '디지털화된 증서·토큰'도 포함된다. 자본시장에서 활용되는 증권도(증서·토큰 영역에 해당되는) 자산이다. 그리고 이 **증서·토큰이 전자적 방**

식으로 발행되는 것이 디지털 자산 또는 가상자산이다.

디지털 자산이나 가상자산은 권리가 전자적 저장매체나 블록체인에 기록되는 것을 말하며, 이는 권리의 발행 형식을 의미하는 용어이다. 다시 말해 디지털 자산, 가상자산, 토큰증권에서 사용되는 '디지털', '가상', '토큰'과 같은 용어들은 증권성 여부와 직접적인 관계가 없다. 단지 전자적 방식으로 기록되었음을 가리키는 용도일 뿐이다.

> **Summary**
>
> **증권성**
>
> '금전투자에 따른 수익 취득 권리를 표기한 것'이 증권이며, 이 권리를 아날로그 방식으로 표기하든 디지털로 표기하든 증권성에는 영향을 주지 않는다. 또한 이 권리를 문서에 표기하든, 중앙계좌부에 표기하든, 블록체인에 표기하든 증권성 여부와는 무관하다.
> 증권 여부를 결정하는 것은 이전에 언급했던 '하위 테스트'의 4가지 기준이다. 토큰, 코인, 가상자산과 같은 용어·형식 관점의 장막을 거두고, 하위 테스트 4가지 기준으로 증권 여부를 검토해야 한다.

8.3.2 ICO로 보는 디지털 자산의 증권성

2017~2018년 ICO 붐(boom) 당시 수많은 스타트업들이 프로젝트 추진을 위해 토큰이나 코인을 발행하고 자금을 조달했다. 관계당국이 가상자산을 증권으로 간주하고 규제하려고 하자, 가상자산 사업자들은 블록체인 기술을 기반으로 하며 토큰을 발행하기 때문에 증권이 아니라고 항변했다. 이러한 주장이 타당한 것일까?

사실 탈중앙, 블록체인, 코인, 토큰 등 혁신적인 기술과 새로운 용어로 포장되었지만, 발행된 토큰이나 코인은 모두 본질적으로 증권에 해당한다. 투자성 금융상품에 금전을 투자하고 취득하게 되는 수익 권리 자체가 증권이기 때문이다. 이 권리를 토큰으로 발행하거나 블록체인에 기록했다고 해서 증권성이 사라지거나 변경되는 것은 아니다.

그림 3-29에서 왼쪽 그림은 증권을 통해 자금을 조달하는 모습이고, 오른쪽은 토큰을 통해 자금을 조달하는 모습이다. 여기서 토큰은 디지털 형식의 증권으로 이해할 수 있다. 종이 형태로 발행하든 디지털 형식으로 발행하든 증권의 본질은 바뀌지 않는다. 또한 그것이 주식,

지분증권, 스톡Stock, 토큰Token 등 다양한 용어로 불리더라도 그 본질은 증권이다.

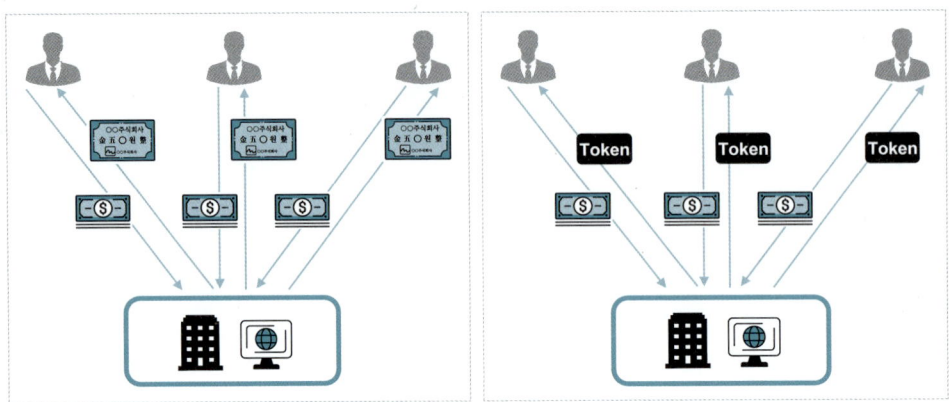

그림 3-29 ICO와 토큰

2017~2018년 ICO 당시 발행된 대부분의 토큰과 코인들은 자금을 조달하기 위해 발행되는 증권이라는 본질적 속성을 지니고 있다.

이더리움

미국 SEC는 비트코인을 제외한 다른 모든 토큰 및 가상자산이 증권성이 있다고 판단했다. 즉 이더리움 또한 그중 하나이다.

ICO를 최초로 시도한 프로젝트는 이더리움Ethereum이다. 비탈릭 부테린은 2014년 이더리움 백서를 공개하고 이더리움이라는 블록체인 플랫폼을 개발하기 위해 필요한 자금을 ICO를 통해 조달했다.

그림 3-30의 왼쪽 그림은 이더리움 ICO를 보여주고 있다. 이더리움은 투자자에게 이더리움 가상화폐인 이더Ether를 발행해 자금을 조달했다. 당시에는 현금 대신 비트코인으로 자금을 조달했는데, 비트코인은 언제든지 현금화할 수 있기 때문에 현금을 조달한 것과 동일하다. 이더리움 백서에는 이더가 향후 개발될 이더리움 플랫폼 이용을 위한 가스 수수료로 활용된다고 명시하고 있다. 금전(비트코인)을 투자하고 취득하게 되는 권리(이더리움 이용권)를 상징화하여 발행한 것이 '이더Ether'이다. 따라서 이더는 전형적인 증권이라고 볼 수 있다.

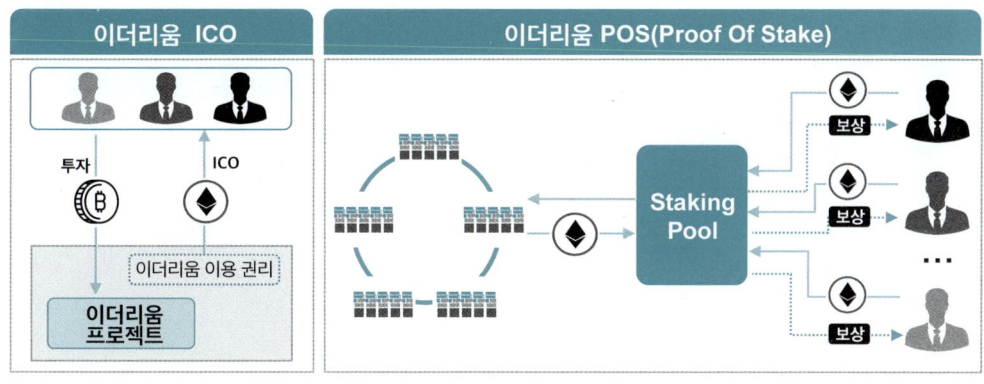

그림 3-30 이더(Ether)의 증권성

그림 3-30의 오른쪽 그림은 이더리움 합의 알고리즘인 POS$_{Proof\ Of\ Stake}$ 작동 원리를 설명하고 있다. 이더리움 합의 알고리즘은 원래 비트코인과 동일한 POW$_{Proof\ Of\ Work}$였지만 2022년에 POS$_{Proof\ Of\ Stake}$로 전환했다. POW는 작업을 가장 빨리 수행한 노드에게 보상이 돌아가는 구조인 반면, POS는 지분$_{Stake}$ 규모에 따라 보상을 받을 수 있는 방식이다.

승자독식 구조이다 보니 소액 지분을 가진 일반 투자자는 보상 확률을 높이기 위해 본인의 지분을 스테이킹 풀$_{Staking\ Pool}$에 예치한다. 그리고 해당 스테이킹 풀이 보상을 받게 되면 투자한 지분에 따라 그 수익을 배분받게 된다. 구조적으로 보면 본인의 지분을 투자하고 보상을 받는 방식으로서 역시 증권으로 간주될 수 있다.

▌이더리움 기반 DApp 서비스 토큰

다음은 이더리움 기반으로 서비스되는 다양한 DApp에서의 토큰 발행 및 증권성에 대해 살펴보자. 이더리움은 범용 블록체인 플랫폼이며 이를 기반으로 다양한 응용 서비스$_{DApp}$들을 론칭할 수 있다. 여기서는 이더리움 기반 부동산 서비스$_{DApp}$를 중심으로 설명해 보겠다.

그림 3-31에서 보듯, 이더리움 기반 부동산 서비스를 운영하는 기업은 신규 부동산 프로젝트를 추진하기 위해 ICO를 통해 자금을 조달할 수 있다. 다수의 투자자들로부터 금전을 투자받고 그 대가로 수익 권리 및 서비스 이용권을 표시한 토큰을 발행해 준다. 이 토큰은 서비스가 정식 론칭되었을 때 수익에 대한 청구나 서비스 이용권으로 활용될 수 있다. 이 경우 발행된 토큰은 금전을 투자하고 수익 및 이용 취득 권리를 표기한 전형적인 증권으로 볼 수 있다.

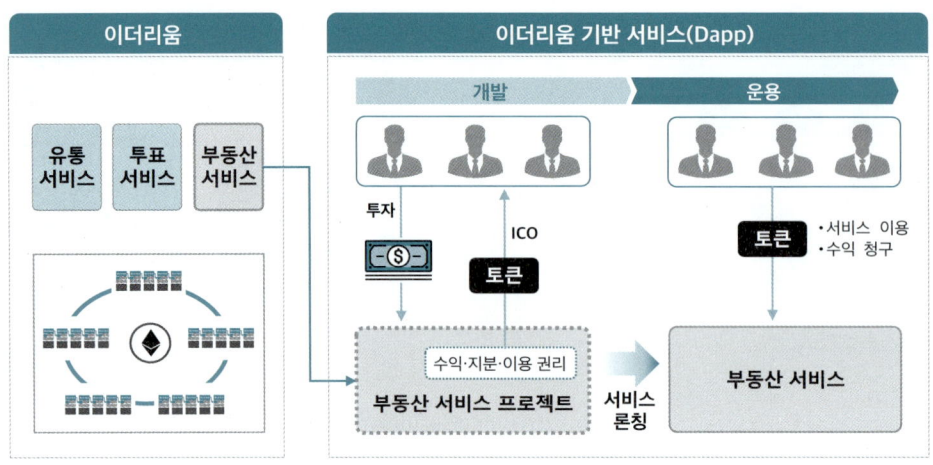

그림 3-31 이더리움 기반 DApp 토큰 증권성

ICO는 자금을 조달하기 위한 목적이다. 따라서 ICO를 통해 발행된 대부분의 토큰과 코인들은 본질적으로 증권의 특성을 지니고 있다. 발행 방식과 형식이 어떻게 변하든, 그 내재된 권리와 투자성은 증권의 핵심을 그대로 가지고 있기 때문이다.

8.3.3 DeFi와 디지털 자산의 증권성

DeFi는 "Decentralized Finance"의 약자로 '탈중앙·탈중개 금융' 정도로 이해할 수 있다. 전통적인 금융에서는 신뢰 보장을 위해 중간에 신뢰기관이 존재한다. 이 중간 신뢰기관은 신뢰를 보장하기 위한 요소이지만, 과도한 중개 수수료와 도덕적 해이로 많은 문제를 야기하기도 했다. 이러한 중개기관의 한계점과 문제점을 개선하고자 중개기관의 신뢰 문제를 기술로서 대응하려는 것이 DeFi라고 할 수 있다.

DeFi의 본질적인 개념과는 별개로, DeFi 개념은 '가상자산과 관련된 금융'으로 변질되고 왜곡된 측면이 있다. 즉 '가상자산의 융통'을 DeFi로 이해하는 경향이 생겨났으며, 이를 기반으로 활발한 금융활동이 진행되고 있다. DeFi의 정확한 개념 논쟁은 별개로 하고, 여기서는 가장자산 금융 분야에서 증권성을 살펴보고자 한다.

가상자산을 통한 금융상품·기법 역시 전통적인 금융상품·기법과 크게 다르지 않다. 다음 두 가지 사례를 통해 그 증권성을 간략하게 살펴보자.

1. FTX의 증권성

앞서 소개했던 FTX는 가상자산 거래소였지만 가상자산과 연계된 다양한 금융상품을 취급했다. 그 중에서 비트코인·이더리움을 비롯한 다양한 가상자산을 FTX에 예치하면 FTT라는 자체 가상화폐를 발행해 주는 방식이다. 이때 FTT는 가상자산(금전)을 예치(투자)하고 발행되는 증권으로 간주할 수 있다.

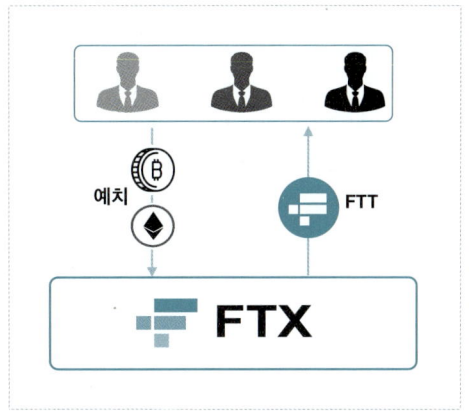

그림 3-32 FTX의 증권성

2. 유니스왑의 유동성 풀(Liquid Pool) 증권성

많은 사람들이 가상자산 거래소가 탈중앙 방식 또는 블록체인 기반으로 거래를 한다고 오해한다. 대부분의 가상자산 거래소는 중앙집중식 거래 방식이며 호가창을 통해 거래가 이루어진다.

하지만 가상자산 거래소도 탈중앙 방식으로 거래를 하려는 시도가 있었는데, 대표적인 거래소가 유니스왑이다. 유니스왑은 탈중앙 거래를 위해 AMM(Automated Market Makers) 방식을 활용한다. 그림 3-33은 유동성 풀의 개념을 보여준다. AMM 방식이 작동하기 위해서는 유동성 풀에 많은 가상화폐가 예치되어 있어야 한다. 이를 위해 유동성 풀에 가상화폐 참여를 유도하고자 보상을 지급한다. 이처럼 가상화폐를 유동성 풀에 예치(투자)하고 그 대가로 이자(수익)를 받는 구조이기 때문에 증권으로 간주될 수 있다.

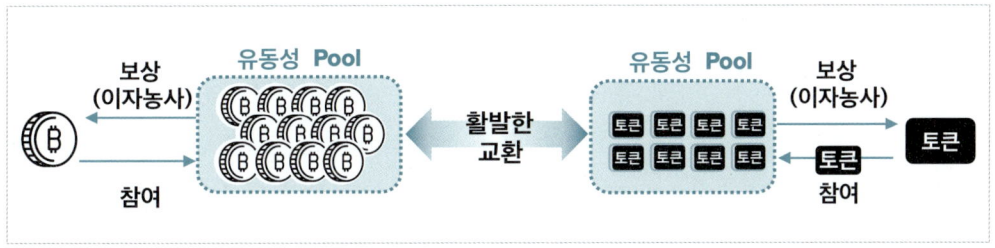

그림 3-33 유동성 Pool 개념

> **✎ Summary**
>
> 지금까지 이더리움의 이더, 이더리움 기반 서비스 토큰 그리고 DeFi 등의 몇 가지 사례를 살펴보았다. 이러한 사례들 대부분 증권성을 지니고 있다는 것을 알 수 있다. 이는 디지털 자산이 블록체인 기술을 기반으로 발행되고 거래된다는 사실과는 무관하게, 그 본질적인 수익 권리와 투자성으로 인해 증권으로 간주될 수 있음을 의미한다.

8.3.4 코인과 토큰은 모두 증권인가?

앞서 대부분의 가상자산들이 증권성을 지니고 있다고 설명했는데, 그렇다면 발행된 코인과 토큰은 모두 증권에 해당하는 것일까?

증서나 토큰은 다양한 산업 분야에서 여러 목적으로 두루 활용된다. 금융 분야에서는 증권에 해당하는 증서와 토큰이 주로 사용되는데, 증권은 금융산업에서 금전을 조달하기 위한 목적으로, 원금 손실 위험성이 있는 금융상품에 한정하여 적용되는 개념이다. 따라서 코인이나 토큰이 이런 목적으로 발행되었다면 증권에 해당하지만, 그렇지 않은 경우는 증권이 아니다. 예를 들어, 다음과 같은 경우에는 증권으로 간주되지 않는다. 투자 목적으로 금전을 제공한 것이 아니거나, 원금이 보장된다거나, 본인이 직접 운용하여 수익을 얻는 구조에서 코인이나 토큰이 발행된 것이라면 이는 증권이 아니다.

코인, 토큰 관점에서 증권을 바라볼 것이 아니라, 증권의 본질적 속성 관점에서 코인, 토큰을 해석할 필요가 있다. 즉, 형식(토큰) 관점에서 내용(증권)을 판단할 것이 아니라, 내용(증권)이 어떤 형식(토큰)으로 구현되었는지 이해할 필요가 있다.

그림 3-34는 앞선 그림 3-27에서 '증서' 대신 '토큰'이라는 용어만 변경하였다. 증권은 수익 취득 권리라고 강조했다. 이 권리가 종이에 기입되든 디지털 형태의 토큰으로 발행되든 본질에는 변함이 없다. 따라서 그림 3-27과 그림 3-34의 증서와 토큰 모두 내용적으로 증권이며 이에 따라 자본시장법의 규제를 받아야 한다.

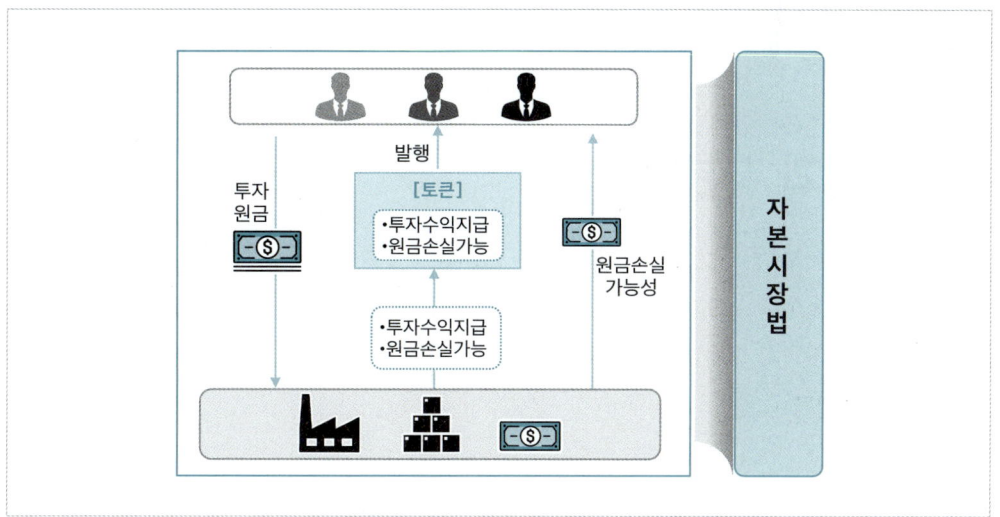

그림 3-34 토큰증권의 개념과 자본시장법

결론적으로, 모든 코인과 토큰이 증권인 것은 아니지만, 투자성과 수익 취득 권리를 제공하는 구조를 가지고 있다면 증권으로 봐도 될 것이다. 결국 증권 여부는 형식(토큰)이 아니라 내용(투자성과 수익 취득 권리)에 의해 결정된다.

CHAPTER
09
자본시장과 자본시장법

2023년 7월, SEC(미국 증권거래위원회)가 코인베이스에 비트코인을 제외한 모든 가상자산의 거래를 중단할 것을 권고했다는 기사가 보도되었다.

"They(SEC) came back to us, and they said…We(SEC) believe every asset other than bitcoin is a security," Armstrong said. "And, we(Coinbase) said, well how are you coming to that conclusion, because that's not our interpretation of the law. And they said, we(SEC) are not going to explain it to you, you need to delist every asset other than bitcoin."

"그들은 우리에게 다시 와서 말했습니다... 우리(SEC)는 비트코인을 제외한 모든 자산이 증권이라고 믿습니다." 암스트롱이 말했습니다. "그리고 우리는 어떻게 그런 결론에 도달할 수 있느냐고 말했습니다. 왜냐하면 그것은 법에 대한 우리의 해석이 아니기 때문입니다. 그리고 그들은 우리가 당신에게 그것을 설명하지 않을 것이기 때문에 비트코인을 제외한 모든 자산을 상장폐지해야 한다고 말했습니다."

그림 3-35 SEC의 가상자산 거래 중단 권고 관련 기사 [출처 – Financial Times, July 31 2023]

2024년 5월 7일 SEC 의장인 게리 겐슬러Gary Gensler는 CNBC 방송 프로그램인, '스쿼트박스'에 출현하여 대부분의 토큰은 증권에 해당한다고 다음과 같이 언급했다.

"Many of those tokens are securities under the law of the land, as interpreted by the U.S. Supreme Court. So we follow that law. And you, the investors, are not getting the required or needed disclosures about those assets."

(미국 대법원이 해석한 대로 대부분의 토큰은 증권입니다. 그래서 우리는 그 법을 따릅니다. 투자자들은 해당 자산에 대한 필요한 정보를 얻지 못하고 있습니다)

디지털 자산을 제대로 이해하기 위해서는 먼저 증권에 대한 이해가 필요하다. 증권이 정확히 무엇이고, 왜 증권이 규제의 대상이 되는지, 그리고 어떤 규제가 적용되는지도 이해할 필요가 있다. 증권 규제와 관련해 미국에는 '증권법'이 있고 우리나라에는 '자본시장법'이 있다. 토큰증권은 본질적으로 증권이기 때문에 당연히 자본시장법의 적용을 받게 되며 이를 이해하는 것이 필수적이다.

9.1 자본시장이란?

9.1.1 왜 자본시장과 자본시장법을 알아야 하는가?

지금까지 자본시장법을 전혀 모르더라도 증권(주식, 채권 등)에 투자하는 데 전혀 문제가 없었다. 그렇다면 토큰증권을 이해하는 데 자본시장법이 왜 필요할까, 필자는 다음과 같은 세 가지 이유를 근거로, 이제는 일반인도 자본시장법을 어느 정도 이해해야 한다고 생각한다.

첫째, 비정형화된 증권의 등장 때문이다. 기존에는 주식, 채권, 펀드 등 정형화된 증권 위주로만 상품화되었다. 이런 증권들은 권리 개념도 명확하고 제도적으로도 잘 정비되어 있다. 하지만 이제부터는 다양한 기초자산이 투자 대상이 될 수 있으며 권리 내용도 인정해주게 되었다. 예를 들어, 뮤직카우의 '저작권료 참여 청구권'으로서 익히 들어본 적도 없고 지금까지 증권으로 발행된 적도 없던 권리이다. 앞으로는 투자자 스스로가 이러한 비정형화된 증권을 이해하고 판단할 수 있는 역량이 필요하다. 무수한 비정형 권리를 하나의 기준이나 법으로 규정할 수는 없다. 투자자들도 어느 정도까지는 증권성을 자체적으로 판단할 역량과 규제 범위에 대한 인사이트를 갖출 필요가 있다.

둘째, 누구나 증권을 발행할 수 있는 시대가 되었다. 금융위원회가 최근 토큰증권을 허용하면서 '발행인 계좌관리기관'이 신설되었다. 물론 요구조건이 있지만, 요건만 충족한다면 계좌관리기관(증권사 등)이 아니더라도 증권을 발행할 수 있게 되었다.

셋째, 디지털 금융 시대의 도래이다. 디지털 자산은 디지털 금융의 핵심 요소로 자리잡을 것이다. 다양한 디지털 자산들이 새로운 기술과 새로운 용어·개념의 형태로 출현할 것으로 보인다. 이때 금융시장을 규정하고 규율하는 핵심이 바로 자본시장법이다. 자본시장법을 어느 정도 이해하고 있다면 새롭게 도래할 디지털금융 시대에 현명하게 대응할 수 있다.

9.1.2 자본시장의 정의

자본시장법을 이해하기 전에 우선 자본시장을 먼저 이해할 필요가 있다. '**자본시장**'은 기업이나 정부가 필요한 자금을 조달하는 채권, 주식, 펀드 등이 발행되고 유통되는 시장으로 이해할 수 있다.

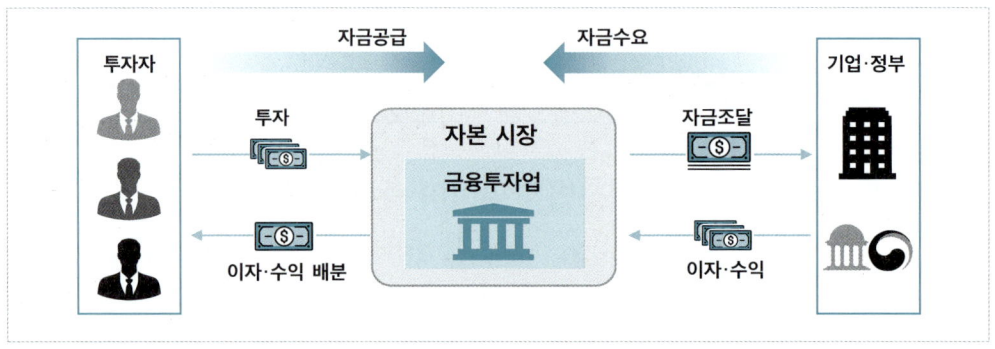

그림 3-36 자본시장 개념 및 구조

자본시장은 참여자와 규모가 너무나 방대하고 전문화되어 있다 보니 자본시장이 제대로 작동하기 위해서는 중개 기능과 전문화된 서비스를 제공하는 '금융투자업'이 필요하다.

자본시장의 구조: 주식시장을 중심으로

이야기했듯 자본시장에는 자금을 조달하기 위한 다양한 금융상품들이 발행되고 유통된다. 자본시장 생태계를 이해하기 위해 자본시장의 대표격인 '주식시장'을 통해 그 구조를 살펴보자.

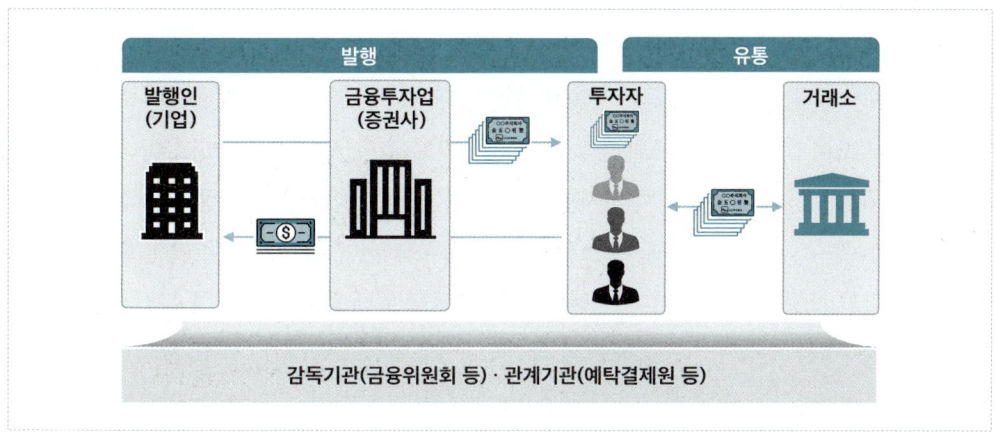

그림 3-37 자본시장 생태계

주식시장은 크게 '발행'과 '유통'으로 나뉜다. 기업은 주식 발행을 통해 자금을 조달하고, 투자자는 주식을 매입해 자금을 제공한다. 자금 수요자인 '기업', 자금 제공자인 '투자자', 그리고 중간에서 중개 및 서비스를 제공하는 '금융투자업'으로 구성된다. 그리고 이렇게 발행된 주식은 거래소를 통해 거래 및 유통된다. 마지막으로 이런 자본시장이 제대로 작동할 수 있도록 금융위원회와 같은 감독기관과 예탁결제원과 같은 관계기관으로 구성된다.

❶ 기업 - 증권(주식) 발행
❷ 금융투자업 - 주식시장 중개 및 서비스
❸ 투자자 - 증권 투자자
❹ 거래소 - 증권(주식) 유통
❺ 감독기관·관계기관 - 주식시장 관리 감독

IPO(Initial Public Offering, 기업공개)

가상자산 시장에서도 유사한 개념인 ICO가 주목받았는데, 주식시장을 이해하려면 IPO 개념을 이해할 필요가 있다.

주식회사란 주식 발행을 통해 여러 사람으로부터 자본금을 조달 받고 설립된 회사를 말한다. 주식회사 설립 초기에는 주식을 발행하고 소수의 투자자들로부터 자본금을 조달하는데, 이때 발행되는 주식을 구주(舊株)라고 한다. 이후 회사의 규모가 커지고 사업 확장이나 신규 사업을 추진하기 위해 더 많은 자금이 필요해지면 회사는 추가로 주식을 발행해서 외부의 불특정 다수 투자자로부터 자금을 조달한다. 이때 발행되는 주식을 신주(新株)라고 한다.

이렇게 발행된 주식(구주, 신주)을 투자자에 매각하여 자금을 조달하는 과정을 IPO(기업공개)라고 한다. 대주주 개인이나 가족들이 보유한 구주 일부와 신규 발행된 신주를 일반인에게 판매하여 자금을 조달하는 방식이다. 이러한 자금 조달을 위해 주식을 외부로 분산시키고 투자자에게 기업경영을 투명하게 공개하는 것을 IPO(기업공개)라고 한다.

'상장Listing'은 발행된 주식이 제도권 거래소(KRX, 한국거래소)에서 거래될 수 있도록 거래소에 등록하는 것을 말한다. 주식이 상장되지 않더라도 장외 시장이나 개별 거래는 가능하다.

발행된 주식이 반드시 거래되어야만 하는 것은 아니다. 주식은 회사에 대한 지분권리이기 때문에 보유하고 있으면서 배당을 받을 수 있다.

일반적으로 IPO를 거래소 상장과 동일한 개념으로 이해하기도 하지만, **'기업공개와 상장은 엄연히 다른 절차'**이다. 기업공개를 하더라도 상장을 하지 않거나 철회할 수 있다. '기업공개'는 금융위원회에서 담당하고, '상장'은 거래소에서 담당하기 때문에 규제 측면에서도 서로 다르다. 하지만 주식을 구매한 투자자의 입장에서는 매입한 주식이 거래소 거래를 통해 투자금을 빨리 회수하고 싶어하기 때문에 상장이 전제된 IPO(기업공개)에 참여하려고 하는 것이다. 따라서 대부분 IPO(기업공개)는 거래소 상장과 연계하여 진행되는 것뿐이다.

주식 발행, 기업공개, 상장은 구분해서 이해할 필요가 있다.

- **주식 발행** - 주식회사를 설립하면서 초기 주식(구주)을 발행하거나 나중에 추가 자금을 조달하기 위해 주식(신주)을 추가로 발행하는 것을 '주식 발행'이라고 한다. 주식 발행은 '구주매출*'과 '신주발행'으로 구분된다.

---

* 구주는 창업 초기에 이미 발행된 주식을 말한다. 이미 발행된 주식(구주) 중 일부와 신규로 발행된 주식(신주)을 IPO(기업공개)를 통해 일반투자자에게 판매한다. 따라서 구주는 발행하는 것이 아니라 이미 발행된 주식을 매각하는 것이다. 따라서 구주에 대해서는 '발행'이라는 용어 대신 '매출'이라는 용어를 사용한다.

- **IPO** - 발행된 주식(구주, 신주)을 일반 투자자에 매각하고 자금을 조달하는 것을 IPO라고 한다. 초기 투자자들이 보유한 구주 중 일부를 매각하고 신주를 발행해서 자금을 조달한다. 이때 구주 매각을 통해 자금을 조달하는 것을 '매출'이라고 하고, 신주 발행을 통해 자금을 조달하는 것을 '발행'이라고 한다.
- **상장** - 매각(구주 매출)된 구주와 신규 발행(신주 발행)된 주식이 자유롭게 거래·유통될 수 있도록 제도권 거래소(한국거래소)에 등록하는 것을 말한다. 주식을 외부 투자자에 매각했다고 해서 반드시 상장을 해야 하는 것은 아니다(기업공개와 상장은 별개이지만 일반적으로 기업공개와 상장을 연계해서 추진한다).

IPO는 크게 세 가지 의미를 지닌다고 볼 수 있다.

- 첫째, 기업은 구주 매각과 신주 발행을 통해서 필요한 자금을 조달한다.
- 둘째, 자금을 조달하기 위해 구주의 일부를 매각(매출)하고 신주를 추가로 발행하는데 이를 통해 회사의 지분이 외부 투자자들에게 분산된다.
- 셋째, 지분이 외부로 분산되었기 때문에 회사의 재무 상태나 경영 활동이 모든 주주들에게 투명하게 공개되어야 한다.

앞서 설명한 IPO 내용을 구조화하여 표현하면 그림 3-38과 같다.

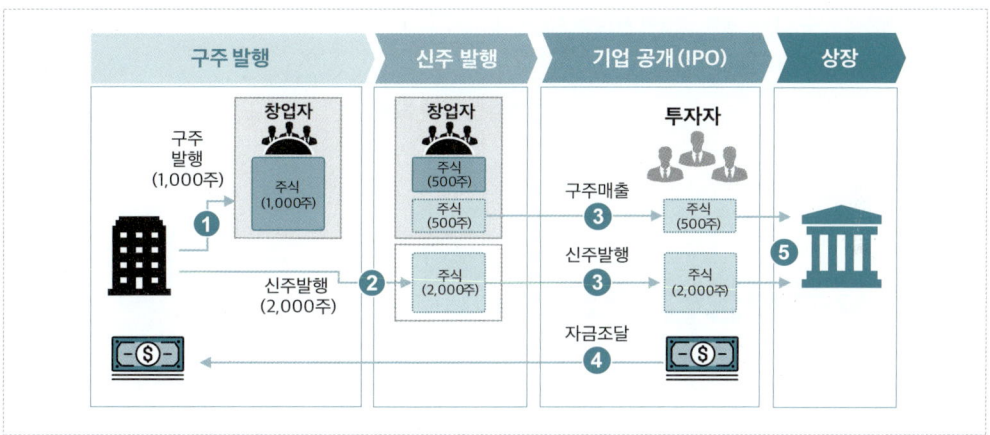

❶ 주식회사를 설립하면서 주식(구주)을 발행한다.
❷ 추가 자금 조달을 위해 주식(신주)을 발행한다.
❸ 구주 일부를 매각(구주 매출)하고 신주를 발행(신주 발행)한다.
❹ 구주 매출과 신주 발행을 통해 자금을 조달한다.
❺ IPO을 통해 발행된 주식들은 거래소에 상장되어 거래·유통된다.

그림 3-38 IPO 절차

그림 3-39는 그림 3-37과 그림 3-38을 혼합해서 표현한 것이다.

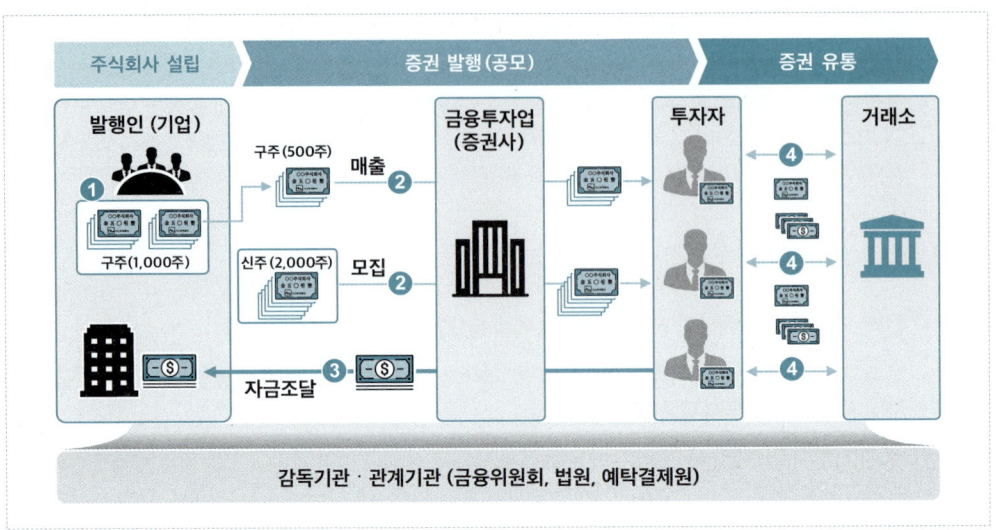

❶ 회사 설립 시 1,000주(구주)를 발행한다.
❷ 구주 1,000중 500주를 매출하고 신주 2,000주를 외부 투자자에 판매한다.
❸ 구주매출과 신주발행을 통해 필요한 자금을 조달한다.
❹ 발행된 주식은 거래소를 통해 유통된다.

그림 3-39 증권 발행 및 유통

9.2 자본시장법 개요

자본시장법은 '자본시장'과 '금융투자업'에 관한 법률이다. 좀 더 정확히 말하면, 투자자를 보호하기 위해 **'자본시장'과 '금융투자업'을 규제하는 법률**이다. 이 자본시장법은 2007년에 제정되었으며, 정식 명칭은 '자본시장과 금융투자업에 관한 법률'이다.

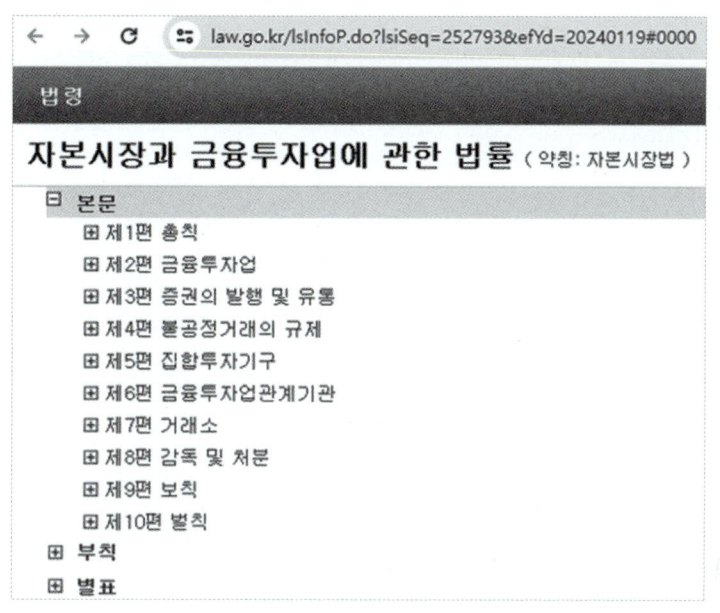

그림 3-40 자본시장법 구성 체계

자본시장법 이전에는 증권거래법, 선물거래법, 한국증권선물거래소법, 간접투자자산운용업법, 신탁업법, 종합금융회사에 관한 법률 등 다양한 법률이 존재했다. 이러한 '기존 법률들을 통합'하고 '포괄주의 규율 체제'와 '기능별 규율 체제'를 도입한 것이 바로 자본시장법이다.

국가법령정보센터(https://www.law.go.kr/법령/자본시장과금융투자업에관한법률) 홈페이지를 방문하면 자본시장법 구성 체계와 법령 내용을 확인할 수 있다. 자본시장법은 금융투자업, 증권의 발행 및 유통, 불공정거래의 규제, 집합투자기구, 금융투자업 관계 기관, 거래소 등으로 구성되어 있다.

9.2.1 목적 및 적용대상

앞서 말했듯이, 자본시장법은 투자자 보호라는 명확한 목적을 가지고 있으며 '투자성'이 있는 금융투자상품에 한정하여 적용된다. 자본시장법 제1조는 그 목적을 다음과 같이 명시하고 있다.

> **자본시장법 제1조(목적)** 이 법은 자본시장에서의 금융혁신과 공정한 경쟁을 촉진하고 <u>투자자를 보호</u>하며 금융투자업을 건전하게 육성함으로써 자본시장의 공정성·신뢰성 및 효율성을 높여 국민경제의 발전에 이바지함을 목적으로 한다.

다양한 문구들로 기술되어 있지만, 대부분 간접적인 목적이거나 형식적인 표현에 가깝다. 자본시장법의 핵심 목적은 한마디로 '투자자 보호'라고 할 수 있다. 이는 자본시장법의 구성 체계와 세부 내역을 살펴보면 알 수 있다. 자본시장법은 투자자 보호가 목적이기 때문에 주로 '증권 발행인(기업)' 또는 '금융기관(증권사 등)'에 대한 규제 위주로 구성되어 있다고 이해해도 좋다.

자본시장법의 적용대상은 '금융상품 관점'과 '발행형태 관점'으로 구분해서 이해할 수 있다. 먼저 금융상품 관점에서 보면, 자본시장법은 '투자성(원금 손실 위험성)'이 있는 금융투자상품에만 적용된다.

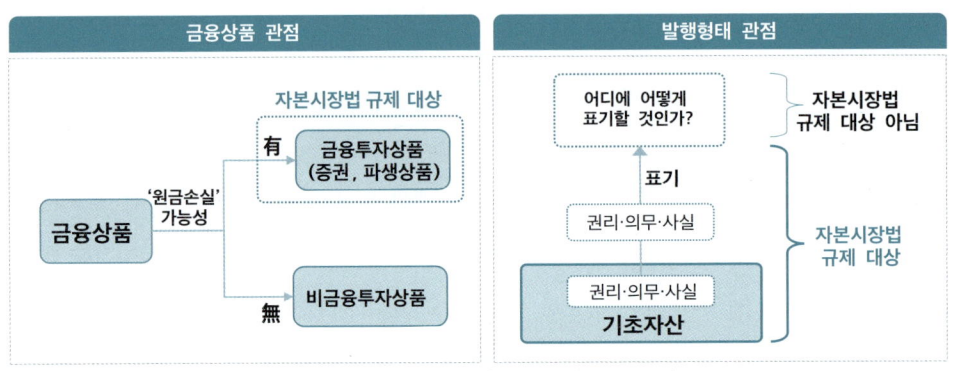

그림 3-41 자본시장법의 규제 대상

다음은 발행형태 관점이다. 자본시장법은 '증권의 내용'을 규율하는 법이다. 권리를 어디에 어떻게 표시하라는 '증권의 형식'은 규정하지 않는다. 권리의 표시 방법 및 형식에 관한 내용은 상법과 전자증권법에서 규정하고 있다.

9.2.2 제정 배경

증권시장에서의 유가증권 거래에 관한 기본법인 증권거래법은 1962년 1월 15일 제정되어 같은 해 4월 1일부터 시행되었다. 이후 개정 과정을 거치면서 발전해 오다가 2009년 자본시장법이 제정되면서 자본시장법에 통합되었다. 현 자본시장법은 2007년 국회에서 의결되었고 2009년 발효 및 시행되었다. 자본시장법의 역사는 그렇게 오래되지 않았다.

자본시장법은 전에 없던 새로운 법이라기보다 기존의 법들을 통합하고 정비하는 과정에서 새롭게 제정된 법안이다. 따라서 현 자본시장법의 특징과 취지를 이해하기 위해서는 이전 법안들에 대한 이해와 자본시장법 배경을 이해할 필요가 있다.

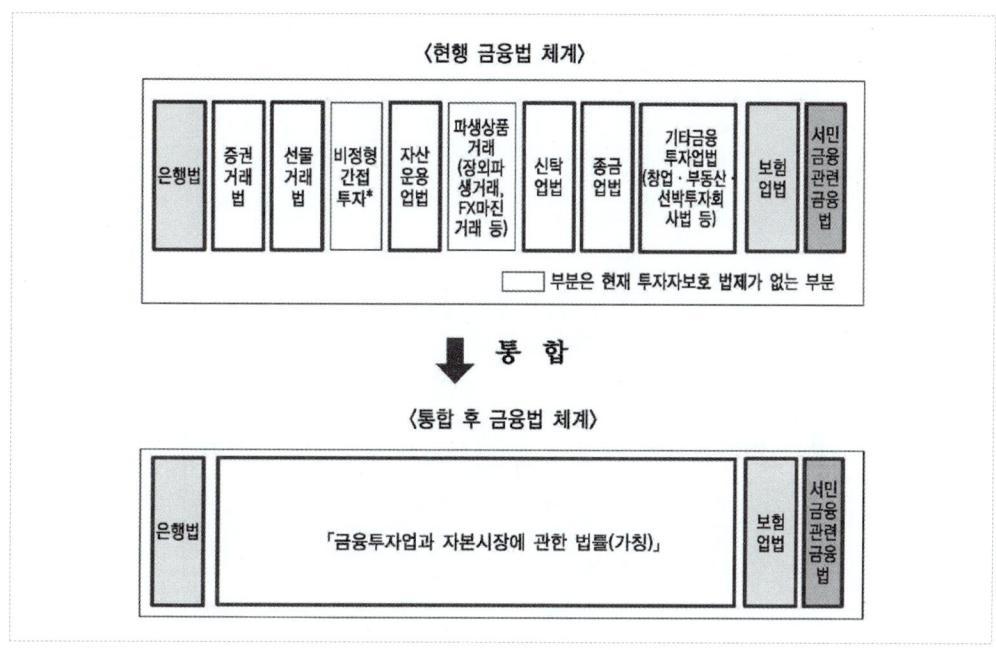

그림 3-42 기존 다양한 금융법의 자본시장법으로 통합 (출처: 자본시장법 제정안 설명자료)

기존 금융법 체계를 통합하고 재정비하여 자본시장법을 제정하였다. 은행법과 보험업법 등을 제외한 자본시장을 규율하는 16개의 법률 중 7개 법률을 통합하고 나머지 9개 법률은 관련 규정을 일괄 정비하였다. 추가로 당시 규율체계가 없던 '비정형 간접투자'와 '파생금융상품'을 이번 통합법에 포함시켜 규제 공백을 없앴다.

정리하면, 은행법과 보험업법을 제외한 다양한 금융 관련법을 하나로 통합하고 규율 체계가 없던 영역을 이번 통합법에 포함시킨 것이 자본시장법 제정의 큰 골자이다.

9.2.3 기본 방향

'자본시장과 금융투자업에 관한 법률(자본시장법)' 제정의 기본 방향은 다음과 같다. 여기에서는 ❶과 ❷에 대해서만 간단히 살펴보도록 하겠다.

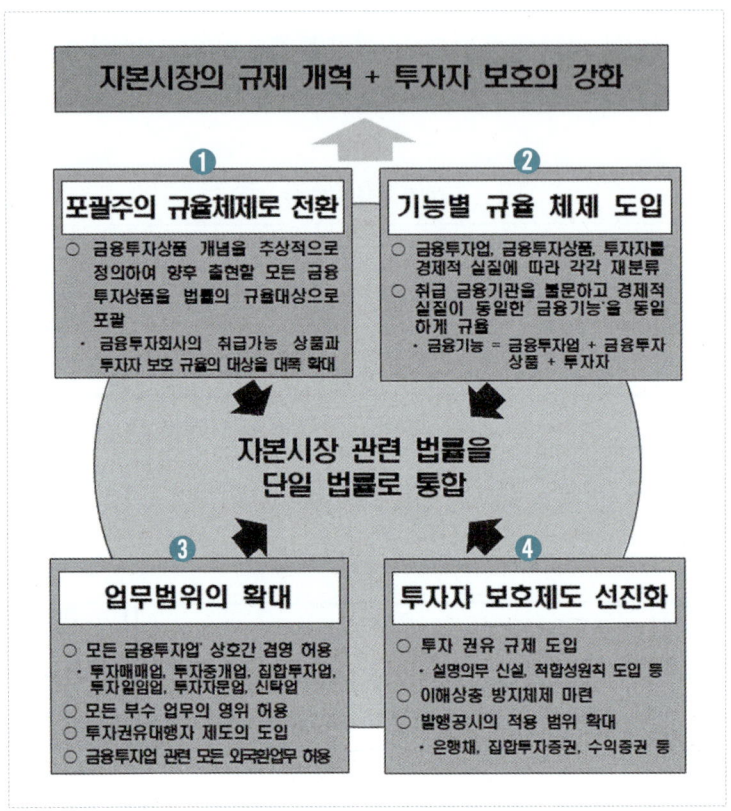

그림 3-43 자본시장법 기본방향과 목표

▌ 1. 포괄주의 규율 체계

포괄주의 규율 체계를 이해하기 위해 먼저 열거주의와 포괄주의 개념을 알아보자.

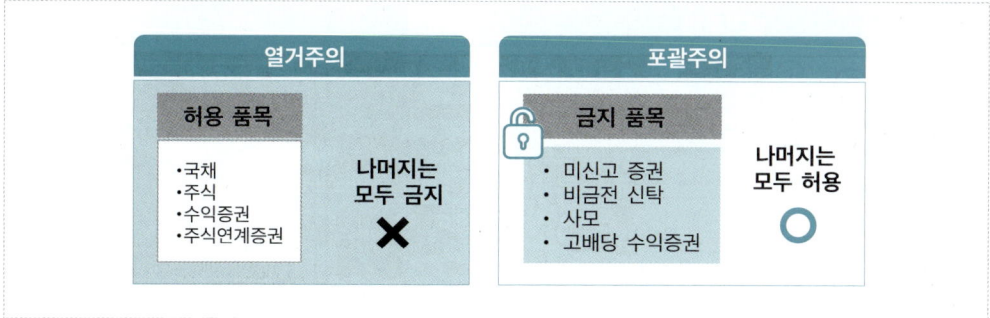

- 열거주의 - 원칙적으로 모두 금지하고, 예외적으로 허용되는 품목만 나열
- 포괄주의 - 제한 또는 금지되는 품목만 제외하고, 나머지는 모두 허용

그림 3-44 열거주의와 포괄주의 개념 비교

간단히 말해, 열거주의는 허용 대상을 열거하고 나머지는 모두 금지하는 방식이며, 포괄주의는 금지 대상을 한정하고 나머지는 모두 허용하는 방식이다.

자본시장에서 자본시장법의 적용 대상 범위를 어떻게 규정하느냐는 중요한 문제이다. 자본시장법 이전에는 적용 대상을 열거하는 방식이었다. 이런 열거주의는 투자자 보호와 금융 혁신 측면에서 다음과 같은 문제가 있었다.

첫째, 투자자 보호 측면에서 보면, 법에 열거된 범위를 우회하여 법 적용 대상에서 벗어나는 사례가 발생할 수 있다. 예를 들어, 법에는 주식이나 채권 등만 증권으로 열거되어 있다면, 뮤직카우의 '저작권료 참여 청구권'은 법에 증권으로 열거되어 있지 않기 때문에 증권이 아니라며 투자자를 대상으로 영업할 수 있다.

둘째, 금융혁신 측면에서 보면, 아무리 혁신적인 금융상품이 출현해도 해당 상품이 법에 열거되어 있지 않는 경우 허용 근거가 부족하여 사장될 수 있다.

이번 자본시장법 제정을 통해 기존 열거주의를 포괄주의로 전환하였다. 포괄주의에서는 규율 대상을 직접 열거하지 않고 추상적으로 규정하여 잠재적인 모든 금융투자상품을 법의 규율 대상으로 포함시켰다.

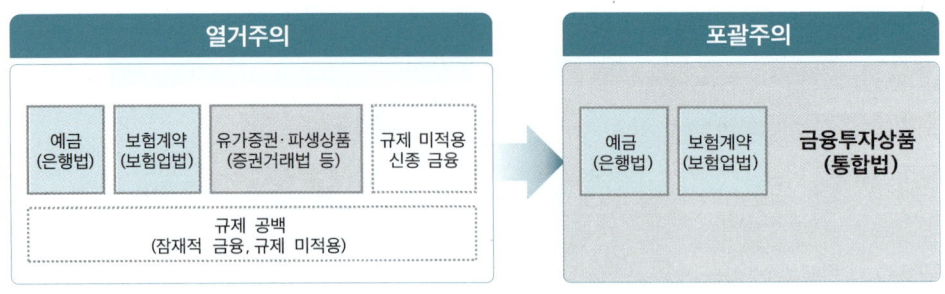

그림 3-45 자본시장법의 포괄주의 규율체계

자본시장법에서 포괄주의를 대표하는 핵심은 바로 '금융투자상품'이라는 추상적인 개념의 도입이다. 자본시장법 적용 대상을 하나씩 나열하는 대신, 금융투자상품이라는 추상적 개념에 해당되면 모두 자본시장법의 규율 대상으로 간주하겠다는 의도이다. 이는 규제 대상과 범위를 넓혀 투자자 보호를 강화하겠다는 의지로 이해할 수 있다.

자본시장법 이전에는 규제의 대상이 되는 증권 유형을 하나씩 열거하였다. 이런 경우에는 신종 금융상품이나 해석이 애매한 금융상품을 증권으로 규율하지 못하는 문제가 발생하였다. 이에 자본시장법에서는 '원금 손실 가능성(투자성)'이 있는 모든 금융상품을 '금융투자상품'이라는 추상적인 개념으로 규정해 버렸다. 법에 나열되어 있지 않더라도 투자성만 있으면 모두 '금융투자상품'으로 간주되어 자본시장법의 적용을 받도록 하겠다는 의도이다.

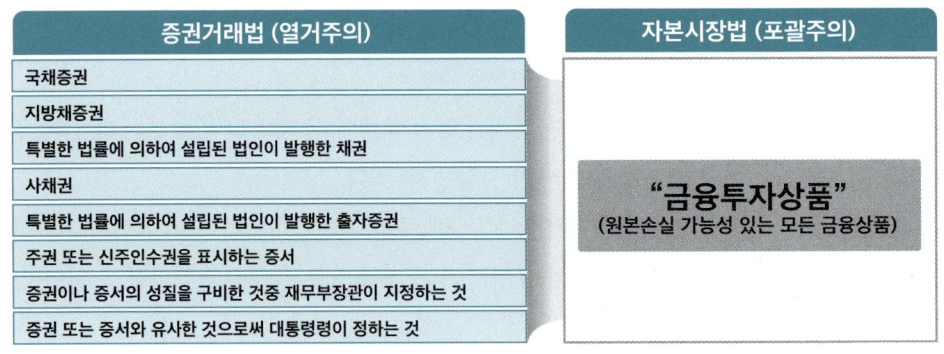

그림 3-46 '금융투자상품'이라는 포괄주의 개념 도입

'금융투자상품'이라는 추상적인 개념적 정의는 증권의 범위를 포괄적으로 규제할 수 있다는 장점이 있지만, 한편으로는 '금융투자상품'에 대한 범위가 불명확하여 어디까지가 증권인지

이해하기 어렵게 만들어 지나치게 강력한 규제가 될 수 있다는 한계도 있었다. 따라서 자본시장법에서는 포괄주의 원칙 취지를 살리면서 예상되는 한계를 개선하기 위해 다음과 같은 체계를 마련하였다.

제3조를 통해 '금융투자상품'이라는 포괄적 개념 정의를 하였다. 그리고 포괄적 규율체계의 한계점을 개선하기 위해 제4조를 통해 금융투자상품의 유형을 6가지로 나누고, 각 유형을 다시 포괄적으로 개념 정의하였다. 마지막으로 각 유형에 대한 상세 금융상품을 열거하여 구체성을 더하였다. 과거 증권거래법이 열거주의였다면 자본시장법에서는 포괄주의와 열거주의를 적절히 조합하여 정리하였다고 볼 수 있다.

그림 3-47 금융투자상품 개념 및 유형 체계

> **Note**
> ## 증권거래법과 자본시장법 비교
>
> 과거 증권거래법과 현 자본시장법상을 비교하면 열거주의와 포괄주의를 비교하여 차이를 이해할 수 있다.
>
> > [증권거래법] - 증권의 종류를 개별적으로 열거하여 규제 대상이 제한적이었다.
> > 　제1조 (목적) 이 법은 유가증권의 발행과 매매 기타의 거래를 공정하게 하여 유가증권의 유통을 원활히 하고 투자자를 보호함으로써 국민경제의 발전에 기여함을 목적으로 한다.
> > 　제2조 (용어의 정의) ①이 법에서 "유가증권"이라 함은 다음 각호의 1에 해당하는 것을 말한다.
> > 　1. 국채증권

2. 지방채증권
3. 특별한 법률에 의하여 설립된 법인이 발행한 채권
4. 사채권
5. 특별한 법률에 의하여 설립된 법인이 발행한 출자증권
6. 주권 또는 신주인수권을 표시하는 증서
7. 외국이나 외국법인이 발행한 증권 또는 증서로서 제1호 내지 제6호의 증권이나 증서의 성질을 구비한 것중 재무부장관이 지정하는 것
8. 제1호 내지 제7호의 증권 또는 증서와 유사한 것으로써 대통령령이 정하는 것

[자본시장법] - '금융투자상품'이라는 포괄적 개념을 도입하여 투자성이 있는 모든 금융상품을 규제 대상으로 포함하였다.

제3조(금융투자상품) ① 이 법에서 "금융투자상품"이란 이익을 얻거나 손실을 회피할 목적으로 현재 또는 장래의 특정(特定) 시점에 금전, 그 밖의 재산적 가치가 있는 것을 지급하기로 약정함으로써 취득하는 권리로서, 그 권리를 취득하기 위하여 지급하였거나 지급하여야 할 금전등의 총액이 그 권리로부터 회수하였거나 회수할 수 있는 금전등의 총액을 초과하게 될 위험(이하 "투자성"이라 한다)이 있는 것을 말한다

제4조(증권) ① 이 법에서 **"증권"**이란 내국인 또는 외국인이 발행한 **금융투자상품으로서** 투자자가 취득과 동시에 지급한 금전등 외에 어떠한 명목으로든지 추가로 지급의무를 부담하지 아니하는 것을 말한다.

② 제1항의 증권은 다음 각 호와 같이 구분한다.

    1. 채무증권
    2. 지분증권
    3. 수익증권
    4. 투자계약증권
    5. 파생결합증권
    6. 증권예탁증권

③ 이 법에서 **"채무증권"**이란 국채증권, 지방채증권, 특수채증권, 사채권, 기업어음증권, 그 밖에 이와 유사(類似)한 것으로서 지급청구권이 표시된 것을 말한다.

④ 이 법에서 **"지분증권"**이란 주권, 신주인수권이 표시된 것, 법률에 의하여 직접 설립된 법인이 발행한 출자증권,「상법」에 따른 합자회사·유한책임회사·유한회사·합자조합·익명조합의 출자지분, 그 밖에 이와 유사한 것으로서 출자지분 또는 출자지분을 취득할 권리가 표시된 것을 말한다.

⑤ 이 법에서 "**수익증권**"이란 제110조의 수익증권, 제189조의 수익증권, 그 밖에 이와 유사한 것으로서 신탁의 수익권이 표시된 것을 말한다.
⑥ 이 법에서 "**투자계약증권**"이란 특정 투자자가 그 투자자와 타인 간의 공동사업에 금전등을 투자하고 주로 타인이 수행한 공동사업의 결과에 따른 손익을 귀속받는 계약상의 권리가 표시된 것을 말한다.
⑦ 이 법에서 "**파생결합증권**"이란 기초자산의 가격·이자율·지표·단위 또는 이를 기초로 하는 지수 등의 변동과 연계하여 미리 정하여진 방법에 따라 지급하거나 회수하는 금전등이 결정되는 권리가 표시된 것을 말한다. 다만, 다음 각 호의 어느 하나에 해당하는 것은 제외한다.

2. 기능별 규율 체제

자본시장법의 두 번째 특징은 '기능별 규율 체제'의 도입이다. 기존 자본시장 규제 법령 체제는 그림 3-48 왼쪽 그림처럼 '금융회사'를 중심으로 규율하는 '기관별 규율 체제'를 유지하였다. 즉 금융회사별로 각기 다른 법률이 존재하여 증권회사는 증권거래법을, 신탁회사는 신탁업법을 적용받았다.

이런 규율 체계에서는 증권회사와 신탁회사가 동일한 금융업무 서비스를 하더라도 서로 다른 법을 적용받아야 하는 문제가 있었다. 그림 3-48을 보면, A 증권회사와 B 신탁회사는 동일한 '금융업무 #C'를 수행하더라도 A 증권회사는 증권거래법에, B 신탁회사는 신탁업법에 의해 규제 받는 모순된 상황이 발생했다.

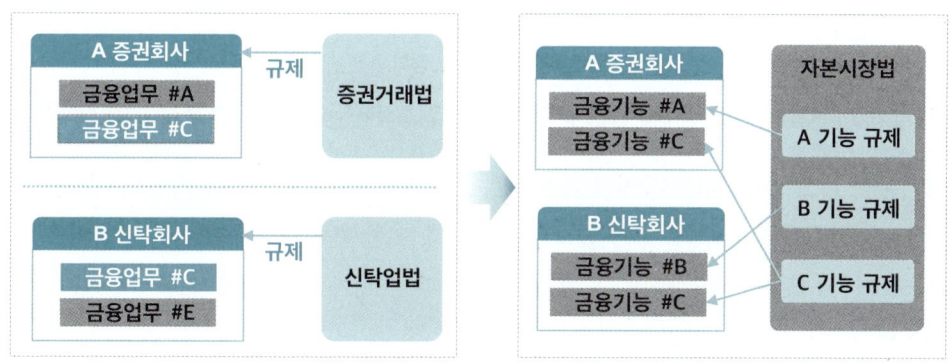

그림 3-48 기능별 규율 체제 개념

이러한 문제점을 개선하기 위해 기존의 '기관별 규율 체제'를 **'기능별 규율 체제'**로 전환하게 되었다. 동일한 금융 기능에 대해서는 금융회사가 다르더라도 동일한 규율로 규제하는 방식이다. 금융회사들의 모든 업무를 '금융 기능' 관점에서 재정립하고, 동일한 금융 기능에 대해서는 동일한 기능 규제를 받도록 자본시장법을 정립하였다. 따라서 금융업종이 서로 다르더라도 동일한 금융 기능 라이선스를 가지고 있다면 원칙적으로 동일한 진입·건전성·영업행위 규제가 적용된다.

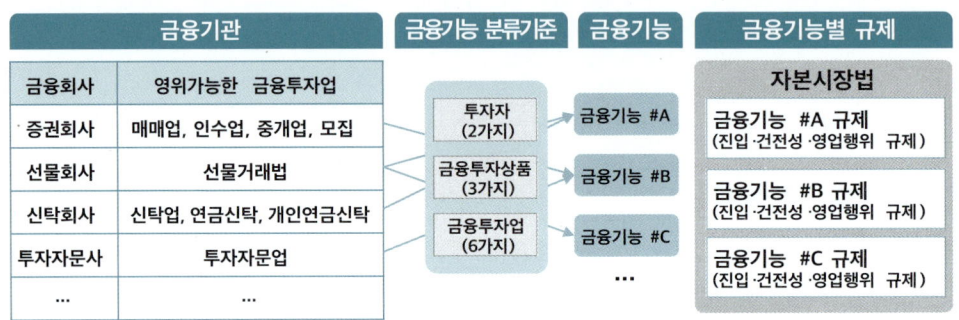

그림 3-49 금융기능별 규제 방안

그림 3-49처럼, 우선 금융회사들의 금융업무를 분류 기준에 따라 금융 기능으로 식별하여 구분하고 각 금융 기능에 대해 '금융 기능별 규제 방안'을 자본시장법으로 규율하였다. 분류 기준은 투자자, 금융투자상품, 금융투자업 관점에서 각각 다음과 같이 총 36가지 금융 기능 조합이 가능하도록 했다.

- 투자자 분류 구분 (2가지) - 일반투자자, 전문투자자
- 금융투자상품 분류 구분 (3가지) - 증권, 장내 파생상품, 장외 파생상품
- 금융투자업 분류 구분 (6가지) - 투자매매업, 투자중개업, 집합투자업, 투자자문업, 투자일임업, 신탁업

금융기관이 서로 다르더라도 동일한 금융 기능을 수행할 경우 해당 금융 기능에 대해서는 동일한 규제(진입, 건전성, 영업행위 규제)를 적용받게 된다. 또한 금융기관이 새로운 투자업을 위해 인가를 받아야 하는 상황이라면, 과거에는 금융기관 전체가 다시 인가를 받아야 했지만, 자본시장법 제정으로 해당 금융 기능에 대한 요건 충족 후 해당 기능에 대한 라이선스만 확보하면 된다.

9.2.4 자본시장법 구성 세부 내용

목적과 대상, 기본 방향까지 두루 살펴보았으니 이제 자본시장법의 구성과 내용을 간략하게 정리해 보겠다. 자본시장을 참여자 관점, 발행·유통 관점, 감독·관리 관점에서 살펴보면 그림 3-50의 왼쪽과 같이 구분할 수 있다.

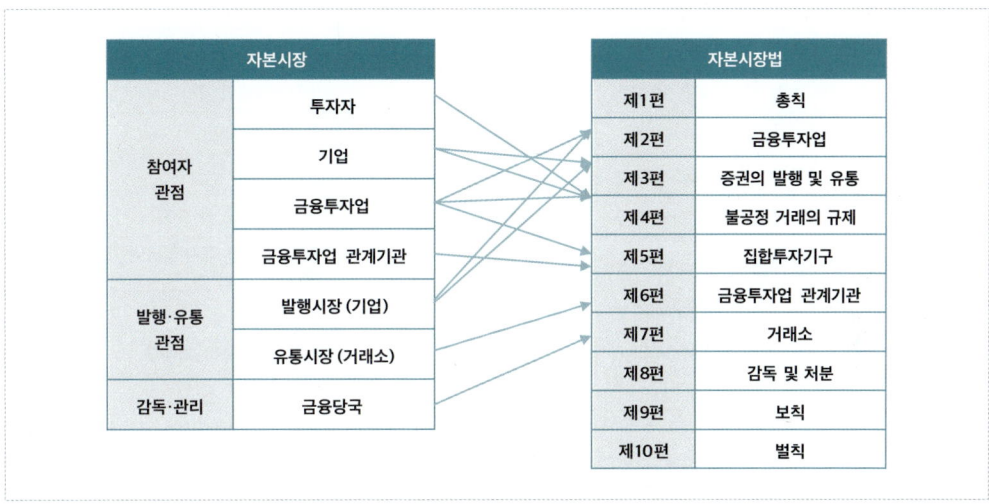

그림 3-50 자본시장법 구성체계 이해

자본시장법은 기본적으로 투자자를 보호하기 위한 자본시장과 금융투자업에 대한 규제 법안이라고 설명했다. 그림 3-50은 자본시장 구성 요소들이 자본시장법 구성 체계에서 어떻게 연계되어 있는지를 보여주고 있다.

그런 자본시장법의 구성과 내용을 간략하게 요약하면 다음 표와 같다.

구분	장	조	내용	세부내용
1편 총칙		1~10조	총칙	목적, 정의 규정
2편 금융투자업	1장	11~21조	인가 및 등록	인가·등록 요건 및 절차
	2장	22~29조	지배구조	파생상품업무책임자
	3장	30~36조	건전경영 유지	경영건전성, 대주주와의 거래제한
	4장	37~117조	영업행위 규칙	공통·금융투자업별 영업행위 규칙
	5장	117조	온라인소액투자중개업자	등록, 지배구조, 영업행위 규제

구분	장	조	내용	세부내용
3편 증권의 발행 및 유통	1장	118~132조	증권신고서	발행공시, 투자설명서
	2장	133~158조	기업의 인수·합병	공개매수, 대량보유상황 보고
	3장	159~165조	상장법인 사업보고서	사업보고서, 반기·분기보고서, 공시
	4장	166~171조	장외거래	장외거래, 외국인 장외매매 제한
4편 불공정 거래의 규제	1장	172~175조	내부자 거래	내부자 거래 금지
	2장	176~177조	시세조정	시세조정행위 금지
	3장	178~180조	부정거래행위	부정거래행위 금지
5편 집합투자기구	1~11장	181~282조	집합투자기구	구성, 종류, 감독
6편 관계기관	1~8장	283~372조	금융투자업 관계기관	설립 및 업무규정
7편 거래소	1~6장	373~414조	한국거래소	총칙, 조직, 시장, 감독
8편 감독 및 처분	1~4장	415~434조	금융당국 집행	명령 및 승인, 검사 및 조치, 조사, 과징금
9편 보칙		435~442조		신고 및 심의
10편 벌칙		443~449조	형벌 규정	벌칙, 양벌 규정, 과태료

표 3-2 자본시장법의 구성과 내용

자본시장법은 총 10편으로 구성되어 있으며 여기서는 2편부터 8편까지의 내용을 간략하게 소개하도록 하겠다.

- **'제2편 금융투자업'**

    금융투자업은 투자자와 기업 사이에서 금융 중개 및 서비스를 지원하는 기관이다. 쉽게 금융기업이라고 이해하면 된다. 자본시장법 제2편에서는 자본시장 작동의 핵심적인 역할과 기능을 수행하는 금융투자업에 대한 규제를 규정하고 있다. 자본시장에서 금융투자업의 역할은 중요하면서도 그 영향력이 막대하다. '자본시장과 금융투자업에 관한 법률'이라는 법률 이름에서도 알 수 있는 것처럼 자본시장법은 금융투자업에 대한 강한 규제를 마련하고 있다.

    금융에는 간접금융과 직접금융이 있다. 자금수요자와 자금공급자 사이에 자금이 직접 이전되는 것을 직접금융이라 하고, 직접 이전되지 않는 것을 간접금융이라고 한다. 간접금융의 대표적인 사례는 은행이다. 은행은 자금수요자와 자금공급자를 연결시켜주는 중개인이다. 예금자가 은행에 예금을 하면 은행은 이를 필요로 하는 기업에 대출해 준다.

    반면, 주식과 채권과 같은 증권은 직접금융이다. 투자자의 자금이 기업으로 직접 이전된다. 증권사는 중간에서 서비스를 지원하는 역할을 할 뿐이다. 증권은 직접금융이기 때문에 금융투자업과 같은 중개인이 반드시 필요한 것은 아니다. 하지만 자본시장은 구조가 복잡하고 규모가 거대하며, 관련 법률과 규제도 복잡하다. 따라서 직접금융 당사자인 투자자와 기업(증권 발행인) 모두 금융투자회사에 의존할 수밖에 없다. 금융투자회사는 단순히 중개 서비스뿐만 아니라 다양한 투자상품을 만들어 영업하기도 하고, 펀드와 같은 간접투자도 진행하고 있다.

금융투자업자는 대규모 자금에 관여하다 보니 신뢰성이 무엇보다도 중요하고, 이해상충의 소지가 매우 크기 때문에 금융투자업에 대해서는 엄격한 규제를 하고 있다. 대표적인 규제로는 인허가, 지배구조 규제, 건전성 규제, 영업행위 규제가 있다.

- 인허가, 지배구조, 건전성은 일반적으로 적용되는 규제이다.
- 가장 중요하고 비중 있게 다루는 분야가 바로 영업행위 규제이다.

금융투자회사들은 본인들의 이익 극대화를 위해 금융투자상품에 대한 정보와 지식이 부족한 일반 투자자들에게 악의적인 영업행위를 할 수 있다. 자본시장법에서는 투자자 보호 차원에서 금융투자회사들의 영업행위를 강력하게 규제하고 있다.

'제3편 증권의 발행 및 유통'

제2편이 자본시장에서 중개 역할을 하는 금융투자업에 대한 내용이라면 '제3편 증권의 발행 및 유통'은 자금을 조달하는 '기업(증권 발행인)'에 특화된 내용이다.

증권은 대표적인 직접금융이다. 금융기업은 중간에서 서비스를 제공할 뿐, 투자자와 기업은 직접적인 법률 관계를 맺는다. 투자자의 투자금도 기업에게 직접 이전된다.

기업은 증권 발행의 주체이다. 투자자는 투자하려는 회사에 대해 투명하고 완벽한 정보를 원한다. 반대로 기업(증권 발행인)은 위험 요소를 최대한 숨기고 긍정적인 측면만 부각하려 할 수 있다. 이는 정보의 비대칭성을 야기하여 결국 투자자에게 심각한 리스크를 초래할 수 있다.

자본시장법 제3편은 이러한 정보의 비대칭성을 해소하기 위한 규제를 담고 있다. 대표적인 방안이 '공시제도'이다. 이는 투자자가 참고할 수 있도록 증권 발행과 관련된 모든 정보를 '빠짐없이 그리고 거짓 없이' 공개할 것을 규정하고 있다.

투자자는 증권을 발행한 회사의 재무 상태, 사업 내용, 자금 조달을 통한 신규 사업 내용 등에 대한 정보가 부족하다. 따라서 자본시장법은 투자에 관련된 모든 정보가 담긴 '증권신고서'를 작성해서 투자자에게 공개하도록 규정하고 있다.

주식을 발행하는 기업은 회사와 증권에 관한 모든 정보뿐만 아니라 사업의 잠재적 리스크까지 빠짐없이, 거짓 없이 투명하게 공개해야 한다. 증권신고서는 수백에서 수천 페이지에 이르며, 수십 명의 전문 인력이 몇 달 동안 작성해야 하는 방대한 보고서이다. 기업에게 이러한 방대한 증권신고서를 의무화하는 이유는 정보 비대칭을 해소하고 궁극적으로 투자자를 보호하기 위한 것이다. 그러나 증권을 발행하는 기업의 입장에서는 증권신고서가 큰 부담이자 강력한 규제로 인식될 수 있다.

'제4편 불공정거래의 규제'

제4편은 자본시장에서의 불공정거래의 규제이다. 말 그대로 자본시장에서 발생하는 불공정한 거래를 규제한다. 불공정거래는 내부자거래, 시세 조정, 부정거래 등으로 구분할 수 있다. 불공정거래는 특정 기관에만 적용되는 것이 아니라 자본시장에 참여하는 모든 사람에게 적용된다.

- **'제5편 집합투자기구'**

  오늘날 자본시장은 펀드를 통한 간접투자의 전성시대라 할 정도로 펀드가 대중화되어 있다. 원래 펀드는 '간접투자자산운용업법'에 의해 규제되었지만, 자본시장법으로 통합되면서 '집합투자기구'로 별도로 규정하고 있다. 펀드는 그 규모와 영향력이 매우 크기 때문에 다른 일반 증권에 비해 더 엄격하고 세밀한 규제가 적용된다.

  앞서 제2편에서는 금융투자업을 다루었다. 자본시장법에서는 금융투자업의 유형을 6가지로 제시하고 있는데, 그중 하나가 '집합투자업'이다. 현 자본시장에서 집합투자업이 차지하는 비중과 역할이 매우 중요하고 크기 때문에 별도로 제5편에서 다루고 있다. 금융투자업에 대한 규제와 유사하게 집합투자업에 대해서도 별도의 규제가 적용된다.

> **자본시장법 제6조(금융투자업)** ① 이 법에서 "금융투자업"이란 이익을 얻을 목적으로 계속적이거나 반복적인 방법으로 행하는 행위로서 다음 각 호의 어느 하나에 해당하는 업(業)을 말한다.
> 1. 투자매매업
> 2. 투자중개업
> 3. 집합투자업
> 4. 투자자문업
> 5. 투자일임업
> 6. 신탁업

- **'제6편 금융투자업 관계기관'**

  금융투자업 관계기관은 예탁결제원, 신용평가회사, 증권금융, 금융투자협회 등을 말한다. 이런 기관들은 금융투자회사는 아니지만 자본시장이 원활하게 작동하기 위한 기반을 제공하는 필수 기관들이다. 증권시장은 은행이나 보험에 비해 그 규모가 매우 크다 보니 보다 더 많은 유관 기관들이 필요하다. 자본시장법 제6편에서는 이런 관계기관들의 설립 및 업무를 규정하고 있다.

- **'제7편 거래소'**

  거래소는 발행된 증권이 유통되는 시장이다. 주식이 개인적으로 또는 장외에서도 거래될 수 있지만, 발행된 주식이 제도권 거래시장에서 거래되기 위해서는 거래소에 상장되어야 한다. 자본시장법 제7편에서는 이런 거래소의 조직, 시장, 감독 등을 규정하고 있다.

- **'제8편 감독 및 처분'**

  자본시장법은 규제 법안이라고 강조했다. 투자자 보호와 건전한 자본시장 조성을 위해 금융당국은 다양한 이해관계자들을 규제하고 감독할 의무가 있다. 제8편에서는 금융당국의 감독 권한을 규정하고 있다. 이는 금융당국의 감독권, 명령권, 승인권, 검사 및 조치권, 불공정거래 조사권, 과징금 처분 등을 포함한다.

9.3 자본시장법의 규제

지금까지는 자본시장법의 구성 체계에 초점을 맞추었다면 이제부터는 자본시장법에서 규제하는 내용에 대해 좀 더 자세히 살펴보겠다. 일반인에게는 조금 따분하고 어려울 수 있다. 부담이 된다면 그냥 넘어가도 크게 문제는 없을 것 같다.

9.3.1 규제의 유형

모든 산업에는 각 산업에 대한 규제가 있다. 그 중에서도 금융 산업은 가장 엄격한 규제를 받는 분야이다. 금융 산업 중에서도 은행이나 보험에 비해 금융투자상품(증권, 파생상품) 분야의 규제는 더욱 방대하고 엄격하다.

규제에는 세 가지 유형이 있다. 진입규제, 행위규제, 공시규제이다.

- 첫째, **진입규제**이다. 진입규제는 특정 산업이나 직종에 참여하여 그 사업을 영위할 자유나 권리를 제한하는 것이다. 진입규제 전형으로는 사업인가, 허가, 면허, 등록, 신고, 지정, 승인 등이 있다. 이러한 진입규제를 통과해야만 비로소 해당 산업 및 사업을 영위할 수 있다.

  진입규제가 적용되는 대상이 바로 금융투자회사이다. 상법상 일반 회사는 누구라도 정관을 작성하고 등기를 하면 자유롭게 회사를 설립할 수 있다. 하지만 금융투자회사는 대규모 금융을 중개하고 회사의 안정성이 중요하기 때문에 아무나 금융투자업을 할 수 있도록 허용해서는 안 된다. 신뢰성과 안정성을 보장할 수 있는 까다로운 자격 요건을 충족하는 회사에게만 금융투자업 인가나 등록을 허용해야 한다. 금융투자회사뿐만 아니라 거래소도 허가제로 바뀌어 진입규제의 대상이 된다.

- 둘째, **행위규제**이다. 자본시장에 참여하는 투자자, 기업, 금융투자회사들은 상호 간에 다양한 행위를 한다. 시장 참여자들의 행위를 무제한적으로 허용할 경우 자본시장과 투자자에게 상당한 악영향을 미칠 수 있다. 따라서 시장 참여자들의 행위에 대해 적절히 규제할 필요가 있다.

  '기업'이 투자자에게 증권을 발행하는 행위는 투자자 보호에 중대한 영향을 미친다. 따라서 기업의 증권 발행 행위에 대한 규제가 필요하다. 대표적으로 증권신고서 제출 및 승인, 투자설명서, 공시의무 등이 증권 발행 행위 규제이다.

  '금융투자업자'에 대해서는 내부 정보 악용, 이해 상충 문제 등 건전하지 못한 행위에 대해 철저하게 규제할 필요가 있다. 또한 금융투자상품을 만들어 투자자에게 판매할 때 부당 영업행위에 대한 규제도 필요하다.

  시세 조정이나 부정거래 등 시장 질서를 교란하는 불공정 거래 행위도 철저히 규제해야 한다. 이러한 불공정 거래 행위에 대한 규제는 '모든 참여자'에게 적용된다.

- 셋째, **공시규제**이다. 상대적으로 정보 취득 능력이 떨어지는 투자자는 투자 위험에 노출될 수밖에

없다. 따라서 증권 발행 기업이 직접 증권에 대한 모든 정보를 투명하게 공개하고, 투자자는 공개된 정보를 바탕으로 직접 판단하여 투자 여부를 결정할 수 있어야 한다. 공시에는 증권신고서와 같은 발행 공시와 정기·수시 공시와 같은 유통 공시가 있다.

> **Note**
> ## 규제주의와 공시주의
>
> 자본시장법은 투자자를 보호하기 위한 법이기 때문에, 정보 취득과 금융 지식이 상대적으로 부족한 투자자의 위험 노출을 차단하기 위한 규제가 필요하다. 이런 정보 비대칭성을 해소하기 위한 방법으로 규제주의와 공시주의가 있다.
>
> - **규제주의**: 엄격한 심사를 통해 안정성이 담보된 상품만 허용하는 방식이다.
> - **공시주의**: 상품과 관련된 모든 정보를 투명하게 공개하고 투자자가 스스로 판단하여 투자여부를 결정하도록 하는 방식이다.
>
> 일본에서는 가상자산 해킹 사고가 연달아 발생하고 테라·루나 사태 등이 터지자, 가상자산 상장과 관련하여 화이트리스트 제도를 운용하고 있다. FSA(일본금융청)와 JVCEA(일본가상자산화폐거래협회)에서 엄격한 심사과정을 거쳐 심사에 통과한 가상자산만 상장할 수 있다. 하지만 최소 6개월 이상 시간이 소요되는 엄격한 심사 과정 때문에 가상자산 시장 성장이 저해되고 투자자들이 해외로 이탈하는 문제점도 발생하였다. 그래서 좀 더 효율적인 상장 지원을 위해 '그린리스트' 제도가 발표되기도 하였다. 그린리스트 제도는 사전 심사 과정 없이 거래소 자율 판단으로 상장할 수 있는 제도였다.
>
> 규제주의는 일본 화이트리스트 제도와 유사하게 규제 당국이 주도적으로 투자 위험이 있는 투자상품을 실질적으로 심사 및 평가하여, 위험하거나 투자자에게 부당하다고 판단되는 투자상품을 걸러내어 투자자에게 위험이 노출되는 것을 선제적으로 차단시키는 방식이다. 하지만 이런 '규제주의' 방식은 몇 가지 문제점이 있다.
>
> - **실질적인 심사 어려움**: 규제 당국이 수많은 증권의 내용을 실질적으로 심사하고 분석한다는 것은 매우 어렵고 막대한 비용이 발생할 수 있다.
> - **시장 기능 위축 우려**: 규제의 판단과 책임이 규제 기관에 집중될 경우 기업의 자금 모집 활동이나 시장 기능이 위축될 수 있다.
> - **투자자 다양성 무시**: 위험에 대한 수용 정도는 투자자의 투자 성향에 따라 다양하다. 이러한 다양한 투자자의 투자 성향을 하나의 기준으로 결정하는 것은 문제가 있다.
>
> 이러한 규제주의 방식의 한계점 때문에 현재 대부분의 국가에서는 공시주의 제도를 이용한다. 증권 발행 기업이 증권과 관련된 모든 정보를 투명하게 공개하고, 투자자는 공개된 정보를 바탕으로 스스로 판단하여 투자 여부를 결정하도록 하는 것이다.

9.3.2 자본시장 참여자별 주요 규제 유형

규제 유형 설명에서도 느꼈겠지만, 참여자마다 규제의 범위와 강도가 다르다. 그림 3-51은 자본시장 참여자별 적용되는 규제의 유형을 정리한 것이다.

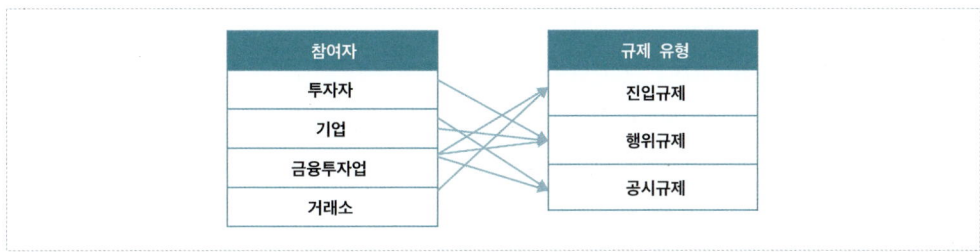

그림 3-51 자본시장 참여자별 규제 유형

규제 유형별 적용 대상 및 규제 내용을 더 자세히 정리하면 다음 표와 같다.

규제 유형	참여자	규제 내용
진입규제	금융투자회사	인허가
	거래소	인허가
행위규제	기업	증권 발행 규제
	금융투자회사	지배구조, 건전성, 영업행위
	모든 참여자	불공정 거래 행위
공시규제	기업	발행공시(증권신고서), 유통공시(상시, 정기)
	금융투자회사(집합투자업)	발행공시(증권신고서), 유통공시(상시, 정기)

표 3-3 규제 유형별 규제 내용 정리

지금부터는 금융투자업, 기업(증권 발행인), 거래소, 불공정거래에 대한 각각의 규제의 내용에 대해 간략하게 살펴보겠다. 규제 내용 자체에 집중할 필요는 없고, 대략 어떤 규제 내용이 있는지 정도만 살펴보면 될 것 같다.

▌금융투자업 규제 내용

금융투자업에 적용되는 규제는 ①진입규제, ②지배구조 규제, ③건전성 규제, ④영업행위 규제로 구분된다.

- ① 진입규제: 금융투자업자가 인가를 받기 위해서는 다음과 같은 요건을 모두 갖추어야 한다.

> **제12조(금융투자업의 인가)** ② 제1항에 따라 금융투자업인가를 받으려는 자는 다음 각 호의 요건을 모두 갖추어야 한다.
> 1. 다음 각 목의 어느 하나에 해당하는 자일 것
> 가. 「상법」에 따른 주식회사이거나 대통령령으로 정하는 금융기관
> 나. 외국 금융투자업자로서 외국에서 영위하고 있는 영업에 상당하는 **금융투자업 수행에 필요한 지점, 그 밖의 영업소를 설치한 자**
> 2. 인가업무 단위별로 5억원 이상으로서 대통령령으로 정하는 **금액 이상의 자기자본을 갖출 것**
> 3. 사업계획이 타당하고 건전할 것
> 4. 투자자의 보호가 가능하고 그 영위하고자 하는 금융투자업을 수행하기에 **충분한 인력과 전산설비, 그 밖의 물적 설비를 갖출 것**
> 5. 임원이 「금융회사의 지배구조에 관한 법률」 제5조에 적합할 것
> 6. 대주주나 외국 금융투자업자가 다음 각 목의 구분에 따른 요건을 갖출 것
> 가. 제1호가목의 경우 대주주가 충분한 출자능력, 건전한 재무상태 및 사회적 신용을 갖출 것
> 나. 제1호나목의 경우 외국 금융투자업자가 충분한 출자능력, 건전한 재무상태 및 사회적 신용을 갖출 것
> 6의2. 대통령령으로 정하는 건전한 재무상태와 사회적 신용을 갖출 것
> 7. 금융투자업자와 투자자 간, 특정 투자자와 다른 투자자 간의 **이해상충(利害相衝)을 방지하기 위한 체계를 갖출 것**

- ② 지배구조 규제 : 금융투자업자의 지배구조 규제는 원래 자본시장법에서 다루어졌지만, 2016년에 다양한 금융회사의 지배구조 규제를 통합한 '금융사 지배구조법'으로 통합 운영하면서, 현재는 자본시장법이 아닌 '금융사 지배구조법'에 의해 규제를 받고 있다.

    금융회사는 공적인 성격이 강하므로 특정 대주주의 독단적인 의사 결정이나 내부 감시 기능의 부재는 잘못된 의사 결정과 큰 손실을 야기할 수 있다. 따라서 건전하고 투명한 경영을 보장하기 위해 이사회의 구성, 대표이사의 선임, 내부통제와 준법 감시 제도 등 금융투자업자의 의사결정과 감시 구조에 대한 규제가 필요하다.

> **금융사 지배구조법 제1조(목적)** 이 법은 금융회사 임원의 자격요건, 이사회의 구성 및 운영, 내부통제 제도 등 금융회사의 지배구조에 관한 기본적인 사항을 정함으로써 금융회사의 건전한 경영과 금융시장의 안정성을 기하고, 예금자, 투자자, 보험계약자, 그 밖의 금융소비자를 보호하는 것을 목적으로 한다.

- ③ 건전성 규제: 금융투자업자가 재무 건전성에 문제가 발생하면 투자자에게 직접적인 피해가 갈 뿐만 아니라 국가 경제 전체에 연쇄적인 파급 효과를 일으킬 수 있다. 따라서 건전성 규제는 금융투자업자의 부실을 방지하기 위한 취지에서 마련되었다. 자본시장법에서는 이러한 재무 건전성과 경영 건전성의 준수를 명시하고 있다.

> **제30조(재무건전성 유지)** ① 금융투자업자는 제1호의 합계액에서 제2호의 합계액을 뺀 금액을 금융투자업자의 자산 및 부채에 내재하거나 업무에 수반되는 위험을 금액으로 환산하여 합계한 금액이상으로 유지하여야 한다.
> 1. 자본금·준비금, 그 밖에 총리령으로 정하는 금액
> 2. 고정자산, 그 밖에 단기간 내에 유동화가 어려운 자산으로서 총리령으로 정하는 자산
>
> **제31조(경영건전성기준)** ① 금융투자업자는 경영의 건전성을 유지하기 위하여 다음 각 호의 사항에 관하여 금융위원회가 정하여 고시하는 경영건전성기준을 준수하여야 하며, 이를 위한 적절한 체계를 구축·시행하여야 한다.
> 1. 자기자본비율, 그 밖의 자본의 적정성에 관한 사항
> 2. 자산의 건전성에 관한 사항
> 3. 유동성에 관한 사항
>
> **제32조(회계처리)** ① 금융투자업자는 다음 각 호에 따라 회계처리를 하여야 한다.
> 1. 회계연도를 금융투자업별로 총리령으로 정하는 기간으로 할 것
> 2. 금융투자업자의 고유재산과 신탁재산, 그 밖에 총리령으로 정하는 투자자재산을 명확히 구분하여 회계처리할 것

- ④ 영업행위 규제: 마지막으로 금융투자업자의 영업행위 규제이다. 금융투자업자는 기본적으로 고객의 돈을 관리하면서 동시에 자신들의 이익도 추구해야 하는 이해상충을 피할 수 없는 위치에 있다. 따라서 도덕성과 신의성실의무가 무엇보다 중요하다. 그러나 금융투자업자는 본인의 이익 추구를 위해 상품의 복잡성과 전문성을 악용하여 고객을 기만하고, 고객의 이익보다 자신들의 이익을 앞세울 수 있다. 심지어 고객의 이익에 반하는 의사결정을 할 수도 있다. 실제로 이러한 도덕적 해이 문제가 다수 발생하고 있다. 따라서 자본시장법에서는 금융투자업에 대해 영업행위 관련 엄격한 규제를 적용하고 있다.

 자본시장법에는 금융투자업으로 6개 업(業)을 규정하고 있는데, '투자매매업', '투자중개업', '집합투자업', '투자자문업', '투자일임업', '신탁업'이다. 금융투자업 모두에게 적용되는 공통 행위규제와 각 업별로 적용되는 개별 행위규제로 구분되어 있다. 다음 표는 금융투자업 모두에게 적용되는 공통 행위규제이다.

규제 명칭		주요 내용
신의성실의무		신의성실 원칙에 따라 공정하게 금융업을 수행할 것
적합성 원칙	투자자의 구분	투자자를 일반투자자와 전문투자자로 구분
	고객조사의무	투자자 특성(투자목적, 재산상태 등)을 면담, 질문 등을 통하여 파악한 후 서면 확인을 받을 것
	적합한 투자권유 의무	투자권유는 투자자의 투자목적, 재산상태, 투자경험 등에 적합하도록 할 것
적정성 원칙		파생상품과 같이 위험한 상품은 투자권유를 하지 않더라도 위험을 고지할 것
설명의무		투자권유 시 금융상품의 내용, 위험에 대하여 설명하고 이해했음을 서면 확인받을 것
		설명의무 미이행으로 손해 발생 시 금융투자회사에게 배상책임을 부과하고 원본손실액을 배상액으로 추정
불초청권유 규제		투자자가 원하는 경우를 제외하고 방문·전화 등에 의한 투자권유 금지
약관 규제		약관의 제정·변경 시 금융위원회 보고 및 공시 의무화
광고 규제		금융투자회사가 아닌 자의 투자광고 금지
		금융상품의 위험 등 투자 광고 필수 포함 내용 규정
기타		손실보전, 이익 보장의 금지, 기타 부당권유 금지

표 3-4 금융투자업에 공통 적용되는 행위규제 (출처: 자본시장법 강의_성희활)

기업(증권 발행자) 규제 내용

기업은 증권 발행 주체로서 정보 비대칭성 해소를 위해 공시 제도로 규제한다. 이를 공시규제라고 한다. 공시규제의 대표적인 사례가 '증권신고서'이다. 증권신고서는 투자자 보호를 위해 증권을 발행하려는 기업이 증권과 회사에 관련된 모든 내용을 기재하여 제출하는 신고 서류이다. 제출된 증권신고서는 수리가 되어야만 증권을 발행할 수 있다.

정보의 비대칭성은 발행 단계뿐만 아니라 유통 단계에서도 발생한다. 공모 시 증권을 매각하기 위한 1차 투자자에게 정보를 알릴 필요가 있다. 발행된 증권이 유통시장에서 거래되기 위해서는 이를 다시 매입하는 2차 투자자에게도 충분한 정보가 제공되어야 한다. 즉 공시 제도는 발행시장 공시와 유통시장 공시로 구분된다. 발생시장 공시의 대표적인 사례가 증권신고서, 투자설명서, 증권발행 실적보고 등이 있으며, 유통시장 공시는 정기공시, 수시공시, 공정공시 등으로 구분된다.

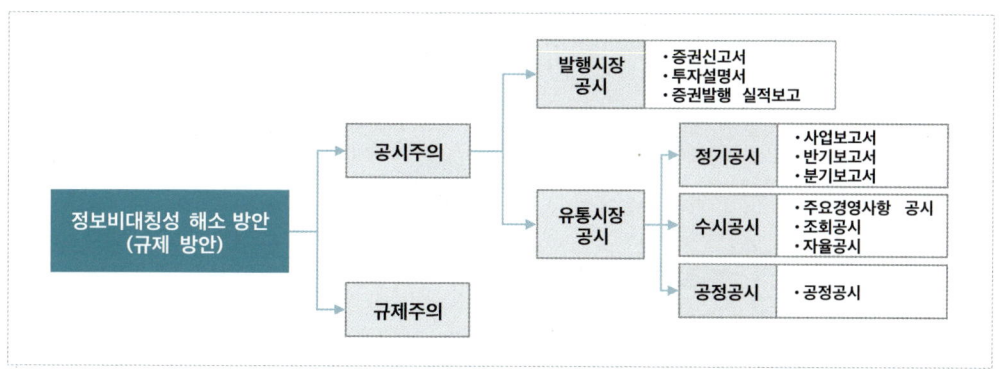

그림 3-52 공시규제 유형 및 내용

- **공시규제 대상**

공시규제는 증권을 발행하는 기업에게 강력한 규제 사항이다. 그러나 모든 기업에게 적용되는 것은 아니다. 자본시장법은 규제 자체가 목적이 아니라 투자자 보호가 목적이지만, 자본시장의 활성화 및 원활한 자금 조달도 중요하다. 따라서 투자자에게 피해가 크지 않다면 규제를 완화하거나 규제 대상에서 제외시킬 수 있다.

일반적으로 주변 지인이나 소수 전문 투자자에게 자금을 조달하는 경우에는 투자자 피해가 상대적으로 적다. 반면 불특정 다수로부터 대규모 자금을 조달하는 경우에는 그 피해가 상대적으로 크다. 전자를 '사모', 후자를 '공모'라고 한다.

- **공모(公募)** - 불특정 다수로부터 자금을 모집하는 행위
- **사모(私募)** - 특정한 개인이나 일부 투자 전문가를 통해 자금을 모집하는 행위

자본시장법에서는 '투자자 수(數)'를 기준으로 공모와 사모를 구분한다. 50인 이상으로부터 자금을 조달하면 공모가 되고, 50인 미만이면 사모가 된다. 사모의 경우 투자자의 피해가 상대적으로 낮기 때문에 공시규제를 적용받지 않는다. 즉 공시규제는 공모(50인 이상 투자자)에만 적용된다.

공시규제의 대표 사례인 증권신고서는 증권을 발행하는 기업에게 상당한 비용과 업무적 부담이 되는 요소이다. 영세한 기업이나 소액 금액 조달에도 증권신고서를 강제한다면 상당한 부담이 될 수 있다. 따라서 공모는 다시 조달 금액(10억 기준)에 따라 '일반공모'와 '소액공모'로

나뉜다. 그리고 소액공모에는 규제를 좀 더 완화하여 '증권신고서' 대신 '소액공모 공시서류' 만 제출하면 된다.

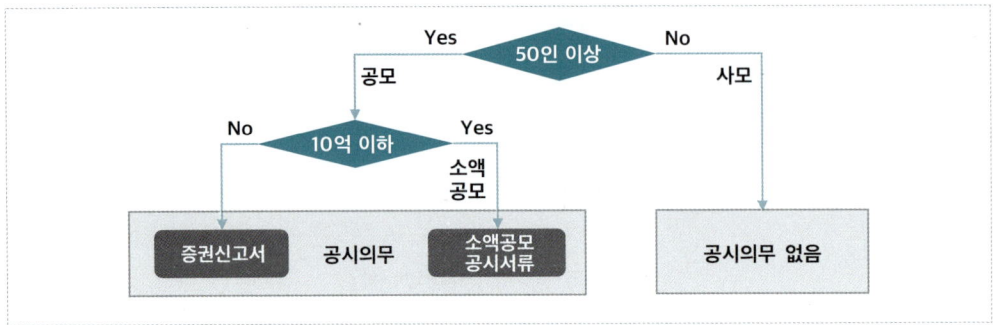

그림 3-53 공시규제 대상 및 내용

- **발행시장 공시**

발행시장 공시의 대표적인 것이 '증권신고서'와 '투자설명서'이다. 증권신고서는 증권의 발행 및 유통에 관한 (공시)규제이기 때문에 발행 대상은 주식과 채권을 발행하는 기업이다. 금융투자업 중 하나인 집합투자업자(펀드 운용사)도 투자자들로부터 자금을 조달하고 증권을 발행하기 때문에 증권신고서 발행 대상이 된다.

증권신고서는 증권을 발행하기 위한 큰 관문이다. 증권을 발행하기 위해 제출된 증권신고서가 수리되지 않으면 증권을 발행할 수 없다.

> **자본시장법 제119조(모집 또는 매출의 신고)** ① 증권의 모집 또는 매출은 발행인이 그 모집 또는 매출에 관한 신고서를 금융위원회에 제출하여 수리되지 아니하면 이를 할 수 없다

과거 ICO에서 자금 조달을 위해 발행된 토큰은 전형적인 증권에 해당한다. 그러나 ICO를 진행한 업체들은 블록체인 기반이고 증권이 아닌 토큰이라는 이유로 증권신고서를 제출하지 않고 토큰(증권)을 발행했다. 이로 인해 규제당국에서 ICO를 전면 금지 바 있다.

- **증권신고서**

그럼 증권신고서에 어떤 항목과 내용이 포함되는지 살펴보자. 다음 예는 증권신고서의 일반적인 목차와 항목을 보여주고 있다 .

증 권 신 고 서
【 대표이사 등의 확인 】

요약정보

1. 핵심투자위험
2. 모집 또는 매출에 관한 일반사항

제1부 모집 또는 매출에 관한 사항
I. 모집 또는 매출에 관한 일반사항
 1. 공모개요
 2. 공모방법
 3. 공모가격 결정방법
 4. 모집 또는 매출절차 등에 관한 사항
 5. 인수 등에 관한 사항
II. 증권의 주요 권리내용
III. 투자위험요소
 1. 사업위험
 2. 회사위험
 3. 기타위험
IV. 인수인의 의견(분석기관의 평가의견)
V. 자금의 사용목적
VI. 그 밖에 투자자보호를 위해 필요한 사항

제2부 발행인에 관한 사항
I. 회사의 개요
 1. 회사의 개요
 2. 회사의 연혁
 3. 자본금 변동사항
 4. 주식의 총수 등
 5. 정관에 관한 사항
II. 사업의 내용
 1. 사업의 개요
 2. 주요 제품 및 서비스
 3. 원재료 및 생산설비
 4. 매출 및 수주상황
 5. 위험관리 및 파생거래
 6. 주요계약 및 연구개발활동
 7. 기타 참고사항

III. 재무에 관한 사항
 1. 요약재무정보
 2. 연결재무제표
 3. 연결재무제표 주석
 4. 재무제표
 5. 재무제표 주석
 6. 배당에 관한 사항
 7. 증권의 발행을 통한 자금조달에 관한 사항
 8. 기타 재무에 관한 사항
IV. 회계감사인의 감사의견 등
 1. 외부감사에 관한 사항
 2. 내부통제에 관한 사항
V. 이사회 등 회사의 기관에 관한 사항
 1. 이사회에 관한 사항
 2. 감사제도에 관한 사항
 3. 주주총회 등에 관한 사항
VI. 주주에 관한 사항
VII. 임원 및 직원 등에 관한 사항
 1. 임원 및 직원 등의 현황
 2. 임원의 보수 등
VIII. 계열회사 등에 관한 사항
IX. 대주주 등과의 거래내용
X. 그 밖에 투자자 보호를 위하여 필요한 사항
 1. 공시내용 진행 및 변경사항
 2. 우발부채 등에 관한 사항
 3. 제재 등과 관련된 사항
 4. 작성기준일 이후 발생한 주요사항 등 기타사항
XI. 상세표
【 전문가의 확인 】
1. 전문가의 확인
2. 전문가와의 이해관계

증권신고서는 크게 세 가지 부분으로 나뉜다.

❶ 요약정보: 증권 발행에 관한 핵심 요약 정보
❷ 모집 또는 매출에 관한 사항: 증권 발행 관련 일반 사항 및 투자위험요소
❸ 발행인에 관한 사항: 증권 발행인 즉 증권을 발행하는 기업에 관한 일반 사항

자본시장법의 가장 중요한 목적은 투자자 보호이므로 증권신고서에서 가장 중요하게 간주되는 부분이 바로 '투자위험요소'이다. 이는 투자자가 증권을 취득함에 따라 발생할 수 있는 위험(가격하락, 원리금 회수 지연·불능 등)을 말하며, 다음과 같이 구분된다.

❶ 사업위험: 발행인이 속한 산업이나 업종 또는 영위하는 사업의 특성으로 직면하게 되는 위험
❷ 회사위험: 발행인의 재무상태, 지배구조 등 발행인의 특수한 위험
❸ 기타 투자위험: 증권의 발행조건 등으로 인해 발생하는 기타 위험

> 📝 Note
> **전자공시시스템**
>
> 금융감독원은 상장법인 등이 공시서류(증권신고서, 소액공모공시서류)를 인터넷으로 제출하고 투자자들이 인터넷을 통해 이를 조회할 수 있도록 '전자공시시스템(DART)'을 운영하고 있다. 전자공시시스템에 접근하면 제출된 공시서류들을 직접 조회할 수 있다.
>
>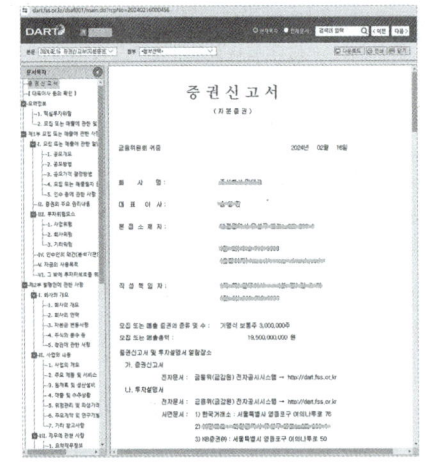
>
> (출처: https://dart.fss.or.kr/dsac005/main.do)

공시주의 제도에서 증권신고서는 투자자를 보호할 수 있는 매우 중요한 장치이다. 증권신고서에 허위 내용이 기재되거나 중요한 정보가 누락되면 투자자의 합리적인 투자활동에 잘못된 의사결정을 할 수 있다. 따라서 자본시장법에서는 증권신고서를 허위로 작성하거나 중요한 정보를 누락할 경우 강력한 처벌 및 제재를 가하고 있다. 민사 손해배상책임, 행정제재, 형사처벌이 그것이다.

기업에게 증권신고서가 왜 강력한 공시규제인지 이해해 보자.

- 첫째, 작성 자체에 많은 비용과 시간이 소요된다.
- 둘째, 증권신고서가 수리되지 않으면 증권 발행이 불가능하다.
- 셋째, 소홀하거나 거짓으로 작성하면 행정제재 및 형사처벌을 받을 수 있다.

[민사 손해배상책임]
제125조(거짓의 기재 등으로 인한 배상책임) ① 증권신고서와 투자설명서 중 중요사항에 관하여 거짓의 기재 또는 표시가 있거나 중요사항이 기재 또는 표시되지 아니함으로써 증권의 취득자가 손해를 입은 경우에는 다음 각 호의 자는 그 손해에 관하여 배상의 책임을 진다.

[행정제재]
제429조(공시위반에 대한 과징금) ① 금융위원회는 제125조제1항 각 호의 어느 하나에 해당하는 자가 다음 각 호의 어느 하나에 해당하는 경우에는 증권신고서상의 모집가액 또는 매출가액의 100분의 3을 초과하지 아니하는 범위에서 **과징금을 부과할 수 있다.**
1. 제119조, 제122조 또는 제123조에 따른 신고서·설명서, 그 밖의 제출서류 중 **중요사항에 관하여 거짓의 기재 또는 표시를 하거나 중요사항을 기재 또는 표시하지 아니한 때**
2. 제119조, 제122조 또는 제123조에 따른 신고서·설명서, 그 밖의 제출서류를 제출하지 아니한 때

[형사처벌]
제444조(벌칙) 다음 각 호의 어느 하나에 해당하는 자는 **5년 이하의 징역 또는 2억원 이하의 벌금에 처한다.**
13. 다음 각 목의 어느 하나에 해당하는 서류 중 중요사항에 관하여 **거짓의 기재 또는 표시를 하거나 중요사항을 기재 또는 표시하지 아니한 자** 및 그 중요사항에 관하여 거짓의 기재 또는 표시가 있거나 중요사항의 기재 또는 표시가 누락되어 있는 사실을 알고도 제119조제5항 또는 제159조제7항에 따른 서명을 한 자와 그 사실을 알고도 이를 진실 또는 정확하다고 증명하여 그 뜻을 기재한 공인회계사·감정인 또는 신용평가를 전문으로 하는 자
  가. 제119조에 따른 증권신고서 또는 일괄신고추가서류
  나. 제122조에 따른 정정신고서
  다. 제123조에 따른 투자설명서

- **유통시장 공시**

발행시장에서 증권신고서는 공모에 참여한 투자자를 위한 것이지만, 유통시장 공시는 거래소에서 주식을 매수하려는 투자자를 위한 것이다. 시간이 흐를수록 증권신고서의 정보 가치는 감소하므로 유통시장에서 새로운 정보가 지속적으로 제공되어야 한다. 이를 법으로서 규정하고 있는데 바로 유통시장 공시이다.

유통시장 공시를 통해 유통시장이 활발해지고 새로운 투자자들에게도 객관적인 정보를 제공하게 된다. 또한 내부자 등이 미공개 정보를 이용하여 불공정거래를 하는 것을 차단할 수 있다.

유통시장 공시에는 다음이 포함된다.

- 정기공시: 사업현황, 재무현황, 경영 실적 등을 정기적으로 공개, 일반투자자들이 합리적인 투자 판단을 할 수 있는 근거 자료를 정기적으로 제공하는 것
- 수시공시: 중요한 사항이 발생하거나 결정될 때 수시로 공시하는 것
- 공정공시: 기업이 증권시장을 통해 공시되지 아니한 중요 정보를 기관투자자 등 특정인에게 선별적으로 제공하고자 하는 경우, 사전에 모든 시장 참가자들이 정보를 알 수 있도록 증권시장을 통해 공시하도록 하는 것

거래소 규제내용

자본시장법 제7편에서는 거래소에 대한 내용을 다루고 있다. 주요 항목은 거래소의 허가, 조직, 상장 심사, 공시 규정 등이다. 주식의 발행에 관한 발행심사는 금융감독원에서 하지만, 거래소 상장을 위한 상장심사는 한국거래소에서 진행한다.

- **장내시장과 장외시장**

발행된 주식이 거래되는 시장을 유통시장이라고 한다. 유통시장은 장내시장과 장외시장으로 구분된다. 물건을 사고 파는 시장을 생각해 보자. 전통적인 시장뿐만 아니라 백화점이나 마트와 같은 현대적 시장도 있다. 이런 시장들의 특징은 '조직적', '지속적', '대규모'라는 특징을 지니며 물건을 팔기 위해서는 각 시장의 입점 조건을 충족해야 한다.

반면, 앞선 시장들과 달리 소수가 비정기적으로 거래하거나 당근마켓처럼 개인 간에 1:1로 거래하는 시장도 있다. 이런 시장의 특징은 '비조직적', '비지속적', '소규모'라는 특징을 지닌다. 금융상품이 거래되는 시장도 마찬가지다. 주식을 거래하기 위해서는 한국거래소라는 시장에

입점(상장)해야 한다. 한국거래소 주식시장 분야에는 유가시장, 코스닥시장, 코넥스시장이 있으며, 시장별로 상장 조건이 모두 다르다. 이들 시장을 장내시장이라고 하며 '조직적, 지속적, 대규모'의 특징을 지니며 금융당국의 인가를 받아야 한다.

반면에 비정기적이고 소규모로 개별적인 거래가 이루어지는 비조직적인 시장은 장외시장$_{OTC, Over The Counter}$이라고 한다. 장외시장은 누구나 자유롭게 거래할 수 있고, 금융당국의 허가를 받지 않아도 된다. 그러나 장외시장이라도 조직적이고 지속적으로 거래된다면 금융당국의 허가를 받아야 한다.

백화점이나 마트에서 물건을 구입하게 되면 사기일 가능성은 거의 없다. 입점 단계에서 철저히 검증하고 지속적으로 모니터링하기 때문이다. 반면 당근마켓이나 중고나라에서 물건을 구입하면 사기 위험이 다소 존재한다. 주식의 장외시장도 마찬가지로 제도권에서 벗어나 있기 때문에 다소 위험하다.

- 거래소 허가

자본시장법에서는 장내시장인 거래소를 설립하기 위해서는 허가를 받아야 한다고 규정하고 있다.

> 제373조(무허가 시장개설행위 금지) 누구든지 이 법에 따른 거래소허가를 받지 아니하고는 금융투자상품시장을 개설하거나 운영하여서는 아니 된다.
> 제373조의2(거래소의 허가) ① 금융투자상품시장을 개설하거나 운영하려는 자는 다음 각 호의 사항을 구성요소로 하여 대통령령으로 정하는 시장개설 단위의 전부나 일부를 선택하여 금융위원회로부터 하나의 거래소허가를 받아야 한다.

- 거래방법

주식을 거래하는 방법은 크게 경쟁매매와 상대매매로 구분된다. 거래소시장(장내시장)은 일정한 거래규칙과 집중된 주문에 의해 거래가 이루어지는 경쟁매매 시장이다. 반면에 장외시장은 고객과 증권회사, 증권회사 상호 간 또는 고객 상호 간 개별적인 접촉에 의해 거래가 이루어지는 비조직적이고 추상적인 '상대매매' 시장이다.

쉽게 설명하면, 경쟁매매 방식은 주식 거래에서 호가창을 통해 거래하는 상황을 생각하면 된다. 반면 상대매매 방식은 당근마켓에서 물건을 판매하려는 사람이 게시판에 글을 올리면 구매하려는 사람과 1:1로 매칭되어 거래가 성사되는 상황을 생각하면 된다.

거래 방법		설명	적용 시장
경쟁매매		가격을 불리하게 설정해도 더욱 유리한 가격이 있을 경우 자동으로 유리한 가격 체결	장내시장
상대매매	일대일 상대매매	팔고자 하는 사람과 사고자 하는 사람이 일대일로 수량과 가격이 일치해야 거래	장외시장
	다자간 상대매매	매도호가와 매수호가가 일치하는 경우 일치하는 수량 범위 내에서 자동으로 거래 체결	

표 3-5 경쟁매매와 상대매매

상대매매는 일대일 상대매매와 다자간 상대매매로 구분되는데, 일대일 상대매매는 수량과 가격이 일치해야 거래가 성사되며 일대일로 수량과 가격을 협의하여 거래가 성사된다.

다자간 상대매매는 종목에 대한 수량과 가격을 제시하고 매도 호가와 매수 호가가 일치하는 수량 범위 내에서 자동으로 거래가 체결된다. 동일 가격의 호가가 존재하면 먼저 호가가 접수된 경우부터 진행되고 가격이 일치하지 않으면 체결을 원하는 투자자가 상대호가를 보고 자신의 호가를 정정하게 된다.

장내시장에서는 경쟁매매 방식을 허용하고 장외시장은 상대매매 방식을 허용하고 있다. 참고로 4부에서 설명하겠지만, 토큰증권은 '다자간 상대매매'를 허용하고 있다. 그림 3-54는 세 가지 거래 방법을 사례로 간략히 설명한 것이다.

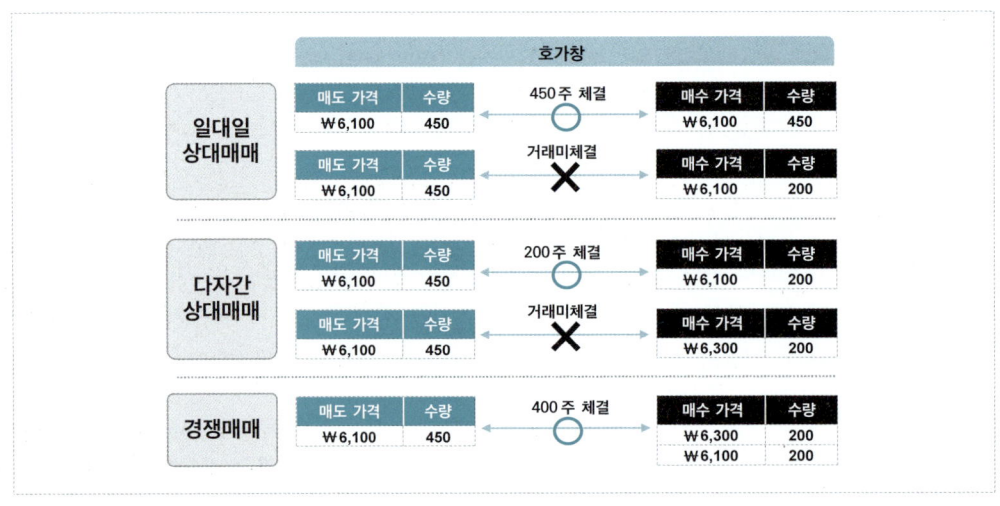

그림 3-54 거래방법 사례

- 상장요건

자본시장법에는 증권의 상장 및 상장폐지 업무를 '거래소'가 담당한다고 규정하고 있다. 거래소에서는 상장을 심사할 때 다음과 같은 6가지 상장 요건을 점검한다. 그 중의 하나가 주식분산 정도이다. 지분이 소수에 독점화되어 있지 않고 분산이 되어야 거래가 원활히 이루어질 수 있기 때문에 주식 분산도 중요한 상장 요건 중 하나이다.

상장 요건 점검 항목	
① 영업활동 기간	
② 주식 분산	• 일반주주 소유비율 25% 이상 • 공모주식 수 25% 이상 • 대형법인은 10% 이상 공모 & 자기자본 또는 기준시가총액에 따른 공모요건 충족 • 일반주주 수 700명 이상(의결권주 기준)
③ 경영성과 요건	
④ 감사 의견	
⑤ 주식의 양도제한	
기타 외형요건	

표 3-6 상장 요건 점검 항목

> **자본시장법 제373조의7(상장 및 시장감시 등의 책무)** 거래소는 다음 각 호의 업무를 행함에 있어서 이 법 또는 정관등에 따라 거래소시장에서 투자자를 보호하고 증권 및 장내파생상품의 매매를 공정하게 수행할 책무를 가진다.
> 1. 증권의 상장 및 상장폐지 업무
> 2. 제402조제1항제1호부터 제3호까지의 규정에 따른 업무
> 3. 그 밖에 투자자를 보호하고 공정한 거래질서를 확보하기 위하여 필요한 업무로서 대통령령으로 정하는 업무

불공정거래의 규제내용

불공정거래에 대한 규제는 자본시장에 참여하는 모든 참여자에게 적용된다. 자본시장법에서 가장 강하게 규제하는 분야가 증권 발행인에 적용되는 공시규제(증권신고서)와 불공정거래 규제이다. 예를 들어, 누군가 주식 가격을 악의적으로 조작하거나 증권사들이 미공개 정보나 내부 정보를 이용해서 부정한 방법으로 사기를 친다면, 투자자들은 더 이상 증권시장을 신뢰하지 않고 떠날 것이다. 따라서 자본시장법에서도 불공정거래에 대해 상당히 엄격하게 규제하고 있다.

자본시장법 제4편은 '불공정거래 규제'를 다루며, 1장은 내부자 거래, 2장은 시세조정, 3장은 부정거래행위를 다룬다.

주요 유형			규제 목적
내부자 거래	직접적 규제	미공개정보 이용행위	시장참여자가 균등한 조건에서 공정하게 거래에 참여할 수 있도록, 정보 접근이 용이한 내부자의 중요한 미공개 정보 이용을 금지
	간접적· 예방적 규제	단기매매차익취득	임직원 및 주요 주주 등 미공개 정보 이용 가능성이 큰 회사 내부자의 회사 정보 이용을 사전 예방
		특정증권 등 소유상황보고의무 위반	임원, 주요 주주의 미공개 정보 이용 가능성 감시
		대량보유보고 의무 위반	M&A의 공정성 확보 및 중요 정보 공시 규제
시세조정행위			자유로운 수급 결정과 합리적 가격 결정 등 공정거래 질서 확립을 위한 규제
부정거래행위			포괄적 사기 규제
시장질서 교란행위			현행 내부자거래의 2차 이상 정보수령자 제재
			시장정보와 정책정보 이용자에 대한 제재
			시세조정의 목적 없이 행위의 양태에 대한 제재
공매도			결제 불이행 방지 및 시세조종과 내부자 거래 예방

(출처 : 자본시장법 강의_성희활)

- **내부자거래 규제**

투자판단에 가장 중요한 영향을 미치는 것은 정보다. 투자자 누구에게나 정보에 대한 평등한 접근과 이용이 보장되어야 하지만, 외부에 공개되지 않는 미공개 정보를 악용한다면 정보의 평등성이 훼손되면서 신뢰가 무너질 수 있다.

내부자 거래 규제는 상장된 법인의 임직원들이 외부에 공개되지 않는 미공개 정보를 이용 및 악용하는 것을 금지하는 것이다. 내부자는 기업 내부 정보에 쉽게 접근하거나 이용할 수 있다. 만약 내부자가 이러한 미공개 정보를 이용하면, 이를 알지 못하는 사람들과 불평등한 상태에서 거래를 하게 된다. 이러한 상황이 방치된다면 증권시장 전체를 불신하게 되고 불건전하게 만들 수 있으므로 일반 투자자를 보호하고 증권시장의 신뢰를 확보하기 위해 내부자 거래를 규제할 필요가 있다.

- **시세조정행위 규제**

시세조정은 쉽게 말해 '주가조작'을 말한다. 시세는 자유로운 수요와 공급에 의해 형성되어야 하지만, 악의적인 세력이나 부정한 방법에 의해 시세가 왜곡될 수 있다.

시세조정행위는 공정한 가격 형성을 저해하고 투자자에게 손실을 입힐 수 있으므로 사기 행위라고 할 수 있다. 시세조정이 발생하면 많은 투자자들이 손실을 입게 되고 시장의 질서가 크게 훼손된다. 따라서 시세조정행위 규제는 불공정거래 규제 중에서 가장 엄격하게 규제하는 분야이다.

- 부정거래행위 규제

자본시장법에서는 부정거래행위도 엄격하게 금지하고 있는데, 부정거래행위의 개념이 상당히 포괄적이고 모호하다. 따라서 '부정거래행위' 조항은 '불공정거래행위 규제'의 대표적인 포괄주의 규제로 간주된다. 즉 자본시장에서 발생한 모든 위법행위를 '부정거래행위'로 간주하고 규제할 수 있는 조항이다. 직접적인 법 조항에 없더라도 부정거래행위라는 포괄적인 개념을 적용하여 규제할 수 있다.

대부분의 토큰은 증권이라고 했는데, 토큰 역시 거래하면서 시세조정을 하거나 내부자 정보를 이용했다면 자본시장법 제4편에 의해 처벌을 받게 된다.

> 제178조(부정거래행위 등의 금지) ① 누구든지 금융투자상품의 매매(증권의 경우 모집·사모·매출을 포함한다. 이하 이 조 및 제179조에서 같다), 그 밖의 거래와 관련하여 다음 각 호의 어느 하나에 해당하는 행위를 하여서는 아니 된다.
> 1. 부정한 수단, 계획 또는 기교를 사용하는 행위
> 2. 중요사항에 관하여 거짓의 기재 또는 표시를 하거나 타인에게 오해를 유발시키지 아니하기 위하여 필요한 중요사항의 기재 또는 표시가 누락된 문서, 그 밖의 기재 또는 표시를 사용하여 금전, 그 밖의 재산상의 이익을 얻고자 하는 행위
> 3. 금융투자상품의 매매, 그 밖의 거래를 유인할 목적으로 거짓의 시세를 이용하는 행위
> ② 누구든지 금융투자상품의 매매, 그 밖의 거래를 할 목적이나 그 시세의 변동을 도모할 목적으로 풍문의 유포, 위계(僞計)의 사용, 폭행 또는 협박을 하여서는 아니 된다.

9.3.3 유사수신행위 : 투자성이 없는 자금 조달의 규제 여부

앞서 여러 차례 강조했듯이, 증권 여부의 핵심은 바로 '투자성'이다. 원금 손실 위험이 있는 상품에 투자하면 증권으로 간주되어 자본시장법의 강력한 규제를 받게 되는 것을 다각도로 살펴보았다.

그렇다면 여기서 한 가지 의문이 든다. 투자성이 없는, 즉 원금을 보장하는 상품을 불특정 다수에게 판매하고 증서나 토큰을 발행해 준다면 자본시장법 대상이 아닐까? 자본시장법 적용 대상이 아니라면 문제가 없는 것일까?

일단 투자성이 없는 상품이라면 자본시장법의 적용 대상이 아니다. 그러나 원금의 보장 여부와 상관없이 불특정 다수로부터 자금을 조달하는 것은 여전히 위험할 수 있다. 따라서 금융당국의 인허가 없이 불특정 다수로부터 자금을 조달하는 행위를 **'유사수신행위(類似受信行爲)'**로 간주하고 유사수신행위법에 따라 이를 금지하고 있다.

먼저 유사수신행위 개념을 이해하기 위해 여신과 수신의 개념부터 알아보자.

- 여신(與信) - 신용을 준다(돈을 빌려주는 행위)
- 수신(受信) - 신용을 받는다(돈을 맡기는 행위)

'유사수신행위의 규제에 관한 법률(유사수신행위법)'에서 '유사수신행위'를 다음과 같이 규정하고 있다.

> **제1조(목적)** 이 법은 유사수신행위(類似受信行爲)를 규제함으로써 선량한 거래자를 보호하고 건전한 금융질서를 확립함을 목적으로 한다.
> **제2조(정의)** 이 법에서 "유사수신행위"란 다른 법령에 따른 인가·허가를 받지 아니하거나 등록·신고 등을 하지 아니하고 불특정 다수인으로부터 자금을 조달하는 것을 업(業)으로 하는 행위로서 다음 각 호의 어느 하나에 해당하는 행위를 말한다.
> **제3조(유사수신행위의 금지)** 누구든지 유사수신행위를 하여서는 아니 된다.

유사수신행위란 인허가나 등록·신고 없이 불특정 다수로부터 자금을 조달하는 행위를 말한다. 유사수신행위법에서는 유사수신행위를 다음과 같이 상세히 규정하고 있다.

> **제2조(정의)** 이 법에서 "유사수신행위"란 다른 법령에 따른 인가·허가를 받지 아니하거나 등록·신고 등을 하지 아니하고 불특정 다수인으로부터 자금을 조달하는 것을 업(業)으로 하는 행위로서 다음 각 호의 어느 하나에 해당하는 행위를 말한다.
> 1. 장래에 출자금의 전액 또는 이를 초과하는 금액을 지급할 것을 약정하고 출자금을 받는 행위
> 2. 장래에 원금의 전액 또는 이를 초과하는 금액을 지급할 것을 약정하고 예금·적금·부금·예탁금 등의 명목으로 금전을 받는 행위

> 3. 장래에 발행가액(發行價額) 또는 매출가액 이상으로 재매입(再買入)할 것을 약정하고 사채(社債)를 발행하거나 매출하는 행위
> 4. 장래의 경제적 손실을 금전이나 유가증권으로 보전(補塡)하여 줄 것을 약정하고 회비 등의 명목으로 금전을 받는 행위

유사수신행위의 특징은 출자금의 전액 또는 이를 초과하는 금액을 지급할 것을 약정한다고 되어 있다. 증권은 원금 손실 위험성이 있는 상품인 반면, 유사수신행위는 원금 또는 일정 수익을 보장하는 것으로 이해할 수 있다. 따라서 유사수신행위는 자본시장법의 적용 대상은 아니다.

유사수신행위법에서 규정한 유사수신행위를 보면 은행의 업무와 유사한 점을 찾을 수 있다. 은행은 불특정 다수로부터 자금을 조달하여 그 자금을 다시 대출해 주는 일을 한다. 그러나 은행은 은행법의 규율을 받으며 예금자를 보호하고 신용 질서를 확립하기 위해 은행법을 통해서 규제를 받는다. 물론 은행업을 경영하기 위해서는 금융위원회의 인가를 받아야 한다.

정리하면, 불특정 다수로부터 자금을 조달하기 위해서는 금융당국으로부터 인허가를 받아야 한다. 만일 인허가를 받지 않고 자금을 조달할 경우 유사수신행위법에 따라 처벌을 받는다. 불특정 다수로부터 자금을 조달하였는데 그 상품이 투자성(원금 손실위험)이 있으면 자본시장법에 따라 더 강력한 규제를 받는다.

그렇다면 불특정 다수로부터 '자금' 대신 '가상자산이나 디지털 자산'을 조달하면 어떻게 될까? 기존 유사수신행위법에서는 '자금'으로 한정하여 명시하고 있었다. 그러나 2024년에 법이 개정되어 가상자산도 자금으로 간주되어 금지되고 있다.

> [기존 유사수신행위법]
> 제2조(정의) 이 법에서 "유사수신행위"란 다른 법령에 따른 인가·허가를 받지 아니하거나 등록·신고 등을 하지 아니하고 불특정 다수인으로부터 **자금**을 조달하는 것을 업(業)으로 하는 행위
> [개정 유사수신행위법]
> 제2조(정의) 이 법에서 "유사수신행위"란 다른 법령에 따른 인가·허가를 받지 아니하거나 등록·신고 등을 하지 아니하고 불특정 다수인으로부터 **자금[가상자산(「가상자산 이용자 보호 등에 관한 법률」 제2조제1호의 가상자산을 말한다)을 포함한다]**을 조달하는 것을 업(業)으로 하는 행위

이제는 가상자산도 자금으로 간주되어 유사수신행위를 금지하고 있으며, 4부에서 설명할 '투자성을 지닌 토큰(가상자산)'도 증권으로 간주되어 자본시장법의 규제를 받는다.
다음과 같이 정리할 수 있다.

- 허가 없이 자금을 조달하는 행위 금지(유사수신행위법 규제)
- 허가 없이 가상자산을 조달하는 행위 금지(유사수신행위법 규제)
- 투자목적으로 자금을 조달하고 발행된 토큰(가상자산 포함)은 증권으로 간주(자본시장법 규제)

CHAPTER 10

증권의 유형과 특성

증권은 초기부터 그 개념과 특성을 상위 레벨에서 정립하고, 이에 따라 체계적으로 유형을 분류하고 정립한 것이 아니다. 자본시장이 발전하면서 다양한 자금 조달 방식과 수익 권리 유형이 생겨나고 활용되었다.

투자자 보호 관점과 공통적인 속성을 식별하여 다양한 상품과 수익 권리들을 규제의 테두리로 묶은 것이 바로 증권이다. 즉 최초에 증권이라는 용어와 개념을 정립하고 그 유형을 구분한 것이 아니라, 자본시장에 실재하는 다양한 상품과 수익 권리들을 증권이라는 상위 개념으로 포괄하여 정의한 것이다.

이런 태생적 배경 때문에 초기 증권법은 열거주의 방식을 채택했다. 자본시장법 이전의 증권거래법에서도 증권 유형을 나열하고 있으며, 미국 증권법도 상당히 다양한 증권들을 하나씩 열거하고 있다.

자본시장법을 통해 '금융투자상품'이라는 포괄주의 원칙을 도입하게 되었으나, 동시에 금융투자상품의 유형을 다음과 같이 정리하고 있다.

구분	유형		개념	예
증권	전통적 증권	채무증권	지급청구권	국채, 사채
		지분증권	출자지분 취득 권리	주식
		수익증권	신탁의 수익권	신탁 수익증권
		증권예탁증권	예탁 증권 관련 권리	KDR, GDR
	투자계약증권		손익 귀속 계약상 권리	집합투자증권
	파생결합증권		변동 연계 이익·손실 계약 권리	ELS, ELW
파생상품	장내파생상품		파생상품시장 거래 파생상품	
	장외파생상품		장내파생상품이 아닌 것	

표 3-7 증권유형

이 책에서는 증권만 한정해서 설명한다고 언급을 했었다. 자본시장법에서는 증권의 유형으로 6가지를 제시하고 있는데, 이 중에서도 '채무증권', '지분증권', '수익증권', '투자계약증권' 4가지만 다루도록 하겠다.

채무증권, 지분증권, 수익증권은 가장 일반적이며 제도권에서 정형화된 증권이다. 수익 권리가 다양해지고 새로운 증권이 계속 출현하는 상황에서 잠재적 증권 유형을 모두 포괄할 필요성이 생겼다. 이에 미국의 '투자계약Contract Contract' 개념을 가져와 금융투자증권의 한 유형으로 추가한 것이 바로 '투자계약증권'이다.

채무증권(채권)가 지분증권(주식)은 익히 잘 알고 있으므로 간단히 소개하고, 수익증권과 투자계약증권은 보다 상세히 살펴보겠다.

10.1 채무증권

채무증권(채권)은 차용증과 유사한 개념이며 베네치아 사례를 통해 간단히 소개한 바 있다. 차용증이 보통 개인 간 소규모 거래에서 활용된다면, 채권은 기업이나 정부와 같은 대형 기관에서 불특정 다수로부터 자금을 조달할 때 활용된다.

채무증권의 개념을 다음과 같이 정리할 수 있다.

구분	채무증권 개념
증서 관점	채권자가 돈을 빌려주면 만기일에 원금과 이자 지급을 청구할 수 있는 권리를 글자로서 문서에 기입하여 채권자에게 제공하는 것
금융상품 관점	돈이 필요한 기업과 정부가 자금을 조달하기 위해 발행하는 지급 약속 계약 금융상품
자본시장법 정의	국채증권, 지방채증권, 특수채증권, 사채권, 기업어음증권, 그 밖에 이와 유사(類似)한 것으로서 지급청구권이 표시된 것

표 3-8 채무증권의 개념

증권의 대표적인 특징은 원금 손실 위험인 투자성인데, 채무증권은 원금과 일정한 이자를 보장해 주는 형태이기 때문에 얼핏 보면 증권이 아닌 것처럼 보일 수 있다. 채무증권은 다른 금융상품에 비해 안정적인 편이지만 채권을 발행한 회사가 부도나면 채권은 휴지 조각이 되어 버리기 때문에 원금 손실 위험이 엄연히 존재한다.

한편 은행 예금과 보험상품은 사전 약정에 따라 정해진 이자나 보상을 받을 수 있도록 보장하고 있기 때문에 투자성이 있다고 보기 어렵고, 따라서 자본시장법의 적용 대상이 아니다. 그러나 은행과 보험사도 파산할 수 있고, 피해 금액을 100% 보장하지 않기 때문에 원금 손실 위험이 없다고 할 수 없다. 은행과 보험회사도 원금 손실 위험이 있지만 상대적으로 높지 않다. 이런 은행과 보험회사도 모두 자본시장법으로 규제할 경우 자본시장을 너무 위축시킬 수 있기 때문에 자본시장법 대상으로 간주하지 않고 있다.

10.2 지분증권

지분증권을 알아보기 앞서, 우선 '지분(持分)'의 의미부터 이해해 보자.

持 가질 지, 分 나눌 분

지분이란 나누어 갖는 것을 의미한다. 정확히 설명하자면, 어떤 공동재산이 있을 경우 각 공유자가 소유하게 되는 몫 또는 그 비율을 의미한다. 네덜란드 동인도회사 사례가 바로 지분증권이다. 지분증권은 우리가 흔히 알고 있는 주식이다. 그런데 주식과 주권의 개념을 명확히 할 필요가 있다.

- 주식(株式) - Share
- 주권(株券) - Share Certificate

주식은 출자지분이라는 재산권을 추상적으로 가리키는 말이라면, 주권은 추상적 재산권을 '어디에 표시한 것'을 말한다. 즉 주식이라는 추상적인 재산권리를 어디에 표기한 것이 바로 주권이다. 식별된 권리를 문서에 표상한 것이 증서라고 했는데, 주식은 '권리' 개념에 해당되고 주권은 '증서' 개념에 해당된다고 이해할 수 있다. 앞서 지분증권 개념을 주식이라고 말했지만 정확히는 주권이 맞는 표현이다.

그림 3-55 왼쪽 그림은 주식과 주권의 개념을 구분하여 설명하고 있다. 오른쪽 그림은 주식의 일반적인 발행 개념도를 보여준다.

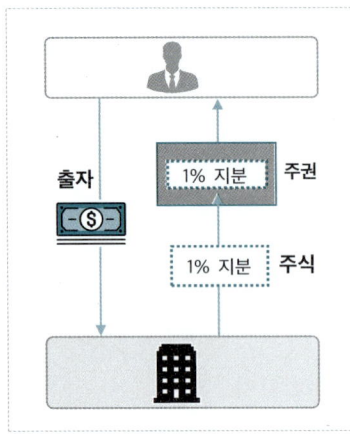 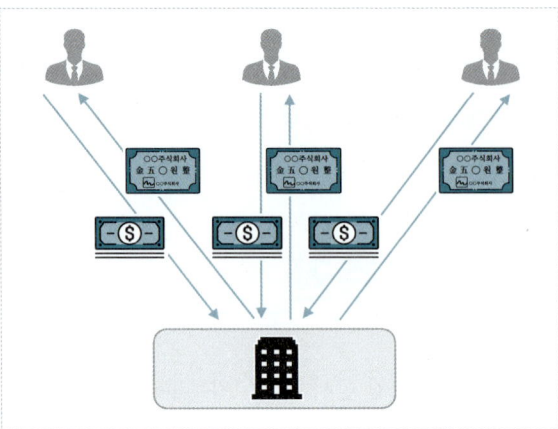

그림 3-55 지분증권의 이해

회사가 주식을 발행하여 공모를 통해 자금을 조달한다. 회사에 투자한 금액에 따라 회사에 대한 지분~Share~ 권리를 갖게 되고, 그 지분 권리를 식별할 수 있도록 문서에 표시한 것이 바로 주권이다.

10.3 수익증권

수익증권은 우리가 흔히 가입하는 펀드 상품을 생각하면 이해하기 쉽다. 수익증권을 이해하기 위해서는 신탁업과 집합투자업에 대한 이해가 필요하다.

10.3.1 신탁업(信託業)

신탁은 한자어로 '믿을 신(信)', '맡길 탁(託)'이다. 말 그대로 '믿고 맡긴다'는 의미다. 신탁 개념을 이해하기 위해 신탁제도의 유래를 살펴보자.

▍신탁제도의 유래

신탁제도의 유래는 중세 유럽 십자군 전쟁 때로 거슬러 올라간다. 당시 전쟁에 나가는 성인 남자(위탁자)들은 자리를 비우는 동안 자신이 소유한 토지를 믿을 만한 사람(수탁자)에게 맡겨두고 전쟁에 참전하였다. 전쟁에서 살아오면 토지를 돌려받고, 전사하면 어린 자녀(수익자)가 성인이 될 때까지 재산을 관리하다가 넘겨주는 제도였다. 당시 성인 남자만 토지를 소유할 수 있었기 때문에 생겨난 제도이다.

신탁이란 이처럼 재산을 믿을 만한 사람에게 맡기는 것을 말한다. 유래에서 볼 수 있듯이, 신탁은 위탁자, 수탁자, 수익자의 세 당사자로 구성된다.

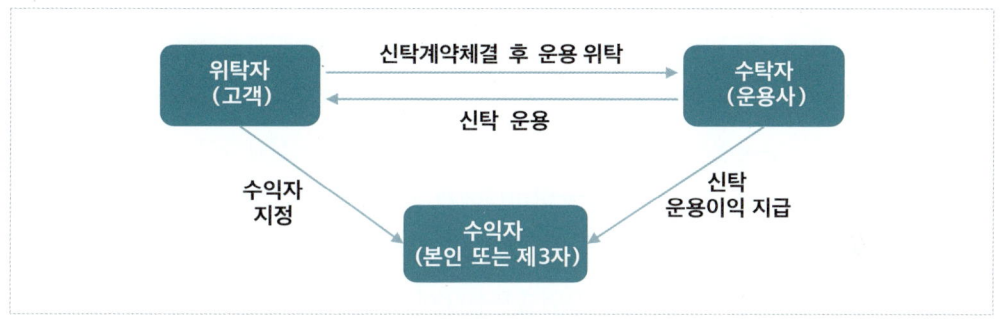

- 위탁자 - 보유한 토지를 위탁하는 사람(예: 십자군 전쟁에 참여하는 성인 남자)
- 수탁자 - 토지를 맡아주는 사람(위탁자의 운용 지시에 따라 수행)
- 수익자 - 수탁자와 신탁계약에 따라 이익을 받는 사람(예: 본인 또는 자녀)

그림 3-56 신탁제도 개념도

위탁자는 수탁자와 '신탁계약'을 통해 자산의 운용방법을 지정한다. 오늘날 신탁은 재산의 관리뿐만 아니라 처분, 운용, 수익, 개발 등 다양하게 활용된다.

신탁계약의 특징과 활용

위탁자와 수탁자와의 관계에서 두 가지 중요한 특징이 있다. 하나는 위탁자의 재산 소유권이 수탁자에게 넘어간다는 것이고, 다른 하나는 수탁자는 위탁자의 운용 지시에 따라 이행한다는 것이다. '신탁계약'에 근거하기 때문에 소유권이 수탁자에게 넘어간다고 해서 수탁자가 임의로 자산을 처분, 운용할 수 있는 것은 아니다. 신탁재산은 수탁자의 명의로 소유되고 관리되지만, 이는 법률·형식상으로만 수탁자에게 귀속되는 것이지 실질적·실제적으로는 수익자에게 귀속되는 재산이다. 따라서 수탁자는 '자신의 재산'과 '신탁재산'을 구분하여 관리해야 하며, 이를 '수탁자의 분별관리의무'라고 한다.

미국이나 일본 등 주요국가에서는 신탁이 가계 재산의 운용·관리·이전 등을 유연하게 구현할 수 있는 종합재산관리 수단으로 널리 활용되고 있다. 기업들도 지식재산권과 같은 보유자산 유동화를 통해 자본시장에서 자금을 조달하는 수단으로 신탁을 활용한다. 반면 우리나라에서는 주로 금융상품 판매 목적의 금전신탁과 개발사업·담보대출 등과 같은 부동산 신탁에 집중되어 발전해왔다.

예를 들어, 팝의 황제 마이클 잭슨이 갑자기 사망했을 때 많은 사람들이 그가 남긴 재산 및 유산 분쟁에 대해 관심이 많았지만, 상속은 잘 마무리되었다. 어떻게 그랬을까?

마이클 잭슨은 37세에 이미 자신의 재산을 신탁회사에 모두 신탁했다. 신탁계약을 통해, 생전에는 신탁사의 자산 운용을 통해 벌어들인 수익을 받고, 사후에는 신탁자산 운용수익의 20%를 어린이 자선단체에 기부하고, 50%는 어머니에게 돌아가도록 설정하고 어머니가 사망할 경우 수익이 세 자녀에게 똑같은 비율로 배분되도록 설정해 두었다.

마이클 잭슨이 활용한 신탁의 형태를 '유언대용신탁'이라고 한다. 이는 재산의 수익자와 상속받을 사람을 정하는 신탁으로, '신탁법 59조(유언대용신탁)'에 따라 유언장이 없더라도 신탁계약의 형태로 재산상속이 가능하도록 한 상품으로 고객(위탁자)이 수탁자에게 금전, 부동산 등을 신탁하고 생전에는 본인을 수익자로 정하고 사후에는 수익자(배우자, 자녀, 제3자 등)에게 신탁재산을 안정적으로 승계하는 것을 목적으로 하는 신탁이다.

얼핏, 유언대용신탁이 유언과 비슷해 보이지만, 유언은 본인이 재산의 소유권 및 관리를 직접 하는 것이며 유언의 효력도 사후에 발생한다. 반면 유언대용신탁은 신탁계약에 근거하여 소유권과 관리를 모두 신탁사에 믿고 맡기는 것이다.

구분	유언	유언대용신탁
근거	민법 제1065조	신탁법 제59조
형식	공증, 증서, 녹음, 자필	위탁자와 수탁자간 계약
방식	법정요건 준수	계약 기반
효력 발생 시점	사후 효력 발생	생전 효력 발생
효력 만료 시점	유언집행 시점	계약종료 시점
재산관리	직접 관리	수탁자(신탁자 지시 기반)

표 3-9 유언 vs. 유언대용신탁

신탁계약의 종류

우리나라의 신탁법에서는 신탁을 다음과 같이 정의한다.

> **제2조(신탁의 정의)** 이 법에서 "신탁"이란 신탁을 설정하는 자(위탁자)와 신탁을 인수하는 자(수탁자) 간의 신임관계에 기하여 위탁자가 수탁자에게 특정의 재산을 이전하거나 담보권의 설정 또는 그 밖의 처분을 하고 수탁자로 하여금 일정한 자(수익자)의 <u>이익 또는 특정의 목적을 위하여 그 재산의 관리, 처분, 운용, 개발, 그 밖에 신탁 목적의 달성을 위하여 필요한 행위를 하게 하는</u> 법률관계를 말한다.

신탁의 정의에서도 알 수 있듯이, 자산을 신탁하는 목적은 다양하다. 신탁된 자산을 단순히 보관하거나 관리하는 '관리형 신탁'도 가능하며, 신탁된 자산을 운용해서 발생된 수익을 돌려받을 수 있는 '수익형 신탁'도 있다.

관리형 신탁은 자산을 단순히 관리하는 것이고 위탁자의 지시에 따라 처분하기 때문에 원금 손실 위험이 적고 '제3자의 노력'에 의한 것이 아니기 때문에 증권에 해당되지 않는다. 따라서 증권을 발행할 필요가 없다.

반면 수익형 신탁의 경우에는 자산을 수탁자가 운용하기 때문에 원금 손실 위험이 있고 '제3자의 노력'에 의한 것이기 때문에 증권에 해당되며, 따라서 자본시장법에 기반한 증권(신탁 수익증권)을 발행해야 한다. 그림 3-57은 신탁 수익증권을 발행하는 상황을 설명하고 있다.

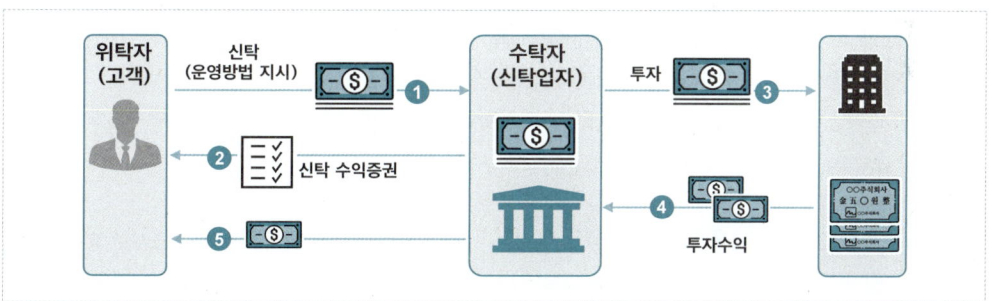

❶ 위탁자가 수탁자에게 자산을 신탁한다.
❷ 수탁자는 신탁 계약에 따라 신탁 수익증권을 발행한다.
❸ 수탁자는 신탁된 자산을 운용한다.
❹ 수탁자는 자산 운용을 통해 수익을 획득한다.
❺ 수탁자는 수익을 위탁자(수익자)에 배분한다.

그림 3-57 **신탁 수익증권**

📖 Note
신탁법과 자본시장법의 관계

신탁에 관한 전반적인 내용은 신탁법에서 규정하고 있다. 그럼 신탁법과 자본시장법은 어떤 관계일까?
수익형 신탁의 경우, 수익증권을 발행해야 하므로 자본시장법의 규제를 받는다. 자본시장법은 '기관별 규율 체제'에서 '기능별 규율 체제'로의 전환되었는데, 신탁회사는 신탁업에 해당하여 신탁법에 의해 규율되지만, '증권'이라는 '금융기능'에 대해서는 자본시장법에 의해 동일한 규제를 받는다.

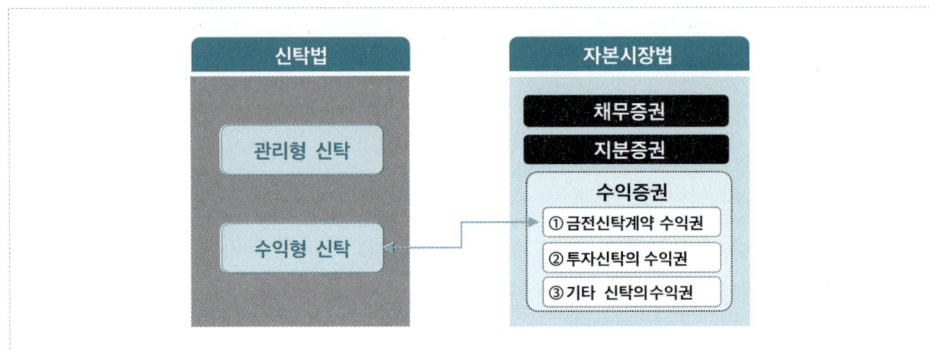

그림 3-58 신탁법과 자본시장법의 관계

신탁법과 자본시장법을 연계해서 살펴보면, 먼저 신탁법에서는 관리형 신탁은 금융투자상품(증권)에 해당되지 않는다고 규정하고 있으며 수익형 신탁은 수익증권을 발행해야 한다고 명시하고 있다.
자본시장법에서는 6가지 증권 유형 중 하나인 수익증권을 다시 3가지 유형으로 제시하고 있다. 이 중에서 '금전신탁계약 수익권'이 바로 신탁법의 수익형 신탁에 해당된다. 신탁 전반에 대한 내용은 신탁법에 의해 규율되지만, 신탁 중에서 증권 기능에 대해서는 자본시장법에 의해 별도로 규율된다.
실제 법 조항을 살펴보면, 자본시장법 제3조에서는 신탁법상의 관리형 신탁은 금융투자상품에 해당되지 않는다고 규정하고 있다.

> **자본시장법 제3조(금융투자상품)** ① 이 법에서 "금융투자상품"이란 이익을 얻거나 손실을 회피할 목적으로 현재 또는 장래의 특정(特定) 시점에 금전, 그 밖의 재산적 가치가 있는 것을 지급하기로 약정함으로써 취득하는 권리로서, 그 권리를 취득하기 위하여 지급하였거나 지급하여야 할 금전등의 총액이 그 권리로부터 회수하였거나 회수할 수 있는 금전등의 총액을 초과하게 될 위험(이하 "투자성"이라 한다)이 있는 것을 말한다. 다만, 다음 각 호의 어느 하나에 해당하는 것을 제외한다
> 1. 원화로 표시된 양도성 예금증서

2. 「신탁법」 제78조제1항에 따른 수익증권발행신탁이 아닌 신탁으로서 다음 각 목의 어느 하나에 해당하는 신탁(이하 "관리형신탁"이라 한다)의 수익권

　가. 위탁자(신탁계약에 따라 처분권한을 가지고 있는 수익자를 포함한다)의 **지시에 따라서만 신탁재산의 처분이 이루어지는 신탁**

　나. 신탁계약에 따라 **신탁재산에 대하여 보존행위 또는 그 신탁재산의 성질을 변경하지 아니하는 범위**에서 이용·개량 행위만을 하는 신탁

신탁법 제78조에서는 수익형 신탁에 대해 수익증권을 발행해야 한다고 명시하고 있다.

> **신탁법 제78조(수익증권의 발행)** ① 신탁행위로 수익권을 표시하는 수익증권을 발행하는 뜻을 정할 수 있다.
> ② 제1항의 정함이 있는 신탁(이하 "수익증권발행신탁"이라 한다)의 수탁자는 신탁행위로 정한 바에 따라 지체 없이 해당 **수익권에 관한 수익증권을 발행**하여야 한다.

자본시장법 제4조 5항에서는 '금전신탁계약에 의한 수익권'을 수익증권의 한 유형으로 규정하고 있다.

> **자본시장법 제4조(증권)** ⑤ 이 법에서 **"수익증권"**이란 제110조의 수익증권, 제189조의 수익증권, 그 밖에 이와 유사한 것으로서 신탁의 수익권이 표시된 것을 말한다.
> 제110조(수익증권) ① 신탁업자는 **금전신탁계약에 의한 수익권이 표시된 수익증권을 발행**할 수 있다.

정리하면, 신탁은 기본적으로 신탁법에 근거하지만, 수익형 신탁의 경우에는 수익증권을 발행해야 하므로 자본시장법에서 증권의 한 유형으로 명시하고 규제하고 있다.

10.3.2 집합투자업자

대부분 '펀드~Fund~'가 무엇인지 잘 알고 있다. 펀드는 쉽게 말해 다수의 투자자로부터 자금을 모아 큰 자금~Fund~을 만들어 투자하고, 발생된 수익을 투자자들에게 배분해 주는 것을 말한다. 펀드의 일반적인 특징은 '다수의 소액투자', '위험분산', '전문가를 통한 간접투자'로 볼 수 있다. 소액으로 투자하기 어려울 때 다수로부터 자금을 모아 펀드를 조성하면 투자가 가능하고

다양한 투자처에 분산 투자하기 때문에 위험도 분산된다. 또한 전문가에게 맡겨 투자를 하기 때문에 간접투자이다.

집합투자의 정의

자본시장법에서는 '펀드'라는 용어 대신 '집합투자'라는 용어를 사용한다. 자본시장법에서 집합투자를 다음과 같이 정의하고 있다.

> 2인 이상의 투자자로부터 모은 금전등을 투자자로부터 일상적인 운용지시를 받지 아니하면서 재산적 가치가 있는 투자대상자산을 취득·처분, 그 밖의 방법으로 운용하고 그 결과를 투자자에게 배분하여 귀속시키는 것을 말한다.

집합투자업이란 이러한 집합투자(펀드)를 영업으로 하는 것을 말하며 집합투자업자는 펀드를 운용하는 자산운용사 정도로 이해하면 된다.

앞서 자본시장법 제4조 5항에서 수익증권을 3가지로 구분했다. 하나는 '금전신탁계약에 의한 수익증권'(제110조), 다른 하나는 '집합투자업자에 의한 투자신탁의 수익증권'(189조), 마지막으로 '그 밖에 이와 유사한 것'이다.

> **제4조(증권)** ⑤ 이 법에서 "수익증권"이란 **제110조**의 수익증권, **제189조**의 수익증권, 그 밖에 이와 유사한 것으로서 신탁의 수익권이 표시된 것을 말한다.
> **제110조(수익증권)** ① **신탁업자**는 금전신탁계약에 의한 수익권이 표시된 수익증권을 발행할 수 있다.
> **제189조(투자신탁의 수익권 등)** ① 투자신탁을 설정한 **집합투자업자**는 투자신탁의 수익권을 균등하게 분할하여 수익증권을 발행한다.

110조에서 규정한 '금전신탁계약에 의한 수익증권'이 앞서 살펴본 신탁에 해당된다면, 189조에서 규정한 '집합투자업자에 의한 투자신탁의 수익증권'은 집합투자업자에 해당되는 내용이다.

그림 3-59는 앞서 설명한 수익증권의 두 가지 사례를 비교해서 보여주고 있다.

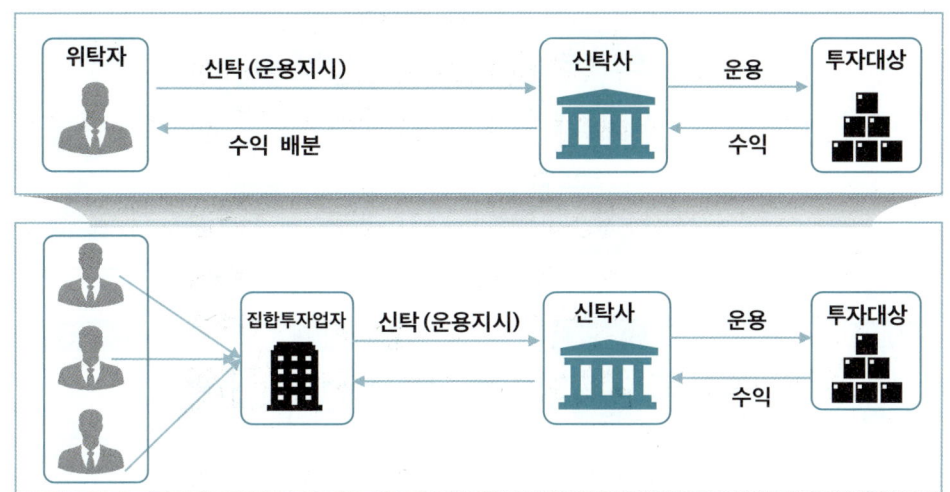

그림 3-59 수익증권과 투자신탁의 수익권 비교

금전신탁계약에 의한 수익증권은 개별적으로 신탁계약에 의해 신탁하고 수익증권을 발행하는 것이라면, 집합투자업자에 의한 투자신탁은 펀드와 유사하게 중간에 집합투자업자가 불특정 다수로부터 투자자금을 모아 펀드를 조성하고 이 펀드를 신탁사에 신탁하는 것을 의미한다.

금전신탁과의 차이

그림 3-60은 앞서 설명한 수익증권의 두 가지 사례를 비교해서 보여주고 있다. 두 가지 사례를 비교해서 살펴보면, 몇 가지 차이점을 발견할 수 있다.

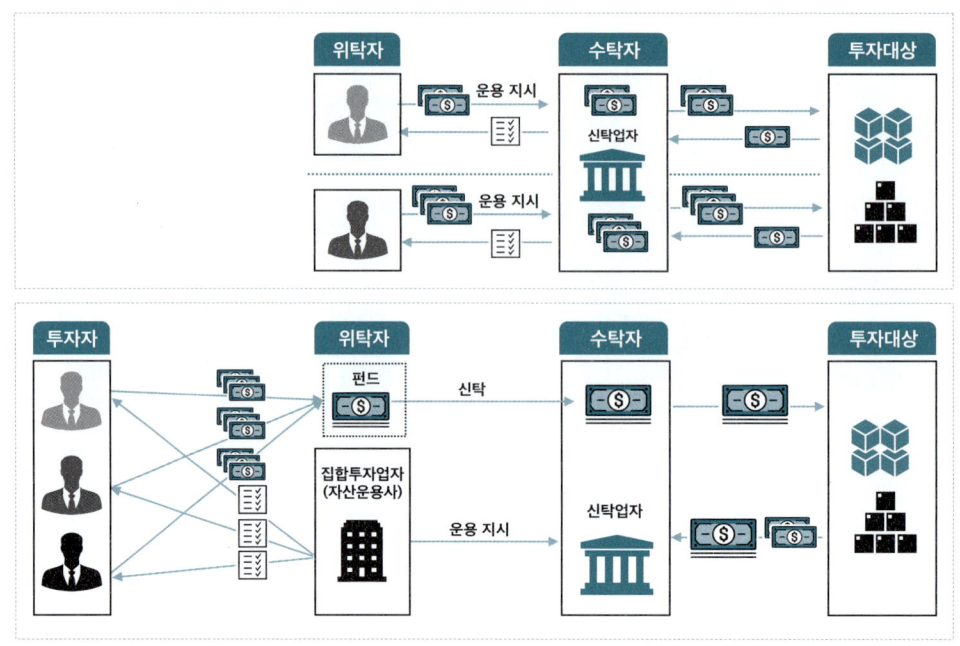

그림 3-60 수익증권 상세 개념도

먼저 위탁자의 지위이다. '금전신탁계약에 의한 수익증권'은 자산을 맡긴 사람이 위탁자가 된다. 자산을 맡긴 사람이 수탁자에게 운용 지시를 한다. 반면 '집합투자업자에 의한 투자신탁의 수익증권'의 경우에는 집합투자업자(자산운용사)가 위탁자가 된다. 집합투자업자가 수탁자에게 운용 지시를 한다. 신탁한 재산의 소유권은 행정상 신탁업자와 집합투자업자로 이전되며, 투자자는 그 재산으로부터 발생하는 수익을 청구할 수 있는 수익권만 가진다.

다음으로 수익증권 발행 기관이다. '금전신탁계약에 의한 수익증권'은 신탁업자가 발행하지만, '집합투자업자에 의한 투자신탁의 수익증권'은 집합투자업자가 투자자에게 발행한다.

> **자본시장법**
> 제110조(수익증권) ① **신탁업자**는 금전신탁계약에 의한 수익권이 표시된 **수익증권을 발행할 수 있다**
> 제189조(투자신탁의 수익권 등) ① 투자신탁을 설정한 **집합투자업자**는 투자신탁의 수익권을 균등하게 분할하여 **수익증권을 발행한다**

마지막으로 합동 운용 여부이다. '금전신탁계약에 의한 수익증권'의 경우에는 위탁자와 수탁자 간 개별 계약에 기반하기 때문에 위탁된 투자금은 각각 분리하여 개별적으로 운용해야 한다. 반면 '집합투자업자에 의한 투자신탁의 수익증권'은 집합투자업자가 불특정 다수 투자자들로부터 투자금을 펀드로 조성하여 운용하기 때문에 합동 운용이 가능하다.

참고로, 그림 3-60을 보면 집합투자업자(자산운용사)와 신탁업자가 분리되어 있는 것을 확인할 수 있다. 집합투자업자가 투자자들로부터 펀드를 조성하고 수익증권을 발행하지만 조성된 자금은 자산운용사가 아닌 신탁업자로 이관되어 관리된다. 자산운용사가 직접 자금을 관리하면서 자산운용을 해도 될 것 같지만, 현행법은 자산운용사와 신탁업자를 분리하고 있다. 이는 이해상충 방지 및 자산운용사가 고객들의 자산을 임의로 처분하지 못하게 하기 위한 조치이다. 자산운용사는 신탁업자가 보관하고 있는 자산에 대한 운용 지시를 하고, 신탁업자는 자산운용사의 지시에 따라 처리할 뿐이다. 예전에는 자산운용사가 직접 자금을 관리하며 운용하였지만, 자금을 임의·불법적으로 사용한 문제가 발생하면서 분리되었다.

> **자본시장법**
> 80조(자산운용의 지시 및 실행) ① 투자신탁의 **집합투자업자는 투자신탁재산을 운용함에 있어서 그 투자신탁재산을 보관·관리하는 신탁업자**에 대하여 대통령령으로 정하는 방법에 따라 **투자신탁재산별로 투자대상자산의 취득·처분 등에 관하여 필요한 지시**를 하여야 하며, 그 **신탁업자는 집합투자업자의 지시에 따라 투자대상자산의 취득·처분 등**을 하여야 한다.

Summary

수익증권

수익증권이란 자산 운영을 신탁함으로써 취득되는 신탁의 수익권이 표시된 것을 말한다. 수익형 투자신탁은 제3자의 노력에 의해 수익이 결정되고, 운영에 따라 원금 손실이 발생할 수 있기 때문에 증권에 해당된다.

자본시장법에서는 수익증권의 유형을 3가지로 규정하고 있다.

- 110조의 수익증권(금전신탁계약에 의한 수익권이 표시된 수익증권),
- 189조의 수익증권(투자신탁을 설정한 집합투자업자에 의한 수익권이 표시된 수익증권),
- 그 밖의 유사한 것

참고로 금융위원회에서 '토큰증권 발행·유통 규율체계 정비방안'을 발표하면서 '최근 등장한 비정형적 증권'을 담기 위해 분산원장을 허용한다는 언급이 있었다. 그리고 비정형적 증권의 사례로 '비금전 신탁 수익증권'과 '투자계약증권'을 제시하고 있다.

현행 자본시장법에는 '비금전 신탁 수익증권'에 대한 언급이 없다. 수익증권의 3가지 유형 중 하나인 제110조를 보면 '금전신탁계약에 의한 수익권'으로만 명시하고 있다.

> 제110조(수익증권) ① 신탁업자는 **금전신탁계약에 의한 수익권**이 표시된 수익증권을 발행할 수 있다.

일부에서는 3가지 유형 중 마지막에 언급된 '그 밖의 유사한 것'이 바로 '비금전신탁계약에 의한 수익권'을 포함하는 것이라고 설명하기도 한다. 이 부분에 대해서는 좀 더 명확히 할 필요가 있을 것 같다.

📝 Note
비금전 신탁 수익증권

비금전 신탁 수익증권은 4부에서 설명하겠지만, 우선 개념만 간단히 살펴보겠다.

현재 투자자들은 펀드상품 등에 금전 재산을 운용사에 맡기면 그 수익을 받을 권리가 표시된 (금전)신탁수익증권을 발행해 준다. 법에서 명시된 것처럼 펀드 등 금전 재산에 대한 신탁수익증권만을 명시적으로 허용하고 있다.

반면에 비금전 신탁 수익증권이란 비금전 재산을 타인에게 운용을 맡기고 그 수익을 취득할 권리가 표시된 증권을 말한다. 최근에 주목받는 부동산이나 음원과 같은 조각투자가 대표적이다.

현 자본시장법에서는 '비금전 신탁 수익증권'이 명시되어 있지 않다. 일부에서는 법에서 명시한 '그 밖에 이와 유사한 것'에 비금전신탁수익증권을 포함한다고 하지만 명확하지 않다. 현재까지는 비금전 신탁 수익증권을 발행하지 않았다. 불명확한 법 때문일 수도 있지만, 선례도 없었고, 비금전에 대한 가치 평가도 어렵고, 유통 등에 대한 제도적 기반도 마련되어 있지 않았기 때문이다.

2023년 금융위원회에서 '토큰 증권 발행·유통 규율체계 정비방안'을 발표하면서 이러한 비금전신탁수익증권을 토큰증권 형태로 발행하기 위한 법 개정 및 제도적 기반을 마련할 예정이라고 밝혔다.

10.4 투자계약증권

자본시장법의 가장 큰 특징 중 하나는 증권의 범위에 대해 포괄주의를 채택하고 있다는 점이다. '금융투자상품'이라는 추상적인 개념을 통해 포괄주의를 채택하고 있지만, 세부 유형에서도 '투자계약증권'이라는 유형을 제시하여 증권의 포괄적인 범위를 제시하고 있다.

채무증권, 지분증권, 수익증권은 그 개념, 권리 내용, 발행 방식, 사례 등이 비교적 명확하다. 그런데 계속해서 새로운 유형의 증권이 발행되고 있으며, 전통적인 증권과 다른 권리 사례들도 발생하고 있는 상황에서 규제 미적용 증권이나 향후 등장할 잠재적 증권을 모두 포괄할 적절한 증권 유형이 필요한 상황이었다.

이에 증권의 개념을 상당히 포괄적이고 추상적으로 규정함으로써 앞으로 도래할 대부분의 증권을 포섭하기 위한 의도로, 미국에서 포괄적인 증권 개념으로 활용되는 '투자계약'을 국내에 도입하여 만든 것이 바로 자본시장법상에 명시된 '투자계약증권'이다.

가상자산이나 다양한 새로운 금융상품이 출현할 때 가장 자주 언급되는 것이 바로 투자계약증권이다. 금융당국의 입장에서는 가상자산 및 대부분의 유사한 증권을 포괄적인 증권 유형인 '투자계약증권'에 해당한다고 간주하여 규제할 수 있다. 제도권에 편입된 토큰증권뿐만 아니라 앞으로 등장할 다양한 신종 증권도 모두 투자계약증권으로 간주할 수 있기 때문에 매우 중요한 개념이라고 볼 수 있다.

국내 언론에서도 투자계약증권을 쉽게 접할 수 있다.

> 증권선물위원회는 업계·전문가 의견수렴('22.2~3월), 법령해석심의위원회('22.3월) 검토를 바탕으로 동 ㈜뮤직카우 '저작권료 청구권'이 자본시장법 상 투자계약증권에 해당하는 것으로 판단하였습니다. 〈출처 : 금융위원회 보도자료, 2022.4.20〉

> 게리 겐슬러 SEC위원장은 "대부분의 가상자산은 투자 계약(Investment contracts, 증권)이며, 연방증권법이 적용된다"고 비트코인 현물 ETF 승인 당시 강조했었다. 〈출처 : 머니투데이. 2024.4.16〉

> 권단 디케이엘파트너스 법률사무소 변호사는 "스테이킹 서비스 자체는 토큰이 아니다. 하지만 토큰 발행 여부와 무관하게 투자계약에 의한 '권리' 자체도 투자계약증권이 될 수 있다는 점에 유의해야 한다"고 강조했다. 〈출처 : 한국경제, 2023.3.1〉

10.4.1 미국 증권법의 투자계약(Investment Contract)

자본시장법 제정 이전에는 투자계약증권이란 용어와 개념이 국내 법에 존재하지 않았다. 투자계약증권은 자본시장법을 제정하면서 미국의 '투자계약' 개념을 도입한 것이다.

따라서 먼저 미국 증권법의 '투자계약 Investment Contract'을 이해할 필요가 있다. 1933년에 제정된 미국 연방증권법에는 증권의 개념이나 유형에 대한 명확한 정의보다는 다양한 증권 유형을 나열하는 방식으로 열거하고 있다.

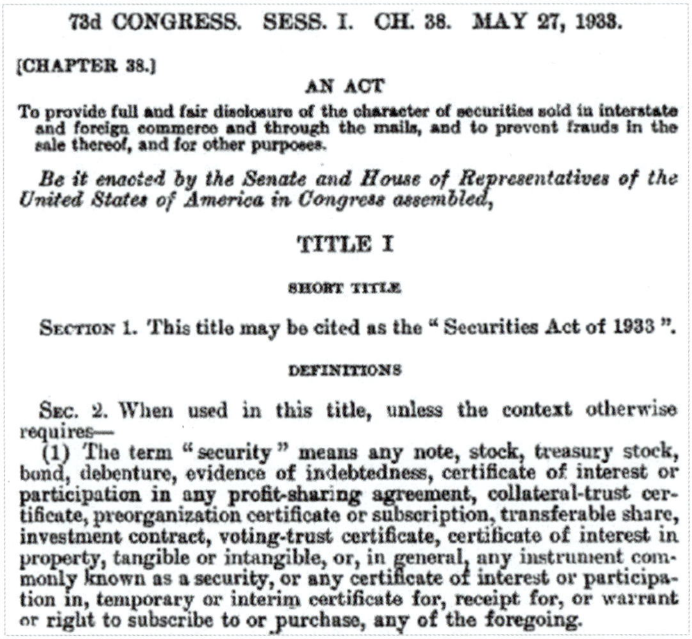

> 73d CONGRESS. SESS. I. CH. 38. MAY 27, 1933.
> [CHAPTER 38.]
> AN ACT
> To provide full and fair disclosure of the character of securities sold in interstate and foreign commerce and through the mails, and to prevent frauds in the sale thereof, and for other purposes.
>
> Be it enacted by the Senate and House of Representatives of the United States of America in Congress assembled,
>
> TITLE I
>
> SHORT TITLE
>
> SECTION 1. This title may be cited as the "Securities Act of 1933".
>
> DEFINITIONS
>
> SEC. 2. When used in this title, unless the context otherwise requires—
> (1) The term "security" means any note, stock, treasury stock, bond, debenture, evidence of indebtedness, certificate of interest or participation in any profit-sharing agreement, collateral-trust certificate, preorganization certificate or subscription, transferable share, investment contract, voting-trust certificate, certificate of interest in property, tangible or intangible, or, in general, any instrument commonly known as a security, or any certificate of interest or participation in, temporary or interim certificate for, receipt for, or warrant or right to subscribe to or purchase, any of the foregoing.

The term "security" means any note, stock, treasury stock, bond, debenture, evidence of indebtedness, certificate of interest or participation in any profit-sharing agreement, collateral-trust certificate, preorganization certificate or subscription, transferable share, investment contract, voting-trust certificate, certificate of interest in property, tangible or intangible, or, in general, any instrument commonly known as a security, or any certificate of interest or participation in, temporary or interim certificate for, receipt for, or warrant or right to subscribe to or purchase, any of the foregoing.

그림 3-61 미국 증권법

그림 3-61에서 볼 수 있듯이, 1933년에 제정된 미국 증권법은 수많은 증권 유형을 하나씩 나열하고 있다. 이러한 다양한 유형 중 하나로 'Investment Contract'를 확인할 수 있다. 미국 증

권법에는 '투자계약Investment Contract'에 대한 개념을 별도로 명시하고 있지 않다.

이러한 상황에서 앞서 언급한 '하위 컴퍼니Howey Company' 소송 과정에서 해당 증권이 투자계약에 해당한다고 판단하였고, 대법원 판례를 통해 '투자계약'의 개념을 규정하였다. 그림 3-62는 미국 SEC와 하위 컴퍼니의 대법원 판례(SEC v. Howey Co.)이다. 판례에서 투자계약을 다음과 같이 설명하고 있다.

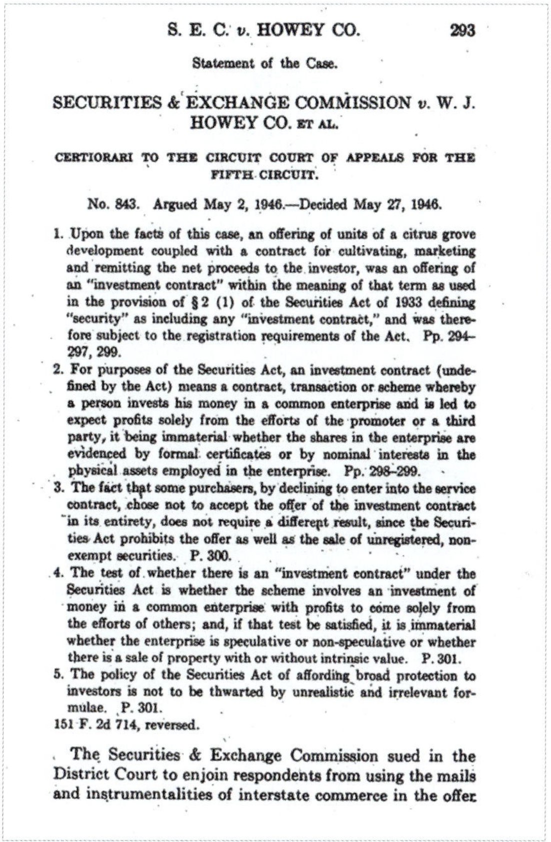

S. E. C. *v.* HOWEY CO. 293

Statement of the Case.

SECURITIES & EXCHANGE COMMISSION *v.* W. J. HOWEY CO. ET AL.

CERTIORARI TO THE CIRCUIT COURT OF APPEALS FOR THE FIFTH CIRCUIT.

No. 843. Argued May 2, 1946.—Decided May 27, 1946.

1. Upon the facts of this case, an offering of units of a citrus grove development coupled with a contract for cultivating, marketing and remitting the net proceeds to the investor, was an offering of an "investment contract" within the meaning of that term as used in the provision of § 2 (1) of the Securities Act of 1933 defining "security" as including any "investment contract," and was therefore subject to the registration requirements of the Act. Pp. 294–297, 299.
2. For purposes of the Securities Act, an investment contract (undefined by the Act) means a contract, transaction or scheme whereby a person invests his money in a common enterprise and is led to expect profits solely from the efforts of the promoter or a third party, it being immaterial whether the shares in the enterprise are evidenced by formal certificates or by nominal interests in the physical assets employed in the enterprise. Pp. 298–299.
3. The fact that some purchasers, by declining to enter into the service contract, chose not to accept the offer of the investment contract in its entirety, does not require a different result, since the Securities Act prohibits the offer as well as the sale of unregistered, non-exempt securities. P. 300.
4. The test of whether there is an "investment contract" under the Securities Act is whether the scheme involves an investment of money in a common enterprise with profits to come solely from the efforts of others; and, if that test be satisfied, it is immaterial whether the enterprise is speculative or non-speculative or whether there is a sale of property with or without intrinsic value. P. 301.
5. The policy of the Securities Act of affording broad protection to investors is not to be thwarted by unrealistic and irrelevant formulae. P. 301.

151 F. 2d 714, reversed.

The Securities & Exchange Commission sued in the District Court to enjoin respondents from using the mails and instrumentalities of interstate commerce in the offer

그림 3-62 하위 컴퍼니 대법원 판례 (출처: Library of Congress. "Securities & Exchange Commission v. W. J. Howey Co. et. al.," Pages 298–299.)

"In other words, an investment contract for purposes of the Securities Act means a contract, transaction or scheme whereby a person invests his money in a common enterprise and is led to expect profits solely from the efforts of the promoter or a third party"

(증권법상 투자계약이란 개인이 자신의 금전을 공동사업에 투자하여 오로지 제3자의 노력에 의해서만 이익을 기대하게 되는 계약, 거래 또는 계획을 의미합니다)

판례에서 설명하고 있는 투자계약 개념을 키워드로 정리하면 다음과 같다.

- **Invest his money (돈을 투자)]**
- **Common Enterprise (공동사업)**
- **Expect Profits (수익을 기대)**
- **Efforts of the promoter or a third party (제3자의 노력에 의해 수익 창출)**

판례에서 제시한 이 4가지 기준이 투자계약 여부를 판단하는 기준이 되었으며, 이 기준이 바로 하위 테스트 Howey Test이다. 투자계약은 포괄적인 증권 유형이기 때문에 이 4가지 기준이 사실상 대부분의 증권성을 판단하는 일반적인 기준으로 간주되고 있다.

미국에서는 1946년 대법원 판례 이후 '투자계약 Investment Contract'을 증권의 한 유형으로 간주해 오고 있었다. 우리나라에서는 2008년 자본시장법이 제정되면서 '투자계약증권'이 새롭게 포함되었다. 투자계약증권은 4가지의 추상적이고 포괄적인 기준으로 판단하기 때문에 적극적인 해석에 따라 대부분 투자계약증권으로 간주할 수 있다. 규제당국에서도 증권의 성격이 애매할 경우 적용하는 증권 유형이 바로 '투자계약증권'이다.

10.4.2 투자계약증권의 적용 사례: 뮤직카우

2008년 자본시장법이 제정되면서 투자계약증권이 처음으로 소개되었지만 국내에서는 한동안 투자계약증권을 발행한 적이 없었다. 주식이나 채권과 같은 정형화된 증권과 달리 투자계약증권은 익숙하지 않았고 정확하게 개념을 정의하기도 어려웠다. 증권사도 정형화된 증권(채권, 주식, 수익증권 등)에 익숙했기 때문에 굳이 추상적이고 애매한 투자계약증권을 발행하지 않았다.

그러나 이더리움 이후 블록체인과 토큰을 적용한 조각투자들이 조금씩 소개되기 시작했고, 2018년에 뮤직카우라는 업체가 세계 최초로 음악 저작권료 참여 청구권이라는 비즈니스 모델을 제시하며 사업을 시작하였다.

㈜뮤직카우는 특정 음원의 '저작재산권 또는 저작인접권'에서 발생하는 수익을 분배 받을 수 있는 권리를 '주' 단위로 분할한 '청구권'을 투자자에게 판매하고, 이를 투자자 간에 매매할 수 있는 플랫폼을 운영하고 있었다.

2021년 말부터 ㈜뮤직카우 영업과정에서 자본시장법 위반 소지, 사업구조의 법적 불안정성에 대한 투자자 피해 민원이 금융감독원에 제기되기 시작하였다. 이에 증권선물위원회는 정례회의를 개최하여 해당 '청구권'의 증권성을 판단하였고 이 청구권이 자본시장법 상의 '투자계약증권'에 해당된다고 의결하게 된다. 자본시장법 제정 이후 최초로 투자계약증권이 탄생한 순간이다.

금융위원회 보도자료

보도 일시: 배포시 **배포 일시**: 2022. 4. 20.(수)

담당 부서 <총괄>: 금융위원회 자본시장과
- 책임자 과 장 이수영 (02-2100-2650)
- 담당자 사무관 신용진 (02-2100-2644)
- 사무관 현지은 (02-2100-2652)
- 사무관 장원석 (02-2100-2654)

저작권료 참여청구권의 증권성 여부 판단 및 ㈜뮤직카우에 대한 조치

□ 4.20일, 증권선물위원회(이하 증선위)는 정례회의를 개최하여 ㈜뮤직카우가 발행한 음악 저작권료 참여청구권*(이하 "청구권")의 증권성을 판단하고 ㈜뮤직카우에 대한 조치안을 의결하였습니다.
  * 음원 저작권료 수익을 청구할 수 있는 권리(소위 "저작권 조각투자"로 알려짐)

○ 증선위는 업계·전문가 의견수렴('22.2-3월), 법령해석심의위원회('22.3월) 검토를 바탕으로 동 "청구권"이 자본시장법 상 투자계약증권에 해당하는 것으로 판단하였습니다.

그림 3-63 '뮤직카우' 관련 금융위원회 보도자료

"증선위는 업계·전문가 의견수렴('22.2-3월), 법령해석심의위원회('22.3월) 검토를 바탕으로 동 **"청구권"이 자본시장법 상 투자계약증권에 해당하는 것으로 판단**하였습니다."

증권선물위원회의 의결에 따라, 뮤직카우는 자본시장법상의 규율을 준수하는 방향으로 사업구조를 개편하도록 요구받았다. 하지만 뮤직카우는 이후 사업구조를 개편하여 '투자계약증권' 대신, '비금전 신탁 수익증권'으로 사업허가를 신청하여 허가를 받았다.

한편, 뮤직카우가 사업구조를 개편하면서 투자계약증권 승인을 받지 않았지만, 2023년 12월 15일 열매컴퍼니는 쿠사마 야요이의 작품 '호박'을 기초자산으로 하는 투자계약증권 증권신고서를 제출하였고 금융위원회로부터 승인을 받았다. 이것이 국내 최초로 발행된 '투자계약증권'이다.

> **Note**
>
> ## 투자계약증권과 미국 투자계약의 차이점
>
> 국내 자본시장법상의 투자계약증권은 미국의 투자계약에서 가져온 증권 유형이지만 약간의 차이가 있다. 미국 투자계약은 판례에서 '투자 수익에 대한 합리적인 기대' 만으로도 투자계약을 인정하지만, 자본시장법상 투자계약증권에서는 합리적인 기대를 넘어 '손익을 귀속받는 계약상의 권리' 까지 필요하다. 이러한 점에서 미국의 투자계약 증권의 인정 범위가 국내 자본시장법의 투자계약증권보다 더 포괄적으로 적용된다고 볼 수 있다.
>
> **미국 투자계약 관련 대법원 판례**
>
> an investment contract for purposes of the Securities Act means a contract, transaction or scheme whereby a person invests his money in a common enterprise and is led to expect profits solely from the efforts of the promoter or a third party"
>
> **자본시장법 제4조(증권)**
>
> ⑥ 이 법에서 "투자계약증권"이란 특정 투자자가 그 투자자와 타인(다른 투자자를 포함한다. 이하 이 항에서 같다) 간의 공동사업에 금전등을 투자하고 주로 타인이 수행한 공동사업의 결과에 따른 손익을 귀속받는 계약상의 권리가 표시된 것을 말한다.
>
> **미국 하위 테스트와 국내 자본시장법 투자계약증권 판단 기준 비교**
>
> | 구분 | 미국 하위 테스트 | 국내 자본시장법 |
> |---|---|---|
> | 원문 | An investment contract exists when there is the investment of money in a common enterprise with a reasonable expectation of profits to be derived from the efforts of others. | 특정 투자자가 그 투자자와 타인 간 공동사업에 금전 등을 투자하고 주로 타인이 수행한 공동사업의 결과에 따른 손익을 귀속 받는 계약상 권리가 표시된 것 |
> | 1요건 | 금전 등의 투자(investment of money) | 금전 등의 투자 |
> | 2요건 | 공동사업(common enterprise) | 공동사업 |
> | 3요건 | 타인의 노력(efforts of others) | 타인의 노력 |
> | 4요건 | 투자 수익에 대한 합리적 기대(reasonable expectation of profits) | 손익을 귀속 받는 계약상의 권리 |
>
> 출처 : SEC, 법제처 국가법령정보센터, Xangle

10.4.3 투자계약증권의 정확한 개념

투자계약증권을 4가지 키워드만으로 설명했지만, 여전히 정확한 개념이 와닿지 않을 수 있다.

자본시장법상에서 정의하고 있는 투자계약증권을 다시 한번 인용해 보겠다.

> 투자자가 그 투자자와 타인 간의 **공동사업**에 **금전등을 투자**하고 주로 **타인이 수행**한 **공동사업**의 결과에 따른 손익을 귀속받는 계약상의 권리가 표시된 것

자본시장법상의 투자계약증권 개념을 구조화하여 표현하면 그림 3-64와 같다.

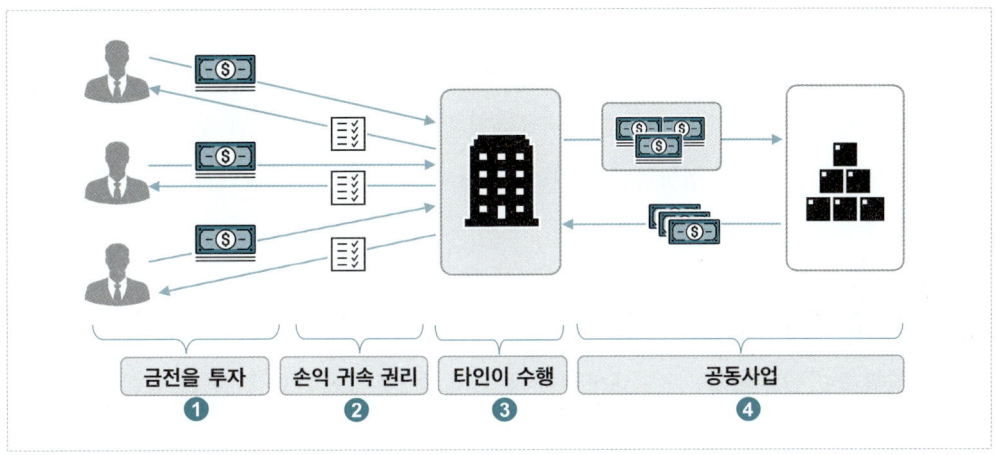

❶ 금전을 투자: 수익을 기대하고 금전을 투자
❷ 손익 귀속 권리: 투자로 인한 수익 귀속 권리를 식별할 수 있도록 표기
❸ 타인이 수행: 기업, 자산운용사 등 타인이 수행
❹ 공동사업: 다수의 사람들이 투자한 돈은 공동 사업에 투자

그림 3-64 투자계약증권 개념도

그림 3-64는 앞에서 자주 언급되었던 전형적인 증권의 개념과 동일하다. 다시 말해, 투자계약증권은 다양한 증권 개념을 포괄하는 가장 일반적인 증권 개념으로 이해할 수 있다.

투자계약증권의 4가지 기준을 자본시장법상의 다른 증권 유형에도 한번 적용해 보겠다. 그림 3-65를 보면, 각 증권은 권리 내용만 상이할 뿐 이 4가지 기준이 공통적으로 적용된다는 것을 알 수 있다.

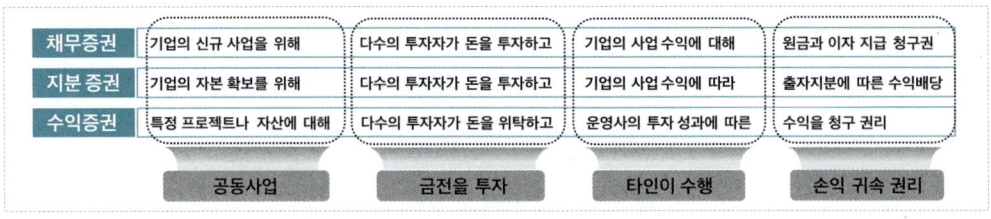

그림 3-65 투자계약증권의 포괄적 개념

다양한 증권 유형들의 가장 핵심적인 내용 영역을 일반적인 키워드로 정립한 것이 바로 투자계약증권이라고 볼 수 있다. 따라서 투자계약증권은 다른 증권 유형들과 구분되는 별도의 증권 유형이라기보다는, 기존 정형화된 증권을 4가지 속성 관점에서 일반화시킨 개념으로 이해하는 것이 좋을 것 같다.

10.4.4 투자계약증권 사례

최근에 주목받고 있는 몇몇 투자 사례를 통해 투자계약증권의 개념을 좀 더 쉽게 이해해 보겠다. 한우 조각투자가 언론에 소개된 적이 있었다.

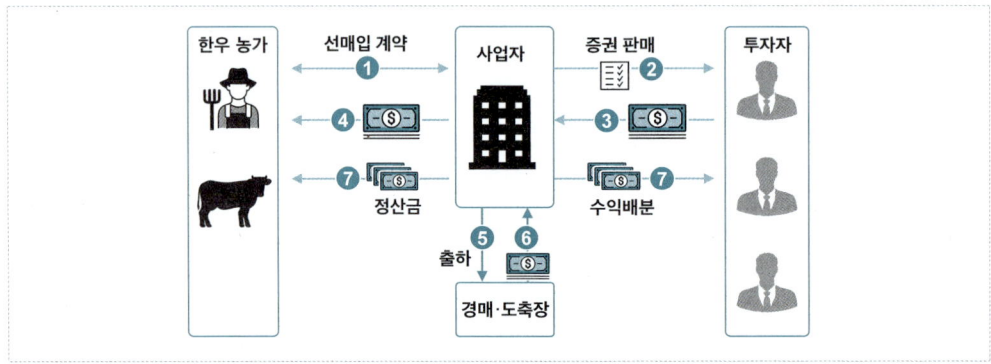

❶ 사업자는 한우 농가와 선매입 계약을 체결하고 한우에 대한 소유권(처분권) 확보
❷ 선매입한 한우로부터 향후 수익 취득 권리를 표기한 증권을 발행하여 판매
❸ 판매 대금으로 자금 조달
❹ 증권 판매를 통해 모금된 자금을 한우 농가에 지불
❺ 일정 시간이 지난 후 한우를 경매장에 출하
❻ 한우 경매에 따른 수익 발생
❼ 증권에 표기된 수익 취득 권리에 따라 투자자에게 수익 배분

그림 3-66 투자계약증권 사례(한우 조각투자)

한우 조각투자 사례를 정리하면, 투자자는 수익을 기대하고 금전을 투자하였고, 수익 귀속 권리가 표기된 증권을 받았으며, 사업자의 노력에 의해 수익이 결정되며, 투자자들로부터 모금된 돈은 한우 사육 및 경매라는 공동사업에 투입되었다. 한우에 대한 투자는 전염병 발병 등으로 인해 언제든지 원금이 손실될 수 있는 위험이 있다. 한우 조각투자는 원금 손실 위험성이 있는 것에 투자한 금융투자상품으로서, 유형상으로 투자계약증권에 해당된다고 볼 수 있다.

참고로 그림 3-66에서 ❷는 투자계약증권을 의미한다. 그림상에서 증서 형태로 묘사되었지만 '토큰'이란 용어를 사용해도 전혀 이상하지 않다.

다음은 미술품 조각투자에 대해 살펴보자.

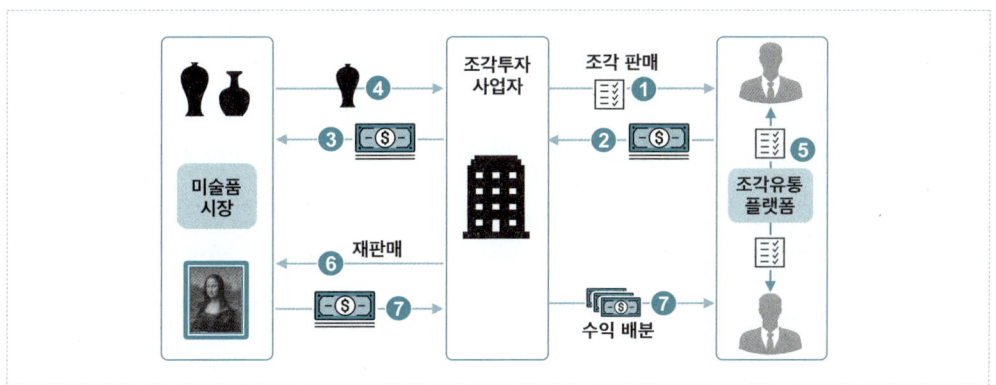

❶ 조각투자 사업자는 골동품 투자 설명회를 통해 증권을 발행하여 공모
❷ 투자자들은 금융상품 공모에 참여하고 투자금을 지급
❸ 모금된 자금으로 골동품 구입 비용 마련
❹ 미술품 시장에서 골동품 구입
❺ 투자자들은 증권을 조각유통 플랫폼을 통해서 자유롭게 거래
❻ 골동품 가격이 많이 올랐을 때 미술품 시장에 다시 재판매
❼ 미술품 투자(재판매-구입)를 통해 발생한 수익을 배분

그림 3-67 **투자계약증권 사례(미술품 조각투자)**

미술품 조각투자 사례를 정리하면, 투자자는 수익을 기대하고 금전을 투자하였고, 수익 귀속 권리가 표기된 증권을 받았으며, 사업자의 노력에 의해 수익이 결정되며, 투자자들로부터 모금된 돈은 골동품 관련 공동사업에 투입되었다. 미술품은 시장분위기와 가치 재평가에 따라

언제든지 원금이 손실될 수 있는 위험이 있다. 미술품 조각투자는 원금 손실 위험성이 있는 것에 투자한 금융투자상품으로서, 유형상으로 투자계약증권에 해당된다고 볼 수 있다.

투자계약증권의 사례로 조각투자만을 소개하다 보니 마치 조각투자만이 투자계약증권인 것으로 오해할 수 있지만 그렇지는 않다. 투자계약증권은 다양한 형태로 존재하며, 그 핵심은 투자자가 공동사업에 금전을 투자하고, 주로 타인의 노력으로 발생한 손익을 귀속받는 계약상의 권리라는 점이다.

10.5 증권의 디지털화

2019년 '전자증권법'이 전면 시행되었다. 전자증권제도 시행으로 더 이상 기존의 실물증권은 발행되지 않으며, 전자적 형태의 증권만 발행된다. 자본시장법은 금융투자상품(증권)에 관한 법이다. 반면 전자증권법은 엄밀하게 말하면 '증권'에 관한 법률은 아니다. 전자증권법의 정식 명칭은 '주식·사채 등의 전자등록에 관한 법률' 로서 증권의 **'전자등록'**에 관한 법이다.

4부에서 다룰 토큰증권도 전자증권의 한 유형이다. 따라서 토큰증권도 전자증권법에 기반한다. 3부의 마지막으로 전자증권의 개념을 짚어보고자 한다. 4부에서는 전자증권법과 토큰증권을 본격적으로 다룰 예정이다.

앞서 수많은 가상자산 및 디지털 자산 관련 용어들은 사실상 형식 관점의 용어라고 했다. 다양한 권리(내용)들을 더 이상 종이 문서에 기록하지 않고 '전자적 방식으로 기록하고 저장' 한다. 전자증권법에서는 이를 '전자등록'이라는 용어로 사용하는데, 전자증권법은 바로 증권 권리의 '전자등록'에 관한 법이다. 토큰증권뿐만 아니라 다른 모든 가상자산·디지털 자산들도 전자등록하는 형태로 표시하기 때문에 모두 전자증권법에 기반할 수 있다.

자본시장법에서 살펴봤던 것처럼 증권은 단순히 '권리' 개념이다. 이런 무형의 권리인 증권을 발행 및 유통시키기 위해서는 이를 실체화할 수 있는 특정한 발행 형태와 방식이 필요하다. **증권을 전자적 방식과 전자적 형태로 발행(전자등록)하는 것이 전자증권**이다.

10.5.1 전자증권의 등장

전자증권의 등장은 기존 실물증권의 문제점 대응과 새로운 디지털 기록·저장 장치의 활용 관점에서 이해할 수 있다.

■ 실물증권의 문제점

그림 3-68은 실물증권의 발행 및 유통 과정을 보여준다. 실물증권의 소유권과 양도 방법은 상법에서도 다음과 같이 규정하고 있다.

> 상법 제336조(주식의 양도방법) ①주식의 양도에 있어서는 주권을 교부하여야 한다.
> ②주권의 점유자는 이를 적법한 소지인으로 추정한다.

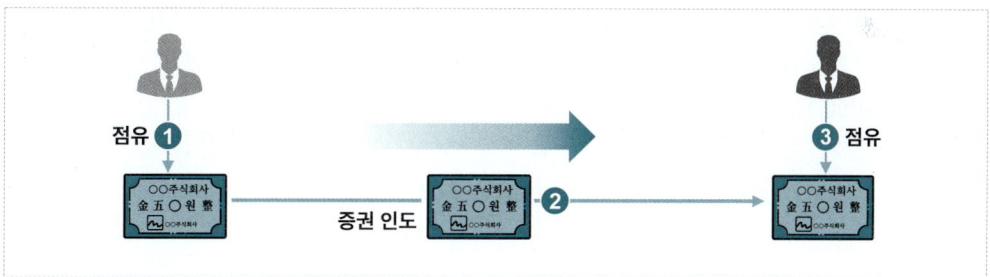

❶ 점유를 통해 실물주권의 소유권 보장
❷ 소유권 이전을 위해 실물주권의 양도
❸ 양도된 실물주권은 다시 점유를 통해 소유권 보장

그림 3-68 실물증권의 발행 및 유통

지류 형태로 발행되는 실물증권은 발행 및 유통 과정에서 몇 가지 문제점이 있다.

- 종이 형태의 실물 증권 발행 및 관리에 따른 업무와 비용
- 실물증권의 훼손 및 분실 위험
- 실물증권의 점유 및 인도에 따른 소유·양도 과정의 비효율성

■ 해결1: 증권의 부동화(Immobilization)

실물증권은 점유와 이전을 통해 소유권 보장과 소유권 이전이 가능하다. 그러나 실물증권의

점유 및 이전 과정에서 많은 문제점이 발생하기 때문에, 모든 증권을 예탁결제원에 일괄 예탁하여 통합적으로 관리한다. 예탁결제원은 실물증권을 보관하면서 동시에 증권의 권리를 전자장부에 기입하고 계좌 대체(對替)*만으로 거래 및 매매가 신속하게 이루어지도록 한다. 이를 증권예탁결제제도라고 한다.

증권예탁결제제도란 실물증권을 직접 유통하는 것이 아니라 중앙예탁결제기관에 예탁하고 계좌를 개설하여 실물증권의 이동 없이 계좌 간 대체로 거래를 처리하는 제도이다. 증권예탁제도가 시행되자 더 이상 증권이 시중에서 유통되는 일은 사라졌다. 즉 예탁결제제도를 통해 '증권의 부동화(不動化)'가 가능하게 되었다. 이 제도에서는 실물증권이 발행되지만 실제로 유통이 되지는 않는다.

자본시장법에서는 한국예탁결제원 설립을 규정하고 있다.

> **제294조(한국예탁결제원 설립)** ① 증권등(증권, 그 밖에 **대통령령**으로 정하는 것을 말한다. 이하 이 장에서 같다)의 <u>집중예탁과 계좌 간 대체</u>, 매매거래에 따른 결제업무 및 유통의 원활을 위하여 한국예탁결제원을 설립한다.

그림 3-69는 증권예탁결제제도의 개념도이다. 모든 증권을 예탁결제원에 일괄 예탁하고 장부에 기재 및 계좌간 대체만으로 증권 소유 및 이전이 구현된다.

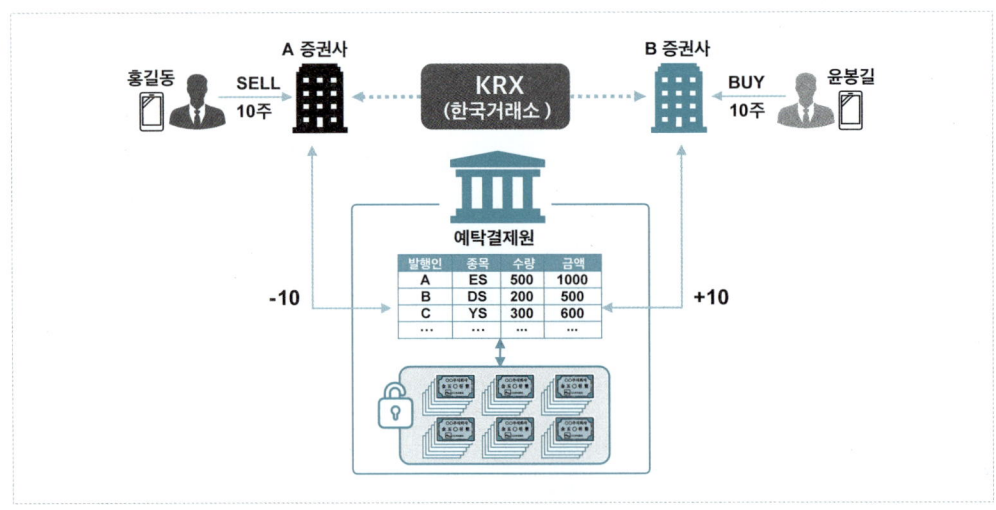

그림 3-69 증권예탁결제제도 개념도

자본시장법에서는 증권이 발행되면 예탁결제원에 일괄 예탁하도록 규정하고 있다.

> **제61조(소유증권의 예탁)** ① 금융투자업자는 그 고유재산을 운용함에 따라 소유하게 되는 증권을 **예탁결제원에 지체 없이 예탁**하여야 한다.
> **제75조(투자자 예탁증권의 예탁)** ① 투자매매업자 또는 투자중개업자는 금융투자상품의 매매, 그 밖의 거래에 따라 보관하게 되는 투자자 소유의 증권(대통령령으로 정하는 것을 포함한다)을 **예탁결제원에 지체 없이 예탁**하여야 한다

발행된 증권은 일괄 예탁되어 있기 때문에 물리적으로 점유되거나 이전되지 않는다. 예탁결제원의 장부상 등록 및 계좌대체만으로 권리 보장 및 이전되는 것으로 간주해 준다. 예탁자는 예탁한 증권에 대해 공유지분만을 가지고 있을 뿐이다.

> **제311조(계좌부 기재의 효력)** ① **투자자계좌부와 예탁자계좌부에 기재**된 자는 각각 그 **증권등을 점유**하는 것으로 본다.
> ② 투자자계좌부 또는 예탁자계좌부에 증권등의 양도를 목적으로 **계좌 간 대체의 기재**를 하거나 질권설정을 목적으로 질물(質物)인 뜻과 질권자를 기재한 경우에는 **증권등의 교부**가 있었던 것으로 본다
> **제312조(권리 추정 등)** ① 예탁자의 투자자와 예탁자는 각각 투자자계좌부와 예탁자계좌부에 기재된 증권등의 종류·종목 및 수량에 따라 **예탁증권등에 대한 공유지분**을 가지는 것으로 추정한다.

그림 3-70은 앞선 그림 3-37에 예탁결제제도 프로세스를 추가한 것이다.

---

* 어떤 금액을 한 계정에서 다른 계정으로 옮겨 적는 것을 의미한다. 예를 들어 A가 B에게 1만원을 송금하였다면, A계정에서 1만원을 줄이고, B계정에서 1만원을 추가하는 방식으로 처리한다.

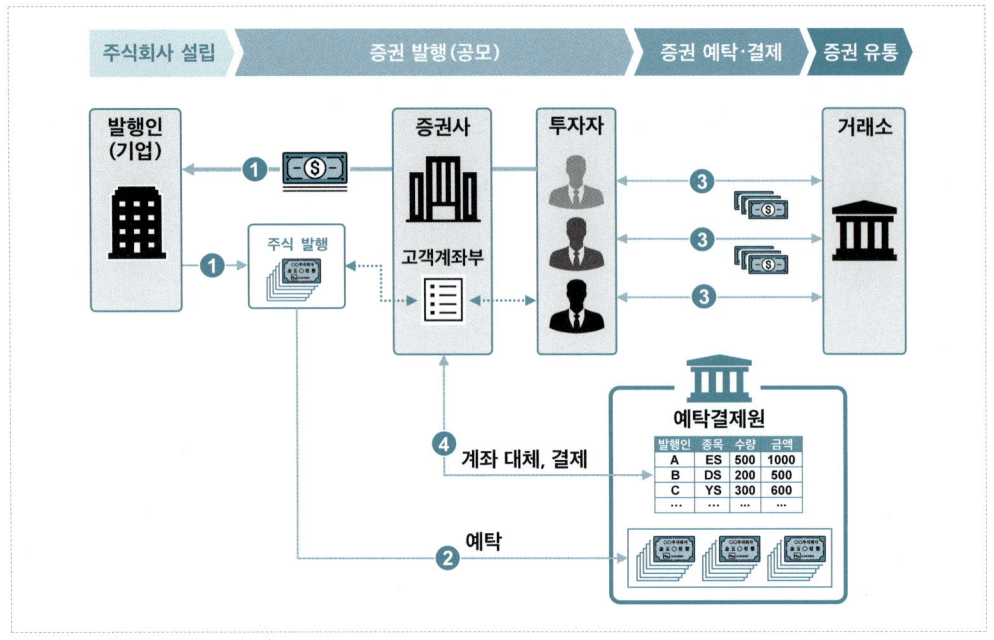

❶ 주식을 발행하고 자금 조달
❷ 발행된 주식은 예탁결제원에 일괄 예탁
❸ 주식 거래를 통해 소유권 이전 및 변경
❹ 증권사 고객계좌부와 예탁결제원 장부 결산

그림 3-70 자본시장에서의 예탁결제제도

예탁결제제도를 통해서 일괄예탁 및 계좌 간 대체하는 방식으로 '증권의 부동화(不動化)'가 구현된다고 볼 수 있다. 예탁결제제도에 따른 증권의 부동화는 더 나아가 더 이상 유통되지 않는 실물증권 발행 자체에 대한 회의로 이어졌다.

해결2: 증권의 무권화(Dematerialization)

실물증권의 일괄 예탁에 의해 증권의 부동화는 구현되었지만, 실물증권은 여전히 발행되고 있었다. 발행된 실물증권이 시장에서 유통되지 않고 예탁결제원에서 단순히 보관되는 상황에서 비용이 많이 소요되는 실물증권 발행 자체에 대한 의문이 들기 시작했다.

실물증권 발행 없이 권리 내용을 단순히 전자장치에 기록하는 것만으로 그 권리를 법적으로 보장한다는 것은 여전히 불안하였다. 하지만 디지털 기술의 발전과 전산시스템의 안정성 확보로 실물증권 발행 없이 전자 계좌부에 데이터의 전자적 기록만으로 권리의 취득·양도를 보장할 수 있게 되었다.

1983년 덴마크에서는 실물증권 발행 없이 전자적 기재만으로 권리를 취득·양도하는 전자증권제도를 도입하였고 유럽의 많은 국가들도 전자증권제도를 도입하기 시작하였다.

이런 배경을 바탕으로 2019년 우리나라도 실물증권을 더 이상 발행하지 않고, 계좌부에 권리내용을 전자등록하는 것만으로 증권의 권리 발행·변경·소멸이 보장되는 '전자증권제도'를 전면 도입하게 되었다. 전자증권제도를 통해 실물증권을 더 이상 발행하지 않고 증권에 대한 권리가 전자적 형태로 전자계좌부에 기록되는 것만으로 증권에 대한 권리가 거래 및 이전되는 '증권의 무권화(無券化)' 시대가 열린 것이다.

전자증권이 발행됨에 따라, 발행회사는 증권 발행 절차를 간소화하고 비용을 절감할 수 있게 되었다. 금융기관 역시 실물증권 관련 비용과 업무 처리 시간을 대폭 절감할 수 있었다. 투자자 입장에서는 실물증권을 보유함으로써 발생하는 위조, 변조, 도난, 분실 등의 위험을 방지할 수 있으며, 각종 권리행사가 훨씬 편리해졌다. 또한, 증권시장 측면에서는 발행 증권의 수량, 투자자별 보유현황, 거래내역 등이 전자적으로 관리되므로 증권의 발행과 유통 현황을 쉽게 파악할 수 있어 증권시장의 투명성이 더욱 높아지는 효과를 가져왔다.

10.5.2 전자등록이란?

전자증권법의 정식 명칭은 **'주식·사채 등의 전자등록에 관한 법률'**이다. 전자증권을 이해하기에 앞서 '전자등록'에 대한 이해가 선행되어야 한다.

전자등록의 정의

실물증권은 기본적으로 점유와 양도를 통해 소유권과 소유권 이전이 보장된다. 전자증권법에서는 '전자등록'된 자는 '전자등록'된 권리를 적법하게 가지는 것으로 추정한다고 규정하고 있다.

전자증권법에서는 '전자등록'을 다음과 같이 정의하고 있다.

> "전자등록"이란 주식등의 종류, 종목, 금액, 권리자 및 권리 내용 등 주식등에 관한 **권리의 발생·변경·소멸에 관한 정보**를 전자등록계좌부에 **전자적 방식**으로 **기재**하는 것을 말한다.

전통적으로 소유권을 보장하는 방법은 점유이다. 하지만 점유를 통한 소유권 보장이 어려운 경우에는 등기제도를 이용한다. 등기란 권리 내용을 공적인 장부에 기록하고 이를 일반에게 공시(公示)하는 방식으로 그 권리를 보장하는 것을 말한다. 부동산 등기, 법인 등기, 인감 등록 등이 이에 해당한다.

전자등록은 등기와 비슷하게, '점유'가 아닌 '공부(公簿)에 등록하는 방식'으로 권리가 보장되는 것을 말하며, 형식적으로는 전자적 기록 방식으로 전자등록계좌부에 등록하는 것을 의미한다.

'전자등록' 개념을 1부에서 살펴보았던 '증서와 표상의 개념'으로 살펴보면 다음과 같다.

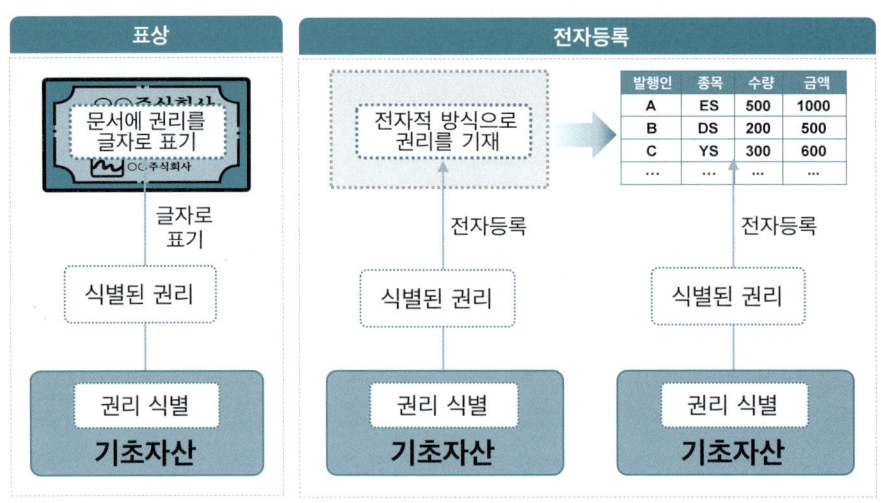

그림 3-71 전자등록 개념

증서는 권리 내용을 글자로서 문서에 구체적으로 드러낸 것을 의미하는 반면, 전자등록은 권리 내용을 전자적 방식으로 전자계좌부에 기재하는 것을 말한다.

▎전자등록에 의한 권리 구현과 법적 효력

'표상에 의한 실물증권'과 '전자등록에 의한 전자증권'은 소유권 보장과 소유권 이전 방식에서도 차이가 난다. 실물증권은 기본적으로 점유와 이전에 의해 구현된다면, 전자증권은 '기재'와 '계좌대체'로 권리 생성과 권리 변경이 구현된다.

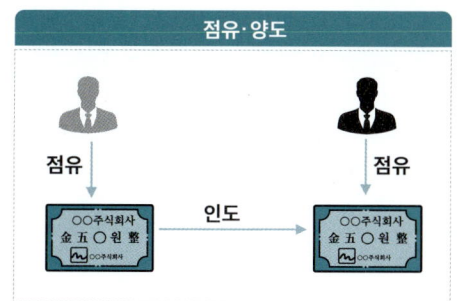
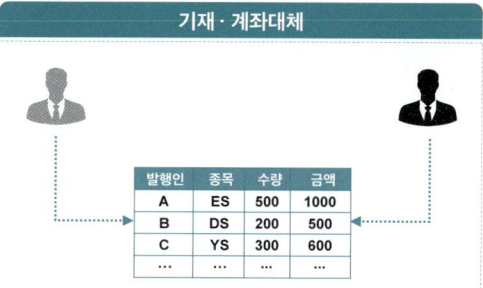

그림 3-72 전자등록을 통한 권리 구현

	실물증권	전자증권
증권 발행	실물 발행	등록계좌에 기입
증권 양도	인도	계좌 간 대체
증권 말소	말소	등록계좌에서 삭제

표 3-10 실물증권과 전자증권의 차이

한편 전통적 소유권 보장 및 이전 방식인 '점유와 인도'는 민법과 상법에서 규정하고 있다.

> **민법 188조(동산물권양도의 효력, 간이인도)** ① 동산에 관한 물권의 양도는 그 **동산을 인도하여야 효력**이 생긴다.
> **상법 제336조(주식의 양도방법)** ① **주식의 양도**에 있어서는 주권을 교부하여야 한다.
> ② 주권의 **점유자는 이를 적법한 소지인**으로 추정한다.

디지털 시대 도래에 따라 '점유와 인도' 대신 '전자등록'으로 권리가 보장되고 있으며, 관련 법도 이에 맞추어 제·개정되고 있다.

> **상법 제356조의2(주식의 전자등록)** ① 회사는 주권을 발행하는 대신 정관으로 정하는 바에 따라 전자등록기관의 전자등록부에 주식을 등록할 수 있다.
> ② 전자등록부에 등록된 주식의 양도나 입질(入質)은 **전자등록부에 등록하여야 효력이 발생**한다.
> ③ 전자등록부에 **주식을 등록한 자는 그 등록된 주식에 대한 권리를 적법하게 보유**한 것으로 추정하며, 이러한 전자등록부를 선의(善意)로, 그리고 중대한 과실 없이 신뢰하고 제2항의 등록에 따라 권리를 취득한 자는 그 권리를 적법하게 취득한다.

자본시장법 제311조(계좌부 기재의 효력) ① 투자자계좌부와 예탁자계좌부에 **기재된 자는 각각 그 증권등을 점유**하는 것으로 본다.
② 투자자계좌부 또는 예탁자계좌부에 증권등의 양도를 목적으로 **계좌 간 대체의 기재를** 하거나 질권설정을 목적으로 질물(質物)인 뜻과 질권자를 기재한 경우에는 **증권등의 교부가 있었던 것**으로 본다.

전자증권법 제35조(전자등록의 효력) ① 전자등록계좌부에 전자등록된 자는 해당 전자등록주식등에 대하여 <u>전자등록된 권리를 적법하게 가지는 것</u>으로 추정한다.
② 전자등록주식등을 <u>양도하는 경우</u>에는 제30조에 따른 **계좌간 대체의 전자등록**을 하여야 그 **효력이 발생**한다.

> **📝 Note**
>
> ## 비트코인과 전자등록
>
> 비트코인은 'A Peer to Peer Electronic Cash System'에서 알 수 있는 것처럼 전자화폐시스템이다. 비트코인은 전자화폐이기 때문에 실물 형태의 화폐가 발행되지 않고 전자등록 개념과 동일하게 전자적 형태로 기재하는 방식으로 화폐가 생성 및 전송된다. 먼저 비트코인이 새롭게 발행되는 원리를 전자등록 관점에서 간단히 살펴보도록 하겠다.
>
> 비트코인 네트워크에서 생성된 트랜잭션들은 네트워크에 참여한 노드들에게 모두 전파된다. 각 노드들은 전파된 트랜잭션들을 본인의 후보 블록에 포함시키고 추가적으로 대표블록이 선정되었을 때 인센티브 목적으로 새롭게 발행되는 비트코인이 본인에게 전달되는 트랜잭션을 생성해서 각자의 후보 블록에 추가한다. 예를 들어 A 노드는 '3.125 BTC to A'라고 기재된 트랜잭션을 본인의 후보 블록에 추가한다. B 노드는 '3.125 BTC to B'라고 기재된 트랜잭션을 본인의 후보 블록에 추가한다. 이처럼 각 노드들은 인센티브가 본인에게 전송되는 트랜잭션을 생성하여 본인 후보 블록에 포함시킨다.
>
> 일정 시간이 지난 후 각 노드들은 본인의 후보 블록이 대표 블록으로 선정되기 위한 Nonce값 찾기 경쟁에 돌입한다. 가장 먼저 조건을 충족하는 Nonce값을 찾은 후보 블록만이 대표 블록으로 선정되기 때문에 네트워크에 참여한 모든 노드들은 합의 과정을 통해 이 대표 블록을 본인들의 블록체인에 연결시키는 방식으로 합의에 도달한다. 예를 들어 C 노드의 후보 블록이 대표블록이 선정되었다면 C노드의 후보블록에는 '3.125 BTC to C'라는 트랜잭션이 포함되어 있다. 이 대표 블록을 네트워크에 참여하는 모든 노드들이 합의를 통해 저장하고 있기 때문에, 결과적으로 네트워크에 참여하는 모든 노드들의 블록체인(장부)에는 '3.125 BTC to C'라는 내용이 전자적으로 기재되어 있다. 이것이 비트코인이 발행되는 원리이고 3.125 BTC는 C 소유가 된다.
>
> 다음으로 비트코인이 전송되는 원리를 전자등록 관점에서 살펴보도록 하겠다.

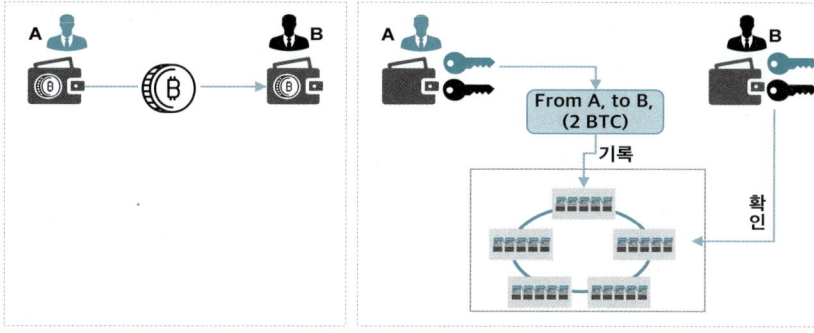

그림 3-73 비트코인의 전자등록 개념

예를 들어, 'A가 B에게 2 비트코인을 송금' 하는 상황을 가정해 보자. 디지털 개념에 익숙하지 않는 사람은 그림 3-73의 왼쪽 그림처럼, 시각적 실체가 있는 비트코인이 A의 지갑에서 B의 지갑으로 실제로 전송된 것으로 이해할 수 있다. 그러나 비트코인은 0과 1로 구성된 디지털 데이터에 불과하며, 지갑에는 어떠한 비트코인도 존재하지 않는다.

A가 B에게 2 BTC를 송금하는 과정은 다음과 같다. A가 '2BTC, From A, To B' 데이터를 생성하고, 이 데이터를 블록체인에 저장할 뿐이다. 비트코인이라는 형체나 실체는 존재하지 않으며 B에게 이전되지도 않는다. 관련 데이터를 블록체인이라는 장부에 단지 기록할 뿐이다.

> **Note**
>
> ### '추정' 개념에 대한 이해
>
> 지금까지 소개한 법률을 자세히 살펴본 독자라면 '추정'이라는 용어를 많이 보았을 것이다. 예를 들어 전자증권법 제35조를 보면 '… 가지는 것으로 추정한다' 라고 명시하고 있다.
>
> > **전자증권법 제35조(전자등록의 효력)** ① 전자등록계좌부에 전자등록된 자는 해당 전자등록주식등에 대하여 전자등록된 권리를 적법하게 가지는 것으로 **추정한다.**
>
> 전자증권법뿐만 아니라 다른 법률에서도 '추정'이라는 용어를 자주 사용한다.
>
> > **민법 제844조(남편의 친생자의 추정)** ① 아내가 혼인 중에 임신한 자녀는 남편의 자녀로 **추정한다.**

'추정(推定)'의 사전적 의미는 '미루어 생각하여 판정함'이다. 하지만 추정이 법률용어로 사용될 때는 사전적 의미와 조금 다르다. 법률용어사전에 나온 추정의 의미는 다음과 같다

> "추정은 일정한 사실이 명확하지 않은 경우에 보통의 상태를 기준으로 하여 일단 사실을 가정하고 거기에 일정한 법적 효과를 인정하는 것이다. 그러나 추정은 입증을 기다리지 않고 사실을 가정(假定)하는 것이므로 이와 다른 사실을 주장하는 자는 반증을 들어 증명하면 언제나 추정을 전복(顚覆)할 수 있다."

'추정'을 간단하게 이해하면, 반증(反證)이 나올 때까지 일단 사실로 가정하고 법적 효력을 인정한다는 의미이다. 아내가 혼인 중에 임신한 자녀가 남편의 자녀가 아닐 수도 있다. 하지만 반증이 나올 때까지는 우선 그 자녀가 남편의 자녀라고 법적으로 인정해 준다.

실물증권을 점유하고 있다면 소유권리는 명확하다. 하지만 권리 내용을 단순히 기록만으로 그 권리가 유효하다고 인정해주는 것은 리스크가 있을 수 있다. 하지만 반증이 나올 때까지는 우선 전자적으로 기재된 권리를 합법적인 권리로 인정해 준다는 의미이다. 이런 관점에서 '권리를 인정한다' 보다는 '권리를 가지는 것으로 추정한다'로 표현한다.

금융위원회에서 발표한 '토큰증권 발행·유통 규율체계 정비방안'에서도 토큰증권의 효력을 다음과 같이 설명하고 있다.

> 토큰증권을 전자증권법상 효력*이 부여되는 전자증권으로 수용
> * 계좌부에 기재된 증권의 권리자에 **권리 추정력** 및 제3자 대항력 부여

정리하면 전자등록의 법적 효력은 '인정'이 아니라 '추정'이다.

10.5.3 전자증권이란?

전자증권은 앞서 살펴보았던 '전자등록'된 증권으로 이해할 수 있다.

▮ 증권의 발전 단계

그림 3-74는 증권 발행 형식의 발전 단계를 보여준다. 처음에는 수익 권리를 종이에 표시하는 실물증권이 있었고, 이후 실물증권을 일괄 예탁하는 과정을 거쳐, 권리를 단순히 전자등록하는 전자증권으로 발전하였다.

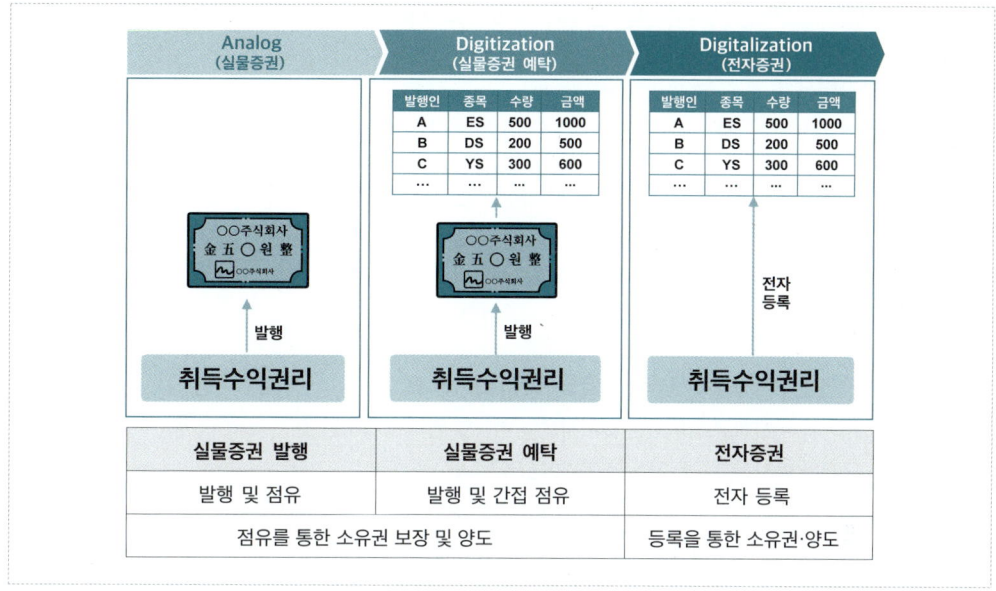

그림 3-74 증권의 발전 단계

실물증권 상황에서는 발행과 점유를 통해 소유권이 보장되었지만 전자증권 상황에서는 단순히 전자등록만으로 소유권이 인정된다.

전자증권의 개념

전자증권 개념에 대해 정리해 보자. 먼저 전자증권법에는 '전자증권'이란 용어와 개념정의가 없다. 대신 '전자등록'이란 개념만 다음과 같이 정의하고 있다.

> "전자등록"이란 주식등*의 종류, 종목, 금액, 권리자 및 권리 내용 등 주식등에 관한 권리의 발생·변경·소멸에 관한 정보를 전자등록계좌부에 전자적 방식으로 기재하는 것을 말한다.

전자증권법상의 '전자등록' 개념 정의로부터 '전자증권' 개념을 유추해 볼 수 있다.

- 전자등록: 증권의 권리 발생·변경·소멸에 관한 정보를 **전자적 방식으로 전자등록계좌부에 기재한 것**
- 전자증권: 금전을 투자하고 취득된 권리(증권)를 전자등록계좌부에 전자등록한 것

---

* 전자증권법에서 '주식등'이란 주식, 사채, 국채, 등 모든 증권을 의미한다

전자증권 개념으로부터, 전자증권은 2가지 영역으로 식별할 수 있다.

❶ 증권 - 권리 내용

❷ 전자 - 증권의 발행 형식

증권을 2가지 관점에서 이해할 수 있다. 하나는 '증권의 권리 내용'이고, 다른 하나는 '증권의 발행 방식'이다. 우선 자본시장법을 보면 '증권의 권리 내용'에 따라 다음과 같은 6개 유형을 제시하고 있다.

> 채무증권 - 금전을 투자하고 취득하는 **지급청구권이 표시된 것**
> 지분증권 - 금전을 투자하고 취득하는 **출자지분을 취득할 권리가 표시된 것**
> 수익증권 - 금전을 투자하고 취득하는 **수익권이 표시된 것**
> 투자계약증권 - 금전을 투자하고 손익을 귀속 받는 **계약상의 권리가 표시된 것**
> 파생결합증권 - 금전을 투자하고 지수 연계 회수금 **결정 권리가 표시된 것**
> 증권예탁증권 - 금전을 투자하고 **예탁 받은 증권에 관련된 권리가 표시된 것**

다음으로 '증권의 발행 방식'에 따라 실물증권, 전자증권으로 구분할 수 있다.

> 실물증권 - 지분취득권·수익권 등이 **글자로서 문서에 표시된 것**
> 전자증권 - 지분취득권·수익권 등이 **전자등록 방식으로 계좌부에 표시된 것**

'권리 내용'에 따른 증권의 유형들을 살펴보면, '다양한 권리들이 표시된 것'으로 정의하고 있으며 어디에 어떻게 표시하라는 것까지는 규정하지 않고 있다. 반면 '발행 형식'에 따른 증권의 유형들은 '어디에 어떻게' 표시하라는 것을 규정하고 있다. 증권의 본질은 '권리 내용'이며, 이 권리 내용을 실체화(어디에 어떻게 표시)시키는 것은 증권의 발행 형식이라고 볼 수 있다.

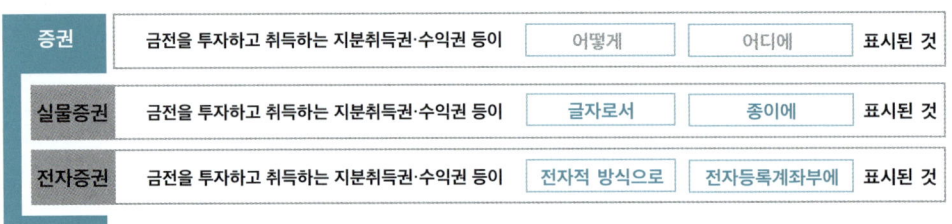

그림 3-75 증권의 개념과 발행 형식 유형

그림 3-75는 증권의 본질과 발행 형식을 구분해서 보여주고 있다. 증권의 본질은 권리 내용일 뿐 발행 형식(어디에 어떻게 기록)까지 규정하지는 않는다. 증권의 발행 형식을 규정한 것이 실물증권과 전자증권이다. 참고로 실물증권과 전자증권은 증권의 발행 형식에 초점을 맞춘 개념이지만 증권이라는 권리 내용을 내포하는 개념이다.

전자증권제도와 디지털화된 증권의 장점

2016년 3월 22일 '전자·사채 등의 전자등록에 관한 법률(전자증권법)'이 제정되었다. 법률 제정 이후 법무부와 금융위원회는 시행령 제정 등 3년 6개월의 준비를 거쳐 2019년 9월 16일 '전자증권제도'가 전면 도입되었다. **전자증권제도**란 실물 증권을 발행하지 않고 증권의 발행·유통·권리 행사 등 증권 관련 모든 사무를 전자적인 방법으로 처리하는 제도이다. 이제 더 이상 실물증권을 발행하지 않으며, 증권은 완전히 디지털화되었다.

이처럼 디지털화된 증권을 활용하면 다음과 같이 여러 가지 편의성과 기대효과를 얻을 수 있다.

- **첫째, 편리성과 효율성**

    우선 증권을 발행하고 예탁하는 업무가 사라진다. 기존에는 증권 권리자의 권리와 권리 내역 확인이 여전히 실물증권에 기반하였지만, 전자증권제도를 통해 전자등록계좌를 통해서 쉽게 권리 내역 확인이 가능하다. 증권 관련 업무도 모두 전산 처리되어 증권 거래의 편리성도 높일 수 있게 되었다.

- **둘째, 경제성과 안전성**

    실물증권 발행 및 유통에 따른 수많은 비용을 절감할 수 있으며 위조, 변조, 도난, 분실 등의 위험성도 감소시킬 수 있다.

- **셋째, 투명성 제고**

    모든 거래 정보가 전산 관리되기 때문에 투명성과 신뢰성을 보장한다.

- **넷째, 혁신성**

    디지털화된 증권은 다양한 혁신 기술 및 핀테크와 연계 및 융합하기 용이하다. 자연스럽게 전자증권을 통해 새로운 혁신 서비스 창출 및 새로운 가치 창출이 가능하다.

3부의 마지막으로 전자증권의 개념을 정리했다. 3부에서 다룬 증권성과 금융, 자본시장법 등의 개념을 바탕으로, 4부에서는 전자증권법과 토큰증권에 대해 본격적으로 다룰 예정이다.

PART IV

전자증권과 토큰증권

2023년 2월 금융위원회는 토큰증권 허용을 전격 발표했다. 토큰증권 허용은 증권 발행과 관련하여 단순히 블록체인 기술을 활용해도 좋다는 의미가 아니라, 분산원장을 법적인 공부(公簿)로 인정해 주겠다는 의미이다.

전자증권의 한 유형인 토큰증권은 철저하게 전자증권법에 기반한다. 따라서 토큰증권을 올바르게 이해하려면 먼저 전자증권법을 제대로 알 필요가 있다. 3부 말미에도 잠시 언급했지만, 본격적으로 토큰증권을 알아보기 앞서 전자증권법부터 좀 더 자세히 짚어보도록 하겠다.

CHAPTER

11

전자증권법

2016년 3월 22일 '전자·사채 등의 전자등록에 관한 법률(전자증권법)'이 제정되었다. 법률 제정 이후 법무부와 금융위원회는 시행령 제정 등 3년 6개월의 준비를 거쳐 2019년 9월 16일 '전자증권제도'를 전면 도입하게 되었다. 전자증권법 시행으로 이제 더 이상 실물증권을 발행하지 않는다.

11.1 전자증권법 개요

11.1.1 주요 구성 및 내용

전자증권법은 제1장 총칙부터 제10장 벌칙까지, 총 10장으로 구성되어 있다. 각 장과 그 주요 내용을 표로 정리하면 다음과 같다.

전자증권법 주요 구성	주요 내용
제1장 총칙	목적 전자등록이 가능한 증권 범위
제2장 제도운영기관	전자등록기관 계좌관리기관
제3장 계좌의 개설 등	관리계좌 : 발행인관리계좌, 고객관리계좌 전자등록계좌 : 계좌관리기관 자기계좌, 고객계좌
제4장 전자등록	신규 전자등록 관련 세부사항 권리변동 관련 세부사항
제5장 전자등록주식등에 대한 권리 행사	전자등록주식등의 권리행사를 위한 절차·방법

전자증권법 주요 구성	주요 내용
제6장 전자등록의 안전성 확보	초과분 해소 방법 및 권리행사 제한 범위 전자등록기관의 보고사항 및 보존 대상 정보 범위
제7장 검사 및 감독	전자등록기관에 대한 조치 검사 제외 계좌관리기관의 범위
제8장 단기사채등에 대한 특례	단기사채 발행 절차 및 발행한도 특례
제9장 보칙	발행정보 공개, 전자등록증명서 고유식별정보 처리
제10장 벌칙	과태료의 부과기준

표 4-1 전자증권법 주요 구성 및 내용

10장 중, 핵심이 되는 장과 내용을 간략히 정리해 보았다.

- 제2장 제도운용기관: 전자증권은 계좌부에 기반하기 때문에 계좌부를 관리 및 운용할 수 있는 기관이 필요하다. 전자등록기관과 계좌관리기관이 있다.
- 제3장 계좌의 개설 등: 전자등록할 계좌부에 관한 내용이다. 계좌 유형, 계좌 개설, 전자등록 사항이 포함된다.
- 제4장 전자등록: 전자등록 개념 및 법적 효력을 규정한다.
- 제6장 전자등록의 안전성 확보: 증권 권리가 전자등록에 기반하기 때문에 전자등록의 안전성 확보 조치에 대해 규정한다.

11.1.2 전자등록 대상 증권

전자증권제도를 통해 전자증권이 도입되었지만, 증권 중에는 전자등록이 적합하지 않은 것도 있다. 즉 전자증권이 되기 위해서는 전자등록이 적합한지 여부부터 검토해야 한다.

전자증권법에서는 전자등록이 가능한 증권(전자증권)을 '**주식등**'이라는 용어를 통해 명시하고 있다.

> 제2조(정의) 이 법에서 사용하는 용어의 뜻은 다음과 같다.
>
> 2. "전자등록"이란 **주식등**의 종류, 종목, 금액, 권리자 및 권리내용 등 주식등에 관한 권리의 발생·변경·소멸에 관한 정보를 전자등록계좌부에 전자적 방식으로 기재하는 것을 말한다.
>
> 1. "**주식등**"이란 다음 각 목의 어느 하나에 해당하는 것을 말한다.

가. 주식
나. 사채
다. 국채
라. 지방채
마. 법률에 따라 직접 설립된 법인이 발행하는 채무증권에 표시되어야 할 권리
바. 신주인수권증서 또는 신주인수권증권에 표시되어야 할 권리
사. 「신탁법」에 따른 수익자가 취득하는 수익권(受益權)
아. 「자본시장과 금융투자업에 관한 법률」에 따른 투자신탁의 수익권
자. 「이중상환청구권부 채권 발행에 관한 법률」에 따른 이중상환청구권부 채권
차. 「한국주택금융공사법」에 따른 주택저당증권 또는 학자금대출증권에 표시되어야 할 권리
카. 「자산유동화에 관한 법률」에 따른 유동화증권에 표시될 수 있거나 표시되어야 할 권리
타. 「자본시장과 금융투자업에 관한 법률」에 따른 파생결합증권에 표시될 수 있거나 표시되어야 할 권리로서 대통령령으로 정하는 권리
파. 「자본시장과 금융투자업에 관한 법률」에 따른 증권예탁증권에 표시될 수 있거나 표시되어야 할 권리로서 대통령령으로 정하는 권리
하. 외국법인등이 국내에서 발행하는 증권(證券) 또는 증서(證書)에 표시될 수 있거나 표시되어야 할 권리로서 가목부터 타목까지의 어느 하나에 해당하는 권리
거. 가목부터 하목까지의 규정에 따른 권리와 비슷한 권리로서 그 권리의 발생·변경·소멸이 전자등록계좌부에 전자등록되는 데에 적합한 것으로서 대통령령으로 정하는 권리

전자증권법과 시행령에서 규정한 전자등록 대상 증권을 종합해 정리하면 다음 표 4-2와 같다.

구분	법[제2조]	시행령[제2조]
지분증권	주식 신주인수권증권	
채무증권	사채 국채, 지방채, 특수채 이중상환청구권부 채권	조건부 자본증권
수익증권	신탁법상 수익권 투자신탁의 수익권	
증권예탁증권	(세부사항 시행령에 위임)	국내 발행 증권예탁증권
파생결합증권	(세부사항 시행령에 위임)	주식워런트증권(ELW)

구분	법[제2조]	시행령[제2조]
기타	자산유동화법상 유동화증권 외국법인등의 국내 발행증권	양도성 예금증서*

* 양도성예금증서는 자본시장법상 증권은 아니지만 유가증권성이 인정되며 등록에 적합하여 시행령에 포함

표 4-2 **전자등록 대상 증권** (출처: 전자증권제도 및 법령 주요내용_2019년 1월_법무부·금융위원회)

전자등록 가능 증권 목록을 보면, 자본시장법상의 6가지 증권 유형 중 '투자계약증권'이 빠져 있는 것을 확인할 수 있다. 앞서 설명했던 것처럼 투자계약증권은 자본시장법이 제정되면서 새롭게 추가된 증권이다. 이 증권 유형은 2022년 뮤직카우의 저작권료 참여청구권에 대한 증권성 여부 판단 이슈가 있기까지 국내에서 한 번도 발행된 적이 없다. 더구나 투자계약증권은 포괄주의를 대표하는 비정형적 증권으로서 권리의 내용이 상당히 포괄적이고 애매하다. 따라서 정형화된 기록이 어려워 전자등록 대상 증권 목록에 빠져 있지 않나 생각해 본다.

그런데 한편으로 토큰증권(전자증권의 한 유형)에 적합한 증권이 '투자계약증권'이기도 하다. 따라서 금융위원회 토큰증권 허용 방침에 따라, 추후 전자증권법상의 전자등록 대상에 대한 법적 정비가 이루어질 것으로 예상된다.

투자계약증권 외에도 구조적으로 전자등록이 어려운 증권도 있다. 바로 설권증권(設權證券)이다. 증권은 일반적으로 이미 존재하는 권리를 식별하고, 이를 표상하는 방식으로 발행된다. 그런데 증권을 작성해야만 비로소 권리가 발생하는 증권이 있는데, 바로 설권증권이다. 대표적인 것이 기업어음(CP)이다. 기업어음은 권리의 발생을 위해서는 실물증권의 작성이 필요하기 때문에 전자등록 방식이 어렵고 반드시 실물증권으로 발행해야 한다.

11.1.3 제도운영기관

전자등록제도는 실물증권을 발행하는 대신 계좌부에 전자등록하는 방식이다. 따라서 전자등록제도 운영을 위해서는 계좌부를 관리하고 운영할 기관이 필요하다. 전자증권법에서는 계좌부 운용기관으로 중앙등록기관인 '**전자등록기관(한국예탁결제원)**'과 하위등록기관인 '**계좌관리기관(증권회사 등 금융기관)**'을 규정하고 있다.

전자등록기관

'전자증권제도'는 기존의 '예탁결제제도'를 대체하는 제도이다. 예탁결제제도의 운영기관인 한국예탁결제원은 지금까지 실물증권을 일괄 예탁받아 잘 관리하면서 계좌간 대체, 매매거래에 따른 결재업무를 수행해 왔다.

그런데 전자증권제도는 더 이상 실물증권을 발행하지 않고 대신 증권 기재·대체를 전자적 장부(계좌부)에 전자등록하는 방식이기 때문에, 한국예탁결제원이라는 운영기관은 더 이상 필요없고 대신 법적 장부를 작성·관리할 운영기관이 필요하다. 전자증권법에서는 이런 전자등록 관련 업무를 담당할 기관으로 '전자등록기관'을 규정하고 있다.

구분	운영기관	운영기관 업무
예탁결제제도	한국예탁결제원	실물증권 일괄예탁 및 관리 계좌간 대체, 매매거래에 따른 결재업무
전자증권제도	전자등록기관	전자등록 계좌부 작성 및 관리

표 4-3 예탁결제제도와 전자증권제도의 운영기관 비교

전자증권제도 도입으로 한국예탁결제원은 더 이상의 존재 이유가 사라진 한편 전자등록기관은 신설해야 하는 상황에서, 한국예탁결제원을 폐지하는 대신 전자등록기관으로 허가해 주는 쪽으로 정리가 되었다. 따라서 현재 부산 BIFC에 본사를 둔 한국예탁결제원은 그대로 유지되고 있으며, 대신 실물증권 관리 등이 아니라 전자증권법상의 전자등록기관으로서 부여받은 역할을 수행하고 있다. 물론 예탁결제원의 전체 업무는 이보다 훨씬 다양하다.

> Note 전자증권법에서는 전자등록기관의 개념 및 업무를 다음과 같이 규정하고 있다.
>
> **제2조(정의)** 6. "전자등록기관"이란 주식등의 **전자등록에 관한 제도의 운영**을 위하여 제5조제1항에 따라 허가를 받은 자를 말한다.
>
> **제5조(전자등록업의 허가)** ① 전자등록업을 하려는 자는 전자등록의 대상이 되는 주식등의 범위를 구성요소로 하여 대통령령으로 정하는 업무 단위의 전부 또는 일부를 선택하여 금융위원회 및 법무부장관으로부터 하나의 전자등록업허가를 받아야 한다
>
> **제14조(전자등록기관의 업무)** ① 전자등록기관은 정관으로 정하는 바에 따라 다음 각 호의 업무를 한다.
> 1. 주식등의 **전자등록**에 관한 업무
> 2. 발행인관리계좌, 고객관리계좌 및 계좌관리기관등 **자기계좌의 개설, 폐지 및 관리**에 관한 업무

> 3. 발행인관리계좌부, 고객관리계좌부 및 계좌관리기관등 **자기계좌부의 작성 및 관리**에 관한 업무
> 4. 외국 전자등록기관과의 약정에 따라 설정한 계좌를 통하여 하는 주식등의 전자등록에 관한 업무
> 5. 제37조에 따른 소유자명세의 작성에 관한 업무
> 6. 전자등록주식등에 대한 **권리 행사의 대행**에 관한 업무
> 7. 주식등의 전자등록 및 관리를 위한 정보통신망의 운영에 관한 업무
> 8. 전자등록주식등의 **발행 내용의 공개**에 관한 업무
> 9. 그 밖에 금융위원회로부터 승인을 받은 업무
>
> 부칙 제8조(한국예탁결제원 등에 대한 경과조치) ① 이 법 공포 후 6개월이 경과한 날 당시 예탁결제원은 제5조제1항에 따라 전자등록기관의 허가를 받은 것으로 본다.

계좌관리기관

은행 구조가 중앙은행인 한국은행과 하위 시중은행으로 구성된 것처럼, 전자증권제도 운영기관 역시 중앙등록기관인 '전자등록기관(한국예탁결제원)'과 하위등록기관인 '계좌관리기관(증권회사 등 금융기관)'으로 구성된다.

한국은행 대비 시중은행들이 고객들을 상대로 계좌를 개설하고 영업을 하는 것처럼, 전자등록기관 대비 계좌관리기관은 투자자들의 '고객계좌부'를 작성하고 관리한다.

> 📝Note 전자증권법에서는 계좌관리기관의 개념, 인가 기관, 업무 등을 다음처럼 규정하고 있다.
>
> 제2조(정의) 7. "계좌관리기관"이란 제19조 각 호의 어느 하나에 해당하는 자로서 제22조제1항에 따른 **고객계좌를 관리하는 자**를 말한다.
>
> 제19조(계좌관리기관) 다음 각 호의 어느 하나에 해당하는 자는 계좌관리기관이 될 수 있다.
> 1. 「자본시장과 금융투자업에 관한 법률」에 따른 금융투자업자로서 다음 각 목의 어느 하나에 해당하는 자
>   가. 증권에 관한 **투자매매업자 또는 투자중개업자**
>   나. **신탁업자**(집합투자재산을 보관·관리하는 신탁업자로 한정한다)

> 2. 다음 각 목의 어느 하나에 해당하는 자
> 가. 「은행법」에 따라 인가를 받아 설립된 **은행**
> 나. 「은행법」 제5조에서 은행으로 보는 신용사업 부문
> 다. 「농업협동조합법」에 따른 **농협은행**
> 라. 「한국산업은행법」에 따른 **한국산업은행**
> 마. 「중소기업은행법」에 따른 **중소기업은행**
> 3. 「한국은행법」에 따른 **한국은행**
> 4. 「보험업법」에 따른 **보험회사**
>
> **제20조(계좌관리기관의 업무)** ① 계좌관리기관은 다음 각 호의 업무를 한다.
> 1. **고객계좌부에 따른 주식등의 전자등록**에 관한 업무
> 2. **고객계좌의 개설, 폐지 및 관리**에 관한 업무
> 3. **고객계좌부의 작성 및 관리**에 관한 업무
> 4. 제1호부터 제3호까지의 규정에 따른 업무에 부수하는 업무

11.2 계좌관리체계와 전자등록의 안전성

11.2.1 전자증권제도 계좌체계

전자증권제도의 계좌체계를 이해하기 위해서는 먼저 어떤 계좌가 있으며, 어디에서 활용되는지 이해할 필요가 있다.

▌ 전자증권계좌의 종류

그림 4-1의 상단 그림은 실물증권이 발행되어 투자자에게 판매되는 상황을 나타낸다. 하단 그림은 실물증권의 발행을 전자등록 관점에서 매칭한 그림이다. 이 그림은 계좌 식별을 목적으로 임의로 작성된 것이니 실제 상황과 다소 다를 수 있다는 점을 참고하자.

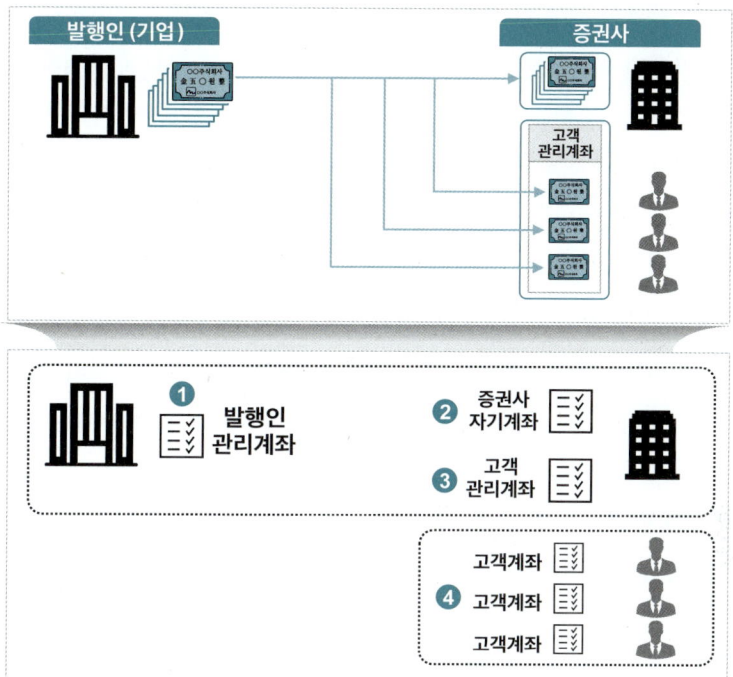

❶ 발행인 관리계좌
주식을 발행하는 기업(발행인)의 입장에서는, 증권 발행과 관련된 **정보를 기록**할 '**발행인 관리계좌**'가 필요하다.

❷ 증권사 자기계좌
증권사(기관투자자)가 직접 공모가 참여할 경우 증권사의 **증권 권리**를 전자등록할 '**증권사 자기계좌**'가 필요하다.

❸ 고객 관리계좌
일반투자자들은 증권사를 통해 공모에 참여하기 때문에, 전체 고객의 관리 **정보를 기록**할 '**고객 관리계좌**'가 필요하다.

❹ 고객계좌
투자자는 증권사를 통해 공모에 참여하기 때문에 증권사는 투자자별로 **증권 권리**를 전자등록할 '**고객계좌**'가 필요하다.

그림 4-1 전자증권제도에서의 계좌 정보 및 위치 식별

그림 4-1에서는 '❶발행인 관리계좌', '❷증권사 자기계좌', '❸고객 관리계좌', '❹고객계좌'까지 총 4개의 계좌부를 식별할 수 있다. 이들 계좌부는 다시 2개 영역으로 구분되어, ❶, ❷, ❸ 계좌부는 전자등록기관(예탁결제원)에서 관리하고, ❹ 계좌부는 계좌관리기관(증권사 등)에서 관리하게 된다.

몇몇 계좌는 다소 생소할 수 있다. '❷증권사 자기계좌' 상황을 보충 설명하자면, 증권을 발행할 때 일반 투자자뿐만 아니라 증권사와 같은 기관 투자자들도 공모에 참여한다. 일반 투자자의 증권 권리는 증권사가 고객계좌를 통해 전자등록하지만, 기관 투자자의 증권 권리는 별도로 '증권사 자기계좌'에 전자등록하게 된다.

또한, 각 계좌부마다 설명이 다소 다름을 확인할 수 있다. '❷증권사 자기계좌'와 '❹고객계좌'에서는 "권리를 전자등록"한다는 표현을 사용한 반면, '❶발행인 관리계좌'와 ❸고객 관리계좌'에서는 "정보를 기록"한다는 표현을 사용했다. 즉 ❷와 ❹ 상황에서는 공모에 참여하는 투자자들이 증권 권리를 전자등록하는 것이고, ❶과 ❸ 상황은 증권 권리의 전자등록이 아니라 관리 정보를 단순히 기록하는 것이다. 이 개념은 뒤에서 다시 자세히 설명하겠다.

▍ 계좌의 개설과 관리

지금까지 전자증권제도의 운영기관(2곳)과 계좌부(4개)를 식별했다. 운영기관별 담당 계좌부를 정리하면 그림 4-2와 같다.

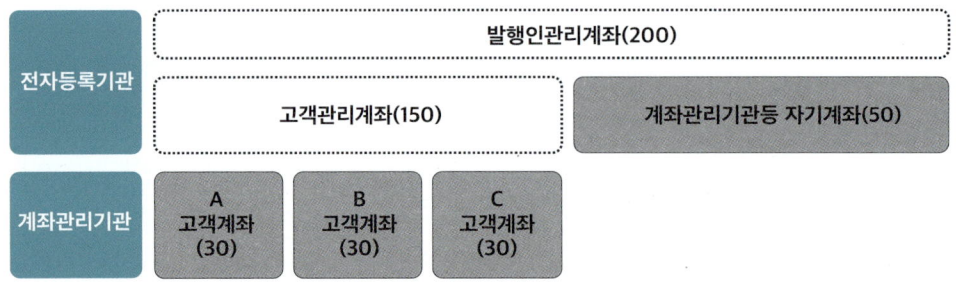

그림 4-2 전자증권제도 운영기관 및 계좌부 (출처 : 전자증권제도 및 법령 주요내용_법부부·금융위원회, 2019)

그림에서 보듯, 전자증권제도 계좌는 2단계 구조(전자등록기관, 계좌관리기관)로 구성되어 있다. '전자등록기관(예탁결제원)'은 '❶발행인 관리계좌', '❷계좌관리기관등 자기계좌', '❸고객 관리계좌'의 계좌부를 개설하고, '계좌관리기관(증권사 등)'은 '❹고객계좌'를 개설한다.

전자증권제도 계좌체계는 일단 이해하면 간단한 내용이지만, 이해하기가 다소 난해하다. 따라서 계좌부를 다양한 관점에서 구분하여 설명해 보도록 하겠다.

- **전자등록기관 & 계좌관리기관 관점**

    계좌부를 '전자등록기관'과 '계좌관리기관' 관점에서 구분하면 표 4-4와 같다. 전자등록기관에는 발행인이 증권 내용을 관리하기 위한 계좌, 고객들의 관리계좌, 증권사(계좌관리기관) 본인 자기계좌가 개설된다. 계좌관리기관에는 증권사가 고객의 증권 권리를 전자등록한 고객계좌가 개설된다.

운영기관	계좌부	설명	목적
전자등록기관	발행인 관리계좌	전자증권 발행인(기업)이 자신이 발행하는 전자증권의 내용을 <u>관리하기 위해</u> 전자등록기관에 개설하는 계좌	관리계좌
	고객 관리계좌	계좌관리기관(증권사)은 고객계좌부에 전자등록된 주식등의 총수량·총금액을 <u>관리하기 위해</u> 전자등록기관에 고객관리계좌를 개설	
	계좌관리기관 자기계좌	계좌관리기관(증권사) 등이 전자증권의 <u>권리자(투자자)가 되고자 하는</u> 경우에는 전자등록기관에 자기계좌를 개설	전자등록 계좌
계좌관리기관	고객계좌	전자증권의 <u>권리자(투자자)가 되고자 하는</u> 자는 계좌관리기관에 고객계좌를 개설	

표 4-4 전자등록기관과 계좌관리기관의 계좌부

증권사(계좌관리기관)는 고객들의 계좌부를 계좌관리기관에 개설해서 관리할 수 있지만, 본인들 증권 권리를 직접 전자등록할 수 없기 때문에 계좌관리기관의 자기계좌는 전자등록기관에 개설한다.

- **발행인 & 권리자 관점**

    계좌부를 '증권 발행인(기업)'과 '증권 권리자(투자자)' 관점에서 구분하면 표 4-5와 같다. 증권을 발행하는 발행인(기업)과 금전을 투자하고 수익 권리를 획득한 투자자로 구분된다. 투자자는 다시 개인투자자(고객)와 기관투자자(증권사)로 구분된다.

구분	계좌부	내용	목적
증권 발행인(기업)	발행인관리계좌	발행인 <u>관리계좌</u>	관리계좌
증권 권리자(투자자)	고객관리계좌	고객(투자자) <u>관리계좌</u>	
	고객계좌	고객(투자자) 권리 <u>전자등록계좌</u>	전자등록 계좌
	계좌관리기관 자기계좌	증권사(투자자) 권리 <u>전자등록계좌</u>	

표 4-5 발행인과 권리자로 구분한 계좌부

- (발행인) 발행인 관리계좌 - 발행한 증권의 내용을 <u>관리</u>하기 위한 계좌
- (권리자) 고객 관리계좌 - 증권사가 고객들 주식 총량을 <u>관리</u>하기 위한 계좌
- (권리자) 고객계좌 - 증권사가 고객들 증권 권리를 <u>전자등록</u>한 계좌
- (권리자) 계좌관리기관 자기계좌 - 증권사가 본인 증권권리를 <u>전자등록</u>한 계좌

> 📝 Note 전자증권법에서는 다음과 같이 계좌별 관련 조항을 규정하고 있다.

제21조(발행인관리계좌의 개설 등) ① 다음 각 호의 어느 하나에 해당하는 자는 **전자등록기관에 발행인관리계좌를 개설**하여야 한다.
1. 주식등을 전자등록의 방법으로 새로 발행하려는 자
2. 이미 주권(株券), 그 밖에 대통령령으로 정하는 증권 또는 증서(이하 "주권등"이라 한다)가 발행된 주식등의 권리자에게 전자등록의 방법으로 주식등을 보유하게 하거나 취득하게 하려는 자

제22조(고객계좌 및 고객관리계좌의 개설 등) ③ 계좌관리기관은 제2항의 **고객계좌부에 전자등록된 전자등록주식등의 총수량 또는 총금액을 관리하기 위하여** 전자등록기관에 고객관리계좌를 개설하여야 한다.

제22조(고객계좌 및 고객관리계좌의 개설 등) ① 전자등록주식등의 **권리자가 되려는 자는 계좌관리기관에 고객계좌를 개설**하여야 한다.
② 제1항에 따라 고객계좌가 개설된 경우 계좌관리기관은 다음 각 호의 사항을 전자등록하여 **권리자별로 고객계좌부를 작성**하여야 한다.

제23조(계좌관리기관등 자기계좌의 개설 등) ① 제22조제1항에도 불구하고 계좌관리기관, 법률에 따라 설립된 기금, 그 밖에 전자등록기관에 주식등을 전자등록할 필요가 있는 자로서 대통령령으로 정하는 자(이하 "**계좌관리기관등**"이라 한다)가 **전자등록주식등의 권리자가 되려는 경우에는 전자등록기관에 계좌관리기관등 자기계좌를 개설**할 수 있다.

- **전자등록계좌 & 관리계좌 관점점**

    계좌부를 '전자등록계좌'와 '관리계좌' 관점에서 구분하면 다음 표 4-6과 같다. 전자등록계좌는 투자자가 취득한 증권 권리를 전자등록하는 계좌이고, 관리계좌는 단순 관리계좌이다. 관리계좌는 발행인의 증권 내역을 관리하기 위한 '발행인 관리계좌'와 고객계좌의 총량 관리를 위한 '고객 관리계좌'로 구분된다.

    전자증권법상의 전자등록은 증권에 대한 권리를 기재한 것을 의미한다. 따라서 전자등록의 대상은 권리 소지자 즉 증권 투자자로 한정된다. 증권을 발행할 때 일반투자자와 기관투자자(증권사 등)가 공모에 참여하게 되는데, 일반고객의 증권 권리를 전자등록한 '고객계좌'와 기관투자자의 본인 증권 권리를 전자등록한 '계좌관리기관 자기계좌'로 구분된다.

구분	계좌부	전자등록·기록
전자등록계좌	고객계좌	고객의 증권 권리를 **전자등록**
	계좌관리기관 자기계좌	증권사 본인 증권 권리를 **전자등록**
관리계좌	고객관리계좌	고객 관리정보를 계좌부에 **기록**
	발행인관리계좌	발행인 및 주식 관련 정보를 계좌부에 **기록**

표 4-6 **발행인과 권리자로 구분한 계좌부**

다시 그림 4-2를 보면, 계좌부들을 실선과 점선으로 구분하고 있다. '실선'은 증권 권리자(투자자)의 권리 정보가 전자등록되는 '고객계좌'와 '계좌관리기관등 자기계좌'로서, 전자등록계좌를 의미한다. 반면 '점선'은 관리를 위한 계좌부로서 증권사가 고객의 총량 관리를 하기 위한 '고객 관리계좌'와, 발행인이 발행 증권 정보를 관리하기 위한 '발행인 관리계좌'로 구분된다.

전자등록계좌부(고객계좌부, 자기계좌부)는 권리 내역의 기재·대체만으로 적법한 권리를 가지는 것으로 추정한다. 따라서 고객계좌와 계좌관리기관 자기계좌는 법적 효력이 있으며 '전자등록'이란 표현을 사용한다. 반면 관리계좌는 발행내역 및 총액을 관리하는 목적으로 작성되는 계좌부로서 법적 효력은 없으며 '기록'이란 표현을 사용한다.

> **Note** 전자증권법에서는 전자등록과 전자등록계좌부를 다음과 같이 정의하고 있다.
>
> **제2조(정의)** 2. **"전자등록"**이란 주식등의 종류, 종목, 금액, 권리자 및 권리내용 등 주식등에 관한 권리의 발생·변경·소멸에 관한 정보를 전자등록계좌부에 전자적 방식으로 기재하는 것을 말한다.
> 3. **"전자등록계좌부"**란 주식등에 관한 권리의 발생·변경·소멸에 대한 정보를 전자적 방식으로 편성한 장부로서 다음 각 목의 장부를 말한다.
> 가. 제22조제2항에 따라 작성되는 **고객계좌부**
> 나. 제23조제2항에 따라 작성되는 **계좌관리기관등 자기계좌부**
>
> **제35조(전자등록의 효력)** ① 전자등록계좌부에 전자등록된 자는 해당 전자등록주식등에 대하여 전자등록된 권리를 적법하게 가지는 것으로 추정한다.

계좌부별 전자등록·기록 내용

이상의 4개 계좌부는 각 계좌부마다 기록 또는 전자등록할 내용이 다르다. 전자증권법령에서 규정한 내용을 살펴보겠다.

- '발행인관리계좌'에 기록할 내용

제21조(발행인관리계좌의 개설 등)
② 제1항에 따라 발행인관리계좌가 개설된 경우 전자등록기관은 다음 각 호의 사항을 기록하여 **발행인별로 발행인관리계좌부를 작성**하여야 한다.
1. **발행인의 명칭 및 사업자등록번호**, 그 밖에 발행인을 식별할 수 있는 정보로서 대통령령으로 정하는 정보
2. **전자등록주식등의 종류, 종목 및 종목별 수량 또는 금액**
3. 그 밖에 발행인관리계좌부에 기록할 필요가 있는 사항으로서 대통령령으로 정하는 사항

- '고객계좌'에 전자등록할 내용

제22조(고객계좌 및 고객관리계좌의 개설 등)
② 제1항에 따라 고객계좌가 개설된 경우 계좌관리기관은 다음 각 호의 사항을 전자등록하여 권리자별로 고객계좌부를 작성하여야 한다.
1. **권리자의 성명 또는 명칭 및 주소**
2. **발행인의 명칭**
3. **전자등록주식등의 종류, 종목 및 종목별 수량 또는 금액**
4. 전자등록주식등에 질권이 설정된 경우에는 그 사실
5. 전자등록주식등이 신탁재산인 경우에는 그 사실
6. 전자등록주식등의 처분이 제한되는 경우에는 그에 관한 사항
7. 그 밖에 고객계좌부에 등록할 필요가 있는 사항으로서 대통령령으로 정하는 사항

- '고객관리계좌'에 기록할 내용

제22조(고객계좌 및 고객관리계좌의 개설 등)
④ 제3항에 따라 고객관리계좌가 개설된 경우 전자등록기관은 다음 각 호의 사항을 기록하여 계좌관리기관별로 고객관리계좌부를 작성하여야 한다.
1. **계좌관리기관의 명칭 및 주소**
2. **전자등록주식등의 종류, 종목 및 종목별 수량 또는 금액**
3. 그 밖에 고객관리계좌부에 등록할 필요가 있는 사항으로서 대통령령으로 정하는 사항

- '계좌관리기관등 자기계좌'에 전자등록할 내용

> **제23조(계좌관리기관등 자기계좌의 개설 등)**
> ② 제1항에 따라 계좌관리기관등 자기계좌가 개설된 경우 전자등록기관은 다음 각 호의 사항을 전자등록하여 계좌관리기관등 자기계좌부를 작성하여야 한다.
> 1. 계좌관리기관등의 성명 또는 명칭 및 주소
> 2. 제22조제2항제2호부터 제6호까지의 규정에 따른 사항
> 3. 그 밖에 계좌관리기관등 자기계좌부에 등록할 필요가 있는 사항으로서 대통령령으로 정하는 사항

계좌체계 실제

삼성전자가 2000주를 발행하는 상황을 가정하여 한번 정리해 보겠다. 이 과정에서 발행인, 계좌관리기관, 고객 계좌 등이 어떻게 구성되는지 보여준다.

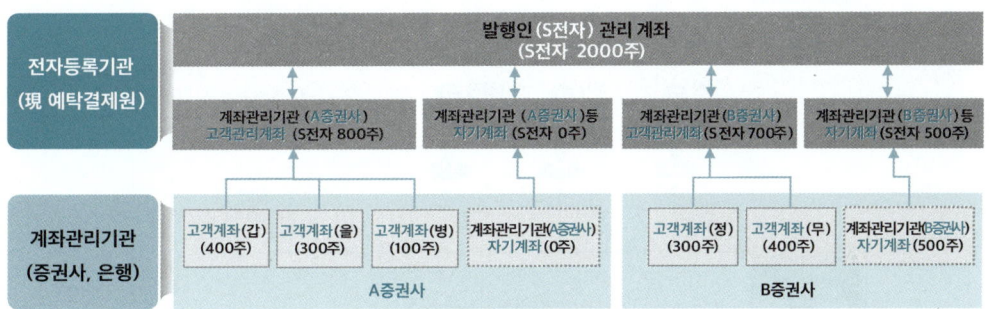

그림 4-3 운영기관별 계좌체계 사례

- (발행인 관리계좌부) 삼성전자가 2000주를 발행했다면 발행인인 삼성전자는 전자등록기관(예탁결제원)에 주식 발행과 관련된 정보의 '발행인 관리계좌부'를 개설한다.
- (고객계좌부) 증권사 등 계좌관리기관은 주식 공모에 참여한 고객들에 대해 고객별로 주식 권리 정보를 전자등록 할 수 있는 '고객계좌'를 계좌관리기관에 개설한다.
- (고객관리계좌부) 증권사 등 계좌관리기관은 고객계좌부에 전자등록된 주식등의 총수량 또는 총금액을 관리하기 위하여 전자등록기관에 '고객관리계좌'를 개설한다.
- (계좌관리기관등 자기계좌부) 계좌관리기관이 직접 공모에 참여한 경우에는 본인 주식 권리 정보를 전자등록할 수 있는 '자기계좌부'를 전자등록기관에 개설한다.

이제 운영기관과 계좌부가 실제로 어떻게 작동하는지, 실제 증권 발행 상황을 가정하여 좀 더 자세히 살펴보겠다. 그림 4-4는 삼성전자가 2000주를 발행하여 3명의 일반투자자가 1200주에 청약하고 K-증권사가 800주에 청약하는 상황을 가정한 것이다.

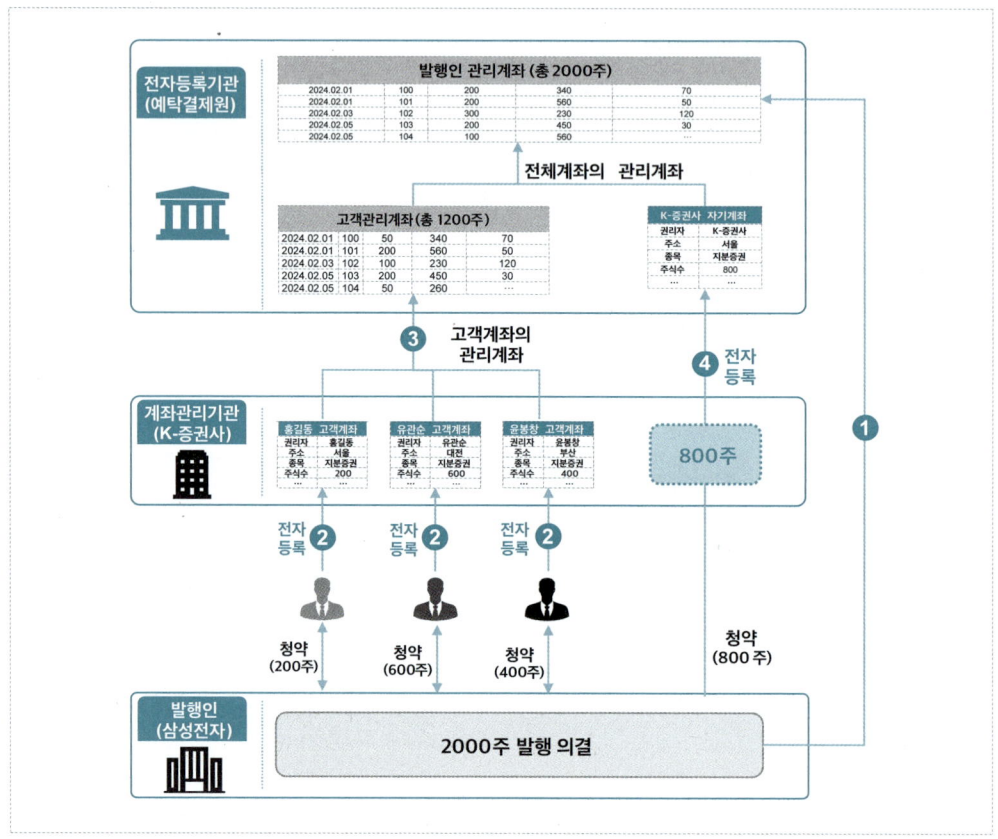

❶ 발행인인 삼성전자는 2000주를 발행하면서, 주식 발행과 관련된 내용을 기록한 '발행인 관리계좌'를 전자등록기관(예탁결제원)에 개설한다.

❷ 계좌관리기관(증권사)은 주식 공모에 참여한 일반투자자(고객)의 개별적인 주식 권리 정보를 전자등록한 '고객계좌'를 계좌관리기관에 개설한다.

❸ 계좌관리기관(증권사)은 고객계좌부에 전자등록된 주식등의 총량 관리를 위해 고객 관리 정보를 기록한 '고객관리계좌'를 전자등록기관에 개설한다.

❹ 계좌관리기관(증권사)이 직접 공모에 참여한 경우, 계좌관리기관(증권사)은 본인 주식 권리 정보를 전자등록한 '계좌관리기관등 자기계좌'를 전자등록기관에 개설한다.

그림 4-4 운영기관별 계좌체계 상세 사례

11.2.2 전자등록의 안전성 확보

실물증권 상황에서는 개수 관리, 위변조 방지, 훼손 등에 대한 안전성 확보 조치가 필요하다. 그러나 전자증권 상황에서는 권리내용의 전자등록만으로 권리의 효력을 가지므로 전자등록 자체에 대한 안전성 확보 조치가 중요하다.

자본시장법 제6장에서는 '전자등록의 안전성 확보' 방안을 규정하고 있다. 이 안전성 확보 방안은 크게 두 가지로 나뉜다. 하나는 '초과분에 대한 해소 방안'과 다른 하나는 '전자등록 정보의 보안'에 관한 방안이다.

▌초과분 해소 방안

전자증권은 전산 데이터로 처리되다 보니 전자등록하는 과정에서 팻핑거(Fat Finger) 등에 따른 오류가 발생할 수 있다. 또한 모든 업무가 전산적으로 처리되어 전자등록된 증권의 수량·금액이 실제 발행분을 초과하는 상황도 발생할 수 있다.

다음 그림은 초과 전자등록 판단기준을 보여준다. 계좌부는 하위 계좌부가 모여 상위 계좌부를 이루는 포함 관계에 있으므로, 하위 계좌부의 총합이 상위 계좌부보다 커지면 초과등록 상태가 된다. 즉 '발행인관리계좌부'보다 '고객관리계좌부'와 '계좌관리기관등 자기계좌부'의 합이 더 클 때, 또는 '고객관리계좌부'보다 개별 고객의 '고객계좌부'의 합이 더 클 때가 여기 해당된다.

❶ = ❷ + ❸
❷ = ❹ + ❺ + ❻
"❶ < ❷+❸" 또는 "❷ < ❹+❺+❻" 이면 초과등록

그림 4-5 **초과 전자등록 판단기준**

전자등록된 수량 및 금액이 실질적 권리관계 수량 및 금액을 초과하는 경우에는 선의취득자가 발생하고 부당 이익이 발생될 수 있다. 이럴 경우에는 선의취득자의 권리를 인정하고 발생기관 또는 참여기관이 연대하여 시장에서 동 수량을 매입하여 소각해야 한다.

전자증권법에서는 초과분 발생에 귀책사유가 있는 관리기관이 동 수량을 매입하여 소각하고, 해소의무 미이행시 참여기관 간 연대 부담하도록 규정하고 있다.

전자등록 정보의 보안

전자증권제도에서는 정보 자체가 권리의 효력이 있기 때문에, 정보에 대한 보안, 이용금지, 보존 등에 대한 안전성 확보 조치를 법령으로 규정하고 있다.

> **제44조(전자등록 정보 등의 보안)** ① 누구든지 전자등록기관 또는 계좌관리기관의 주식등의 전자등록 및 관리를 위한 정보통신망에 **거짓 정보 또는 부정한 명령을 입력하거나 권한 없이 정보를 입력·변경**해서는 아니 된다.
> ② 누구든지 전자등록기관 또는 계좌관리기관에 **보관된 전자등록 정보 또는 기록 정보를 멸실하거나 훼손**해서는 아니 된다.
> ③ 누구든지 정당한 접근권한 없이 또는 허용된 접근권한을 초과하여 전자등록기관 또는 계좌관리기관의 주식등의 **전자등록 및 관리를 위한 정보통신망에 침입**해서는 아니 된다.
>
> **제45조(직무 관련 정보의 이용 금지)** ① 전자등록기관과 계좌관리기관은 이 법에 따른 **직무상 알게 된 정보**로서 외부에 공개되지 아니한 정보를 정당한 사유 없이 **자기 또는 제3자의 이익을 위하여 이용**해서는 아니 된다.
> ② 전자등록기관 또는 계좌관리기관의 임직원 및 임직원이었던 사람에 대해서는 제1항을 준용한다.
>
> **제46조(계좌관리기관의 자료제출 등)** ① 전자등록기관은 계좌관리기관에 전자등록업무에 관한 보고, **자료의 제출 또는 관련 장부의 열람 등을 요구할 수 있다**. 이 경우 계좌관리기관은 정당한 사유가 없으면 전자등록기관의 요구에 따라야 한다
>
> **제47조(계좌간 대체의 전자등록 제한)** 전자등록기관은 **계좌관리기관의 파산·해산**, 그 밖에 대통령령으로 정하는 사유가 발생한 경우 대통령령으로 정하는 기준 및 방법에 따라 고객계좌부에 전자등록된 전자등록주식등의 **계좌간 대체의 전자등록을 제한**할 수 있다.
>
> **제48조(전자등록 정보 등의 보존)** ① 전자등록기관과 계좌관리기관은 **전자등록 정보 또는 기록 정보를 보존**하여야 한다.
> ② 제1항에 따라 전자등록기관과 계좌관리기관이 보존하여야 하는 전자등록 정보 또는 기록 정보의 종류, 보존 방법 및 보존 기간은 대통령령으로 정한다.
>
> **제49조(긴급사태 시의 처분)** ① 금융위원회는 **천재지변, 전시, 사변, 경제사정의 급격한 변동, 주식등의 전자등록 및 관리를 위한 정보통신망의 중대한 장애**, 그 밖에 이에 준하는 사태가 발생하여 주식등의 전자등록업무가 정상적으로 이루어질 수 없다고 인정되는 경우에는 전자등록기관 및 계좌관리기관에 **전자등록업무의 중단 등을 명하거나 그 밖에 필요한 조치**를 할 수 있다

11.3 자본시장법과 전자증권법 차이점

앞서 3부에서 자본시장법에 대해 알아보았는데, 전자증권법과 자본시장법은 어떤 차이가 있을까? 결론부터 간략히 말하자면, 자본시장법은 증권(권리내용)에 관한 규율 체계이며, 전자증권법은 전자등록(발행 형식)에 대한 규율 체계로 각각 이해할 수 있다.
'전자증권'에서 '전자'는 발행 형식에 대한 규율 체계인 전자증권법에 해당되며 '증권'은 권리내용에 대한 규율 체계인 자본시장법에 해당된다고 볼 수 있다. 이와 유사하게 12장에서 다룰 '토큰증권'에서 '토큰'은 '전자증권법'에 해당되며 '증권'은 자본시장법에 해당된다고 볼 수 있다. 전자증권과 토큰증권을 이해하기 위해서는 자본시장법과 전자증권법의 차이를 명확하게 이해할 필요가 있다.

11.3.1 제정 목적

자본시장법과 전자증권법은 제1조에 각각 그 목적을 명시하고 있다.

> **자본시장법 제1조(목적)** 이 법은 자본시장에서의 금융혁신과 공정한 경쟁을 촉진하고 투자자를 보호하며 금융투자업을 건전하게 육성함으로써 자본시장의 공정성·신뢰성 및 효율성을 높여 국민경제의 발전에 이바지함을 목적으로 한다.
>
> **전자증권법 제1조(목적)** 이 법은 주식 및 사채(社債) 등의 전자등록 제도를 마련하여 그 권리의 유통을 원활하게 하고 발행인·권리자, 그 밖의 이해관계인의 권익을 보호함으로써 자본시장의 건전성과 효율성을 높이고 국민경제를 발전시키는 데에 이바지함을 목적으로 한다.

▌ 대상 및 범위

자본시장법은 투자성이 있는 금융상품인 '금융투자상품(증권)'을 대상으로 하는 법이다. 즉 자본시장법은 증권의 발행·유통을 규제하는 법률로 이해할 수 있다.
자본시장법에서는 증권을 '금전을 투자하고 취득하는 지분취득권·수익권 등이 표시된 것'이라고 규정한다. 이때 '수익권 등이 인식될 수 있도록 표시된 것'을 모두 증권으로 규정하지만, 어디에 어떻게 표시해야 하는지는 별도로 규정하지 않고 있다. 이는 증권의 본질적인 특성에 있어 '어디에 어떻게 표시하는지'는 중요하지 않다는 의미이다.

반면, 전자증권법(주식·사채 등의 전자등록에 관한 법률)은 증권의 '전자등록'에 관한 법이다. 전자증권법에서는 '어디에 어떻게 표시하는지'를 규정하고 있으며, 정확히 이야기하면 '전자적 방식으로 전자등록계좌부에 기재'하는 것을 전자증권으로 간주한다.

그림 4-6 자본시장법과 전자증권법의 규율 대상

그림 4-6은 자본시장법과 전자증권법의 적용 대상을 비교하여 도해한 것이다. 다만 증권은 권리내용이 발행되는 형식을 내포하는 개념이기 때문에, 증권의 개념을 내용(권리내용)과 형식(전자등록)으로 분리해서 설명하기는 다소 어색하다. 자본시장법과 전자증권법을 구분해 이해하기 위해 임의 분리해서 살펴보는 것뿐이니 유의하자.

그림에서 보듯, 자본시장법은 '증권을 대상'으로 하며, 전자증권법은 '발행 형식을 대상'으로 한다.

그럼 양 법령의 구체적인 적용 범위는 어떨까? 그림 4-7은 앞서 설명한 내용을 바탕으로 자본시장법과 전자증권의 적용 범위를 도식화하여 표현한 것이다. 적용 범위를 시각화하여 쉽게 표현하기 위한 목적이니 개념적으로만 가볍게 검토하길 바란다.

간단히 살펴보면, 자본시장법은 다양한 증권 권리 등이 표기되는 것을 적용 범위로 하고 있다. 반면 전자증권법은 표기하는 방식과 표기되는 계좌부를 규율하며 특히 전자적 방식으로 전자등록계좌부에 기록하는 것을 적용 범위로 한다.

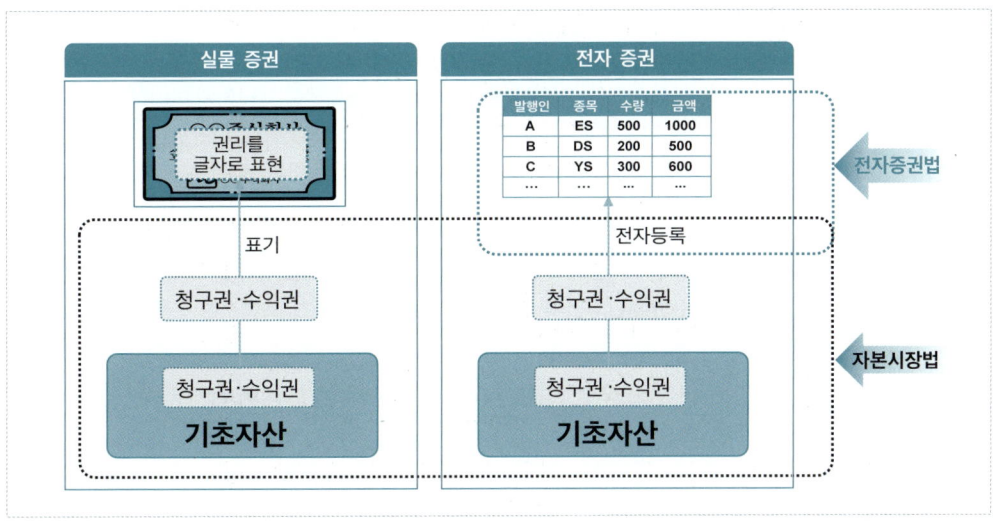

그림 4-7 자본시장법과 전자증권법 적용 범위 비교 (출처 - 토큰증권 가이드)

■ 증권의 개념·용어 차이

자본시장법과 전자증권법 모두 증권의 유형을 제시하고는 있지만, 그 접근 방식에는 차이가 있다. 자본시장법은 증권성 여부에 초점을 맞추다 보니 추상적이고 포괄적인 개념과 용어를 사용하는 반면, 전자증권법은 전자등록 가능 여부에 초점을 맞추다 보니 구체적인 용어를 나열하는 방식을 취하고 있다.

> **[자본시장법]**
> 제3조(금융투자상품) ① 이 법에서 "**금융투자상품**"이란 이익을 얻거나 손실을 회피할 목적으로 현재 또는 장래의 특정(特定) 시점에 금전, 그 밖의 재산적 가치가 있는 것을 지급하기로 약정함으로써 취득하는 권리로서, 그 권리를 취득하기 위하여 지급했거나 지급하여야 할 금전등의 총액이 그 권리로부터 회수했거나 회수할 수 있는 금전등의 총액을 초과하게 될 위험(이하 "**투자성**"이라 한다)이 있는 것을 말한다.
> ② 제1항의 금융투자상품은 다음 각 호와 같이 구분한다.
> 1. 증권
> 2. 파생상품
> 가. 장내파생상품
> 나. 장외파생상품

제4조(증권) ① 이 법에서 "증권"이란 내국인 또는 외국인이 발행한 금융투자상품으로서 투자자가 취득과 동시에 지급한 금전등 외에 어떠한 명목으로든지 추가로 지급의무를 부담하지 아니하는 것을 말한다.

③ 이 법에서 "**채무증권**"이란 국채증권, 지방채증권, 특수채증권, 사채권, 기업어음증권, 그 밖에 이와 유사(類似)한 것으로서 지급청구권이 표시된 것을 말한다.

④ 이 법에서 "**지분증권**"이란 주권, 신주인수권이 표시된 것, 법률에 의하여 직접 설립된 법인이 발행한 출자증권, 「상법」에 따른 합자회사·유한책임회사·유한회사·합자조합·익명조합의 출자지분, 그 밖에 이와 유사한 것으로서 출자지분 또는 출자지분을 취득할 권리가 표시된 것을 말한다.

⑤ 이 법에서 "**수익증권**"이란 제110조의 수익증권, 제189조의 수익증권, 그 밖에 이와 유사한 것으로서 신탁의 수익권이 표시된 것을 말한다.

⑥ 이 법에서 "**투자계약증권**"이란 특정 투자자가 그 투자자와 타인 간의 공동사업에 금전등을 투자하고 주로 타인이 수행한 공동사업의 결과에 따른 손익을 귀속받는 계약상의 권리가 표시된 것을 말한다.

⑦ 이 법에서 "**파생결합증권**"이란 기초자산의 가격·이자율·지표·단위 또는 이를 기초로 하는 지수 등의 변동과 연계하여 미리 정하여진 방법에 따라 지급하거나 회수하는 금전등이 결정되는 권리가 표시된 것을 말한다.

⑧ 이 법에서 "**증권예탁증권**"이란 제2항제1호부터 제5호까지의 증권을 예탁받은 자가 그 증권이 발행된 국가 외의 국가에서 발행한 것으로서 그 예탁받은 증권에 관련된 권리가 표시된 것을 말한다.

[전자증권법]
1. "주식등"이란 다음 각 목의 어느 하나에 해당하는 것을 말한다.
가. **주식**
나. **사채**
다. **국채**
라. **지방채**
마. 법률에 따라 직접 설립된 법인이 발행하는 채무증권에 표시되어야 할 권리
바. 신주인수권증서 또는 신주인수권증권에 표시되어야 할 권리
사. 「신탁법」에 따른 수익자가 취득하는 수익권(受益權)
아. 「자본시장과 금융투자업에 관한 법률」에 따른 투자신탁의 수익권
자. 「이중상환청구권부 채권 발행에 관한 법률」에 따른 이중상환청구권부 채권
차. 「한국주택금융공사법」에 따른 주택저당증권 또는 학자금대출증권에 표시되어야 할 권리

> 카. 「자산유동화에 관한 법률」에 따른 유동화증권에 표시될 수 있거나 표시되어야 할 권리
> 타. 「자본시장과 금융투자업에 관한 법률」에 따른 파생결합증권에 표시될 수 있거나 표시되어야 할 권리로서 대통령령으로 정하는 권리
> 파. 「자본시장과 금융투자업에 관한 법률」에 따른 증권예탁증권에 표시될 수 있거나 표시되어야 할 권리로서 대통령령으로 정하는 권리
> 하. 외국법인등이 국내에서 발행하는 증권(證券) 또는 증서(證書)에 표시될 수 있거나 표시되어야 할 권리로서 가목부터 타목까지의 어느 하나에 해당하는 권리

두 법령을 비교해 보면, 자본시장법은 증권의 개념, 속성, 증권의 모든 범위를 포괄적으로 규정하고 있는 반면, 전자증권법은 단지 '전자등록'이 가능한 증권을 한정하여 나열하는 방식으로 유형을 제시한다. 증권의 유형에서도 접근 차이가 보인다. 자본시장법은 '지분증권', '채무증권' 등의 용어를 채택한 반면, 전자증권법에서는 '주식', '사채', '국채' 등 실무에서 사용되는 구체적인 용어를 사용하고 있다.

📎 Summary

증권 발행 및 관계기관

지금까지 우리는 3부에서 증권과 자본시장법을, 4부에서는 전자증권과 전자증권법을 다루었다. 증권의 발행·유통에는 자본시장법상에 규정된 프로세스와 관계기관이 관여하고 있으며, 전자증권의 발행(전자등록)에는 전자증권법상 규정된 프로세스와 관계기관이 참여하고 있다.

토큰증권으로 넘어가기 전에, 여태 배운 내용에 기반하여 마지막으로 주식 발행·유통의 전 과정을 종합하여 정리하고, 각 프로세스에 어떤 기관들이 어떻게 참여하는지 간략하게 살펴보도록 하겠다.

그림 4-8은 IPO(기업공개) 과정을 설명하고 있다. 실무에서는 상황에 따라 달라질 수 있으며 일반적인 절차 정도로 이해하길 바란다.

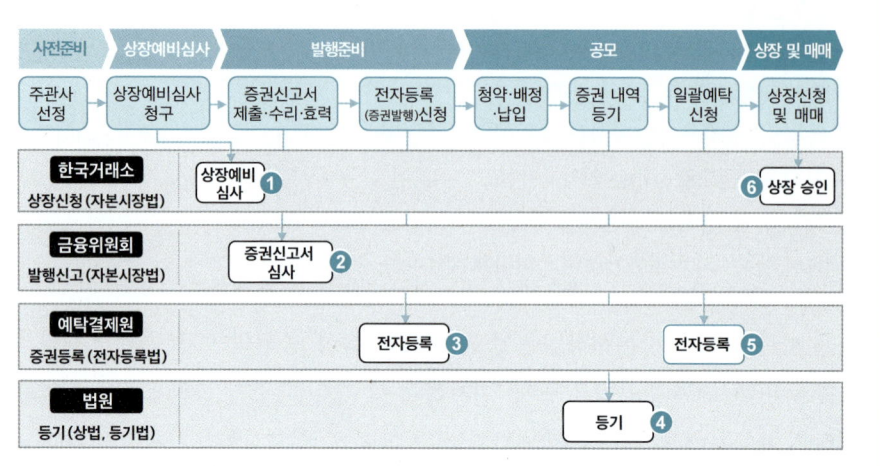

그림 4-8 증권 발행 절차와 관계기관

❶ 상장예비심사

앞서 증권 발행과 거래소 상장은 구분되어 있으며, 증권이 발행되어도 거래소에 상장하지 않아도 된다고 설명했다. 그런데 그림을 보면 증권신고서를 제출하기도 전에 상장예비심사가 진행되는 것을 확인할 수 있다.

이는 투자자들이 거래소에서의 유통을 통해 투자자금 회수를 목적으로 공모에 참여하는 경우가 많기 때문이다. 만일 증권신고서가 수리되고 증권 발행을 완료한 이후 상장이 거부되면, 투자자에게 상당히 곤란한 상황이 발생할 위험이 있다. 이는 증권 발행 기관과 상장심사 기관이 다른 상황에서 충분히 할 수 있는 우려다.

그러나 발행인이 미리 상장예비심사를 거쳐 승인을 받으면, 투자자들은 안심하고 공모에 참여할 수 있게 된다. 따라서 순서상 상장예비심사를 먼저 통과한 다음 주식 발행을 위한 증권신고서 심사를 하게 된다. 참고로 거래소 상장심사이기 때문에, 한국거래소에서 심사를 진행한다.

❷ 증권신고서 심사

증권신고서는 공시규제의 대표적인 사례로, 증권 발행인이 증권신고서를 작성해서 제출하면 금융위원회는 이를 심사한다. 증권신고서가 수리되어야 비로소 증권을 발행할 수 있다.

❸ 전자등록 신청(증권 발행)

전자증권제도에서는 실물증권 발행 없이 전자등록을 통해 증권이 발행된다. 따라서 증권신고서가 수리되면 전자등록 신청을 진행한다. 예탁결제제도는 폐지되었지만 예탁결제원은 전자증권법상의 전자등록기관으로 허가받았기 때문에 예탁결제원에 전자등록을 신청하게 된다.

❹ **증권 내역 등기**
상법에서는 증권 관련 내역을 등기하도록 규정하고 있다.
❺ **전자등록**
모든 준비와 절차가 마무리되면 전자등록을 통해 증권 권리의 효력이 발생한다.
❻ **상장 승인**
발행된 주식이 거래소에서 거래되려면 상장되어야 한다. 상장예비심사를 통해 이미 승인을 받은 상황이라면 상장 승인 절차는 순조롭게 진행된다. 모든 주식 발행 절차가 완료되면 그때 정식 거래소 상장 승인을 받게 된다.

CHAPTER
12
토큰증권의 출현과 제도 정비

2023년 2월 금융위원회는 '토큰증권 발행·유통 규율체계 정비방안(이하 '토큰증권 가이드')'을 발표했다. 토큰증권을 제도권으로 편입하겠다는 취지이다. 토큰증권의 개념은 단순하고 명확하지만 많은 사람이 여전히 토큰증권을 오해하거나 잘못 이해하는 것 같다. 토큰, 증권 그리고 토큰증권 개념을 혼동하여 정확하게 이해하지 못하고 있다.

토큰증권 가이드가 발표된 이후, 다양한 분야의 사람들과 '토큰증권'에 대해 이야기를 나눌 기회가 있었다. 그 과정에서 토큰증권을 이해하는 관점과 깊이는 각기 다른 이해관계자 속성에 따라 다르다는 것을 느꼈다. 일반인들은 토큰증권을 '토큰', '가상화폐', '가상자산', '투자자산'으로 이해하는 경향이 있었고 블록체인 업계 사람들은 주로 '블록체인 기반'에 초점을 맞췄다. 반면 증권업계의 사람들은 단순히 '증권'이라고 이해했다. 모두 틀린 말은 아니지만, 그렇다고 올바른 이해라고 할 수 없다.

증권 관점의 토큰 개념은 오래전부터 '증권형 토큰'이라는 용어로 논의되어 왔다. 하지만 금융위원회는 토큰증권 가이드를 통해 '토큰증권'이란 용어와 개념 정의를 명확하게 정의했다. 디지털 자산 산업계나 해외에서는 다른 용어를 사용하고 개념을 다양하게 해석할 수 있겠지만, 국내에서는 금융위원회에서 정립한 용어(토큰증권)와 개념 정의를 따르는 것이 바람직해 보인다.

앞으로 4부에서 다룰 '토큰증권'은 전자증권법과 금융위원회의 '토큰증권 가이드'에 기반하여 해석하고 이해하도록 하겠다.

12.1 토큰증권의 개요

토큰증권 가이드에 따르면, 토큰증권은 전자증권의 한 유형이자 증권의 발행 형식 중 하나이다. 따라서 전자증권법에 기반한다.

토큰은 원래 증서와 유사한 개념으로 오래전부터 사용되어 왔지만, 이더리움 이후 가상자산 분야에서는 '블록체인'과 연계해서 이해되는 경향이 있다. 우선 토큰이 무엇인지부터 정확히 짚어보자.

12.1.1 '토큰' 용어의 등장

토큰이란 용어는 이미 IT를 비롯해 여러 산업 분야에서 다양하게 사용되고 있었다. '토큰'이란 용어가 블록체인과 디지털자산 분야에 본격적으로 대두하게 된 계기는 바로 이더리움이다. 이더리움 백서에 나온 'Token System' 내용을 재인용해 보겠다.

> 블록체인 기반 토큰 시스템은 USD/금과 같은 자산을 대신하는 하위화폐에서부터 회사주식, 개별토큰, 위조불가능 쿠폰, 통상적인 가치와 연결되어 있지 않은 토큰시스템에 이르기까지 다양한 응용분야를 가지고 있다.

▌ 토큰의 유형

이후 다양한 토큰들이 소개되고 활용되었는데, 토큰의 유형을 분류한 대표적인 사례는 스위스 금융시장감독청(FINMA, Financial Market Supervisory Authority)에서 제시한 유형 분류 모델이다.

- Payment Tokens
- Utility Tokens
- Asset Tokens

이 중 토큰증권에 가까운 것은 세 번째, 'Asset Tokens'다. FINMA에서는 'Asset Tokens'을 다음과 같이 설명하고 있다.

> *Asset tokens:* Asset tokens represent assets such as a debt or equity claim on the

issuer. Asset tokens promise, for example, a share in future company earnings or future capital flows. In terms of their economic function, therefore, these tokens are analogous to equities, bonds or derivatives. Tokens which enable physical assets to be traded on the blockchain also fall into this category.

(자산 토큰은 발행자의 부채 또는 지분 청구와 같은 자산을 나타냅니다. 예를 들어, 자산 토큰은 미래 회사 수익이나 미래 자본 흐름에 대한 지분을 약속합니다. 따라서 경제적 기능 측면에서 이러한 토큰은 주식, 채권 또는 파생상품과 유사합니다. 블록체인에서 물리적 자산을 거래할 수 있는 토큰도 이 범주에 속합니다.)

▋ '증권형 토큰' 용어 출현

토큰 도입 초기에는 '증권형 토큰'이란 용어와 개념은 없었다. 하지만 토큰 발행과 연계된 ICO를 통해 자금조달이 이루어지면서, 토큰의 권리나 기능이 증권과 거의 유사했다.

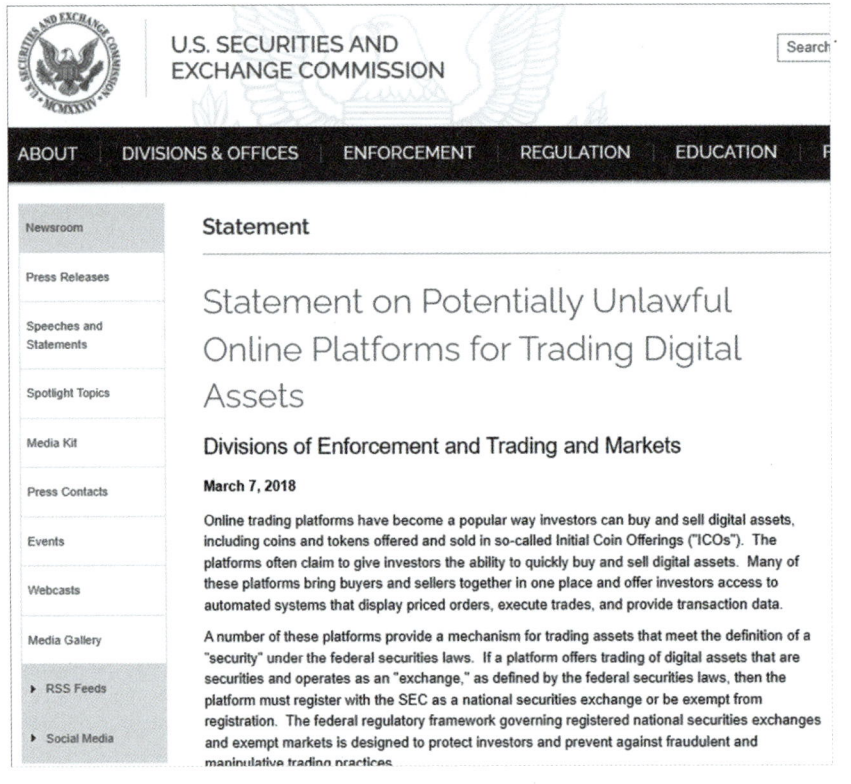

그림 4-9 증권형 토큰을 규정한 미국 SEC 성명

이에 2018년, 미국 SEC(미국증권거래위원회)는 공식성명을 발표했다. 성명에서 SEC는 우선 자금 조달을 위해 발행되는 증권은 투자자 보호와 건전한 시장 질서 확립을 위해 증권법에 따라 규제되어야 함을 전제했다. 이어서 현재 발행되는 토큰은 무늬만 토큰이지 실제로는 증권과 동일함을 지적하면서 토큰 발행 역시 증권법을 따라야 한다고 명시했다.

즉 SEC에서는 증권 형태의 토큰을 발행하려면, 연방증권법에 따라 발행해야 한다는 것이었다. 이 성명 발표를 계기로, 본격적으로 '증권형 토큰'이란 용어와 개념이 대두되었다.

금융위원회의 '토큰증권' 용어 채택

그 후 전 세계에서 증권성을 지닌 토큰이 개념화되었으며, 이를 지칭하는 다양한 용어가 사용되었다. 그중 '증권형 토큰'이 가장 일반적인 용어였다.

2023년 2월 금융위원회는 '토큰증권 가이드' 발표를 통해 '토큰증권'이란 용어 사용을 최종 결정했다. 실물증권, 전자증권 등 증권 용어 사용 계보를 고려하고, 본질이 '증권'이라는 것을 강조하기 위한 조처였다고 설명했다.

> ○ 증권 제도 측면에서는 실물 증권과 전자 증권에 이은 증권의 새로운 발행 형태라는 점에서 "토큰 증권"으로 명칭을 정리하였습니다.

자본시장법의 규율 대상은 '증권'이기 때문에 증권제도 측면에서 '토큰증권'이란 명칭이 더 적절하다고 볼 수 있다.

> **Note** ICO, ST, STO 차이점
>
> 토큰증권을 STO로 표기하고 소개하는 경우가 많다. 하지만 ST와 STO는 다르다. ST는 Security Token의 약자로서 토큰증권은 ST라고 호칭하는 것이 맞다. 그럼 STO는 무엇인가?
> - IPO - Initial Public Offering
> - ICO - Initial Coin Offering
> - STO - Security Token Offering
>
> ICO는 IPO 용어에서 착안한 것이고, STO는 ICO로부터 응용된 개념으로 이해하는 것이 좋을 것 같다. IPO는 기업공개로서 기업이 주식(구주와 신주)을 발행 및 공모하는 것을 말한다. 자금을 조달하고 대신에 지분권리인 주식을 발행해 주는 것이다.

> ICO는 자금을 조달하고 수익권리를 표상한 코인(토큰)을 발행해 주는 것이고, STO는 자금을 조달하고 수익권리를 표상한 토큰증권을 발행해 주는 것이다. 그런데 자금을 조달하고 수익권리를 표상한 코인(토큰) 자체가 증권이기 때문에, ICO와 STO는 유사한 개념이다. 다만 ICO는 코인(토큰) 관점에서 바라본 개념이고, STO는 자본시장법상 '증권'의 관점에서 바라본 개념으로 이해하는 것이 좋다.
>
> 정리하면, 토큰증권은 ST이며, STO는 '(자금을 조달하고 수익권리를 표상한) 토큰증권 발행'을 의미한다.

12.1.2 토큰증권 개념과 정의

▌ 토큰증권의 범위

앞서 토큰과 토큰증권 명칭의 유래를 알아보았다. 그럼 이쯤에서 증서, 증권, 토큰, 토큰증권 개념을 그림 4-10을 통해 간단히 복습해 보자.

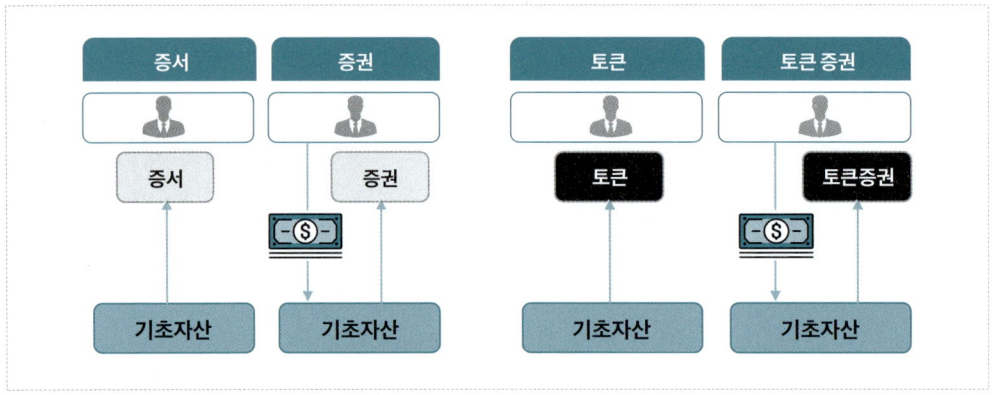

그림 4-10 증서, 증권, 토큰, 토큰증권의 구조

왼쪽이 증서와 증권, 오른쪽이 토큰과 토큰증권이다. 증서와 토큰의 구조가 같고, 증권과 토큰증권의 구조가 같은 것을 알 수 있다. 이처럼 증서의 디지털 형태가 토큰, 증권의 디지털 형태가 전자증권 또는 토큰증권이라고 이해해도 좋다.

그런데 증권을 규정하는 핵심 요소는 '투자성'이라고 했다. 투자성 개념을 적용하면 이 구조들을 그림 4-11과 같이 정리할 수도 있다. 그림에서 보듯, 투자성 유무에 따라 투자성이 없는 단순 증서와 토큰과, '증서이면서 증권', '토큰이면서 증권'인 경우가 나뉘게 된다.

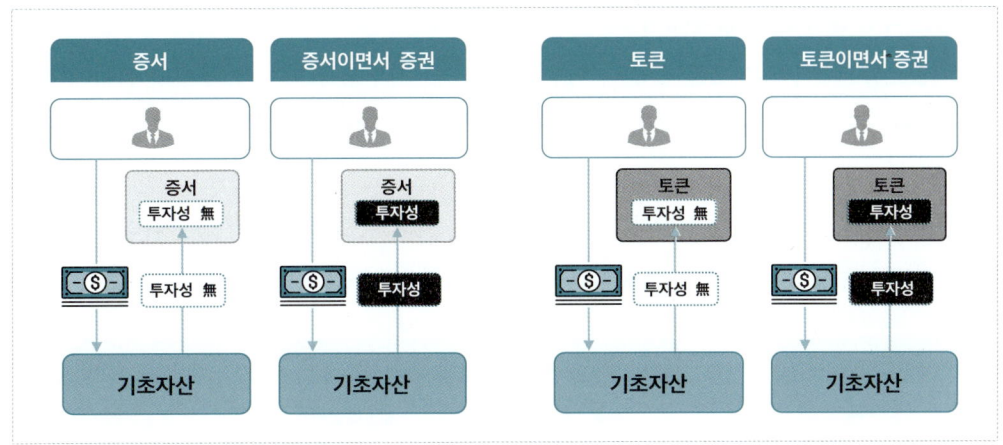

그림 4-11 **투자성으로 본 증서와 토큰의 구조**

그런데 투자성 개념과 관련하여 한 가지 짚을 점이 있다. '토큰증권'에 일부 오해할 수 있는 소지가 있기 때문이다. 투자성이 있는 금융상품이 '토큰 형태'로 발행된 것이 토큰증권이라면, 토큰이 아닌 코인이나 다른 가상자산·화폐(스테이블코인, NFT, RWA 등)는 토큰증권에 해당되지 않는다고 볼 수 있을까?

1부에서 모든 자산은 기본적으로 증서·토큰의 구조를 지닌다고 설명한 바 있다. 이 관점에 따르면, 대부분의 가상자산과 디지털자산은 토큰이라는 범용 용어로 표현해도 무방하다. 다양한 디지털자산 용어가 소개되지만, 모두 마케팅 목적이나 이해관계에 의해 생성된, 어디까지나 구분을 위한 용어일 뿐이다. 토큰은 블록체인과 직간접적으로 연계해 발행되는 상징적이고 일반적인 용어로 이해하면 된다. 수많은 용어가 범람하는 상황에서는, 용어 자체에 집착하기보다 본질과 구조에 집중할 필요가 있다.

특히 금융위원회에서 정립한 용어 '토큰증권'이 "분산원장에 전자등록한 것"으로 규정하고 있기 때문에, 증권이 분산원장에 전자등록된 형태라면 앞으로 모두 '토큰증권'이란 용어를 사용해야 한다. 즉 증권성을 지닌 디지털자산·가상자산이 분산원장에 전자등록되면, 모두 '토큰증권'이다.

그렇다고 해도 디지털자산과 가상자산이 매우 다양하다 보니, 선뜻 이해하기 어려운 경우가 많다. 이러한 복잡성을 해소하고자 이제부터는 상위 개념인 증권과 비교해가며 토큰증권의 정확한 정의를 도출해 보도록 하자.

■ 증권의 본질과 발행 형태에서

첫 번째로 증권의 본질과 토큰증권이 어떻게 연관되는지부터 살펴보자. 무형의 권리에 해당되는 증권이 완성되고 실체화되기 위해서는, 결국 '어디에 어떻게 표기'할 것인지를 결정해야 한다.

'증권'이 수익권리라면, 그 수익권리를 어디에 어떻게 표기하느냐는 '발행 형태'이다. 수익권리를 '어디에 어떻게' 표기할지는 크게 다음 세 가지 유형으로 구분할 수 있다.

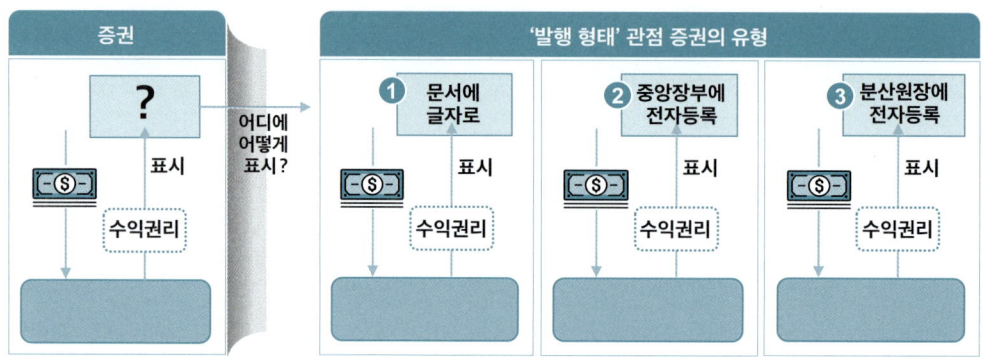

❶ 글자로서 종이문서에 표시
❷ 전자적 방식으로 중앙계좌부에 표시
❸ 전자적 방식으로 분산원장에 표시

그림 4-12 증권의 본질과 발행 형태

그림 4-12에서 '글자로서 문서에 표시'한 것이 실물증권이고, '중앙장부에 전자등록'한 것이 '전자증권'이며, '분산원장에 전자등록'한 것이 바로 토큰증권이다. 즉 증권은 발행 형태(어디에 어떻게 표시)에 따라 실물증권, 전자증권, 토큰증권으로 구분할 수 있다.

각 증권의 구조를 도식화하면 그림 4-13과 같다.

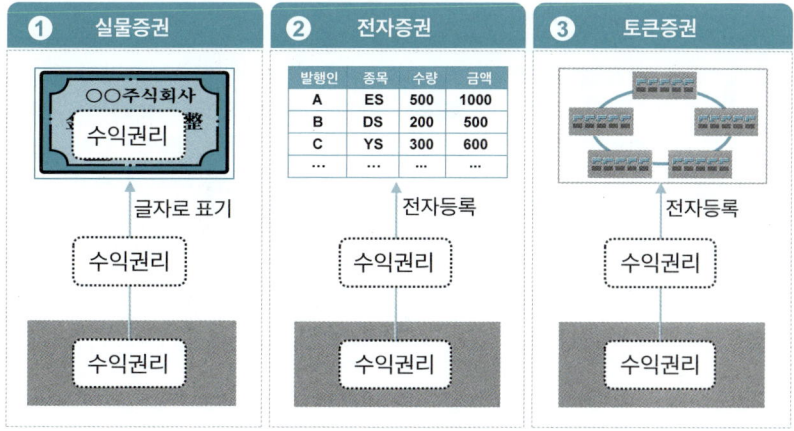

❶ 실물증권 - 금전을 투자하고 수익권리를 글자로서 종이에 표기한 것
❷ 전자증권 - 금전을 투자하고 수익권리를 중앙계좌부에 전자등록한 것
❸ 토큰증권 - 금전을 투자하고 수익권리를 분산원장에 전자등록한 것

그림 4-13 발행 형태 관점 증권 유형

정리하면 **토큰증권은 '발행 형태'의 한 유형이고, 정확히는 '수익권리를 분산원장에 전자등록한 것'**으로 이해할 수 있다.

▌ 내용과 형식 관점에서

이번에는 토큰증권이 표상하는 내용과 취하는 형식 관점에서 토큰증권 개념을 이야기해 보고자 한다.

대통령은 국가의 원수로서 주요 정치적 사안이나 국내외 현안에 대한 정부의 메시지를 전달하는 역할을 한다. 대통령이 생각하는 메시지는 발언*(發言)을 통해 외부로 표출되어야만 국민들은 그 메시지를 인지·인식·이해할 수 있다.

---

* 말을 꺼내어 나타냄

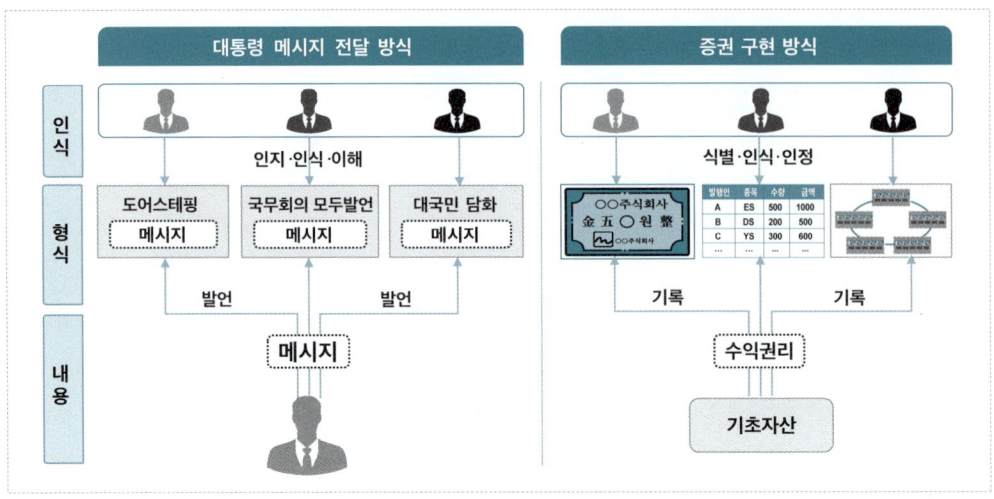

그림 4-14 대통령 메시지 비유를 통한 증권의 내용과 형식

그런데 대통령은 일반 국민과 다르게 메시지를 전달할 때 정형화된 형식을 취한다. 대표적인 형식이 대국민 담화, 국무회의 모두발언, 도어스테핑 등이 있다. 대국민을 상대로 하는 대통령의 메시지는 내용뿐만 아니라 형식도 갖추어야 한다.

- 대통령 메시지 - 내용
- 대통령 메시지 인지·인식·이해 방안 - 발언을 통해 표출
- 대통령 메시지 발언 방식(어디서 어떻게 발언) - 형식

토큰증권도 이런 내용과 형식 관점에서 이해할 수 있다. 금전을 투자하면 투자를 통한 수익을 청구할 권리(증권)가 발생한다. 수익청구 권리는 무형의 형태이기 때문에 이 권리가 존재한다는 증명과 나중에 청구의 근거가 되기 위해서는 모두가 식별하고 인지할 수 있도록 그 권리를 글자로서 어디에 기록해 두는 것이 현실적인 방안이다. 금융과 같은 중요한 분야에서는 수익권리(증권)를 아무 곳에나 기록하지 않고 제도권의 정형화된 형식(어디에 어떻게 기록)을 취해야 한다. 제도권에서 인정하는 형식이 실물증권, 전자증권, 토큰증권이다.

- 투자를 통한 수익권리 - 내용(증권)
- 수익권리 식별·인지·인정 방안 - 기록을 통해 표시
- 수익권리 기록 방식(어디에 어떻게 기록) - 형식

대통령의 메시지 발언 방식은 다양하다. 형식도 중요하지만 본질은 메시지이다. 형식이 다르다고 대통령의 메시지가 달라지는 않는다. 증권도 마찬가지이다. 증권의 본질은 '투자를 통한 수익취득권리'이다. 이 수익취득권리를 기록하는 형식은 다양하다. 기록하는 형식도 중요하지만 본질은 증권이다. 기록 형식이 다르다고 증권의 본질적 속성이 달라지는 것은 아니다. 금융위원회 '토큰증권 가이드'에서는 토큰증권을 '음식과 그릇'에 비유하여 설명하고 있다. '증권'을 '음식', 증권의 '발행 형태'를 음식을 담는 '그릇'으로 비유한 것인데, 적절한 비유라는 생각이 든다.

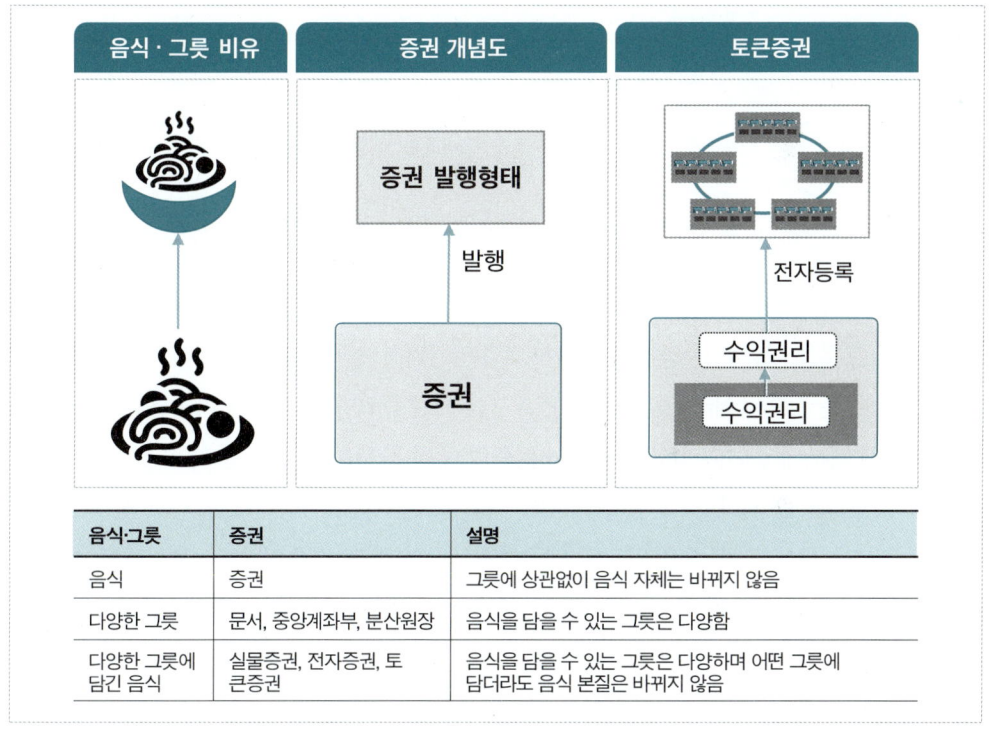

그림 4-15 음식·그릇 비유를 통한 토큰증권 이해

즉 음식=증권은 내용이며, 그릇=문서, 중앙계좌부, 분산원장은 형식이다. 이 내용과 형식이 결합된 형태가 바로 증권이다.

이해를 더 쉽게 하고자 식당에서 음식을 조리하여 판매하는 상황을 가정해 보겠다. 손님(투자자)이 요리(증권)를 주문하면 식당(발행인)은 손님이 주문한 요리를 조리한다. 조리된 요리를 손님에게 제공하기 위해서는 그릇(발행 형태)에 담아내야 한다. 식당 조리기구 안에서 완성된 요리 자체(증권)만을 그대로 손님 식탁에 올려놓을 순 없다. 요리는 그릇에 담겨야만 비로소 판매하는 음식으로 완성된다고 볼 수 있다.

이때 요리를 담을 수 있는 그릇은 다양하다. 특정 요리를 담기 위해 특정 그릇을 고집할 필요는 없다. 어떤 그릇에 담겨 있든 요리 자체는 변하지 않는다. 다만 요리에 따라 기능적·시각적으로 더 적합한 그릇은 있을 수 있다.

이 비유를 다시 '토큰증권'으로 한정해 보자면 다음 표 4-7과 같이 정리할 수 있겠다.

음식·그릇	토큰증권	개념 정의
음식	증권	수익권리를 표시
그릇	분산원장	분산원장에 전자등록
그릇에 담긴 음식	토큰증권	수익권리를 분산원장에 전자등록한 것

표 4-7 음식과 그릇으로 비유해 본 토큰증권의 내용과 형식.

과거에는 금전을 조달하고 수익권리를 종이에 표기하는 형태의 주권(주식)이나 채권을 발행해 주었다. 그것을 최근에는 금전을 조달하고 수익권리를 전자적으로 표기하는 형태의 토큰을 발행해 주는 것으로 바꾸었을 뿐이다. 혹자는 토큰증권이 블록체인 기술을 활용했고 토큰(형식)이기 때문에 증권(본질)이 아니라는 엉뚱한 주장을 하지만, 결국 증권이다.

새로운 형식이 생길 때마다 그 형식을 나타내는 새로운 용어가 생긴다. 그리고 형식에 따른 새로운 용어를 통해 그 본질을 교묘히 왜곡하거나 훼손하는 경우도 있다. 우리가 접하는 가상자산이나 가상화폐 관련 용어들은 대부분 형식 관점의 용어이다.

토큰증권도 역시 형식적인 관점의 용어지만, 단순히 '분산원장에 기록'하는 형식만을 의미하지 않으며, '수익권리를 분산원장에 기록'했다는 의미로서 내용까지 포함하는 개념이다. 이처럼 늘 용어를 명확히 이해하되 중요한 것은 본질임을 놓치지 않도록 유의해야 할 것이다.

> **Note** '증권', '증권 발행 형태', '증권 발행' 개념 차이
>
> '증권', '증권 발행 형태', '증권 발행' 개념이 명확하게 잡히지 않을 수 없다. 이 3가지 개념의 미묘한 차이를 구조화시켜 정리해 보겠다.
>
>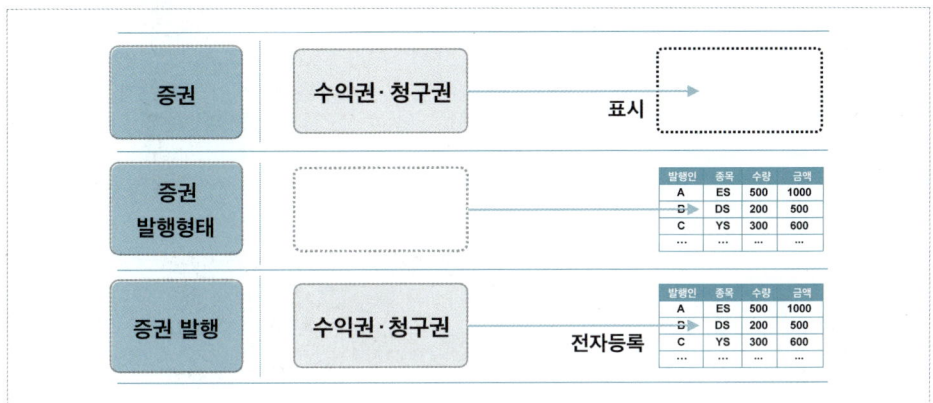
>
> - 증권 - 취득한 수익권리를 모두가 인식할 수 있도록 표시한 것
> - 증권 발행 형태 - 표시 방법 및 기록 방식
> - 증권 발행 - 수익권을 모두가 인식할 수 있도록 계좌부에 표시한 것
>
> 그림 4-16 증권, 증권 발행 형태, 증권 발행 개념 차이

금융위원회의 정의

금융위원회 토큰증권 가이드에서는 **토큰증권을 '분산원장 기술을 활용해 자본시장법상 증권을 디지털화한 것'이라고 규정**하고 있다. 이 개념을 구조화하여 표현하면 그림 4-17과 같다.

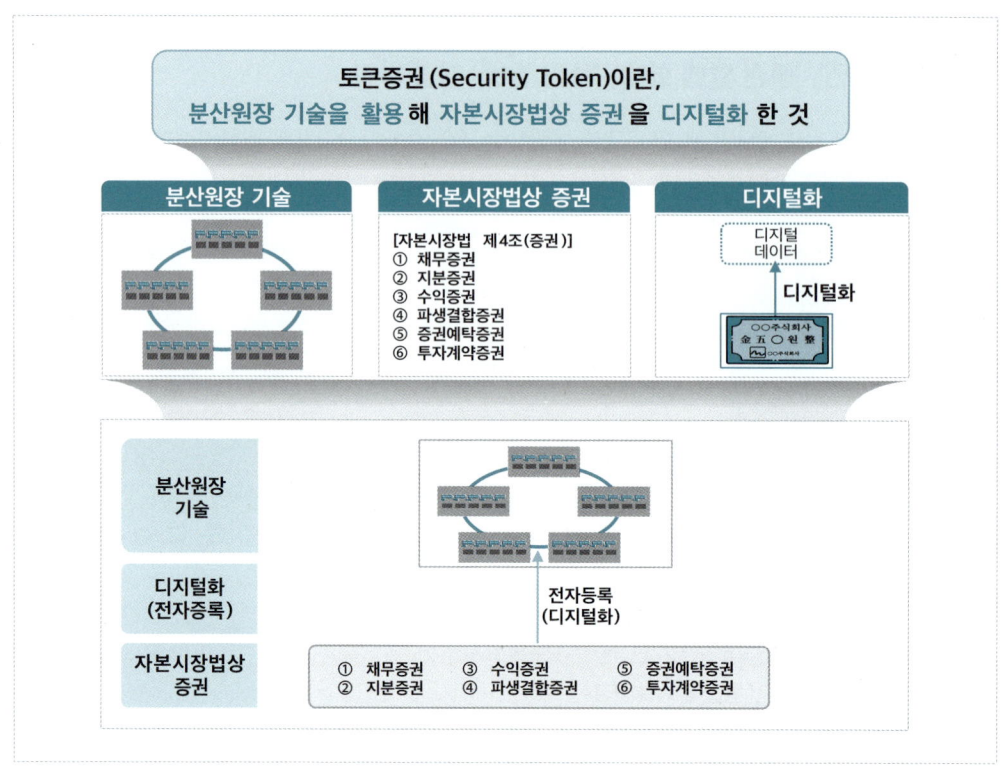

그림 4-17 금융위원회의 토큰증권 개념

토큰증권 호칭과 관련하여, 동일한 대상을 두고도 상황 및 관점에 따라 다양한 용어가 혼재되어 사용될 것으로 예상된다. 상황에 맞게 판단하여 이해하고 호칭하면 된다. 몇 가지 예시를 들어 보겠다.

- 일반적인 관점에서는, "금전을 투자하고 수익권리를 디지털 방식으로 표기한 것"을 단순히 '증권'이라고 불러도 되고, '토큰', '증권형 토큰', '전자증권', '토큰증권'이라고 불러도 상관 없다. 모두 본질적으로 증권이기 때문이다.
- 자본시장법 관점에는, 단순히 '토큰'이라는 표현보다는, '증권', '전자증권', '토큰증권'이라고 부르는 것이 좀 더 정확하다.
- 전자증권법 또는 토큰증권 가이드 관점에서는, 지류 형태로 발행한 증권을 '실물증권', 중앙계좌부에 전자등록한 증권을 '전자증권', 분산원장에 전자등록한 증권을 '토큰증권'으로 구분해 부르는 것이 적절하다.

> **📝Note 주식이나 채권이 토큰증권으로 규정되는 사례**
>
> 금융위원회 토큰증권 가이드에서 토큰증권을 '증권 권리를 분산원장에 전자등록한 것'으로 규정하고 있기 때문에, '토큰증권' 용어와 관련하여 오해와 혼선이 계속 제기될 듯하다.
>
> 가령 토큰증권 가이드를 보면, 전통적인 정형화된 증권(주식, 채권 등)도 분산원장에 전자등록 할 수 있다고 명시하고 있다. 따라서 만일 주식이나 채권이 분산원장에 저장되면 전자증권이 아닌 토큰증권이 된다. 토큰증권을 '권리가 분산원장에 저장된 것'으로 규정했기 때문이다.
>
> 또한 토큰증권 가이드에서는 투자계약증권이나 비금전신탁수익증권을 분산원장에 전자등록 했다가 만일 한국거래소에 상장하게 된다면, 분산원장에서 중앙계좌부로 이전하여 다시 전자등록해야 한다고 규정하고 있다. 즉 처음에는 토큰증권 호칭을 부여 받고 이후 상장이 되면 전자증권 호칭으로 변경해야 하는 것이다.

📎Summary

토큰증권 개념 정의

자본시장법에 대한 이해, 전자증권법에 대한 이해, 토큰증권 가이드 등 지금까지 학습한 내용을 종합적으로 참조하여 '토큰증권'의 개념을 정리해 보도록 하겠다.

다양한 관점	토큰증권 개념
❶ 증권 본질 관점	자본시장법상 증권
❷ 금융위원회 관점	분산원장 기술을 활용해 자본시장법상 증권을 디지털화 한 것
❸ 자본시장법 관점	금전을 투자하고 취득한 수익 권리를 분산원장에 전자등록한 것
❹ 디지털 관점	증권의 디지털화로서 전자증권의 한 유형
❺ 증권제도 측면	실물증권과 전자증권에 이은 새로운 유형의 증권
❻ 음식·그릇 관점	'음식'이 '증권'이라면 '분산원장이라는 그릇에 담긴 음식'이 '토큰증권'
❼ 법 적용 측면	토큰증권은 '증권의 전자등록'을 규정하는 전자증권법상 증권

❶ 토큰증권은 증권의 발행 형태상의 유형일 뿐 본질적으로 자본시장법상 증권이다.

❷ 금융위원회는 '토큰증권 가이드'를 통해 토큰증권을 '분산원장 기술을 기반으로 하여 디지털화된 자본시장법상 증권'으로 정의하고 있다.

❸ 자본시장법상 증권의 정의 관점에서 보면 금전을 투자하고 취득한 수익 권리를 분산원장에 전자등록한 것으로 이해할 수 있다.

❹ '토큰증권 가이드'에서는 전자증권과 토큰증권을 모두 '증권의 디지털화(법제적으로는 전자증권에 해당)'로 표현하고 있다.

❺ 증권의 발행 형식 관점인 '발행 제도'라는 측면에서 보면 증권은 '실물증권', '전자증권'에 이어 '토큰증권'이라는 새로운 발행 형태가 나타남

❻ '음식'은 '증권'에 비유할 수 있으며, 음식은 다양한 그릇에 담길 수 있다. 다양한 그릇 중에서 '중앙계좌부라는 그릇에 담긴 음식'이 '전자증권'이며, '분산원장이라는 그릇에 담긴 음식'이 '토큰증권'이라고 할 수 있다.

❼ 자본시장법이 '증권'을 규정하는 법이라면 전자증권법은 증권의 '전자등록'을 규정하는 법이다. 토큰증권은 '전자등록'의 새로운 유형이며 따라서 전자증권법상의 증권에 해당된다.

12.2 토큰증권의 올바른 이해

앞서 토큰증권에 대한 기본적인 개념을 설명했다. 간단하게 토큰증권은 수익권리를 분산원장에 전자등록한 것이라고 규정했다. 하지만 토큰증권을 단순히 분산원장에 전자등록한 것으로 정리한다면 토큰증권을 정확하게 이해하는 데 한계가 있다.

따라서 토큰증권을 명확하게 이해하기 위해서, 추가로 '증권 관점', '토큰 관점', '금융위원회 관점'에서 좀 더 자세히 살펴보고자 한다.

12.2.1 증권 관점에서 본 토큰증권의 특징

토큰증권의 본질이 '증권'이기 때문에, 항상 증권이란 관점에서 토큰증권을 이해할 필요가 있다. 증권의 개념과 연결되는 토큰증권의 특징을 정리해 보았다.

▍증권의 본질 보유

우선 증권의 본질적 개념을 복습해 보겠다. 증권이란 "금전 투자에 따른 수익권리를 표시한 것"이다. 어떤 용어를 사용하든, 어떤 기술을 활용하든, 어디에 어떻게 기록하든 중요하지 않다. 그림 4-18은 증권의 발행 형태에 따른 증권의 유형을 구분하여 정리한 것이다. 3가지 증권 유형 모두 그 본질이 증권이라는 사실을 보여주고 있다.

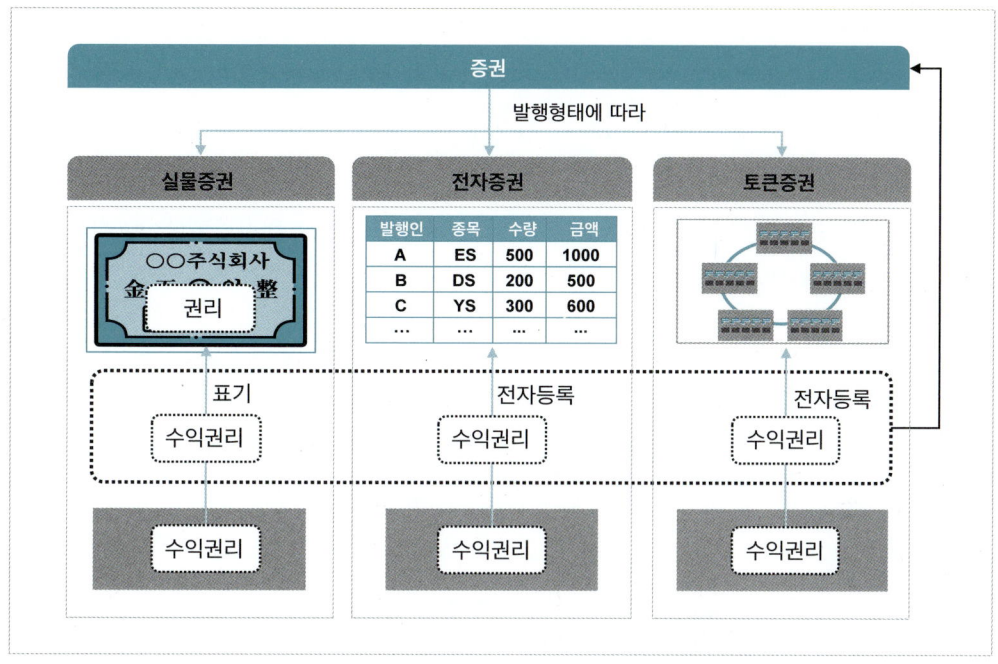

그림 4-18 증권의 본질과 발행 형태에 따른 유형

이전에 그림 3-75에서 증권의 본질과 형식을 구분해서 살펴보았는데, 여기에 '토큰증권'을 추가하여 설명하면 그림 4-19와 같다.

그림 4-19 증권의 개념과 발행 형식 유형

정리하면 토큰증권은 증권 본질을 실체화시키기 위한 발행 형태상의 한 유형이며, 구체적으로는 수익권리를 전자적 방식으로 분산원장에 표시한 것을 의미한다.

■ 발행방식 중 하나

음식 비유를 다시 활용하자면, 음식의 내용인 요리는 밥, 면, 탕, 구이, 튀김 등의 종류가 있을 것이고, 형식인 그릇은 공기, 면기, 뚝배기, 접시 등으로 나눌 수 있을 것이다. 이와 유사하게, 증권도 권리내용과 발행 형식에 따라 그 유형을 구분할 수 있다. '권리내용'에 따라 증권을 6가지 유형으로 구분할 수 있고, '발행 형식'에 따라 실물증권(상법), 전자증권(전자증권법), 토큰증권(전자증권법 개정)으로 구분된다.

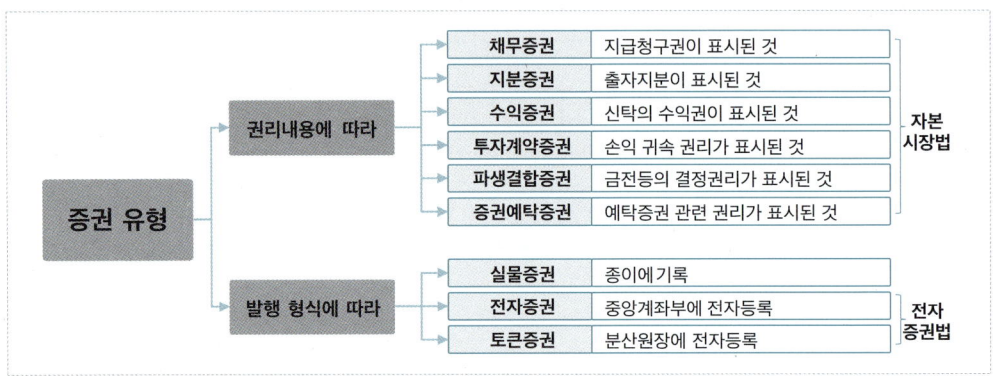

그림 4-20 권리내용과 발행방식에 따른 증권 유형

그릇이 바뀐다고 음식이 변하는 것은 아니지만, 음식마다 적합한 그릇은 있는 것처럼, 증권도 권리내용에 맞는 적합한 발행 형식이 있다. 금융위원회 토큰증권 가이드를 참고하여 권리내용에 따른 적합한 발행 형식을 다음 표 4-8과 같이 정리할 수 있다.

권리내용에 따른 증권 유형		발행 방식에 따른 증권 유형	
		전자증권법 제정 (토큰증권 허용 이전)	전자증권법 개정 (토큰증권 허용 이후)
채무증권		전자증권	전자증권
지분증권		전자증권	전자증권
수익증권	금전신탁	전자증권	전자증권
	비금전신탁	N/A	토큰증권
투자계약증권		실물증권(?)	토큰증권
파생결합증권		전자증권	전자증권
증권예탁증권		전자증권	전자증권

표 4-8 권리내용에 따른 적합한 발행 형식

이 중 '비금전신탁 수익증권'과 '투자계약증권'은 그동안 전자증권으로 발행되지 않고 있었다. '신탁수익증권'이나 '투자계약증권'은 자본시장법상에 명시된 증권이지만, 신탁수익증권에는 '비금전'에 대한 명확한 규정이 없었고, 투자계약증권은 해석상의 모호성 때문에 실제로 증권으로 발행되지 못하고 있었다. 이들 증권 유형들이 설사 발행된다고 하더라도 이런 증권들을 유통시킬 거래소가 갖추어져 있지 않았기 때문에 발행 동기부여도 약했다.

금융위원회는 토큰증권 가이드를 통해 '비금전신탁 수익증권'과 '투자계약증권'을 토큰증권으로 발행하겠다는 뜻을 밝혔다. 참고로 토큰증권은 전자증권의 한 유형으로 간주된다.

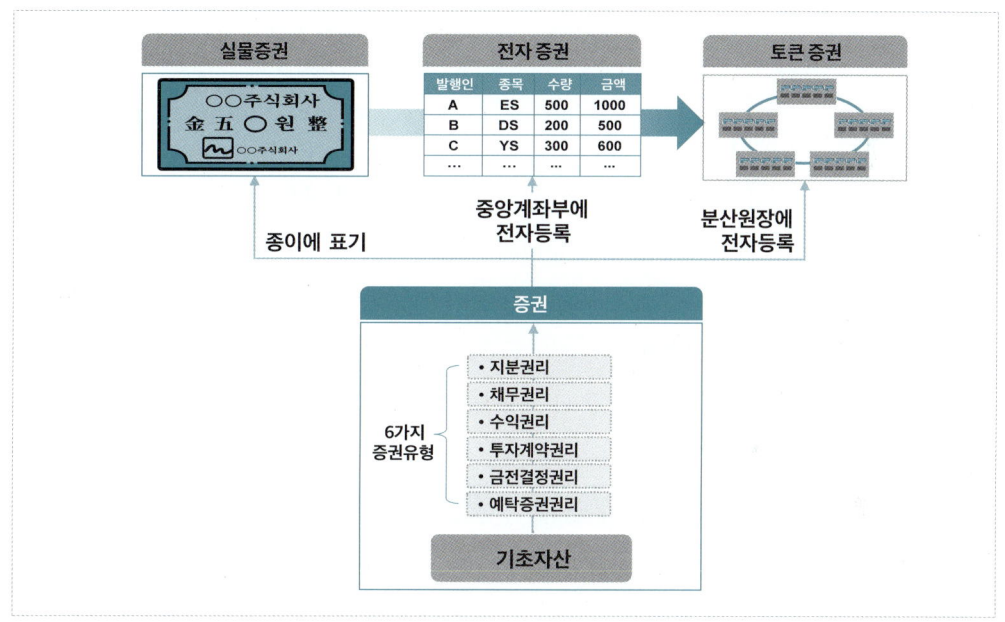

그림 4-21 권리내용과 발행방식의 연관성

그림 4-21은 권리내용과 발행방식이라는 2가지 관점이 서로 어떻게 연관되는지를 보여주고 있다. 6가지 유형의 증권권리는 3가지 유형의 발행 형태로 발행할 수 있다. 음식·그릇 비유를 통해 다시 설명해 보도록 하겠다.

- (음식을 담을 수 있는 그릇은 다양하다) 증권을 발행할 수 있는 형식은 실물증권, 전자증권, 토큰증권 등 다양하다.
- (그릇이 다르다고 음식이 달라지는 것은 아니다) 증권을 어떤 형식으로 발행하더라도 증권의 본질은 변하지 않는다.

- (음식마다 더 적합한 그릇이 있다) 예전에는 모든 증권을 실물증권 형태로 발행했다. 전자증권이 나오면서 채무·지분·수익·파생결합·증권예탁 증권은 전자증권으로 발행했다. 비금전신탁 수익증권과 투자계약증권은 이번에 토큰증권으로 발행될 수 있도록 허용해 주었다.

즉 토큰증권은 6가지 권리내용 중 비금전신탁 수익증권과 투자계약증권(음식)을 발행하는 3가지 방식 중 하나(그릇)인 셈이다.

하지만 '증권'이라는 본질 대신 '토큰'에만 집착하다 보면, 자연스럽게 과거 문제가 되었던 가상화폐들을 이제 제도권에서 허용해 준다는 오해를 가질 수 있다. 더 나아가 일부에서는 가상화폐 불장을 다시 떠올리거나, 다른 일부에서는 토큰증권도 사기일 거라는 잘못된 인식으로 이어질 수 있다. 그러니 주의가 필요하다.

▌분산원장은 충분조건

토큰증권이라 하면 당장 분산원장(블록체인)부터 떠오르는 것이 사실이다. 하지만 계속 강조했던 것처럼 토큰증권의 본질은 증권이며 증권의 핵심요소는 '투자성'이다. 즉 투자성 있는 금융상품(금융투자상품)이 분산원장에 전자등록된 것이 바로 토큰증권이다. **분산원장을 사용한다고 무조건 토큰증권이 되는 것은 아니다.**

그림 4-22는 분산원장과 관련된 다양한 사례와 토큰증권 여부를 정리한 것이다.

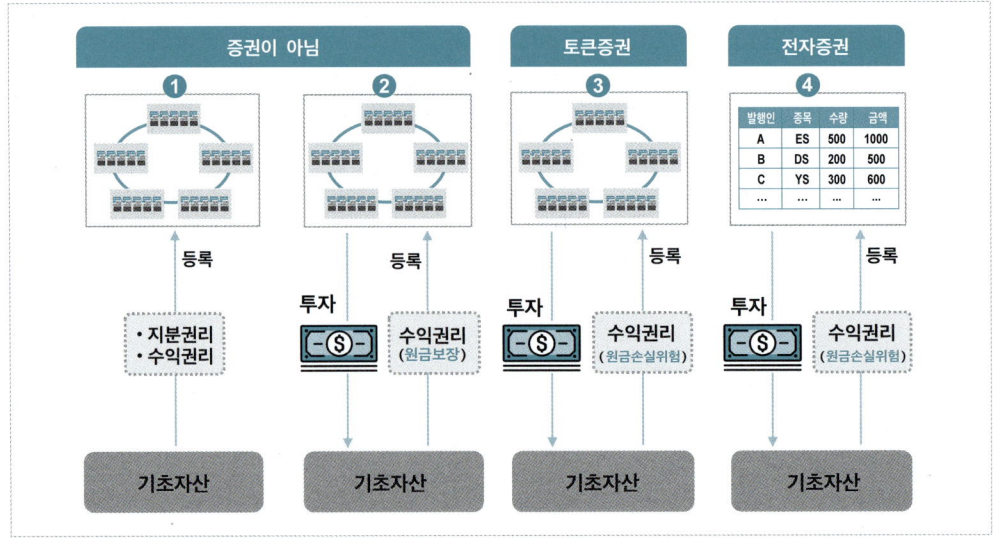

❶ 지분권리 및 수익권리를 분산원장에 등록했다. 하지만 금전투자가 없었기 때문에 증권이 아니다.
❷ 금전투자가 있었고 수익권리를 분산원장에 기록했다. 하지만 원금이 보장된 수익권리이기 때문에 증권이 아니다.
❸ 금전을 투자하고 투자성이 있는 수익권리를 등록했기 때문에 증권이다. 추가로 분산원장에 전자등록했기 때문에 토큰증권이 된다.
❹ ❸과 동일한 증권이지만 중앙계좌부에 전자등록했기 때문에 전자증권이 된다.

그림 4-22 상황에 따라 달라지는 증권 및 토큰증권 여부

다시 말해 증권 여부는 '금전투자, 투자성, 권리표시' 3가지 기준에 의해 결정(모두 있어야 함)되며, 토큰증권은 여기에 '분산원장에 전자등록'이라는 기준이 추가된 것을 말한다.

12.2.2 토큰 관점: 블록체인

토큰증권의 본질은 증권이지만, '토큰증권'인 만큼 토큰과 관련해서도 토큰증권을 살펴볼 필요가 있다. 앞서 증서와 토큰의 기본 개념과 구조는 유사하며 이런 증서와 토큰은 이미 디지털화되었다고 설명했다. 추가로 토큰은 과거에 아날로그 형태로도 존재했지만, 현재는 온전히 디지털 개념으로 간주하고 이해할 필요가 있다.

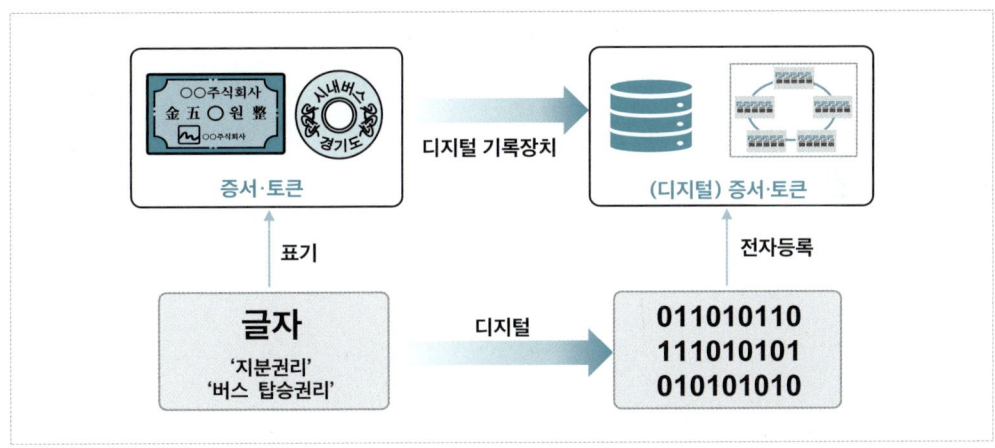

그림 4-23 디지털화된 증서와 토큰

현재 토큰은 디지털자산이나 블록체인과 연계해서 언급되고 활용되는 것이 사실이다. 따라서 디지털자산 분야에서 토큰은 1부에서 다루었던 개념 정도로 이해할 것이 아니라, 블록체인과 연계해서 이해하고 해석해야 한다.

▎ 분산원장(블록체인)의 의의

자본시장법상 증권을 '수익권리가 표시된 것'으로 규정하다 보니, 토큰증권은 '분산원장(블록체인)에 표시(기록)한 것'이라는 개념으로 정리되었다. 이런 개념 정의는 블록체인을 단순히 장부 관점으로만 바라본 것이다. 하지만 블록체인은 단순한 장부 이상의 가치와 철학을 지닌다. 증권계좌부에서 기록 자체가 수익권리의 생성 및 이전을 보장하기 때문에, 장부의 신뢰성(무결성, 가용성, 비가역성 등)은 무엇보다도 중요하다. 전통적으로 권리가 기록되는 장부는 강력한 신뢰를 보장할 수 있는 제3신뢰기관(증권사 및 금융기관)에 의해서만 관리되었다.

하지만 제3신뢰기관에 의한 장부 관리(증권 발행)는 많은 비용과 비효율을 초래했고, 소규모 다양한 증권의 출현을 가로막는 한계가 있었다. 이번 금융위원회의 토큰증권 허용은 단순히 분산원장을 또 하나의 장부로 허용한 것에 그치지 않는다. 이는 제3신뢰기관에 의해서만 관리되던 장부의 독점구조가 깨졌다는 데 큰 의미가 있다.

토큰증권의 진정한 의미와 가치는 **분산원장(블록체인) 기술을 활용하여 탈중앙 기반으로 증권 권리를 장부에 기록하고 관리할 수 있다는 점**이다. 이는 생성·관리 주체가 없다는 의미가 아니라, 중앙화된 기관(제3신뢰기관) 없이도 모든 참여자가 장부의 생성·관리·검증에 참여할 수 있음을 의미한다.

또 그동안 증권은 제3신뢰기관에 의해서만 발행되었을 뿐만 아니라, 정형화된 권리내용(지분권리, 채무권리, 수익권리 등)만을 취급했다. 하지만 권리내용이 다양해지고 블록체인 기술이 도입되면서 다양한 권리를 블록체인 기반으로 발행될 수 있게 되었다. 토큰증권은 단순히 분산원장이라는 장부에 기록하는 것을 넘어, **다양한 권리가 제3신뢰기관 없이도 증권으로 발행될 수 있다는 것**을 의미한다.

▎ 의의 1: 증권 권리의 다양화

예전에는 정형화된 권리(지분권리, 채무권리, 수익권리)만 증권으로 발행되고 있었다. 그런데 최근에는 '저작권료 참여청구권' 등 새로운 권리가 등장하고 있으며 앞으로 더욱더 다양한 권리들이 출현할 것이다.

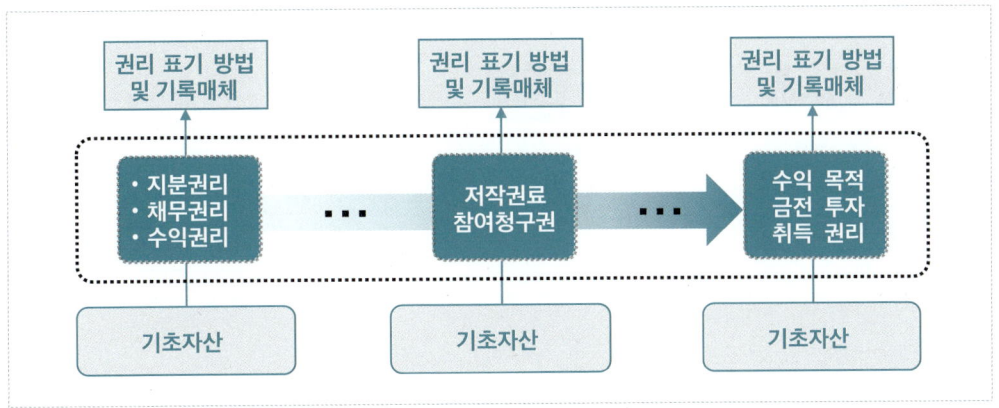

그림 4-24 권리의 다양화

그동안 증권권리가 제한되었던 이유는 다양하다. 법·제도적 문제, 기술적 한계, 다양한 권리에 대한 인지·인식 문제 등이 그 원인이다. 그러나 토큰화Tokenization 개념이 확산되면서 모든 가치가 토큰화될 수 있다는 인식이 보편화되고, 이를 뒷받침할 기술도 갖추어졌다. 이런 분위기에 맞추어 관계당국에서도 법·제도를 정비하고 있다. 다양한 창의력과 이해관계자들의 욕구가 맞물려 앞으로 더 많은 증권 권리들이 식별되고 증권화될 것이라 생각한다.

▌의의 2: 증권의 다양한 발행 기반 마련

권리의 다양화에 따라, 권리내용을 담을 발행 형태도 점점 다양해질 것이다. 점유와 인도에 기반했던 실물증권제도는 예탁결제제도로 발전했고, 이는 다시 전자계좌부에 전자등록하는 전자증권제도로 진화했으며, 이제는 분산원장 방식도 허용되고 있다. 앞으로 다양한 기술과 저장장치가 등장할 것이며 이에 따라 다양한 증권권리를 담을 수 있는 계좌부(기록장치 및 기록매체)도 점점 다양해질 것이다.

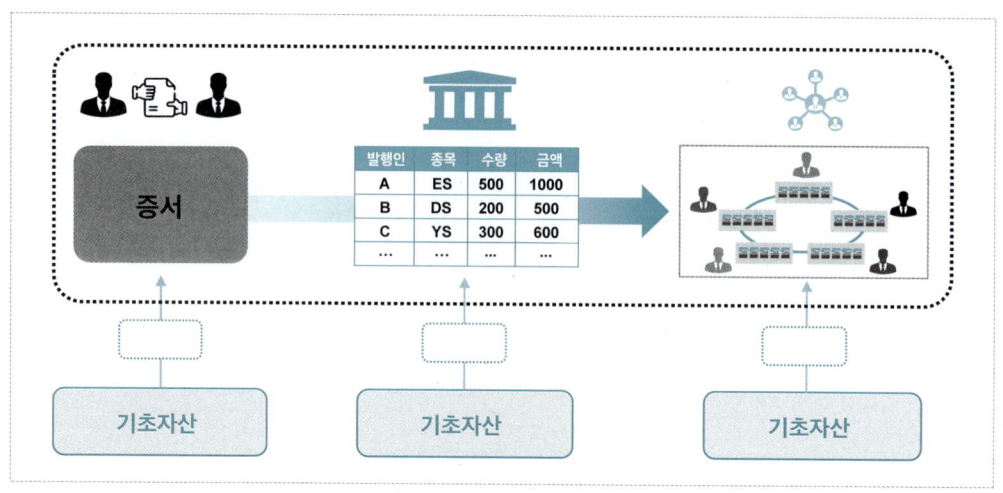

그림 4-25 **발행 방식의 다양화**

권리내용을 표기하는 계좌부뿐만 아니라, 이를 관리하는 방식과 주체도 진화하고 있다. 이전에는 개인 간의 직접 점유와 인도를 통해 증권이 거래되었지만, 점차 중앙기관이나 신뢰기관의 계좌부에 기록하고 관리하는 방식으로 발전했으며, 이제는 블록체인 기술을 통해 중앙기관 없이도 계좌부의 신뢰성을 보장할 수 있게 되었다.

▌ ICO의 한계점과 가능성

2017~2018년 당시 ICO의 문제점은 앞서 충분히 설명했다. 그런데 좋은 기술이나 제도가 문제를 가졌다고 해서 그 자체를 죄악시하거나 평가절하는 것은 옳지 않다. ICO의 문제점은 차단하고 개선하면 되는 것이고, 긍정적인 측면은 적극적으로 수용하고 발전적으로 검토할 필요가 있다.

ICO는 전통적인 IPO와 상당히 유사하다. '계좌부, 발행주체, 신뢰성 보장' 측면으로 한정해서 살펴보자면, ICO는 IPO에 비해 상당한 혁신성을 보여준다. ICO에서는 투자자와 기업 간 계약 내용을 스마트 컨트랙트로 작성하고, 이를 기반으로 증권(토큰)을 자동으로 쉽게 발행할 수 있다. 계약 내용(스마트 컨트랙)과 권리내용은 블록체인에 저장되어 위변조가 원천적으로 차단되기에 계좌부의 신뢰성과 무결성을 보장한다. 또한 계약 내용이나 권리내용은 블록체인에 저장되어 누구에게나 투명하게 공개된다. 이 모든 과정이 참여자들의 검증과 합의에 의해 처리되기 때문에 제3신뢰기관 없이도 신뢰성이 보장된다.

(ICO가 지닌 문제점을 차단한다는 전제하에) ICO는 신뢰성을 보장하면서 많은 비용 없이 효율적이고 신속하게 증권(토큰) 발행 절차를 진행할 수 있다는 장점이 있다.

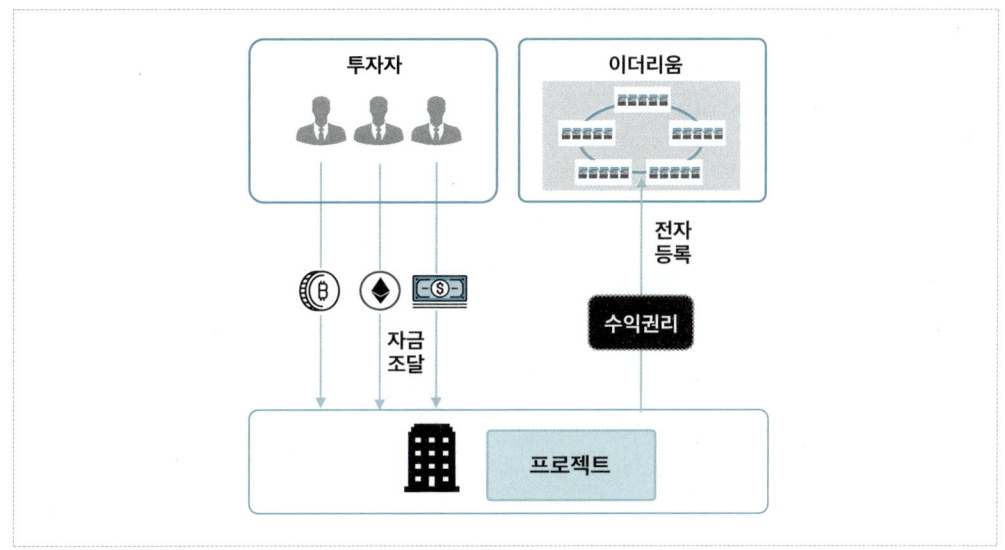

그림 4-26 ICO와 토큰증권

> **Note NFT의 정체**
>
> 많은 사람이 '토큰과 NFT 차이점'을 명확하게 이해하지 못하는 것 같다. 증권이 '권리내용'에 따른 유형과 '발행 형식'에 따른 유형으로 구분되는 것처럼, 토큰 역시 관점에 따라 다양한 유형이 존재할 수 있다.
>
> 그림 4-27에서 보듯 토큰은 관점에 따라 다양한 유형이 가능하다. 우선 활용에 따라 Payment Token, Utility Token, Asset Token으로 구분되며, 발행표준에 따라서는 FT(Fungible Token), NFT(Non-Fungible Token), SBT(Soul Bound Token) 등으로 구분된다.

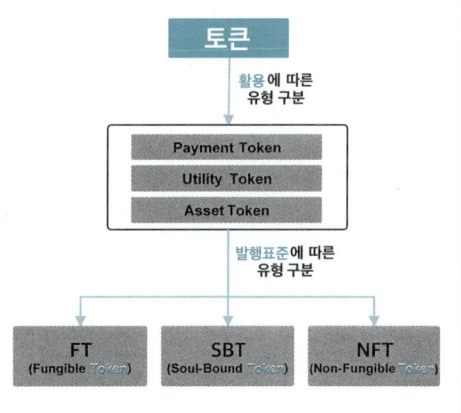

그림 4-27 다양한 관점에 따른 토큰과 증권의 유형

이 기준을 참조할 때, NFT는 발행표준에 따라 구분한 토큰의 한 유형인 셈이다. 즉 NFT의 본질은 토큰이라고 할 수 있다. 하지만 토큰이라는 본질을 등한시한 채 '대체불가(Non-Fungible)'에만 초점을 맞춰 무리한 의미를 부여하다 보니, NFT가 원본임을 증명하여 고유성과 희소성을 부여한다는 엉뚱한 개념으로 변질되었다. 그러나 NFT의 본질은 어디까지나 토큰이며, 그 개념과 구조는 1부에서 다루었던 내용과 동일하다.

12.2.3 금융위원회 관점

토큰증권의 개념 정의나 전체적인 시장 분위기를 보면, 토큰증권은 분산원장 기술을 활용한 개념이고, 이번 토큰증권 허용 발표는 제도권 밖에 있던 블록체인 기반 토큰증권을 제도권으로 편입하기 위한 조치로 이해될 수 있다. 따라서 토큰증권은 블록체인 기술의 활용성이나 분산원장의 제도권 편입 정도로 이해할 수 있다.

하지만 금융위원회 '토큰증권 가이드'를 자세히 살펴보면 금융위원회의 의도와 목표가 우리가 일반적으로 이해하는 것과 다소 다르다는 것을 확인할 수 있다. 토큰증권 가이드에서는 토큰증권의 혁신성을 다음과 같이 명시하고 있다.

> [기본방향]
> ☐ 토큰 증권의 혁신성은 ❶다양한 권리의 증권화와 ❷비정형적 증권의 유통으로 집약될 수 있음

이번 절에서는 금융위원회가 어떤 목적과 의도를 가지고 토큰증권을 허용했는지 그리고 금융위원회가 토큰증권을 통해 추구하고자 하는 기대효과가 무엇인지 알아보자.

▌ 권리내용의 다양화

금융위원회에서는 증권의 개념을 음식과 그릇에 비유해 설명했는데, 필자는 여기에 음식재료를 추가해 설명해 보겠다. 그림 4-28을 보면, 증서와 증권은 3가지 요소로 구분할 수 있다. 이를 '음식재료, 음식, 그릇'으로 비유할 수 있을 것이다.

일반적으로, 새로운 음식을 개발하면 그 음식을 담을 적합한 그릇을 찾거나 새로운 그릇을 만든다. 새로운 그릇을 먼저 개발하고 그 그릇에 적합한 요리를 찾는 절차로 진행하지는 않는다. 음식재료가 풍성하면 그만큼 새롭고 다양한 음식을 만들 수 있고, 다양한 음식에 적합한

여러 형태의 그릇이 필요할 수 있다.

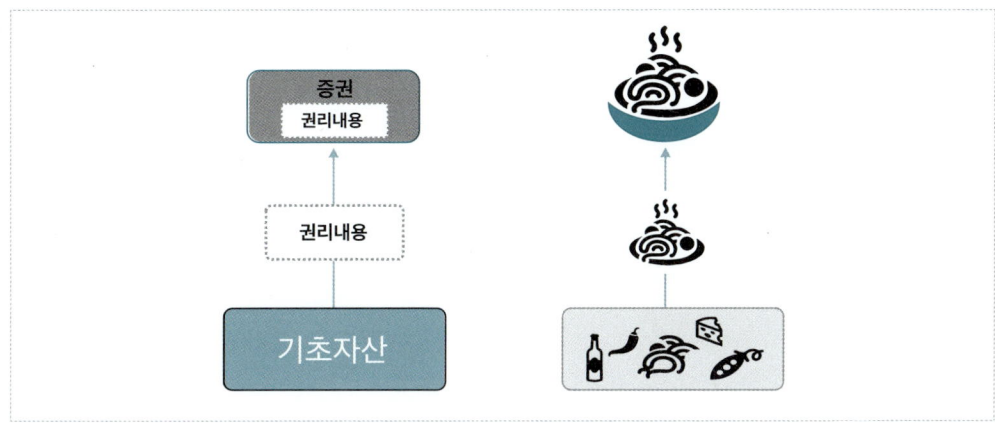

그림 4-28 증권의 3요소와 음식·그릇 비유

증권도 마찬가지이다. 다양한 권리는 풍성한 기초자산에 기반하기 때문에 기초자산의 다양성도 보장되어야 한다. 증권의 대상이 되는 기초자산들이 다양해지면 그 기초자산을 기반으로 한 권리도 풍성해진다.

기초자산이 다양해지고 권리가 풍성해지면 그 권리를 담을 새로운 증권 형식도 필요해진다. 다양한 요리가 다양한 그릇을 필요로 하는 것과 유사하게, 다양한 증권 권리는 다양한 발행 형식을 필요로 한다.

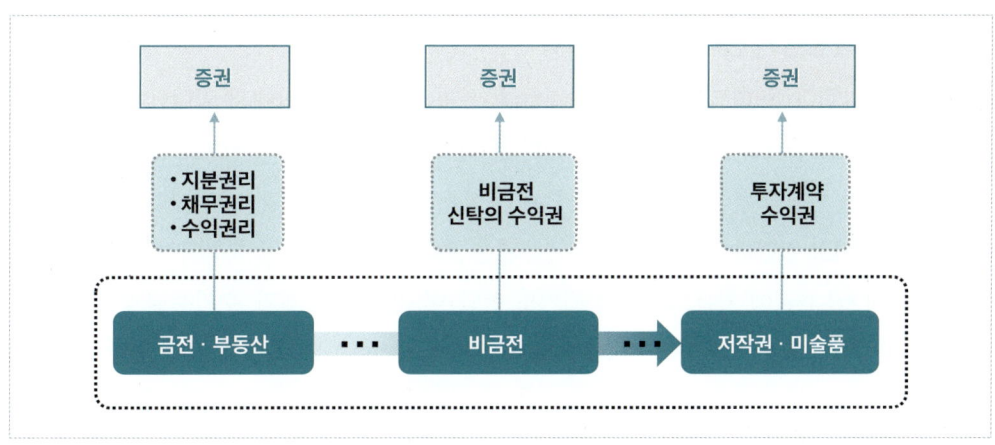

그림 4-29 기초자산의 다양화

chapter 12 토큰증권의 출현과 제도 정비 **335**

현행 자본시장법에서는 신탁 가능한 재산으로 7가지를 규정하고 있다.

> **자본시장법 제103조(신탁재산의 제한 등)** ① 신탁업자는 다음 각 호의 재산 외의 재산을 수탁할 수 없다.
> 1. 금전
> 2. 증권
> 3. 금전채권
> 4. 동산
> 5. 부동산
> 6. 부동산 관련 권리
> 7. 무체재산권

미국이나 일본 사례를 보면, 중소기업이나 혁신기업 등이 비정형적 자산을 유동화하여 자금을 조달하고 있다. 반면 우리나라는 신탁 가능한 재산을 7가지로만 규정하고 있다. 나열된 7가지도 일반적인 상위 개념으로 규정하고 있어 하위 항목에 대해서는 여전히 논란의 여지가 있다.

특히 우리나라의 신탁시장은 신탁업을 겸영(兼營)하고 있는 금융회사가 '금융상품을 판매하기 위한 금전신탁', '부동산 공급 확대를 위한 부동산 신탁' 중심으로 발전해 오고 있어 여전히 한계점이 있다.

▌ 이더리움의 등장과 권리내용의 다각화

자본시장은 관련 법에 따라 엄격하게 규제된다. 증권은 투자자 관점에서 위험한 상품이기 때문에 관계당국도 엄격하게 규제를 적용하고 있다. 이러다 보니, 법에 명시되고 오랜 기간 시장에서 통용되고 문제점이 없다는 것이 검증된 정형화된 증권(주식, 채권, 수익증권)만 증권시장에서 발행·유통되고 있었다. 심지어 투자계약증권은 2009년 자본시장법 제정되면서 명시되었으나, 2023년 12월 15일에 처음으로 발행되기도 했다. 이처럼 주식, 채권, 수익증권과 같은 정형화된 증권만 발행되었고 유통 관련 제반 제도·인프라도 정형화된 증권에 대해서만 갖추어져 있었다.

이런 정형화된 증권이 전환점을 맞이한다. 다양한 요인이 있겠지만, 필자는 개인적으로 '이더리움'을 그 배경으로 설명하고자 한다. 비탈릭 부테린은 화폐에 한정된 블록체인에서 벗어나 다양한 서비스 분야에 활용할 수 있는 범용 블록체인 플랫폼을 개발했는데, 그것이 바로 이더리움이다.

이더리움은 토큰 관점에서 세 가지 중요한 의미를 지닌다.

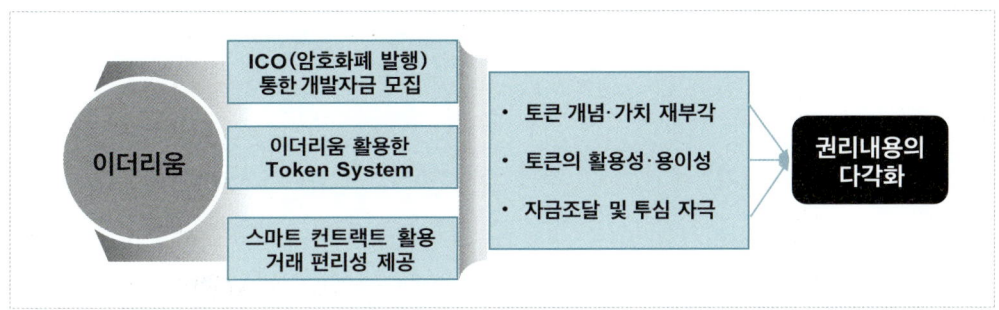

그림 4-30 이더리움 등장과 권리내용 다각화

- **첫째**, 비탈릭 부테린은 이더리움 개발을 위해 '이더리움 백서'를 발행하고 ICO 방식을 통해 개발 자금을 조달했다. 이런 방식은 '이더(Ether)'라는 가상화폐를 발행하고 자금을 조달할 수 있다는 새로운 자금조달 방식과 가능성을 보여주었다.
- **둘째**, 이더리움 백서에서는 이더리움 활용 분야로 'Token System'을 언급하고 있다. 백서에는 법정화폐, 금, 주식, 자산 등을 토큰으로 발행하여 거래의 편리성을 제공한다고 명시하고 있다.
- **셋째**, 전통적인 거래는 제3신뢰기관에 기반하여 작동한다. 하지만 이더리움에서는 스마트 컨트랙트를 통해 디지털화된 토큰을 신뢰성 기반으로 발행하고 유통하는 것이 가능하다. 다양한 기초자산을 토큰화하고 이를 스마트 컨트랙트와 연계하여 거래의 자동화·편리성·신뢰성을 구현할 수 있게 되었다.

이런 분위기는 토큰의 본질적인 개념과 가치를 재부각시켰고, **기초자산의 토큰화**를 통해 거래의 편리성과 신뢰성을 보장할 수 있다는 기대감도 불러일으켰다. 또한 토큰을 통한 자금조달 방안도 적극적으로 활용되었다. 하지만 의도와 다르게 결과적으로 토큰 광풍, 투기, 묻지마 투자로 이어졌고, 대부분의 가상화폐는 사라지며 천문학적인 투자손실과 신용불량자만 양산했다.

이런 결과는 가상자산에 대한 회의와 자성의 목소리로 이어졌지만, 동시에 블록체인 기술과 토큰의 건전한 활용성을 계승 발전하려는 시도를 낳았다. '기초자산을 다른 무엇으로 대신,

대체, 쪼개기, 통합, 상징화'하는 토큰화의 기본적인 개념과 가치를 잘 활용해 보려는 시도가 있었으며, 이런 시도들이 추구하고자 했던 것은 '모든 가치의 토큰화' 또는 '권리내용의 다각화'로 정리할 수 있다.

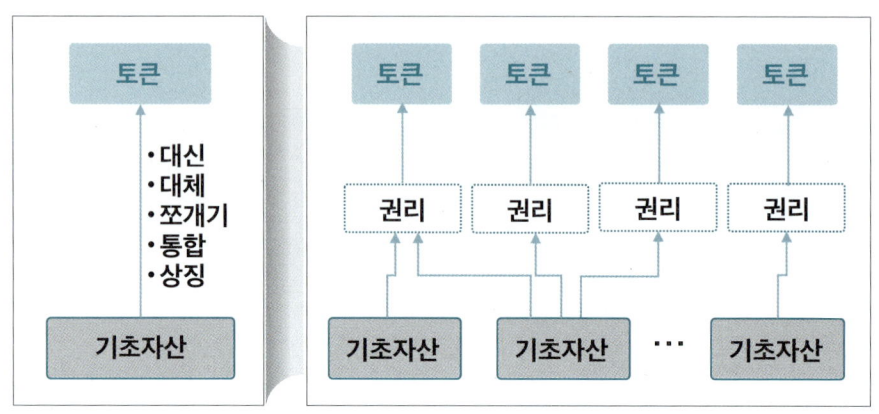

그림 4-31 기초자산의 다양한 권리를 토큰화

▍ "모든 가치의 토큰화(Tokenization)"

토큰 개념이 대중화된 이래, '유동화', '쪼개기', '조각투자'와 같이 다양한 권리를 식별하여 토큰화하고 이를 투자 상품화하려는 시도들이 생겨나기 시작했다. 여기서 몇몇 사례를 소개한다.

- 뮤직카우

    뮤직카우는 '저작권료 참여청구권'이라는 다소 생소한 투자상품을 시장에 내놓았다. 저작권료 참여청구권이란, 특정 음원의 '저작재산권 또는 저작인접권'에서 발생하는 수익을 분배받을 수 있는 권리를 '주' 단위로 분할한 '청구권'을 의미한다.

    저작권료 참여청구권 개념은 복잡하기도 하고 일반인에게 익숙하지도 않은 권리였으며, 더구나 이전에 이와 유사한 권리가 증권으로 발행된 적도 없었다.

    증권선물위원회는 이 청구권이 자본시장법상 투자계약증권에 해당된다고 판단했다. 일반적으로 뮤직카우 저작권 참여청구권은 '저작권 조각투자'로 이해되었다.

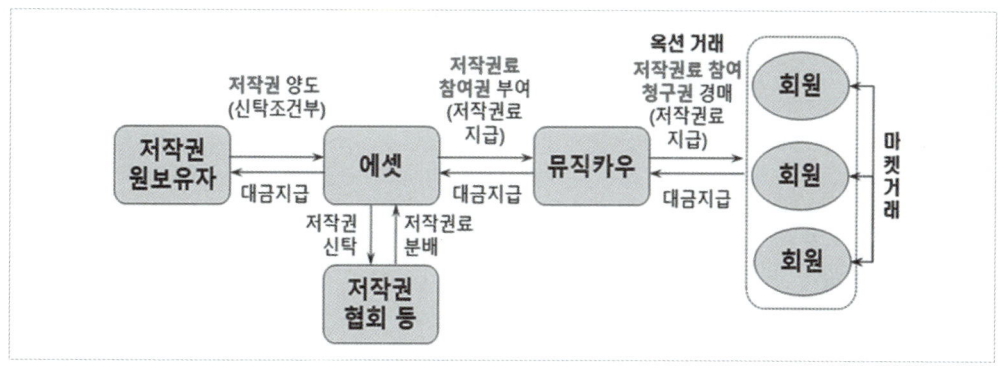

그림 4-32 **뮤직카우 사업구조** (출처 : 금융위원회 보도자료)

- ### 소말리아 해적(海賊) 증권

    2011년 1월 15일 소말리아 해적이 우리나라 선적인 삼호 주얼리(Samho Jewelry)호를 피랍하는 사건이 발생했다. 대한민국 해군 청해부대는 주얼리호를 구출하기 위한 '아덴만 여명 작전'을 전개했다. 이 작전을 통해 소말리아 해적의 존재와 그들의 만행이 알려졌다.

    소말리아 해적들은 세계의 지탄 대상이 되고 있지만, 정작 소말리아에서는 해적들이 외화벌이를 하는 산업역군으로 존중받고, 일등 신랑감으로 대우를 받고 있다. 해적질을 통한 수입이 지역 경제에 큰 기여를 하면서 해적 활동은 조직화되고 하나의 산업으로 발전하기 시작했다. 해적 활동에는 배, 무기, 인력 등 많은 투자금이 필요하다. 따라서 주민들은 돈, 무기, 물자 등을 해적단에 투자하고, 해적단이 선박 납치에 성공하면 수익금을 배분해 주는 '해적 증시(證市)'가 문을 열었다.

    그림 4-33에서 볼 수 있는 '다르산 은행(DALSAN BANL)'은 과거 은행이었으나 이곳에 해적 증권을 발행하고 거래하는, 이른바 해적증권거래소가 들어선 것이다. 실제로 해적증권거래소 설립 초기에는 70여 개가 넘는 해적 기업이 상장했다고 한다. 여기에서는 현금뿐만 아니라 무기나 기타 물품도 투자 대상이 된다고 한다.

그림 4-33 **소말리아 해적 증권**

소말리아 해적증권 사례는 두 가지 시사점을 던져준다. 첫째는 투자대상과 수익권리는 다양하다는 점이다. 다양한 이유로 발행되지 않거나 인식되지 않을 뿐, 수익권리와 증권의 대상은 매우 다양하다. 둘째는 금전신탁 수익증권뿐만 아니라 무기나 물품과 같은 비금전신탁 수익증권도 가능하다는 점이다.

다양한 수익권리가 존재하지만, 법적 허용이나 제도적 뒷받침 부족, 또는 과거 발행 경험 부재 등의 이유로 증권으로 발행되지 않을 수 있다. 이유는 여럿이겠지만 증권이 될 수 있는 권리는 다양한 반면 실제 발행되고 유통되는 권리는 상당히 제한적이다.

- **탄소배출권**

지구 온난화를 방지하기 위해 탄소배출권 할당 및 거래 제도가 도입되었다. 탄소를 배출할 수 있는 권리인 탄소배출권을 기업에 할당하고, 탄소를 적게 배출해서 탄소배출권이 남는 기업은 배출권이 부족한 기업에 팔 수 있도록 하는 제도이다.

배출권은 '할당배출권'과 '상쇄배출권'으로 구분된다. '할당배출권'은 배출 총량 결정 및 할당 계획에 따라 할당받은 배출권을 의미하며, '상쇄배출권'은 탄소저감활동(예, 숲 조성)을 수행하고 얻은 배출권으로 이를 할당배출권과 거래할 수 있다. 이제 할당배출권과 상쇄배출권(탄소저감활동)도 이제 자산으로 인정받는 시대가 되었다.

정부는 2023년 9월 '배출권 거래 시장 활성화 방안'을 발표하며 '배출권 연계 금융상품(ETN, ETF)을 출시하고 선물시장 도입'을 개선 방안 중 하나로 제시했다.

탄소를 획기적으로 저감할 수 있는 좋은 아이디어가 있다면, 불특정 다수로부터 자금을 유치하여 사업을 수행하고, 사업 수행을 통해 인정받은 상쇄배출권을 투자자에게 돌려주는 금융상품도 생각해 볼 수 있다.

몇가지 사례를 통해 살펴봤던 것처럼 증권의 권리내용은 다양하다. 지금까지는 이런 다양한 권리내용을 제도권 증권으로 포섭하기 위한 기반(법, 제도, 발행 형식 등)이 부족했다. 금융위원회는 토큰증권 허용을 통해 보다 다양한 권리 내용을 증권화하기 위한 기반을 마련하려는 조치로 이해된다. 토큰증권 가이드에서 명시된 토큰증권의 혁신성을 다시 한번 상기해 보자. '토큰증권의 혁신성은 다양한 권리의 증권화와 비정형적 증권의 유통으로 집약될 수 있음'

> **Note 조각투자와 토큰증권**
>
> 최근 토큰화 개념이 부상하면서 다양한 조각투자 상품이 출시되었다. 그런데 조각투자를 잘못 이해하는 사람들이 많은 것 같다. 그림을 어떻게 조각내서 투자하냐고 반문하는 사람도 있었고, 조각투자를 최근에 새롭게 생겨난 개념으로 이해하는 사람도 있었다. 그리고 토큰증권이 바로 조각투자라고 이해하는 사람도 있었다.

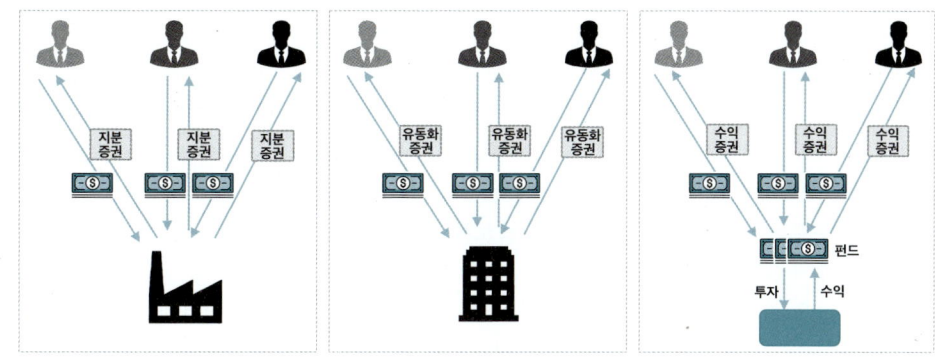

그림 4-34 조각투자의 다양한 사례

조각투자의 개념 자체는 오래되었다. 개념적으로 보면, 이미 우리에게 익숙한 주식이나 유동화 증권, 또는 펀드 등이 모두 조각투자의 한 형태이다. 다만, 이런 증권들은 정형화된 용어, 권리내용, 발행 형식 등을 갖추고 있다 보니 조각투자라는 표현을 쓰지 않을 뿐이다.

최근 주목받는 '조각투자'는 그 개념과 의미가 조금 다르다. 정의적 개념은 없지만 일반적으로 다음과 같이 이해할 수 있을 거 같다.

- 대상 : 일반적으로 비정형적인 기초자산
- 규모 : 소규모, 소량, 소액
- 방식 : 블록체인, 토큰, 조각투자 플랫폼

그래서일까, 토큰증권을 조각투자로 이해하는 사람이 의외로 많다. 하지만 조각투자와 토큰증권은 본질적으로 다른 관점의 개념이다. 둘의 관계 및 차이점을 이해하기 위해 먼저 그림 4-35로 설명해 보도록 하겠다.

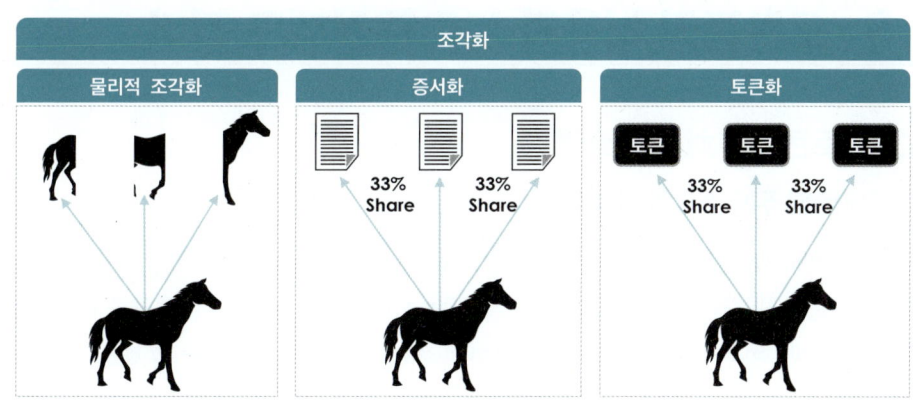

그림 4-35 조각투자를 위한 증서·토큰 활용

조각화라는 것은 말 그대로 조각내어 나누는 것을 말한다. 조각화는 물리적인 조각화와 논리적 조각화로 구분할 수 있다. 물리적인 조각화가 어려울 경우 논리적인 조각화가 가능한데, 논리적인 조각화를 구현하기 위한 방안으로 '33%의 지분'을 글자로서 문서에 표상한 증서와 '33%의 지분'을 상징화하여 표현한 토큰을 검토해 볼 수 있다. 즉 토큰화는 조각화를 구현하기 위한 하나의 방안으로 생각해 볼 수 있다.

물리적으로 쪼개기가 가능하다면 굳이 증서나 증권을 발행할 필요가 없다. 물리적으로 쪼개고 각 조각을 점유하면 소유권 문제 등이 해결된다. 그런데 물리적으로 쪼개기가 어렵기 때문에 '권리'라는 관점에서 논리적으로 쪼개고 그 무형의 권리를 글자로서 표기한 것이 증서이자 토큰이다.

주식을 예로 들면, 삼성전자라는 회사를 물리적으로 쪼갤 수 없다. 그러므로 여러 사람이 삼성전자에 공동투자하기 위해서는 논리적으로 쪼개야 한다. 그 방법이 바로 주식(증권)이다. '지분 권리'를 논리적으로 쪼개어 글자로서 표상한 주식에 투자하는 것이다.

이제 조각투자와 토큰증권을 연계해서 설명해 보겠다. 예를 들어 한 사람이 미술품에 투자할 때는 증권이 필요 없다. 미술품을 구입해서 보관하다가 나중에 되팔아 수익을 남기면 그만이다. 그런데 세 사람이 하나의 미술품에 '공동투자'하는 경우에는 상황이 다르다. 미술품을 물리적으로 나눌 수 없기 때문에, 온전한 상태로 보관하고, 대신 각자 '33%의 수익권리 소유'라는 무형의 권리를 나누어 가진 뒤 신뢰할 수 있는 장부에 기록해 두어야 한다. 여기서 '33% 수익권리 소유'가 곧 증권이며, 만일 이 권리내용을 분산원장에 기록했다면 그것이 바로 토큰증권이다.

여러 사람이 미술품에 공동투자(조각투자)하기 위한 방법이 증권이다. 즉 조각투자를 구현하는 방법이 증권이며, 증권을 발행하는 여러 방식 중에서 "권리를 분산원장에 기록"하는 것을 택했다면 토큰증권이 된다.

12.3 토큰증권 허용과 토큰증권제도 정비

12.3.1 토큰증권 허용(도입) 배경

▌ 권리내용 및 투자 수요의 다양화

자본시장법 이전에는 정형화된 증권을 일부 나열하는 방식이었다. 자본시장법이 제정되면서 '금융투자상품' 개념을 도입하여 권리내용을 포괄적으로 규정하고, '투자계약증권'이라는 포괄적 증권 유형도 새롭게 제시했다. 이는 다양한 권리내용을 포괄적으로 규제하겠다는 의도였지만 다른 한편으로 보면 다양한 권리내용을 증권으로 인정한다는 의미이기도 하다.

앞서 증권의 권리내용이 다양해지는 모습을 살펴보았다. 이런 다양한 권리내용들을 담기 위해 새로운 증권 유형을 만들기보다는 포괄적 증권 유형인 '투자계약증권'을 좀 더 적극적으로 활용하는 것도 하나의 방법이다. 법에 이미 명시된 권리의 내용과 범위를 명확히 규정해주는 것만으로도 증권의 권리내용들은 더 다양해질 수 있다. 또한 다양한 증권들이 유통될 수 있는 제도적 기반 마련도 실제 증권으로 발행될 수 있는 동기부여가 될 수 있다.

요컨대 지금까지는 법적 제약, 법적 해석 문제, 발행 사례 부재, 유통시스템 부재 등으로 상당히 제한적이고 정형화된 금융만 발전해 오고 있었다. 하지만 다양한 자금조달 방안 및 투자권리에 대한 수요가 확대되고 있으며 이런 수요 대응을 위해 제반 법·제도 정비 및 인프라 기반 마련이 필요해지게 되었다.

비정형적 증권의 등장과 새로운 발행 형태의 필요성

일례로 기존 증권은 기업, 정부, 지방정부, 증권사 등이 대규모 자금을 조달하기 위해 주식, 채권, 수익증권 등 정형적 증권을 "증권사 중앙계좌부"를 통해 대규모로 진행되어 왔다. 그런데 미술품, 음원, 부동산 등을 대상으로 최근에 등장한 비정형적 증권(투자계약증권, 비금전신탁 수익증권)을 "증권사 중앙계좌부"를 통해서 소액 발행하는 것은 현실적으로 맞지 않다.

새로운 음식에 새로운 그릇이 필요할 수 있는 것처럼, 비정형적 증권을 소액 발행하는 경우에는 새로운 발행 형태가 필요했다. 그래서 정형적 증권의 대규모 발행에 활용되던 "증권사 중앙계좌부" 대신 비정형적 증권의 소액 발행을 위해 "분산원장"이라는 새로운 발행 형태를 도입하게 되었다.

그림 4-36은 금융위원회 토큰증권 가이드에서 제시한 내용이다. 최근 등장한 비정형증권을 담기 위한 새로운 그릇(발행 형태)으로 분산원장을 허용했고 '토큰증권'이란 명칭을 통해 기존 '전자증권'과 구분하였다.

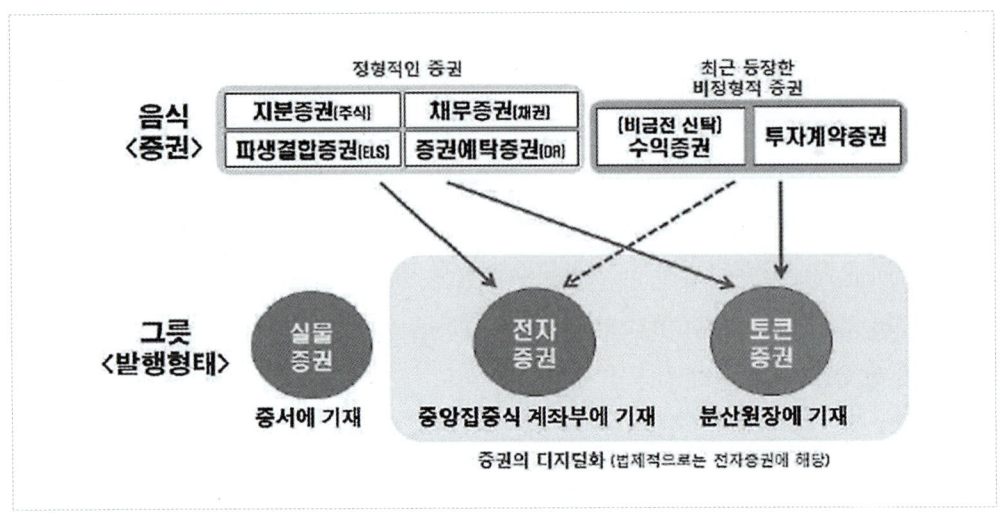

그림 4-36 비정형 증권을 위한 토큰증권 (출처 : 토큰증권 가이드)

12.3.2 "왜 분산원장을 사용해야 하는가?"

금융위원회에서 토큰증권 허용을 발표하고, 가장 많이 제기된 질문 중 하나가 바로 "왜 분산원장을 사용해야 하는가?"였다. 이를 다르게 표현하면 '왜 토큰증권을 만들어야 하는가?'라는 의미이다. 이미 증권은 모두 전자증권화 되었고, 제도권 기관들에 의해 중앙계좌부 기반 전자증권 발행·유통이 문제없이 잘 되고 있다. 또한 비정형적 증권(비금전신탁수익증권, 투자계약증권)이 출현했다고 해도, 기존의 전자증권 방식(중앙계좌부에 전자등록)으로 발행하는 것도 얼마든지 가능하다.

이런 상황에서 굳이 왜 전자증권의 또 다른 유형인 토큰증권을 만들 필요가 있느냐는 것이 의문의 요지였다. 하지만 이는 '권리의 전자등록과 장부' 관점에서만 현황을 바라본 결론이다. 이번 허용 조치의 배경은, 전통적인 신뢰기관 기반 장부 독점을 탈피하고 소규모의 다양한 증권 권리가 실현하기 위해 분산원장을 도입한다는 취지에서 이해해야 한다.

현재 구조는, 전자등록 권한(계좌관리기관)을 가진 증권사가 증권 발행 규모가 작다는 이유로 또는 비정형 증권이라는 이유로 발행을 주저하면 다른 방법이 없는 상황이기 때문이다. 분산원장의 사용 필요성을 3가지 포인트로 하나씩 짚어보도록 하겠다.

계좌부 신뢰성 보장의 중요성

애초 예탁결제제도를 도입한 이유 중의 하나가, 실물증권의 '훼손 방지' 및 '위변조 방지' 차원이다. '훼손 방지'와 '위변조 방지'를 보안 용어로 가용성과 무결성이라고 한다.

> **Note 보안의 3요소**
>
> 보안의 3요소라고 하면 기밀성, 무결성, 가용성을 말한다.
> - **기밀성** : 인가되지 않은 사람에게 노출되지 않도록 정보를 보호
> - **무결성** : 변경 및 위변조로부터 정보를 보호
> - **가용성** : 정보의 훼손 및 파괴로부터 정보를 보호
>
> 실물증권의 '훼손 방지' 및 '위변조 방지'는 각각 가용성과 무결성을 의미한다. 전자증권에서도 동일하게 무결성과 가용성이 필요하다.

전자증권의 경우 권리의 발생·변경·소멸은 **기록(전자등록)에 의해 효력**을 가진다. 따라서 기록이 훼손되어도 안 되고 위변조되어서도 안 된다. 전자증권은 계좌부상 데이터의 기입이나 수정·삭제만으로 권리의 효력이 변경되기 때문에, 실물증권과 유사하게 계좌부의 무결성과 가용성 확보가 너무나도 중요하다.

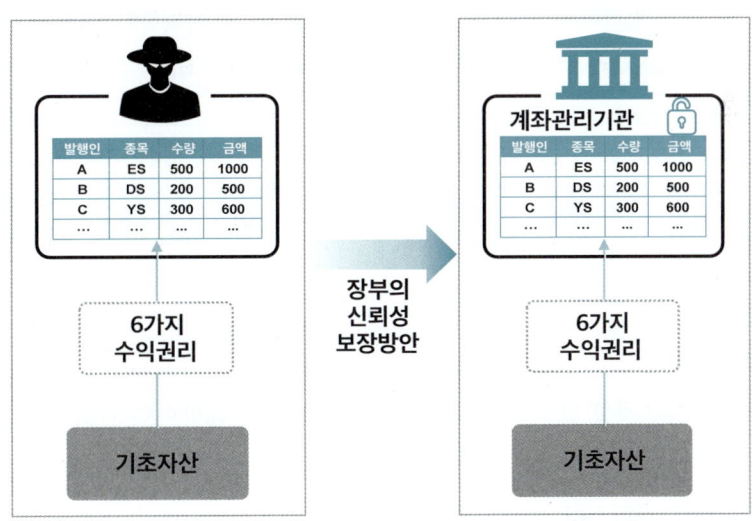

그림 4-37 계좌관리기관을 통한 장부의 신뢰성 보장방안

이런 중요한 계좌를 아무에게나 맡길 수 없다. 그래서 전자증권법에서는 '계좌관리기관'이라는 신뢰기관을 통해서만 고객계좌를 관리하도록 허용하고 있다. 앞서 전자증권법에서 살펴봤던 것처럼 계좌관리기관은 전자증권법에서 규정한 전자등록의 안전성 확보 의무를 이행해야 한다. 또한 계좌관리기관의 계좌부는 금융감독원에서도 철저히 관리하고 있다.

▌신뢰기관을 통한 신뢰성 보장

전자증권은 권리내용이 계좌부에 전자등록되어야 하는데, 현재 신뢰기관인 계좌관리기관만 계좌부를 관리할 수 있다. 그림 4-38은 '정형화된 권리'와 '비정형 권리' 모두 동일하게 계좌관리기관의 계좌부에 전자등록되는 것을 보여주고 있다.

그림 4-38 계좌관리기관을 통한 비정형 권리 계좌의 한계점

정형화된 증권은 증권사와 같은 기존 계좌관리기관을 통해 대량으로 관리되고 있으며 많은 부대비용과 제도적인 절차가 필요하다. 그러므로 계좌관리기관은 기업의 주식이나 채권처럼 대규모 증권 발행에 적합하다.

비정형적 증권이 향후 어떻게·얼마나 발전될지 모르겠지만 현 시점에서 보자면 소규모로 진행될 가능성이 커 보인다. 미술품·음원 등 소액 증권 발행을 계좌관리기관을 통해 진행하는 것은 비효율적이며 절차도 맞지 않다. 더구나 계좌관리기관에서 조각투자와 같은 소규모 증권 발행을 꺼려할 것이다. 배보다 배꼽이 더 크기 때문이다.

▮ 분산원장을 통한 신뢰성 보장

비정형 증권을 계좌관리기관을 통해 발행하는 것은 현실적으로 적합하지 않다. 전자증권법에서 계좌관리기관만 계좌부를 관리하도록 제한하는 이유는 계좌부의 신뢰성 확보 차원이다. 이를 바꾸어 생각하면, 계좌부의 신뢰성 확보만 보장된다면 굳이 계좌관리기관을 고수할 필요는 없어진다. 그리고 블록체인 기술을 활용하면 제3신뢰기관 없이도 장부의 신뢰성을 보장할 수 있다.

정리하면 블록체인 기술을 활용하면 계좌관리기관 없이도 비정형 증권 발행이 가능하다. 또한 증권사(계좌관리기관) 계좌부에 전자등록할 필요 없이 발행인이 직접 분산원장을 구축하여 전자등록한다면, '소규모 발행'과 '신뢰성 문제'를 동시에 해결할 수 있다.

발행 빈도나 발행 규모가 큰 정형화된 증권은 기존 계좌관리기관의 중앙계좌부를 통해 그대로 발행되도록 하고, 발행 빈도나 발행 규모가 적은 비정형 증권은 분산원장에 전자등록하는 것이 현실적으로 타당해 보인다.

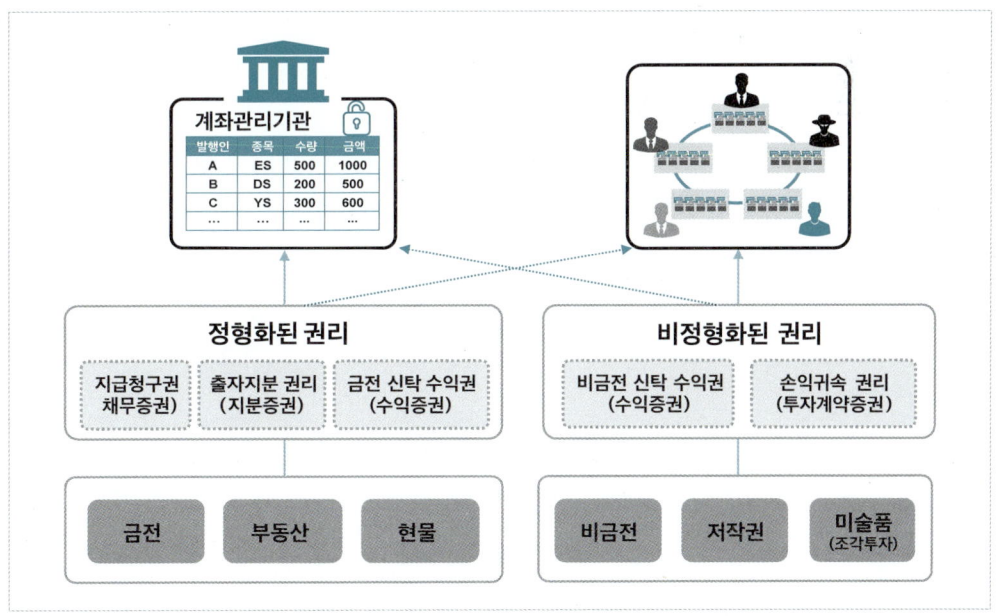

그림 4-39 분산원장을 활용한 비정형 권리 계좌의 신뢰성·효율성 제고 방안

새로운 형식을 무작정 거부할 필요는 없다. 대통령 메시지 비유를 다시 한번 활용해 보겠다. 대통령의 메시지는 내용만큼이나 형식도 중요하다. 따라서 대통령의 메시지 전달 형식은 상당히 정형화되어 있고, 메시지 내용과 경중에 맞는 적합한 형식이 있다.

이를테면 가벼운 주제인데 대국민 담화라는 형식을 통하는 것은 적절하지 않다. 대신에 기존 형식 중 적절한 게 없다면, 얼마든지 메시지 내용에 걸맞은 도어스테핑이라는 형식을 추가로 도입할 수 있다. 대통령 메시지를 전달하는 형식은 다양할 수 있으며, 따라서 필요에 따라 다양한 형식을 새롭게 도입할 수도 있다.

증권도 마찬가지다. 전통적인 증권에서는 정형화된 권리를 정형화된 방식으로 발행했다. 하지만 사실 증권을 발행하는 방식은 다양하며, 권리의 내용과 수요에 따라 적합한 발행 방식이 존재한다. 따라서 새롭게 식별된 비정형 권리를 분산원장과 같은 새로운 형식을 통해 새롭게 도입할 수 있다.

12.3.3 토큰증권제도 정비 방향

금융위원회는 토큰증권 허용과 함께 토큰증권 정비방안을 발표하였다. 다음 13장에서 '토큰증권 발행·유통 규율체계 정비방안'을 자세히 살펴보겠지만, 여기서 먼저 각 부문의 정비 방향 및 현황에 대해 가볍게 짚어보도록 하겠다.

▌ 토큰증권 도입에 대한 금융위원회 입장

토큰증권 도입과 관련하여 금융위원회가 직접 설명한 입장을 다시 한번 정리해 보도록 하겠다. '토큰증권 발행·유통 규율체계 정비방안' 보도자료 Q&A 항목을 보면, 토큰증권을 도입하는 이유에 대해 다음과 같이 설명하고 있다.

> **Q5. 전자증권 방식으로 증권을 디지털화할 수 있음에도 불구하고 토큰 증권을 도입하는 이유는?**
>
> □ 기존 전자 증권은 증권사 등 금융기관이 **중앙집중적**으로 등록·관리하는 방식이므로 **표준화된** 주식·채권 등의 대량 발행과 거래에는 적합하나,
>
> ○ 다양하고 비정형적인 권리를 소규모로 손쉽게 발행하는 데에는 한계가 있음
>
> □ 반면, 토큰 증권은 **탈중앙화**를 특성으로 하는 **분산원장과 스마트 계약** 기술 등을 기반으로 하기 때문에,
>
> ○ 발행자가 직접 **다양한** 조건의 비정형적인 권리를 **낮은** 비용으로 발행하고, 상대적으로 존속기간이 **짧은** 증권계약 등의 경우에도 손쉽게 말소할 수 있는 등 **발행자와 투자자간의 다양한 계약**을 손쉽게 증권화하기 용이할 것으로 기대

그림 4-40 금융위원회가 밝힌 토큰증권의 허용 이유

Q&A에 설명하고 있는 것처럼, 기존 정형화된 증권은 증권사를 통해서 대규모로 발행 및 유통되고 있다. 비정형적 권리를 소규모로 발행하는 것은 증권사의 발행 방식에 적합하지 않을 수 있다. 대신 발행인이 증권사를 거치지 않고 블록체인이라는 기술을 이용하면 적은 비용으로도 증권을 발행하면서 신뢰성도 보장할 수 있다. 장부의 신뢰성 문제는 다양한 이해관계자가 검증자로 노드(Node)에 참여하고 위변조가 물리적으로 불가능한 블록체인의 특성을 이용할 수 있다.

보도자료 외에도 금융위원회 담당자는 세미나 발표 자리에서 다음과 같은 설명을 추가했는데, 여기서도 분산원장을 도입하게 된 배경을 유추해 볼 수 있다.

> "이 증권이 누구의 권리인가에 대해 공적으로 부여 받은 자가 적는 게 중요합니다. 그리고 그 공적 권한은 현재 증권사나 은행 같은 계좌 관리 기관에만 부여돼 있습니다.
>
> 그런데 분산원장 기술은 여러 주체가 노드를 통해 거래를 검증하고 위변조를 방지할 수 있는 제도적 특성이 있습니다. 그래서 어떤 권리를 기록하는 자에 대해 높은 조건을 부여하거나 그 사람을 통해서만 발행하고 관리하는 것에 대해 규제 완화 차원에서 더 낮은 요건을 도입할 수 있겠다는 생각을 했고, 도입을 추진하려고 합니다."

▌ 비정형적 증권 발행 형태 정비

그림 4-41은 금융위원회 토큰증권 허용에 따라 비정형화 증권의 발행 형태 정비 방안을 정리한 것이다.

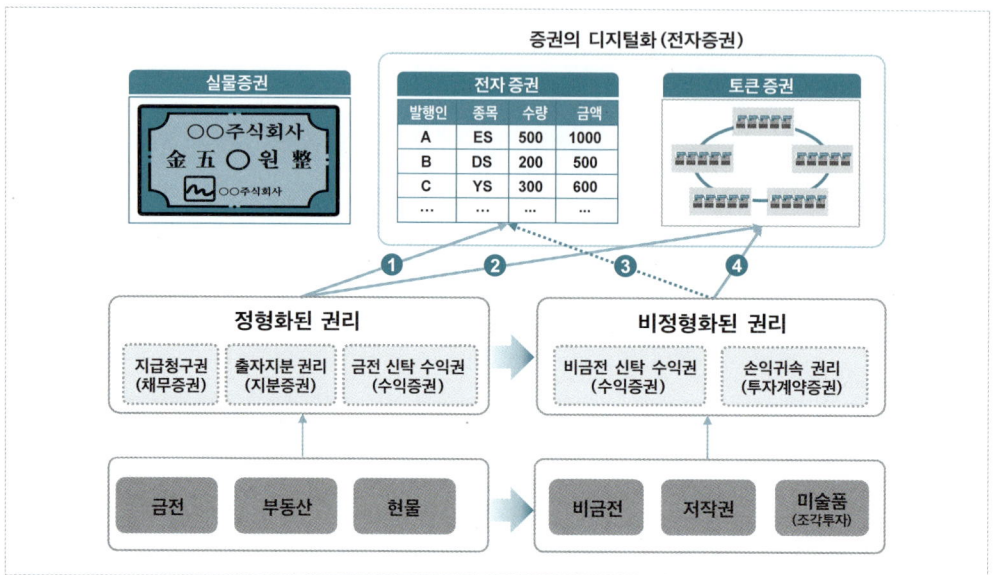

❶ 정형화된 권리를 전자증권(중앙계좌부에 전자등록)으로 발행하는 것 ⇨ 기존 전자증권 발행 방식
❷ 정형화된 권리를 토큰증권(분산원장에 전자등록)으로 발행하는 것
❸ 비정형화된 권리를 전자증권(중앙계좌부에 전자등록)으로 발행하는 것
❹ 비정형적 권리를 토큰증권(분산원장에 전자등록)으로 발행하는 것 ⇨ 토큰증권 발행 방식
＊ 토큰증권 가이드를 보면, ❷, ❸의 경우도 허용하겠다는 방침이다.

그림 4-41 금융위원회 토큰증권 정비 방안

지금까지 살펴본 기존 전자증권 발행 방안과 토큰증권 발행 정비 방안의 특징을 표로 정리하면 다음과 같다.

전자증권 발행	토큰증권 발행
정형화된 기초자산 - 금전이나 부동산 등으로 한정	비정형화된 기초자산 - 비금전, 저작권, 미술품 등 다양한 비정형적 자산
정형화된 권리 - 지급청구권, 출자지분 권리, 금전신탁 수익권 등 정형화된 권리	비정형적 권리 - 비금전신탁 수익권, 투자계약증권 등 비정형적 권리
전자증권 - 중앙화된 계좌부	토큰증권 - 분산원장 같은 새로운 저장매체 (중앙계좌부도 함께 허용)

표 4-9 전자증권의 발행과 토큰증권 발행 비교

자본시장법과 전자증권법 정비

토큰증권 허용에 따라 관련 법 개정이 필요하다. 현재 권리내용에 해당되는 증권은 자본시장법에서 규정하고 있으며, 증권의 발행 형식은 상법과 전자증권법에서 규정하고 있다.

기존 전자증권법에는 전자등록을 위한 계좌부로 '분산원장'을 별도로 명시하지 않고 있다. 따라서 토큰증권을 발행하기 위해서는 우선 **'분산원장' 허용에 대한 전자증권법 개정**이 필요하다. 자본시장법과의 관계를 보자면, 토큰증권은 발행 형식에 해당되기 때문에 직접적인 상관은 없다. 하지만 토큰증권 형식으로 발행될 비정형 증권(비금전신탁 수익증권, 투자계약증권)에 대한 유통 인프라가 현재는 갖추어져 있지 않다. 따라서 **자본시장법 개정을 통해 투자계약증권의 유통시장과 인프라 정비**를 진행해야 한다.

앞에서 다루었던 자본시장법과 전자증권법의 적용 범위를 다시 그림 4-42로 정리해 보겠다. 단지 이해 편의를 위해서니 가볍게 검토하고 넘어가면 될 것 같다.

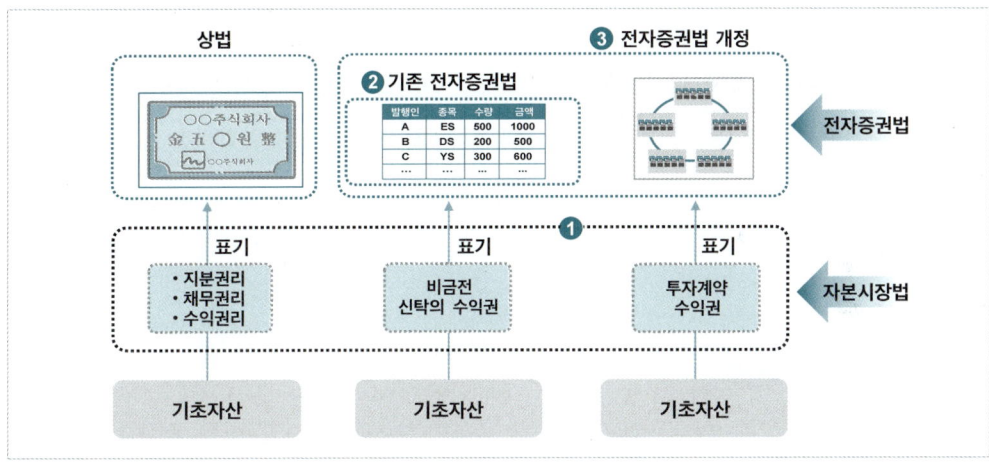

❶ 자본시장법
자본시장법은 금융투자상품(증권)을 규제하기 위한 법이다. 이번 토큰증권은 발행 형식에 해당되기 때문에 자본시장법과 상관없다. 다만 투자계약증권의 유통제도 적용을 위한 법 개정은 필요하다.

❷ 기존 전자증권법
전자증권법 제정으로 더 이상 실물증권은 발행되지 않고 있다. 따라서 전자적 방식으로 전자등록계좌부에 전자등록하는 부분만 다루고 있다. 즉 계좌관리기관에서 전자등록하는 '중앙 계좌부'를 규정하고 있다.

❸ 전자증권법 개정
이번 토큰증권은 기존 '중앙 계좌부에 전자등록하는 것(전자증권)'에 추가하여 '분산원장에도 전자등록하는 것(토큰증권)'을 허용하는 것이다. 따라서 전자증권법 개정이 필요하다.

그림 4-42 자본시장법과 전자증권법 적용 범위

토큰증권 유통체계 정비

- **기존 증권 유통체계와 토큰증권 유통제도의 필요성**

'토큰증권 발행·유통 규율체계 정비방안'이라는 명칭에서도 알 수 있는 것처럼, 이번 가이드는 토큰증권 '발행'뿐만 아니라 '유통'에 대한 규율체계도 정비하고자 한다.

증권의 유통은 크게 장내시장과 장외시장으로 구분되어 있다. 주식이 발행되었다고 반드시 거래소에 상장되어 유통(거래)되어야 하는 것은 아니다. 하지만 주식 공모에 참여하는 투자자 입장에서는 주식이 유통되어야 투자 매력이 있기 때문에, 대부분 유통을 전제로 발행하게 된다. 이때 발행인은 주로 기업이며, 유통은 한국거래소에서 담당하고 있다.

발행과 유통을 이렇게 분리하는 이유는 이해상충 때문이다. 삼성전자가 주식을 발행하고, 발행된 주식을 삼성전자가 직접 거래시장(거래소)을 차려놓고 유통시킨다는 것은 이해상충 차원에서 말이 되지 않는다.

주식 등 정형화된 증권들은 한국거래소라는 제도화된 유통시스템을 통해서 대규모로 거래가 이루어지고 이를 뒷받침하는 다양한 관련 제도·인프라·서비스가 이미 마련되어 있다. 하지만 비금전신탁 수익증권이나 투자계약증권과 같은 최근에 등장한 비정형적 증권은 발행된 적이 없었기 때문에 유통시스템이 갖추어져 있지 않았다.

발행된 토큰증권도 유통이 되어야 투자 매력이 있기 때문에 토큰증권 유통제도 마련이 필요하다. 그리고 토큰증권에서도 당연히 발행과 유통을 분리시킬 예정이다.

- **장외거래중개업 신설**

물론 비정형 증권도 기존 한국거래소를 통해 유통할 수는 있겠지만, 한우 조각투자나 그림 조각투자용 증권을 한국거래소에 상장해서 거래하는 것은 적합하지 않다. 또한 경쟁매매가 허용되는 한국거래소에 상장할 경우, 소량 발행 증권들은 얼마든지 시세조정이나 부정거래행위가 발생할 수 있다. 투자자 보호가 최우선인 관계당국의 입장에서는 허용하지 않을 것이다.

토큰증권 가이드에 따르면, 금융위원회는 비정형 증권의 유통을 위한 별도의 '장외거래중개업'을 신설한다는 입장이다. '토큰증권 발행·유통 규율체계 정비방안' 보도자료 Q&A 항목에서, 장외거래중개업을 신설하는 이유를 다음과 같이 설명하고 있다.

> **Q7. 투자계약증권과 수익증권의 장외거래중개업을 신설하는 이유는?**
>
> □ 현재 우리 자본시장의 증권 유통 제도는 상장 주식시장 중심이며, 장외시장 형성은 (비상장주식을 제외하면) 허용되어 있지 않음
> - 그러나, 최근 조각투자 등 다양한 증권의 발행과 함께 이를 다자간에 거래할 수 있는 장외시장에 대한 수요가 제기되고 있음
>
> □ 비정형적인 증권은 대규모 상장 증권시장 보다는 소규모 유통시장이 적합한 측면이 있어, 이에 적합한 장외투자중개업을 신설하는 것임
> - 소규모 장외시장이 형성됨에 따라 다양한 증권이 그 성격에 부합하는 방식으로 유통되고, 다변화된 증권 거래 수요를 충족할 수 있을 것으로 기대

그림 4-43 장외거래중개업 신설 이유

(전자)증권 유통시장은 한국거래소(KRX)에 상장하는 상장시장(장내시장)과 장외시장으로 나뉜다. 토큰증권도 마찬가지로 상장시장과 장외시장을 구분하여 유통될 것으로 보인다.

토큰증권 가이드에 따르면, 우선 소규모 장외시장은 토큰증권 유통을 위한 별도의 '장외거래중개업'을 신설한다. 장외거래중개업을 통한 거래는 경쟁매매 대신 상대매매만 허용될 예정이다.

- 소규모 장외시장 - 장외거래중개업 신설
- 장내시장(상장시장) - (한국거래소 내) 디지털증권시장 시범개설

장외시장(장외거래중개업) 외에도 제도권 상장시장(한국거래소)도 검토하겠다는 입장이다. 토큰증권 유통시장이 향후 성장할 것을 고려하여, 자본시장법상 허가받은 KRX(한국거래소)에 '디지털증권시장'이라는 새로운 시장을 시범 개설한다는 것이다.

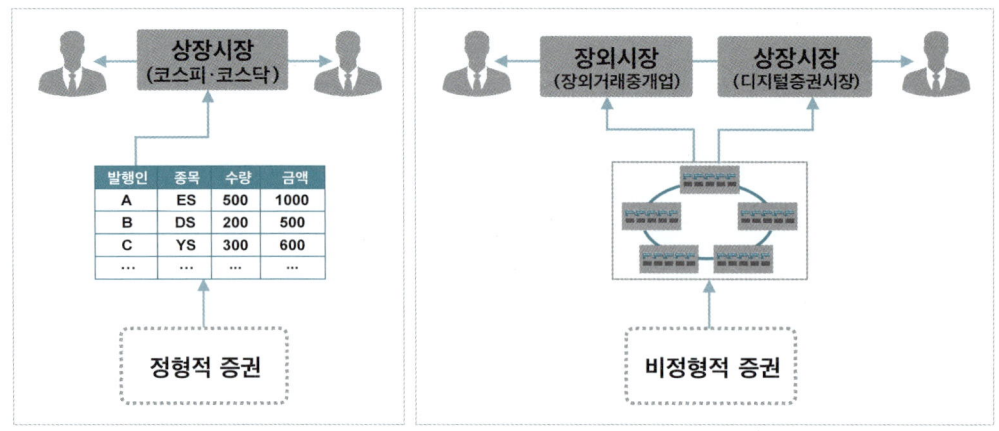

그림 4-44 비정형적 증권의 유통시장 구성 방침

> **📝 Note 토큰증권 발행·유통 겸영(兼營) 금지**
>
> 주식등 정형화된 증권과 동일하게 토큰증권도 발행과 유통 겸영이 원칙적으로 금지된다. 다만 예외는 있다. 토큰증권 가이드에서 관련 언급을 살펴보면 다음과 같다.
>
> > 발행과 유통의 겸영은 원칙적으로 제한되나, 발행하려는 증권의 특성상 별도 유통시장이 반드시 필요하고 발행과 유통의 겸영을 통해서만 혁신적인 서비스의 제공이 가능하다고 인정되는 경우에 한하여 한시적으로 겸영이 허용될 수 있음
>
> 참고로 세종텔레콤에서 출시한 부동산 조각투자 플랫폼 '비브릭'은 토큰증권 발행과 함께 유통도 겸영하고 있다. 세종텔레콤은 부산 블록체인 규제자유특구의 규제샌드박스 제도를 통해 실증 서비스인 '비브릭'을 론칭했다. 다만 '한시적으로 허용'인 만큼, 토큰증권 관련 법이 개정되고 토큰증권이 정식 제도권에 편입되면 비브릭도 발행과 유통을 분리해야 할 것으로 보인다.

12.4 토큰증권의 가치 및 시사점

토큰증권의 배경과 기대효과를 살펴보았다. 토큰증권의 진정한 가치가 무엇이고, 금융위원회가 토큰증권을 통해 추구하고자 하는 방향을 정리해 보도록 하겠다.

12.4.1 토큰증권의 가치

앞서 금융위원회에서 토큰증권을 소개하며, '증권과 발행 형태'의 관계를 '음식과 그릇'에 비유했다. 이를 확장하여 증권 개념을 "기초자산 – 권리내용 – 증권"으로 구분할 수 있는 것처럼, 음식도 "음식재료 – 음식 – 그릇에 담긴 음식"으로 구분할 수 있다. 이 비유를 사용해 '수요 견인'과 '기술 주도'의 2가지 측면에서 토큰증권의 가치를 생각해 보고자 한다.

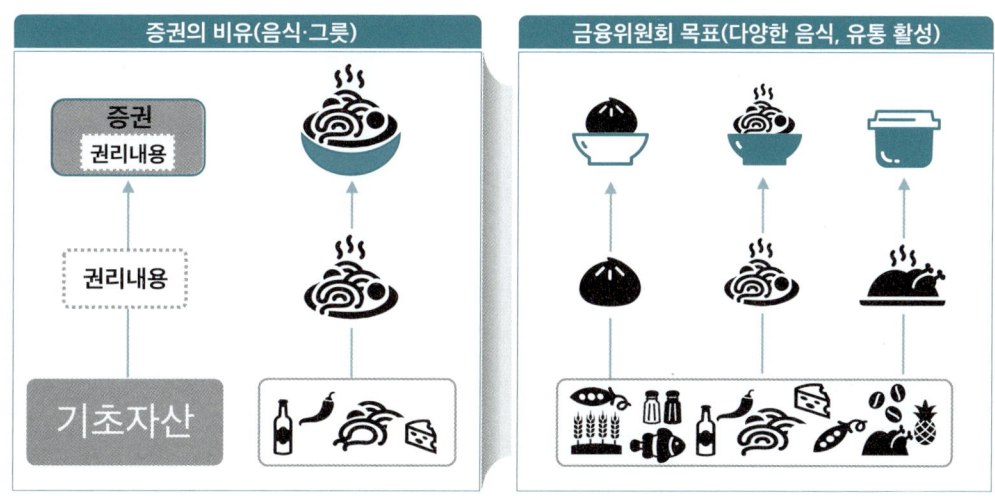

그림 4-45 음식-그릇-재료 비유로 살펴보는 토큰증권의 목표

▌수요 견인(Demand Pull) 측면

토큰증권은 쉽게 말해 블록체인 기술과 분산원장을 이용(전자등록)하여 발행된 증권을 말한다. 따라서 이번 토큰증권의 허용을 발행 형태의 혁신 또는 그릇의 혁신으로 이해할 수 있으며 이런 관점에서 분산원장이나 블록체인의 혁신성에 의미를 부여할 수 있다고 설명했다.

하지만 그림 4-45를 다시 살펴보자. 음식 재료들이 풍성해지고 다양한 조리법도 소개되면서 다양한 음식이 출현했다. 음식을 상품화하여 판매하기 위해서는 다양한 음식에 맞는 새로운 그릇들이 필요하다. 즉 창의적인 조리법과 새로운 음식의 출현으로 그에 적합한 새로운 그릇이 필요해지는 흐름이다.

기초자산이 다양해지고 새로운 권리내용들이 출현하면서 이런 다양한 권리들을 증권으로 발행하기 위한 새로운 발행 형태가 필요하게 되었다.

음식·그릇 비유	토큰증권 사례
풍성한 음식 재료	다양한 기초자산
다양한 조리법	다양한 권리내용
다양한 음식	다양한 증권
음식의 상품화	권리의 표기
상품화된 음식을 담을 그릇	증권의 표기방식(발행 형식)
음식의 판매	토큰증권 유통

표 4-10 음식·그릇 비유로 보는 토큰증권의 효과

음식·그릇 비유에서 혁신이란 '음식의 다양화와 이런 음식이 적합한 그릇에 담겨 손님들에게 많이 판매되는 것'이다. 토큰증권의 가치와 혁신성도 '다양한 권리의 증권화와 비정형적 증권의 유통'에서 찾아야 한다.

'혁신적인 그릇'이 '음식의 다양화'를 견인한 것이 아니라, '음식의 다양화'가 '적합한 그릇'을 필요로 한 것이다. 이와 유사하게 '혁신적인 발행 형태'가 '증권의 다양화'를 견인한 것이 아니라, '증권의 다양화'가 '새로운 발행 형태'를 필요로 했다고 이해하는 것이 맞다.

토큰증권 가이드의 관련 내용을 다시 인용해 보겠다.

[기본방향]
□ 토큰 증권의 혁신성은 ❶다양한 권리의 증권화와 ❷비정형적 증권의 유통으로 집약될 수 있음

음식 종류에 따라 적합한 그릇이 다를 수 있습니다. 특히, 비정형적인 증권을 소액 발행하는 경우에는 증권사를 통해 중앙집중적으로 전자등록·관리되는 기존 전자증권이 부적합해, **새로운 발행 형태가 필요**합니다.

▌기술 주도(Technology Push) 측면

증권의 다양화가 새로운 발행 형태를 견인한 것은 맞지만, 반대로 생각해 보면 새로운 발행 형태가 없다면 증권의 다양화가 제약될 수도 있다. 그림 4-45에서도 볼 수 있듯, 음식에 따라 특화된 전용 그릇이 따로 필요한 경우도 있다. 이런 경우에는 음식이 있어도 담을 적절한 그릇이 준비되지 않으면 상품으로 판매할 수 없다.

다양한 음식이 등장해도, 물리적인 식당의 수용 인원은 제한된다. 하지만, 포장용기라는 새로운 그릇이 나오면서 배달이 가능해져, 식당 외부 손님에게까지 판매를 확장할 수 있다. 특화된 전용 그릇이 없다면 해당 요리는 등장할 수 없고, 배달 음식에 대한 수요가 있더라도 이에 대응할 수 있는 적합한 포장용기가 없다면 배달을 할 수 없다. 이런 경우에는 그릇이 오히려 다양한 요리의 출현과 판매 확대를 가능하게 했다고 볼 수 있다.

새로운 상품과 서비스의 성공에는 2가지 요소가 동시에 충족되어야 한다. 먼저, 상품·서비스에 대한 수요가 있어야 하고 이를 구현할 기술과 인프라가 갖추어져야 한다. 아무리 좋은 상품에 대한 수요가 있어도 그 상품을 뒷받침해 줄 기술이나 인프라가 없으면 시장에 나오기 힘들다. 반대로 뛰어난 기술이 있다 하더라도 그 기술에 대한 수요가 없으면 결국 사장된다.

▌'수요 견인 & 기술 주도'의 합작으로 탄생한 토큰증권

종합하면, **토큰증권은 '새로운 상품·서비스에 대한 수요'와 '뒷받침할 수 있는 기술·인프라'의 합작으로 생겨난 결과물**로 이해할 수 있을 듯하다.

그림 4-46의 왼쪽(수요견인)을 먼저 살펴보자. 조각투자에 대한 개념과 수요는 오랫동안 존재했다. 미술품, 한우, 저작권 등에 대한 조각투자를 생각해 볼 수 있다. 그런데 조각투자를 전자증권 형태로 발행하려면 증권 권리를 계좌관리기관(예: 증권사)의 계좌부에 전자등록해야 한다. 하지만 증권사들은 미술품, 한우와 같은 조각투자를 증권으로 발행하려고 하지 않을 것이다. 언급했듯이 배보다 배꼽이 더 크기 때문이다. 이런 조각투자에 대한 수요는 있지만, 이를 받쳐줄 제도·인프라가 뒷받침되지 않아서 상품화되기 어려웠다.

이어서 그림 4-46의 오른쪽(기술주도)을 살펴보자. 전자증권제도에서는 장부상의 기록은 곧 권리 보장을 의미하기 때문에 장부는 신뢰성이 생명이다. 전통적으로 신뢰성은 신뢰기관에 의해 보장되었다. 전자증권법에서 계좌관리기관만 계좌부를 관리하도록 하는 것도, 신뢰성 구현 차원이다. 그러나 전통적인 신뢰기관은 비용과 시간이 많이 소요되고 비효율적일 때가 많았다. 이런 신뢰기관의 문제점을 알면서도 신뢰를 보장할 수 있는 새로운 기술이나 방안이 없다 보니 신뢰기관에 의존할 수밖에 없었다.

이러한 상황에서, 블록체인 기술이 등장했다. 블록체인은 분산구조와 해시 함수를 기반으로 위변조가 불가능하고, 가용성을 보장해 공인된 신뢰기관 없이도 장부의 신뢰성을 제공할 수 있다. 블록체인을 활용하면 전통적인 신뢰기관 없이도 신뢰를 확보할 수 있게 되었다.

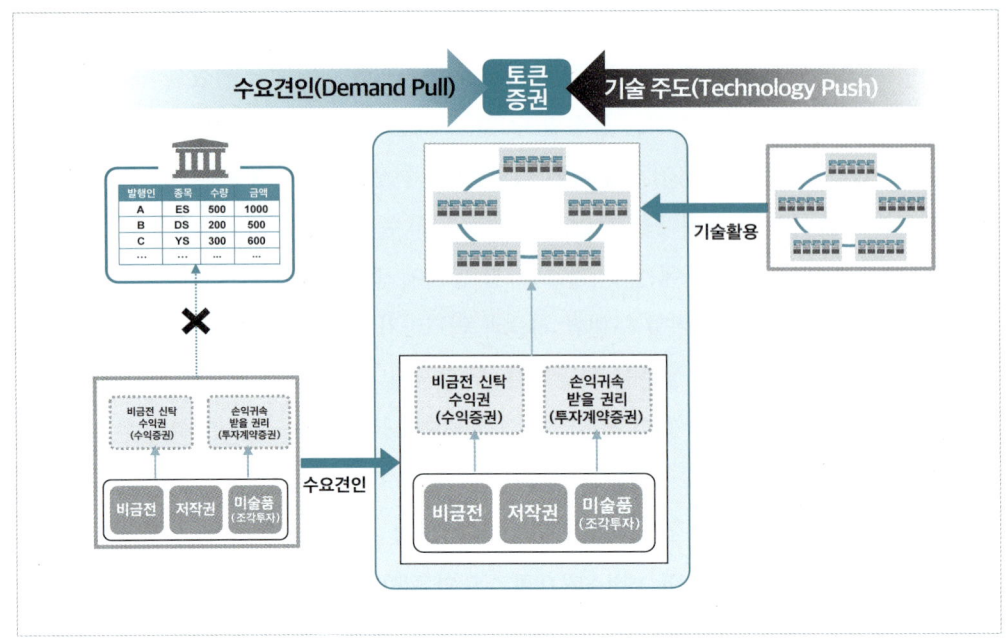

그림 4-46 수요견인과 기술주도 관점에서의 토큰증권 탄생 배경 이해

상품과 서비스에 대한 수요와 그 수요를 기술적·제도적으로 뒷받침해 줄 수 있는 기술이 상호 연계하여 출현한 것이 바로 '토큰증권'이다. 토큰증권은 다양한 권리의 증권화를 통해 발행인에게 자금조달을 용이하게 하고 투자자에게는 투자기회가 확대되어 결과적으로 자본시장의 발전을 기대할 수 있게 한다. 또한 블록체인 기술을 활용해 신뢰기관 없이도 계좌부의 신뢰성을 보장함으로써 다양한 권리의 증권화를 확산시키는 기반을 마련해 주었다.

마지막으로, 기술적으로 완벽하게 구현되었다고 해도 법과 제도라는 테두리에 들어와야 한다. 전자증권에서는 권리의 기록만으로 그 권리의 효력이 발생하기 때문에 계좌부가 공부(公簿)로 인정을 받아야 한다. 금융위원회는 토큰증권을 허용하면서 전자증권법 개정을 추진하고 있으며, 법 개정의 핵심은 바로 분산원장을 법·제도상의 공부(公簿)로 인정하는 것이다.

- "토큰증권을 전자증권법상 효력이 부여되는 전자증권으로 수용"
- "분산원장을 법적 효력이 부여되는 공부(公簿)로 인정하되 조작·변경 방지 등을 위한 일정 기술요건 등 충족 필요"

'토큰증권'의 '토큰'이란 용어만 봐도 투심이 자극되고 흥분되는 투자자가 있을 수 있다. 토큰증권을 새로운 가상자산의 출현이나 가상자산의 제도권 편입으로 오해하는 사람들도 많다. 계속 강조하지만 '토큰증권'은 전통적인 증권 개념과 다를 바 없는 그냥 '증권'이다.

토큰증권의 의미와 가치는 '증권 발행의 보편화'와 '다양한 비정형적 권리의 증권화'로 요약된다. 기존 전자증권은 증권사와 같은 계좌관리기관만 발행할 수 있었다면, 이제 발행인 계좌관리기관이 신설되어 요건만 충족하면 누구나 계좌관리기관이 될 수 있다. 또한, 기존에 증권화가 어려웠던 다양한 소규모 비정형적 권리도 증권으로 발행될 수 있는 기반이 마련되었다.

12.4.2 토큰증권의 시사점

전자증권과 토큰증권 모두 권리내용을 전자적 방식으로 전자등록계좌부에 기재하는 '증권의 디지털화'로 이해할 수 있으며, 법적으로는 모두 전자증권에 해당된다. 기존 전자증권 제도에서는 '금전과 부동산' 같은 정형화된 기초자산을 기반으로 '지분권리·채무권리·수익청구권리 등' 정형화된 권리를 기반으로 증권을 발행했다. 법에서 규정한 계좌관리기관만 계좌부를 관리할 수 있었고, 발행된 증권은 한국거래소를 통해서만 거래할 수 있었다.

비금전신탁 수익증권이나 투자계약증권에 대한 수요는 있었지만, 감독당국에서도 잘 허용해 주지 않았고 계좌관리기관에서도 증권 발행을 꺼려했다. 이런 증권이 발행되지 않으니 당연히 유통시장도 제도적으로 마련되어 있지 않았다. 이후, 토큰 개념의 보편화와 조각투자에 대한 관심과 투심이 조성되면서 비정형적인 증권에 대한 수요가 지속적으로 제기되었다. 이 과정에서 블록체인 기술이 계좌관리기관의 신뢰성을 대신할 수 있는 방법으로 소개되면서 금융위원회는 비정형적 증권을 분산원장에 전자등록할 수 있는 토큰증권을 허용하게 되었다.

토큰증권을 허용하기 위해서는 법 개정 및 제도적 뒷받침도 필요하다. 분산원장을 법적 효력이 부여된 공부(公簿)로 인정하기 위한 전자증권법 개정이 추진 중에 있으며, 발행된 비정형적 증권이 유통될 수 있는 유통시장도 단계적으로 준비해 갈 예정이다. 이상의 전체적인 흐름을 도식화하여 한눈에 보기 쉽게 정리한 것이 그림 4-47이다.

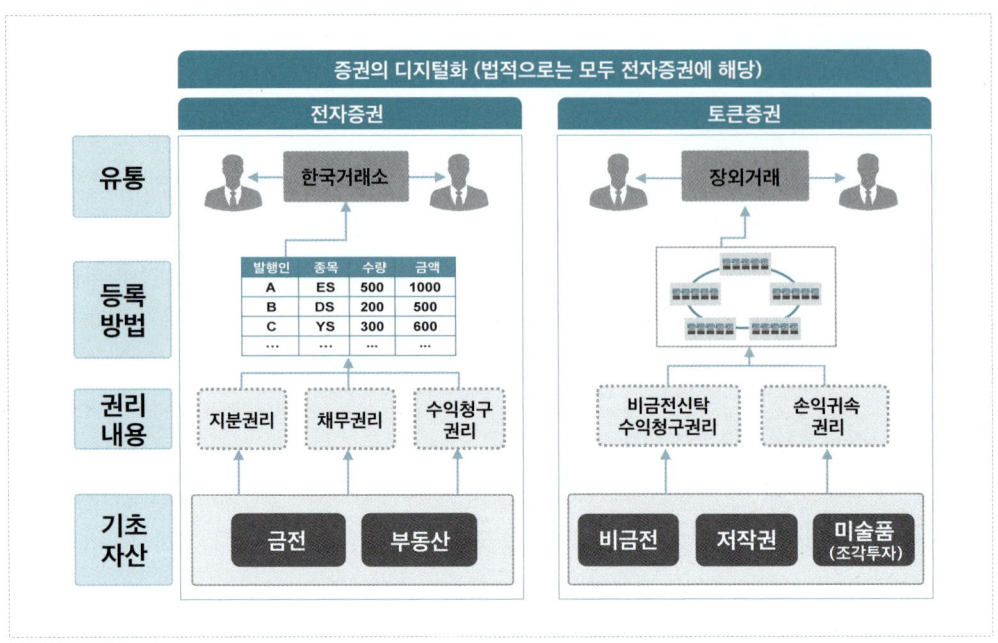

그림 4-47 전자증권과 토큰증권의 구조 비교

토큰증권을 수요견인과 기술주도 관점에서 설명했지만, 여전히 무게중심은 수요견인에 더 비중을 두는 것이 맞을 것이다. **토큰증권의 진정한 가치와 잠재성은 잠자고 있던 '비금전신탁 수익증권'이나 '투자계약증권'과 같은 비정형적 증권들을 깨웠다는 데 있다.** 이들 권리내용이 '중앙계좌부'에 기록되든 '분산원장'에 기록되든 크게 문제되지 않는다. 상황에 따라 선택적으로 사용하면 된다.

조각투자와 뮤직카우가 언론의 주목을 받은 이유는 바로 '비정형 권리'의 혁신성 때문이다. 실제로 뮤직카우 증권 권리도 분산원장이 아니라 중앙계좌부에 전자등록되어 있다. 어디에 전자등록되었는지는 크게 중요하지 않다. 토큰증권을 주목해야 하는 것은 현재로서는 가늠하기 어려운 '비정형 증권'의 잠재성 때문이다. 증권사들이 토큰증권에 관심을 보이고 토큰증권시스템에 적극적으로 투자하는 이유도 분산원장의 활용보다는 '비정형적 권리의 증권화'이다.

토큰증권의 시사점 및 가치

토큰증권의 시사점과 가치를 정리해 보자.

- (증권의 본질) 증권은 다양한 형식으로 발행될 수 있다. 토큰증권은 형식 관점의 증권 유형이다. 형식이 다르더라도 증권의 본질은 바뀌지 않는다.
- (자산의 유동화, 증권의 다양화, 새로운 투자기회 창출) 다양한 기초자산과 비정형적 권리를 기반으로 자산의 유동화가 용이하고 다양한 권리의 증권화가 가능하게 되었다.
- (블록체인 기술의 활용성) 블록체인은 제3신뢰기관 없이도 신뢰를 보장해 주는 기술로 활용될 수 있다. 블록체인 기술의 활용성에 가치를 부여할 수 있으며 특히 이번 토큰증권은 분산원장이 제도권에서 공부(公簿)로서 인정된 첫 사례로서 의미가 있다.

12.5 마무리하며

비유를 하나 소개하면서 이 장을 마무리하고자 한다.

농경사회에서 본격적인 산업화 시대로 접어들면서 사람들이 도시에 모여들었고, 이에 따라 음식 문제가 가장 시급해졌고, 음식을 만들어 판매하는 식당이 하나둘 생겨나기 시작했다. 그러나 식당의 위생문제뿐만 아니라, 검증되지 않은 식재료, 함량 미달, 저질 음식들을 판매하는 문제가 발생하면서 식당에 대한 규제 필요성이 사회 문제로 대두되었다. 이에 관계당국은 음식과 식당에 관한 '식품안전기본법'을 제정했다. 식품안전기본법에서는 불특정 다수를 상대로 음식을 판매하는 업을 식당업으로 규정하고 허가를 받도록 했고, 허용된 음식 재료, 판매가 가능한 음식 유형, 음식 조리 규제, 그리고 허용된 그릇 유형까지 모두 규정했다.

이를테면 다음과 같은 식이었다.

- 음식 재료 - 쌀, 나물, 배추, 된장
- 음식 - 1) 백반, 2) 떡 등을 활용한 국물 요리, 3) 밥과 여러 나물
- 음식 조리 규제 - 냉장보관, 100℃ 조리, 유통기간, 위생관리, 함량 준수

- 그릇 - 1) 사기그릇, 2) 유리그릇
- 판매(유통) - 일정 공간과 테이블 10개 이상을 갖춘 식당

법이 제정된 이후, 식당은 어쩔 수 없이 규정에 따라 음식을 만들기 시작했다. '백반', '떡 등을 활용한 국물 요리인 떡국', '밥과 여러 나물을 혼합한 비빔밥'을 만든 것이다. 이제 식당에서는 음식 조리 규제를 준수하면서, 백반, 떡국, 비빔밥과 같은 정형화된 요리만 판매할 수 있었다. 산업화가 진전되면서 다양한 음식 수요도 생겨나고, 기존 식당과 경쟁을 위해 차별화된 음식에 도전하는 사례들도 하나둘씩 생겨났다. 떡국 대신 떡을 걸쭉한 고추장 국물에 넣어 만든 '떡볶이'가 등장했고, 공무원 인기가 치솟으면서 수험생들이 노량진 고시촌에 모여들자, 돈이 부족한 수험생들을 위해 두 가지 나물을 밥에 비벼 만든 '간편 비빔밥'이 판매되었다. 또한 저렴한 비용으로 영양가도 높고 간편하게 먹을 수 있는 '번데기'를 판매하는 경우도 있었다.

기존에는 정형화된 요리인 떡국, 비빔밥, 백반만 판매할 수 있었는데, 언제부터인가 떡볶이, 간편 비빔밥, 번데기와 같은 새로운 음식들도 판매되기 시작한 것이다. 이에 관계기관은 이런 음식들이 식품안전기본법 위반이라며 모두 금지시켰다. 전통적으로 떡은 맑은 국물과 함께 요리되어야 하는데, 걸쭉한 고추장 국물에 넣은 사례가 없기 때문에 허용할 수 없다는 입장이었다. 그리고 법에는 '밥과 여러 나물'로 명시되어 있는데, '두 가지 나물'은 '여러 나물'이라는 규정을 충족하지 못한다는 법 해석을 내놓았다. 또한 번데기는 법에 명시되지 않은 음식이기 때문에 허용해 줄 수 없다는 입장이었다.

식당들도 물러서지 않았다. 떡볶이도 법에서 명시한 '떡 등을 활용한 국물 요리'가 맞다고 주장하면서 사례가 없다고 금지시키는 것은 부당하다고 반발했다. 그리고 '한 가지 나물'은 '여러 나물'이 아니지만 '두 가지 나물'은 '여러 나물'로 간주될 수 있다고 주장했다. 번데기도 비록 법에 명시되지 않지만, 저렴한 비용으로 고칼로리 영양을 제공하고 안전성이 검증된 요리라고 주장했다.

해외에서도 이런 비정형적 음식들이 널리 판매되고 있었다. 빵과 고기를 종이 포장지에 담은 햄버거와 과일을 설탕물에 절인 꼬치 형태의 음식 탕후루, 메뚜기를 튀겨 고영양식으로 판매하는 사례 등이 국내에 알려졌다.

규제당국은 고민 끝에 시대의 흐름을 반영하고 다양한 요리를 제도권에 포함시키기 위해 떡볶이, 간편 비빔밥, 번데기와 같은 음식을 허용하기로 했다. 그런데 한 가지 문제가 있었다. 음

식만 허용한다고 해결될 사항이 아니었다. 법에 따르면 음식을 만들어 손님에게 판매하기 위해서는 음식을 사기그릇이나 유리그릇에 담아야 했고, 허가를 받은 일정 규모를 갖춘 식당에서만 판매할 수 있었다.

기존 식당에서 떡볶이, 간편 비빔밥, 번데기 같은 소규모의 비정형적 음식을 만들어 판매하는 것은 수익성이 낮았다. 더구나 이런 저가 요리를 사기그릇이나 유리그릇에 담아 제공하는 것도 매우 비효율적이었다.

때마침 종이컵이라는 용기가 개발되어 널리 사용되고 있었다. 특히 깨질 위험도 없고, 1회용 처리도 가능하며, 비용도 저렴하여, 떡볶이, 간편 비빔밥, 번데기를 담기에 최적의 그릇이었다. 이에 관계기관은 식품안전기본법을 개정하여, 떡볶이, 간편 비빔밥, 번데기 음식을 전격 허용하고, 이를 담을 용기로 '종이컵'을 새로운 그릇 유형으로 허용해 주었다. 그리고 이런 요리는 식당이 아니더라도 노점(露店)을 통해 판매할 수 있도록 허용했다. 이렇게 해서 컵떡볶이, 컵밥, 컵번데기 요리가 탄생하게 되었다.

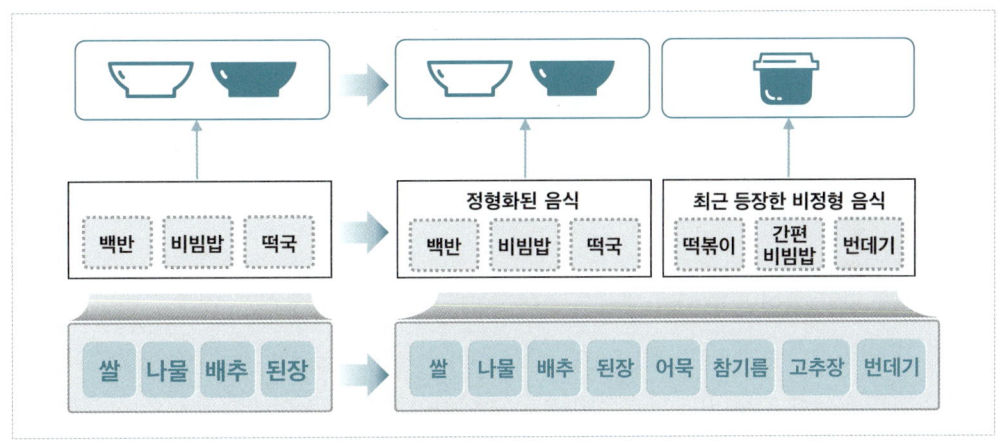

그림 4-48 음식·그릇 비유를 통한 토큰증권 이해

여기에서 음식은 증권, 그릇은 발행 형태로 이해할 수 있다. 그리고 종이컵은 새로운 그릇, 즉 분산원장(토큰증권)이라고 이해할 수 있다. 그리고 노점상은 새롭게 개설되는 토큰증권 장외거래중개업에 해당한다.

3가지 관점에서 정리해 보자.

첫째, 떡볶이, 간편 비빔밥, 번데기는 본질적으로 음식이다. 이런 음식을 담을 수 있는 그릇은 다양하다. 그런데 이런 음식이 어떤 그릇에 담겨 있더라도 음식이라는 본질이 바뀌지는 않는다. 컵밥도 컵에 담겨있을 뿐 음식이라는 본질에는 변함이 없다. 따라서 컵밥도 식품안전기본법에 따라 조리 규제(냉장보관, 100°C 조리, 유통기간, 위생관리, 함량 준수)를 모두 준수해야 한다.

둘째, 음식 종류에 따라 적합한 그릇이 다를 수 있다. 특히 떡볶이, 간편 비빔밥, 번데기와 같은 비정형 음식을 사기그릇이나 유리그릇에 담는 것은 부적합하다. 이에 이런 음식에 적합한 종이컵을 허용하게 되었다. 컵떡볶이, 컵밥, 컵번데기는 요리를 담는 그릇(발행 형식) 관점에서 사용하는 용어일뿐 본질은 모두 음식이라는 점은 변함없다.

셋째, 떡볶이는 떡 등을 활용한 국물요리가 맞다. 하지만 관계기관에서는 '고추장 국물'은 국물요리로서 사례가 없다는 이유로 오랫동안 허용해 주지 않았다. 법에는 명시되어 있지만 음식으로 만들어 판매한 사례가 없다는 이유로 떡볶이를 불허한 것이다. 또한, '두 가지 나물'이 법에 명시된 '여러 나물'에 해당하는지를 놓고도 의견이 분분했다. 법 규정이나 해석이 명확하지 않아서 오랫동안 음식으로 판매되지 못한 것이다. 번데기는 영양가가 높고 위생이 검증된 요리였다. 하지만 법에 명시되어 있지 않았다는 이유로 오랫동안 음식으로 판매할 수 없었다.

투자계약증권도 자본시장법에 명시되어 있지만 발행 사례가 없어 전자증권법상의 전자증권으로 허용해 주지 않았고, 유통 인프라도 마련되지 않았다. 비금전신탁수익증권의 경우 수익증권 유형상 그 개념이 불명확했다. 따라서 명확하게 명시된 금전신탁수익증권만 발행이 허용되고 있었다.

비유하자면, 당국의 이번 조치의 핵심은 종이컵이라는 그릇을 허용하는 것이 목적이 아니다. 다양한 재료와 음식을 허용하는 것이 목적이었으며 이런 새로운 음식을 담을 적합한 그릇으로 종이컵을 허용한 것뿐이다. 다른 한편으론 종이컵이 없었다면 이러한 음식을 사기그릇이나 유리그릇에 담아야 했기에 종이컵 없이는 이런 음식의 출현이 어려울 수 있었다.

다시 말해 금융위원회의 토큰증권 허용은 분산원장 활용이 목적이 아니다. 다양한 권리의 증권화가 목적이다. 한편 신뢰성을 보장하는 분산원장 없었다면 증권의 소액 발행이 어려워 다양한 증권 출현이 어려울 수 있었다.

CHAPTER

13
토큰증권 발행·유통 규율체계 정비방안

토큰증권에 대한 다양한 해석과 전망이 있을 수 있지만, 국내에서는 금융위원회에서 발표한 '토큰증권 발행·유통 규율체계 정비방안'을 통해, 토큰증권의 용어와 개념 정의를 제시하고, 아울러 제도권 정비방안을 발표했기 때문에 금융위원회 '토큰증권 가이드' 범위 내에서 토큰증권을 이해하고 관련 사업을 검토하는 것이 타당할 것이다.

이번 장에서는 금융위원회에서 2023년 2월 3일 발표한 '토큰증권 발행·유통 규율체계 정비방안(이하 '토큰증권 가이드')'의 세부 내용을 하나씩 자세하게 살펴보고자 한다. 기본적으로 토큰증권 가이드 '별첨' 자료를 토대로, 세부내용을 하나씩 박스 형태로 제시하고, 이에 대한 해설과 설명을 덧붙이는 방식으로 정리해 가도록 하겠다.

앞서 3~4부에 이미 금융위원회 토큰증권 가이드를 염두에 두고 설명한 내용이 많다. 따라서 이번 장 내용은 다소 중복될 수 있다. '토큰증권 가이드' 내용 자체가 토큰증권을 이해하는 데 도움이 되므로 이 장의 박스에 제시된 내용만이라도 숙독해 보거나 별도로 자료를 다운로드 받아 검토할 것을 권한다.

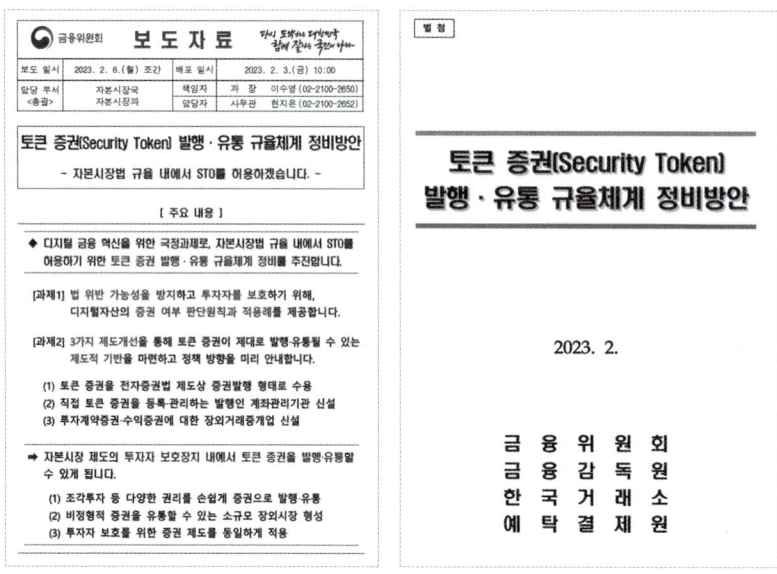

그림 4-49 토큰증권 발행·유통 규율체계 정비방안 가이드 보도자료와 별첨 가이드

참고로 '토큰증권 발행·유통 규율체계 정비방안' 목차는 다음과 같다.

- I. 추진배경 - 추진배경, 규율체계, 토큰증권 개념
- II. 기본방향 - 증권 여부 판단원칙 제시, 토큰증권 발행·유통 규율체계 정비
- III. 세부과제 - '기본방향' 추진을 위한 세부과제
- IV. 향후계획 - 관련 추진 계획 수립 (법 개정 등)

13.1 토큰증권 개념

토큰증권 규율체계와 개념

토큰증권(Security Token)이란, **분산원장 기술**(Distributed Ledger Technology)**을 활용**해 자본시장법상 증권을 디지털화(Digitalization)한 것을 의미합니다.

- 디지털 자산 측면에서는 증권이 아닌 디지털 자산(소위 '가상자산')과 대비되는 **"증권형 디지털 자산"**입니다.

- 증권 제도 측면에서는 **실물 증권과 전자증권에 이은 증권의 새로운 발행 형태**라는 점에서 "토큰증권"으로 명칭을 정리했습니다.

토큰증권을 분산원장 기술을 활용한 것으로 규정했기 때문에 토큰증권은 분산원장과 연계되어 있는 것으로 한정해서 이해하는 것이 필요하다.

최근 정부나 관계 기관에서는 가상자산·화폐보다는 '디지털 자산'이라는 용어를 더 선호하는 것으로 보인다. '디지털 자산'을 증권 기준으로 보면 '증권이 아닌 디지털 자산'과 '증권형 디지털 자산'으로 구분할 수 있다. 토큰증권은 '증권형 디지털 자산'에 해당한다.

증권은 발행 형태에 따라, '증권발행제도' 측면에서 '실물증권', '전자증권'으로 발전해 왔다. 이런 용어 표현 계보를 준용하고 증권이라는 본질을 강조하기 위해 '토큰증권'이라는 명칭을 공식화한 것이다.

토큰증권 규율체계와 개념

자본시장법의 규율 대상은 "증권"이며, 발행 형태는 고려하지 않습니다.

- 투자자가 얻게 되는 권리가 법상 증권에 해당한다면, 어떤 형태를 하고 있든지 투자자 보호와 시장질서 유지를 위한 공시, 인·허가 제도, 불공정거래 금지 등 모든 증권 규제가 적용됩니다.
- 따라서, **토큰증권은** 디지털자산 형태로 발행되었을 뿐 증권이므로, 당연히 **자본시장법의 규율 대상**입니다.
- 반면, **증권이 아닌 디지털 자산은** 자본시장법이 적용되지 않고, 국회에서 입법이 추진되고 있는 **디지털 자산 기본법**에 따라 규율체계가 마련될 것입니다.

토큰증권도 권리내용을 분산원장에 전자등록했을 뿐 본질적으로는 증권이므로 당연히 자본시장법의 규제를 받는다. 토큰증권은 발행 형식상의 유형이지만 증권(권리내용)을 내포한 개념이기 때문에 자본시장법의 규제 대상이다.

'증권성이 있는 디지털자산'은 증권으로 간주되어 자본시장법의 규제를 받게 되며, '증권성이 없는 디지털 자산'의 경우 현재 별도로 추진 중인 '디지털 자산 기본법'에 의해 정비될 것으로 보인다.

토큰증권 규율체계와 개념

현행 상법과 전자증권법은 증권의 발행 형태로 실물 증권과 전자증권법에 따라 권리를 전자적으로 등록하는 전자증권을 허용하고 있습니다.

- 실물 증권과 전자증권에는 법상 권리 추정력 등*이 부여되어 투자자의 재산권을 보호하고 안정적인 증권 거래가 이루어질 수 있습니다.

    * 예) **실물증권 점유자는 적법한 소지인으로 추정**하며 실물증권 교부를 통해 양도 **전자등록계좌부에 등록된 자는 적법한 권리자로 추정**하며 계좌간 대체를 통해 양도

상법에서는 기본적으로 주권(주식을 실물증권으로 발행한 것)을 직접 점유해야 적법한 소지인으로 추정한다. 반면 전자증권법에서는 권리 정보를 전자적 방식으로 전자등록계좌부에 기재하면 적법하게 권리를 가진 것으로 추정한다.

> 상법 제336조(주식의 양도방법) ①주식의 양도에 있어서는 주권을 교부하여야 한다.
> ②**주권의 점유자는 이를 적법한 소지인으로 추정한다.**
> 제356조의2(주식의 전자등록) ① 회사는 주권을 발행하는 대신 정관으로 정하는 바에 따라 **전자등록기관의 전자등록부에 주식을 등록**할 수 있다.
>
> 전자증권법 제2조(정의) 이 법에서 사용하는 용어의 뜻은 다음과 같다.
> "전자등록"이란 주식등의 종류, 종목, 금액, 권리자 및 권리내용 등 주식등에 관한 권리의 발생·변경·소멸에 관한 정보를 **전자등록계좌부에 전자적 방식으로 기재**하는 것을 말한다.
> 제35조(전자등록의 효력) ① 전자등록계좌부에 **전자등록된 자**는 해당 전자등록주식등에 대하여 전자등록된 **권리를 적법하게 가지는 것으로** 추정한다.

정리하면 실물증권과 전자증권은 상법과 전자증권법에서 각각 '점유'와 '전자등록' 방식으로 적법한 권리자로 추정한다고 명시하고 있기 때문에 법적 효력을 가지고 있다. 토큰증권도 법적 효력을 얻기 위해서는 전자증권법상에 '분산원장에 전자적 방식으로 기재'와 같은 규정이 추가되어야 한다. 이 부분은 현재 개정 진행 중이다.

토큰증권 규율체계와 개념

자본시장법상 증권 개념과 **상법·전자증권법상 증권 발행 형태**의 관계는, 증권을 "음식"으로, 증권의 발행 형태를 그 음식을 담는 "그릇"으로 비유할 수 있습니다.

- 어떤 그릇에 담겨 있더라도 음식이 바뀌지 않습니다. 다시 말하면, **발행 형태가 달라진다고 하여 증권이라는 본질이 변하지는 않습니다.**
- 아무 것이나 음식을 담는 그릇으로 쓸 수 없습니다. 투자자 보호를 위해 **일정한 법적 효력과 요건을 갖춘 발행 형태가 요구**되어야 합니다.
- 음식 종류에 따라 적합한 그릇이 다를 수 있습니다. 특히, **비정형적인 증권을 소액 발행하는 경우**에는 증권사를 통해 중앙집중적으로 전자등록·관리되는 기존 전자증권이 부적합해, **새로운 발행 형태가 필요**합니다.

자본시장법은 증권에 대한 영역이고 전자증권법은 발행 형태를 규정한다. 발행 형태가 달라져도 그 증권의 본질은 변하지 않기 때문에 모두 자본시장법의 규제를 받게 된다.

음식 종류에 따라 적합한 그릇이 필요한 것처럼, 비정형적 증권을 소액 발행하는 경우에는 새로운 발행 형태가 필요하다. 분산원장이라는 새로운 발행 형태를 적용한 것이 바로 토큰증권이라고 이해할 수 있다.

토큰증권 규율체계와 개념

STO(Security Token Offering), 즉 토큰증권의 발행·유통을 허용함으로써, 최근 출현한 다양한 권리의 증권화를 지원하고 분산원장 기술을 활용하여 증권의 발행과 거래를 더욱 효율적이고 편리*하게 개선하려 합니다.

* 예) 비상장주식 주주파악 용이, 비상장채권 소액단위 발행 거래 편리 등

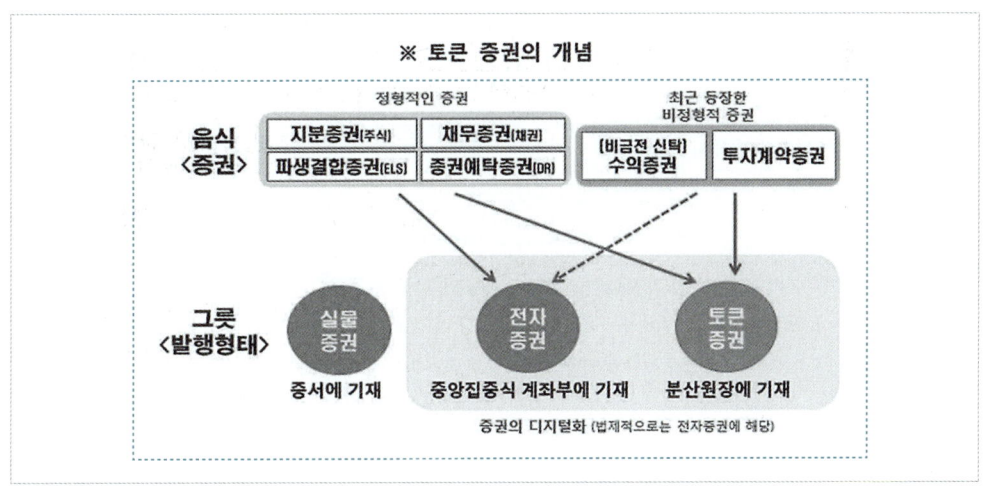

그림 4-50 토큰증권의 개념

'비금전 신탁수익증권'과 '투자계약증권'과 같이 최근에 등장한 비정형적 증권의 발행 편의를 위해 분산원장에 기재하는 토큰증권이 도입되었다. 전자증권과 토큰증권은 모두 '증권을 디지털화'한 것으로서 법적으로 모두 전자증권에 해당된다. 따라서 토큰증권도 전자증권법의 규율체계를 따르게 된다.

기본적으로 기존 정형적인 증권은 중앙계좌부에 기재(전자증권)하고 비정형적 증권은 분산원장에 기재하도록 규정된다. 다만, '정형적 증권을 분산원장에 기재하는 것'과 '비정형적 증권을 중앙계좌부에 기재하는 것'도 원칙적으로는 허용된다.

13.2 토큰증권 발행·유통 규율체계 정비 기본방향

13.2.1 증권 여부 판단원칙 제시

> **Task 1 증권 여부 판단원칙 제시 - 기본방향**
>
> "증권"의 정의는 이미 자본시장법에 규정되어 있음
> - **토큰증권은 본질적으로 자본시장법상 증권**이므로, 발행 유통 규율체계 정비 이전에도 모든 증권규제가 적용되고 있음
> - 가이드라인에서 토큰증권에만 적용되는 새로운 증권 개념을 제시하거나 기존 증권 범위를 확대 축소하는 것은 아님

토큰증권은 증권의 발행 형태만을 새롭게 규율하고 있으며 토큰증권에만 적용되는 새로운 증권 개념을 제시하지는 않는다. 따라서 토큰증권은 본질적으로 증권이기 때문에 증권의 본질에는 변함이 없고 당연히 자본시장법상의 증권으로 간주된다.

> **Task 1 증권 여부 판단원칙 제시 - 기본방향**
>
> 가이드라인에서 제공하는 적용례 등은 토큰증권의 특성을 감안하여 자율적 판단을 지원하기 위해 마련된 것임
> - 증권에 해당할 가능성이 높거나* / 낮은** 경우에 대해 예시를 제공하고, 투자계약증권의 요건을 구체적으로 설명
>   - * 예) 발행인이 투자자에게 사업 성과에 따라 발생할 수익을 귀속시키는 경우
>   - ** 예) 투자자의 권리에 상응하는 의무를 이행해야 하는 자가 없는 경우
>   - ⇨ 이해관계인 등이 자본시장 법규 적용 여부를 자율적으로 점검해야 하며, 구체적인 사안에 대해서는 개별적인 판단이 필요

전통적으로 정형화된 증권은 그 권리내용이 명확하다. 하지만 최근 주목받는 비정형적 증권(투자계약증권)은 권리내용이 명확하지 않아 해석의 여지가 있다. 따라서 개별 사안마다 증권성 여부를 검토해야 한다.

토큰증권 가이드에서는 증권에 해당할 가능성이 높은 경우와 낮은 경우의 예시를 다음과 같이 제시하고 있다. 3부에서 학습한 내용을 기반으로 열거한 예시들을 검토하면 이해하는 데 도움이 될 것이다.

❶ 증권에 해당할 가능성이 높은 경우(예시)
- 사업 운영에 대한 지분권을 갖거나 사업의 운영성과에 따른 배당권 및 잔여재산에 대한 분배청구권을 갖게 되는 경우 (예: 지분증권)

- 일정기간 경과 후 투자금을 상환받을 수 있는 경우 (예: 채무증권)
- 신탁의 수익권을 갖게 되는 경우 (예: 수익증권)
- 자본시장법상 기초자산의 가격 변동에 연동하여 사전에 정해진 방식대로 달라지는 회수 금액을 지급받는 경우 (예: 파생결합증권)
- 새로 발행될 증권을 청약·취득할 권리가 부여된 경우
- 예탁된 다른 증권에 대한 계약상 권리나 지분 관계를 가지는 경우 (예: 증권예탁증권)
- 발행인이 투자자의 금전 등으로 사업을 수행하여 그 결과로 발생한 수익을 귀속시키는 경우. 특히 투자자 모집 시 사업을 성공시킬 수 있는 발행인의 노력 경험, 능력 등에 대한 내용이 적극적으로 제시된 경우 (예: 투자계약증권)
- 투자자에게 지급되는 금전 등이 형식적으로는 투자자 활동의 대가 형태를 가지더라도, 해당 대가의 주된 원천이 발행인이 투자자의 금전 등으로 사업을 수행한 결과로 발생한 수익이고 해당 대가가 투자자 활동보다는 사업 성과와 비례적인 관계에 있어 실질적으로 사업 수익을 분배하는 것에 해당하는 경우. 특히 투자자 모집 시 사업 성과에 따른 수익 분배 성격이 적극적으로 제시된 경우 (예: 투자계약증권)

❷ 증권에 해당할 가능성이 낮은 경우(예시)

- 발행인이 없거나, 투자자가 가진 권리에 상응하는 의무를 이행해야 하는 자가 없는 경우
- 디지털 자산에 표시된 권리가 없거나, 사업 수익에 대한 투자자의 권리가 없는 경우
- 현재 또는 미래의 재화 서비스의 소비 이용을 목적으로 발행되고 사용되는 경우
- 지급결제 또는 교환매개로 활용하기 위해 안정적인 가치유지를 목적으로 발행되고 상환을 약속하지 않는 경우
- 투자자가 사업의 관리 운영에 일상적으로 참여하여 사업에 대한 정보비대칭성이 없는 경우
- 투자자가 사업의 성패를 좌우하는 중요한 재화 용역을 제공하고 그 대가에 해당하는 금전 등만을 지급받는 경우
- 실물 자산에 대한 공유권만을 표시한 경우로서 공유 목적물의 가격 가치 상승을 위한 발행인의 역할 기여 및 이익 귀속에 대한 약정이 없는 경우

13.2.2 토큰증권 발행·유통 규율체계 정비

Task 2 토큰증권 발행·유통 규율체계 정비 - 기본방향

- **토큰증권의 혁신성은 ❶다양한 권리의 증권화와 ❷**비정형적 증권의 유통으로 집약될 수 있음
- 증권 제도는 공시, 인 허가 및 행위규제를 통해 투자자 보호 추구
    - ❶발행자-투자자 간 정보비대칭 해소, ❷불공정거래 방지 등 유통시장의 질서 확립 등

앞서 충분히 설명한 것처럼, 이번 토큰증권의 혁신성을 '다양한 권리의 증권화'와 '비정형적 증권의 유통'으로 규정할 수 있다.

토큰증권은 '발행 형식' 관점의 용어지만 본질은 증권이기 때문에 자본시장법에서 규정한 규제내용이 동일하게 토큰증권에도 적용된다. 증권의 대표적인 규제는 '공시규제'와 '불공정거래 방지규제'이다. 토큰증권도 발행자·투자자 간 정보비대칭 해소를 위해 증권신고서를 제출해야 하고, 불공정거래 방지를 위한 모든 규제의 적용 대상이 된다.

> **Task 2 토큰증권 발행·유통 규율체계 정비 - 발행 규율체계**
> - 증권의 디지털화를 위한 제도적 인프라인 전자증권법에서 혁신적인 분산원장 기술을 수용
>   * 전자증권법상 **계좌부 기재·대체** 방식으로 분산원장을 허용

토큰증권이 법적으로 허용되기 위해서는 전자증권법 개정을 통해 토큰증권을 허용해야 한다. 토큰증권도 전자증권의 한 유형으로, '전자등록'을 통해 권리의 발생·변경·소멸되기 때문에 계좌부에 '권리내용을 기재(기입)'하는 방식으로 권리가 보장되고, '계좌간 대체하는 방식'으로 권리가 이전된다.

> **Task 2 토큰증권 발행·유통 규율체계 정비 - 발행 규율체계**
> - 기존 전자증권은 증권사 등을 통해서만 증권을 전자등록할 수 있으나, **토큰증권은 일정 요건을 갖춘 발행인이 직접 등록하는 것도 허용**
>   * 전자증권법에 **발행인 계좌관리기관의 요건을 신설**하고, 이를 충족하는 발행인은 분산원장에 **자신이 발행하는 증권을 직접 등록**할 수 있게 됨
>   ** 다만, 외형적으로 증권의 형식을 갖추었는지, **발행총량이 얼마나 되는지 등에 대한 예탁원의 기본적인 심사**는 필요

발행인(기업, 자금조달 업체 등)이 증권을 발행하기 위해서는, 증권사와 같은 신뢰기관인 '계좌관리기관'이 관리하고 있는 계좌부에 권리내용을 전자등록해야 했다. 하지만 이번 토큰증권 허용으로 '발행인 계좌관리기관'을 신설했다. 증권 발행인도 필요한 요건만 갖추면(발행인 계좌관리기관으로 지정되면), 발행인이 직접 관리하는 계좌부(분산원장)에 증권 권리내용을 전자등록할 수 있도록 허용한 것이다.

발행인이 분산원장에 직접 전자등록하는 방식으로 증권을 발행하더라도 발행 총량 등에 대한 기본적인 정보는 전자등록기관(예탁결제원)의 심사를 받아야 한다.

> **📝 Note** **발행인 계좌관리기관**

금융위원회는 토큰증권 가이드를 통해 이번 토큰증권 관련 핵심 요소 3가지를 제시했다.

그림 4-51 토큰증권 핵심 요소 3가지

- 토큰증권의 법적 지위 - 토큰증권을 전자증권법상 전자증권으로 수용
- 발행 규율체계 - 발행인 계좌관리기관 시설(발행인도 계좌관리기관으로 가능)
- 유통 규율체계 - 장외거래중개업 신설

11장에서 '계좌관리기관'을 설명했다. 실물증권과 달리 전자증권에서는 권리의 '전자등록'을 통해 법적 효력이 발생하기 때문에 권리를 전자등록할 수 있는 '계좌관리기관'이 필요하다. 현재는 발행인(주식발행 기업 등)과 계좌관리기관(증권사 등)이 분리되어 있다. 그런데 소액의 비정형 증권을 계좌관리기관 계좌부에 등록하는 것은 적합하지 않다. 따라서 '발행인 계좌관리기관' 신설을 통해, 발행인이 직접 본인의 계좌부에 전자등록하는 것을 허용해 준다는 것이다. 다만 '발행인 계좌관리기관'은 계좌부의 신뢰성 확보를 위해 분산원장이라는 기술 활용 및 추가적인 요구조건을 충족해야 한다.

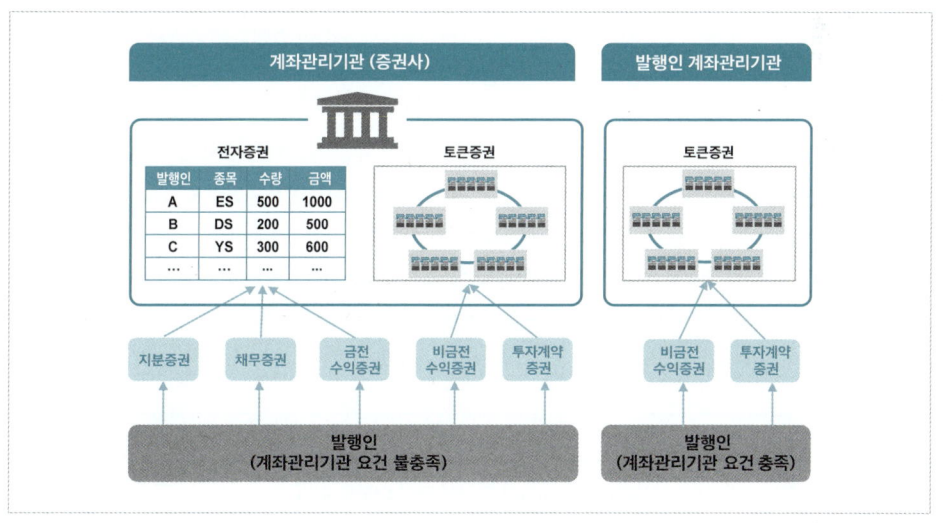

그림 4-52 계좌관리기관 vs. 발행인 계좌관리기관

요건을 갖추지 못한 발행인은 기존과 동일하게 계좌관리기관(증권사 등)에서 관리하는 계좌부에 전자등록을 위탁하여 증권을 발행하면 된다. 계좌관리기관은 정형적 증권을 전자등록할 수 있는 중앙계좌부와 비정형적 증권을 전자등록할 수 있는 분산원장을 모두 관리할 수 있다.

발행인, 계좌관리기관, 발행인 계좌관리기관과 증권의 형태를 연계하여 설명하면 그림 4-53과 같다.

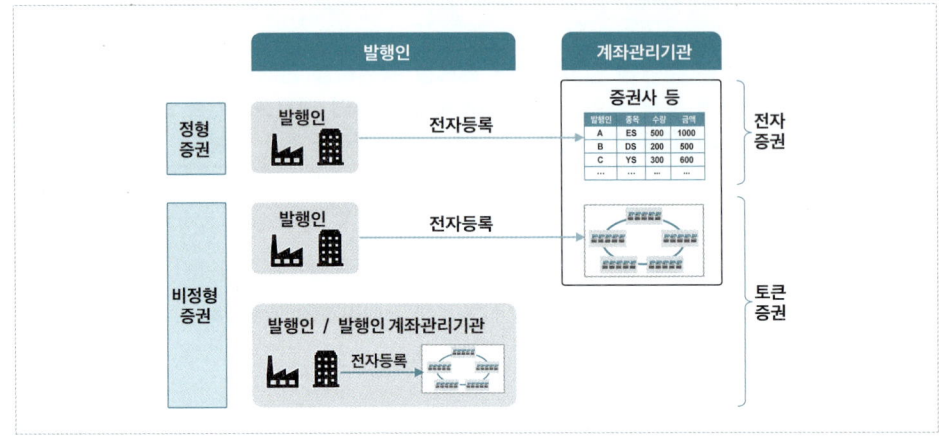

그림 4-53 발행인 vs. 계좌관리기관 vs. 발행인 계좌관리기관

> **Note** '증권을 전자등록' 표현의 적절성
>
> 토큰증권 가이드를 보면 '증권을 전자등록할 수 있으나', '분산원장에 자신이 발행하는 증권을 직접 등록' 등의 표현을 볼 수 있다. 그리고 책 내용 중에도 이와 유사한 표현을 자주 사용하고 있다. 설명의 편의나 쉬운 전달을 위해 이렇게 표현하고 있지만 정확한 표현은 아니다.
>
> 증권의 정확한 개념 정의는 '투자자가 얻게 되는 권리를 기재한 것' 또는 '투자자가 얻게 되는 권리를 전자등록한 것'이다. 증권의 개념에는 '기재'와 '전자등록'이라는 표현을 내포하고 있다. 증권이란 투자자가 얻게 되는 권리를 쉽게 식별할 수 있도록 어디에 표기(또는 전자등록)한 것을 말한다.
>
> 따라서 '증권을 전자등록하다'라는 표현은 '투자자가 얻게 되는 권리를 전자등록한 것을 전자등록하다'라는 의미가 된다. 중요한 내용은 아니지만 '증권'의 개념 정의를 강조하고자 하는 취지이다.

Task 2 토큰증권 발행·유통 규율체계 정비 – 발행 규율체계

- **요건을 갖추지 못한 경우 기존 전자증권과 동일하게 증권사 등의 지원을 받아** 누구나 토큰증권 발행 가능

'발행인 계좌관리기관'을 통해 발행인도 토큰증권을 발행(분산원장에 전자등록)할 수 있게 되었다. 발행인이 계좌관리기관의 요건을 갖추지 못하면 기존과 동일하게 계좌관리기관(증권사 등)을 통해서 발행하면 된다. 기존 계좌관리기관은 중앙계좌부 또는 분산원장에 전자등록하는 방식으로 전자증권과 토큰증권을 모두 발행할 수 있다.

Task 2 토큰증권 발행·유통 규율체계 정비 - 발행 규율체계

- **소액공모 확대** 등, 공모 규제를 일부 완화해 투자자 피해 우려가 적은 증권 발행은 공시 부담 없이 시도할 수 있도록 지원

금융상품의 한 유형인 증권이나 토큰증권은 결국 자금을 조달하기 위한 것이다. 그리고 자본시장법에서 증권을 규제하는 이유는 투자자를 보호하기 위함이다. 하지만 투자자 피해 우려가 적은 증권에 대해서는 규제를 다소 완화해 주는 방향으로 정비하겠다는 의미이다.

소액공모는 앞선 그림 3-53 공시규제 대상 및 내용을 다시 참조해 주길 바란다. 소액공모는 '증권신고서' 대신 '소액공모 공시서류'만 제출하면 된다. 이런 소액공모 확대를 통해 공시 부담을 완화해 줄 것으로 보인다. 비정형 증권에 해당되는 토큰증권을 기존 정형화된 증권과 동일하게 규제를 적용할 경우 발행인에게 부담이 될 수 있기 때문에 투자자 피해를 최소화하는 범위내에서 규제를 완화하려는 의도로 보인다.

Task 2 토큰증권 발행·유통 규율체계 정비 - 유통 규율체계

- 발행인과의 협업을 통해 다양한 권리가 거래되는 **소규모 장외시장**이 형성될 수 있도록 **다자간 상대매매 플랫폼** 제도화
- 비정형적 권리의 상장시장은 자본시장법상 허가받은 증권거래소인 KRX에 **"디지털증권시장"을 시범개설**
  - 기존 증권 인프라*를 활용해 대규모 거래를 안정적으로 지원
    * **토큰증권이 상장될 때는 분산원장이 아닌 기존의 전자증권 방식으로 변환**하고, KRX 회원사인 기존 증권사를 통해 거래

토큰증권 가이드를 통해 발행뿐만 아니라 유통 시장 정비도 규율하였다. 이번 토큰증권 허용을 통해 발행될 다양한 비정형 증권이 유통될 수 있도록, 장외시장과 장내시장(상장)을 모두 검토하고 있는 것으로 보인다.

먼저 소규모 장외시장이 형성될 수 있도록 '장외거래중개업'을 신설한다. 장외거래중개업에서는 기본적으로 상대매매만 허용할 예정이다(상대매매는 그림 3-54 거래방법 사례를 참조하길 바란다). 비정형 증권을 한국거래소KRX에 상장하는 것도 검토하고 있다. 다만 '디지털증권시장'이

라는 별도 시장을 시범개설 한다는 계획이다.

'토큰증권이 상장될 때는 전자증권 방식으로 변환' 한다는 언급이 있는데, 비정형 증권이 최초 발행 시 분산원장에 전자등록(토큰증권 발행)했다가 나중에 거래소에 상장이 되면 이를 다시 중앙계좌부에 전자등록(전자증권 발행)한다는 의미이다.

13.3 토큰증권 발행·유통 규율체계 정비 기본방향 세부 내용

토큰증권 가이드의 3번째 목차인 "세부 내용" 부분은 2번째 목차인 "기본 방향"에 대한 세부 내용을 담고 있다. 따라서 내용이 반복될 수 있다.

13.3.1 증권 여부 판단원칙 제시

> **Task 1 증권 여부 판단원칙 제시 - 기본방향**
> - 증권인지는 제반사정을 종합적으로 감안하여 **개별적으로 판단하며, 권리의 내용이 증권에 해당한다면 현행 증권 규제가 전면 적용**
>   - 해외 발행된 경우에도 국내 투자자에게 청약을 권유하는 등 그 **효과가 국내에 미치는 경우에는 자본시장법 규제** 적용

자본시장법은 증권 개념을 매우 포괄적으로 규정하고 있기 때문에 증권 여부는 권리내용을 개별적으로 판단하여 증권이면 자본시장법의 규제가 적용된다.

그리고 증권이 해외에서 발행되었어도 그 효과가 국내에 미치는 경우에는 자본시장법의 규제 대상이 된다. 이는 자본시장법에서도 적용 범위를 명확하게 명시하고 있다.

> 자본시장법 제2조(국외행위에 대한 적용) 이 법은 국외에서 이루어진 행위로서 그 효과가 국내에 미치는 경우에도 적용한다.

> **Task 1 증권 여부 판단원칙 제시 - 기본방향**
> - 토큰증권의 특성을 감안, 이해관계인의 자율적 증권성 판단을 지원하기 위한 적용례 등 제시
> - ※ 가이드라인에서 토큰증권에만 적용되는 새로운 증권 개념을 제시하거나 기존 증권 범위를 확대 축소하는 것은 아님

- 증권 해당 가능성이 높은 경우와 낮은 경우에 대한 예시 제공
- 투자계약증권 여부를 면밀히 검토할 수 있도록 각 요건을 구체적으로 설명 (세부내용 붙임)

토큰증권 가이드에서는 증권에 해당될 가능성이 높은 경우와 낮은 경우의 사례를 제시하고 있다. 이렇게 구체적인 사례까지 들어가며 소개하는 데는 몇 가지 이유가 있다고 생각한다.

첫째. 기존에는 증권사가 발행 사례가 많은 정형화된 증권만을 상품화하여 판매했다. 일반인이 증권여부를 판단할 이유가 없었다. 하지만 이제부터는 비정형적 증권도 얼마든지 상품화할 수 있다. 포괄주의를 대표하고 상당한 해석과 판단이 필요한 투자계약증권에 대한 이해도 필요하다.

둘째. 기존에는 전문성을 갖춘 증권사만 증권을 발행(계좌부 관리 및 전자등록)할 수 있었다. 그런데 이제는 발행인도 일정 요건만 갖추면 증권을 직접 발행할 수 있는 시대가 되었다. 일반 발행인도 증권 해당여부를 판단할 수 있어야 한다. 토큰증권 가이드에서도 '발행인 계좌관리기관'이 되기 위해서는 '법조인, 증권사무 전문인력을 각각 2인씩 배치하도록 명시하고 있다.

13.3.2 토큰증권 발행·유통 규율체계 정비

> **Task 2 토큰증권 발행·유통 규율체계 정비 - 1) 발행**
>
> ■ **토큰증권을 전자증권법상 효력*이 부여되는 전자증권으로 수용**
>   * 계좌부에 기재된 증권의 권리자에 권리 추정력 및 제3자 대항력 부여
> - 분산원장을 법적 효력이 부여되는 공부(公簿)로 인정하되 **조작·변경 방지 등을 위한 일정 기술요건 등 충족** 필요*
>   * 예) 권리자 거래 기록을 위해 **별도의 가상자산을 필요로 하지 않을 것** 등
> - 현전자등록기관(예탁원)의 증권 **발행심사 및 총량관리* 동일 적용**
>   * 증권 발행총량 변동시 예탁원에 데이터를 제출하고, 예탁원이 필요시 검증
> ※ 전자증권법 개정 전에는 기존 방식의 전자증권을 발행하여 전자증권 거래를 토큰 이동과 연계하고 소유권 추정력 등은 전자증권을 기준으로 하는 **"미러링" 활용**

▎전자증권법상 효력 부여

토큰증권을 전자증권으로 수용하기 위해서는 법 개정이 필요하다. 따라서 다음과 같은 내용으로 개정되어야 할 것으로 보인다.

> 전자증권법 제2조(정의) 2. "전자등록"이란 주식등의 종류, 종목, 금액, 권리자 및 권리내용 등 주식등에 관한 권리의 발생·변경·소멸에 관한 정보를 **전자등록계좌부에 전자적 방식으로 기재**하는 것을 말한다.

⇨ "**전자등록계좌부에** 전자적 방식으로 기재"를 "**전자등록계좌부와 분산원장에** 전자적 방식으로 기재" 등의 표현으로 개정할 것으로 예상된다.

토큰증권이 공부(公簿)로서 법적인 효력을 발휘하기 위해서도 역시 법 개정이 필요하다.

> 제35조(전자등록의 효력) ① 전자등록계좌부에 전자등록된 자는 해당 전자등록주식등에 대하여 전자등록된 권리를 적법하게 가지는 것으로 추정한다.

⇨ "**전자등록계좌부에 전자등록된 자는**… 권리를 적법하게 가지는 것"을 "**전자등록계좌부와 분산원장에 전자등록된 자는**… 권리를 적법하게 가지는 것" 등의 표현으로 변경될 것으로 예상된다.

- **조작·변경 방지 등 일정 기술요건 충족**

  분산원장이 법적 효력을 지닌 공부(公簿)로 인정받기 위해서는 앞서 설명했던 것처럼 장부의 무결성, 가용성 보장을 위한 기술적 조치가 필요하다. 토큰증권 가이드에서도 이 부분에 대한 가이드를 제시하고 있다. 뒤에서 다시 설명하도록 하겠다.

- **별도의 가상자산을 필요로 하지 않을 것**

  비트코인과 같은 탈중앙 시스템에서는 노드들의 자발적인 참여와 검증을 통해 운영된다. 이러한 자발적인 참여를 유도하기 위해서는 인센티브 메커니즘이 필요하다. 비트코인이나 이더리움은 인센티브 재원을 마련하기 위해 트랜잭션이 처리될 때마다 수수료를 부과한다. 이더리움의 경우 트랜잭션을 처리할 때마다 '이더(Ether)'로 가스(Gas) 수수료를 지불해야 한다.

  블록체인은 퍼블릭 블록체인과 프라이빗 블록체인으로 나뉜다. 탈중앙화된 퍼블릭 블록체인에서는 인센티브 재원을 마련하기 위해 트랜잭션 처리 시 가스 수수료와 같은 별도의 가상자산이 필요하다. 반면 프라이빗 블록체인은 사실상 중앙화된 블록체인이므로 굳이 가스 수수료를 부과할 이유가 없다.

  '별도의 가상자산을 필요로 하지 않을 것'이라는 해석은 퍼블릭 블록체인을 허용하지 않는다는 의미로 이해될 수 있다.

- **전자등록기관(예탁결제원)의 발행심사와 총량 관리**

  전자등록기관(예탁결제원)의 증권 발행 심사 및 총량 관리와 관련하여, 11장에서 '전자등록기관'의 개념과 역할에 대해 설명했다. 전자등록기관의 업무와 역할이 토큰증권에도 그대로 적용된다고 이해하면 될 것 같다.

▍미러링 개념 및 미러링 활용

현 전자증권법 상황에서는 '중앙계좌부에 전자등록된 권리'만 법적 효력을 인정받는다. 전자증권법이 아직 개정되지 않는 상황에서 '분산원장에 전자등록된 권리'는 법적 효력이 없다. 이러한 환경에서 분산원장을 활용하고자 한다면, 법적 효력이 있는 '중앙계좌부에 전자등록된 것'을 그대로 유지하고 동일한 권리내용을 다시 분산원장에 미러링(복제하여 저장)하는 형태로 구성해야 한다. 이와 같이 동일한 권리내용을 이렇게 이중으로 기록하는 방식은 다소 어색해 보이지만, 전자증권법이 개정되지 않는 현 상황에서는 어쩔 수 없는 방안이다.

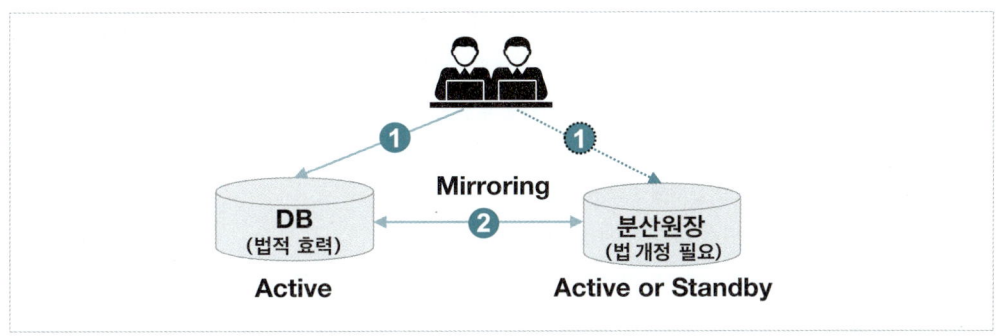

그림 4-54 미러링(Mirroring) 개념

부연하여 의견을 개진하자면, 이번 토큰증권 허용은 분산원장을 제도권 공부(公簿)로 인정한 첫 사례이다. 첫 사례인만큼 참조할 수 있는 모델이 없으며, 예상치 못한 문제점이 얼마든지 생길 수 있다. 또한 분산원장은 여전히 성능상의 문제를 가지고 있고, 개인정보보호법과 같은 법적 논란도 여전히 존재한다. 전자등록(기록)만으로 법적인 권리가 생성·이전되는 상황에서, 분산원장에 전자등록하는 것으로 법적 권리가 결정되는 것은 관계당국의 입장에서도 분명 우려가 될 수 있다. 따라서 분산원장 단독으로 전자등록을 하기보다는 당분간은 '중앙계좌부'와 '분산원장'을 연계 및 보완 또는 미러링 방식으로 함께 운영될 가능성이 높다고 생각한다.

> **Task 2 토큰증권 발행·유통 규율체계 정비 - 1) 발행**
> - **증권사 연계 없이도 토큰증권을 발행**할 수 있도록 허용
>   - 일정 수준 이상의 자기자본 등 **요건을 갖춘 발행인은 계좌관리기관으로 등록하여 분산원장 직접 관리**
>   * 증권사 중개 거래시에는 증권사 거래시스템과 계좌관리기관의 분산원장을 연계
> - **전자등록 대상 증권에 공모 발행 투자계약증권을 추가**

발행인도 일정한 요건만 갖추면 '발행인 계좌관리기관'으로 지정되어 직접 계좌부(분산원장)를 관리하면서 증권을 발행할 수 있게 된다.

현 전자증권법에는 전자등록이 가능한 증권의 유형 목록에 '투자계약증권'이 빠져 있다고 설

명했다. 따라서 이번 법 개정을 통해 투자계약증권도 전자등록이 가능한 증권으로 포함시킬 예정이다.

> **Task 2 토큰증권 발행·유통 규율체계 정비 - 1) 발행**
>
> ■ 투자자 피해 우려가 적은 증권 발행은 **공시 부담 없이 시도할 수 있도록 사모와 소액공모 제도를 적극 활용**
>   ※ 토큰증권 외에도 기존 전자증권·실물증권 등 증권 형태에 관계없이 적용
> - (전문투자자 사모) 청약자가 모두 전문투자자인 경우 사모*로 인정
>   * 1년간 일반투자자 대상 전매를 금지하고 6개월 내 일반투자자 대상 사모 발행시 동일 증권으로 간주해 공모규제 회피 방지
> - (소액공모 상향) 소액공모 한도를 10억원에서 30억원으로 상향*
>   * 사업보고서 제출 법인(코넥스 제외) 및 적정성 원칙 대상 증권의 한도는 현행 유지
> - (소액공모Ⅱ 신설) 현행 소액공모에 비해 투자자 보호장치*를 강화하되 최대 100억원 한도인 소액공모 TierⅡ 도입
>   * 사전 신고 심사 정정요구 효력발생기간, 감사보고서 첨부, 사업보고서 제출대상 법인·적정성 원칙 대상 증권 제한, 인수인 주선인 의무화 등
>   ※ 非금전재산 신탁의 수익증권 발행도 허용 예정('22.10 신탁업 발전방안)

자본시장법과 관계당국은 '건전한 자금조달 활성화'와 '투자자의 피해 최소화'라는 상충되는 환경에서 균형점을 잡아야 한다. 자본시장법은 투자자 보호가 목적이지만, 동시에 자금조달이 활성화될 수 있도록 투자자 피해 우려가 적은 경우에는 규제를 완화할 필요가 있다.

투자자 피해 우려가 상대적으로 적은 투자자 50인 이하에 대해서는 사모로 인정하여 공시 규제 적용 대상에서 제외한다. 공모 중에서도 투자자 피해 우려가 떨어지는 10억 원 미만의 경우에는 소액공모로 간주하여 증권신고서 대신 간단한 '소액공모 공시서류'로 대체하게 했다. 경제규모가 커진 만큼 기업들의 자금조달을 지원하기 위해 당국은 2019년 '사모 및 소액공모 제도 개편 방안'을 발표했다. 개편안은 크게 세 가지로 요약된다.

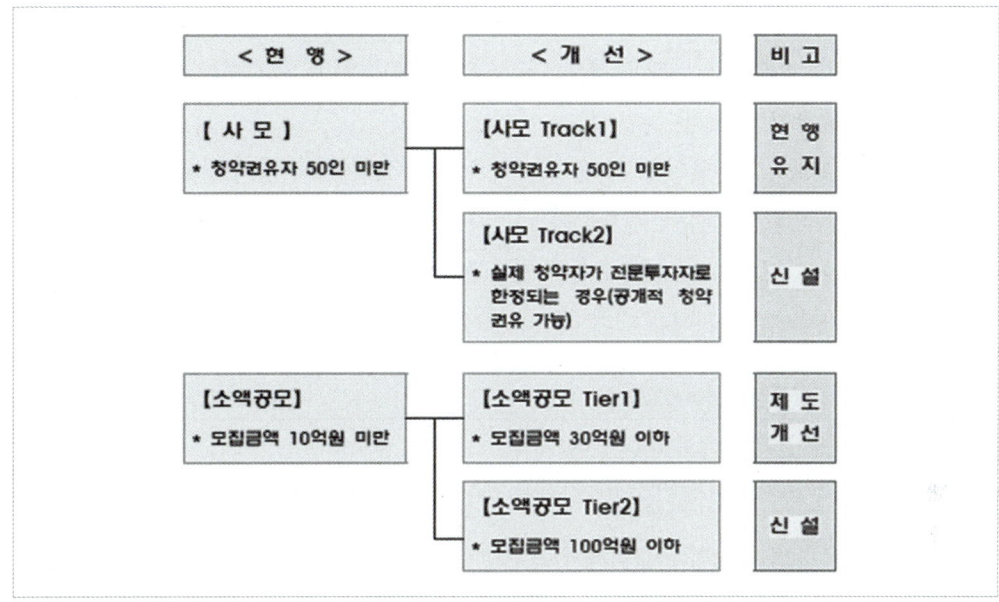

그림 4-55 사모 및 소액공모제도 개편 방안

- **첫째. 사모 기준이 확대되었다.** 기존에는 청약권유자 50인 미만일 경우에만 사모로 인정되었으나, 청약자가 모두 전문투자자인 경우에는 공개적으로 청약(공모) 권유를 해도 사모로 인정해 주기로 했다. 즉 전문투자자들로 한정하여 공개적으로 청약권유를 해도 사모로 인정되어 증권신고서를 제출하지 않아도 된다. 전문투자자는 전문성과 스스로 정보를 취득할 수 있는 능력이 있어 굳이 규제할 필요가 없다고 판단한 결과로 보인다.
- **둘째. 소액공모의 모집 금액이 10억 원 미만에서, 향후에는 한도를 30억 원으로 상향한다.** 즉 30억 원까지 소액공모로 간주되어 증권신고서 대신 소액공모 공시 서류만 제출하면 된다.
- **셋째. 소액공모 중에서 100억 원까지 자금조달이 가능한 공모를 신설했다.** 소액공모 Tier 2는 일반공모보다는 규제가 완화되겠지만, 기존의 소액공모(Tier 1)보다는 규제와 감시체계가 강화된다.

상기 내용은 이번 토큰증권과 직접적인 연관성은 없다. 다만 토큰증권도 자금조달의 한 유형이기 때문에 소규모 자산과 다양한 자금조달 수단을 유동화하고 증권화하는 투자상품을 제도적으로 지원하겠다는 의미로 이해할 수 있다.

Task 2 토큰증권 발행·유통 규율체계 정비 - 1) 발행

- 다만, 유동성이 높은 토큰의 특성이 공모 규제의 회피수단으로 활용되지 않도록 **토큰증권은 공모 발행 간주**(전매기준 반영)

기본적으로 토큰증권은 공모 발행으로 간주하여 증권신고서나 소액공모공시서류를 제출해야 한다는 의미로 이해된다. 다만 내용이 다소 애매하여 정확한 의미는 추가적인 가이드를 통해서 확인할 필요가 있다.

'사모 및 소액공모제도 개편방안'을 통해 '청약자가 전문투자자로 한정된 경우에는 사모로 인정'한다는 조항이 있는데, 전문투자자들이 토큰증권을 사모로 인정받아 공모 규제의 회피수단으로 활용할 수 있기 때문에 토큰증권은 전문투자자에 상관없이 무조건 공모로 발행한다는 의미로도 해석될 수 있다. 이에 대해서는 추가적인 확인이 필요하다.

> **Task 2 토큰증권 발행·유통 규율체계 정비 - 2) 유통**
>
> **[투자계약증권] 자본시장법상 증권 유통제도* 적용**
> * 투자중개·매매업 인가, 거래소 허가, 유통공시(공모 상장시 사업보고서), 불공정거래 등

투자계약증권은 2023년 12월이 되어서야 최초로 발행되었다. 현재 이런 비정형 증권을 위한 유통 시장이 마련되지 않은 상태이다. 따라서 이번에 비정형 증권의 유통될 수 있도록 유통제도를 정비한다는 것이다.

> **Task 2 토큰증권 발행·유통 규율체계 정비 - 2) 유통**
>
> ■ 투자계약증권과 <u>수익증권의 장외거래 중개 인가단위를 신설</u>하여, 일반 소액투자자 대상 **다자간 상대매매 중개업무를 허용**
>   • 채권중개전문회사 요건 등을 감안해 **증권 유형별로 인가요건을 정할 것**이며, 필요시 보안요건을 추가 요구
>   • 이해상충을 방지하기 위해 발행·인수·주선한 증권의 중개를 제한하고, **자기계약은 금지**

비정형 증권은 기본적으로 장외거래를 통해 유통될 예정이다. 장외거래라 하더라도 거래가 '지속적·조직적·대규모'로 이루어진다면 관계당국의 인가를 받아야 한다고 앞서 설명했다. 따라서 현재 장외시장에서 관계당국의 인가를 받아 거래를 담당하는 '채권중개전문회사'의 요건 등을 감안해서 토큰증권의 장외거래 인가 요건을 정할 것으로 보인다.

토큰증권 가이드에서는 유통과 발행을 분리해야 한다고 규정하고 있다. 그런데 자본시장법에는 증권의 발행과 유통을 분리해야 한다는 조항은 없다. 다만 자본시장법(44조)에는 금융투자업의 영위와 관련하여 이해상충을 방지하기 위해 내부통제기준이 정하는 방법 및 절차에 따라 이를 적절히 관리해야 한다고 명시하고 있다.

> **자본시장법 제44조(이해상충의 관리)** ① 금융투자업자는 금융투자업의 영역과 관련하여 금융투자업자와 투자자 간, 특정 투자자와 다른 투자자 간의 이해상충을 방지하기 위하여 이해상충이 발생할 가능성을 파악·평가하고, 「금융회사의 지배구조에 관한 법률」 제24조에 따른 내부통제기준(이하 "내부통제기준"이라 한다)이 정하는 방법 및 절차에 따라 이를 적절히 관리하여야 한다

만일 발행기관이 유통까지 허용된다면 시세 조종 등 불공정거래 행위를 벌일 가능성이 있고, 자기 발행 증권만을 주로 유통하는 등 다양한 이해상충 문제가 발생할 수 있다. 따라서 관계 당국에서는 기본적으로 이해상충 발생 소지 때문에 증권의 발행과 유통을 분리하고 있다. 이는 토큰증권에도 동일하게 적용된다.

2022년 증권선물위원회는 '뮤직카우'에 대해 증권 여부를 판단하고 조치안을 다음과 같이 의결했다. 조치사항 7가지 사항 중 5 번째가 발행과 유통을 분리할 것을 권고하고 있다.

[제재절차 보류 조건 (사업구조 개편시 포함되어야 할 사항)]

❶ 투자자 권리·재산을 사업자의 도산위험과 법적으로 절연하여 안전하게 보호할 것
❷ 투자자 예치금을 외부 금융기관 투자자 명의 계좌(가상계좌 포함)에 별도예치할 것
❸ 투자자보호, 장애대응, 정보보안 등에 필요한 물적설비와 전문인력을 확보할 것
❹ 청구권 구조 등에 대한 적정한 설명자료 및 광고 기준을 마련하고 약관을 교부할 것
❺ **청구권 발행시장과 유통시장을 모두 운영하는 것은 원칙적으로 불가**
   – 단, 투자자 보호를 위해 유통시장이 반드시 필요하고, 분리에 준하는 이해상충방지 체계 및 시장감시체계 등을 갖추는 경우 예외적 허용
❻ 합리적인 분쟁처리절차 및 사업자 과실로 인한 투자자 피해 보상 체계를 마련할 것
❼ 상기 조건 이행완료에 대한 금융감독원 확인·증권선물위원회 승인시까지 신규 청구권 발행 및 신규 광고 집행은 불가
   – 투자자보호 체계 구축을 위한 사업재편 과정에 있음을 알리는 취지의 안내문구의 배포·게시는 가능

Task 2 토큰증권 발행·유통 규율체계 정비 - 2) 유통

■ 장외거래중개업자를 통한 소액투자자 거래에 매출* 규제 예외 인정

* 50인 이상의 투자자에게 이미 발행된 증권의 매도의 청약을 하거나 매수의 청약을 권유하는 것으로, 매출시에는 발행인의 증권신고서 필요

※ 동 내용은 다소 명확하지 않아 추가적인 가이드라인을 참조해야 할 것 같다.

증권 발행에는 공시규제가 따른다. 공시규제의 대표적인 것이 증권신고서 제출이다. 앞선 그림 3-39 증권 발행 및 유통을 통해 주식 발행공모는 모집(신주)과 매출(구주)로 구분된다고 설명했다. 따라서 모집과 매출에서도 모두 공모 규제인 증권신고서를 제출해야 한다.

다른 상황을 가정해 보면, 매출(구주)에서도 증권신고서 제출을 의무화하지 않는다면 이를 악용할 수 있다. 예를 들어 모집(신주) 단계에서만 증권신고서 제출을 의무화한다면, 신주를 소수(50인 미만)에게 판매하여 사모로 인정받은 후, 이를 다시 다수에게 판매(매출)한다면 공모규제를 회피할 수 있다. 다만 장외거래중개업자를 통한 소액투자자 거래에서는 예외적으로 매출 규제(증권신고서 제출)를 예외로 인정하겠다는 의미로 해석된다.

> **Task 2 토큰증권 발행·유통 규율체계 정비 - 2) 유통**
>
> - 투자계약증권과 수익증권을 거래하는 **KRX 디지털 증권 시장** 개설
>   - 발행인 건전성, 발행 규모 등 투자자 보호를 위한 상장요건과 중요정보 공시 등을 적용하되 기존 상장시장에 비해 완화
>   - 다수 **투자자가 참여하는 상장시장인 점을 감안, 기존 전자증권으로 전환하여 상장하고 기존 매매거래·결제 인프라** 적용

관련 내용은 앞서 충분히 살펴보았다. KRX 디지털증권시장은 시범 개설 예정이기 때문에 앞으로 어떻게 추진될지는 좀 더 지켜봐야 할 것 같다.

13.4 향후 계획 및 요건

13.4.1 향후 계획

> **[단계적 추진]** 가이드라인 제시 ⇨ 샌드박스 테스트 ⇨ 정식 제도화
>
> - (제도화) 전자증권법·자본시장법 개정안 등 '23.上법안 제출
>   - (샌드박스 지속) **법 개정 전에도** 투자계약증권의 유통과 수익증권의 발행·유통은 혁신성이 인정될 경우 **샌드박스를 통해 테스트**
>   - ※ 단, **전자증권법 개정 전에는 기존 전자증권과 토큰을 1:1매칭하는 등의 방법으로 전자증권화 필요**

토큰증권 허용 및 관련 제도 시행을 위해서는 전자증권법과 자본시장법 개정이 필요하다. 개정안이 국회에 제출되었지만 21대 국회에서는 자동 폐기되었고, 22대 국회에서 재추진될 것으로 보인다. 법 개정이 완료될 때까지는 토큰증권 유통은 앞서 설명했던 미러링 방식이나 규제샌드박스 등을 통해 구현될 것으로 예상된다.

[단계적 추진] 가이드라인 제시 ⇨ 샌드박스 테스트 ⇨ 정식 제도화

- (세부요건) 신설되는 각종 인가 등의 세부요건은 향후 시행령 등 하위법령 개정 시 이해관계자 의견을 추가로 수렴해 확정

	과제	요조치사항	추진일정
발행	토큰 증권 수용	전자증권법 개정	'23.上 법안제출
	발행인 계좌관리기관 도입	전자증권법 개정	'23.上 법안제출
	전문투자자 사모	자본시장법 개정	'23.上 법안제출
	소액공모 한도 확대	자본시장법 시행령 개정	'23년 내
	소액공모Ⅱ 도입	자본시장법 개정	'23.上 법안제출
	토큰 증권 공모 간주	증권의 발행 및 공시 등에 관한 규정 개정	전자증권법 개정 후속
유통	투자계약증권 유통제도 적용	자본시장법 개정	'23.上 법안제출
	장외거래중개 인가 신설*	자본시장법 시행령 개정	자본시장법 개정 후속
	소액투자자 매출공시 면제*	자본시장법 시행령 개정	자본시장법 개정 후속
	디지털증권시장 신설*	자본시장법 시행령 개정	자본시장법 개정 후속

토큰증권이 공적 장부로 인정을 받기 위해서는 다양한 법률 정비가 필요하다. 현재 추진 중인 법률 개정 내용들은 앞서 설명한 내용들을 참조하면 대략적으로 이해할 수 있을 것이다. 토큰증권이 전자증권으로 인정받기 위해서는 먼저 전자증권법 개정을 통해 분산원장도 전자등록할 수 있다는 규정이 필요하다. 그리고 발행인 계좌관리기관 도입에 대한 근거 조항도 신설해야 한다. 자본시장법 개정을 통해 투자계약증권의 유통제도 정비 방안도 마련해야 하며, 장외거래중개업과 디지털증권시장 신설에 대한 근거도 필요하다.

13.4.2 기타 요건

앞서 토큰증권의 핵심적인 3요소로 '분산원장 허용', '발행인 계좌관리기관', '장외거래중개업'을 언급했다. 토큰증권 가이드에서는 이 세 가지 요소에 대한 요건(안)을 제시하고 있다.

1. 분산원장 요건(案)

1. 권리자 정보 및 거래 정보가 시간 순서대로 기록되고, **사후적인 조작·변경이 방지**될 것
2. 분산원장에 기록된 권리자 정보 및 거래정보와 **실제거래내역 사이의 동일성이 계좌관리기관의 책임으로 입증 가능할 것**
3. 권리자 정보 및 거래 정보가 **복수의 분산된 장부에 동일하게 기록**될 것
4. 전자등록기관, 금융기관 또는 발행인과 특수관계인에 해당하지 않는 계좌관리기관이 **다수 참여하여 분산원장을 확인**할 수 있을 것
5. 권리자 및 거래 정보 기록을 위해 **별도의 가상자산을 필요로 하지 않을 것**
6. **분산원장으로 기록하기 적합**한 권리를 등록할 것
   * **상장증권, 상장DR, 파생결합증권 제외**
7. **개인정보보호법, 신용정보법 등 법령을 위반하지 않을 것**

---

1. 권리자·거래 정보는 타임스탬프 기반으로 데이터가 식별되어 순차적으로 저장되며, 블록이 해시(Hash) 기반으로 체인처럼 연결되는 독특한 구조. 블록체인에 저장된 정보는 사후적으로 조작·변경이 어렵다. 블록체인 기술을 활용할 경우, 특별한 문제가 없을 것으로 보인다.

2. 내용이 다소 애매하다. 분산원장에 기록된 내용이 실제와 동일하다는 것을 계좌관리기관이 입증해야 한다는 의미이다. 일종의 오라클 문제*(Oracle Problem)와도 연관될 수 있는 내용이다. 하나의 안으로, 중앙계좌부와 분산원장을 연계하여 실제 거래 내역과 분산원장 기록 정보와 동일성을 보장할 수 있다.

3. 분산원장은 기본적으로 새로운 권리자·거래 정보가 생성될 경우 합의 과정을 거쳐 분산된 모든 장부에 동일하게 기록된다.

4. 블록체인은 기본적으로 분산 구조로서 다양한 이해관계자(전자등록기관, 금융기관, 계좌관리기관 등)가 노드에 참여하는 방식으로 구현될 것이다. 많은 블록체인 시범사업에서는 단일 기관에서 여러 대의 노드를 운영하는 방식을 취하고 있지만, 토큰증권 가이드에서는 단일 기관이 아닌 여러 기관이 노드에 함께 참여할 것을 명시하고 있다.

5. 앞서 설명한 내용이다. 가스 수수료와 같은 별도의 가상자산이 필요해서는 안 된다. 사실상 퍼블릭 블록체인(Public Blockchain)을 사용하는 것은 불가능하다.

6. 기본적으로 전자증권이 되기 위해서는 계좌부에 전자등록이 되어야 하는데, 투자계약증권과 설권증권은 전자등록이 어려워 전자증권에서 제외되어 있었다. 마찬가지로 토큰증권이 되기 위해서는 권리내용이 분산원장에 전자등록되어야 하지만, 데이터 형식상 분산원장에 저장하기 어렵거나 기술적·보안적 이유 등으로 전자등록이 어려운 경우에는 등록할 수 없다.

추가로 '상장증권, 상장DR, 파생결합증권'도 분산원장에 등록하는 것을 제외한다고 명시하고 있다. 상장증권과 상장DR는 이미 제도권에 상장되어 있어 굳이 분산원장에 전자등록할 이유가 없는 데다, 이들 증권은 매매

---

* 블록체인 밖에 있는 데이터를 블록체인 안으로 가져올 때 발생하는 무결성 등의 문제

빈도와 규모가 크기 때문에 분산원장에 적합하지도 않을 것이다. 그리고 파생결합증권은 기본적으로 위험한 상품이기 때문에 분산원장에 기록하기에는 적절하지 않다고 판단한 것으로 보인다.

7. 개인정보보호법에는 개인정보 보호, 가명처리, 개인정보 정정·삭제 등이 규정되어 있다. 이런 내용은 기본적으로 분산원장의 철학과 맞지 않는다. 이런 이유 때문이라도 분산원장은 중앙계좌부와 연계해서 활용될 가능성이 크다.

2. 발행인 계좌관리기관(案)

1. (분산원장) 분산원장 요건을 충족할 것
2. (자기자본·물적설비·대주주·임원요건) 의견수렴을 거쳐 추후 확정 예정
3. (인력요건) 법조인, 증권사무 전문인력, 전산 전문인력 각 2인
4. (손해배상) 투자계약증권 발행량에 비례한 기금 적립
5. (총량관리) 최초 발행 발행수량 변동 일정 주기 시 암호화된 명세를 전자등록기관(KSD)에 통보 → 필요시 KSD가 비교 검증

계좌관리기관으로 지정받기 위해서는 엄격한 기준을 준수해야 한다. '발행인 계좌관리기관'도 계좌관리기관 수준은 아니더라도 최소한의 요건은 갖추어야 한다.

'발행인 계좌관리기관'은 분산원장이라는 계좌부를 직접 관리하면서 권리내용을 등록할 수 있기 때문에 일정한 자격 요건이 요구된다. 우선 분산원장 요건을 충족해야 하며, 법조인과 증권관련 전문인력을 각각 2인씩 갖추어야 하며, 기타 손해배상이나 총량관리와 관련된 내용도 갖추어야 한다.

3. 장외거래중개업 요건(案)

1. (자기자본*, 물적 인적·대주주·임원요건) 채권전문중개회사 수준을 감안 의견수렴을 거쳐 추후 확정 예정
   * 증권 유형(인가단위)별로 자기자본 요구 예정
2. (업무범위) 증권시장 외에서 투자계약증권/수익증권 매매의 중개업무
   - 동시에 다수의 자를 각 당사자로 하여 종목별로 매수호가 또는 매도호가와 그 수량을 공표
   - 당사자 간의 매도호가와 매수호가가 일치하는 가격으로 매매거래를 체결
3. (투자한도) 일반투자자의 연간 투자한도 제한*
   * 수익증권에 비해 도산절연, 비정형성 측면에서 투자위험이 높은 투자계약증권의 투자한도를 더 낮은 수준으로 정할 예정
4. (대상증권) 공모발행 및 소액투자자(발행총량의 5% 이내 소유, 발행·인수·주선인 및 그 특수관계인 제외) 소유 투자계약증권, 수익증권

5. (업무기준) 중개신청의 방법, 중개신청의 취소 및 정정의 방법, 매매체결의 원칙 및 방법, 착오매매 정정의 방법, 매매체결내용의 통지방법, 매매계약의 이행방법, 기록의 작성 유지방법, 발행인 현황 공시방법, 불량회원 제재기준, 이상거래 적출기준 등을 정할 것
6. (금지행위) 발행 인수 주선한 증권의 매매 중개 금지, 정보 제3자 제공·누설 금지, 매매 중개업무와 다른 업무 간 결부 금지
7. (기타) 예탁금 건전성 권유 광고 등에 대해서는 증권사와 동일 규제 적용

장외거래중개업을 위한 7가지 요건(안)을 제시하고 있다. 장외거래중개업도 자기자본, 물적·인적·대주주·임원 요건 등 진입규제를 규정하고 있다. 참고로 자본시장법상의 금융투자업(증권사 등)은 금융 서비스 라이선스를 취득하기가 비교적 용이한 위치에 있다. 실제로 다수의 증권사들이 장외거래중개업 라이선스를 취득하여 유통시장에 뛰어들 것으로 예상된다. 다만 발행과 유통을 엄격히 분리하고 있기 때문에 A증권사가 발행한 토큰증권은 B증권사 장외시장을 통해서, B증권사가 발행한 토큰증권은 A증권사 장외시장에서 유통될 것으로 예상된다.

13.5 토큰증권 구현 방안

여기에서 설명할 '토큰증권 구현 방안' 내용은 토큰증권 가이드에 포함된 내용은 아니지만 토큰증권 가이드 내용과 연계하여 토큰증권 구현과 관련해 참고할 내용 몇 가지 사항을 필자의 '개인적인 관점'에서 이야기해 보고자 한다.

▎ 노드 참여 기관

토큰증권 가이드에서는 분산원장 요건(안)을 통해, '노드 참여기관'에 대해 다음과 같이 제시하고 있다.

> 전자등록기관, 금융기관 또는 발행인과 특수관계인에 해당하지 않는 계좌관리기관이 다수 참여하여 분산원장을 확인할 수 있을 것

전자등록기관, 금융기관, 계좌관리기관 등이 다수 참여하는 형태를 의미하는 것으로 보인다. 그런데 전자등록기관은 원래 '발행인 관리계좌'와 '고객 관리계좌'를 관리하면서 총량 관리만

하고 있고, 계좌관리기관이 고객계좌를 관리하고 있는 상황이다.

따라서 '노드 참여기관'과 관련하여 세 가지 시나리오를 고려해 볼 수 있을 것이다.

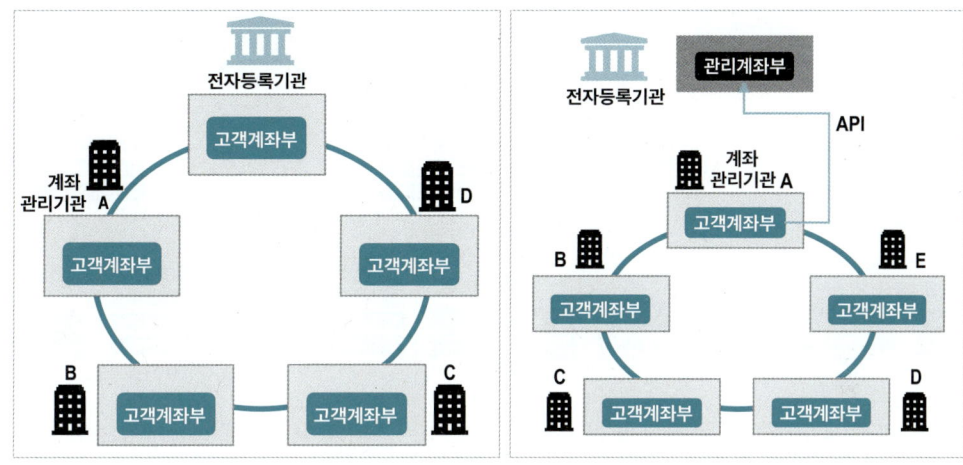

❶ 전자등록기관(예탁결제원)이 고객계좌부 노드 중 하나로 직접 참여하여 고객계좌부 관리 및 검증 참여 (가이드 내용을 보면 이런 형태를 염두에 둔 것 같다)

❷ 전자등록기관이 노드에 참여하지만 목적은 총계관리 역할만 수행

❸ 전자등록기관이 노드에 참여하지 않고 단순히 API를 통해 총량관리만 점검

그림 4-56 전자등록기관의 노드 참여 방식

▌ 분산원장의 공유 범위

예를 들어 4개의 증권사(계좌관리기관)가 각 사의 고객계좌부를 관리하고 있다고 할 때, 이들 4개 증권사가 토큰증권 컨소시엄을 구성한다면 고객계좌부 관리와 공유범위를 어떻게 설정할지에 대한 정리도 필요하다.

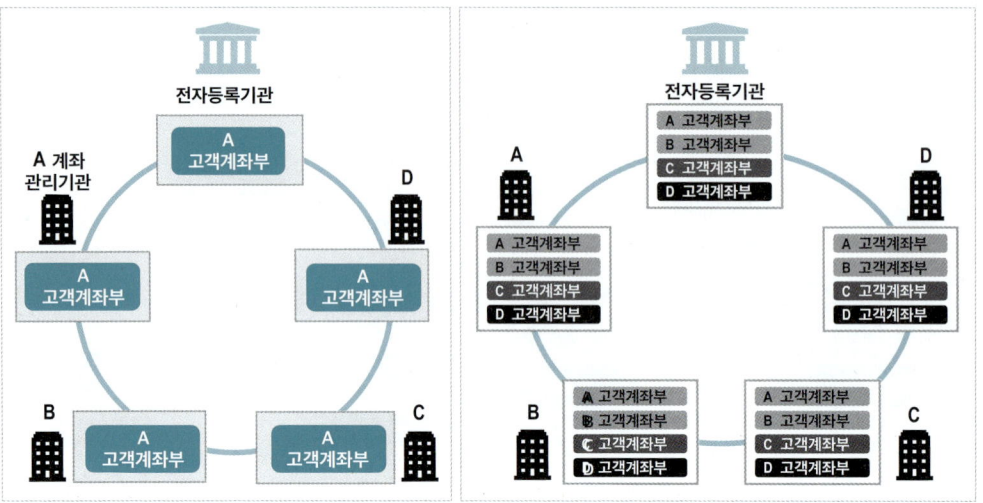

❶ 다수의 계좌관리기관이 노드에 참여하지만 특정 계좌관리기관의 계좌부만 해당 노드에서 공유하는 상황
❷ 노드에 참여한 모든 계좌관리기관의 계좌부가 하나의 분산원장에 모두 공유되는 상황 (4개 증권사가 모두 하나의 공용장부를 사용하는 상황으로 이해하면 된다)

그림 4-57 분산원장의 공유 범위

❷ 상황이 이상적이지만, 참여기관이 늘어나고 노드 수가 확장되면 성능이나 용량 등의 문제가 발생될 수 있으므로 추가적인 검토가 필요하다.

분산원장 전문기업에 의한 서비스

토큰증권 가이드에서는 전자등록기관, 계좌관리기관 등 다수가 참여하도록 안(案)을 제시하고 있지만, 현실적으로 분산원장 전문기업·기관이 모든 노드와 분산원장을 집중 관리하고, 계좌관리기관들은 실제 노드에 참여하지 않고 단순히 API를 통해서 접근하는 형태도 고려해 볼 수 있다.

현재 계좌관리기관인 증권사는 '고객계좌부'를 직접 관리하고 있는 상황이지만, 과거에 코스콤KOSCOM에서 대부분의 증권사 계좌부를 통합 관리한 사례가 있다. 이와 유사하게, 증권사들의 모든 계좌부를 분산원장 전문기업·기관에 일괄 의탁하고 통합 관리하는 방식도 충분히 가능할 수 있다.

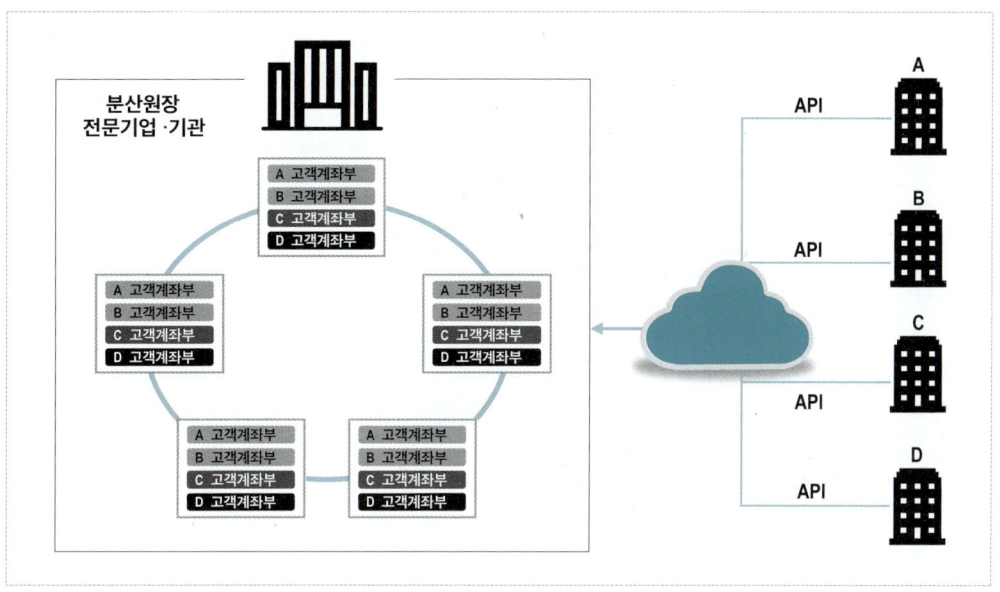

그림 4-58 분산원장 전문기업에의 위탁 방식

증권사들의 계좌부가 안전하게 유지 및 관리되도록 감독해야 하는 관계당국의 입장에서도, 분산원장 전문기업에서 일괄적으로 안전하게 관리하게끔 조치하는 것도 가능한 시나리오 중 하나다. 또한 각 계좌관리기관마다 분사원장을 개별적으로 구축하는 것보다 통합적으로 구축 관리하는 것이 경제적으로도 이득일 수 있다. 하지만 이럴 경우 토큰증권 도입 취지가 훼손될 가능성이 있다.

▍하이브리드 전자등록

분산원장은 분산 환경에서도 신뢰기관 없이도 신뢰성을 보장하는 우수한 장부 기술이다. 하지만 여전히 성능 문제와 개인정보 보호 이슈 등이 존재한다. 이런 이유로 분산원장을 단독으로 구성하기보다는 대부분 분산원장과 중앙계좌부(RDB)와 연계하여 하이브리드 형태로 설계하고 있다.

현행 전자증권법에는 전자등록해야 할 정보사항(권리자 정보, 발행인 정보, 증권 종류·종목·수량·금액 등)을 모두 규정하고 있다. 그렇지만 전자증권법에서 규정한 모든 정보사항을 분산원장에 모두 전자등록할 수 있는지는 추가적인 검토가 필요하다.

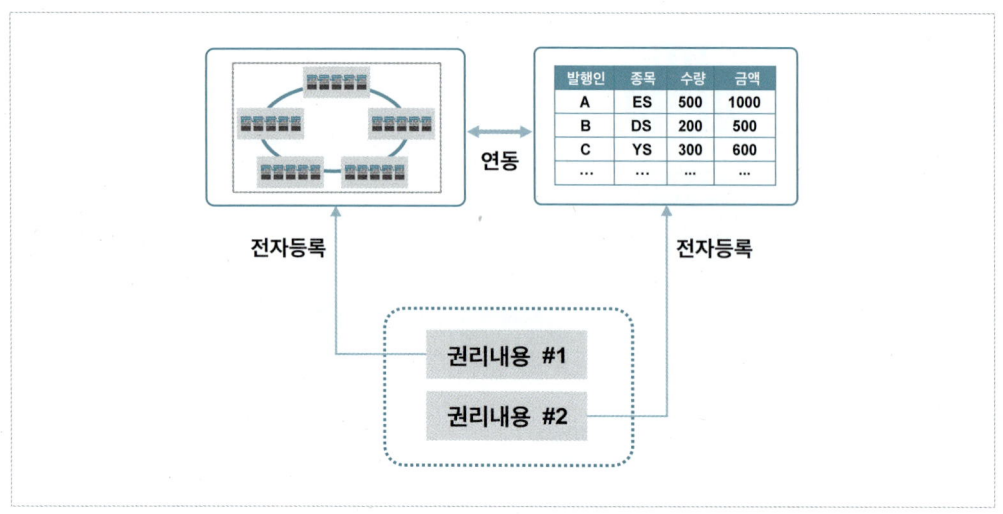

그림 4-59 하이브리드 전자등록 방식

현실적으로 중앙계좌부_{RDB}와 분산원장을 연계하여 전자등록하는 방식(그림 4-59)을 검토해 볼 수 있다. 앞서 미러링을 설명하면서 이런 하이브리드 전자등록 방식을 언급한 바 있다.

또한 토큰증권 생태계가 조성되기 위해서는 토큰증권을 발행하는 발행 플랫폼(계좌관리기관), 유통하는 유통 플랫폼(장외거래중개업), 그리고 총량 관리를 하는 전자등록기관(예탁결제원) 시스템의 유기적인 연계도 필요하다. 도식화해 보자면 그림 4-60과 같은 식이다.

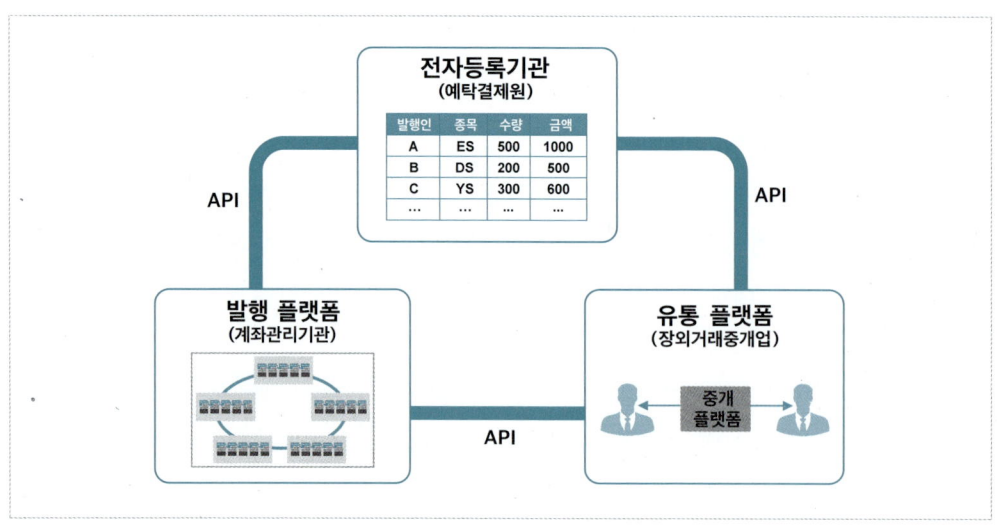

그림 4-60 토큰증권 생태계 참여자 연동 방식

The Digital Asset Book

PART V

디지털 자산 분석과 전망

앞서 4부에 걸쳐 디지털 자산의 개념부터 시작해 비트코인과 블록체인의 원리, 토큰증권의 등장과 그에 관련된 제반 제도 정비 등을 폭넓게 다루었다. 헷갈리거나 오해하는 부분이 있었다면 이번을 계기로 디지털 자산을 올바르게 알고 이해할 수 있었으리라 생각한다.

마지막으로 5부에서는 지금껏 다져온 디지털 자산에 대한 이해를 바탕으로, 다양한 디지털 자산 사례를 재정리하고 위험성을 평가하는 방법을 소개한다. 아울러 현재와 근미래에 전개될 디지털 자산과 관련된 국내외 법·제도 동향을 살펴보고, 더 나아가 디지털 자산의 미래를 전망해 보도록 하겠다. 불과 몇 년 전만 하더라도 비트코인을 비롯한 디지털 자산이나 증권형 토큰은 현실과 다소 거리가 있어 보였다. 하지만 이런 디지털 자산들이 모두 제도권으로 들어오고 있다. 모든 것이 디지털화(Digitalization)되어 가고 있다. 자산도 예외가 아니다. 비트코인은 실체가 없고 아무런 내재적 가치도 없지만 화폐로서의 속성과 기능을 디지털로 구현함으로써 신뢰성과 가치를 보장받았다. 앞으로 대부분의 자산이 디지털화될 것으로 보인다. 자산이 디지털로 표현 및 처리될 경우 어떤 세상이 도래할지를 전망할 수 있는 통찰력이 필요해 보인다.

CHAPTER

14

디지털 자산의 올바른 이해

물론 디지털 자산에 대한 일반적인 개념은 1부에서 이미 살펴보았지만, 논의의 편의를 위하여 여기서 다시 한번 간단히 짚어보고자 한다. 추후 디지털 자산 관련 법·제도 환경이나 전망에 관해 이해하는 데 도움이 될 것이다.

14.1 디지털 자산의 개요

14.1.1 디지털 자산의 실체

그림 5-1은 디지털 자산의 실체가 무엇인지, 기초자산을 기준으로 도식화해 나타낸 것이다. (이전에도 충분히 설명했었지만) 그림을 보면서 디지털 자산의 정의를 재정리해 보도록 하겠다.

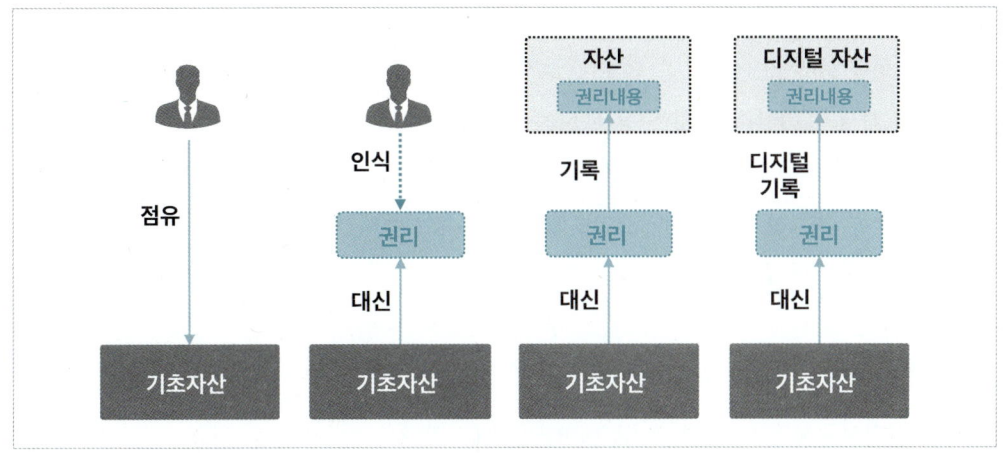

그림 5-1 디지털 자산의 실체

보통 사람들은 실물자산(유·무형 자산 포함)만이 가치가 있다고 생각한다. 그리고 이런 실물자산은 일반적으로 점유를 통해 소유권이 보장된다. 하지만 현실의 다양한 실물자산은 저장하기도, 거래에 활용하기도 불편하고 비효율적이다. 이 때문에 실물자산을 대신하여 '권리' 개념을 이용하게 되었다.

물론 '권리'도 실물자산에 기반한 것이므로 '자산'으로 쉽게 인정되었다. 그러나 '권리'는 무형인 까닭에 사람들이 그 존재를 인식하고 현실에서 거래할 수 있도록 실체화시키는 작업이 필요한데, 가장 현실적인 방식이 권리를 '글자'로서 기록하는 방식이다. 과거에는 주로 종이에 기록하는 방식이었지만, 디지털 시대 도래에 따라 점차 디지털(전자적) 방식으로 기록하게 되었다.

오늘날에는 사실상 모든 데이터가 전자적 방식으로 전자기록매체에 기록된다. 자산 분야도 예외가 아니다. **기초자산을 대신하여 식별된 '권리'가 전자적 방식으로 전자등록계좌부에 기입되는 것이 바로 '디지털 자산'**이다.

한편 비트코인 등장 이후로, 다양한 자산 권리가 블록체인이라는 장부에 기록되고 있다. 자산에 대한 권리를 기존 데이터베이스 대신 블록체인에 저장하는 것도 전자적 방식으로 기록되기 때문에 디지털 자산이라고 할 수 있다. 다만 블록체인은 중앙에 집중되는 기존 데이터베이스와 달리 P2P(Peer to Peer) 네트워크를 통해 관리되는 분산 데이터베이스로, 탈중앙화 방식을 취한다는 차이가 있다. 그렇다면 디지털 자산이 탈중앙 기반으로 발행된다는 것은 무슨 의미일까?

기존 등기부등본이나 은행중앙계좌부는 제3신뢰기관에 의해 계좌부가 작성되고 관리된다. 탈중앙 방식은 이런 제3신뢰기관 없이 장부가 작성되고 관리된다는 것을 의미한다. 탈중앙화로 장부를 작성·관리한다는 것은 장부 생성·관리 주체가 없다는 의미가 아니라 중앙화된 주체가 없다는 의미이다. 모든 참여자가 장부 기록 및 검증의 주체자로 참여하고 합의를 통해 하나의 통일된 장부를 완성한다. 탈중앙 방식으로 자산 권리를 기록하고 관리하기 위해 활용한 기술이자 장부가 블록체인이다.

> **Summary**
>
> 디지털 자산을 둘러싼 다양한 개념을 정리하면 다음과 같다.
> - (실물자산) 실물자산만을 가치로 인정하고 거래에 활용
> - (권리 활용) 실물자산을 대신하여 '권리'라는 개념을 활용하고 가치 인정
> - (권리의 실체화) 권리를 식별할 수 있도록 '어딘가에 기록'하는 행위를 통해 권리 실체화
> - (디지털 자산) 권리를 전자적 방식으로 기록
> - (블록체인 연계 디지털 자산) 권리를 전자적 방식으로 블록체인에 기록

14.1.2 디지털 자산의 구조와 유형

'디지털 자산의 실체'에서 살펴본 정의를 바탕으로, 디지털 자산의 구조와 유형을 보다 자세히 정리해 보도록 하겠다.

▌ 디지털 자산의 구조 ❶: 자산의 3가지 구조

자산은 기본적으로 '실물자산' 또는 '실물자산(기초자산)을 기반으로 발행된 증서·토큰' 구조를 지닌다고 설명했다. 자산의 3가지 구조를 그림 5-2에 도식화해 보았다.

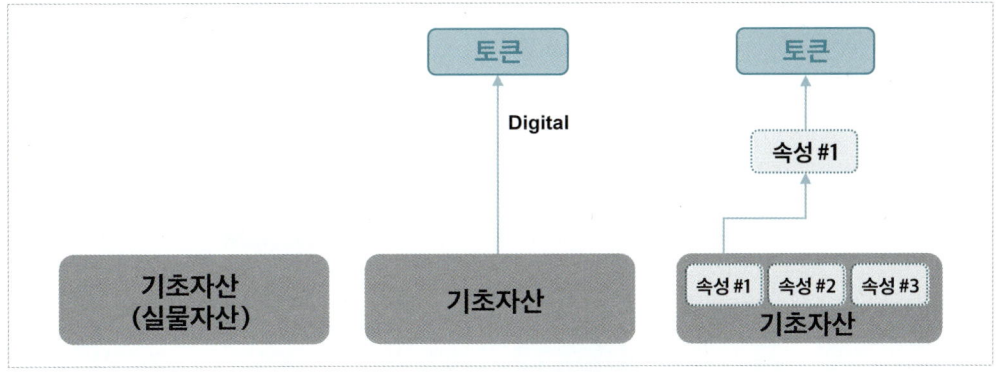

그림 5-2 자산의 3가지 구조

첫 번째 구조는 **실물자산 자체**이다. 실물자산은 사람들이 가치를 부여하는 근거가 되는 대상이다. 다만 실물자산의 점유·거래가 불편할 때는 부득이하게 실물자산(기초자산)을 기반으로 증서·토큰을 만들어 사용했다.

두 번째 구조는 **기초자산을 기반으로 한 토큰화** 사례이다. 지류 형태의 법정화폐를 디지털 형태로 전환한 스테이블코인이나 실물자산의 거래 편리성을 위해 토큰화한 RWA가 대표적인 사례이다.

- 스테이블코인 - 법정화폐의 디지털화(Digitalization)
- RWA - 실물자산의 토큰화(Tokenization)

세 번째 구조는 **기초자산의 일부 속성을 토큰화**한 경우이다. 기초자산 중 일부 속성(권리)만을 토큰화한 사례로는 소유권리, 이용권리, 수익권리 등이 있다.

- NFT - 기초자산의 소유권을 토큰화
- 이더(Ether) - 이더리움 플랫폼 이용권을 토큰화
- 토큰증권 - 수익권리를 증권화

> **Note**
> 두 번째 구조(기초자산 토큰화)와 세 번째 구조(기초자산의 일부 속성 토큰화)는 명확하게 구분되기 어렵다. 스테이블코인과 RWA는 기초자산 자체를 토큰화한 개념으로 이해할 수 있는 반면, 이더(Ether)는 이더리움 중에서 이용권을, NFT는 소유권만을 토큰화한 개념으로 구분하여 이해할 수 있을 것 같다.

한편 앞서 그림 1-59를 통해 자산은 기본적으로 '기초자산 – 증서·토큰' 구조를 지니며 기초

자산과 증서·토큰이 각각 디지털로 전환된 것을 디지털 자산이라고 규명한바 있다. 그림 5-3 은 다양한 자산과 디지털 자산의 구조들을 한눈에 볼 수 있도록 정리한 것이다.

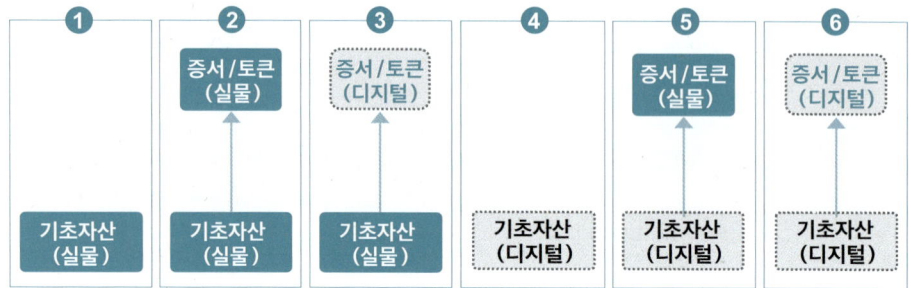

❶ 예전에는 실물자산을 그대로 거래에 활용했다.
❷ 실물자산의 거래 편리성·효율성을 위해 거래에 그대로 활용하기보다는 기초자산을 증서·토큰으로 대체하여 대신 사용한다. ❷는 자산의 가장 일반적인 특징이라고 할 수 있다.
❸ 디지털 시대의 도래에 따라 증서·토큰이 디지털 형태로 전환되는 상황이다. 따라서 ❸은 현재 디지털 자산의 가장 일반적인 형태로 이해할 수 있다. 토큰증권, RWA, NFT, 각종 토큰은 모두 ❸의 구조를 지닌다.
❹ 디지털화된 자산
❺ 유형상의 구분일 뿐, 현실에서는 일반적이지 않다.
❻ 향후 예상되는 디지털 자산 구조. 비트코인은 '디지털 골드'라는 기초자산을 기반으로 '비트코인'이라는 디지털화폐를 발행하는 ❻의 구조로 이해할 수 있다.

그림 5-3 자산과 디지털 자산의 유형

디지털 자산의 구조 ❷: 코인과 토큰

기본적으로 디지털 자산은 대부분 '기초자산 – 토큰' 구조를 따른다. 그렇지만 블록체인 관점에서 보면 코인과 토큰으로 구분해서 이해하는 것이 더 적절할 것이다. 이에 관해 짧게 살펴보겠다.

코인과 토큰의 개념과 차이점은 앞서 그림 2-37을 통해 설명했다. 그림 5-4는 코인을 포함하여 다양한 디지털 자산·가상자산의 발행 위치와 기본 구조를 보여주고 있다.

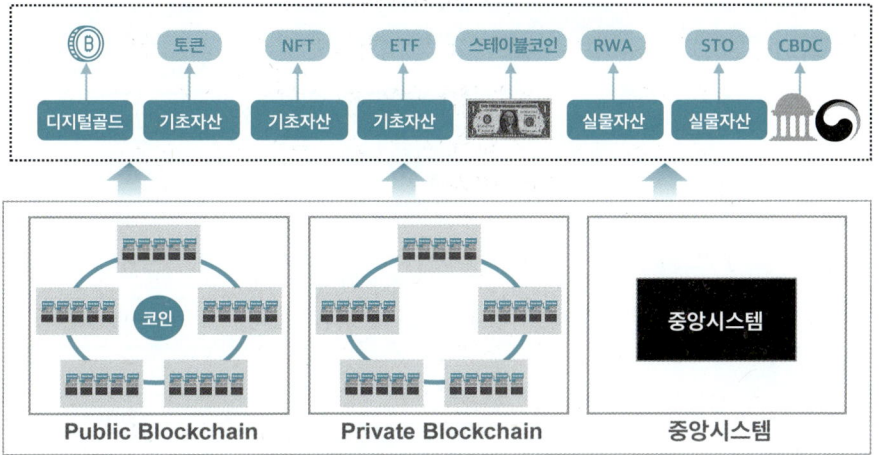

- 비트코인 - 디지털 골드라는 기초자산을 기반으로 발행된 디지털화폐
- 토큰, NFT, ETF - 기초자산의 거래 편리성을 위한 전형적인 토큰 구조
- 스테이블코인(법정화폐 1:1 페깅 가정) - 법정화폐를 기반으로 발행된 디지털화폐
- RWA, STO - 현실의 자산을 기반으로 발행된 토큰·토큰증권
- CBDC - 중앙은행이라는 신뢰기관을 기반으로 발행된 디지털화폐

그림 5-4 다양한 디지털 자산의 발행 위치 및 구조

디지털 자산의 유형과 속성

디지털 자산의 실체를 한마디로 정리하면 **자산에 대한 '권리'**이다. 이 권리와 관련하여 디지털 자산은 다양한 속성을 지니는데, 이러한 각 속성마다 다양한 디지털 자산 유형과 용어들이 생겨나고 있다.

그림 5-5에서 디지털 자산의 실체인 '권리'가 여러 속성에 따라 다양한 용어와 유형으로 파생되어 가는 모습을 볼 수 있다. 이처럼 다양한 용어와 유형이 범람하고 있음에도, 그 본질과 실체는 모두 동일하다. (참고로 그림 5-5에 정리한 속성 매칭 및 디지털 자산 유형은 단지 하나의 예시일 뿐이며, 다양한 관점과 해석에 따라 다양하게 이해될 수 있다.)

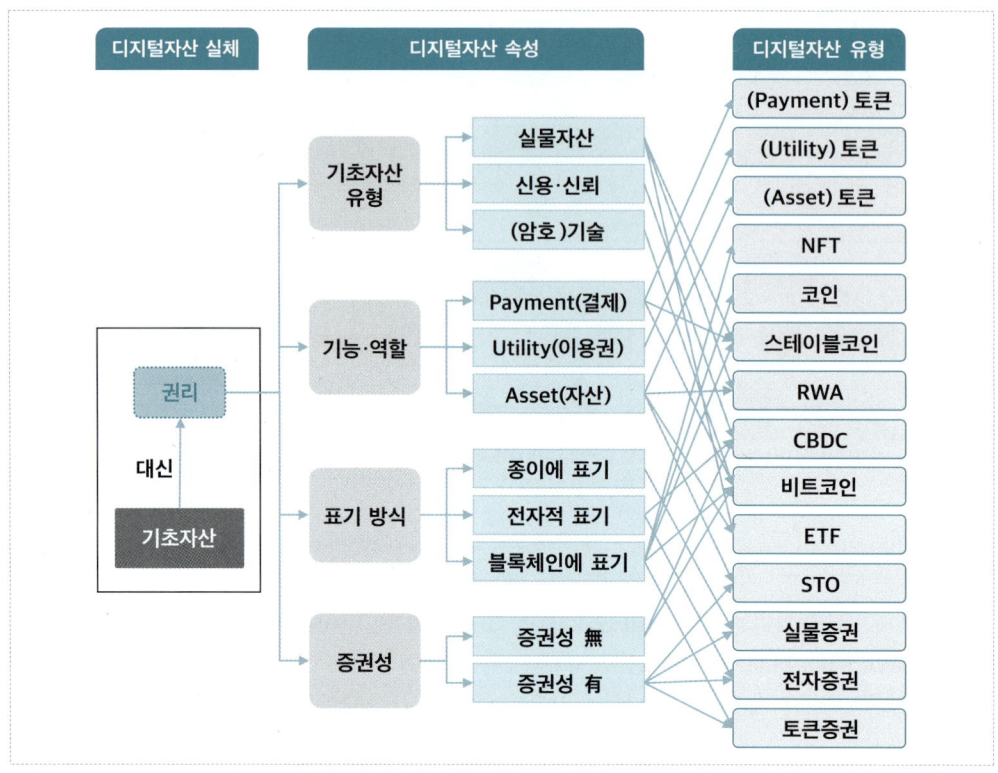

그림 5-5 디지털 자산의 속성과 유형 예시

14.2 디지털 자산의 속성

이제부터는 본격적으로 디지털 자산의 다양한 속성을 하나씩 정리해 살펴보겠다. 이를 바탕으로, 다음 장에서는 다양한 디지털 자산 사례(비트코인, 이더리움, RWA, 토큰증권, CBDC 등 11가지)에 어떤 의미와 가치가 있는지 분석해 보고자 한다.

14.2.1 디지털 자산의 7가지 속성

디지털 자산은 기본적으로 기초자산, 표상, 증서·토큰으로 구성된다. 이 구조를 기반으로 그림 5-6에서처럼 총 7가지 속성을 식별할 수 있다.

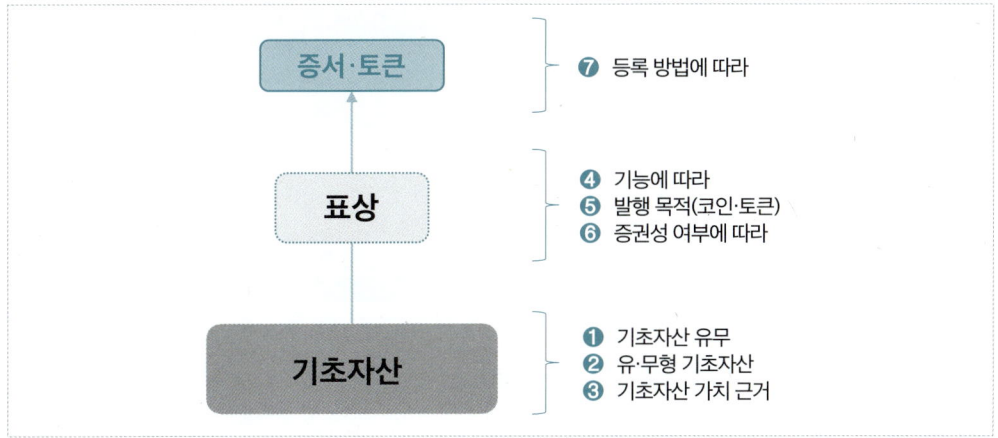

❶ 기초자산 유무 - 자산의 경우 당연히 기초자산이 존재해야 하지만, 기초자산 없이 디지털 자산이 발행되는 경우가 있다.

❷ 유·무형 기초자산 - 자산은 전통적으로 유형자산을 말하지만 최근에는 무형자산도 가치를 인정받고 있다.

❸ 기초자산 가치 근거 - 증서·토큰의 가치는 기본적으로 기초자산의 가치에 기반하기에, 기초자산의 가치 신뢰성이 중요하다.

❹ 기능에 따라 - 증서·토큰이 어떤 역할·기능으로 발행되었는지 이해가 필요하다.

❺ 발행 목적(코인·토큰) - 블록체인의 인센티브 목적으로 발행된 코인인지, 아니면 서비스 영역에서 기초자산 기반으로 발행된 토큰인지 이해할 필요가 있다.

❻ 증권성 여부에 따라 - 증권성 여부도 중요하다. 만일 증권성이 있다면 증권이나 토큰증권이 된다.

❼ 등록 방법에 따라 - 증서와 토큰은 기본적으로 권리 내용을 기재하는 방식이니, 권리 내용을 어디에 어떻게 기재하는지도 알아야 한다.

그림 5-6 토큰의 기본구조와 7가지 속성 이해

그럼 식별된 7가지 속성을 하나씩 자세히 살펴보면서, 해당되는 디지털 자산 유형과 사례를 정리해 보도록 하겠다.

- ❶ 기초자산 유무

    자산은 '기초자산-토큰'으로 이루어진다. 이때 증서와 토큰은 기본적으로 아무런 내재적 가치가 없다. 우리가 가치를 부여하는 이유는 증서와 토큰의 발행 기반이 되는 기초자산(실물자산)이 있기 때문이다.

    증서와 토큰은 당연히 기초자산(실물자산)을 기반으로 발행되어야 한다고 생각하지만, 사실 기초자산이 없는 경우도 있다. 그림 5-7은 기초자산이 있는 경우와 없는 경우를 구분하여 보여준다.

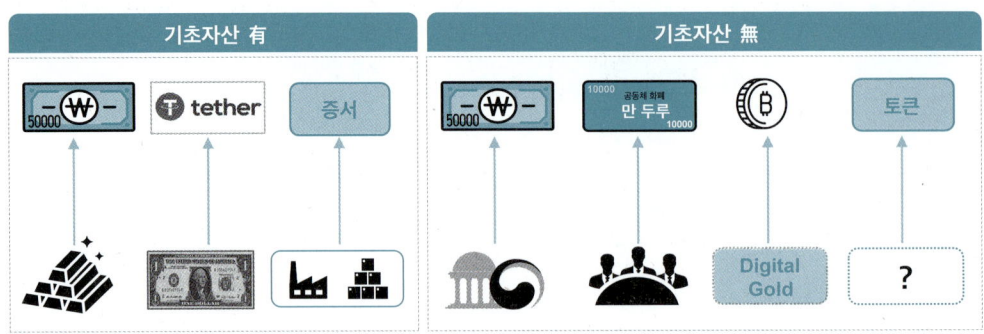

그림 5-7 기초자산 유무에 따른 증서·토큰 사례

1부에서 기초자산(실물자산) 없이 증서·토큰이 발행되는 2가지 사례를 언급했다. 하나는 신용화폐이고, 다른 하나는 비트코인이다. 물론 신용화폐도 중앙은행이라는 신뢰기관을 기반으로 발행되고, 비트코인은 디지털 골드를 기반으로 발행된다고 해석할 수 있다. 하지만 실물자산이라는 관점에서 보면 기초자산이 없다고 이해할 수도 있다.

(실물자산 기반의) 기초자산 유무가 중요한 이유는, 토큰에 대한 가치 평가에 참조가 되기 때문이다. 아무래도 실물자산을 기반으로 발행된 토큰(예를 들면 RWA)은 실물자산 없이 발행된 토큰보다 가치 측면에서 높게 평가될 수 있고 가치도 인정할 수 있다.

- ❷ 유·무형 기초자산

  디지털 자산의 가치를 평가하고 신뢰하는 가장 중요한 기준은 바로 기초자산이다. 기초자산은 유형자산과 무형자산으로 구분할 수 있다. 유형자산을 기반으로 발행된 토큰으로는 RWA, 토큰증권, 조각투자(한우, 미술품 등) 등을 생각해 볼 수 있다. 무형자산을 기반으로 발행된 토큰으로 대표적인 것은 뮤직카우의 '저작권료 참여 청구권'이다.

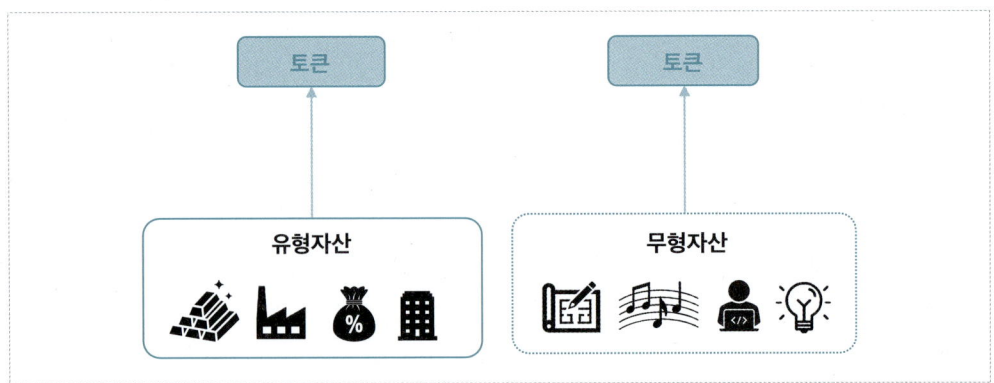

그림 5-8 유·무형 기초자산

얼핏 유형자산 기반 토큰이 무형자산 기반 토큰보다 더 가치가 있거나 신뢰할 수 있다고 생각할 수 있지만, 최근에는 저작권, 특허권, 라이선스, 지적재산권 등 무형자산도 가치를 보장받고 있다.

비정형적 증권인 '비금전신탁 수익증권'이 주로 토큰증권으로 발행될 예정이다. 앞으로도 다양한 무형자산에 기반한 비금전신탁 수익증권이 토큰증권으로 발행될 것으로 보인다.

- **❸ 기초자산 가치 근거**

  토큰의 가치는 기초자산의 가치에 기반한다. 토큰의 가치 여부와 그 정도를 평가하기 위해서는 결국 기초자산의 가치 유무와 그 정도를 평가해야 한다. (디지털) 자산의 사례들을 살펴볼 때, 기초자산의 가치 근거는 크게 그림 5-9와 같이 세 가지로 구분할 수 있다.

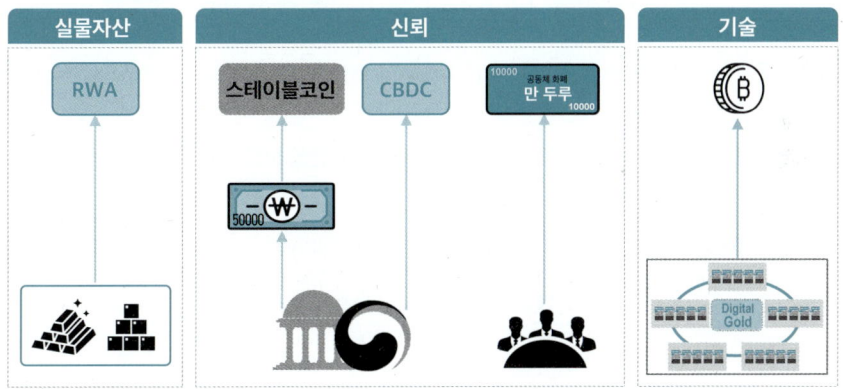

그림 5-9 기초자산의 가치 근거

- 첫째는 **실물자산에 의한 가치**이다. 일반적으로 사람들은 실물자산에 대해 가치를 인정하기 때문에 실물자산에 기반한 토큰은 가치의 신뢰성을 보장받을 수 있다. 실물자산 기반으로 발행되는 대표적인 토큰이 RWA이다. 최근 RWA가 주목을 받는 것도 아무런 가치가 없는 가상자산 대비, 실물자산에 기반하여 가치를 인정받기 때문이다.
- 둘째는 **신뢰에 대한 가치 부여**이다. 정부나 법과 같은 강력한 신뢰기반이 그 가치를 보장한다면 설사 아무런 내재적 가치가 없더라도 그 가치를 보장받을 수 있다. 또한 공동체 커뮤니티 상호 간의 신뢰를 기반으로 가치를 보장받을 수도 있다.
- 마지막으로 **기술에 의한 가치 부여**이다. 비트코인은 탈중앙 환경에서도 신뢰가 보장된 화폐시스템이다. 비트코인 구현의 기반은 바로 블록체인과 암호기술이다. 결국 블록체인과 암호기술 기반으로 작동하는 화폐시스템을 신뢰하고, 따라서 그것을 기반으로 발행되는 비트코인에 대해 가치를 부여한다고 볼 수 있다.

- **❹ 기능에 따라**

  토큰이 어떤 기능과 역할로 발행되었는지도 그 토큰의 가치와 의미를 평가하는 데 중요한 근거가 될 수 있다. 토큰의 기능 관점에서 토큰의 유형을 분류한 대표적인 사례가 FINMA 유형 분류 모델로, 그림 5-10과 같이 3가지 유형이 존재한다.

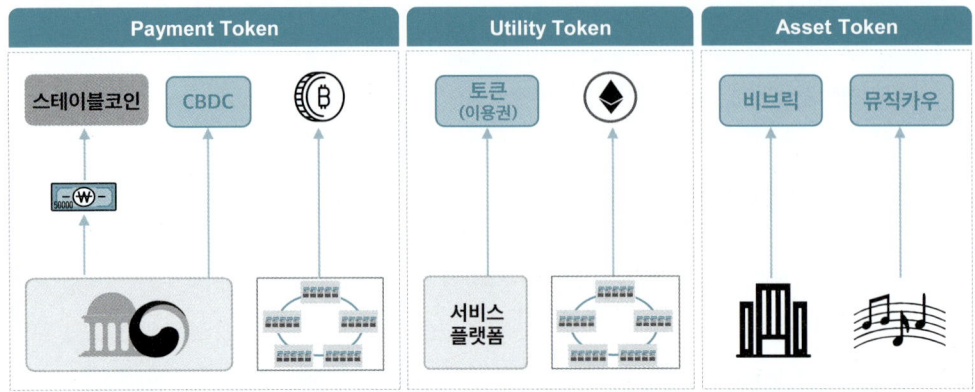

- **결제 토큰**(Payment Token): 상품이나 서비스의 결제 수단으로 사용되는 토큰. 비트코인, 테더(Tether), 스테이블코인 등이 대표적이다.
- **유틸리티 토큰**(Utility Token): 특정 플랫폼의 이용권과 접근권을 보장하는 토큰. 이더리움의 이더(Ether)를 비롯해 다수의 토큰들이 존재한다.
- **자산 토큰**(Asset Token): 소유권, 배당, 이자 등 금융 권리를 제공하는 토큰. 토큰증권, STO 등을 들 수 있다.

그림 5-10 토큰의 기능 관점 유형

❺ 발행 목적 (토큰 & 코인)

코인과 토큰의 개념 및 차이점은 앞서 충분히 설명했다. 토큰이 기초자산을 단순히 대체한 것인 데 비해, 코인은 탈중앙 블록체인에서 인센티브 목적으로 발행된 것으로 이해할 수 있다.

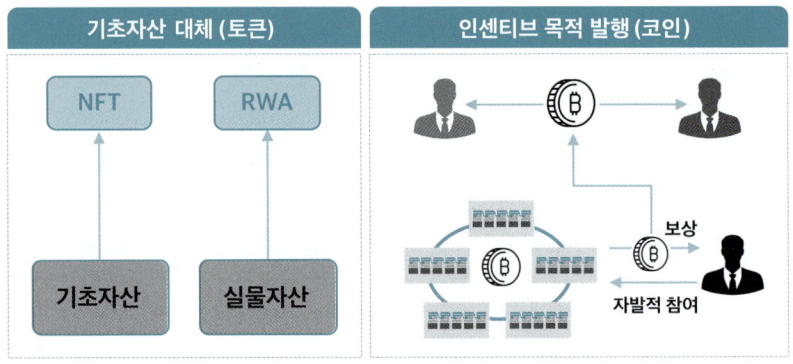

그림 5-11 토큰과 코인

- **❻ 증권성 여부**

  증권성에 관해서는 3~4부에서 자세히 설명했기 때문에 넘어가도록 하겠다. 일반적인 증서나 토큰이 금융 분야에서 투자성 목적으로 발행되면 증권과 토큰증권이 된다.

- **❼ 등록 방식에 따라**

  자산은 권리라고 했다. 권리가 기록되는 방법과 유형은 다양하다. 일반적으로 문서에 기록, 전자적으로 중앙 계좌부에 기록, 전자적으로 분산원장에 기록 등을 생각할 수 있다.

14.3 디지털 자산 사례 분석

디지털 자산 중에서도 최근 주목받고 있는 분야가 '자산의 토큰화'와 '디지털화폐'이다. 자산의 토큰화의 대표적인 사례로는 RWA, 조각투자, 토큰증권(비브릭), 뮤직카우 등이 있으며, 디지털화폐의 대표적인 사례로는 비트코인, 테더, 디엠, CBDC 등이 있다.

다양한 토큰과 코인이 넘쳐나는 만큼, 우리는 각각을 제대로 이해해야 한다. 이번 장에서는 앞서 식별한 '디지털 자산의 7가지 속성'을 기반으로 '자산의 토큰화'와 '디지털화폐' 분야의 대표 사례 11가지를 찾아서 분석해 보고자 한다. 참고로 11가지 사례에 대한 분석은 **"지극히 개인적인 생각이나 의견"** 정도이다. 관련 내용은 단순히 참고만 하고 별도의 자료들을 참조하면서 독자분들도 각자 고민해 보길 권한다.

14.3.1 디지털화폐

1. 비트코인

디지털화폐의 대표격인 비트코인부터 살펴보자. 비트코인을 7가지 속성으로 분석해 보겠다. 비트코인 백서나 기타 자료를 보면 금본위제와 유사한 화폐시스템을 목표로 했다는 것을 유추해 볼 수 있다. 비트코인은 자발적인 참여와 채굴(연산작업)을 통해 인센티브 목적으로 발행되고, 이렇게 발행된 비트코인은 화폐로 활용된다.

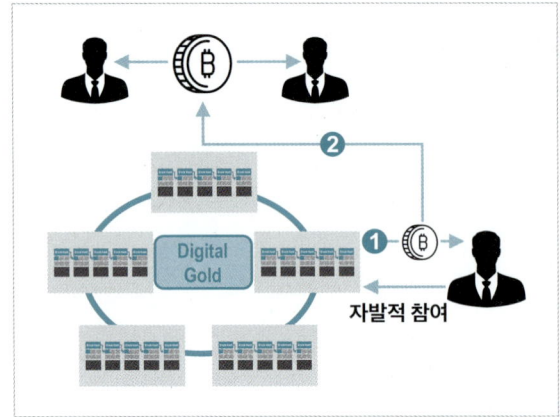
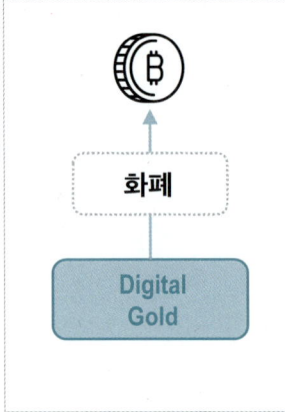

그림 5-12 비트코인 구조 분석

비트코인은 인센티브 목적으로 발행된 코인이기도 하지만, '디지털 골드'라는 기초자산을 기반으로 '화폐 기능'으로 발행된 토큰 개념으로도 볼 수 있다.

- **❶ 기초자산 유무** - 비트코인은 아무런 기초자산 없이 탈중앙 기반으로 발행된 디지털화폐로 볼 수 있다. 암호기술을 통해 구현된 '디지털 골드'를 기초자산으로 이해할 수 있지만 일반적인 관점에서 보자면 '디지털 골드'를 기초자산으로 인정하기에는 다소 무리가 있어 보인다.
- **❷ 유·무형 기초자산** - 기초자산 없이 발행되었기 때문에 해당되지 않는다.
- **❸ 기초자산 가치 근거** - 비트코인이 세상에 나왔을 때 가장 많이 공격을 받았던 부분이 바로 '비트코인은 아무런 내재적 가치가 없다'는 것이었다. 그럼에도 불구하고 사람들은 그 기반 기술인 '암호기술·블록체인'에 주목했고 블록체인 기술 기반으로 구현된 디지털 골드에 가치를 부여하는 사람들도 늘어나기 시작했다. 비트코인은 (암호)기술에 기반하여 가치가 부여되고 있다고 보는 것이 맞을 것 같다.
- **❹ 기능에 따라** - 비트코인은 화폐 목적으로 개발 및 발행되었지만 점점 안전자산으로 자리를 잡아 가는 듯하다. FINMA 유형으로 보자면, 지불(Payment) 토큰 또는 자산(Asset) 토큰으로 이해할 수 있다.
- **❺ 발행 목적(코인·토큰)** - 비트코인은 탈중앙 시스템에서 자발적인 참여를 유인하기 위해 인센티브 목적으로 발행된 코인인 동시에 본연의 기능인 화폐 목적으로 발행된 토큰으로도 볼 수 있다. 비트코인은 코인과 토큰의 속성을 모두 지니고 있다고 볼 수 있다.
- **❻ 증권성 여부** - *별도 정리(다음 표)
- **❼ 등록 방식** - 비트코인은 발행 및 이전 거래내역이 트랜잭션 형태로 모두 블록체인에 기록·저장되는 방식으로 권리가 보장된다.

- **비트코인의 증권성 여부 판단**

  4가지 증권 판단 기준을 기반으로 비트코인의 증권성 여부를 검토하면 다음과 같다.

증권 판단 기준	설명
❶ 금전 투자	증권은 기본적으로 금전투자에 대한 취득 수익권리임
	비트코인은 CPU 자원 투입을 통해 발행됨
❷ 손익 귀속 권리	기본적으로 자금 조달 목적으로 발행되지 않음
	금전을 투자하고 취득하는 권리를 상징화한 것이 아님
❸ 공동사업	자금을 조달해서 어떤 사업에 투자하는 것이 아님
❹ 타인 수행	탈중앙 기반으로 작동, 타인의 노력으로 수익이 창출되지 않음

⇨ 증권성 여부 판단 : 증권이 전혀 아니다.

표 5-1 비트코인의 증권성 여부

분석 결과 비트코인은 다음과 같이 정리할 수 있다.

속성	평가	설명
❶ 기초자산 유무	기초자산 無	어떤 기초자산도 없이 탈중앙 기반으로 발행됨
❷ 유·무형 기초자산	N/A	기초자산이 없기 때문에 해당되지 않음
❸ 기초자산 가치 근거	(암호)기술	암호기술을 통한 디지털 골드 가치 구현
❹ 기능	Payment	화폐 목적으로 발행되었지만 안전자산 성격
❺ 발행 목적(코인·토큰)	코인·토큰	인센티브와 화폐 발행을 연계해서 설계
❻ 증권성 여부	증권 아님	4가지 판단 기준에 모두 부합되지 않음
❼ 등록 방식	블록체인	비트코인 권리내용이 모두 블록체인에 기록됨

표 5-2 비트코인 종합 정리

2. 이더리움 이더(Ether)

이더리움은 다양한 서비스에 활용하기 위한 범용 블록체인 플랫폼이다. 탈중앙 시스템인 이더리움은 자발적인 참여 유인을 위해 인센티브 목적으로 이더$_{Ether}$를 발행하며, 발행된 이더는 이더리움에서 트랜잭션 수행을 위한 가스 수수료로 활용된다.

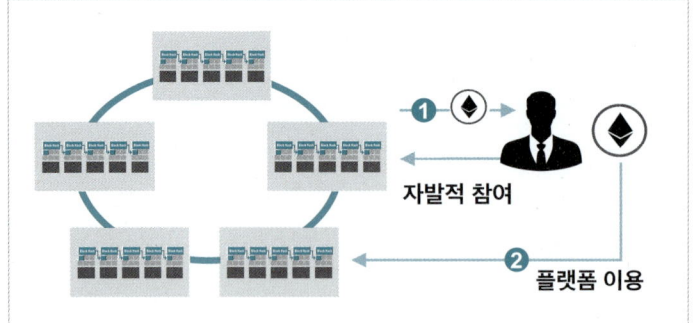
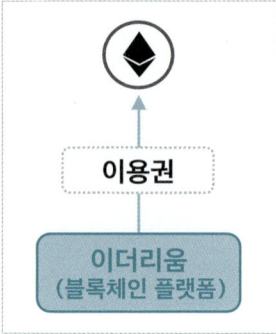

그림 5-13 이더리움 구조 분석

❶ **기초자산 유무** - 이더리움 이더(Ether)는 아무런 기초자산 없이 탈중앙 기반 인센티브 목적 및 이더리움 이용권 목적으로 발행된 디지털 자산이다. 범용 블록체인 플랫폼인 이더리움이라는 기초자산을 기반으로 발행된 것으로 이해할 수도 있지만 일반적인 관점에서 보자면 이더리움 자체를 기초자산으로 인정하기는 다소 무리다.

❷ **유·무형 기초자산** - 기초자산 없이 발행되었기 때문에 해당되지 않는다. 이더리움을 기초자산으로 간주하여 구분한다면 무형 기초자산이 될 수 있다.

❸ **기초자산 가치 근거** - 이더리움은 다양한 서비스 분야에서 탈중앙 기반으로 서비스를 구현할 수 있는 기반 플랫폼이다. 스마트 컨트랙트와 토큰을 연계하여 신뢰 기반 계약을 자동으로 이행할 수 있는 플랫폼으로서 가치를 지닌다. 실물자산, 신뢰, 기술 등 3가지 기준으로 보자면 기초자산의 가치 근거는 기술이다. 이더리움 생태계에 대한 신뢰도 고려해 볼 수 있다.

❹ **기능에 따라** - 이더리움 백서에는 이더(Ether)의 기능을 이더리움에서 트랜잭션 처리를 위한 가스 수수료로 이용할 수 있다고 명시하고 있다. 따라서 이더(Ether)는 이더리움 플랫폼의 이용권으로 활용될 수 있다. FINMA 기준으로 보자면 유틸리티(Utility) 토큰이다.

❺ **발행 목적**(코인·토큰) - 이더리움은 탈중앙 시스템에서 자발적인 참여를 유인하기 위한 인센티브 목적을 가지며, 동시에 이더리움 플랫폼의 이용권으로 활용된다. 인센티브 관점에서는 코인으로 볼 수 있으며, 이더리움 플랫폼 이용권을 표상화한 토큰으로 볼 수도 있다.

❻ **증권성 여부** - *별도 정리(다음 표)

❼ **등록 방식** - 이더(Ether) 관련 데이터는 모두 이더리움 블록체인 플랫폼에 기록·저장된다.

- 이더리움 이더(Ether)의 증권성 여부 판단

    4가지 증권 판단 기준을 기반으로 이더리움 이더(Ether) 증권성 여부를 검토하면 다음과 같다. 참고로 이더리움 이더(Ether)의 증권성 여부는 이전에 그림 3-30에서 충분히 살펴보았다.

증권 판단 기준	설명
❶ 금전 투자	(개발) 이더리움 개발 목적 ICO 진행
	(운용) POS 기반 Staking Pool에 이더(금전)를 위탁하고 보상
❷ 손익 귀속 권리	(개발) 이더리움 개발을 위해 비트코인을 투자하고 이더 배분
	(운용) Staking Pool에 지분 참여하고 수익 배분
❸ 공동사업	(개발) 이더리움 개발 프로젝트라는 공동사업
	(운용) POS 참여를 위한 Staking Pool에 공동 참여
❹ 타인 수행	이더리움은 사실상 이더리움 재단과 비탈릭 부테린에 의해 성과 좌우*

⇨ 증권성 여부 판단 : 증권 가능성이 높다.

표 5-3 이더의 증권성 판단

> **📖 Note**
>
> **BDFL(자유로운 종신 독재자)**
>
> 오픈소스는 커뮤니티를 기반으로 작동한다. 많은 사람이 자유롭게 참여하며 상당히 민주적이고 평화적으로 운영되는 것 같지만, 많은 논쟁과 분열이 발생하는 것은 물론, 최종 의사결정에서도 적잖은 갈등과 혼란이 있다. 따라서 오픈소스 커뮤니티에서도 소수의 핵심 개발자나 프로젝트 리더들이 방향을 수립하고 의사결정 역할을 맡게 된다. 그중에서도 정점에 있는 사람에게 'BDFL(자유로운 종신 독재자)'이란 호칭이 부여된다. 이는 보통 소프트웨어를 처음 만들고 초기 개발 과정을 이끌었던 사람이 이런 타이틀을 갖게 된다.
>
> BDFL은 공식적인 직함은 아니며, 부정적인 뉘앙스보다는 오픈소스의 현실을 유머러스하게 대변하는 용어라고 볼 수 있다. 이더리움 역시 오픈소스로, 탈중앙 기반으로 작동하지만 이더리움 창시자인 비탈릭 부테린의 영향력과 의견을 무시할 수 없는 상황이다. 말하자면 비탈릭은 이더리움의 BDFL이며, 사업 성과와 방향성을 좌우할 수 있는 핵심적인 위치에 있다고 볼 수 있다.

분석 결과 이더리움 이더Ether는 다음과 같이 정리할 수 있다.

속성	평가	설명
❶ 기초자산 유무	기초자산 無	탈중앙 기반 발행 (이더리움을 기초자산으로 간주 가능)
❷ 유·무형 기초자산	N/A	해당되지 않음 (간주된다면 무형자산)
❸ 기초자산 가치 근거	기술, 신뢰	이더리움 기술 및 이더리움 생태계에 대한 신뢰
❹ 기능	Utility	이더리움 블록체인 플랫폼 이용권으로 활용
❺ 발행 목적(코인·토큰)	코인·토큰	인센티브 목적 동시에 이더리움 이용권
❻ 증권성 여부	증권 가능성	증권 가능성이 높음
❼ 등록 방식	이더리움	관련 데이터는 모두 이더리움에 기록

표 5-4 이더 종합 정리

3. 테라·루나

권도형이 설립한 테라폼랩스는 알고리즘 기반 스테이블코인인 테라 프로젝트를 추진했다. UST(테라 USD)는 미 달러$_{USD}$와 가격을 1:1로 고정한 스테이블코인이고, 자매 코인인 루나$_{LUNA}$는 테라의 가격을 일정하게 유지하기 위해 수요와 공급을 일정하게 맞추는 역할을 수행하는 코인이다. (그림 2-52 참조)

테라폼랩스는 자금을 끌어들이기 위해 20% 수익을 보장한다는 조건으로 루나$_{LUNA}$를 투자자들에게 판매했다. 테라폼랩스 입장에서 루나 코인은 자금 조달을 위해 발행한 상품이고, 투자자 입장에서는 테라 프로젝트에 투자해 수익을 나눠 받을 권리가 표상된 토큰이다. 투자자들이 받은 루나는 전형적인 증권이라고 볼 수 있다.

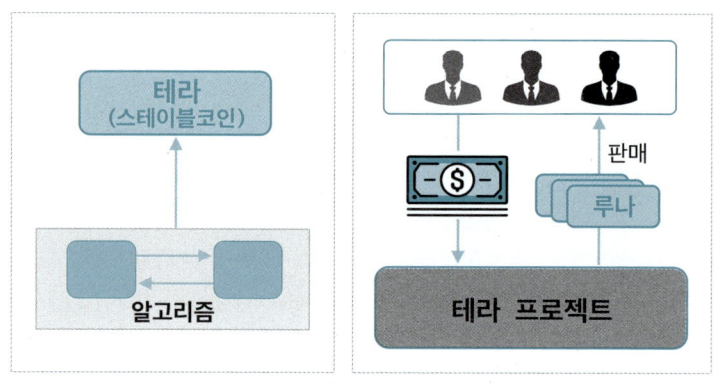

그림 5-14 테라·루나 구조 분석

- ❶ **기초자산 유무** - 테라는 알고리즘 기반으로 발행되는 스테이블코인이다. 알고리즘을 기초자산으로 보기는 어렵다.
- ❷ **유·무형 기초자산** - 해당되지 않는다. 만일 알고리즘을 기초자산으로 인정한다면 무형 자산에 해당된다.
- ❸ **기초자산 가치 근거** - 실물자산, 신뢰, 기술 관점에서 보자면 기술(알고리즘)이라고 볼 수 있다.
- ❹ **기능에 따라** - 스테이블코인인 테라는 결제(Payment) 토큰으로 볼 수 있다. 반면 루나는 테라의 가치를 USD와 1:1로 매칭하는 목적으로 활용된다. FINMA 관점에서 보자면 유틸리티(Utility) 토큰으로 활용된다고 볼 수 있다.
- ❺ **발행 목적(코인·토큰)** - 테라·루나는 블록체인 인센티브 목적으로 발행되는 코인이 아니며 결제(Payment)와 유틸리티(Utility) 목적으로 발행되는 토큰이다.
- ❻ **증권성 여부** - *별도 정리(다음 표)

❼ **등록 방식** - 테라·루나는 블록체인에 전자등록되는 것으로 이해된다.

- **테라·루나의 증권성 여부 판단**
  4가지 증권 판단 기준을 기반으로 테라·루나의 증권성 여부를 검토하면 다음과 같다.

증권 판단 기준	설명
❶ 금전 투자	투자자는 테라 프로젝트에 금전을 투자
❷ 손익 귀속 권리	금전을 투자하고 취득 권리인 루나 코인 획득
❸ 공동사업	테라 프로젝트라는 공동사업
❹ 타인 수행	권도형을 비롯한 테라폼랩스에 의해 운영

⇨ 증권성 여부 판단 : 증권 가능성이 매우 높다.

표 5-5 테라, 루나의 증권성 판단

분석 결과 테라·루나는 다음과 같이 정리할 수 있다.

속성	평가	설명
❶ 기초자산 유무	기초자산 無(?)	알고리즘을 기초자산으로 간주하기에 다소 무리
❷ 유·무형 기초자산	무형 자산	기초자산으로 간주된다면 무형 자산
❸ 기초자산 가치 근거	기술	USD와 1:1로 항상 유지시키는 알고리즘(기술) 기반
❹ 기능	Utility	루나는 테라의 스테이블코인 구현 목적으로 이용
❺ 발행 목적(코인·토큰)	토큰	인센티브 목적이 아닌 기능 관점 토큰
❻ 증권성 여부	증권	투자계약증권 가능성
❼ 등록 방식	분산원장	블록체인에 전자등록되는 것으로 이해

표 5-6 테라 루나 종합 정리

4. 테더(Tether)

테더$_{Tether}$는 가상화폐의 변동성 이슈에 대응하기 위해 '법정화폐이자 세계 기축통화'인 USD를 기초자산으로 1:1로 페깅한 스테이블코인이다.

테더는 가치 측면에서 USD와 연동되어 있으며 형태상으로는 디지털화폐다. 디지털 형태의 화폐로서 빠르고 저렴한 지불 및 거래가 가능하고 국경을 넘어 빠르고 효율적인 가치 이전 및 전송이 가능하다.

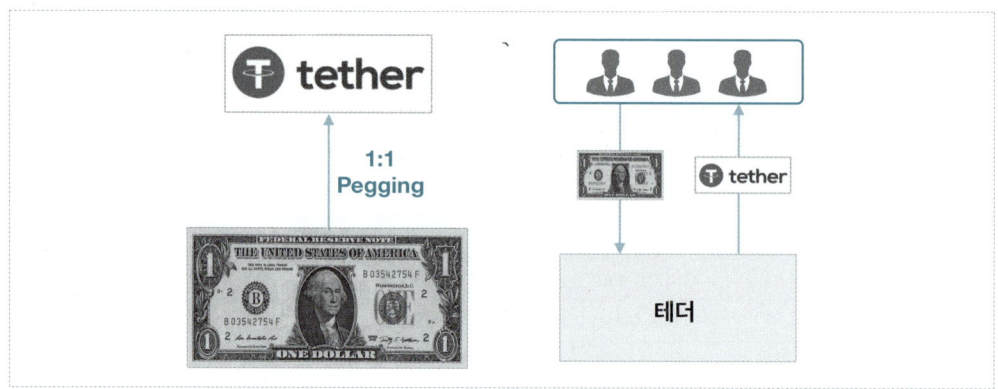

그림 5-15 테더 구조 분석

- **❶ 기초자산 유무** - 테더(Tether)는 USD를 기초자산으로 발행되는 스테이블코인이다.
- **❷ 유·무형 기초자산** - USD는 유형 자산이다.
- **❸ 기초자산 가치 근거** - 실물자산, 신뢰, 기술 관점에서 보자면 실물자산에 근거한다.
- **❹ 기능에 따라** - 아날로그 형태의 USD를 대신한 디지털화폐다. 대신 가치는 USD와 페깅되어 있어 가치가 보존된다. FINMA 관점에서 보자면 결제(Payment) 토큰으로 활용된다고 볼 수 있다.
- **❺ 발행 목적(코인·토큰)** - 테더는 USD를 기반으로 디지털 형태로 대신·대체한 전형적인 토큰이다.
- **❻ 증권성 여부** - *별도 정리(다음 표)
- **❼ 등록 방식** - 테더는 블록체인에 전자등록되어 거래된다.

- 테더(Tether)의 증권성 여부 판단

  4가지 증권 판단 기준을 기반으로 테더의 증권성 여부를 검토하면 다음과 같다.

증권 판단 기준	설명
❶ 금전 투자	투자라기보다는 편리한 디지털화폐로 교환하는 개념
❷ 손익 귀속 권리	손익 목적보다는 다른 화폐로 대체
❸ 공동사업	테더(Tether) 프로젝트
❹ 타인 수행	테더 리미티드(Tether Limited) 운영

⇨ 증권성 여부 판단 : 증권 가능성이 낮다. (*운영 방식에 따라 증권일 가능성은 있음)
* 테더 발행을 위한 예치금이 수익목적의 투자로 활용되고 발생된 수익이 투자자에게 배분된다면 증권일 가능성이 높아진다.

표 5-7 테더 증권성 판단

분석 결과 테더Tether는 다음과 같이 정리할 수 있다.

속성	평가	설명
❶ 기초자산 유무	기초자산 有	USD를 기초자산으로 USDT 발행
❷ 유·무형 기초자산	유형 자산	USD는 유형 자산
❸ 기초자산 가치 근거	실물자산	세계 기축통화인 USD라는 실물자산 기반
❹ 기능	Payment	디지털 방식의 결제 및 지급 목적으로 활용
❺ 발행 목적(코인·토큰)	토큰	인센티브 목적이 아닌 기능 관점 토큰
❻ 증권성 여부	증권성 낮음	증권 가능성은 낮으나 향후 증권화 가능성 높음
❼ 등록 방식	분산원장	다양한 블록체인에 전자등록됨

표 5-8 테더 종합 정리

5. 디엠(옛 Libra)

2019년 페이스북(현 메타)은 '리브라Libra'라는 프로젝트를 발표했다. 리브라는 전 세계 사람들에게 간편한 글로벌 화폐와 금융 서비스를 제공한다는 목적으로 발행된 글로벌 디지털화폐였다. 리브라는 가치의 신뢰성 확보를 위해 실질 담보 자산을 기반으로 발행한다고 밝혔다. 여러 개의 법정화폐를 묶은 바스켓과 채권 등을 기초자산으로 발행된 디지털화폐로 이해할 수 있다.

리브라는 곧 미국 정부와 일부 유럽 국가들의 공격을 받았고, 일부 성격을 조정하여 '디엠Diem'으로 리브랜딩했다. 그러나 디엠도 결국 각국 정부의 압박에 굴복하고 사실상 사업을 중단하게 되었다.

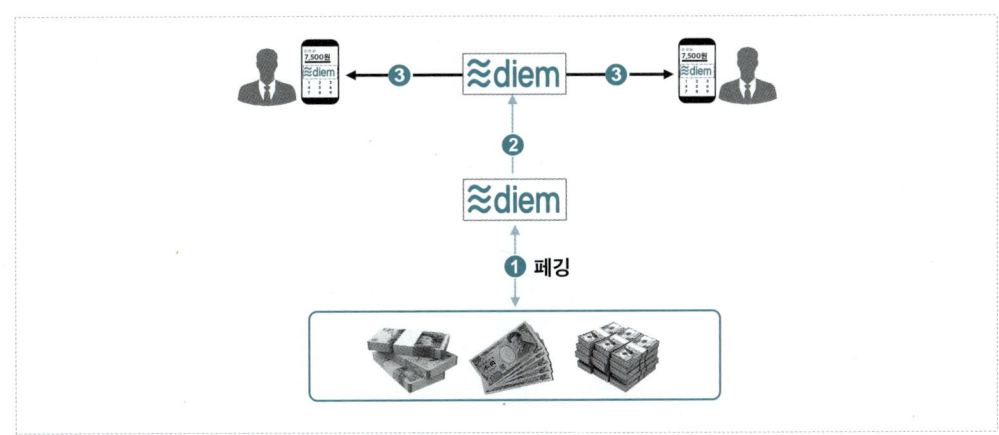

그림 5-16 디엠 구조 분석

❶ **기초자산 유무** - 디엠(Diem)은 세계 여러 법정화폐와 채권을 기초자산으로 발행되는 디지털화폐다.

❷ **유·무형 기초자산** - 디엠의 기초자산은 각국 법정화폐와 채권으로서 유형 자산이다.

❸ **기초자산 가치 근거** - 실물자산, 신뢰, 기술 관점에서 보자면 실물자산에 근거한다.

❹ **기능에 따라** - 전통적인 금융 인프라로부터 소외된 사람들에게 인터넷을 통해 자유롭게 송금 및 결제할 수 있는 기능을 목표로 했다. FINMA 관점에서 보자면 결제(Payment) 토큰으로 활용된다고 볼 수 있다.

❺ **발행 목적(코인·토큰)** - 디엠은 각국 법정화폐와 채권을 기반으로 발행된 디지털화폐로서 전형적인 토큰이다.

❻ **증권성 여부** - *별도 정리(다음 표)

❼ **등록 방식** - 디엠은 블록체인에 전자등록된다.

- **디엠(Diem)의 증권성 여부 판단**

  4가지 증권 판단 기준을 기반으로 디엠의 증권성 여부를 검토하면 다음과 같다.

증권 판단 기준	설명
❶ 금전 투자	금전 투자가 아닌 편리한 디지털화폐인 디엠으로 교환하는 개념
❷ 손익 귀속 권리	투자가 아니며 손익 귀속으로 발행되는 것도 아님
❸ 공동사업	디엠(Diem) 프로젝트
❹ 타인 수행	리브라 어소시에이션

⇨ 증권성 여부 판단 : 증권이 아니다.

표 5-9 디엠의 증권성 판단

분석 결과 디엠(Diem)은 다음과 같이 정리할 수 있다.

속성	평가	설명
❶ 기초자산 유무	기초자산 有	세계각국 법정화폐 바스켓과 채권 기반 발행
❷ 유·무형 기초자산	유형 자산	세계각국 법정화폐 바스켓과 채권
❸ 기초자산 가치 근거	실물자산	세계 기축통화인 실물자산 기반
❹ 기능	Payment	디지털 방식의 결제 및 지급 목적으로 활용
❺ 발행 목적(코인·토큰)	토큰	인센티브 목적이 아닌 기능 관점 토큰
❻ 증권성 여부	증권성 없음	증권 가능성은 매우 낮음
❼ 등록 방식	분산원장	블록체인에 전자등록

표 5-10 디엠 종합 정리

6. 중앙은행 디지털화폐(CBDC, Central Bank Digital Currency)

CBDC는 "Central Bank Digital Currency"의 약자로, 말 그대로 중앙은행에서 발행한 디지털화폐다. 비트코인이나 가상자산을 통해 디지털화폐가 주목받자 중앙은행에서도 기존 지류 형태인 법정화폐를 디지털 형태의 화폐로 대체하려고 것이 CBDC다. 즉 CBDC는 본질적으로 탈중앙화와 배치되는 중앙기관을 통해 발행되는 화폐다.

블록체인과의 연관성 측면에서 보자면, 블록체인은 CBDC 구현을 위한 일부 보완 기술 요소로 활용될 것으로 보인다. 즉 한국은행에서 CBDC 구현에 블록체인을 활용한다면 탈중앙 기반으로 CBDC를 발행하려는 것이 아니라 단순히 블록체인의 기술적 특장점을 부분적 활용하는 것으로 이해하면 된다.

비트코인이나 CBDC는 모두 투자 개념과 상관없는 순수한 화폐이다. 단지 비트코인은 탈중앙 기반으로 발행되는 디지털화폐이고 CBDC는 한국은행(중앙기관)에서 발행하는 디지털화폐란 차이점이 있다.

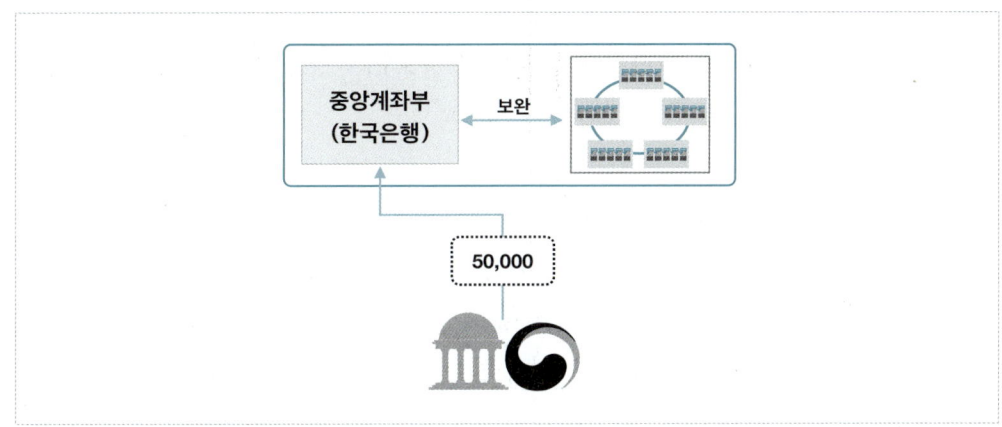

그림 5-17 CBDC 구조 분석

❶ **기초자산 유무** - CBDC는 한국은행에서 발행하는 화폐이다. 기초자산이 아니라 법과 정부에 대한 신뢰를 기반한다고 볼 수 있다.

❷ **유·무형 기초자산** - 기초자산이 존재하지 않는다.

❸ **기초자산 가치 근거** - 실물자산, 신뢰, 기술 관점에서 보자면 정부에 대한 신뢰로 이해할 수 있다.

❹ **기능에 따라** - CBDC는 화폐이다.

❺ **발행 목적(코인·토큰)** - 인센티브 목적이 아니며 오히려 정부라는 신뢰기관을 기반으로 발행된 토큰 개념으로 간주할 수도 있다.

❻ **증권성 여부** - CBDC는 증권과 전혀 상관이 없다.

❼ **등록 방식** - 기본적으로 중앙계좌부에 전자등록하고 분산원장은 보조적으로 활용될 것으로 보인다.

분석 결과 CBDC는 다음과 같이 정리할 수 있다.

속성	평가	설명
❶ 기초자산 유무	기초자산 無	한국은행에서 발행(기초자산으로 보기 어려움)
❷ 유·무형 기초자산	N/A	N/A
❸ 기초자산 가치 근거	정부에 대한 신뢰	국가라는 신뢰 기반으로 가치 부여
❹ 기능	Payment	결제와 지급 수단으로 활용
❺ 발행 목적(코인·토큰)	토큰(?)	한국은행 기반 발행되는 토큰으로 간주 가능성
❻ 증권성 여부	증권 아님	증권과 전혀 상관 없음
❼ 등록 방식	중앙계좌부	중앙계좌부 기반(블록체인 기술 부분 활용)

표 5-11 CBDC 종합 정리

14.3.2 자산의 토큰화

7. 세종텔레콤 비브릭(토큰증권)

세종텔레콤은 부산광역시 블록체인 규제자유특구 '블록체인 기반 부동산 집합투자 및 수익배분 서비스' 사업에 선정되어 '비브릭$_{BBRIC}$'이라는 서비스를 론칭하여 사업을 진행하고 있다. 비브릭은 쉽게 말해 부동산 조각투자 목적으로 발행된 토큰증권이다. 토큰증권은 아직 법적으로 허용되지 않았지만, 비브릭은 규제자유특구 규제샌드박스 사업으로 추진되고 있다.

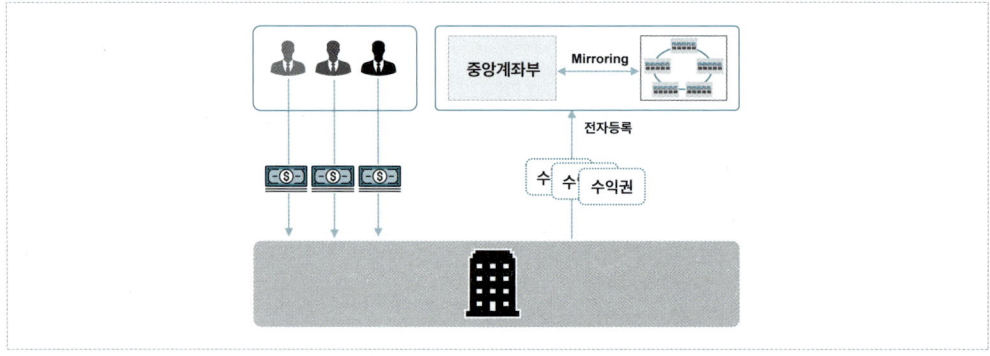

그림 5-18 비브릭 구조 분석

❶ **기초자산 유무** - 비브릭(BBRIC)은 부동산에 투자하는 공모형 투자신탁 부동산 펀드로서 부동산이라는 기초자산을 기반으로 발행된 토큰증권이다.

❷ **유·무형 기초자산** - 부동산이기 때문에 유형 기초자산에 해당된다.

❸ **기초자산 가치 근거** - 실물자산, 신뢰, 기술 관점에서 보자면 비브릭은 실물자산에 대한 가치를 기반으로 한다.

❹ **기능에 따라** - 비브릭은 부동산 조각투자에 대한 수익권리 목적으로 발행된다. FINMA 기준으로 보자면 자산(Asset)에 해당된다.

❺ **발행 목적(코인·토큰)** - 비브릭은 프라이빗 블록체인 기반으로 운용되기 때문에 코인 발행은 불필요하다. 부동산이라는 기초자산 기반으로 발행되는 토큰(증권)이다.

❻ **증권성 여부** - *별도 정리(다음 표)

❼ **등록 방식** - 발행된 토큰증권은 모두 프라이빗 블록체인에 전자등록된다(Mirroring 방식 이용)

- 비브릭의 증권성 여부 판단

    4가지 증권 판단 기준을 기반으로 비브릭의 증권성 여부를 검토하면 다음과 같다.

증권 판단 기준	설명
❶ 금전 투자	금전을 부동산 금융투자상품에 투자
❷ 손익 귀속 권리	금전을 투자하고 취득하는 수익권리를 분산원장에 전자등록
❸ 공동사업	부동산 조각투자 사업에 공동투자
❹ 타인 수행	투자자 수익성과는 비브릭 플랫폼 운영업체의 노력에 의해 결정
⇨ 증권성 여부 판단 : 증권	

표 5-12 비브릭의 증권성 판단

분석 결과 비브릭_{BBRIC}은 다음과 같이 정리할 수 있다.

속성	평가	설명
❶ 기초자산 유무	기초자산 有	부동산이라는 기초자산
❷ 유·무형 기초자산	유형 자산	유형 자산
❸ 기초자산 가치 근거	실물자산	부동산이라는 실물자산이 가치의 근거
❹ 기능	Asset	수익권리 청구
❺ 발행 목적(코인·토큰)	토큰	부동산을 조각투자하고 수익권리를 토큰화
❻ 증권성 여부	증권 가능성	증권
❼ 등록 방식	분산원장	수익권리가 프라이빗 블록체인에 전자등록

표 5-13 비브릭 종합 정리

8. 뮤직카우 (투자계약증권)

뮤직카우는 세계 최초로 음악 저작권료 참여 청구권이라는 비즈니스 모델을 제시하며 사업을 시작한 업체다. 노래 원작자로부터 저작권을 사들여 저작권 협회에 이를 신탁하고 저작권, 사용료, 저작료를 받을 권리인 수익권을 취득한 뒤, 이를 쪼갠 지분을 개인에게 판매한다.

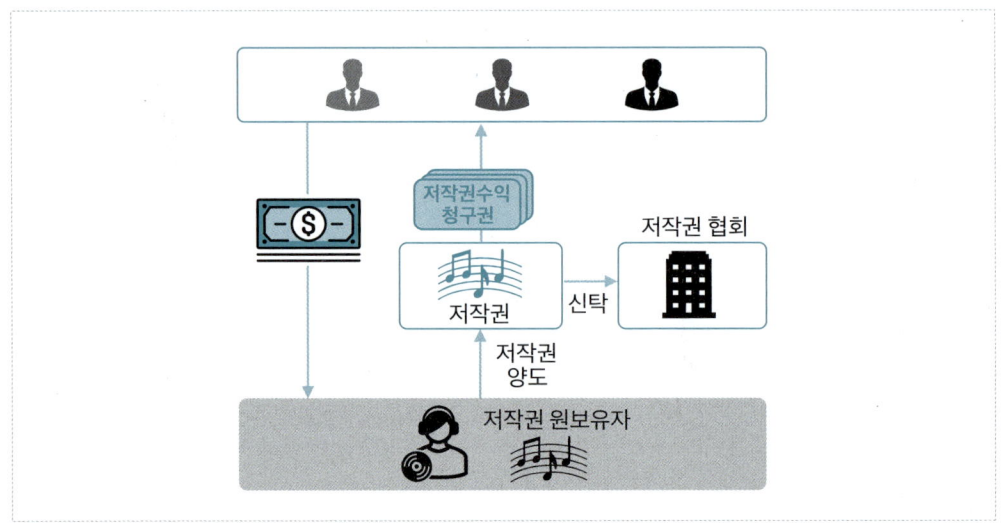

그림 5-19 뮤직카우 구조 분석

❶ **기초자산 유무** - 뮤직카우는 음원의 저작권을 기초자산으로 발행된 증권이다.

❷ **유·무형 기초자산** - 음원 저작권으로서 무형 자산에 해당된다.

❸ **기초자산 가치 근거** - 실물자산, 신뢰, 기술 관점에서 보자면 (무형의) 실물자산으로 이해할 수 있다.

❹ **기능에 따라** - 뮤직카우는 음원 저작권 투자에 대한 수익권리 목적으로 발행된다. FINMA 기준으로 보자면 자산(Asset)에 해당된다.

❺ **발행 목적(코인·토큰)** - 음원 저작권이라는 기초자산 기반으로 수익권리를 표상한 토큰증권이다.

❻ **증권성 여부** - *별도 정리(다음 표)

❼ **등록 방식** - 뮤직카우는 블록체인을 활용하지 않는다는 보도가 있었다. 수익권리를 분산원장이 아닌 중앙계좌부에 전자등록하는 것으로 이해된다.

- <u>뮤직카우의 증권성 여부 판단</u>

  4가지 증권 판단 기준을 기반으로 뮤직카우의 증권성 여부를 검토하면 다음과 같다.

증권 판단 기준	설명
❶ 금전 투자	금전을 음원 저작권에 투자
❷ 손익 귀속 권리	금전을 투자하고 취득하는 수익권리를 중앙계좌부에 전자등록
❸ 공동사업	음원 저작권 수익사업에 공동투자
❹ 타인 수행	투자자 수익성과는 뮤직카우의 노력에 의해 결정
⇨ 증권성 여부 판단 : 증권	

표 5-14 뮤직카우 증권성 판단

분석 결과 뮤직카우는 다음과 같이 정리할 수 있다.

속성	평가	설명
❶ 기초자산 유무	기초자산 有	음원 저작권이라는 기초자산
❷ 유·무형 기초자산	무형 자산	음원 저작권이라는 전형적인 무형 자산
❸ 기초자산 가치 근거	실물자산	음원 저작권이라는 (무형) 실물자산이 가치의 근거
❹ 기능	Asset	수익권리 청구
❺ 발행 목적(코인·토큰)	토큰	음원 저작권에 조각투자하고 수익권리를 토큰화
❻ 증권성 여부	증권	투자계약증권 (나중에 비금전신탁수익증권으로 변경)
❼ 등록 방식	중앙계좌부	수익권리를 중앙계좌부에 전자등록

표 5-15 뮤직카우 종합 정리

9. NFT(Non-Fungible Token)

NFT는 토큰 발행 유형 중 하나일 뿐이며 특정 프로젝트도 아니다. NFT는 다양한 기능 및 프로젝트로 활용될 수 있기 때문에 NFT 자체를 7가지 속성으로 분석한다는 것은 적절하지 않다. 다만 NFT에 대한 잘못된 이해와 오해가 여전히 남아 있어 여기에서 별도로 분석해 보고자 한다.

우선 NFT와 관련해서는 2부에서 충분히 설명했기 때문에 자세한 정보는 2부를 다시 참조해 주길 바란다. 한마디로 정리하면, NFT(Non-Fungible Token)는 토큰의 발행 형태 중 하나이며 그냥 토큰으로 이해하는 것이 좋다.

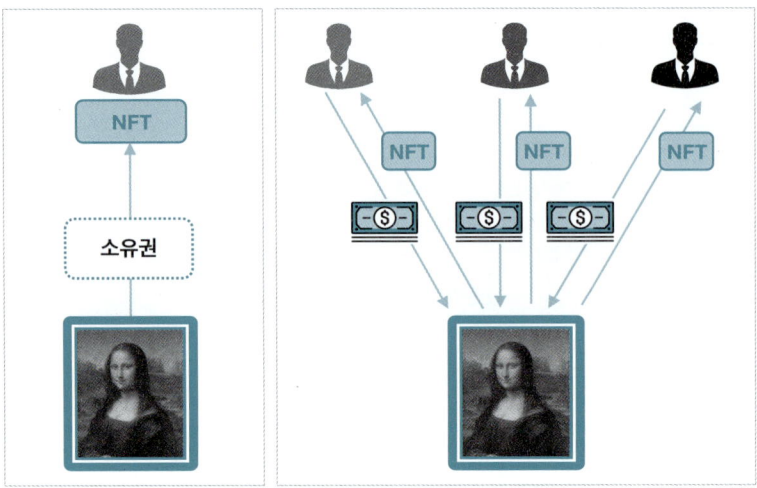

그림 5-20 NFT 구조 분석

❶ **기초자산 유무** - NFT는 토큰의 발행 형태이다. 토큰은 본질적으로 기초자산에 기반하여 발행되기 때문에 NFT도 기초자산에 근거하여 발행된다.

❷ **유·무형 기초자산** - NFT는 유·무형 기초자산이 모두 가능하다. 미술품을 NFT로 발행할 수도 있고 음원과 같은 무형 자산을 NFT로 발행할 수도 있다.

❸ **기초자산 가치 근거** - 토큰(NFT)은 일반적으로 실물자산을 기반으로 발행된다고 이해할 수 있지만 토큰의 개념을 포괄적으로 이해하면 어떤 것도 기초자산이 될 수 있다.

❹ **기능에 따라** - FINMA 기준은 토큰의 기능 관점 유형 제시이다. NFT도 토큰이기 때문에 3가지 기능(Payment, Utility, Asset)을 모두 수행한다. 다만 NFT의 속성상 Utility 또는 Asset기능(소유권, 인증서 등)이 일반적인 것으로 이해하는 것이 좋다.

❺ **발행 목적(코인·토큰)** - NFT는 토큰이다.

❻ **증권성 여부** - NFT 자체의 증권성 여부를 판단하는 것은 옳지 않다. 활용 목적에 따라 증권으로 발행될 수도 있고, 아닐 수도 있다.

❼ **등록 방식** - NFT가 발행되면 일반적으로 블록체인에 전자등록된다. NFT의 기반이 되는 (디지털) 기초자산은 IPFS나 중앙저장소에 저장되기도 한다.

분석 결과 NFT는 다음과 같이 정리할 수 있다.

속성	평가	설명
❶ 기초자산 유무	기초자산 有	일반적으로 NFT는 기초자산 기반
❷ 유·무형 기초자산	유·무형 자산	NFT는 유·무형 자산이 모두 가능
❸ 기초자산 가치 근거	실물자산	실물자산, 기술, 신뢰 모두 가능
❹ 기능	Utility	3가지 기능 모두 가능(Utility 기능이 일반적)
❺ 발행 목적(코인·토큰)	토큰	토큰
❻ 증권성 여부	활용 목적에 따라	활용 목적에 따라 결정
❼ 등록 방식	분산원장	블록체인에 전자등록

표 5-16 NFT 종합 정리

10. RWA(Real World Asset)

RWA Real World Asset는 그림 5-21에서 보는 것과 같이 사실상 토큰 개념이다. 아무런 가치가 담보되지 않는 가상자산을 기반으로 발행된 토큰들이 많은 문제를 야기하자, 가치가 보장된 실물자산을 기반으로 토큰을 발행해서 거래·투자하자는 개념이 RWA이다.

RAW의 기초자산이 꼭 유형 자산일 필요는 없다. 다만 유형이든 무형이든 제도적으로 실질적인 가치가 담보된 자산이어야 한다.

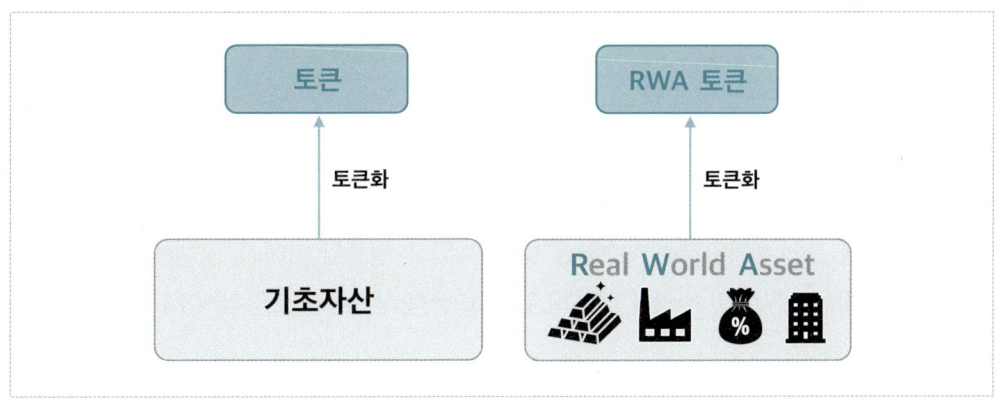

그림 5-21 RWA 구조 분석

❶ **기초자산 유무** - 실물자산을 강조한 개념이기 때문에 반드시 기초자산이 존재한다.

❷ **유·무형 기초자산** - 무형자산도 가능하다. 다만 제도적으로 가치를 인정받은 자산이어야 한다.

❸ **기초자산 가치 근거** - 실물자산, 신뢰, 기술 관점에서 보자면 실물자산에 근거한다.

❹ **기능에 따라** - 실물자산의 거래 및 투자 활성화를 위한 것으로 자산 및 투자 목적이 강하다. FINMA 관점에서 보자면 자산(Asset) 토큰으로 활용된다고 볼 수 있다.

❺ **발행 목적(코인·토큰)** - 전형적인 토큰이다.

❻ **증권성 여부** - RWA 자체의 증권성 여부를 판단하는 것은 옳지 않다. 활용 목적에 따라 증권으로 발행될 수도 있고 아닐 수도 있기 때문이다.

❼ **등록 방식** - 블록체인에 전자등록되지만 중앙계좌부에 전자등록될 수도 있다.

분석 결과 RWA는 다음과 같이 정리할 수 있다.

속성	평가	설명
❶ 기초자산 유무	기초자산 有	현실세계 실물자산을 기초자산으로 삼음
❷ 유·무형 기초자산	유·무형 자산	유·무형 자산 모두 가능
❸ 기초자산 가치 근거	실물자산	실물자산 기반 가치 보장
❹ 기능	Asset	실물자산의 거래 편의 및 투자 용이
❺ 발행 목적(코인·토큰)	토큰	실물자산을 토큰으로 대체하여 거래
❻ 증권성 여부	활용 목적에 따라	활용 목적에 따라 결정
❼ 등록 방식	분산원장	블록체인 또는 중앙계좌부에 전자등록

표 5-17 RWA 종합 정리

11. FTX(스테이킹 & 이자농사)

가상자산 업계에는 가상자산과 관련된 다양한 금융상품이 있다. 지분증명을 위해 가상자산을 스테이킹 풀(Pool)에 예치하고 이자수익을 받을 수 있고, 탈중앙 거래(DEX) 구현을 위해 유동성 풀(Pool)에 가상자산을 맡기면 수익을 배분해 준다. 또한 가상자산을 조달하여 새로운 서비스나 프로젝트에 투자하기도 한다.

실제로 바이낸스(Binance)는 대표적인 가상자산 거래소지만 다양한 가상자산 금융상품도 취급한다. 바이낸스 홈페이지를 보면 다양한 가상자산 금융상품을 확인할 수 있다.

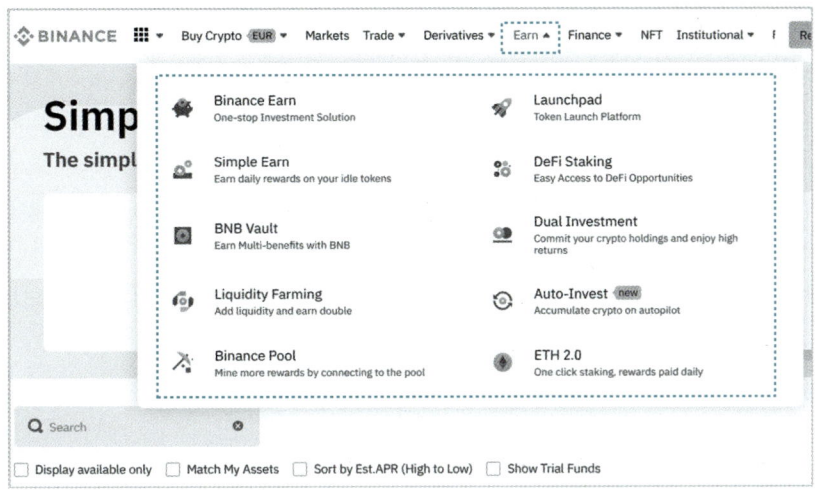

그림 5-22 바이낸스 가상자산 금융 (출처 : 바이낸스 홈페이지)

2022년 파산한 FTX도 가상자산 거래소였지만 다양한 가상자산 금융상품 취급으로 몰락한 회사이다. FTX는 다양한 금융상품 및 프로젝트 추진을 위해 가상자산을 조달했고 이에 대한 수익권리로서 FTT라는 자체 코인을 투자자들에게 발행해 주었다. 그런데 FTT는 어떤 기초자산이나 근거 없이 FTX가 그냥 찍어내는 코인이었다.

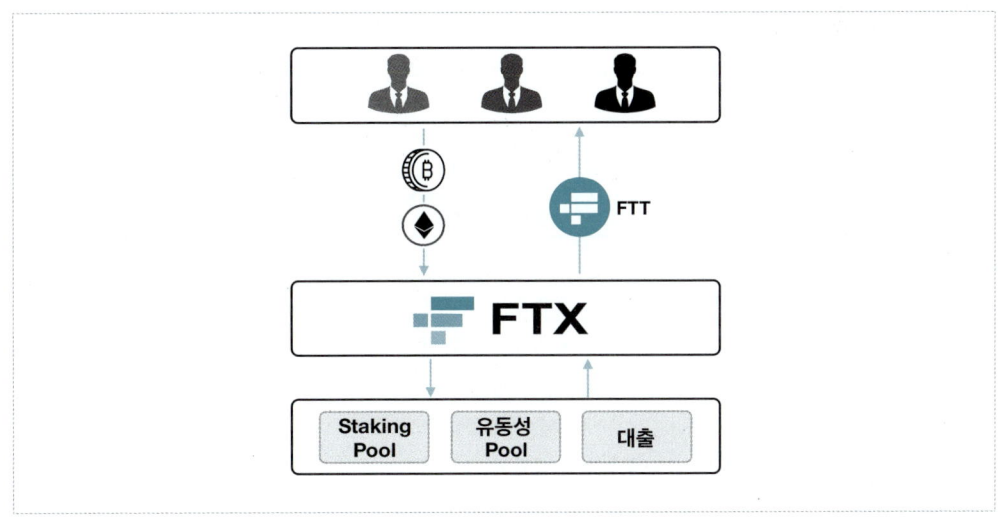

그림 5-23 FTX FTT 구조 분석

❶ **기초자산 유무** - FTT를 발행하는 근거나 어떤 기초자산도 없었다.

❷ **유·무형 기초자산** - 기초자산이 존재하지 않았다.

❸ **기초자산 가치 근거** - 실물자산, 신뢰, 기술 관점에서 보자면 가치를 보장받을 수 있는 어떤 근거도 찾기 어렵다.

❹ **기능에 따라** - FTT의 성격은 다소 애매하다. 특정한 기능이나 목적도 없이 그냥 거래소에서 매매를 통한 시세차익만 가능하다.

❺ **발행 목적(코인·토큰)** - 인센티브 목적의 코인은 아니며 기대수익을 토큰으로 발행한 형태로 볼 수 있다.

❻ **증권성 여부** - *별도 정리(다음 표)

❼ **등록 방식** - 블록체인에 전자등록된 것으로 보이지만 확인이 어렵다.

- FTX의 FTT 증권성 여부 판단

    4가지 증권 판단 기준을 기반으로 FTX의 FTT 증권성 여부를 검토하면 다음과 같다.

증권 판단 기준	설명
❶ 금전 투자	금전(다양한 가상자산)을 투자
❷ 손익 귀속 권리	금전 투자에 대한 수익권리를 FTT로 발행
❸ 공동사업	FTX 사업
❹ 타인 수행	FTX Trading
⇨ 증권성 여부 판단 : 증권 가능성이 매우 높다.	

표 5-18 FTT 증권성 판단

분석 결과 FTX는 다음과 같이 정리할 수 있다.

속성	평가	설명
❶ 기초자산 유무	기초자산 無	기초자산으로 간주할 만한 대상이 없음
❷ 유·무형 기초자산	N/A	N/A
❸ 기초자산 가치 근거	가치 근거 無	가치를 보장할 만한 어떤 근거도 없음
❹ 기능	Asset	어떤 기능보다는 단순히 수익활동
❺ 발행 목적(코인·토큰)	토큰(?)	수익권리를 토큰으로 발행
❻ 증권성 여부	증권성 높음	증권 가능성이 높아 보임
❼ 등록 방식	분산원장(?)	확인이 어려움

표 5-19 FTX 종합 정리

14.4 디지털 자산의 위험성 분석

디지털 자산을 명확하게 이해하고 판단하는 가장 중요한 요소는 바로 그 가치를 분석하고 평가하는 것이다. 보통 가치라는 것은 생태계, 활용성, 서비스적인 측면이 종합적으로 고려되어야 하고 가치 평가 모형이나 기준이 구비되어 있지 않기 때문에 분석하기 쉽지 않다.

디지털 자산의 위험성은 기본적으로 디지털 자산의 구조적 특징에 기반하기 때문에 어렵지 않게 검토할 수 있다. 새로운 토큰이나 디지털 자산이 출현하면 그 위험성을 분석해볼 필요가 있다.

위험성을 분석할 수 있는 기준으로 증권성, 표상, 활용가치, 기초자산 예치, 스테이블코인 가치 근거, 기초자산의 가치 신뢰성, NFT의 잘못된 오해 관점에서 점검해 보는 것이 필요해 보인다.

1. 증권성

3~4부에서 강조했던 것처럼, 증권성은 금융 산업뿐만 아니라 디지털 자산 분야에서 가장 중요하고 민감한 위험 요소이다. 국내외를 아울러 대부분의 국가에서 가장 강력한 규제를 가하는 분야 중 하나가 금융, 특히 증권이다.

일단 금전 등을 투자하고 디지털 자산이나 토큰을 받았다면 증권일 가능성은 매우 높다. 하지만 금전을 지급하고 토큰을 받았다고 해서 모두 증권인 것은 아니다. 증권성 여부를 점검하고 판단해 봐야 한다. 일반적으로 기준은 앞서 '디지털 자산 사례의 증권성 여부 판단'에 사용했던 ❶ 금전 투자, ❷ 손익 귀속 권리, ❸ 공동사업, ❹ 타인 수행의 4가지이다.

그림 5-24는 투자자가 금전을 지급하고 '테더$_{Tether}$'라는 코인을 받은 2개의 사례를 보여준다. 금전을 지급하고 테더를 제공받았다면 테더는 증권일 가능성이 매우 높다. 하지만 2개 사례는 다른 상황이다.

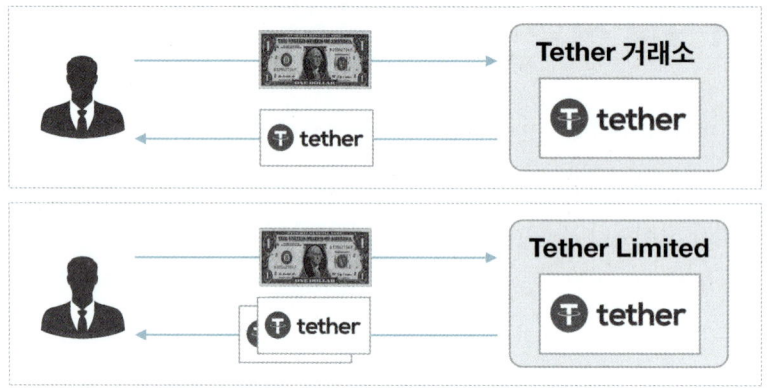

> **위**
> - 금전 지급 - 투자 목적이 아니라 디지털화폐인 테더(Tether)와 교환하는 것이 목적
> - 테더(Tether) 제공 - 지급받은 금전과 같은 가치를 지닌 테더 제공
> - 목적 - 디지털화폐 구입
>
> **아래**
> - 금전 지급 - 테더(Tether) 사업에 수익을 기대하고 투자
> - 테더(Tether) 제공 - 투자에 대한 수익 배분
> - 목적 - 투자 수익 활동

그림 5-24 증권성 판단 사례

먼저 위의 그림은 투자자가 디지털화폐인 테더$_{Tether}$를 사용할 목적으로 현금$_{USD}$을 지급하고 테더와 교환하는 상황이다. 이 경우에는 투자 목적이 아니며, 단순히 법정화폐와 디지털화폐인 테더를 교환했을 뿐이다. 이와 달리 아래 그림은 투자자가 테더$_{Tether}$ 사업을 하는 Tether Limited라는 회사에 금전을 투자한 것이다. 수익 배분으로서 나중에 디지털화폐로 사용될 테더를 지급받았다.

이처럼 동일하게 금전을 지급하고 테더를 제공받는 상황이지만, 상황에 따라 증권이 될 수 있고 아닐 수도 있다.

다른 예를 하나 더 보자. 많은 지방정부에서 지역화폐를 발행한다. 지역 주민이 9만 5천원을 지불하면 10만원의 지역화폐(토큰)를 충전해 준다고 가정해보자. 얼핏 보면 투자금 9만 5천원보다 많은 10만원이라는 지역화폐(토큰)를 지급받기 때문에 증권 개념으로 오해할 수도 있다. 그러나 지역 주민들이 5천원 이득을 보긴 해도, 투자 목적으로 지역화폐를 구입하지는 않는다. 지역 경제 활성화를 위해 지역 내에서 사용할 수 있는 지역화폐로 단순 교환해 주는 것이며, 참여 독려 차원에서 지방정부에서 세금으로 5천원을 보존해 주는 구조이다.

> **Summary**
>
> 일단 금전을 투자하고 토큰이나 디지털 자산을 지급받는다면 증권일 가능성은 높다. 하지만 4가지 기준을 가지고 증권성 여부를 판단해야 한다. 발행된 토큰이 증권 가능성이 있다면 금융감독원에 증권신고서를 제출하고 수리가 되었는지 확인할 필요가 있다.

2. 표상에 대한 이해

토큰은 기초자산을 다른 것으로 대체한 것이다. 토큰의 기본 구조 및 본질적인 속성 때문에, 토큰은 기초자산과 동일한 것으로 이해할 수 있다. 하지만 토큰은 표상을 통해 실체화된다. 동일한 기초자산이라 하더라도 표상을 어떻게 하느냐에 따라 토큰의 기능, 역할, 가치는 달라진다.

그림 5-25는 기초자산을 그대로 토큰화한 사례와, 기초자산을 '이용권' 관점에서 토큰화한 사례를 비교한 것이다. 이처럼 이용권만을 표상하여 발행된 토큰은 이용권리만 행사할 수 있다.

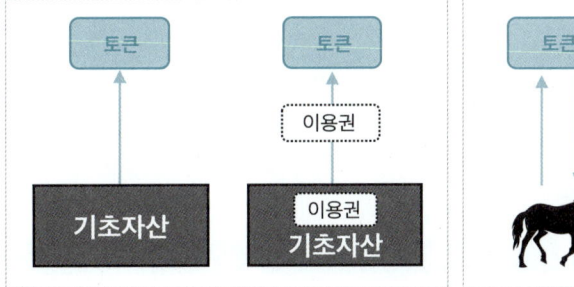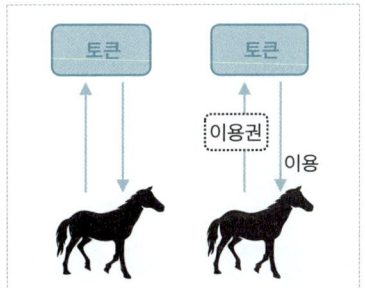

그림 5-25 **토큰과 표상**

주식을 취득하면 주주가 되며, 주주는 회사의 주인이라는 의미를 내포한다. 하지만 주식을 취득했다고 회사에 대한 모든 권리를 갖는 것은 아니다. 주주로서 명시된 권리만 갖는다. 채권의 경우도 마찬가지다. 채권에 명시된 수익율만큼만 청구할 수 있다.

주식은 지분권리를 표상한 것이고, 채권은 이자청구 권리를 표상한 것이며, 수익증권은 수익청구권을 표상한 것이다. 마찬가지로 이더리움의 이더(Ether)는 이더리움 플랫폼 이용권을 표상한 것, 미술품 NFT는 미술품의 소유권을 표상한 것, 금 보관증은 금을 태환할 수 있는 권리를 표상한 것이다.

표상이 제대로 명시되지 않은 예가 바로 FTT다. 투자자들이 가상자산을 FTX에 예치하면 FTX는 FTT라는 토큰을 발행해 주었다. 하지만 FTT의 발행 근거(기초자산)나 기능, 역할 등이 명시되어 있지 않았다. FTT로 할 수 있는 것은 오직 거래소에서 거래하면서 시세차익만 보는 구조였다. 이러한 불명확한 구조는 FTX가 파산할 수밖에 없던 이유다.

> **Summary**
>
> 토큰이 발행되면 해당 토큰이 기초자산을 어떻게 표상한 것인지 점검할 필요가 있다. 최소한 기초자산이 무엇이고 그 기초자산에 대해 어떻게 표상된 것인지 확인해야 한다.

3. 토큰의 활용 가치

토큰이 기초자산의 어떤 권리를 표상한 것인지도 중요하지만, 발행된 토큰이 어떤 기능과 역할을 가지며 어떻게 활용할 수 있는지도 살펴봐야 한다. 즉 활용가치가 있는지 검토해야 하는 것이다.

다양한 가상자산이 여전히 시장에 존재하지만, 가장 많은 관심을 받는 것은 비트코인, 이더(Ether), 스테이블코인 정도일 것이다. 왜 이들 가상자산들이 여전히 관심을 받고 있는지 활용가치 측면에서 살펴보겠다.

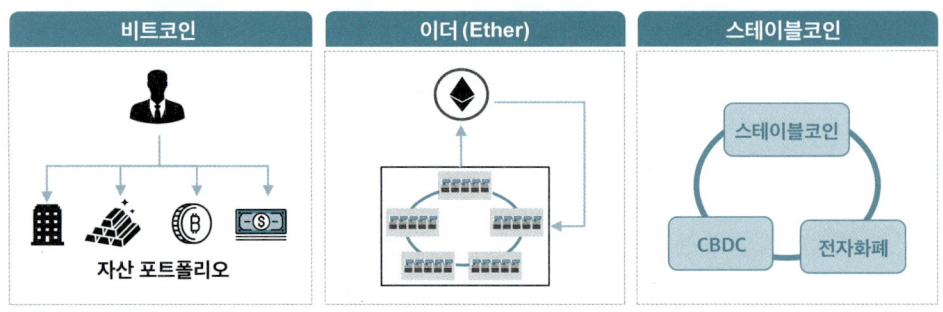

그림 5-26 디지털 자산의 활용성 사례

비트코인은 화폐 목적으로 세상에 나왔지만 현재는 화폐보다는 안전자산으로 자리를 잡아가는 분위기이다. 비트코인 가격이 계속 오르고 있어 수익 차원에서 자산 포트폴리오를 구성할 수 있다. 다른 한편으로 비트코인은 국경을 초월하여 자산의 이전이 용이하다. 이런 편의성 때문에 비트코인을 자산으로 활용하기도 한다.

이더의 경우, 2022년도에 가격이 큰 폭으로 올랐다. 2022년도는 NFT 광풍이 불던 시절이고, NFT 발행으로 이더리움 활용에 대한 수요가 급등하자 덩달아 가스 수수료로 활용되던 이더에 대한 높은 수요로 이어져 가격이 급등했던 것이다. 이더는 이더리움이라는 플랫폼에서 서비스를 실행하기 위한 수수료로 활용된다.

스테이블코인은 종이 형태의 법정화폐를 대신하여 활용될 수 있는 디지털화폐다. 국경을 초월하여 결제수단으로 활용될 수 있고, 별도의 프로그래밍 설계를 통해 목적 지향형 화폐로도 발전할 수 있다.

비트코인, 이더, 스테이블코인이 꾸준히 시장에서 주목을 받는 것은 활용가치를 인정받고 있기 때문이다.

Summary

일단 토큰이나 디지털 자산이 발행되더라도 활용가치가 있는지 점검해야 한다. 실제 서비스에 활용되어야 그 가치를 인정받고 살아남을 수 있다.

4. 기초자산 예치 적절성

1부에서 설명했던 금세공업자 사례를 상기해 보자. 금세공업자는 금고와 장부의 폐쇄성을 악용하여 존재하지도 않는 금이 있다고 속이고 금보관증을 남발했다.

마찬가지로 미국 중심의 금본위제인 '브레튼우즈 체제'는 베트남 전쟁을 통해 사라졌다. 금본위제에서 달러를 찍어내기 위해서는 우선 금을 금고에 예치해야 하는데, 전쟁이 장기화되면서 막대한 자금이 필요해지자 추가적인 금을 예치하지도 않고 달러를 발행했기 때문이다.

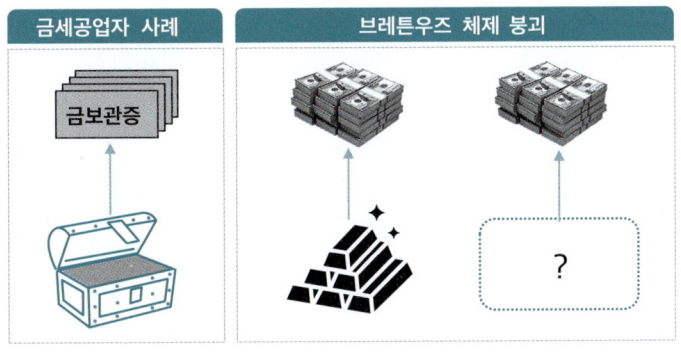

그림 5-27 기초자산 예치 사례

디지털 자산에도 비슷한 사례가 있다. 테더Tether의 대표적인 스테이블코인인 USDT는 미국 달러와의 1:1 페깅을 통해 가치를 유지한다고 했다. 이때 USDT가 USD와 1:1로 페깅되어 있다는 것은 USD를 예치하면 USDT가 발행되고, 발행된 USDT를 다시 제출하면 USD를 태환해 준다는 의미이기도 하다.

그러므로 USDT가 USD의 가치를 보장받기 위해서는 USDT 발행 금액과 동일한 금액의 USD가 예치되어 있어야 한다. 그러나 테더는 USDT만큼 USD를 예치하고 있음을 강조하면서도 단 한 번도 준비금 내역을 공개하지 않았다.

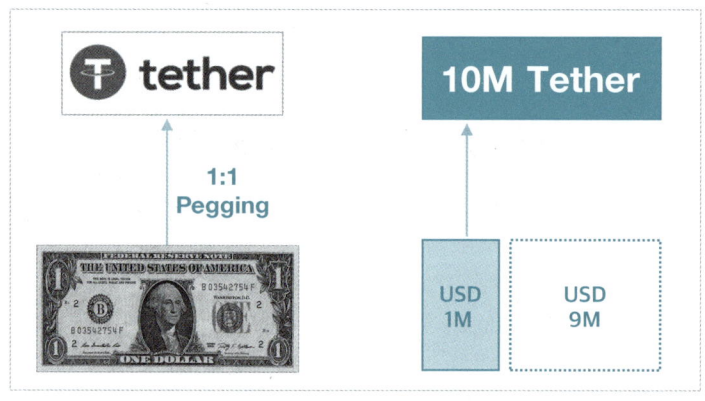

그림 5-28 테더의 기초자산 예치 사례

그러다 뉴욕 검찰에 소송을 당하면서 테더의 준비금 내역이 강제적으로 공개되었는데, 테더가 보유한 USD 준비금은 USDT 발행 금액 대비 3.87%에 불과했다(중앙일보 기사 참조). 10M USDT를 발행했다면 10M USD가 예치되어 있어야 USDT가 1 USD의 가치가 있음을 보장할 수 있지만 실제로는 그렇지 않았던 것이다.

> **Summary**
>
> 디지털 자산은 대부분 토큰 구조로 되어 있으며, 토큰은 기초자산에 근거한다. 따라서 토큰의 근거가 되는 기초자산이 정말로 토큰 가치만큼 예치되어 있는지 검토와 검증이 필요하다.

5. 스테이블코인 가치 근거(가치 신뢰성)

앞서 토큰 가치에 대한 신뢰는 결국 기초자산 가치에 대한 신뢰를 의미하기 때문에, 기초자산 가치에 대한 신뢰성을 검토해야 한다고 강조했다. 스테이블코인도 마찬가지다. 스테이블코인에는 그림 5-29에서 보듯 3가지 유형이 있는데, 어떤 스테이블코인이 가치가 인정되고 활용될 수 있는지는 그 기초자산을 보면 명확하다.

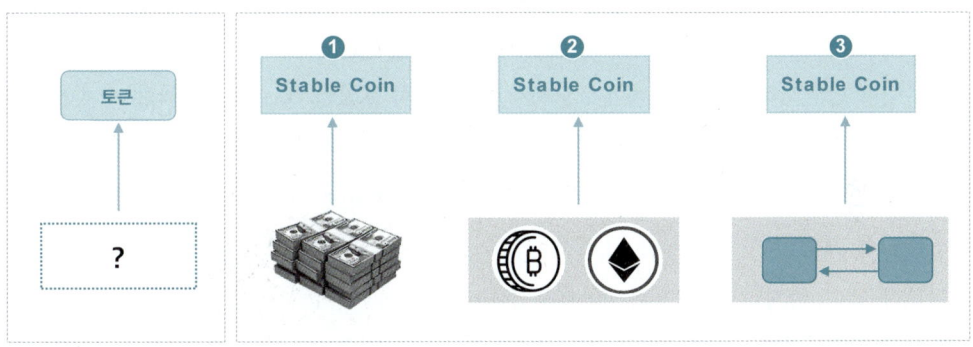

그림 5-29 스테이블코인의 가치 신뢰성 점검

❶은 법정화폐에 기반하여 스테이블코인을 발행한 사례이다. 법정화폐는 법으로 보장된 화폐이기 때문에 당연히 신뢰성이 있다.

❷는 가상자산의 기축통화 역할을 하는 비트코인과 이더리움에 기반한 스테이블코인이다. 비트코인과 이더리움은 상당히 안정권에 접어들었고 ETF도 허용되었기 때문에 많은 신뢰를 받고 있지만 법정화폐보다는 여전히 신뢰성이 떨어진다.

❸은 알고리즘에 기반한 스테이블코인이다. 알고리즘은 가치 측면에서 신뢰성이 상당히 떨어진다.

> **Summary**
>
> 토큰이든 스테이블코인이든 대부분 디지털 자산의 가치를 평가할 때는 그 기초자산의 가치 신뢰성 여부를 검토하고 점검해야 한다. 여기서는 스테이블코인으로 설명했지만 다른 디지털 자산이나 토큰에도 적용되는 기준이다.

■ 6. 디지털화된 기초자산에 대한 신뢰성

과거에는 자산이라고 하면 철저하게 실물자산이었다. 사람들은 실물자산만이 가치가 있는 것으로 간주했다. 그런데 이제는 실물자산에 기반하지 않고 창조된 자산도 그 가치를 인정해 주고 있다. 앞서 신용화폐 출현과 비트코인 등장을 그 사례로 제시했었다.

자산에 대한 가치 부여 인식이, '실물자산'을 거쳐 '신뢰기관' 그리고 '기술'로 확대되어 가는 것을 알 수 있다. 물론 실물자산의 가치 신뢰성이 여전히 가장 높겠지만, 신뢰기관이나 기술에 기반한 가치의 신뢰성도 점차 높아지는 중이다.

당장 우리가 당연시하는 법정화폐에서도 유사한 역사적 흐름을 볼 수 있다. 화폐 자체에 가치가 있어야 한다는 굳건한 신념은 오랫동안 금본위제 화폐를 유지시켰다. 화폐는 항상 실물 금에 상당하는 가치를 지녔고, 따라서 신뢰할 수 있었다. 그러나 1971년 브레튼우즈 체제가 붕괴되고 금을 포함한 아무런 실물 기초자산 없이 발행된 신용화폐를 신뢰성 관점에서 처음에는 어색해 했다. 하지만 이제는 신용화폐의 신뢰성에 누구도 이의를 제기하지 않는다. 신용화폐를 자연스럽게 받아들이고 그 가치를 인정한다.. 하지만 오늘날에는 누구도 신용화폐의 신뢰성에 이의를 제기하지 않는다. 우리는 신용화폐를 자연스럽게 받아들이고 사용하며 그 가치를 인정한다.

비트코인이 세상에 나오고 1년 뒤인 2010년 5월 22일, 비트코인 첫 거래가 발생했다. 피자 2판을 비트코인 1만 개를 주고 구매한 것이다. 현재 비트코인 가격으로 계산하면 피자 2판을 1조원에 구매한 꼴이다. 이때만 하더라도 비트코인은 장난 수준이었고 아무도 그 가치를 인정하지 않았다. 비트코인은 아무런 내재적 가치가 없다고 계속 공격을 받았고 사기로 간주되기도 했다.

그러나 10여 년이 흐른 현재 비트코인은 ETF 발행 허용과 더불어 제도권 자산으로 인정받게 되었으며, 어느덧 비트코인의 시가총액은 은$_{Silver}$의 시가총액을 넘어섰다. 비트코인의 운명은 더 지켜봐야겠지만, 점차 신용화폐가 그랬듯 그 가치를 인정받고 있는 것 같다.

> **⌀ Summary**
>
> 비트코인이 자산으로서 주는 시사점은 과연 디지털화된 기초자산에 가치를 부여하고 신뢰할 수 있느냐는 문제이다. 비트코인 이후 앞으로도 계속 새롭고 다양한 디지털 자산이 소개될 것이다. 디지털화된 기초자산의 가치 여부와 정도를 평가하는 것도 중요한 위험성 판단 요소이다.

7. NFT에 대한 잘못된 오해

앞서 2부에서 NFT의 실체를 설명했다. NFT에 대한 부정확한 인식이 상당히 개선되었다고 생각하지만 여전히 많은 사람이 NFT 개념을 명확하게 이해하지 못하거나 오해하고 있는 것을 느낀다.

필자는 2021~2022년 당시 NFT 광풍을 생생하게 기억한다. NFT 관련 기사나 보고서 등이 언론이나 인터넷에 도배가 되었다. 하지만 NFT에 대한 잘못된 이해와 그릇된 정보로, NFT가 마치 원본임을 증명하고 고유성과 희소성의 가치를 부여한다는 엉뚱한 개념으로 소개되고 있었다.

이에 필자는 「NFT 실체와 가치」라는 책을 통해 NFT(대체불가 토큰)의 실체는 토큰인데 토큰은 뒷전이고 대체불가에만 집중하다 보니 자연스럽게 본질이 훼손된 채 오해받고 있다고 강조했다. 더 나아가 아예 'NFT'라는 용어를 사용하지 말자고 제언한바 있다. 이유는 두 가지였다.

첫째, NFT는 토큰 발행 표준 중 하나일 뿐이다. 그리고 대부분의 토큰이 NFT 형태로 발행될 수 있는데, 굳이 NFT를 강조할 필요가 없다는 이유에서이다. 화폐 목적으로 발행된 토큰들은 숫자에 기반하기 때문에 FT(Fungible Token) 기반으로 발행된다. 100원과 또 다른 100원은 상호 대체가 가능하니 FT로 발행하는 것이 맞다. 그런데 화폐 등을 제외한 다른 대부분의 토큰들은 대부분 고유하게 식별할 수 있는 NFT 형태로 발행된다.

2021년 모 대학교에서 국내 최초로 상장(賞狀)을 NFT로 발행한다는 기사가 있었다. 뛰어난 업적이나 잘한 행위를 표상하여 글자로서 문서에 기입한 것이 바로 우리가 이해하는 상장이다. 상장은 전형적인 증서의 한 종류이고, 따라서 상장의 디지털 형태는 일종의 토큰으로 이해할 수 있다. 상장은 특정인을 고유하게 식별하여 수여되며, 유관순에게 수여된 상장과 홍길동에게 수여된 상장은 서로 대체가 불가능하다.

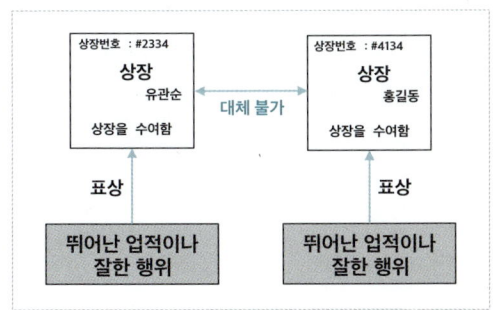 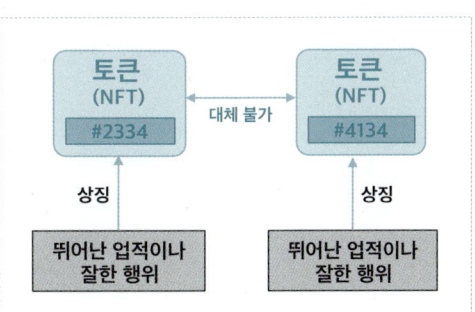

그림 5-30 NFT의 올바른 이해

이 상장을 디지털 형태인 토큰으로 발행한다면 당연히 NFT 형태로 발행하는 것이 맞다. 그래서 상장을 NFT로 발행한다는 것은 어색하지 않다. 그런데 우리는 상장을 그냥 상장이라고 하지 '대체불가 상장'이라고 요란하게 부르지 않는다. 굳이 번거롭게 NFT라는 용어를 사용할 필요가 없다는 이야기이다.

두 번째 이유는, 토큰은 본질적인 개념 용어인 반면 NFT는 발행 표준상의 유형 이름이기 때문이다. 발행 표준을 굳이 언급해야 하는 상황이면 NFT라는 용어를 사용할 필요가 있지만 일반적인 개념 관점에서 NFT를 남발할 필요는 없을 것 같다.

토큰증권도 마찬가지이다. 발행 형식을 굳이 언급해야 하는 상황에서는 실물증권, 전자증권, 토큰증권을 구분하여 호칭할 필요가 있다. 하지만 일상에서 금융상품에 가입하거나 증권 서비스를 이용하는 수준에서 보면 번거롭게 토큰증권이란 용어를 사용할 필요가 없다. 그냥 모두 '증권'이라고 부르면 된다. 앞서 언급했던 것처럼 일반인과 블록체인 관계자들은 토큰증권 용어에 많은 의미를 부여한다. 반면 증권의 본질을 잘 이해하고 있는 증권업계 종사자들은 그냥 증권으로 가볍게 이해한다.

앞서 그림 4-27을 통해 토큰과 NFT의 관계, 증권과 토큰증권의 관계를 설명했다. NFT는 토큰의 한 유형이다. 속성도 검토되어야 하겠지만, 항상 어디까지나 토큰이라는 기준 안에서 '대체불가' 개념을 이해해야 한다. 마찬가지로 토큰증권도 항상 증권이라는 기준을 확고히 한 채 '토큰'이 지닌 의미를 이해해야 할 것이다.

> **Summary**
>
> 앞으로도 여러 디지털 자산이나 가상자산이 새로 소개될 때, 실체에 대한 진지한 이해 없이 용어나 말장난으로 본질을 왜곡하거나, 자의적으로 해석하여 본인들 사업이나 이익에 마케팅적으로 활용하려는 사례가 많을 것이다. 디지털 자산이나 가상자산의 본질과 실체를 제대로 이해할 수 있어야 한다.

14.5 디지털 자산 법·제도 환경 이해

업권법(業權法)이라는 것이 있다. 업권의 개념부터 알아보자. 업권이란, 어떤 영업이나 사업의 범위를 말한다. 따라서 업권법은 **영업이나 사업을 할 수 있게 제정한 법**을 말한다.

좀 더 쉽게 이해해 보자. 어떤 산업이 새로 생겨나면, 해당 산업에서의 사업과 서비스의 개념 및 범위, 합법·불법 요소 등이 우선 정의되어야 한다. 그래야 사업과 서비스를 전개할 수 있기 때문이다. 그러므로 업권법 제정은 어떤 의미에서 해당 산업의 제도권 정식 편입을 의미한다. 당국에서는 신규 산업이 출현하면 기존에 있던 유사 산업을 규율하는 법 테두리로 편입시키거나, 아예 해당 산업만의 새로운 업권법을 제정하게 된다.

디지털 자산도 마찬가지이다. 디지털 자산 산업이 진흥되기 위해서는 우선적으로 관련법 정비가 필요하다. 국내에서는 현재 검토 및 추진 중인 '디지털 자산기본법'이 디지털 자산 분야의 업권법이 될 전망이다.

디지털 자산 산업의 이해관계가 복잡하고 다른 산업과 다양한 연계가 있다 보니 하나의 법으로 모두 커버가 어려울 수 있다. 국내의 경우 자금세탁 방지를 위해 기존 '특금법'이 개정되었으며, 가상자산 투자자 보호를 위한 '가상자산이용자보호법'이 제정되었으며, 인허가 없이 불특정 다수로부터 가상자산을 조달하는 행위를 금지하기 위해 유사수신행위법이 개정되었다. 또한 디지털 자산 산업의 전반을 규정하기 위한 '디지털 자산 기본법' 제정이 추진되고 있다.

'금융상품'을 구분하는 가장 상위 기준은 바로 '증권성' 여부이다. 금융상품 중에서 증권성이 있으면 '금융투자상품'으로, 아니면 '비금융투자상품'으로 구분된다. 금융투자상품은 증권성이 있는 상품으로 증권법(자본시장법)의 규제를 받는다. 디지털 자산도 마찬가지이다. 디지털 자산도 증권성이 있으면 무조건 자본시장법의 규제를 받게 된다.

디지털 자산 분야는 초창기 산업이기도 한 만큼 각국마다 관점과 규제 방향이 다르다. 해외의 디지털 자산 법·제도 환경을 참고 차원에서 살펴보고, 국내의 법·제도 환경을 이해해보도록 하겠다.

14.5.1 해외의 디지털 자산 법·제도 동향

해외 디지털 자산 관련법·제도는 미국과 EU로 한정하여 살펴보도록 하겠다. 다른 국가도 많지만 대부분 EU의 MiCA를 많이 따르고 있는 만큼, EU MiCA를 참조하여 타 국가의 법·제도 환경도 이해하면 될 것 같다.

앞서 설명했듯 디지털 자산 관련법은 우선 해당 디지털 자산이 증권이냐 아니냐 관점에서 구분하여 이해해야 한다.

미국 디지털 자산 법·제도

미국의 디지털 자산 규제를 살펴보기 앞서, 금융시장 감독기관인 SEC와 CFTC를 알아야 한다.

- SEC(Securities and Exchange Commission, 증권거래위원회) - 미국의 증권 산업을 감독하는 독립 기관
- CFTC(Commodity Futures Trading Commission, 상품선물거래위원회) - 미국 선물과 옵션시장을 감독하는 독립 기관

미국은 비트코인을 제외한 대부분의 디지털 자산(토큰)을 증권으로 간주하고 SEC 주도로 강하게 규제하는 경향이 있다. 현재 SEC가 증권성을 갖는 디지털 자산에 대한 규제를 담당하고 있으며, CFTC가 증권성이 없는 디지털 자산을 '상품'으로 간주하면서 규제하고 있다.

SEC와 CFTC가 디지털 자산 사안을 두고 서로 반대 목소리를 내며 대립하는 장면이 언론에 자주 포착된다. SEC는 디지털 자산이 증권이라는 관점에서 SEC 주도로 규제하려는 반면, CFTC는 디지털 자산을 일종의 상품으로 간주하여 주도권을 가져오려는 모습이다. SEC와 CFTC의 충돌은 디지털 자산에 대한 일종의 관할권 싸움으로 이해될 수도 있다. 정치권 역시 입장이 갈린다. 현재 미국 바이든 정부는 SEC의 디지털 자산 규제 정책을 다소 옹호하고 있지만, 공화당과 트럼프는 디지털 자산 친화적인 주장을 펼치고 있다.

2024년 5월 22일, 미국 하원은 디지털 자산 법안인 'Financial Innovation and Technology for the 21st Century Act(이하 FIT21)'를 통과시켰다. 'FIT21'은 공화당이 주도한 법안으로 디지털 자산 친화적인 내용을 담고 있으며, 디지털 자산을 증권이 아닌 상품으로 분류하여 SEC보다는 CFTC가 담당하는 방향성을 설정하고 있다. 아직 상원 통과가 남아 있어 FIT21의 미래는 더 지켜봐야 하겠지만, 디지털 자산 규제 완화에 대한 목소리는 계속 커지고 있는 상황이다.

이더리움은 증권성 이슈로 ETF 승인이 계속 보류되었다. 하지만 SEC는 2024년 5월 전격 승인하였다. 이를 두고 이더리움이 증권성 이슈가 해결되었다기 보다는 대선을 앞둔 정치권의

눈치에 허용했다는 이야기도 나오고 있다.

▌ EU 디지털 자산 법·제도

EU의 경우 증권성이 있는 금융투자상품은 '제2차 금융상품시장지침(Markets in Financial Instruments Directive Ⅰ, 약칭 MiFID Ⅱ)'으로 규제하고 있으며, 불공정거래에 대해서는 '시장접근규정(Market Abuse Regulation, 약칭 MAR)'을 적용하고 있다.

디지털 자산 중 증권성이 있는 자산에 대해서는 동일하게 'MiFID Ⅱ'와 'MAR'을 적용해 왔다. 반면에 증권성이 없는 디지털 자산의 경우에는, EU 회원국이 자국의 실정에 맞게 자율적으로 규제하고 있었다.

하지만 디지털 자산 시장이 폭발적으로 성장하면서 기존의 금융 규제로는 한계가 있다고 판단한 EU 집행위원회는, 2020년 9월 24일 디지털 자산에 대한 금융규제와 디지털 금융 활성화를 목적으로 '디지털 금융 패키지Digital Financial Package'를 발표한다.

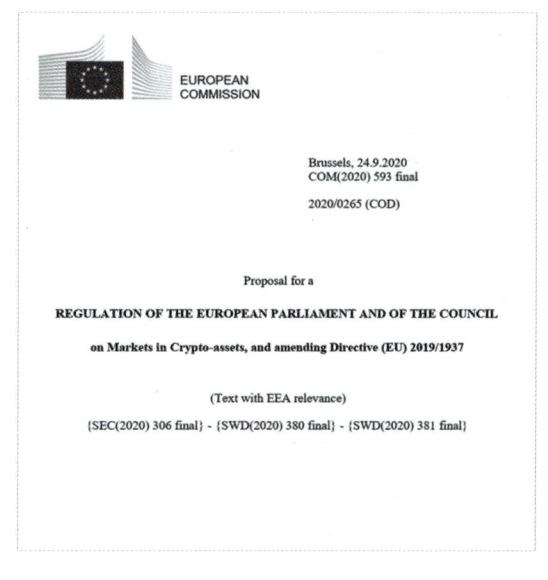

그림 5-31 MiCA(EU 암호자산시장 법률안)

그리고 디지털 금융 패키지의 실현을 위한 법령 개정을 논의하면서, 집행위원회는 'Regulation of Markets in Crypto-assets MiCA' 제정을 제안하게 된다. 이후 EU 의회와 이사회에서 MiCA가 통과되면서 증권성이 없는 디지털 자산에 대한 단일 규제체계가 마련된다. MiCA는 세계 최초 디지털 자산 분야 단일 규제체계라는 측면에서 상당한 시사점을 지닌다.

> **📝Note**
>
> **MiCA(Regulation of Markets in Crypt-assets)**
>
> 한국은행에서 MiCA 관련 보도자료에 따르면 MiCA를 'EU 암호자산시장 법률안'이라는 표현을 사용하였다. 그리고 MiCA 본문을 보면 디지털 자산을 'Crypto-asset'이라는 용어를 사용한다. 따라서 이 책에서는 MiCA 관련, 'EU 암호자산시장 법률안'과 '암호자산'이라는 용어를 사용하도록 하겠다.

- **MiCA 전문**

MiCA 전문 내용은 다음과 같다.

> 유럽연합의 금융서비스 관련법률을 디지털시대에 적합하게 맞추고 동 법률이 혁신 기술의 사용을 포함하여 <u>국민을 위한 미래 대비형 경제에 기여</u>토록 하는 것이다. 유럽연합은 금융분야에서 <u>블록체인 및 분산원장기술 등 혁신적 기술의 활용을 개발하고 촉진하는 데 정책적 관심</u>을 기울이고 있다.
>
> <u>블록체인 기술은</u> 아직까지 관련 연구가 완전히 이루어지지 않았는데, <u>앞으로 동 기술의 응용을 통해 암호자산 그 자체는 물론</u> 새로운 유형의 사업 활동 및 모델이 나타날 것으로 예상되며, 이는 <u>유럽연합의 경제 성장 및 고용 창출로 이어질 수 있을 것</u>이다
>
> <u>현재 대부분의 암호자산은 금융서비스에 관한 유럽연합의 법률 적용 범위에 포함되지 않는다.</u> 암호자산거래플랫폼의 운영, 암호자산을 명목화폐 또는 다른 암호자산과 교환하는 서비스, 암호자산 커스터디 등 <u>암호자산 관련 서비스에 관한 규정은 전혀 없는 상황</u>이다. 이에 따라 특히 <u>소비자 보호 규정이 적용되지 않는 부문에서 암호자산 보유자가 위험에 노출</u>되고 있다. 또한 이러한 <u>규정의 부재로 인해 시장조작, 금융범죄 등 암호자산 유통시장의 시장무결성에 중대한 위험</u>이 초래될 수 있다.
>
> 암호자산에 대한 유럽연합 차원의 체계 미비는 암호자산에 대한 이용자의 신뢰 부족으로 이어져 암호자산시장의 발전을 저해하고 유럽연합 기업들이 혁신적인 디지털서비스, 대체 지급수단, 새로운 자금조달원과 관련한 기회를 놓치게 되는 결과를 초래할 수 있다.
>
> 따라서 암호자산 및 암호자산 관련 활동과 서비스에 대한 유럽연합 차원의 규제 체계를 마련하고, 적용 가능한 법체계를 명확히 할 필요가 있다.

이상의 MiCA 전문을 통해 유럽연합의 암호자산에 대한 시각을 어느 정도 이해할 수 있다. 요약하자면 다음과 같다.

- 유럽연합은 블록체인과 분산원장 기술의 활용에 정책적 관심이 있음.
- 블록체인 기술은 암호자산뿐만 아니라 유럽연합의 경제성장과 고용창출에 기여함.
- 암호자산 관련 서비스 규정, 소비자 보호, 시장질서 확립이 목적.

정리하면 블록체인과 분산원장 기술의 혁신성과 활용성에 관심을 가지며 암호자산 분야에도 활용될 것으로 보고 있으며, 반면 현재 암호자산 관련 활동과 서비스에 대한 규정이 없는 관계로 새롭게 정립할 필요가 있다. MiCA는 EU 암호자산 산업의 일종의 업권법에 해당된다고 볼 수 있다.

암호자산(Crypto-asset)의 정의와 유형

MiCA에서는 암호자산(Crypto-asset)의 개념 정의 및 유형을 규정하고 있다.

> **Article 3**
> **Definitions**
>
> 1. For the purposes of this Regulation, the following definitions apply:
>   (1) 'distributed ledger technology' or 'DLT' means a type of technology that support the distributed recording of encrypted data;
>   (2) 'crypto-asset' means a digital representation of value or rights which may be transferred and stored electronically, using distributed ledger technology or similar technology;
>   (3) 'asset-referenced token' means a type of crypto-asset that purports to maintain a stable value by referring to the value of several fiat currencies that are legal tender, one or several commodities or one or several crypto-assets, or a combination of such assets;
>   (4) 'electronic money token' or 'e-money token' means a type of crypto-asset the main purpose of which is to be used as a means of exchange and that purports to maintain a stable value by referring to the value of a fiat currency that is legal tender;
>   (5) 'utility token' means a type of crypto-asset which is intended to provide digital access to a good or service, available on DLT, and is only accepted by the issuer of that token;

그림 5-32 MiCA에서 규정한 암호자산의 정의와 유형

MiCA에서는 '디지털 자산' 용어 대신 'Crypto-asset'이란 용어를 사용하고 개념 정의하고 있다.

'crypto-asset' means a digital representation of a value or a right that uses cryp-

tography for security and is in the form of a coin or a token or any other digital medium which may be transferred and stored electronically, using distributed ledger technology or similar technology

암호자산은 *분산원장 기술 또는 이와 유사한 기술을 사용*하여 전자적으로 이전되고 저장될 수 있는 *어떤 가치 또는 권리의 디지털 표식*을 의미한다.

암호자산(Crypto-asset) 유형

MiCA에서는 암호자산(Crypto-asset)을 3가지 유형으로 제시하고 있다.

- **Asset-referenced Token (자산준거 토큰)** - 다양한 자산 조합을 기반으로 안정적인 가치를 유지하기 위한 토큰
- **E-money Token (전자화폐 토큰)** - 법정화폐에 기반하여 교환수단으로 사용되거나 가치를 유지하기 위한 토큰
- **Utility Token (유틸리티 토큰)** - 상품이나 서비스에 대한 접근권을 제공하는 토큰

MiCA의 암호자산 3가지 유형 중, 자산준거 토큰과 전자화폐 토큰은 사실상 스테이블코인을 의미한다. 따라서 MiCA에서 암호자산으로 인정한 토큰은 크게 '스테이블코인'과 '유틸리티 토큰'으로 이해하면 될 것 같다.

다시 말해 이는 MiCA에서 규정한 3가지 토큰만 암호자산으로 간주하고 MiCA의 규제를 적용하겠다는 뜻이다. 이 3가지 토큰을 제외한 나머지 가상자산들은 별도의 규제를 받을 수 있다.

▌ 주요 규제 내용

한국은행 금융결제국에서 작성한 'EU 암호자산지상 법률안'은 MiCA 원문에 대한 요약 및 원문 번역본을 제공하고 있다. 다음 표는 'EU 암호자산시장 법률안'을 참조하여 재작성한 내용이다.

구분	설명
목적	혁신 및 공정경쟁 지원, 소비자·투자자 보호, 시장 건전성 확보
의의	·세계 최초 암호자산 관련 단독 입법 ·대부분의 국가에서 EU MiCA 참조하여 관련법 제·개정 추진

구분	설명
암호자산 정의	분산원장 기술 또는 이와 유사한 기술을 이용하여 전자적으로 양도하거나 저장될 수 있는 가치 또는 권리의 디지털 표식
암호자산 유형	· 자산준거토큰: 안전자산조합에 기반한 가치 안정 토큰 · 전자화폐토큰: 법정화폐 기반 교환 목적 및 가치 안정 토큰 · 유틸리티토큰: 재화 또는 서비스에 대한 접근 목적
규제 대상	· 암호자산(자산준거토큰, 전자화폐토큰, 유틸리티토큰)에 대해 규제 · 증권형 토큰이나 중앙은행에서 발행하는 **CBDC은 규제대상에서 제외** · **비트코인** 등 발행자가 특정되지 않는 암호자산이나 **NFT 등은 대상 제외**
규제 내용	· 자산준거 토큰: EU의 관계당국으로부터 **인가받은 기관만 발행 가능** · 전자화폐 토큰: 발행자를 더 엄격히 제한해 **은행 및 전자화폐 기관만 발행 가능** · 유틸리티 토큰: EU내 설립법인이 **백서를 공시할 경우 신고만으로 발행 및 공개 가능**
암호자산 서비스 인가	· 가상자산서비스를 제공하기 위해서는 **회원국 관계당국으로부터 인가** 필요 · 가상자산서비스를 하는 **회원국에 등록사무소를 두고, 이사 중 1인은 EU 內 거주** · 가상자산서비스 제공자에게는 경영진 변경 보고 의무, 안전한 가상자산 보관 의무, 서비스 기록 보관 및 고객 요청 시 제공 의무
불공정 거래 규제	· 투자자 보호를 위해 기존 금융 상품·서비스에 적용된 원칙을 가상자산 산업에 접목해 맞춤형 규제 체계 수립 · 내부정보를 이용한 내부자거래 및 내부정보의 불법적 공개 금지 · 시장조작행위에 관여하거나 관여하려는 시도 금지

표 5-20 EU 암호자산시장 법률안

14.5.2 국내의 디지털 자산 법·제도 환경

국내 디지털 자산 규제 역시 '증권형 디지털 자산'과 '증권이 아닌 디지털 자산'으로 구분하여 진행되고 있다. 금융위원회에서 발표한 '토큰증권 발행·유통 규율체계 정비방안'을 보면 다음과 같은 내용을 확인할 수 있다.

> 디지털 자산 측면에서는 증권이 아닌 디지털 자산(소위 '가상자산')과 대비되는 "증권형 디지털 자산"입니다.
>
> 증권이 아닌 디지털 자산은 자본시장법이 적용되지 않고, 국회에서 입법이 추진되고 있는 디지털 자산 기본법에 따라 규율체계가 마련될 것입니다.

디지털 자산도 일단 증권성을 지니면 기존 투자금융상품에 적용되는 '자본시장법'에 그대로 규제를 받는다. 반면 증권성이 없는 디지털 자산은 현재 추진 중인 '디지털 자산기본법'에 의해 규율될 것으로 보인다.

국내 디지털 자산 관련법 제·개정 현황

현재 국내 디지털 자산 관련법 제·개정은 6가지 법률(표 5-21 참조)에 걸쳐 추진되고 있으며, 제도적으로 토큰증권이 허용되어 분산원장이 법적 공부(公簿)로 인정받을 수 있게 되었다.

구분	법률	비고
법	특금법 개정	FATF 가이드 준수(자금세탁방지)
	가상자산이용자보호법 제정	투자자 보호
	디지털 자산 기본법 제정 추진	디지털 자산 전반 규정
	유사수신행위법 개정	인허가 없이 가상자산 조달 금지
	자본시장법 개정 추진	토큰증권 허용에 따른 관련법 개정
	전자증권법 개정 추진	
제도	토큰증권 허용	분산원장 활용 토큰증권 허용

표 5-21 국내 디지털 자산 관련법 제·개정 현황

특금법(특정 금융거래정보의 보고 및 이용 등에 관한 법률) 개정

1989년, G7은 국제적으로 마약 자금세탁에 공동 대응하기 위한 자금세탁방지기구(FATF)를 구성한다. 2009년부터 비트코인을 비롯한 다양한 가상자산이 익명성을 이용한 자금세탁, 마약, 무기밀매에 활용되자, 2019년 FATF 총회는 가상자산을 자금세탁방지 및 테러자금 조달금지 관련 기준을 제시하게 된다.

2019년에 제정된 FATF의 새로운 국제기준에 보조를 맞추기 위해 국내 법률을 개정하게 되는데, 그것이 '특금법' 개정이다. 원래 특금법은 자금세탁 방지 및 테러자금 조달 방지를 목적으로, 특정금융거래정보의 보고 및 이용 등을 규정한 법이다. 기존 특금법은 일반 금융과 금융회사 등에만 적용되는 법률이었지만, 개정을 통해 가상자산과 가상자산사업자까지도 적용 대상에 포함되게 되었다.

이제 가상자산사업자도 금융권 수준의 자금세탁 방지 의무를 부과받게 되었으며, 가상자산 거래 시에도 고객 확인의무와 의심 거래 발생 시 보고 의무가 부여된다. 그에 따라 최근 가상자산 거래소에서 가상자산을 거래하기 위해서는, 우선 시중은행의 계좌를 이용해서 거래소로 이체해야 한다. 이렇게 규정이 바뀐 것도 특금법 때문이며, 5대 가상자산거래소만 남게 된 것도 특금법 때문이다.

- **'가상자산이용자보호법'과 '디지털 자산기본법' 제정**

    가상자산 또는 디지털 자산 관련 기본법 제정의 필요성은 꾸준히 제기되어 왔다. 하지만 가상자산 및 관련 산업을 명확하게 정의하기도 어려웠고, 국제적으로 참조할 만한 법이나 국제표준도 존재하지 않았다. 그러던 차에 테라·루나 사태가 터지고 FTX 파산과 같은 문제가 발생하자 투자자 보호 필요성이 우선적으로 제기되는 상황이었고, 한편으로는 EU의 MiCA 등 참조 법안들이 준비되고 있는 상황이었다.

    이에 국회는 디지털 자산 분야 업권법으로 간주될 수 있는 '디지털 자산 관련 기본법'을 2단계로 추진하기로 한다. 21대 국회 정무위원회 법안소위에서는 이용자 보호의 시급성을 고려하여 장시간 소요되는 국제기준의 정립을 기다리기보다, 필요한 최소한의 규제체계(1단계)를 우선 마련하고 이를 보완(2단계)해 나가는 점진적·단계적 입법을 추진하기로 합의를 보았다.

    - 1단계 - '가상자산이용자보호법' 국회 본회의 통과(2023년 6월 30일)
    - 2단계 - '디지털 자산 기본법' 제정 추진

    1단계인 가상자산이용자보호법은 국회 본회의를 통과하여 2024년 7월 19일부로 시행되었다. 후속으로 디지털 자산기본법 제정이 추진되고 있다. 참고로 금융위원회 보도자료 등을 검토해 보면, 국내 디지털 자산기본법은 EU MiCA를 많이 참조할 것으로 예상된다.

- **유사수신행위법 개정**

    유사수신행위법은 3부에서 설명했다. 투자목적으로 불특정 다수로부터 자금을 조달하는 것은 증권일 가능성이 높고, 증권에 대해서는 자본시장법의 규제를 받는다. 그리고 금융투자상품이 아니더라도 불특정 다수로부터 자금을 조달하는 행위는 유사수신행위로 간주되어 유사수신행위법에 따라 규제된다.

    기존 유사수신행위법에는 '자금'이라고만 규정되어 있었다. 그런데 DeFi와 같은 가상자산 금융 분야에서도 불특정 다수로부터 '가상자산'을 조달하여 많은 문제가 야기되었다. 따라서 관계당국은 유사수신행위법에서 "자금"을 "자금(가상자산 포함)"으로 변경하는 개정안을 추진했다.

- **토큰증권 허용에 따른 자본시장법·전자증권법 개정**

    토큰증권과 관련해서는 4부에서 충분히 설명했다. 토큰증권 발행 및 유통을 제도적으로 뒷받침하기 위해서는 관련법 개정이 필요하다. 토큰증권의 전자등록(발행)을 허용하기 위해서는 전자증권법 개정이 필요하고, 발행된 토큰증권의 유통 시스템 제도 구비를 위해서는 자본시장법 개정이 필요하다.

디지털 자산과 관련된 해외 법·제도 동향과 국내 법·제도 정비 현황을 살펴보았다. 이상의 내용을 그림 5-33과 같이 정리할 수 있을 것 같다. 국내 관련법도 EU MiCA를 참조할 것이라는 예상을 전제한 도식이다.

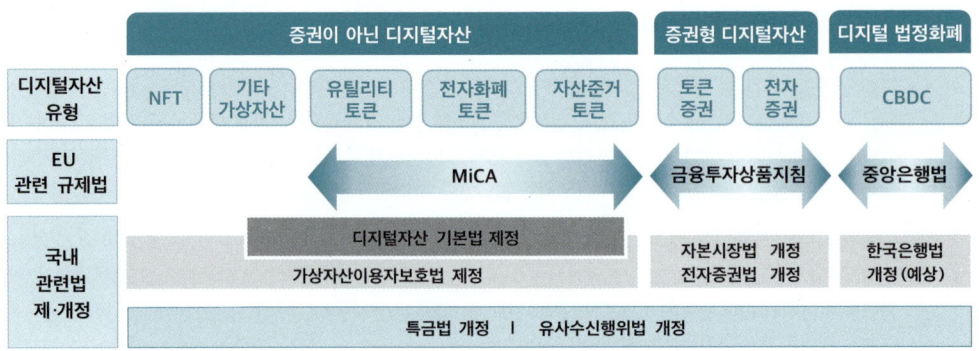

그림 5-33 디지털 자산 유형 및 관련법 적용 범위

국내외 디지털 자산 관련 법·제도를 살펴볼 때, 다음과 같은 3가지 시사점을 도출할 수 있다.

- 첫째, '증권성 디지털 자산'과 '증권이 아닌 디지털 자산'을 명확하게 구분한 관련법 적용이다. 본질적으로 증권이면 어떤 자산이든 증권으로 간주되고 자본시장법의 규제를 받아야 한다.
- 둘째, MiCA 기준으로 볼 때, 제도권에서 인정하는 토큰(Crypto-asset)은 '스테이블코인'과 '유틸리티 토큰'뿐이다. '법정화폐나 실물자산과 연동된 디지털화폐' 또는 '어떤 서비스에 대한 이용권·접근권'만을 디지털 자산으로 규정하는 듯하다. 실물자산과 연계되거나 또는 실질 서비스에 대한 이용권리만을 공식적인 디지털 자산으로 인정하겠다는 의미로 보인다.
- 셋째, 디지털 자산 생태계 전반에 대한 법·제도가 갖추어져 가고 있다.

CHAPTER
15
디지털 자산 전망

이 장에서는 디지털 자산의 미래를 전망해 보고자 한다. 1장에서 이미 언급하였지만 디지털 자산의 가치와 잠재성은 '디지털'이라는 것을 강조했다. 디지털 자산 전망도 결국 '디지털' 관점에서 발전해 나갈 것으로 예상한다.

따라서 '디지털화'가 지닌 가치에서 출발하여 현재 진행 중인 자산의 디지털화 흐름을 짚어보고 점차 현실로 다가오는 메타버스 세상에서의 디지털 경제를 살펴보고자 한다.

15.1 디지털화(Digitalization)

디지털화란, "기존의 물리적 데이터나 프로세스를 디지털 형태로 변환하는 과정"을 말한다. 컴퓨터의 대중화와 더불어 스마트폰의 발명과 보급으로 우리 사회는 이미 전면적인 디지털화 격변을 경험했다. 이제 디지털화의 다양한 측면을 디지털 표현, 디지털 구현, 디지털 프로세스의 3가지로 나누어 살펴보겠다.

15.1.1 디지털 표현

이제는 현실세계의 무엇이든 모두 디지털로 표현이 가능해졌다. 글, 소리, 그림, 영상 등 대부분이 디지털로 전환되고 있다. 이는 증서·토큰도 마찬가지로, 글자로서 권리를 표기한 전통적인 증서에서 점차 디지털 형태로 데이터를 표기하는 토큰으로 발전해 가고 있다.

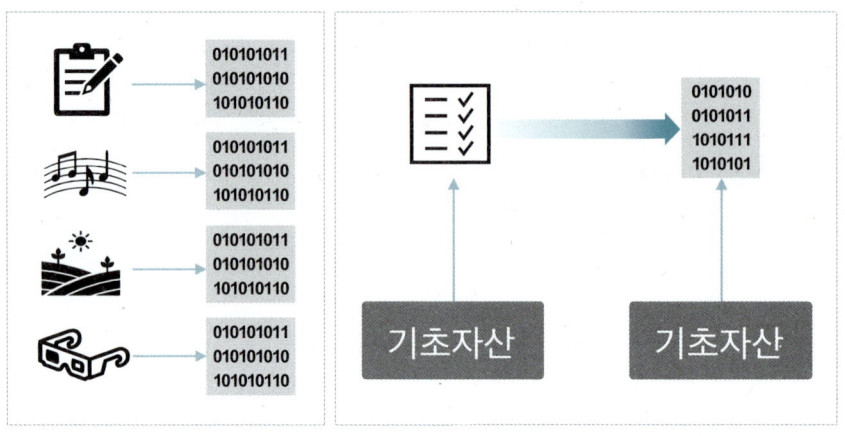

그림 5-34 디지털 표현의 사례

아날로그 형태를 디지털로 표현하면 좋은 점이 많다. 처리 속도도 빨라지고 재생 및 복제도 용이해진다. 특히 온라인 및 인터넷 세상에서도 활용될 수 있어 시공간 제약도 거의 없어진다. 이러한 디지털의 특징을 일반적인 토큰 개념에 적용하면, 물리적인 기초자산을 논리적으로 쪼개거나 통합하고 특정 요소만 구분하여 처리할 수도 있게 된다. 물리적인 기초자산을 편리하고 효율적으로 처리·제어·변형 가능한 시대가 열리는 것이다.

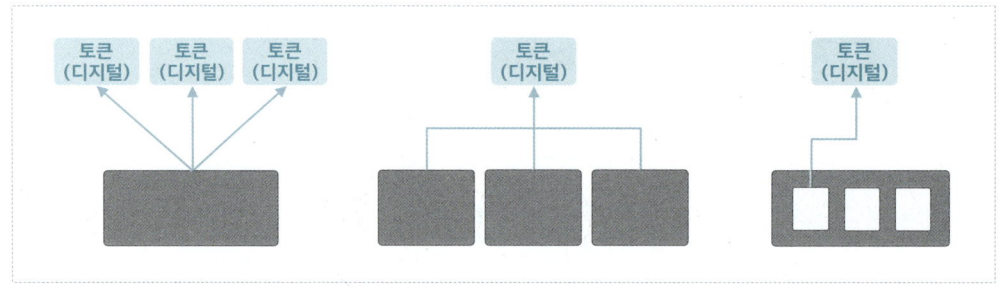

그림 5-35 디지털을 활용한 토큰화

15.1.2 디지털 구현

글자, 소리, 그림, 동영상 등은 디지털로 표현하기 쉽다. 하지만 물리적으로 디지털로 표현하기 어려운 것도 많다. 금Gold, 한국은행, 등기소, 신뢰기관 등은 디지털로 표현하는 것이 사실상 불가능하다.

앞서 설명을 했던 것처럼, 물리적인 성질·형상·형태를 디지털로 구현하는 것은 불가능하지만 그 대상이 지닌 서비스 및 기능 측면을 식별해서 디지털화 한다면, 디지털로 구현되는 효과를 얻을 수 있다.

예를 들어 물리적인 인감도장 자체를 디지털로 구현한다는 것은 불가능하다. 하지만 인감도장은 기능적으로 본인의 서명을 위한 장치이다. 인감도장을 물리적인 도장이 아닌 서명이라는 기능 관점에서 보면, 디지털 방식으로 전자서명을 구현함으로써 인감도장을 디지털로 구현하는 것이 가능하다.

필자는 논문에서 '등기소와 등기시스템'을 블록체인과 암호기술을 활용하여 디지털 구현 가능성을 연구한바 있다. 등기소와 등기시스템 자체를 디지털로 구현하기는 아주 어렵다. 대신 등기소의 기능과 등기 서비스를 디지털로 구현하는 방식으로 구현을 시도하였다.

민법에 따르면 사람(人)이 태어나면 출생신고를 해야 하듯, 법인은 법인등기를 해야 한다. 그래야 법적으로 권리와 의무의 주체자가 될 수 있기 때문이다. 그리고 이 등기소와 등기시스템은 자연인이 아닌 단체 또는 재산에 인격을 부여하여 민법상 권리와 의무의 주체자, 즉 법인(法人)이 되게 해주는 '법인등기'를 위해 마련된 시스템이다. 상법과 상업등기법에서는 법인등기와 관련된 다양한 요구사항을 규정하고 있다.

이에 필자는 상법과 상업등기법에 명시된 법인등기 요구사항을 모두 식별하여, 그 기능과 서비스를 하나씩 블록체인과 암호기술로 디지털 구현하는 방법론을 적용함으로써 등기소와 등기시스템을 디지털로 구현할 수 있다는 것을 제시하였다.

블록체인 활용성	블록체인 활용 방안	법인등기 요구사항
해시 함수 • 무결성 검증 • 메시지 축약	• 비대칭키 기반 전자서명 구현	1) 발기인 서명
비대칭키 • 전자서명 • 데이터 안전 전송	• 토큰 발행 방식으로 주식 발행	2) 주식 발행
	• 특금법 개정으로 이미 구현	3) 발기인 개인정보
트랜잭션 • 거래 기록 • 거래 관계성	• 투표로서 의사결정 방식 구현	4) 의사결정 방식
	• 스마트 컨트랙트 활용 1인 1표	5) 의결권 처리 방안
블록체인 • 비가역성 • 투명성·탈중개	• 투표를 통한 대표자 선정 가능	6) 대표자 선정방식
	• 형식적 심사주의 준용	7) 형식적 심사주의
	• 블록체인에 데이터 기록	8) 장부 기록
토큰 • 권리표상, 증권 • 토큰 이코노미	• 블록체인을 공적 장부로 활용	9) 공적 장부
	• 블록체인 기반 신뢰성 보장	10) 제3신뢰기관
	• 블록체인의 비가역성 활용	11) 장부의 영속성
스마트 컨트랙트 • 자동 이행 • 강제 이행	• 블록체인의 비가역성 활용	12) 장부의 무결성
	• 블록체인의 투명성 활용	13) 장부의 투명성
	• 비대칭키 기반 신원 인증	14) 공인된 신원인증
	• 트랜잭션 히스토리 활용	15) 장부의 수정권
	• 트랜잭션 히스토리 활용	16) 장부의 삭제권

그림 5-36 블록체인 기술을 활용한 법인등기 구현 방안 사례
(출처: 논문 'DAO의 법인등기 요건 충족을 위한 블록체인·스마트계약 기술 활용 방안 연구')

비트코인 백서 내용을 통해 사토시 나카모토가 만들고자 했던 화폐시스템을 다시 검토해 보자.

> Bitcoin: A Peer-to-Peer Electronics Cash System
> I've developed a new open source P2P e-cash system called Bitcoin.
> The steady addition of a constant of amount of new coins is analogous to gold miners expending resources to add gold to circulation.
>
> 비트코인: P2P 전자화폐시스템
> 비트코인이라 불리는 P2P 전자화폐시스템을 개발했다.
> 새로운 화폐 발행 방식은 금을 채굴하는 것과 유사하게 일정한 화폐량을 안정적으로 공급하는 방식이다.

사토시 나카모토는 '일정한 화폐량이 안정적으로 공급되는 화폐시스템'을 만들고자 했던 것으로 보인다. 역사적으로 "일정한 화폐량이 안정적으로 공급되는 화폐시스템"은 바로 금본위제였다. 그럼 금본위제를 디지털로 구현할 수 있을까? 금본위제를 디지털로 구현한다는 것은

다소 황당하게 느껴질 수 있지만, 사토시 나카모토는 일정한 화폐량을 약 10분 단위로 안정적으로 공급되는 기능과 메커니즘을 디지털로 구현하는 방식으로 '디지털 금본위제'를 구현하였다고 볼 수 있다.

이런 관점에서 보면 이 세상 모든 것을 디지털로 표현할 수 있을 뿐만 아니라, 물리적인 형태나 시스템도 모두 디지털로 구현하는 것이 가능하다고도 할 수 있다. 특히 '생성형 AI' 출현은 디지털 구현을 더 쉽고 더 빠르게 가속화시킬 것이다.

> **Note**
> **'디지털 표현'과 '디지털 구현'**
>
> '디지털 표현'과 '디지털 구현'이 정의적 개념은 아니다. 다만 이 책에서는 디지털 자산과 연계하여 다음과 같은 개념으로 사용하고자 한다.
>
> '디지털 표현'은 종이지폐와 실물증권이 존재한 상황에서 이를 디지털로 표현하고 처리하는 것을 말한다. 지류형 법정화폐가 있는 상황에서 모바일 뱅킹으로 처리하는 것을 말한다.
>
> '디지털 구현'이란 자산이나 화폐 자체를 디지털로 만드는 것을 말한다. 예를 들어, 비트코인이나 스테이블코인이다. 스테이블코인인 테더(Tether)도 USD와 1:1로 페깅한 것이기 때문에 단지 디지털 표현으로 이해할 수 있지만, 테더는 USD와 가치와 연동했을 뿐 다른 화폐 단위(USDT)를 사용하는 새로운 디지털화폐이다.

15.1.3 디지털 프로세스

디지털 표현과 디지털 구현도 중요하지만 디지털의 진정한 가치는 바로 디지털 프로세스에 있다. 디지털로 표현 및 구현한 대상을 프로그램(Program)으로 설계하면, 더 이상 사람의 관여나 추가적인 작업 없이 자동화가 가능하다. 프로그램으로 설계하기 위해서라도, 디지털 표현 및 구현이 선행되어야 한다.

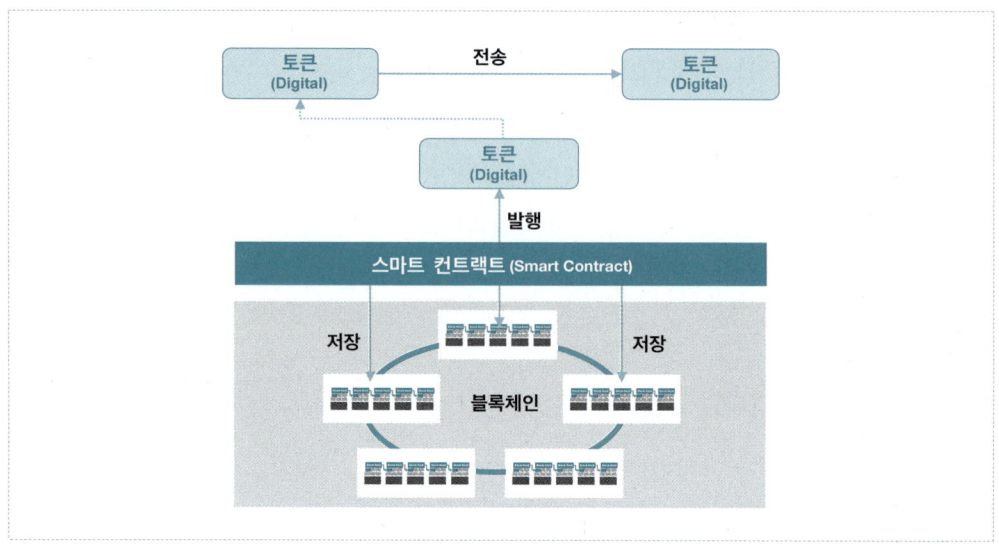

그림 5-37 스마트 컨트랙트 활용 디지털 프로세스

그림 5-37은 스마트 컨트랙트(IF, THEN)를 이용하여 디지털 토큰을 발행하고 전송하는 프로세스를 보여준다. 만일 아날로그 형태의 증서였다면 사람이 직접 발행 및 전송을 처리해야 한다. 하지만 디지털 형태의 토큰으로 발행할 경우, 스마트 컨트랙트에 의해 조건만 충족되면 자동으로 처리가 된다. 더구나 블록체인과 같은 신뢰 기술을 연계하면 제3신뢰기관 없이도 서비스 구현이 가능하다.

15.2 자산의 디지털화

이처럼 모든 것이 디지털화되어 가는 흐름에서 자산도 예외가 아니다. 앞 절에서 다루었던 디지털 표현, 디지털 구현, 디지털 프로세스가 자산에도 그대로 적용될 수 있다.

15.2.1 실물자산의 디지털화

'실물자산의 디지털화'는 실물자산의 거래 편리성·효율성을 위해 그 권리를 디지털 토큰으로 대체하는 것을 말한다. 그림 5-38은 다양한 실물자산을 기반으로 디지털화된 토큰을 발행하는 사례를 보여준다.

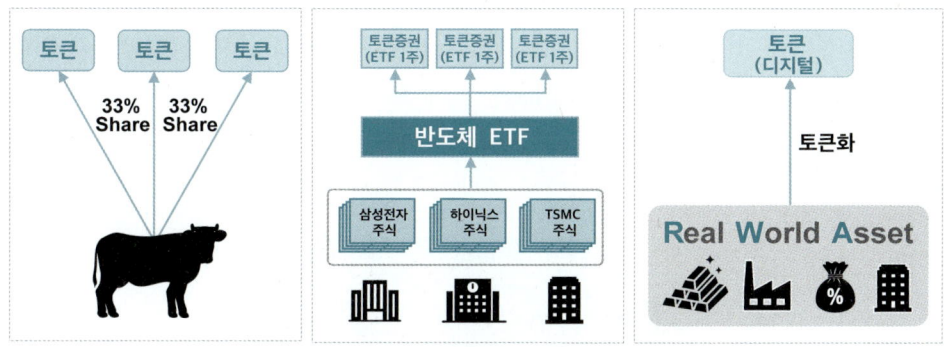

그림 5-38 실물자산의 디지털화 사례

실물자산을 논리적으로 쪼개서 조각투자를 할 수 있으며, RWA~Real World Asset~도 토큰화하여 거래를 편리하고 쉽게 처리할 수 있다. 기업들이 발행한 주식을 지수화하여 ETF 주식으로 발행하는 것도 가능하다. 이때 ETF를 분산원장에 전자등록하면 토큰증권이란 명칭도 사용할 수 있다.

15.2.2 디지털 자산 창조

지금까지는 주로 '실물 기초자산'을 기반으로 발행된 '증서·토큰'의 디지털화에 초점을 맞춰 설명해 왔다. 조각투자, ETF, RWA, 토큰증권은 모두 디지털 자산 중에서도 증서·토큰의 디지털화를 의미한다.

이제는 실물 기초자산 자체를 디지털로 구현하는 것에 대해 이야기해 보겠다. 이미 설명은 했지만, "실물 기초자산을 디지털로 구현할 수 있는가?"와 "왜 기초자산을 디지털로 구현해야 하는가?"로 구분해서 살펴보도록 하겠다.

▌ 실물 기초자산을 디지털로 구현할 수 있는가?

최근 대체육이 주목을 받고 있다. 대체육은 말 그대로 고기를 '대신한다'는 개념이다. 실제 고기 대신 다양한 재료와 원료를 이용해서 고기의 맛, 영양소, 식감, 모양을 유사하게 구현한 식품을 말한다. 콩과 같은 식물성 원료뿐만 아니라, 해조류, 곤충 등을 재료로 활용한다. 또한 고기 세포나 미생물을 배양해 만들기도 한다.

대체육이 처음 나왔을 때, 많은 사람들은 대체육을 비웃거나 평가절하했다. 하지만 대체육은 어느덧 우리 식탁을 파고들고 있다. 심지어 대체육이 향후 진짜 고기를 대체할 거라는 이야기도 나오고 있다. 컨설팅 업체인 AT Kearney는 세계 육류 소비시장에서 전통 육류와 대체육 소비 비율이 2025년에 9:1에서 2040년에는 4:6으로 역전될 것으로 전망했다.

그림 5-39 **대체육** (출처 - Beyond Meat Inc.)

대체육에서 더 나아가 최근에는 '페이크 푸드Fake Food'도 주목을 받고 있다. 페이크 푸드도 대체육과 비슷한 개념이다. 오리지널 음식과 재료와 최대한 비슷한 맛을 내면서도 건강과 환경에 해롭지 않게 만드는 것이 핵심이다. 더 나아가 오히려 부족한 양양소를 보충하는 역할도 한다. 탄소화물 중독 문제 해결을 위해 밀가루 대신 콩 같은 식물성 단백질로 면을 구현하고자 시도한 '가짜 면'이 대표적인 페이크 푸드다.

비슷하게 콩에서 추출한 단백질을 원료로 참치의 고소하고 담백한 맛을 구현하기도 하며, 식물성 단백질로 만든 '대체 계란 노른자'도 등장했다. 증류·발효 없이 술을 만드는 페이크 알콜이 선보여지는가 하면, 검정보리 '흑다향'과 쌉쌀한 맛을 내는 '치커리'를 혼합한 페이크 커피도 출시되었다. 그림 5-40을 보면 'fake coffee'라고 표시되어 있다.

그림 5-40 **페이크 푸드** (출처 - DARLCHA)

우리가 어떤 음식을 섭취하는 이유는 그 음식 자체를 원해서라기보다는 음식이 제공하는 맛, 모양, 기능, 영양소, 식감 때문이다. 따라서 실제 음식이 아니더라도 그 음식이 제공하는 '맛, 모양, 기능, 영양소, 식감' 등을 유사하게 구현하여 제공한다면, 음식으로서 가치를 부여하고 신뢰할 수도 있다.

디지털 자산도 이런 관점에서 이해해 볼 필요가 있다. 물리적인 실물자산이 아니더라도 그 자산이 지닌 속성과 기능을 식별하고 그것을 디지털로 구현할 수 있다면 그 가치를 인정하고 신뢰를 부여할 수도 있을 것이다.

앞서 비트코인의 디지털 골드 사례를 들었지만, 비트코인뿐만 아니라 다른 실물 기초자산들이 지닌 속성을 디지털로 구현한 다양한 디지털 자산들이 출현할 수 있다고 본다.

▎왜 기초자산을 디지털로 구현해야 하는가?

오랫동안 사람들은 실물자산에 가치를 부여해 왔다. '0, 1'로 구성된 디지털에 가치를 부여한다는 것은 여전히 어색하다. 만일 실물자산이 거래하기 불편하거나 비효율적이면 증서·토큰으로 대체해서 활용하면 된다.

사토시 나카모토는 금본위제로의 회귀를 염두에 두고 비트코인을 설계했다. 누구나 가치를 인정하는 실물 금$_{Gold}$을 기반으로 디지털 형태의 화폐를 발행하면 되는데, 왜 굳이 신뢰성도 보장되지 않는 '디지털 골드'를 구현하려고 했을까? 왜 사토시 나카모토가 '실물 금' 기반 금본위제가 아닌 '디지털 골드' 기반 금본위제를 구현하고자 했는지 한번 유추해 보도록 하겠다.

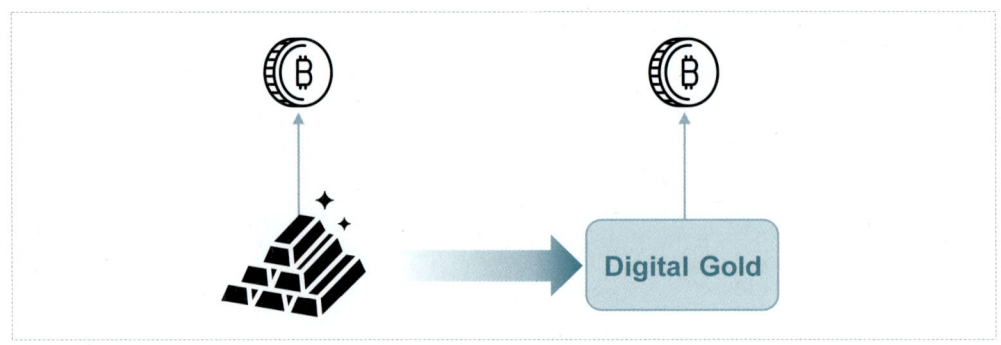

그림 5-41 디지털 골드 기반 금본위제

비트코인(A Peer-to-Peer Electronic Cash System)은 전자화폐이다. 많은 사람은 비트코인이 최초의 디지털화폐 또는 가상화폐라는 점에서 찬사를 보낸다. 하지만 비트코인이 궁극적으로 추구하고자 했던 목표는 '디지털화폐'가 아니라 '탈중앙 기반 화폐'였다. 비트코인 백서와 P2P Foundation에 게시된 글을 다시 한번 살펴보자.

> "중앙은행은 화폐 가치를 떨어뜨리지 않도록 신뢰를 보장해야 하지만, 역사적으로 보면 기존 법정화폐는 그런 신뢰를 저버렸다."

> "시중은행은 우리의 돈을 잘 보관하고 있어야 하지만, 극히 일부만 유보금으로 남기고 막대한 대출을 통해 신용 거품을 야기하고 있다."

> "암호기술을 이용하여 더 이상 은행과 같은 중개 기관 없이도 돈을 안전하게 지킬 수 있고 간편히 송금할 수 있게 되었다."

> "비트코인이라 부르는 P2P 전자화폐 시스템을 개발했다. 비트코인은 '신뢰'가 아닌 '암호기술'을 기반으로 설계했기 때문에 어떤 중앙 서버나 신뢰 기관 없이 완전한 탈중앙화로 설계가 가능했다."

사토시 나카모토가 남긴 기록을 보면, 중앙은행의 화폐남발과 시중은행의 신용창조를 신랄하게 비판하고 있는 것을 알 수 있다. 그래서 이런 중앙·중개 기관이 없는 화폐를 목표로 했다. 하지만 문제는 '신뢰 구현 방안'이었다. 전통적으로 신뢰는 신뢰기관에 의존했다. 화폐의 경우에도 아무에게나 맡길 수 없고 '중앙은행이나 시중은행'과 같은 강력한 신뢰기관에 의지할 수밖에 없었다.

사토시 나카모토는 신뢰기관 없이도 신뢰를 구현하기 위한 방안으로 '암호기술'을 활용했다. 암호기술은 디지털에만 적용할 수 있기 때문에 종이화폐나 금속화폐가 아닌 디지털화폐여야 했다. 정리하면, 탈중앙 기반 화폐를 구현하기 위해서 암호기술을 활용했고 암호기술을 적용하려다 보니 태생적으로 비트코인은 '디지털화폐'여야만 했던 것이다.

▌ 실물자산의 한계

디지털 자산과 대조적으로 실물 기초자산은 가치에 대한 신뢰성을 보장한다는 측면에서 장점이 있지만 2가지 측면에서 한계점도 있다.

- 첫째. 여전히 제3신뢰기관에 의존해야 한다

그림 5-42는 일종의 RWA Real World Asset 상황을 나타낸 것이다. 금이라는 실물자산을 그대로 사용하는 대신 디지털 토큰으로 발행하여 거래의 편리성과 효율성을 제고하고자 했다. 금이라는 기초자산에 기반하여 디지털 토큰을 발행하고 스마트 컨트랙트를 활용함으로써, 계약 조건만 충족하면 자동으로 토큰이 전송되는 효과를 구현할 수 있다.

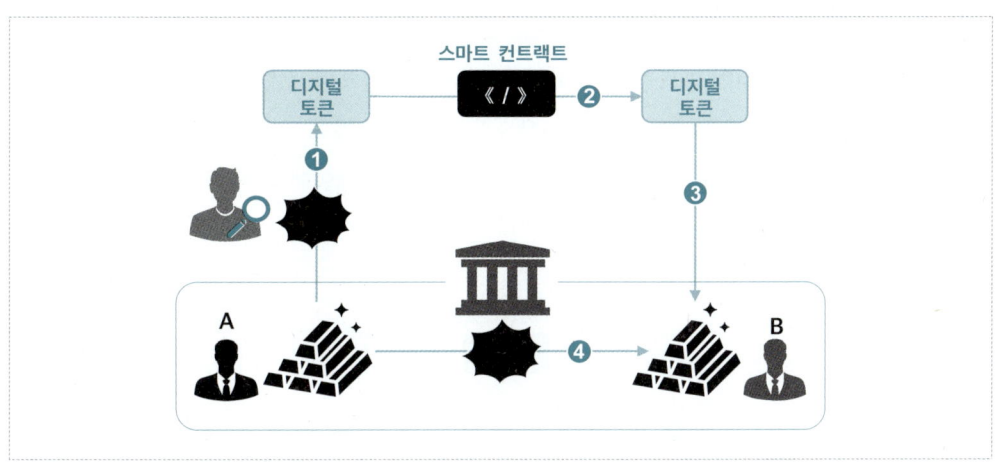

❶ A는 실물 금을 기초자산으로 한 디지털 형태의 토큰을 발행한다.
❷ 계약 조건을 스마트 컨트랙트로 작성하고 조건이 충족되면 자동으로 디지털 토큰이 B에게 전송된다.
❸ B는 이전된 토큰을 근거로 기초자산인 실물 금에 대한 소유권 이전을 청구한다.
❹ A는 토큰의 소유권 이전에 따라 기초자산인 금을 B에게 이전한다.

그림 5-42 스마트 컨트랙트 활용 한계

그림 5-42의 거래 절차를 살펴보면 스마트 컨트랙트를 통해 디지털 토큰의 이전 자동화가 가능하지만 여전히 한계가 보인다. 우선 ❶ 상황을 보자. 실물 기초자산인 금을 토큰으로 발행하기 위해서는, 먼저 금이 신탁사에 실제로 위탁되었는지 확인 및 검증을 해야 한다. 그리고 기초자산인 금의 내용(온스, 권리내용)이 정확하게 토큰으로 표상되었는지도 검증해야 한다. 기술적으로는 이를 오라클 문제Oracle Problem라고 한다. 오라클 문제를 해결하기 위해 부득이하게 제3신뢰기관의 참여와 검증이 필요하다.

> **Note 오라클 문제(Oracle Problem)**
>
> 블록체인 외부에 있는 데이터를 블록체인 안으로 가져오는 과정에서 데이터 신뢰성 문제가 발생하는데, 이를 오라클 문제라고 한다. 오라클 문제 해결을 위해서는, 현실 세계와 블록체인 중간에서 신뢰성 있는 데이터를 블록체인 안에 넣어주는 사람이나 장치가 필요하다.

❹ 상황을 살펴보자. 스마트 컨트랙트에 의해 (디지털) 토큰이 자동 이전(❷)되는 것은 구현할 수 있지만, 해당 토큰의 기초자산인 금을 자동으로 또는 강제로 이전시키는 것은 불가능하다. 결국 디지털 토큰 이전에 따라 실물 금을 처리할 수 있는 제3신뢰기관이나 수탁기관이 필요하다.

이때 '실물 금' 대신 '디지털 골드'를 활용한다면 제3신뢰기관이나 수탁기관 없이도 거래 및 소유권 이전이 완벽하게 가능하다. 그림 5-43은 '금'을 '디지털 골드'로 구현하여 활용하는 사례이다. 디지털 골드는 디지털이기 때문에 암호기술을 통해 중개인이나 제3신뢰기관 없이도 안전하게 거래 및 소유권 이전이 가능하다.

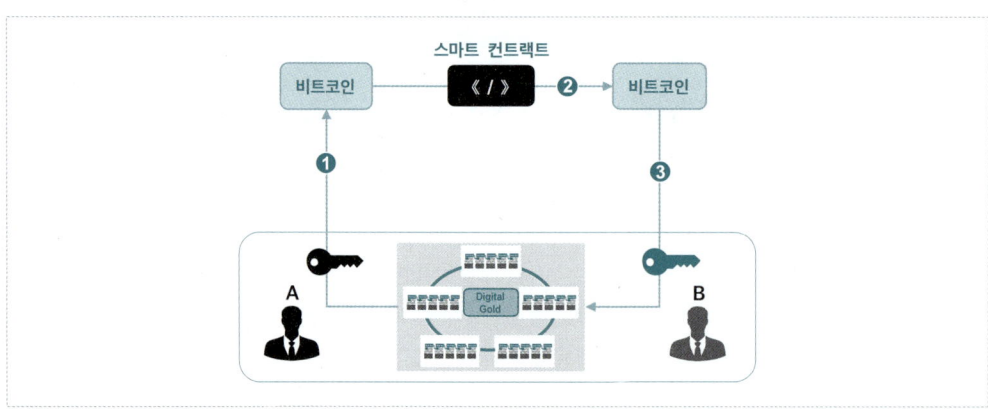

그림 5-43 디지털 기초자산과 스마트 컨트랙트 활용

📝 Note

암호기술을 통한 중개기관 대체 방안

암호기술을 이용하면 어떻게 중개기관 없이도 안전한 P2P(Peer to Peer) 전송이 가능한지 한 가지 사례를 통해 살펴보겠다.

우선 비대칭키 암호기술에 대한 이해가 필요하다. 비대칭키는 '공개키와 개인키'가 쌍(Pair)으로 구성되어 있다. 일반적으로 '키(Key)'라고 하면 하나의 키를 가지고 잠금(Lock)과 잠금해제(Unlock)를 동시에 해결하는 것이다. 하지만 비대칭키는 공개키로 잠금을 하면, 반드시 공개키와 쌍의 관계인 개인키로만 잠금해제가 가능하다. 이를 알기 쉽게 도식화해 설명하면 그림 5-44와 같다.

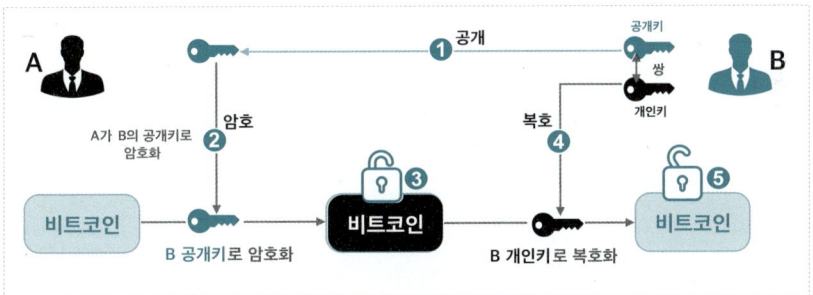

❶ B는 쌍의 관계인 공개키와 개인키를 발행하여 공개키만 A에게 전송한다.
❷ A는 B의 공개키로 본인의 비트코인을 암호화(잠금)한다.
❸ 비트코인이 암호화되어 있기 때문에 아무도 사용할 수 없는 상황이다.
❹ B는 암호화에 사용되었던 공개키와 쌍의 관계인 개인키를 독점적으로 소유하고 있으며 따라서 B만 암호화된 비트코인을 복호화(잠금해제)할 수 있다.
❺ B만 독점적으로 가지고 있는 개인키로 복호화가 가능하기 때문에, 이는 곧 B에게 전송되는 효과를 구현하는 것과 같다.

그림 5-44 암호기술을 활용한 P2P 전송

- **둘째. 메타버스 세상에서 적합하지 않다**

메타버스는 말 그대로 디지털 세상이다. 모든 것이 디지털이다. 메타버스는 단순히 '3D 가상현실' 개념을 넘어, '사회적 연결', '상호작용', '가치창출', '생산적 활동', '경제활동', '커뮤니케이션'이 가미된 형태로 이해해야 한다. 영화 '레디 플레이어 원'과 같은 모습도 가능하며, 아이언맨의 '자비스'와 같은 기능도 가능하다. 디센트럴랜드Decentraland도 생각해 볼 수 있다. 특히 메타버스는 웹 3.0 구현에 가장 적합한 기술이기도 하다.

인공지능이 2번의 겨울$_{Winter}$*을 거쳐 비로소 활짝 개화했으며, 요즘은 먼 미래 정도로 생각했던 인공지능 기술적 특이점$_{Singularity}$**도 어느덧 성큼 다가온 것처럼 느껴진다. 인공지능이 그러했던 것처럼 메타버스도 시간이 걸리겠지만, 레디 플레이어 원, 자비스, 디센트럴랜드와 같은 세상이 부지불식간에 다가올 것이라 생각한다.

메타버스는 현실세계와 상당히 상호작용하면서 발전할 수 있겠지만, 메타버스가 현실세계와 상호작용이 늘어나고 접점이 많다는 것은 또 다른 오라클 문제가 발생할 수 있다.

메타버스와 같은 가상 세계에서 현실의 실물자산을 그대로 활용한다는 것은 불편하고 비효율적이다. 현실의 실물자산을 디지털 형태의 토큰으로 대체하여 활용할 수도 있겠지만 역시 현실의 실물자산과 메타버스 사이에서 발생하는 오라클 문제나 비효율성을 개선해야 한다. 이때 현실세상과 별개로 메타버스 세상에서만 가치를 인정받는 새로운 디지털형태의 자산들이 출현할 수 있다. 그리고 방법적인 측면에서는, 현실의 실물자산이 지닌 속성과 기능을 식별하여 디지털 형태로 구현하면 된다.

대체육과 페이크 푸드는 현실적인 문제 및 한계 대응을 위해, 실제는 아니지만 마치 실제인 것처럼 대상을 구현한 것이다. 즉 다르게 표현하면 '가상'이다. 자산도 필요에 의해 페이크 자산, 즉 가상자산을 구현하고자 할 것이다.

마지막으로 필자가 말하는 가상자산이란 투기 광풍에 편승하여 한탕을 노리고 탄생한 천박한 가상자산들까지를 의미하지 않는다. 한때 언론에서 이슈가 되었던 '가짜 달걀'과 '대체 계란 노른자 목적의 가짜 달걀'은 다르다.

15.2.3 자산의 디지털 프로세스

그림 5-45에서, 첫 번째 그림은 디지털화되지 않는 환경, 두 번째 그림은 토큰만 디지털화된 환경, 마지막 그림은 토큰뿐만 아니라 기초자산까지 디지털화된 환경을 보여준다.

토큰과 기초자산을 각각 디지털로 표현하고 구현하는 것도 의미가 있지만, 이런 디지털 자산을 디지털로 처리할 수 있다면 훨씬 편리하고 효율적이다. 특히 전통적인 제3신뢰기관 없이도 자산의 거래 및 유통이 가능하다.

---

* 인공지능 역사에서 인공지능 연구에 대한 관심과 투자가 감소하는 시기로 2번의 겨울이 있었다.

** 인공지능(AI)의 발전이 가속화되어 모든 인류의 지성을 합친 것보다 더 뛰어난 초인공지능이 출현하는 시점

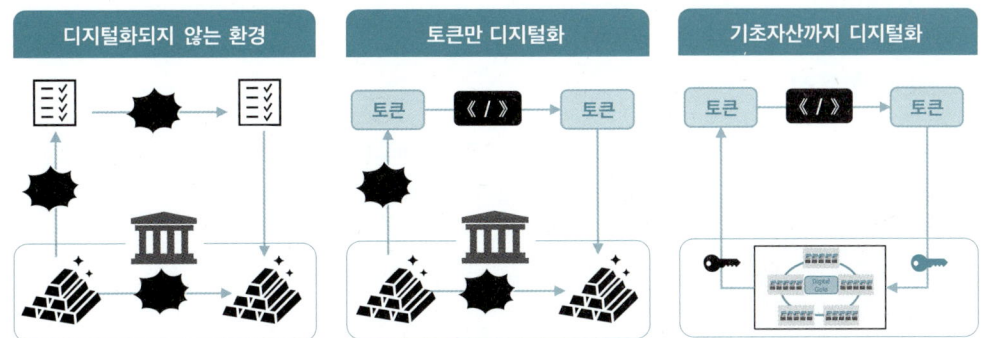

그림 5-45 디지털화와 스마트 컨트랙트

CBDC가 가상화폐와 비슷한 것이라든가 비트코인의 영향을 받은 것 혹은 블록체인 기술 기반으로 발행되는 것이라고 이해하는 사람이 많은데, 모두 잘못된 이해이다.

디지털화폐는 2000년대 이전부터 검토되고 있었으며, CBDC 논의가 본격적으로 시작된 것은 2008년이다. 글로벌 금융위기 이후 각국 중앙은행들은 경기 부양을 위해 기준금리를 인하했고, 심지어 유럽 중앙은행ECB과 일본 중앙은행BOJ은 마이너스 금리를 도입했다. 그러나 이런 마이너스 금리의 정책적인 효과는 생각보다 크지 않았다.

이때 대안으로 제시된 것이 CBDC였다. 디지털화폐 계좌에 설정된 돈에 수수료를 부과하여 돈의 가치를 하락시키면, 계좌에 돈을 모아두기보다는 투자나 소비에 나설 것이라고 생각했던 것이다. 중앙은행이 시중은행을 거치지 않고 디지털화폐 계좌에 적용하는 금리를 조절해 기업과 가계에 직접 통화정책을 펼칠 수 있다는 생각으로 검토되었다.

CBDC는 전통적인 지류 화폐가 아닌 디지털 형태이기 때문에 화폐를 직접 목적 지향적으로 제어 및 설계하는 일이 가능하다. 프로그램을 통해 직접 제어가 가능하다는 이야기이다.

> 📝 Note
> ## CBDC 활용성
> CBDC는 중앙은행에서 발행하는 디지털화폐이다. 한국은행은 CBDC 관련 다양한 활용성 테스트를 추진하고 있다. 한국은행은 'CBDC 활용성 테스트 세부 추진 계획'을 통해 CBDC의 가장 큰 특징으로 '프로그래밍 기능(Programmability)'를 언급하고 있다.
>
>> 현재 정부, 기업 등이 보조금, 상품권, 이용권 등 다양한 목적·형태의 바우처를 발행·활용 중
>>
>> 그러나 높은 수수료, 복잡하고 느린 정산 프로세스, 사후 검증 방식의 한계 및 부정수급 우려, 민간 보조사업자에 대한 높은 의존 등의 문제점
>>
>> 디지털 통화의 가장 큰 특징이라 할 수 있는 <u>프로그래밍 기능(Programmability)에 기반하여, CBDC 기반 예금 토큰 등에 디지털 바우처 기능을 부여할 경우 이러한 문제점을 획기적으로 개선할</u> 가능성

싱가포르 통화청MAS은 글로벌 핀테크 주도권 확보를 위해 블록체인 기술을 연계한 다양한 핀테크 프로젝트를 추진하고 있는데, 그중 하나가 '프로젝트 오키드Project Orchid'이다.

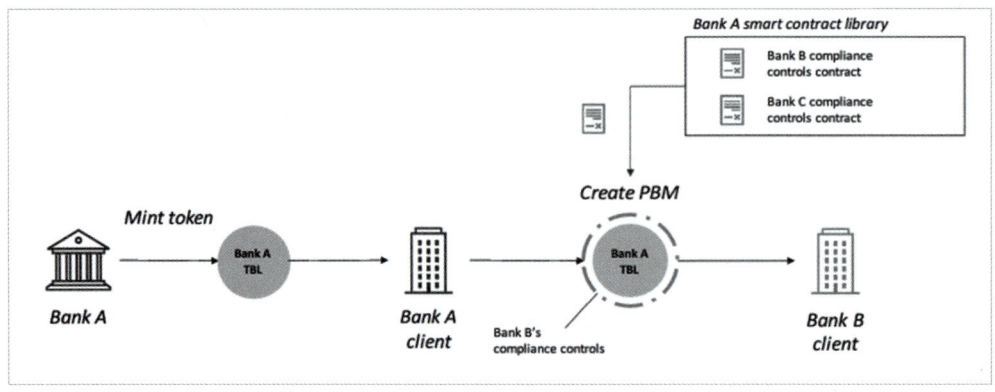

그림 5-46 싱가포르 통화청의 Project Orchid (출처 - MAS Orchid Blueprint)

프로젝트 오키드Project Orchid는 사용조건을 지정할 수 있는 '프로그래밍 가능한 화폐'인 PBM Purpose Bound Money을 목표로 하는 프로젝트이다. 프로그램적으로 화폐의 사용조건을 제어할 수 있다면, 상당한 편의를 제공함은 물론이고 관계당국의 행정 목적을 구현할 수 있을 것이다. 뿐만 아니라 부정한 활용을 원천 차단시키는 일도 가능하다.

싱가포르 통화청은 포르젝트 오키드를 발표하면서 PBM이 적용될 수 있는 분야를 다음과 같

이 제시했다. 정부 기본 바우처 시스템에의 통합, 저장된 매장에서 사용될 수 있는 상업용 바우처, 특정 조건 충족 시 자동으로 보조금 지급 등이다.

15.3 메타버스 세상과 디지털 경제

부동산 중개·관리 플랫폼 기업인 '직방'에는 300명 정도의 직원들이 근무하고 있다. 하지만 물리적 사무 공간을 없애고 직원들은 모두 메타버스 사무실인 메타폴리스로 출근한다. 쉽게 말해 재택근무인 셈이다. 직원들은 아침에 온라인 접속을 통해 메타버스 사무실로 출근을 하고 아바타를 통해 메타폴리스 안에서 근무와 회의를 한다.

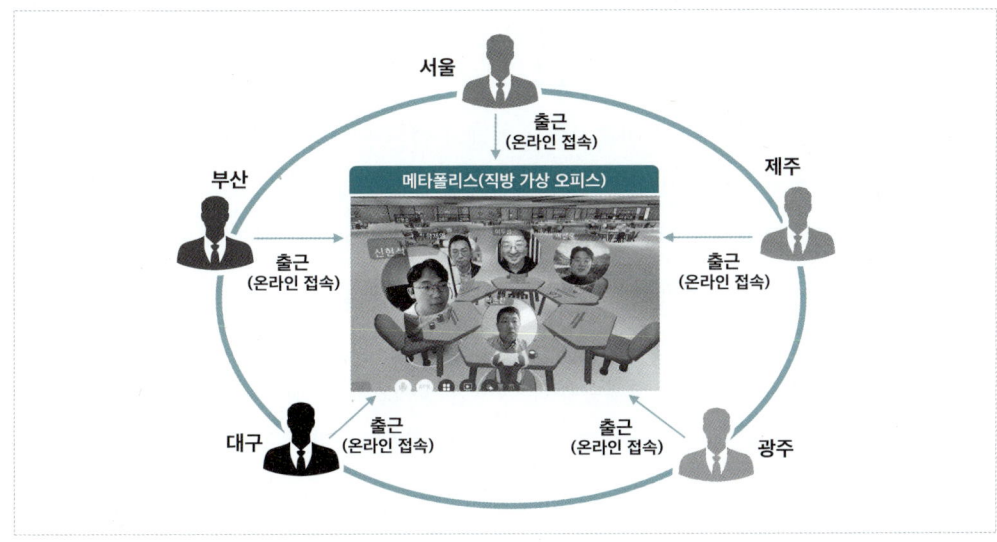

그림 5-47 직방 '메타폴리스'

과거 물리적인 사옥이 있을 때는 서울 강남에 출퇴근이 가능한 사람만 입사했지만, 사무실을 메타폴리스로 변경하고 난 뒤에는 창원, 대구, 심지어 제주에서도 입사하게 되었다. 직방 외에도 점점 더 많은 기업에서 메타버스 사무실을 부분 운영하거나 검토하고 있다. 이런 메타버스 사무실이 보편화되면 국경을 초월한 글로벌 직원들이 온라인 사무실에 모여 함께 근무하는 환경도 가능하다.

이처럼 메타버스는 단순한 3D 가상현실을 넘어, 서로 상호작용하면서 사회적·경제적 활동을 통해 새로운 가치를 창출하는 개념으로 발전할 것이다. 디지털 자산도 이 새로운 세상인 메타버스 내 경제활동 구현에 중추적인 역할을 하게 될 것으로 보인다.

15.3.1 메타버스 세상의 디지털 경제 요소

혹자는 메타버스를 단순히 3D 가상현실 또는 게임 정도로만 인식할지 모른다. 하지만 메타버스는 사회적 연결, 상호작용, 가치 창출, 경제 활동을 포괄하는 개념이다. 메타버스 초기에는 가벼운 상호작용 수준의 서비스가 제공되는 데 그칠 수 있다. 하지만 상호작용이 좀 더 발전하고 경제적인 요소가 가미되면, 재화나 서비스가 직접 거래되는 형태로 발전하게 될 것이다. 이런 상호작용과 거래가 확대되고 체계화되면 메타버스 내 경제활동이 자리 잡을 수 있다.

경제는 사람이 필요한 재화나 서비스를 생산하고 소비하는 행위를 말한다. 생산을 하기 위해서는 기업(조직)과 자본이 필요하고 소비를 위해서는 소비자와 화폐가 필요하다. 재화는 협의적 개념으로 사람이 원하는 바를 만족시키는 형체가 있는 물건이지만, 광의적 개념으로는 형체의 유무를 구분하지 않고 서비스를 포괄하는 개념으로 이해할 수 있다.

메타버스 세상에서 통용되는 '재화'는 형체가 있는 물건이 아니라 사람에게 필요한 서비스 등을 포괄하는 개념으로 이해하는 것이 좋다. 따라서 메타버스 세상에서도 재화나 서비스가 생산되고 소비된다고 말할 수 있다.

메타버스 내 경제활동도 현실의 경제활동과 유사한 방식으로 진행될 것으로 보인다. 메타버스 경제활동 구현을 위해 가장 중요한 요소로 '디지털 자산'과 '조직 DAO'을 검토해 볼 수 있다.

▍디지털 자산

메타버스는 향후 새로운 상호작용과 경제활동 공간이 될 것이다. 메타버스 환경에서도 상호작용 및 경제활동에서 가장 중요한 요소는 여전히 거래수단 및 매개수단이다. 쉽게 말해 화폐가 필요하다. 현실세계의 화폐를 메타버스와 연계해서 활용할 수도 있지만, 앞서 설명한 몇 가지 한계점 때문에 메타버스 세상에서 독자적으로 활용되는 디지털 자산을 생각해 볼 수도 있다.

메타버스에서도 다양한 디지털 자산이 활용될 수 있는데, 3가지 유형으로 구분해 보자.

- **디지털화폐** - 메타버스상에서 재화나 서비스의 거래수단 또는 매개수단으로 활용될 것이며, 자금조달 목적의 투자금으로도 활용될 수 있다.
- **토큰·NFT** - 기초자산이 가진 무형의 권리들을 토큰으로 상징화하여 활용할 수 있다.
- **토큰증권** - 메타버스 내에서도 투자와 수익권리를 표기한 토큰증권이 발행된다.

DAO (Decentralized Autonomous Organization)

메타버스 환경에서 사람들(아바타)은 상호작용 및 관계를 통해서 커뮤니티나 조직의 형태로 활동을 할 것이다. 메타버스 환경에서 생각할 수 있는 조직의 형태가 바로 DAO(탈중앙자율조직)이다. DAO는 한마디로 '온라인 기반으로 어떤 공동의 목표나 목적을 가지고 자유롭게 구성하고 협의·합의를 통해 의사결정하며 발생한 수익을 공평하게 보상받는 조직'으로 이해할 수 있다.

DAO는 오픈소스 커뮤니티나 민법상의 조합(組合)과 유사한 개념으로 이해할 수 있다. 오픈소스 커뮤니티는 오픈소스 소프트웨어를 개발하고 유지보수하기 위한 사람들이 자발적으로 모여 만든 커뮤니티이다. '온라인 기반으로 자발적이고 자유롭게 참여하고 협의와 투표를 통해 의사결정'한다는 측면에서 DAO와 유사하다. 하지만 오픈소스 커뮤니티가 기부와 기여가 목적이며 책임이 돌아가지 않는 데 비해, DAO는 이해관계나 수익이 목적이며 투자 실패에 대한 책임도 본인에게 귀속된다는 차이가 있다.

민법상 조합은 여러 사람이 모여서 자금이나 노력을 투입해 공동으로 사업을 경영하고자 계약을 통해 형성한 단체이다. 조합은 '사업이나 수익 목적, 투표를 통한 의사결정, 가입과 탈퇴가 자유롭다'는 측면에서 DAO와 비슷하다. 하지만 조합은 오프라인 기반으로 민법·상법에 근거하여 활동하는 반면, DAO는 온라인 기반이며 계약(스마트 컨트랙트)에 기반하여 활동한다는 점에서 차이가 있다.

조합은 민법·상법 및 제도권의 인프라와 시스템에 의존한다. 마찬가지로 DAO도 조직의 형태와 목적을 구현하기 위해서는 신뢰, 계약, 보상, 투표 등을 구현할 수 있는 기반 인프라가 필요하다. 따라서 DAO는 그림 5-48에서 보는 바와 같이, '탈중앙 조직'이 '탈중앙 시스템'을 기반으로 작동하는 것으로 이해할 수 있다.

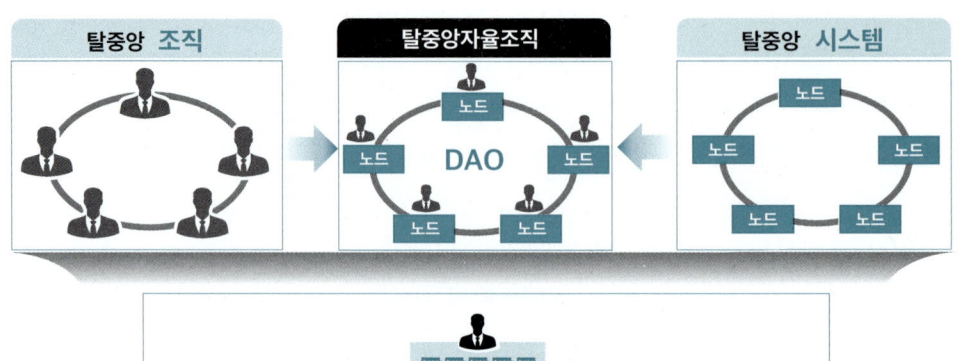

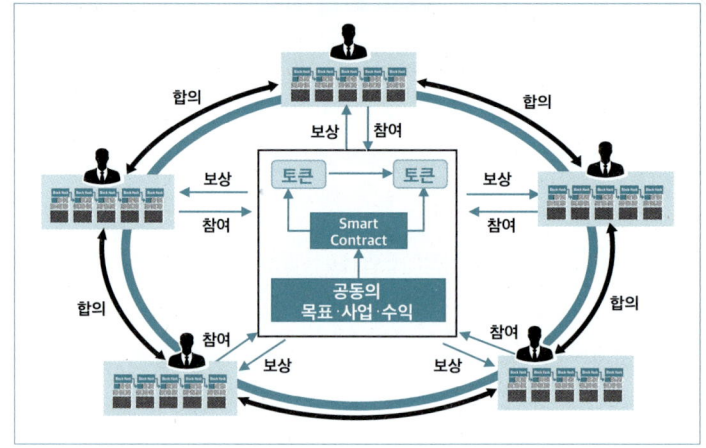

그림 5-48 DAO의 개념과 구조

한편 DAO와 유사한 개념으로 DAC Decentralized Autonomous Company도 생각해 볼 수 있다. DAC는 DAO와 유사한 개념이지만 본질은 기업이기 때문에 순수하게 이익창출 목적으로 결성된 조직으로 이해할 수 있다. 직방의 메타폴리스도 DAC의 예시다. 머지않아 DAC도 더 확대, 보편화될 것으로 보인다.

15.3.2 메타버스 세상에서의 디지털 경제 구현

메타버스의 경제활동 역시 현실세계와 아주 유사하게 이루어질 수 있겠지만, 메타버스 경제는 분명 현실 경제와는 다르다. 그림 5-49는 메타버스 경제활동의 특징을 여러 분야에서 정리한 것이다.

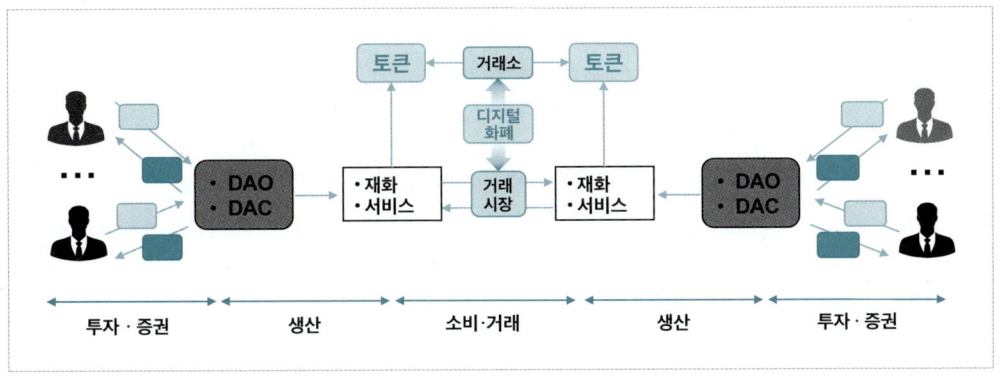

그림 5-49 메타버스에서의 경제활동 특징

메타버스는 모든 것이 디지털이다. 화폐나 자산도 디지털이다. 조직은 DAO나 DAC 형태를 예상해 볼 수 있다. 그리고 이런 메타버스 경제 구현을 위한 신뢰 인프라도 필요하다.

▌디지털 세상과 디지털 경제

메타버스에서는 생산요소, 자본, 매개수단, 재화·서비스가 모두 디지털로 구현되고 처리되어야 한다. 자금 조달을 위한 증권, 기초자산 기반의 토큰, 매개수단으로서 화폐 등 모든 자산 역시 디지털 자산 형태가 요구된다.

메타버스 환경에서는 자산의 형태$_{Digital}$ 뿐만 아니라 자산의 범용성도 중요한 주제이다. 기본적으로 웹 3.0과 온라인 환경을 기반으로 작동하는 메타버스는 국경을 초월하여 어디에서나 결제와 지불이 가능한 범용 화폐나 범용 가상자산이 필요할 수 있다.

글로벌 범용 화폐를 지향했던 디엠은 결국 퇴출되었지만 메타버스 환경에서 범용적으로 통용되는 디지털화폐나 자산은 언제든지 주목을 받을 수 있고, 디엠과 같은 범용 디지털화폐는 향후에도 꾸준히 시도될 것이라 생각한다.

경제에서 자산 못지않게 중요한 요소가 바로 조직이나 회사이다. 메타버스에서 경제의 주체나 회사의 형태는 앞서 설명했던 DAO나 DAC를 생각해 볼 수 있다. DAO의 경우 경직된 고용 계약보다는 스마트 컨트랙트와 토큰에 기반하여 기여에 따라 적절한 보상이 돌아가는 보다 자유로운 형태의 경제 활동이 예상된다.

ICT 융복합 디지털 경제

ICT 기술은 다양한 산업과 연계 및 융복합을 통해, DX$_{\text{Digital Transformation}}$, AX$_{\text{AI Transformation}}$, 또는 DX through AX 시대로 변화 및 발전해 가고 있다.

DX와 AX를 구현하기 위해서는 한 가지 전제가 필요하다. 바로 '디지털$_{\text{Digital}}$'이다. 데이터는 디지털 형태로 표현 및 저장되어야 하고, 시스템은 디지털로 처리 및 구현되어야 하며, 서비스는 디지털 방식으로 제공되어야 한다. 이미 현실의 거의 모든 분야 및 요소에서 ICT 기술들이 연계되고 융복합되고 있다.

모든 것이 디지털인 메타버스 세상에서는 다양한 ICT 기술의 연계 및 융합이 훨씬 더 용이할 것이다. 자산도 디지털화될 경우 다양한 IT 기술들과 융합이 가능하며, AX·DX 기반 디지털경제 구현을 위한 중요 요소로 활용될 수 있다. 앞서 소개했던 CBDC나 싱가포르 PBM$_{\text{Purpose-Bound Money}}$ 사례와 같이 디지털화폐는 정책 구현, 목적·이용 제한 등 다양한 설계가 가능하며 스마트 컨트랙트와 연계 시 서비스 자동화와 강제화도 가능하다.

디지털 자산의 ICT 융합 방안은 정형화된 방식보다는 설계하기 나름이다. 예를 들어 디지털화폐 사용 및 활용을 AI 및 빅데이터와 연계하여 목적 제한 또는 목표 지향으로 유연하고 지능적으로 설계할 수 있다. 생성형 AI에 기반하여 창작된 다양한 콘텐츠(이미지, 영상)를 토큰$_{\text{NFT}}$으로 발행하여 거래할 수도 있다. 수익증권의 권리내용과 수익배분을 빅데이터 알고리즘 분석과 연계한 상품을 설계할 수도 있다. 중앙계좌부 대신 분산원장에 전자등록하는 증권이 확대될 수도 있다.

---- 마무리하며… ----

먼 옛날, 소유권 주장은 점유를 통해서만 가능했다. 점유 행위의 범위는 점유물에 내포된 권리까지 포함하므로, 점유와 이전을 통해서 곧 소유권 보장과 양도가 가능했다.

거래 및 경제 활동 규모가 점점 커지면서 사람들은 '권리'라는 개념을 인식하게 된다. '권리'의 인식은 중요한 의미를 지닌다. 우선 점유물에 대해 다양한 권리를 세분화해 식별할 수 있게 되었다. 권리에는 소유권리, 이용권리, 처분권리, 수익권리 등 다양한 유형이 있다. 또한 '권리'를 점유물로부터 분리할 수 있다는 것도 알게 되었다. 이전에는 점유를 통해서만 권리를 행사할 수 있었다면, 권리 개념을 인식하면서 점유하지 않아도 특정 권리를 분리하여 행사할 수 있게 된 것이다.

실물자산을 점유하지 못하는 상황(부동산 등), 실물자산을 식별하기 어려운 상황(무형 자산), 실물자산을 거래하거나 보관하기 힘든 상황(금덩어리) 등, 실물자산을 거래에 활용하기 어려운 상황에서 사람들은 '권리'를 별도로 분리하고 타인이 인식할 수 있도록 그 권리내용을 문서에 기록하는 '증서'라는 혁신적인 개념을 발명하게 된다. 실물자산 대신 증서·증권을 활용하는 방식을 통해 자산을 편리하고 효율적으로 저장, 보관, 이전할 수 있게 되었다. 금보관증, 지폐, 각종 증서, 주식, 채권 등은 모두 증서가 자산에 적용된 사례이다.

디지털 시대에 접어들면서 실물 형태로 발행되던 다양한 증서나 증권이 디지털 방식으로 처리되기 시작했다. 글자와 종이로 구성된 실물 형태에서 벗어나 권리내용을 전자적으로 전자등록계좌부에 기재하는 방식으로 바뀌었다. 또한 이런 증서나 증권은 블록체인 기술과 연계하여 디지털 형태의 토큰이나 토큰증권으로 발행되기에 이르렀다.

다른 한편으론 전통적인 자산에 대한 개념과 가치를 뒤흔드는 혁명적인 사건이 2가지 발생했다. 하나는 신용화폐의 출현이고 다른 하나는 비트코인 등장이다. 내재적 가치*가 없는 자산들이 가치를 인정받기 시작한 것이다. 신용화폐는 그래도 중앙정부와 법에 의해 가치가 보장되었지만, 비트코인은 아무런 기반 없이 기능과 속성을 (암호)기술로 구현하면서 가치를 새롭게 창조했다고 볼 수 있다.

디지털 자산을 설명하면서 전통적인 자산들이 디지털로 표현되고, 기존에 없던 자산들이 디지털로 창조되는 점에 초점을 맞췄지만, 디지털 자산의 진정한 가치와 의미는 '디지털'임을 계

---

* 여기에서 내재적 가치가 없다는 것은 자산 자체에 실질적인 가치가 포함되어 있지 않거나 또는 그 근거가 되는 실물 기초자산이 없다는 것을 의미

속 강조했다. 디지털화된 자산은 디지털로 처리함으로써 거래의 편리성·신속성·정확성·효율성을 제고할 수 있으며, 프로그래밍을 통해 자동화와 다양한 조건 설정이 가능하다. 또한 다양한 ICT 기술(AI, 빅데이터, 모바일, 클라우드, 블록체인 등)과 융·복합하여 새로운 부가 가치 창출도 용이하다.

다른 한편으로 디지털 자산에 대한 잘못된 오해가 범람하고 가치와 활용이 올바르게 평가받지 못하는 것 같아 아쉬운 점도 보인다.

앞서 살펴본 것처럼 비트코인의 의미는 새로운 '화폐'의 탄생이 아니다. 비트코인의 진정한 의미와 가치는 현 화폐시스템의 문제점을 개선하고자 하는 목적에서 '일정한 화폐량을 안정적으로 공급하는 화폐시스템'을 디지털로 구현했다는 데 있다. 토큰증권의 의미는 새로운 '가상자산'의 탄생이 아니다. 토큰증권의 진정한 의미와 가치는 그동안 주목받지 못했던 다양한 소규모 비정형적 권리들이 증권화될 수 있는 기회를 열어주었다는 데서 찾을 수 있다.

다양한 디지털 자산들이 소개되고 있지만 언론이나 많은 사람들은 디지털 자산에 대한 올바른 이해와 평가나 가치발굴은 뒷전이고 오직 가격이 얼마까지 오를지에만 관심을 갖는 것 같아 아쉬운 마음이 든다. 비트코인의 본래 의도나 지향점보다는 그 가격이 1억 원을 넘느냐 또는 앞으로 3억 원까지 갈 것인가에만 관심이다. 토큰증권에 대한 올바른 이해 없이 토큰증권이 다시 가상자산 광풍을 이끌 거라는 그릇된 기대를 하는 투자자도 있다.

이더리움 플랫폼 이용권으로 활용되는 이더$_{Ether}$가 (성질이 전혀 다른) 비트코인과 유사한 화폐 취급을 받는가 하면, RWA는 단순히 실물자산의 거래 편리성·효율성을 위한 장치에 불과할 뿐인데 마치 새로운 가상화폐가 등극하는양 희망회로를 돌리고 있다.

이 책에서는 디지털 자산과 관련된 다양한 개념과 관점을 폭넓게 다루었다. 자산의 구조부터 자산의 다양한 기술과 형식, 증권성, 사례 분석, 위험성 분석, 디지털화, 관련법·제도 등 여러 측면을 분석했다. (디지털) 자산의 기본 개념·구조·본질은 변하지 않는다. 앞으로도 그럴 것이다. 앞으로도 다양한 디지털 자산이 소개될 것이다. 자산의 본질은 도외시하고 다양한 '기술과 형식'에 초점을 맞춘 용어가 남발되어, 본질을 희석하고 마치 새로운 자산의 출현인 체하며 사람들을 호도할지도 모른다. 아무쪼록 이 책에서 제시한 설명과 관점을 가지고, 디지털 자산이 어떤 의미와 가치가 있으며 어떤 활용이 기대되는지 고민해 보는 시간을 가졌으면 한다.

찾아보기

A-X

AMM 203
Asset Token 122
CBDC 134, 417
Crypto Asset 69
DAC 466
DAO 65, 465
DeFi 202
Dematerialization 274
Diem 74
ERC-20 124
ERC-721 124
ETF 155
FTX 203, 424
Howey Company 263
Howey Test 174
ICO 199, 332
Immobilization 271
Investment Contract 262
IPO 210
MiCA 69, 440
NFT 123, 421
Payment Token 122
POS 201
Proof Of Work 86
RWA 148, 423
Smart Contract 114
Utility Token 122

ㄱ

가상자산 67
가상자산이용자보호법 445
경쟁매매 239
계좌관리기관 291
공모 233
공시 25
공시규제 227
공시주의 228
구주 210
구주매출 210
규제주의 228
금융 177
금융상품 182, 188
금융투자상품 185, 188, 194
금융투자업 224
기초자산 24

ㄷ

다자간 상대매매 240
디엠 74, 143, 415
디지털 골드 65
디지털 자산 67, 72, 396
디지털 자산기본법 445
디지털증권시장 353
디지털화폐 127

ㅁ

뮤직카우 264, 420
미국 증권법 262
미러링 378

ㅂ

법정화폐 57
부산 디지털 자산거래소 162
분산원장 97, 330, 344
블록체인 92, 97
비금융투자상품 188
비금전 신탁 수익증권 260
비트코인 65, 80, 92, 407
비트코인 ETF 158

ㅅ

사모 233
상대매매 239

상장 210
상장지수펀드 155
설권증권 289
소액공모 공시서류 375
수익증권 250
스마트 컨트랙트 114
스테이블코인 128
신용화폐 34
신주 210
신주발행 210
신탁계약 251
신탁업 250
실물증권 271

증권신고서 234, 375
증권예탁결제제도 272
증권의 무권화 274
증권의 부동화 271
증서 21, 26, 40
지분증권 249
진입규제 227
집합투자 256
집합투자기구 226
집합투자업자 255

ㅊ

채무증권 248
추정 279

ㅋ

코인 117

ㅌ

테더 128, 413
테라·루나 412
토큰 46, 113, 117, 311
토큰증권 311, 366
토큰증권 가이드 310
토큰증권 발행·유통 규율체계 정비방안 310, 365
투자계약 262
투자계약증권 261, 266
투자성 185
특금법 67, 444

ㅇ

암호자산 69, 441
오라클 문제 458
원장 93
유니스왑 203
유동성 풀 203
유사수신행위 243
이더 111, 409
이더리움 108, 200, 409
일대일 상대매매 240

ㅈ

자본시장 207
자본시장법 212, 303
자산 51
자산의 유동화 146
작업증명 86, 94
장내시장 238
장외거래중개업 352
장외시장 238
전자등록 120, 270, 275
전자등록기관 290
전자증권 270
전자증권법 270, 275, 286, 303
전자화폐 132
조각투자 340
증권 169, 194
증권성 168, 197

ㅍ

파생상품 188
펀드 255
표상 26

ㅎ

하위 컴퍼니 263
하위테스트 174
한국예탁결제원 272
합의 알고리즘 100
해시 함수 88
행위규제 227